Geleitwort

Am 1. Jänner 1991 ist das Bundesgesetz über die Ausübung der Psychotherapie (Psychotherapiegesetz), BGBl. Nr. 361/1990, in Kraft getreten. Seither ist die psychotherapeutische Berufstätigkeit, aber auch die psychotherapeutische Ausbildung in Österreich gesetzlich geregelt. Psychotherapie ist heutzutage ein unverzichtbarer Bestandteil des Gesundheitswesens in Österreich geworden.

In der Folge wurde die psychotherapeutische Krankenbehandlung in den Katalog der gesetzlichen Krankenversicherung als Pflichtleistung aufgenommen und der ärztlichen Krankenbehandlung gleichgestellt. Damit ist Österreich eines der wenigen europäischen Länder, in denen die Ausübung von Psychotherapie und ihre Finanzierung über die soziale Krankenversicherung gesetzlich geregelt sind. Überdies wurde durch eine Novelle zum Bundes-Krankenanstaltengesetz die psychotherapeutische Versorgung im Krankenhaus grundsatzgesetzlich festgelegt. Die österreichische Rechtslage kann somit als Vorbild für viele andere Staaten in Europa gesehen werden.

Darüber hinaus hat die Psychotherapie auch auf anderen Gebieten der österreichischen Rechtsordnung Einzug gefunden. In diesem Zusammenhang ist insbesondere das gerichtliche Sachverständigenwesen hervorzuheben. In der vom Bundesministerium für Justiz geführten Gerichtssachverständigenliste wurde kürzlich die neue Fachgruppe „Psychotherapie" eingerichtet. Dies ermöglicht nunmehr, dass PsychotherapeutInnen auf gleicher Ebene mit anderen gutachterlich tätigen Berufsgruppen im Dienste der ordentlichen Gerichte als Sachverständige tätig werden können.

Psychotherapeutische Krankenbehandlung beschäftigt sich mit den psychischen Problemen des Menschen. Sie hilft aber nicht nur bei psychischen Problemen oder Lebenskrisen, heilt oder lindert seelische Leidenszustände, ändert gestörte Verhaltensweisen oder Einstellungen, sondern dient auch der Gesundheitsförderung und Persönlichkeitsentwicklung.

Während in der Versorgungssituation der österreichischen Bevölkerung mit Psychotherapie mittlerweile große Fortschritte gemacht worden sind – vor allem ältere Menschen, aber auch Kranke samt ihren Familien waren in der Regel psychotherapeutisch nicht ausreichend betreut – muss dennoch weiterhin die psychotherapeutische Gesamtversorgung aller Bevölkerungskreise eingefordert und bestmöglich forciert werden.

Jede Person, die Hilfe bei der Bewältigung seelischer Probleme braucht, soll somit die notwendige Hilfe und Unterstützung erhalten. Voraussetzung dafür ist eine professionelle Ausbildung auf wissenschaftlicher Basis. Welche Ausbildungseinrichtung mit welcher anerkannten fachspezifischen Methode für zukünftige PsychotherapeutInnen infrage kommt, soll auch durch dieses Buch bestmöglich angesprochen werden. Von besonderer Bedeutung in diesem Zusammenhang ist die Unterscheidung von Aus-, Fort- und Weiterbildung. Entscheidend ist, dass ohne Ausbildung keine Fort- und auch keine Weiterbildung denkbar sind. Fortbildung, die im Übrigen für PsychotherapeutInnen verpflichtend ist, bedeutet somit, sich auf dem Stand der erlernten wissenschaftlichen Ausbildung zu halten, also vor allem methodenspezifisch zu sein. Weiterbildung dagegen ist freiwillig und soll eine in die fachliche Tiefe gehende Spezialisierung, wie etwa Psychotherapie für Kinder und Jugendliche, bzw. die Setzung eines Arbeitsschwerpunktes sein.

Dazu leistet gerade auch dieses Werk seinen wichtigen Beitrag, indem es für alle interessierten LeserInnen den entscheidenden Überblick über Ausbildungen und auch Weiterbildungen im Bereich der Psychotherapie bietet.

Um mit einem Wort von Pablo Picasso zu schließen: „Die Kunst des Findens liegt im Suchen." In diesem Sinne ist den AutorInnen bereits zum vierten Mal für die gelungene Arbeit sehr zu danken.

Wien, im März 2006

Ministerialrat Dr. Michael Kierein
Leiter der Abteilung „Rechtsangelegenheiten für Ärzte, Psychologie und Psychotherapie" im Bundesministerium für Gesundheit und Frauen

Vorwort

Dieses Buch erscheint unter geändertem Titel in vierter Auflage. Bereits 1983 wurden in einer ersten Auflage und 1985 in überarbeiteter Version die Ausbildungsmöglichkeiten im Bereich der Psychotherapie in Österreich illustriert.[1] Änderungen im Methodenspektrum, die Neugründung von Ausbildungseinrichtungen, Entwicklungen und Umstrukturierungen in den Ausbildungseinrichtungen und nicht zuletzt das Inkrafttreten des Psychotherapiegesetzes im Jahre 1991 hatten dazu geführt, dass wir 1995 – verbunden mit einem Verlagswechsel – einen Band vorgelegt haben, in dem in umfassender Weise Ausbildungen in Psychotherapie, psychologischer Behandlung, Beratung und Supervision in Österreich einbezogen waren[2].

Für die vorliegende Neuauflage wurde die Grundkonzeption des Buches erneut modifiziert: Der eindeutige Schwerpunkt liegt nun auf der psychotherapeutischen Ausbildung. Zudem war es erklärte Absicht, das Buch zu einem deutlich niedrigeren Verkaufspreis anbieten zu können. Dementsprechend ist es auch vom Umfang her schmäler ausgefallen.

Zudem hat sich im Zuge der Überarbeitung der Darstellungen der einzelnen Ausbildungsangebote herausgestellt, dass innerhalb der über zehn Jahre, die seit der letzten Auflage vergangen sind, sehr viele Änderungen – und bei weitem nicht nur bei den Kosten – zu vermerken sind.

Daher liegt nunmehr eine so weitgehende Überarbeitung und Aktualisierung vor, dass von einer völligen Neugestaltung des Buches auszugehen ist. Gleich geblieben ist aber unser Hauptanliegen, nämlich die Dokumentation und Bewertung der aktuellen österreichischen Ausbildungssituation im Bereich der Psychotherapie. Insbesondere für AusbildungsinteressentInnen und -teilnehmerInnen eignet sich das Buch als grundlegende Informationsquelle und als vergleichender Überblick über die konkreten Ausbildungsmöglichkeiten in Österreich.

Hier ist auch der Ort, darauf zu verweisen, dass die Publikation in einem Zusammenhang mit weiteren Veröffentlichungen einer Autorengruppe steht, nämlich der Darstellung psychotherapeutischer Methoden und Schulen sowie einem Handbuch für PsychotherapieklientInnen[3].

---

[1] Deimann, P./Stumm, G./Weber, G./Wirth, B. (Hg.) (1983): Psychotherapie in Österreich: Ausbildungsmöglichkeiten – Ausbildungsinstitutionen. Wien: Edition ÖH (bzw. überarbeitete und erweiterte 2. Auflage 1985).

[2] Stumm, G./Deimann, P./Jandl-Jager, E./Weber, G. (Hg.) (1995): Psychotherapie, Beratung, Supervision, Klinische Psychologie: Ausbildung in Österreich. Wien: Falter.

[3] Stumm, G./Wirth, B. (Hg.) (1991): Psychotherapie: Schulen und Methoden. Eine Orientierungshilfe für Theorie und Praxis. Wien: Falter (bzw. überarbeitete und erweiterte 2. Auflage 1994). Stumm, G./Brandl-Nebehay, A./Fehlinger, F. (Hg.) (1996): Handbuch für Psychotherapie und psychosoziale Einrichtungen. Wien: Falter.

Im vorliegenden Band werden zunächst in der *Einleitung* einige übergeordnete Aspekte beschrieben, die mit der psychotherapeutischen Ausbildung in Zusammenhang stehen.

Im *speziellen Teil* des Buches werden in erster Linie die jeweiligen Ausbildungsgänge beleuchtet, und zwar zunächst die erste Stufe der Psychotherapieausbildung, das sogenannte *Psychotherapeutische Propädeutikum,* und danach, als Herzstück des Buches, die zweite Stufe der Psychotherapieausbildung, das *Psychotherapeutische Fachspezifikum,* in Form einer ausführlichen Darstellung der anerkannten fachspezifischen Ausbildungsgänge, geordnet nach Methoden. Ein weiterer Abschnitt befasst sich mit *Anerkennungswerbern für die fachspezifische Ausbildung.* Ein eigenes Kapitel ist Studiengängen wie dem *Studium der Psychotherapiewissenschaft* gewidmet, wie es von der Sigmund Freud Privat Universität Wien angeboten wird.

In weiteren kurz gehaltenen Kapiteln werden die *PSY-Diplome der Österreichischen Ärztekammern, psychotherapeutische Weiterbildungen,* die *Ausbildung für Musiktherapie, Beraterausbildungen* (inkl. Ehe-, Familien und Lebensberatung bzw. Lebens- und Sozialberatung) sowie *Supervisionsausbildungen* umrissen. Kriterium für die Einbeziehung eines Aus- oder Weiterbildungsganges war in allen Fällen ein Mindestumfang von 200 Stunden.

Abgerundet wird das Buch im Anhang von einem *Glossar* in Form eines Abc für AusbildungsinteressentInnen und -teilnehmerInnen, in dem eine Reihe von wichtigen Fachbegriffen erläutert und Grundsatzinformationen im Ausbildungszusammenhang gegeben werden.

Aus Gründen der Vergleichbarkeit wurde für die verschiedenen Kategorien (Propädeutika, Fachspezifika) jeweils ein einheitlicher inhaltlicher Leitfaden für die Darstellungen verwendet. Diese erfolgen also anhand eines von den Herausgebern ausgearbeiteten und vorgegebenen Beschreibungsrasters, der sich in seinen Grundzügen bereits in der vorangegangenen Auflage bewährt hat. Die Texte aus der letzten Auflage wurden als Ausgangsmaterial herangezogen und von RepräsentantInnen der Ausbildungseinrichtungen, die über die entsprechenden Detailinformationen verfügen, weitgehend überarbeitet und aktualisiert. Für die Texte als solche, die von uns endredigiert wurden, tragen jedoch wir als Autoren und Herausgeber des vorliegenden Bandes die Verantwortung. Auch die Kommentierungen zu Ausbildungsangeboten stammen von uns.

Um mit einem Blick die wichtigsten Daten wie Aufnahmebedingungen, Kosten, Dauer etc. vergleichen zu können, sind in den Vorspannen der Abschnitte über die propädeutischen und fachspezifischen Ausbildungseinrichtungen Übersichtstabellen zu finden.

Eine fundamentale Leitlinie für unser Vorgehen war und ist: Die Ausbildungseinrichtungen zahlen keine wie immer geartete Gebühr für die Darstellungen. Dies wurde von uns schon deshalb nicht in Erwägung gezogen, um unsere Autonomie gegenüber den Ausbildungsträgern zu wahren.

Zu danken haben wir unserem Mitarbeiter Thomas Czypionka und allen KollegInnen, die uns bei der Darstellung der einzelnen Ausbildungseinrichtungen zum Teil sehr maßgeblich unterstützt haben. Sie sind teilweise auch bei den jeweiligen Beiträgen in Fußnoten namentlich genannt. Darüber hinaus danken wir Margret Aull, Michael Kierein und Gerhard Stemberger für ihre Unterstützung bei der Erstellung des Glossars. Unser Dank gilt auch dem Falter-Verlag, der sich dazu entschlossen hat, die Aktualisierung dieses Buches zu fördern, und Susanne Schwameis, die uns in bewährter Weise begleitet hat.

Wir hoffen sehr, dass unsere Arbeit jene Informationen bereitstellt, die für AusbildungsinteressentInnen und angehende PsychotherapeutInnen, aber auch für Suchende von anderen Ausbildungsangeboten im psychosozialen Bereich von Interesse und nutzbringend sind. Für Anregungen und Hinweise sind wir dankbar. Wir werden diese im Falle einer Neuauflage, ebenso wie entsprechende Ergänzungen und Aktualisierungen, berücksichtigen.

Richten Sie bitte Ihre Nachricht an die Autoren, c/o Dr. Gerhard Stumm, 1170 Wien, Kalvarienberggasse 24, bzw. per E-Mail an: gerhard.stumm@tplus.at

Wien, im Jänner 2006
Gerhard Stumm und *Elisabeth Jandl-Jager*

Inhalt

Einleitung und allgemeiner Teil

Im vorliegenden einführenden allgemeinen Teil wird ein Überblick über das Ausbildungsfeld gegeben, und es werden einige grundlegende Fragestellungen erörtert, z.B. so fundamentale Gesichtspunkte wie Dauer, Kosten und regionale Verfügbarkeit psychotherapeutischer Ausbildung, aber auch die Berufsperspektiven für AusbildungsinteressentInnen und angehende PsychotherapeutInnen sowie die aktuelle Situation hinsichtlich der Verankerung der Psychotherapieausbildung auf der akademischen Ebene.

Rahmeninformationen, die sich nur auf das Propädeutikum oder nur auf das Fachspezifikum oder nur auf eine der anderen hier berücksichtigten Aus- bzw. Weiterbildungen beziehen, finden sich in der jeweiligen Einleitung zu den speziellen Kapiteln.

Relevante Begriffe und Richtlinien werden übrigens auch im Anhang des Buches in einem separaten Glossar komprimiert erläutert.

Psychotherapieausbildung und verwandte Ausbildungswege in Österreich: ein Überblick

Schematisch gefasst lässt sich der Gesamtzusammenhang, der in diesen Band aufgenommenen Aus- und Weiterbildungswege wie folgt skizzieren:

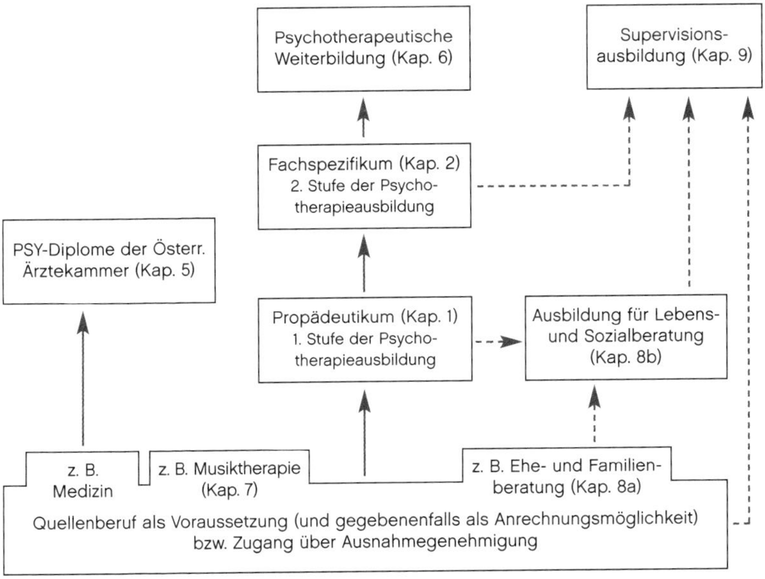

Tab. 1: Aus-, Fort- und Weiterbildungen im psychotherapeutischen Feld

Im Zentrum der Betrachtung steht die Psychotherapieausbildung nach dem Psychotherapiegesetz mit Propädeutikum (Kap. 1) und Fachspezifikum (Kap. 2), allenfalls ergänzt um spezifische Weiterbildungen (Kap. 6). Ausschließlich für Ärzte besteht die Möglichkeit einer integrativen Fortbildung für psychotherapeutische Medizin in Form sogenannter PSY-Diplome der Ärztekammern (s. Kap. 5). Aus den jeweiligen sogenannten Quellenberufen besteht die Möglichkeit der Anrechnung von Ausbildungselementen auf das Propädeutikum (u.a. auch Musiktherapie, Kap. 7, und Ehe- und Familienberatung, Kap. 8.a) und z.T. auch auf die PSY-Diplome der Ärztekammern (bei Weiterbildung z.B. zum Facharzt für Psychiatrie). Das Psychotherapeutische Propädeutikum ist auf die Ausbildung für Lebens- und Sozialberatung (Kap. 8.b) anrechenbar. Die Ausbildung zu einigen Quellenberufen, das abgeschlossene Fachspezifikum sowie die Ausbildung in Lebens- und Sozialberatung sind für die Supervisionsausbildung anrechenbar.

Zur Ausgangslage und Motivation für eine psychotherapeutische Ausbildung

Was bewegt jemanden, PsychotherapeutIn zu werden? Welche Leitbilder verknüpfen sich mit diesem Beruf, den Sigmund Freud – abgewandelt, denn er schrieb konkret vom „Analysieren“ – neben „Erziehen“ und „Regieren“ zu den „unmöglichen“ zählte? Was motiviert Menschen, eine jahrelange Ausbildung (mit einem Umfang von über 3.000 Std.) und relativ hohe Ausbildungskosten (siehe das darauffolgende Kapitel) auf sich zu nehmen, um dann seine Arbeitszeit und damit auch einen Teil seiner Lebenszeit für die Begleitung von mehr oder weniger psychisch gestörten Personen aufzuwenden? Nun, dieses Buch ist weniger der kritischen Durchdringung von solch wesentlichen Fragen gewidmet als vielmehr der konkreten Darlegung, wie die psychotherapeutische Ausbildung in Österreich organisiert ist und welche Ausbildungsmöglichkeiten zu welchen Bedingungen in Anspruch genommen werden können. Gleichwohl wollen wir in einigen Sätzen kurz auf die Frage der Ausbildungsmotivation eingehen, sind doch die Beweggründe und die Ausdauer sowohl für den Zugang zur Ausbildung als auch das Durchhaltevermögen während der Ausbildung zum/zur PsychotherapeutIn von entscheidender Bedeutung.

Sicher kann die berufliche Tätigkeit von PsychotherapeutInnen sehr lohnenswert sein, sie ist vor allem nicht entfremdend und erlaubt, ja verlangt sogar vom Psychotherapeuten, sich selbst ernst zu nehmen. Sie verspricht Selbstständigkeit, zumeist höheren sozialen Status und manchmal bessere Bezahlung. Vielfach bekommen wir als PsychotherapeutInnen Dankbarkeit und narzisstische Anerkennung für unser Eingehen auf die Nöte der KlientInnen, für unsere Art, diesen zu „helfen“. Auf der anderen Seite steht die Anstrengung und Mühe der Tätigkeit, die zuweilen sehr beschränkte Wirksamkeit unserer Profession und gar nicht so selten der Abbruch der Psychotherapie durch den/die KlientIn, was wiederum hohe Ansprüche an unsere Kränkbarkeit stellt. Nun gut, damit umzugehen ist Bestandteil der psychotherapeutischen Ausbildung.

Die Aufnahme in das Propädeutikum und die Absolvierung desselben verlangt von AusbildungswerberInnen weder eine Motivationsklärung noch eine Eignungsprüfung. Es sieht faktisch keine Eignungsselektion vor. Die vorgesehenen mind. 50 Std. Selbsterfahrung und auch die Praktikumssupervision können für die Reflexion von Motiven und persönlichen Eingangsbedingungen genützt werden, müssen aber nicht zwingend dazu verwendet werden. Gefordert sind lediglich Erfolgsnachweise für die theoretischen Fächer. Erst knapp vor, während und nach dem Eintritt in das Fachspezifikum sehen sich AusbildungsinteressentInnen und -kandidatInnen der Forderung gegenüber, die Motive ihrer Berufswahl, z.B. ihren Idealismus und Helferdrang, und die Eignung für die Ausübung psychotherapeutischer Tätigkeit kritisch zu hinterfragen und das eigene Handeln, die eigene psychische Entwicklung und die Ausbildungsschritte selbstkritisch zu reflektieren. Die fachspezifischen Anbieter haben bezüglich der Eignung jeweils (methodenspezifische) Kriterien für die Aufnahme in die Fachausbildung entwickelt (s. jeweils den Punkt „Aufnahmebedingungen“ in den fachspezifischen Darstellungen).

Betrachten wir die Situation aus einer rein statistischen Perspektive, die natürlich nie die individuelle ersetzen kann, dann wird zumindest ein allgemeines Phänomen deutlich: Im Jahre 2003 wurden in Österreich fast 900 Personen in einen der propädeutischen Ausbildungsgänge aufgenommen, über 500 haben im selben Zeitraum das Propädeutikum absolviert. Ca. 300 wiederum haben in dieser Phase mit einer fachspezifischen Ausbildung begonnen und ungefähr 150 sind im Berichtszeitraum zu einem Ausbildungsabschluss gelangt. Das heißt, dass ein sehr hoher Prozentsatz von AusbildungsteilnehmerInnen – aus welchen Gründen auch immer – zu keinem Fachabschluss kommt. Allein schon aus diesem Grund sollte der Entschluss, eine Psychotherapieausbildung zu beginnen, wohl überlegt sein, zumal ja auch erhebliche finanzielle Ausgaben damit verbunden sind. Die Frage der Eignung und Motivation, der insbesondere zu Beginn der Fachausbildung in den allermeisten Ausbildungseinrichtungen ein großes Gewicht zukommt, kann aber offenbar nicht ausreichend die Ausbildungskarrieren sicherstellen. Selbst wenn ein fachspezifischer Abschluss erreicht wird, bleibt naturgemäß offen, ob und in welchem Umfang die formale Qualifikation in einer selbstständigen oder in einer Institution ausgeübten psychotherapeutischen Praxis umgesetzt werden kann.

Grundsätzlich scheint eine gute Voraussetzung für die psychotherapeutische Laufbahn die Erfahrung von eigenen psychischen Krisen zu sein und auch deren zumindest ansatzweise Bewältigung als in die Ausbildung mitgebrachte Lebenserfahrung. Individuelle Wünsche nach „Heilung“, denen im Rahmen der Selbsterfahrung ganz offiziell nachgegangen werden kann, sind zwar legitim, doch ist im Falle eines primären und chronischen Leidensdrucks doch besser eine Psychotherapie als eine psychotherapeutische Ausbildung in Erwägung zu ziehen.

Der Wunsch nach (einer besseren) Qualifikation, die auch das Tor zu einer (anderen Form der) Berufstätigkeit aufstoßen soll, kann auch eine wichtige Rolle spielen. Menschen, die Beistand in verschiedenen medizinischen und psychosozialen Feldern suchen, erwarten mehr als früher entsprechende psychosoziale Kompetenz. Angehörige dieser Berufsgruppen sind auch aus diesem Grund zur Ausbildung motiviert, um diesen Bedürfnissen ihrer „Klientel" Rechnung zu tragen. Daher streben so manche eine Psychotherapieausbildung an, obwohl sie weiterhin in ihrem bisher ausgeübten Beruf und nicht als PsychotherapeutInnen arbeiten möchten. In diesen Fällen scheint es überlegenswert, andere Qualifikationswege zu beschreiten, die ebenfalls eine Anhebung der psychosozialen Kompetenz im angestammten Beruf gewährleisten, ohne die umfangreiche Psychotherapieausbildung einzuschlagen. Die Ausbildung zum/zur PsychotherapeutIn ist nämlich eine spezifische Berufsausbildung und zu aufwendig, um das Manko einer anderen beruflichen Ausbildung auszugleichen.

Ob es also wirklich zweckmäßig ist, auch diese Personen psychotherapeutisch auszubilden, sei offen gelassen. Umso mehr, als alle psychotherapeutisch Ausgebildeten, gleichgültig, ob sie tatsächlich in diesem Bereich arbeiten oder nicht, die Zahl der PsychotherapeutInnen verstärken und damit das finanzielle und machtpolitische Gewicht dieser Berufsgruppe nähren.

Derartige Überlegungen können vielleicht einen Anstoß geben, die eigenen Voraussetzungen für die Psychotherapieausbildung gründlich zu prüfen, auch ob tatsächlich und realistischerweise die volle Ausübung des Berufes angestrebt wird, sodass er, in Anspielung auf Freud, zu einem „möglichen" Beruf wird.

Allgemeines zur Psychotherapieausbildung: Dauer, Kosten, Kapazitäten und regionale Situation

Die nachfolgenden Ausführungen in diesem Kapitel beziehen sich auf die staatlich geregelte Psychotherapieausbildung mit ihren 2 Ausbildungsteilen (Psychotherapeutisches Propädeutikum und Fachspezifikum).

Zusammenfassend lässt sich vorweg sagen, dass die Psychotherapieausbildung in den allermeisten Fällen eine zweite Berufsausbildung darstellt, die von den meisten TeilnehmerInnen berufsbegleitend absolviert wird, was eine Finanzierung der doch recht hohen Kosten, die sich allerdings auf einen längeren Zeitraum verteilen, ermöglicht. Die Ausbildungseinrichtungen haben ihr Ausbildungsangebot auf den berufsbegleitenden Umstand abgestellt und bieten ihre Veranstaltungen fast ausnahmslos an Abenden bzw. an Wochenenden und z.T. auch zu den Urlaubszeiten an.

Dauer

Wir müssen die nachfolgenden Angaben insofern einschränken, als sie auf Einschätzungen der Ausbildungsverantwortlichen und auf unseren Schätzungen beruhen. Es liegen uns keine empirisch gesicherten Angaben darüber vor, in welcher Höhe sich die durchschnittliche Dauer der Ausbildungen in den einzelnen Ausbildungszweigen bewegt.

Die erfolgreiche Absolvierung des Propädeutikums dauert im Schnitt 2 Jahre. Dies ist etwa der Zeitraum, in dem alle Ausbildungseinrichtungen alle theoretischen Lehrveranstaltungen anbieten. Selbsterfahrung, Praktikum und Praktikumssupervision müssen in der Regel ohnehin selbst organisiert werden. Von einer kürzeren Dauer kann dann ausgegangen werden, wenn größere Teile des Curriculums aufgrund von Vorbildungen angerechnet werden können oder wenn das Propädeutikum über Anbieter absolviert wird, die den Lehrgang in kompakterer Form offerieren. In der Praxis ist eher mit einer etwas längeren Dauer als 2 Jahre zu rechnen, da doch auch etwaige Verzögerungen mitbedacht werden müssen, die durchaus beim Ausbildungsteilnehmer selbst liegen können. Auch ist für den Abschluss des Propädeutikums eine gewisse Zeit einzuplanen.

Wir halten das auch deswegen fest, weil wir die Messlatte und Anspruchshaltungen von AusbildungsteilnehmerInnen, die aus unterschiedlichsten Gründen zumeist ohnehin recht hoch angesetzt sind, nicht noch zusätzlich in die Höhe schrauben wollen, sondern, im Gegenteil, ein stimmiges persönliches Maß als Orientierungsmarke vorschlagen. Zu oft haben wir selbst erlebt, wie AusbildungsteilnehmerInnen des Propädeutikums sozusagen in Wochen und Monaten denken, während die Phase des Fachspezifikums sich dann in der zeitlichen Dimension von mehreren bis vielen Jahren bewegt. Wir neigen zur Auffassung, dass die psychotherapeutische Ausbildung bereits im Stadium des Propädeutikums die persönlichen Qualitäten der AusbildungskandidatInnen fördern sollte, eine Zielsetzung, die sich kaum mit einer Absolvierung wie auf dem Fließband verträgt.

Für das Psychotherapeutische Fachspezifikum ist je nach Anbieter und Methode eine Mindestdauer von 4 bis 6 Jahren einzukalkulieren, im Schnitt eher 5 bis 8 Jahre. Diese Bandbreite in der Ausbildungsdauer hängt einerseits vom Umfang der Selbsterfahrung ab, der speziell in analytischen Verfahren mehrere Hundert Std. betragen kann, aber auch von der eigenen praktischen Tätigkeit (mind. 600 Std. psychotherapeutische Arbeit mit KlientInnen). Das Praktikum (mind. 550 Std.) hingegen ist in den allermeisten Fällen entgegen ursprünglichen Erwartungen nicht so zeitaufwendig, auch wenn dessen Organisation für einige KandidatInnen durchaus mühevoll sein kann.

Hier sei auch noch auf grundlegende Unterschiede zum Propädeutikum hingewiesen: Obwohl im Fachspezifikum insg. mind. 1.900 Std. gefordert sind, ist dieses Pensum, bezogen auf ein Ausbildungsjahr, weniger zeitintensiv als das Propädeutikum (insg. mind. 1.315 Std.). Dadurch, dass sich die

Ausbildungsstunden auf einen längeren Zeitraum (mind. 4 Jahre im Vergleich zu ca. 2 Jahren im Propädeutikum) verteilen, fallen pro Ausbildungsjahr signifikant weniger Ausbildungsstunden und z.B. auch weniger Wochenenden an, die für die Ausbildung zu reservieren sind. Allerdings ist das Fachspezifikum in Hinblick auf die persönliche Herausforderung erfahrungsgemäß deutlich intensiver, was von den meisten AusbildungsteilnehmerInnen aber als Anregung und Bereicherung empfunden wird.
Detaillierte Angaben zur Dauer der Ausbildungen bzw. einzelner Ausbildungselemente finden sich übrigens in den Darstellungen zu den einzelnen Ausbildungsgängen.

Nimmt man also die psychotherapeutische Ausbildung insgesamt, so ist grob gesprochen eine Dauer von ca. 6 bis 10 Jahren zu antizipieren. Auch dieses Faktum sollte also bei den Überlegungen, eine Psychotherapieausbildung zu machen, mitbedacht werden.

Kosten

Die Kosten für das Propädeutikum bewegen sich zwischen rund € 2.000,– und knapp über € 8.000,– (im Schnitt ca. € 5.000,–; siehe auch Überblickstabelle im Vorspann des Kap. 1 über die propädeutischen Ausbildungseinrichtungen). Kostenreduzierung aufgrund von Anrechnungen ist bei allen Propädeutika möglich. Dieser Teil der Psychotherapieausbildung ist aber derjenige mit dem geringeren Kostenaufwand. Sehr viel mehr ins Gewicht fällt das Fachspezifikum. Die nachfolgende Aufstellung illustriert dies nachdrücklich:

Arbeitskreis für Psychoanalyse Linz/Graz	€ 45.100,–
Innsbrucker Arbeitskreis für Psychoanalyse (IAP)	€ 44.500,–
Wiener Psychoanalytische Vereinigung (WPV)	€ 42.200,–
Österr. Daseinsanalytisches Institut für Psychotherapie, Psychosomatik und Grundlagenforschung (ÖDAI)	€ 41.100,–
Psychoanalytisches Seminar Innsbruck (PSI)	€ 40.500,–
Wiener Kreis für Psychoanalyse und Selbstpsychologie (WKPS)	€ 40.400,–
Österr. Arbeitskreis für Gruppentherapie und Gruppendynamik (ÖAGG) – Fachsektion Gruppenpsychoanalyse	€ 35.600,–
Wiener Arbeitskreis für Psychoanalyse (WAP)	€ 31.600,–
Österr. Verein für Individualpsychologie (ÖVIP)	€ 31.500,–
Österr. Arbeitskreis für Gruppentherapie und Gruppendynamik (ÖAGG) – Fachsektion Integrative Gestalttherapie	€ 31.000,–
Österr. Gesellschaft für Analytische Psychologie (ÖGAP) – Verein bzw. DUK	€ 30.000,–/34.000,–
Österr. Arbeitskreis für Konzentrative Bewegungstherapie (ÖAKBT)	€ 28.900,–
Institut für Integrative Gestalttherapie Wien (IGW)	€ 27.900,–
Salzburger Arbeitskreis für Psychoanalyse (SAP)	€ 27.000,–

Österr. Arbeitskreis für Gruppentherapie und Gruppendynamik (ÖAGG) – Fachsektion Psychodrama	€ 26.000,–
Österr. Gesellschaft für wissenschaftliche, klientenzentrierte Psychotherapie und personorientierte Gesprächsführung (ÖGWG)	€ 25.900,–
Österr. Arbeitskreis für Gruppentherapie und Gruppendynamik (ÖAGG) – Fachsektion Gruppendynamik u. Dynamische Gruppenpsychotherapie	€ 25.400,–
Universitätslehrgang „Psychotherapie" an der Donau-Universität Krems, Zentrum für Psychosoziale Medizin (Integrative Therapie)	€ 24.700,–
Vereinigung Rogerianische Psychotherapie (VRP)	€ 23.000,–
Lehranstalt für Systemische Familientherapie (la:sf)	€ 22.800,–
Österr. Arbeitsgemeinschaft für Gestalttheoretische Psychotherapie (ÖAGP)	€ 21.900,–
Österr. Arbeitskreis für Gruppentherapie und Gruppendynamik (ÖAGG) – Fachsektion Systemische Familientherapie	€ 21.500,–
Arge Transaktionsanalyse (Arge TA) – ITAP bzw. ÖATA	€ 21.100,–/26.200,–
Österr. Arbeitsgemeinschaft für Systemische Therapie und Systemische Studien (ÖAS) – Graz/Salzburg/Innsbruck bzw. Wien	€ 20.800,–/22.800,–
Institut für Kommunikation im Berufsleben und Psychotherapie der Universität Innsbruck (Psychodrama)	€ 20.300,–
Österr. Ges. für angewandte Tiefenpsychologie und allgemeine Psychotherapie (ÖGATAP) – Autogene Psychotherapie	€ 19.400,–
Österr. Ges. für angewandte Tiefenpsychologie und allgemeine Psychotherapie (ÖGATAP) – Katathym Imaginative Psychotherapie	€ 19.400,–
Arbeitsgemeinschaft für Verhaltensmodifikation (AVM)	€ 18.900,–
Österr. Gesellschaft für Verhaltenstherapie (ÖGVT)	€ 18.100,–
Österr. Ges. für angewandte Tiefenpsychologie und allgemeine Psychotherapie (ÖGATAP) – Hypnosepsychotherapie	€ 18.000,–
Arbeitsgemeinschaft Personenzentrierte Psychotherapie, Gesprächsführung und Supervision (APG) – Forum bzw. IPS	€ 17.000,–/18.100,–
Gesellschaft für Logotherapie und Existenzanalyse (GLE-Ö)	€ 16.000,–
Ausbildungsinstitut für Logotherapie und Existenzanalyse (ABILE)	€ 15.800,–
Salzburger Gesellschaft für Tiefenpsychologie – C.G. Jung-Institut	dzt. nicht ausbildungsaktiv

Tab. 2: Psychotherapeutisches Fachspezifikum: Mindestausbildungskosten in den einzelnen Ausbildungseinrichtungen (Stand: April 2006)

Die Kostentabelle für das Fachspezifikum spricht weitgehend für sich selbst. Eine analytische Ausbildung kostet mind. € 40.000,–, in der Praxis dürfte dieser Wert eher gegen € 50.000,– tendieren. Verantwortlich für höhere Ausbildungskosten sind durchwegs höhere Stundenzahlen im Bereich der Lehrtherapie/Selbsterfahrung. Diese sind der größte Brocken bei den Ausbildungskosten. Dementsprechend rangieren unter den kostengünstigsten Ausbildungsangeboten jene mit niedrigeren Selbsterfahrungsanteilen bzw. jene Curricula, die die im Psychotherapiegesetz definierten Mindestanforderungen kaum überschreiten. Bei manchen (z.B. systemischen Ausbildungen und ÖGwG) sind die angegebenen sehr nahe an den tatsächlichen Kosten, bei anderen (z.B. SAP, WAP) nur in Ausnahmefällen!

Alles in allem ist also – je nach Fachrichtung – mit Gesamtkosten (also für Propädeutikum und Fachspezifikum zusammen) von mind. € 20.000,– bis € 50.000,– zu rechnen.

Diese Beträge (siehe auch Gesamtaufstellung und die Beiträge über die einzelnen Ausbildungseinrichtungen) sind Mindestkosten, auf der Basis von quantitativen Mindeststandards und optimalen Eingangsvoraussetzungen (z.B. die Dauer der Lehrtherapie betreffend) kalkuliert. Allerdings bieten die genannten Mindestkosten in der Praxis schon einen sehr guten Anhaltspunkt für die tatsächlichen Ausbildungskosten, die im Durchschnitt nicht allzu sehr darüber liegen werden. Zu bedenken ist freilich, dass spezielle Bedürfnislagen und Interessenschwerpunkte der AusbildungsteilnehmerInnen – unter Umständen auch weitere Auflagen vonseiten der Ausbildungseinrichtung – ein höheres Maß an Ausbildungseinheiten bedingen können, was sich natürlich zusätzlich auf die Ausbildungskosten auswirkt.

Realistischerweise werden die faktischen Ausbildungskosten im Schnitt eher bei € 25.000,– bis € 60.000,– liegen, da auch noch zusätzliche Kosten durch Fachliteratur oder – bei einigen Ausbildungseinrichtungen – auch durch Reise- und Aufenthaltsspesen anfallen können.

Einige Ausbildungseinrichtungen gewähren zwar in nachweisbaren sozialen Härtefällen Ermäßigungen, doch reduziert dies die Kosten nur moderat. Auch sind keine Stipendien vorgesehen.

Da die fachspezifische Ausbildung in vielen Fällen berufsbegleitend absolviert wird, verfügen die meisten AusbildungsteilnehmerInnen über eigene berufliche Einkünfte. Da im Schnitt mind. ca. € 5.000,–/Jahr für die Ausbildung bereitgestellt werden müssen, dies allerdings in den meisten Fällen nicht auf einmal, sondern kontinuierlich (also bezogen auf die jeweils besuchten Ausbildungselemente), ist eine fixe finanzielle Bezugsquelle wie ein eigenes Einkommen eine wichtige Absicherung, um sich die Ausbildungskosten leisten zu können.

Wir wollen damit niemanden abschrecken, sondern erneut nur auf Tatsachen, in diesem Fall finanzielle, hinweisen, mit denen AusbildungswerberInnen konfrontiert sind.

Kapazitäten und Auslastung

Sowohl für den Propädeutikumsabschnitt als auch für den fachspezifischen Teil bestehen ausreichende Kapazitäten, sodass es zu keinen nennenswerten Wartezeiten aufgrund von fehlenden personellen Ressourcen auf Anbieterseite kommt (s. a. die Überblickstabellen jeweils in den Einleitungen zu den propädeutischen Ausbildungen in Kap. 1 und zu den fachspezifischen Ausbildungen in Kap. 2). Aufgrund der großen Anzahl von Ausbildungsanbietern und auch der guten personellen Ausstattung, d.h. der meist relativ großen Zahl von Lehrpersonen, ist es eher so, dass die meisten von ihnen gar nicht ausgelastet sind. So stehen in allen Propädeutika zusammen über 500 Lehrpersonen und in allen Fachspezifika zusammen ca. 800 AusbildnerInnen (davon 435 mit voller Lehrbefugnis, 242 mit partieller Lehrbefugnis und 205 GastdozentInnen) zur Verfügung. Das ergibt für das Fachspezifikum mit seinen insgesamt 2.604 AusbildungsteilnehmerInnen (Stand Juni 2005) einen Schlüssel Ausbildner und Auszubildende von etwa 1:4.

Die folgende Aufstellung verdeutlicht die Ebene der Nachfrage für den Bereich der fachspezifischen Anbieter:

	Ausbildungs-teilnehmerInnen	**Auf-nahmen**
Österr. Ges. für angewandte Tiefenpsychologie und allgemeine Psychotherapie (ÖGATAP) – Katathym Imaginative Psychotherapie	308	128
Österr. Arbeitsgemeinschaft für Systemische Therapie und Systemische Studien (ÖAS)	213	196
Gesellschaft für Logotherapie und Existenzanalyse (GLE-Ö)	205	134
Arbeitsgem. Personenzentrierte Psychotherapie, Gesprächsführung und Supervision (APG)	163	102
Österr. Arbeitskreis für Gruppentherapie und Gruppendynamik (ÖAGG) – Fachsektion für Psychodrama, Soziometrie und Rollenspiel	129	67
Österr. Ges. für angewandte Tiefenpsychologie und allgemeine Psychotherapie (ÖGATAP) – Autogene Psychotherapie	128	4
Österr. Verein für Individualpsychologie (ÖVIP)	127	41
Österr. Gesellschaft für Verhaltenstherapie (ÖGVT)	122	97
Lehranstalt für Systemische Familientherapie (la:sf)	121	142
Österr. Arbeitskreis für Gruppentherapie und Gruppendynamik (ÖAGG) – Fachsektion Integrative Gestalttherapie	116	69
Österr. Gesellschaft für wissenschaftliche, klientenzentrierte Psychotherapie und personorientierte Gesprächsführung (ÖGWG)	89	69
Arbeitsgemeinschaft für Verhaltensmodifikation (AVM)	86	78
Institut für Integrative Gestalttherapie Wien (IGW)	85	71
Österr. Ges. für angewandte Tiefenpsychologie und allgemeine Psychotherapie (ÖGATAP) – Hypnosepsychotherapie	81	43
Wiener Psychoanalytische Vereinigung (WPV)	78	44
Wiener Arbeitskreis für Psychoanalyse (WAP)	75	20
Salzburger Arbeitskreis für Psychoanalyse (SAP)	64	18
Ausbildungsinstitut für Logotherapie und Existenzanalyse (ABILE)	60	77
Österr. Arbeitskreis für Gruppentherapie und Gruppendynamik (ÖAGG) – Fachsektion Systemische Familientherapie	52	43
Arge Transaktionsanalyse (Arge TA)	50	39

Österr. Arbeitsgemeinschaft für Gestalttheoretische Psychotherapie (ÖAGP)	44	10
Österr. Gesellschaft für Analytische Psychologie (ÖGAP)	43	31
Institut für Kommunikation im Berufsleben und Psychotherapie der Universität Innsbruck	28	30
Österr. Arbeitskreis für Konzentrative Bewegungstherapie (ÖAKBT)	28	26
Arbeitskreis für Psychoanalyse Linz/Graz	23	9
Wiener Kreis für Psychoanalyse und Selbstpsychologie (WKPS)	17	8
Psychoanalytisches Seminar Innsbruck (PSI)	16	15
Vereinigung Rogerianische Psychotherapie (VRP)	14	18
Österr. Arbeitskreis für Gruppentherapie und Gruppendynamik (ÖAGG) – Fachsektion Gruppendynamik und Dynamische Gruppenpsychotherapie	13	5
Innsbrucker Arbeitskreis für Psychoanalyse (IAP)	9	8
Österr. Arbeitskreis für Gruppentherapie und Gruppendynamik (ÖAGG) – Fachsektion Gruppenpsychoanalyse	9	10
Österr. Daseinsanalytisches Institut für Psychotherapie, Psychosomatik und Grundlagenforschung (ÖDAI)	4	3
Salzburger Gesellschaft für Tiefenpsychologie – C.G. Jung-Institut	4*	1*
Universitätslehrgang „Psychotherapie" an der Donau-Universität Krems, Zentrum für Psychosoziale Medizin (Integrative Therapie)	–**	–**
	2.604	1.656

* dzt. nicht ausbildungsaktiv
** erst Ende 2005 anerkannt

Tab. 3: Psychotherapeutisches Fachspezifikum: Ausbildungseinrichtungen geordnet nach der Anzahl der AusbildungsteilnehmerInnen (Stand: 1. 6. 2005) und der Anzahl der Aufnahmen von AusbildungsteilnehmerInnen (im Zeitraum 1. 6. 2000–1. 6. 2005)

Zu beachten ist dabei, dass die aktuelle Zahl an AusbildungsteilnehmerInnen neben den Aufnahmen in die Ausbildung jeweils auch durch die Zahl der Abbrecher und die Ausbildungsabschlüsse beeinflusst wird, wobei hier wiederum die Verweildauer in der Ausbildung eine Rolle spielt. So sind beispielsweise in Proportion zu den Aufnahmezahlen die Teilnehmerzahlen in den tiefenpsychologischen Ausbildungen (z.B. ÖGATAP, ÖVIP, WAP, SAP) deutlich höher als in den kursartigen systemischen Ausbildungen oder auch in den verhaltenstherapeutischen Ausbildungen. Doch werden damit keine Neuaufnahmen blockiert, denn in vielen Fällen haben die langjährigen PsychotherapeutInnen in Ausbildung bereits alle Ausbildungsschritte mit Ausnahme z.B. ihrer eigenen Praxis oder auch der schriftlichen Arbeit oder des Abschlusskolloquiums absolviert

Regionale Situation der Psychotherapieausbildung in Österreich

Mit Ausnahme des Burgenlandes finden sich in allen Bundesländern Ausbildungseinrichtungen bzw. Lehrpersonen.

So gibt es – mit Ausnahme des Burgenlandes – in allen Bundesländern zumindest eine ausbildungsaktive propädeutische Ausbildungseinrichtung, die Ausbildungsangebote vor Ort bereitstellt, in Oberösterreich und der Steiermark sind es 2 und in Wien 8, wobei eine zum ersten Mal ab dem Frühjahr 2006 angeboten wird.

Einige fachspezifische Ausbildungsinstitutionen können die Ausbildung nahezu österreichweit anbieten, d.h. sie organisieren Ausbildungsveranstaltungen in mehreren Regionen und haben LehrtherapeutInnen verstreut über fast ganz Österreich. Auch hier ist das Burgenland das einzige Bundesland, das keine Ausbildungsorganisation und kaum LehrtherapeutInnen vor Ort aufweisen kann. Auch in Niederösterreich, Kärnten und Vorarlberg ist das Ausbildungsangeboten eher dürftig. Der überwiegende Teil der Ausbildungseinrichtungen befindet sich in Wien. Die Ausbildungseinrichtungen sind übrigens fast ausnahmslos in den Landeshauptstädten angesiedelt. Die Ausbildungsveranstaltungen können aber auch an anderen Orten als dem Sitz der Ausbildungseinrichtung stattfinden (s. dazu den Vermerk im letzten Satz dieses Abschnitts).

Grundsätzlich kann natürlich aufgrund der relativ geringen Entfernungen in Österreich eine Ausbildung auch dann gemacht werden, wenn der Sitz der Ausbildungseinrichtung in einem anderen Bundesland als der Wohnort des/der AusbildungsteilnehmerIn ist. Entscheidend ist wohl, ob in relativer Nähe ein Platz für die Lehrtherapie bzw. in einer kontinuierlichen Ausbildungsgruppe gefunden werden kann.

AusbildungsteilnehmerInnen z.B. aus Niederösterreich und dem Burgenland nehmen vorwiegend Angebote aus dem Raum Wien in Anspruch, wobei das westliche Niederösterreich zum Einzugsgebiet der Linzer Anbieter zählt und die Grazer Angebote auch für InteressentInnen aus dem südlichen Burgenland infrage kommen.

Bezüglich der konkreten Möglichkeiten aus regionaler Sicht sei auf die einzelnen Darstellungen über fachspezifische Anbieter verwiesen. Dort sind immer im Vorspann die regionalen Gegebenheiten und Ausbildungsorte angeführt. Die Berufssitze von LehrtherapeutInnen können jeweils aus dem Punkt über AusbildnerInnen erschlossen werden.

Berufsaussichten für PsychotherapeutInnen

Die Berufsmöglichkeiten für PsychotherapeutInnen zu konstatieren oder gar die Berufsperspektiven zu prognostizieren, ist nur sehr begrenzt möglich, da hierfür kaum verlässliche Daten vorliegen.

In erster Linie ist das Verhältnis von Bedarf an Psychotherapie und Angebot an psychotherapeutischen Diensten ein Anhaltspunkt, um Schätzungen bezüglich der Nachfrage nach Psychotherapie und damit nach darin ausgebildeten Personen vornehmen zu können. Zwar wird der grundsätzliche Bedarf an Psychotherapie – je nach fachlichem Standort – mehr oder weniger hoch eingestuft, doch hängt die Inanspruchnahme auch von Aspekten wie der Motivation potenzieller KlientInnen und von den dafür aufzuwendenden Kosten ab. Dies aber wiederum beruht auf gesellschafts- und gesundheitspolitischen Faktoren, die ihrerseits wiederum – zumindest teilweise – von der Effektivität/Effizienz der psychotherapeutischen Versorgung abhängen. Daraus ergeben sich folgende Fragen: Welchen Stellenwert hat Psychotherapie im österreichischen Gesundheitssystem? Wie beurteilt die österreichische Gesellschaft den Nutzen psychotherapeutischer Leistungen auf dem Gesundheitssektor? Für welche Angebote werden Mittel ausgegeben bzw. Kosten übernommen? Wird der Psychotherapie auch in ihrem emanzipatorischen Charakter – und nicht nur in ihrem kurativen Anspruch – Bedeutung zugemessen?

Doch kommen wir zu den Daten, die belegbar sind: Ende 2005 gab es fast 6.000 eingetragene PsychotherapeutInnen. Dazu kommen noch jene ca. 1.200 ÄrztInnen, die eine Fortbildung in Form des PSY-Diploms für Psychotherapeutische Medizin gemacht haben. Wie weit in diesen beiden Listen Überschneidungen vorliegen, können wir nicht bemessen.

Wenn diese Zahlen auch hoch anmuten, so müssen sie doch hinsichtlich der tatsächlichen Ausübung einer psychotherapeutischen Tätigkeit relativiert werden: Aus einer Studie des Österr. Bundesinstituts für Gesundheitswesen (ÖBIG, 1997)* ist bekannt, dass 1997 mehr als 45 % aller PsychotherapeutInnen in Österreich weniger als 10 Std./Woche psychotherapeutisch tätig waren. Damals gab es in Österreich rund 3.000 eingetragene PsychotherapeutInnen. Ein beträchtlicher Anteil graduierter PsychotherapeutInnen dürfte sogar überhaupt keinerlei psychotherapeutische Tätigkeit ausüben.

Es ist daher davon auszugehen, dass für die überwiegende Mehrheit der PsychotherapeutInnen die Psychotherapieausbildung eine Zusatzqualifikation zu einer anderen bestehenden Berufstätigkeit ist. Im Umkehrschluss gilt dann, dass wohl weniger als die Hälfte der PsychotherapeutInnen ausschließlich oder vorwiegend psychotherapeutisch tätig ist und daraus ein ausreichendes Einkommen schöpft.

Soweit wir die Befunde kennen, ist der kleinere Teil der ausschließlich oder vorwiegend psychotherapeutisch tätigen Personen im Rahmen von Anstellungsverhältnissen in Institutionen berufsaktiv. Der größere Anteil besteht aus frei praktizierenden PsychotherapeutInnen, was ja auch dem Prototyp des Berufsbildes entspricht.

Die niedergelassenen PsychotherapeutInnen sind jedoch geografisch in Österreich ungleich verteilt. Während sie in den Ballungsräumen z.T. bereits überproportional vertreten sind, kann man vermutlich in einigen ländlichen Regionen immer noch von einer Unterversorgung sprechen.

Zwischen 1985 und 1995 kam es auch zu einer deutlichen Verschiebung des Geschlechterverhältnisses unter den PsychotherapeutInnen. Während

*ÖBIG (1997): Ambulante psychotherapeutische Versorgung in Österreich. Wien: Österr. Bundesinstitut für Gesundheitswesen.

1985 das Geschlechterverhältnis der voll ausgebildeten PsychotherapeutInnen nahezu gleich war, sind inzwischen über 70 % der PsychotherapeutInnen Frauen. Der Trend, dass zunehmend Frauen in diesem Beruf arbeiten, wird auch durch die Anzahl der Teilnehmerinnen des Propädeutikums bestätigt. Parallel mit der Zunahme weiblicher Psychotherapeutinnen verschlechterte sich aber die ökonomische Situation des Berufsstandes. Durch die höhere Anzahl an PsychotherapeutInnen kam es zu einer Verminderung der Honorare in der freien Praxis.

Schließlich ist für die Einschätzung der Berufsaussichten von (angehenden) PsychotherapeutInnen ein weiterer demografischer Gesichtspunkt zu berücksichtigen, nämlich die Altersstruktur der Berufsgruppe. Hier ist zu bedenken, dass Psychotherapie in Österreich bis in die 1970er-Jahre kaum verbreitet war. Erst mit dem Einsetzen des sogenannten Psychobooms, der eine Reihe von psychotherapeutischen Methoden erst „heimisch" und auch die Ausbildungen in diesem Feld facettenreicher, weitläufiger und umfangreicher werden ließ, etablierte sich in Österreich zunehmend die Psychotherapie als berufliche Disziplin, die zumindest ansatzweise flächendeckend angewandt wird. Institutionalisiert wurde Psychotherapie hierzulande erst relativ spät: durch die Gründung des Berufsverbandes, vor allem durch die Realisierung des Psychotherapiegesetzes (1990) und in weiterer Folge durch die sozialversicherungsrechtliche Verankerung. So betrachtet, handelt es sich, obwohl sie nun schon seit gut 15 Jahren hochoffiziell existiert, um eine relativ junge Berufsgruppe. Wenn man weiterhin in Betracht zieht, dass alljährlich (Berichtszeiträume jeweils 1.6.–1.6.) dzt. ca. 150 Personen (1999: 100; 2000: 103; 2001: 142; 2002: 175; 2003: 136) neu in die Psychotherapeutenliste aufgenommen werden, so wird es wohl noch einige Zeit dauern, bis dieser Zuwachs durch den natürlichen Abgang (Wechsel in ein anderes Berufsfeld, Beendigung der Berufstätigkeit durch Ruhestand, Arbeitsunfähigkeit, Tod) – soziologisch gesehen – ausgeglichen wird.

Trotz dieser Sachverhalte und Überlegungen sind wir weit davon entfernt, vom Beginn einer psychotherapeutischen Ausbildung abzuraten oder das Anstreben einer psychotherapeutischen Tätigkeit als unrealistisch anzusehen. Wir sehen die Ausbildung bzw. die Praxis als lohnenswerte Erfahrungsquellen, die der Vermittlung einer hohen Kompetenz und auch dem „Broterwerb" dienen, und dies in einem kaum entfremdenden, sondern, im Gegenteil, persönlich höchst bereichernden, wenn auch manchmal belastenden Zusammenhang.

Zur Akademisierung der psychotherapeutischen Qualifikation in Österreich

Das Psychotherapiegesetz 1990 brachte u.a. eine Neustrukturierung der psychotherapeutischen Ausbildung in Form einer Zweiteilung: Psychotherapeutisches Propädeutikum und Psychotherapeutisches Fachspezifikum. Dabei war das Psychotherapeutische Propädeutikum eine Neueinführung, für die erst Ausbildungsstrukturen geschaffen werden mussten. Die Vielfalt der Quellenberufe und deren unterschiedliche Vorbereitung zur psychotherapeutischen Tätigkeit haben das Psychotherapeutische Propädeutikum notwendig gemacht, um wenigstens, so weit es die Psychotherapie betrifft, einen halbwegs einheitlichen Wissensstand bei den zukünftigen Kandidatinnen des Fachspezifikums zu erreichen (siehe auch Einleitung zum Abschnitt über das „Psychotherapeutische Propädeutikum").

1. Psychotherapeutisches Propädeutikum

Das Psychotherapeutische Propädeutikum als neues Element der Psychotherapieausbildung wurde einerseits von einigen bestehenden psychotherapeutischen Ausbildungseinrichtungen (APG, ÖAGG, Lehranstalt der Erzdiözese Wien) als Angebot aufgebaut, andererseits haben die meisten großen Universitäten (Graz, Klagenfurt, Innsbruck, Salzburg, Wien) in den Jahren 1992 und 1993 begonnen, Universitätslehrgänge für das Psychotherapeutische Propädeutikum anzubieten.

Überblick über propädeutische Ausbildungsgänge im akademischen Kontext:

a) Universitätslehrgänge	Gründung
Universität Graz	1992
Universität Klagenfurt	1992
Universität Innsbruck	1992
Universität Salzburg	1992
Universität Wien	1993
b) Lehrgänge universitären Charakters	
Schloss Hofen, Zentrum für Wissenschaft und Weiterbildung (Vorarlberg)	1993
Lehranstalt der Erzdiözese Wien für Berufstätige	2005
c) Speziallehrgang an FH	
Akademie für Sozialarbeit Salzburg	1992
(nunmehr FH Soziale Arbeit)	(2005)

Das allgemeine Hochschulstudiengesetz 1989 sieht die Einrichtung von Hochschullehrgängen (später: Universitätslehrgängen) vor. Recht bald nach Inkrafttreten des Psychotherapiegesetzes – und damit einer staatlichen Regelung der Psychotherapieausbildung – wurden an 5 Universitäten Lehrgänge für die propädeutische Ausbildung eingerichtet, wobei jener an der Universität Klagenfurt mit dem Studium der Psychologie verschränkt ist. Für den

Lehrgang an der Universität Salzburg besteht der Plan einer Erweiterung und Profilierung mit akademischem Grad gemäß § 26 Universitätsstudiengesetz.

Das Universitätsstudiengesetz (1997) bot darüber hinaus die Möglichkeit, auch außerhalb der Universitäten Lehrgänge universitären Charakters zu begründen, sofern bestimmte Kriterien erfüllt wurden. Im Universitätsgesetz 2002 ist diese Möglichkeit nicht mehr vorgesehen, Lehrgänge universitären Charakters laufen daher aus. Für das Propädeutikum wurde diese Möglichkeit 1993 von Schloss Hofen in Vorarlberg sowie 2005 von der Lehranstalt für Berufstätige der Erzdiözese Wien ergriffen, die den Antrag dazu bereits vor 2002 gestellt hatte. Das Psychotherapeutische Propädeutikum in Schloss Hofen ist mit einer Immatrikulation und Inskription an der Universität Innsbruck verbunden.

Aus der Akademie für Sozialarbeit Salzburg, die 1992 ein Psychotherapeutisches Propädeutikum begonnen hatte, wurde eine Fachhochschule für Soziale Arbeit. Das Propädeutikum, seither als Speziallehrgang der Fachhochschule Salzburg geführt, wird aber mit Herbst 2006 eingestellt.

2. Psychotherapeutisches Fachspezifikum

Überblick über fachspezifische Ausbildungsgänge im akademischen Kontext:

Universitätslehrgänge

a) Universitätslehrgang des Instituts für Kommunikation im Berufsleben und Psychotherapie der Universität Innsbruck (methodenspezifische Ausrichtung: Psychodrama)

b) Universitätslehrgang „Psychotherapie“ der Donau-Universität Krems (DUK), Zentrum für Psychosoziale Medizin (methodenspezifische Ausrichtung: Integrative Therapie)

c) Universitätslehrgänge Psychotherapie der Donau-Universität Krems (DUK) in Kooperation mit fachspezifischen Ausbildungseinrichtungen für Psychotherapie:
- Analytische Psychologie (ÖGAP)
- Integrative Gestalttherapie (ÖAGG)
- Klientenzentrierte Psychotherapie (ÖGWG)
- Konzentrative Bewegungstherapie (ÖAKBT)
- Psychodrama (ÖAGG)

Lehrgänge universitären Charakters

Lehrgänge von Schloss Hofen, Zentrum für Wissenschaft und Weiterbildung (Vorarlberg), in Kooperation mit fachspezifischen Ausbildungseinrichtungen für Psychotherapie:
- Logotherapie und Existenzanalyse (GLE-Ö)
- Systemische Familientherapie (ÖAGG)
- Verhaltenstherapie (ÖGVT)

Universitätslehrgänge

a) Als erstes Fachspezifikum auf universitärem Boden startete der Universitätslehrgang der Universität Innsbruck mit der methodenspezifischen Ausrichtung Psychodrama im Jahre 2001.
b) Die Donau-Universität Krems (DUK), Zentrum für Psychosoziale Medizin, wurde mit ihrem Universitätslehrgang „Psychotherapie" im Dezember 2005 als Fachspezifikum anerkannt (methodenspezifische Ausrichtung: Integrative Therapie).
c) Die Donau-Universität Krems hat außerdem 2005 Universitätslehrgänge für Psychotherapie in Kooperation mit Ausbildungsvereinen für Psychotherapie begonnen, wobei dzt. 5 methodenspezifische Ausrichtungen repräsentiert sind.

Lehrgänge universitären Charakters

Schloss Hofen (in Lochau, Vorarlberg) bietet Lehrgänge universitären Charakters für das Fachspezifikum in 3 Fachrichtungen in Kooperation mit anerkannten Anbietern an.

3. Ärztekammerfortbildungen

Auch die zur Ausübung der psychotherapeutischen Medizin berechtigende Fortbildung der Ärztekammer (PSY III) strebt eine zunehmende Akademisierung an. Schloss Hofen und die Donau-Universität Krems bieten das Diplom mit dem Abschluss MAS an.

4. Akademische theoretische und praktische Qualifikation – Studium der Psychotherapiewissenschaft

An der 2005 – zunächst für 5 Jahre – akkreditierten Sigmund Freud Privat-Universität Wien (SFU) wird das „Studium der Psychotherapiewissenschaft" angeboten, und zwar als Bakkalaureat, welches auch die Inhalte des Psychotherapeutischen Propädeutikums einschließt, und als Magisterstudium (siehe auch Kap. 4 in diesem Buch). Es ist beabsichtigt, in absehbarer Zeit auch ein Doktoratsstudium einzureichen. An der Privatuniversität wird Lehre und Forschung verbunden. Auch ist die Einrichtung einer Psychotherapeutischen Ambulanz Bestandteil des Bildungskonzepts. Die Vermittlung psychotherapeutischer Ansätze ist vorgesehen, wobei ab dem dritten Studienjahr einer als Schwerpunkt zu wählen ist.

Die Privatuniversität betreibt einerseits Kooperationen mit anerkannten propädeutischen bzw. fachspezifischen Ausbildungseinrichtungen. Es besteht aber auch der Plan, eine Anrechnung im Sinne der Feststellung der Gleichwertigkeit des Studiums mit einer anerkannten psychotherapeutischen Ausbildung zu erreichen, die dann anlässlich der Einreichung um Eintragung in die Psychotherapeutenliste ihren Niederschlag fände. Die Stellungnahme des zuständigen Bundesministeriums dazu findet sich unter *www.bmgf.gv.at* (-> Gesundheitswesen -> Psychische Gesundheit/Psychologie/Psychotherapie -> Informationen zu Anfragen in Zusammenhang mit dem Studium an der Sigmund Freud PrivatUniversität Wien (SFU) vom 24. März 2006).

Hier wird auch auf die Bedenken der Kammer für Arbeiter und Angestellte für Wien eingegangen, wonach zwischen einer psychotherapeutischen Ausbildung, die die Kompetenz zur Ausübung der psychotherapeutischen Tätigkeit vermittle, und einem Studium der psychotherapeutischen Wissenschaft, das dafür nicht qualifiziere, zu unterscheiden ist. Dies bedeutet weiters, dass die Ausbildung zur Psychotherapie nur solchen Einrichtungen vorbehalten ist, die als psychotherapeutische Ausbildungseinrichtungen (Propädeutikum und Fachspezifikum) anerkannt sind.

5. Akademische theoretische Aus- und Weiterbildungen

a) An der Donau-Universität Krems wurde auch ein Universitätslehrgang „Psychotherapeutische Psychologie" in Kooperation mit der Schweizer Charta für Psychotherapie aufgebaut. Dieser Lehrgang schließt mit dem akademischen Grad MSc ab und ist vor allem als theoretische Weiterbildung für Schweizer Teilnehmerinnen gedacht.

b) An der Medizinischen Universität Wien, Universitätsklinik für Tiefenpsychologie und Psychotherapie, kann seit dem Wintersemester 2005/06 das Doktorat der medizinischen Wissenschaften im Bereich „Psychoanalyse, Psychotherapie, Psychosomatik und Ethik" erworben werden (s. a. Kap. 4.2). Aufgrund der Zulassungsbedingungen zum Doktorat der medizinischen Wissenschaften ist dieses nicht auf ÄrztInnen beschränkt, sondern kann auch von PsychologInnen bzw. Naturwissenschaftlern erworben werden. Sofern es sich bei den Doktoranden nicht um AbsolventInnen der Medizin handelt, müssen diese Teilnehmer ein medizinisches Propädeutikum während des Doktoratsstudiums nachweisen.

Resümee

Traditionell steht die Psychotherapie in einem Spannungsfeld zwischen universitärer und außeruniversitärer Ausbildung. Wie aus den obigen Angaben zu erkennen ist, hat das österreichische Psychotherapiegesetz einen Schub in Richtung Akademisierung der Psychotherapie gebracht. Es ist auch zu erkennen, dass außeruniversitäre Aktivitäten als Initialzündung für universitäre Aktivitäten in diesem Gebiet anzusehen sind.

Soweit Vergleiche mit ausländischen Ausbildungen möglich sind, ist festzustellen, dass wenige psychotherapeutische Richtungen in ausländischen Universitäten zur Berufstätigkeit als PsychotherapeutIn führen. In der Bundesrepublik Deutschland ist dies zum Beispiel an einigen psychologischen Instituten für das Fach Verhaltenstherapie bzw. Klientenzentrierte Psychotherapie möglich. An einer Universität in England ist die Ausbildung zum Gestalttherapeuten vorgesehen. In einigen Einrichtungen, etwa an der Tavistock-Klinik in London, ist zu erkennen, dass eine enge Verschränkung zwischen universitärer Ausbildung und privaten Ausbildungsvereinen, vor allem durch das Lehrpersonal, gegeben ist.

Auffällig an der derzeitigen Situation ist die Zersplitterung und das Fehlen eines einheitlichen Ausbildungslehrgangs für Psychotherapie. Dies ist vor allem auch auf das Psychotherapiegesetz selbst zurückzuführen, da dieses eine Fülle von sogenannten Quellenberufen vorsieht, die als Basis für die psychotherapeutische Ausbildung vorgesehen sind, auf der dann das Psychotherapeutische Propädeutikum und das Psychotherapeutische Fachspezifikum aufbauen. Der Vorteil der derzeitigen Gesetzeslage, mit vielen unterschiedlichen Quellenberufen, besteht vor allem darin, dass AbsolventInnen des Fachspezifikums nicht ausschließlich auf den Beruf als PsychotherapeutIn beschränkt sind, sondern auch in ihren Quellenberufen tätig sein können. Wenn ein Lehrgang ausschließlich zur Tätigkeit als PsychotherapeutIn berechtigt, ist dies zwar möglicherweise ein Vorteil für die Professionalisierung des Berufs, aber fragwürdig, wenn sich herausstellen sollte, dass der/die AbsolventIn auf Dauer den Belastungen wirtschaftlicher und psychologischer Art nicht gewachsen ist und dann auf keinen anderen Quellenberuf und keine sonstige Tätigkeit zurückgreifen kann.

Das System der neuen Studienordnung, mit ihrer Unterteilung in Bachelorstudium und eventuell anschließendem Magisterstudium und schließlich vielleicht einem Doktoratsstudium, würde für die Psychotherapieausbildung ein (erweitertes) Propädeutikum als Bachelorstudium bzw. ein erweitertes Fachspezifikum als Magisterstudium vorsehen. Derzeit fehlt dieses Angebot an den staatlichen Universitäten Österreichs (noch). Ein Doktoratsstudium ist wiederum für bestimmte Quellenberufe möglich, d.h., eine wissenschaftliche Qualifizierung für PsychotherapeutInnen ist vorgesehen. Auffallend an der derzeitigen universitären Bildungslandschaft für PsychotherapeutInnen ist, dass Anrechnungen beispielsweise von Lehrveranstaltungen des Psychotherapeutischen Propädeutikums bzw. auch des Fachspezifikums auf theoretische Inhalte eines universitären Curriculums nur erschwert möglich sind, obwohl dies grundsätzlich vom Gesetzgeber vorgesehen ist. Möglicherweise wird dies durch das ECTS (European Credit Transfer System) leichter werden. An den Universitäten werden bereits bisher für Lehrveranstaltungen solche ECTS-Credits vergeben. Sie wurden im europäischen Hochschulraum eingeführt, um die Mobilität der Studierenden in Europa zu erleichtern. Es ist vorstellbar, dass vor allem die Propädeutika sich auf einheitliche Credits einigen und es dann vielleicht möglich wird, diese auch auf ein reguläres Studium anzurechnen. In dieser Hinsicht ist in der letzten Zeit sehr viel in Bewegung gekommen. Die Auswirkungen sind aber nicht eindeutig abzuschätzen. Die nächste Zukunft wird weisen, ob und in welchem Ausmaß die psychotherapeutische Ausbildung generell akademisiert wird.

Aus heutiger Sicht gibt es 3 Möglichkeiten einer Kombination von psychotherapeutischer Ausbildung und akademischer Qualifikation:

1. Bei Interesse an einer akademischen Ausbildung wäre es im Sinne der obigen Argumentation für angehende PsychotherapeutInnen überlegenswert, zunächst ein Quellenstudium zu absolvieren und sich Teile des Studiums auf das Psychotherapeutische Propädeutikum (bzw. eventuell auch auf das Fachspezifikum) anrechnen zu lassen.
2. Umgekehrt gibt es auch für jene, die keine akademische Vorbildung haben, mit ihrer psychotherapeutischen Ausbildung aber eine akademische Graduierung anstreben, eine Möglichkeit für einen akademischen Titel: So können nach der Absolvierung einer psychotherapeutischen Ausbildung, also nach Propädeutikum und Fachspezifikum, sogenannte Up-Grades, z.B. an der Sigmund Freud PrivatUniversität (SFU) oder vielleicht auch an einer staatlichen Universität (eine Initiative dazu ist an der Universität Wien im Gange) sowie in einigen Fachrichtungen an der Donau-Universität in Krems (DUK) zu einem akademischen Grad (SFU bzw. staatliche Universität: Magister; DUK: MSc) führen.
3. Schließlich wären Studiengänge zu nennen, die die akademische und psychotherapeutische Qualifikation sozusagen in einem bieten wollen. Hier bleibt aber die Zulassung zur Ausübungsberechtigung abzuwarten und auch, wie eine so sehr auf die persönliche Entwicklung der Ausbildungsteilnehmerlnnen fokussierende Ausbildung, die außerdem ein gesetzliches Mindestalter vorsieht, im Rahmen von universitären Einrichtungen adäquat gewährleistet werden kann.

Darstellung der Aus- und Weiterbildungsmöglichkeiten in Österreich

1. Psychotherapeutisches Propädeutikum

Allgemeine und übergeordnete Informationen

Das Psychotherapeutische Propädeutikum stellt den grundlegenden allgemeinen Teil der aus 2 aufeinander folgenden Ausbildungsabschnitten bestehenden psychotherapeutischen Ausbildung dar und ist der besonderen Ausbildung, dem Psychotherapeutischen Fachspezifikum, vorgeschaltet. Propädeutikum bedeutet ja die Einführung in einen wissenschaftlichen Gegenstand bzw. die Vorbereitung dazu.

Das Psychotherapeutische Propädeutikum ist auch ein Ergebnis der berufspolitischen Diskussionen vor der Einführung des Psychotherapiegesetzes im Jahre 1990. So wurde den Bestrebungen einiger Berufsgruppen wie der der ÄrztInnen und der der PsychologInnen, die Berechtigung zur Ausbildung und Ausübung der Psychotherapie auf einen bzw. zwei bzw. nur einige wenige Quellenberufe zu beschränken, entgegengehalten, dass dies inhaltlich nicht gerechtfertigt sei, sondern ausschließlich standespolitischen Interessen dienen würde. Faktum ist, dass sich die Position eines breiten Zugangs zur Psychotherapieausbildung in Österreich durchgesetzt hat. Das Psychotherapiegesetz sieht einen solchen vor. Allerdings war ein Resultat dieses breiten Zugangs die Schaffung des propädeutischen Teils der Psychotherapieausbildung. Anders gesagt: Die Liberalität des Psychotherapiegesetzes in diesem Punkt hatte auch ihren Preis, nämlich den der Aufstockung der Ausbildungserfordernisse, vor allem für jene (Quereinsteiger), die keine oder kaum Anrechnungsmöglichkeiten geltend machen können. Es wurde also davon ausgegangen, dass es kein Studium gibt, das exklusiv oder umfassend, d.h. allen Anforderungen einer zeitgemäßen psychotherapeutischen Grundausbildung entsprechend, auf eine spezifische psychotherapeutische Fachausbildung vorbereitet. Diese Einstellung erinnert an die schon von Freud vertretene Position, dass die besonderen Voraussetzungen für eine psychoanalytische Ausbildung sich nicht automatisch mit dem Abschluss eines bestimmten Studiums ergeben. Den bildungsmäßigen Unterschieden der verschiedenen Ausbildungen wird im Rahmen einer verpflichtenden allgemeinen Ausbildung – dem Psychotherapeutischen Propädeutikum – Rechnung getragen. Hiermit soll erreicht werden, dass sowohl psychotherapeutisches Basiswissen als auch psychotherapeutische Grunderfahrungen mit Beginn des Fachspezifikums für alle KandidatInnen in etwa vergleichbar bzw. ähnlich sind. Die theoretischen Inhalte des Propädeutikums bestehen im Wesentlichen aus einem Konglomerat von psychologischen, medizinischen bzw. psychiatrischen, sonder- und heilpädagogischen, sozialarbeiterischen, ethischen und juristischen Inhalten. Dementsprechend gibt es auch Anrechnungsmöglichkeiten für Vorbildungen und damit eine Verminderung der zu absolvierenden Stunden, nämlich für jene Personen, die einen Teil dieser Inhalte im Rahmen eines Studiums oder einer Berufsausbildung rezipiert haben (s. auch den Punkt „Anrechnung", S. 43).

Der Psychotherapiebeirat präzisiert diesbezüglich: „Das Propädeutikum führt in psychotherapeutische Theorie und Praxis ein. Es orientiert über psychotherapeutische Schulen und Grundkonzepte. In seinem interdisziplinären Ansatz dient das Propädeutikum der Kooperation der psychotherapeutischen Schulen und Psychotherapeuten und soll zur Erforschung psychotherapeutischer Basiskonzepte anregen."

Es sei hier darauf hingewiesen, dass das Propädeutikum für sich allein genommen kaum Verwertungsmöglichkeiten schafft: Man erwirbt damit weder ein Diplom noch eine berufliche Qualifikation. Durch die überwiegend theoretische Ausbildung können auch kaum praktische Qualifikationen angeeignet werden. Somit erweist sich das Propädeutikum in seiner jetzigen Form als das, wofür es gedacht war, nämlich als die Grundausbildung der Psychotherapieausbildung. Allenfalls ist es darüber hinaus eine Eingangspforte für den Weg in die Lebens- und Sozialberatung (s. auch Kapitel 7.b).

Zugang zum Psychotherapeutischen Propädeutikum

Das Psychotherapeutische Propädeutikum kann von Personen absolviert werden, die eigenberechtigt sind und entweder die Reifeprüfung oder die Studienberechtigungsprüfung an einer Universität abgelegt haben oder eine Ausbildung im Krankenpflegefachdienst bzw. in einem medizinisch-technischen Dienst abgeschlossen haben oder den Vorbereitungslehrgang der Akademie für Sozialarbeit absolviert haben. Für EU-Länder gelten notariell beglaubigte Übersetzungen des Maturazeugnisses. Für alle übrigen Länder gelten in Österreich nostrifizierte Abschlüsse, die den Zugangsbestimmungen zum Propädeutikum gleichwertig sind. Weiters können Personen aufgrund ihrer Eignung nach Einholung eines entsprechenden Gutachtens des Psychotherapiebeirats, derzeit zugeordnet dem Bundesministerium für Gesundheit und Frauen, per Bescheid zur Absolvierung des Psychotherapeutischen Propädeutikums zugelassen werden (Psychotherapiegesetz § 10 Abs. 1 Z 5). Jene Personen, die über diesen sogenannten Genieparagraphen den Zugang zum Propädeutikum gefunden haben, sind nach positiver Absolvierung des Propädeutikums auch zum Fachspezifikum zugelassen. Mit einem positiven Abschluss des Psychotherapeutischen Propädeutikums entsteht allerdings kein Rechtsanspruch auf eine Aufnahme in eine fachspezifische Ausbildung.

Inhalte und Dauer des Psychotherapeutischen Propädeutikums

Die Dauer und die Inhalte des Psychotherapeutischen Propädeutikums sind im Gesetz als Mindestanforderungen definiert. Dadurch können sich in den Curricula der verschiedenen Anbieter inhaltliche, zeitliche, aber auch kostenmäßige Unterschiede ergeben (vergleiche auch die Überblickstabelle auf Seite 48/49). Das Psychotherapeutische Propädeutikum beinhaltet einen theoretischen und einen praktischen Ausbildungsteil.

I. Theoretischer Teil des Psychotherapeutischen Propädeutikums

Der theoretische Teil hat eine Gesamtdauer von mind. 765 Std. Im Psychotherapiegesetz (PthG) sind die inhaltlichen Punkte in § 3 Abs. 1 Z 1–5 aufgelistet. In der Folge werden diese Inhalte entsprechend den Richtlinien, die in Zusammenhang mit der Durchführung dieses Teils des PthG vom Psychotherapiebeirat erarbeitet wurden und vom zuständigen Bundesministerium erlassen wurden, aufgelistet:

A. Grundlagen und Grenzbereiche der Psychotherapie
A. 1. Einführung in die Problemgeschichte und Entwicklung der psychotherapeutischen Schulen (120 Std.)
- a. Tiefenpsychologische Konzepte
- b. Systemische Konzepte
- c. Lerntheoretische Konzepte
- d. Kommunikationstheoretische Konzepte

A. 2. Persönlichkeitstheorien (30 Std.)
A. 3. Allgemeine Psychologie und Entwicklungspsychologie (60 Std.)
A. 4. Rehabilitation und Sonder- und Heilpädagogik (30 Std.)
A. 5. Psychologische Diagnostik und Begutachtung (60 Std.)
A. 6. Psychosoziale Interventionsformen (60 Std.)
B. Grundlagen der Somatologie und Medizin
B. 1. Einführung in die medizinische Terminologie (30 Std.)
B. 2. Psychiatrie, Psychopathologie und Psychosomatik (120 Std.)
- a. Kinder- und Jugendpsychiatrie
- b. Psychiatrie
- c. Psychosomatik
- d. Gerontopsychotherapie

B. 3. Psychopharmakologie (45 Std.)
B. 4. Erste Hilfe in der psychotherapeutischen Praxis (15 Std.)
C. Grundlagen der Forschungs- und Wissenschaftsmethodik (75 Std.)
D. Ethik (30 Std.)
E. Rahmenbedingungen für die Ausübung von Psychotherapie (90 Std.)

Für die Absolvierung des gesamten theoretischen Teils des Propädeutikums, d.h. ohne Anrechnung aus bereits absolvierten Aus- und Fortbildungen (dies betrifft sowohl den theoretischen als auch den praktischen Teil der Ausbildung), müssen die KandidatInnen mit einer Dauer von 3 bis 6 Semestern rechnen (je nach Anbieter).

II. Praktischer Teil des Psychotherapeutischen Propädeutikums

Mit dem praktischen Teil des Psychotherapeutischen Propädeutikums soll sichergestellt werden, dass alle KandidatInnen bereits zu einem frühen Zeitpunkt auf dem mehrjährigen Ausbildungsweg zum Psychotherapeuten bzw. zur Psychotherapeutin konkrete Erfahrungen mit zumindest Teilen des späteren Praxis- und Arbeitsfeldes sammeln und sich dabei mit dem Spannungsfeld zwischen Theorie und Praxis auseinander setzen. Letztendlich soll hierdurch auch eine Abklärung der eigenen Berufsmotivation bzw. eine selbstkritische Überprüfung der persönlichen Kompetenzen ermöglicht werden.
Der praktische Teil des Psychotherapeutischen Propädeutikums ist in einem Ausmaß von mind. 550 Std. nachzuweisen und umfasst folgende Inhalte:

- Einzel- oder Gruppenselbsterfahrung (mind. 50 Std.)
- Praktikum im Umgang mit verhaltensgestörten oder leidenden Personen in einer im psychosozialen Feld bestehenden Einrichtung des Gesundheits- und Sozialwesens unter fachlicher Anleitung und Aufsicht des Leiters dieser Einrichtung oder eines Stellvertreters (mind. 480 Std.)
- Praktikumsupervision (mind. 20 Std.)

Hinsichtlich der Absolvierung des praktischen Teils sind die KandidatInnen in der Regel auf PsychotherapeutInnen in freier Praxis (Selbsterfahrung und Praktikumsupervision) sowie auf Einrichtungen des psychosozialen Feldes (Praktikum) angewiesen.

Einzel- oder Gruppenselbsterfahrung

Mit der Einzel- oder Gruppenselbsterfahrung wird darauf abgezielt, bei den TeilnehmerInnen ein erhöhtes Maß an Selbstreflexion zu entwickeln sowie psychotherapeutische Vorgangsweisen und Techniken an sich selbst kennen zu lernen. Die Einzel- und Gruppenselbsterfahrung ist nach Möglichkeit kontinuierlich und im Allgemeinen bei einem Psychotherapeuten, der mit abgeschlossener Zusatzausbildung in die Psychotherapeutenliste eingetragen ist, zu absolvieren.

Praktikum

Bei den Einrichtungen, in welchen das Praktikum zu absolvieren ist und im Rahmen dessen der Umgang mit verhaltensgestörten und leidenden Personen erfolgt, handelt es sich um Einrichtungen mit psychosozialen Versorgungsschwerpunkten.

In der Folge werden bestimmte Regelungen bzw. Empfehlungen hinsichtlich der Absolvierung des Praktikums bzw. der Supervision dieses Ausbildungselements dargestellt. Diese Informationen sind einerseits aus den Erläuterungen zur Regierungsvorlage des Psychotherapiegesetzes (RV-PthG) bzw. dem Kurzkommentar aus Kierein et al. (1991)[1] sowie aus den vom zuständigen Bundesministerium später erlassenen Richtlinien und den Konsensregelungen der Plattform der propädeutischen Ausbildungseinrichtungen entnommen.

Während des Praktikums soll „die fachliche Anleitung und Aufsicht durch den Leiter dieser Einrichtung oder eines Stellvertreters gewährleisten, dass der Praktikant auch tatsächlich Umgang mit verhaltensgestörten oder leidenden Personen beobachten und erlernen kann" (Erläuterungen zur RV-PthG). „Die vorgesehenen 480 Praktikumsstunden können, sofern es die Eigenart der Arbeitsweise der jeweiligen Einrichtung zulässt, in mehreren Abschnitten oder durchgehend in 12 Wochen zu je 40 Stunden absolviert werden." Einrichtungen, an welchen das Praktikum zum Psychotherapeutischen Propädeutikum absolviert werden kann, können Anträge um Anerkennung als entsprechende Praktikumsstelle einreichen. Die Liste von anerkannten Praktikumsstellen – im Sinne der Anforderungen des Psychotherapeutischen Propädeutikums – wird regelmäßig aktualisiert und liegt in der Regel bei den Anbietern auf.

Praktikumsupervision

„Unter begleitender Teilnahme an einer Praktikumsupervision ist zu verstehen, dass der Praktikant während seiner Tätigkeit jedenfalls Gelegenheit erhält, seine Erfahrungen und Erlebnisse im Verlauf des Praktikums zu reflektieren, zu verarbeiten und seine eigenen Reaktionen kennen zu lernen. Diese Praktikumsupervision wird unter der Leitung eines zur selbstständigen Ausübung der Psychotherapie berechtigten Psychotherapeuten vornehmlich in Gruppen zu absolvieren sein, um so die Beiträge anderer Praktikanten sinnvoll auswerten zu können" (Erläuterungen zur RV-PthG).

Anrechnung

Die im theoretischen Teil des Psychotherapeutischen Propädeutikums verlangten Inhalte können angerechnet werden, sofern sie in früheren abgeschlossenen Aus- bzw. Teilausbildungen (z.B. abgeschlossener 1. Studienabschnitt eines einschlägigen universitären Studiums) entsprechend belegt

[1] Kierein, M./Pritz, A./Sonneck, G. (1991): Psychologengesetz – Psychotherapiegesetz. Kurzkommentar. Wien: Orac.

worden sind, d.h., wenn eine zeitliche und inhaltliche Gleichwertigkeit besteht. Bei diesen Anrechnungen können sich die Anbieter auf ministerielle Richtlinien beziehen. Derzeit existieren solche für folgende Berufsausbildungen: Studium der Medizin, der Pädagogik und der Psychologie sowie für die Ausbildung an einer Fachhochschule für Sozialarbeit, an einer mit Öffentlichkeitsrecht ausgestatteten Lehranstalt für Ehe- und Familienberater, für das Studium Musiktherapie, weiters abgeschlossene Ausbildung für Erzieher, Ausbildung im Krankenpflegedienst oder für psychiatrische Krankenpflege sowie Ausbildung in Ergotherapie und Physiotherapie. Sofern es Unterschiede in einer Ausbildungsrichtung zwischen zwei Studienorten gibt, wie dies bei fast allen universitären Studien der Fall ist, liegen Richtlinien, bezogen auf den jeweiligen Studienort, vor. Diese Richtlinien können von den Propädeutikumsanbietern angewendet werden. Für die Studienrichtungen Philosophie, Publizistik und Kommunikationswissenschaft, Theologie sowie für das Studium für das Lehramt an höheren Schulen und Ausbildungen an einer Pädagogischen Akademie existieren keine Anrechnungsrichtlinien, obwohl auch aus diesen Ausbildungen Anrechnungen möglich sind.

Aus den im Oktober 1993 vom zuständigen Bundesministerium (Büro des Psychotherapiebeirates) verlautbarten Grundsatzinformationen zu Anrechnungsmodalitäten seien folgende wesentliche Punkte, bezogen auf § 10 Abs. 2 Z 4 und § 12 PthG, wiedergegeben:

„1. Grundsätzlich anrechenbar sind

- der erfolgreiche Abschluss eines bestimmten Studienabschnittes im Rahmen eines Universitätsstudiums;
- der erfolgreiche Abschluss von Aus- oder Fortbildung gemäß § 12 leg. cit. an einer bestimmten Institution (z.B. Abschluss des Studiums an FH Salzburg, Abschluss des Studiums der Pädagogik in Wien, Abschluss des Studiums der Medizin in Graz, Abschluss des Studiums der Psychologie in Innsbruck etc.), ohne dass im Detail berücksichtigt wird, welche spezifischen Schwerpunkte diese Person im Rahmen ihrer Ausbildung gewählt oder abgewählt hat;
- der Abschluss einer Aus- oder Fortbildung gemäß § 12 leg. cit. an einer bestimmten Institution unter spezieller Berücksichtigung des Umstandes, dass diese Person im Rahmen ihrer Ausbildung ganz bestimmte Schwerpunkte, Spezialisierungen, Ergänzungen etc. gewählt hat, die vom Ausbildungsgang her vorgesehen sind (Wahlfachausbildung, eine bestimmte empfohlene Fächerkombination etc.);
- einzelne erfolgreich abgeschlossene universitäre Lehrveranstaltungen, sofern diese im Rahmen des erfolgreichen Abschlusses eines Studienabschnittes oder als Ergänzung zum erfolgreichen Abschluss eines Studienabschnittes absolviert wurden;

- einzelne erfolgreich abgeschlossene universitäre Lehrveranstaltungen, sofern diese nach erfolgreichem Abschluss eines Universitätsstudiums im Rahmen eines weiteren Universitätsstudiums oder in Ergänzung zu einem weiteren Universitätsstudium erfolgreich absolviert wurden;
- weitere Aus- oder Fortbildungselemente gemäß § 12 leg. cit.

[...]

3. Soweit Aus- oder Fortbildungszeiten nicht von den unter Punkt 2. genannten Richtlinien des Psychotherapiebeirates erfasst sind, hat der Leiter der jeweiligen propädeutischen Ausbildungseinrichtung zunächst selbst zu beurteilen, ob diese Aus- oder Fortbildungszeiten gemäß § 12 leg. cit. anrechenbar sind.“

Zwischen den einzelnen Anbietern gibt es Unterschiede, was die Praxis der Anrechnung anlangt. So gibt es Anbieter, bei denen bestimmte Teile des Propädeutikums auf jeden Fall zu absolvieren sind, unabhängig von früheren Aus- und Weiterbildungen. Die spezifischen, detaillierten Anrechnungsrichtlinien zum Psychotherapeutischen Propädeutikum sind über die Anbieter zu beziehen.

Die Propädeutikumsanbieter haben vereinbart, dass einzelne Punkte, die bei einem anderen Propädeutikumsanbieter absolviert wurden, gegenseitig angerechnet werden.

Abschlussprüfung

Die Abschlussprüfung ist eine mündliche kommissionelle Prüfung, die von 3 Personen aus dem Kreis der wissenschaftlichen LeiterInnen und des wissenschaftlichen Lehrpersonals des Lehrgangs durchgeführt wird. Die Anbieter des Psychotherapeutischen Propädeutikums sind verpflichtet, ein Abschlusszertifikat auszustellen, sofern die TeilnehmerInnen alle Teile des Propädeutikums absolviert bzw. angerechnet bekommen haben.

Abschließend ist hervorzuheben, dass sich die derzeitigen Anbieter Psychotherapeutischer Propädeutika in einer informellen Plattform („Leiterkonferenz“) zusammengeschlossen haben, um sich im Zusammenhang mit der praktischen Umsetzung im Bereich des Psychotherapeutischen Propädeutikums regelmäßig auszutauschen bzw. aktuelle Fragen, welche sich nicht eindeutig aus den bestehenden Richtlinien und Informationen des Psychotherapiebeirates beantworten lassen, konsensuell zu beantworten und entsprechende Anträge an den Psychotherapiebeirat zu richten. Von diesen Qualitätsstandards in der Ausbildung profitieren letztendlich die TeilnehmerInnen der verschiedenen Lehrgänge.

Anbieter des Psychotherapeutischen Propädeutikums im Überblick

Die Genehmigung eines psychotherapeutischen Ausbildungscurriculums, also auch eines Psychotherapeutischen Propädeutikums, erfolgt durch das zuständige Bundesministerium (dzt. BM für Gesundheit und Frauen) nach Anhörung des Psychotherapiebeirates im Einvernehmen mit dem Bundesminister für Wissenschaft und Forschung per Bescheid.

Derzeit (Stand: Jänner 2006) gibt es 17 anerkannte Ausbildungsgänge für das Psychotherapeutische Propädeutikum, 5 davon als Universitätslehrgänge und einer davon im Rahmen einer Fachhochschule (vergleiche auch die Überblickstabelle). Hier sei auch angemerkt, dass einer der 17 Lehrgänge seine Ausbildungstätigkeit erst mit Frühjahr 2006 aufnehmen, einer mit Herbst 2006 seine Ausbildungstätigkeit einstellen wird und zwei weitere aktuell nicht ausbildungsaktiv sind.

Die Tabelle auf den Seiten 48/49 gibt einen vergleichenden Überblick über wesentliche Gesichtspunkte der Psychotherapeutischen Propädeutika in Österreich.

Für alle Propädeutika gilt, dass die Voraussetzungen für die Aufnahme gemäß Psychotherapiegesetz gegeben sein müssen, d.h. ein abgeschlossener Quellenberuf oder Matura oder Berufsreifeprüfung (vgl. auch den Punkt „Zugang zum Psychotherapeutischen Propädeutikum“). Zusätzlich ist bei Propädeutika, die an den Universitäten angeboten werden, noch die Immatrikulation als ordentlicher oder außerordentlicher Hörer (im letzteren Fall ist nur der Hochschülerschaftsbeitrag zu entrichten) Voraussetzung. Einige Propädeutika haben noch zusätzliche Aufnahmebedingungen.

Wartezeiten entstehen nur bei Propädeutika mit Kurssystemen, dann, wenn ein Interessent bis zum Beginn des nächsten Kurses warten muss, während bei den anderen Propädeutika durch die Möglichkeit der Belegung einzelner Lehrveranstaltungen in beliebiger Reihenfolge in der Regel keine Wartezeiten entstehen.

Die in der Tabelle angeführten Gesamtkosten beinhalten die Kosten für Theorieseminare, Selbsterfahrung und Praktikumsupervision, wobei für die beiden letzten gängige Sätze angenommen wurden, sofern die Kosten dafür nicht ausdrücklich in den Lehrgangskosten enthalten sind. Nicht enthalten in den Gesamtkosten sind die Kosten für die Anrechnung einzelner Lehrveranstaltungen. Diese Kosten sind bei den einzelnen Darstellungen der Propädeutika genannt.

Unter „Dauer“ sind in der Tabelle immer Mindestzeiten angeführt, d.h., wenn keine Anrechnungsmöglichkeiten bestehen. Anrechnungen verkürzen in der Regel die Dauer des Propädeutikums.

Die an den Universitäten in Form von Universitätslehrgängen angebotenen Propädeutika unterliegen neben dem Psychotherapiegesetz auch dem Allgemeinen Hochschulstudiengesetz (AHStG) und dem Universitätsgesetz (UG). Aus diesen speziellen universitätsrechtlichen Berücksichtigungen sind eine Reihe von Unterschieden zwischen den privaten und öffentlich-rechtlichen Anbietern erklärbar. So müssen TeilnehmerInnen von universitären Lehrgängen an der jeweiligen Universität, wie oben schon erwähnt, immatrikuliert sein, die Leistungsbeurteilung hat nach dem universitären Benotungssystem zu erfolgen, und den einzelnen Lehrveranstaltungen müssen ECTS-(European-Credit-Transfer-System-)Punkte zugeordnet werden. Diese Punkte können die Anrechnung von Lehrveranstaltungen des Propädeutikums auf Inhalte eines Regelstudiums erleichtern.

-> *Siehe Überblickstabelle S. 48/49*

Überblick: Anbieter des Psychotherapeutischen Propädeutikums

Name	Besondere Voraussetzungen	AbsolventInnen	Wartezeiten	Dauer*
APG		688	keine	4 Semester
ARGE Bildungsmanagement Wien	Besuch der Infoveranstaltung empfohlen	ca. 620	keine	4 Semester
FH Salzburg				
Kuratorium Psychosoziale Dienste Wien				
Lehranstalt der Erzdiözese Wien	Aufnahmegespräch	ca. 340	keine, Beginn jedes Jahr im Oktober	6 Semester
Niederösterreichische Landesakademie		285	max.1 Semester	4 Semester
ÖAGG		718	keine	2–6 Semest
ÖTZ-NLP		126	dzt. keine	1 Jahr
Pro Mente Wien		–	–	4 Semester
Schloss Hofen	Darstellung der Motivation; Inskription; fallweise Aufnahmegespräch; Auswahl durch wiss. Leitung	200	bis zu 5 Semester	5 Semester
Uni Graz	Reihenfolge der Anmeldungen, Inskription als ao. HörerIn	293	max. 1 Jahr	4 Semester
Uni Innsbruck	schriftliches Ansuchen	529	derzeit keine	4 Semester
Uni Klagenfurt	außerordentliche/r HörerIn	ca. 70 im Jahr / 561 bisher	keine	4 Semester
Uni Salzburg	Gruppeninformationsgespräch oder Einzelaufnahmegespräch und Inskription des Universitätslehrgangs	296	1–2 Semester	4 Semester
Uni Wien	außerordentliche/r HörerIn, Besuch der Informationsveranstaltung	524	keine	3–4 Semeste
VRP		noch keine	keine	2–6 Semeste
VAPPSA/ARGE Kindergartenpädagogik				

***ohne Anrechn**

Kosten* (max.)	**TeilnehmerInnen (aktuell)**	**Lehrende**	**Durchführung**
€ 5.064,–	285	34	abends/Wochenende
€ 5.150,–	Pro Kurs mind. 15 bis max. 30 TeilnehmerInnen	ca. 25 Lehrende	pro Semester: 4–6 Wochenenden u. 1 kontinuierliches Seminar, mit 2 bis max. 10 Terminen von 16.30–21 Uhr
			läuft bis Juni 2008 aus
			bislang nicht ausbildungsaktiv
€ 8.000,–	dzt. 66	23	10x/Jahr , am Wochenende
€ 4.832,50	dzt. 48	50	Freitag 14.30–18.30 und Samstag 9.00–18.30 Uhr (mit Pause)
€ 5.950,– bzw. € 7.210,– (Wahlmöglichkeit)	357	ca. 100	abends, am Wochenende (Fr. abends, Samstag ganztägig)
€ 6.415,–	69	27	in ganztägigen Blockveranstaltungen
noch nicht festgelegt	–	–	am Wochenende
€ 5.940,–	dzt. 45	36–40	Wochenende, Abende
€ 5.855,–	115	60	überwiegend abends und am Wochenende
€ 1.888,–	100	26	(spät-)nachmittags und am Wochenende
€ 3.279,20	156 (SS 2005)	44 (im Studienjahr)	vorwiegend abends und am Wochenende
€ 5.100,–	50	33	Di und Do abends, Fr nachmittags
€ 4.931,–	264	32	abends, Wochenende, tlw. Blended Learning
€ 5.770,–	dzt. 35	17	Blended Learning, Präsenzveranstaltungen in Wochenendblöcken
			nicht (mehr) ausbildungsaktiv

***ohne Anrechnungen**

Spezieller Teil: Propädeutische Ausbildungsangebote

Nachfolgend sind nach einem einheitlichen Beschreibungsraster jene 17 Ausbildungsangebote dargestellt, die mit Jänner 2006 als propädeutische Ausbildungseinrichtungen staatlich anerkannt sind, wobei 3 davon dzt. nicht ausbildungsaktiv sind und daher auch nicht näher beschrieben werden.

Arbeitsgemeinschaft Personzentrierte Psychotherapie, Gesprächsführung und Supervision (APG)

Die Arbeitsgemeinschaft Personzentrierte Psychotherapie und Gesprächsführung (APG) bietet seit März 1992 einen Lehrgang für das Psychotherapeutische Propädeutikum in Wien und seit März 1995 auch in Oberösterreich an. Die Leitung des Lehrgangs erfolgt zurzeit durch Elisabeth T. Hofbauer und DSA Gabriele Nemec-Jury.

1. Auskunft

Auskünfte erhalten InteressentInnen über die Homepage der APG, telefonische Beratungsgespräche und bei regelmäßig stattfindenden Informationsveranstaltungen. Auf telefonische Anfrage wird das Lehrveranstaltungsprogramm, das semesterweise erscheint und auch die wichtigsten Informationen über den Lehrgang enthält, zugesandt. Außerdem ist für LehrgangsteilnehmerInnen ein Informationsblatt erhältlich, in dem Informationen und Bestimmungen zum Lehrgang zusammengefasst sind.

2. Aufnahmebedingungen

Die Anmeldung zum Lehrgang erfolgt schriftlich über Einsendung des ausgefüllten Anmeldeformulars und der Kopien der Unterlagen, mit denen die Erfüllung der gesetzlich vorgeschriebenen Voraussetzungen nachgewiesen wird.

Über die Aufnahme entscheidet die Lehrgangsleitung, wobei bei Erfüllung der gesetzlich vorgeschriebenen Bedingungen bisher keine Ablehnungen erfolgten, da das Lehrangebot bisher an die Zahl der Anmeldungen angepasst wurde.

Der Lehrgang tritt gegenüber den AusbildungsteilnehmerInnen als Vertragspartner auf.

3. Anrechnung

Die Richtlinien des BMGF sind für die Anrechnung bereits absolvierter Ausbildungselemente unter folgenden Prämissen gültig: Der Curriculumspunkt A. 1. („Einführung in die Problemgeschichte und Entwicklung der psychotherapeutischen Schulen“) setzt sich aus folgenden Elementen zusammen: a) Überblick über Schulen und Methoden, b) Menschenbild in der Psychotherapie, c) Humanistische und systemische Ansätze, d) Das tiefenpsychologische Paradigma. Es müssen daher eventuell zusätzliche Lehrveranstaltungen zu diesem Punkt absolviert werden, sofern keine inhaltsidentischen Ausbildungselemente nachgewiesen werden können. Die Möglichkeit einer Dispensprüfung besteht dann, wenn zwar die Teilnahme an einer Veranstaltung, nicht aber der Erfolgsnachweis erbracht werden konnte.

4. Angebot

Innerhalb eines Jahres werden alle theoretischen Lehrinhalte mind. einmal angeboten. Der Einstieg in den Lehrgang ist jederzeit möglich.

Bei Informationsabenden haben die TeilnehmerInnen die Möglichkeit, über ihre Erfahrungen im Lehrgang, Kritikpunkte oder Anregungen zu sprechen. Die Lehrveranstaltungen werden mit begrenzter TeilnehmerInnenzahl (mind. 12 bis max. 30 Personen) ausgeschrieben. Meist finden die Lehrveranstaltungen in Form von Vorträgen mit anschließender Diskussion oder Kleingruppenarbeit statt, es besteht $^{2}/_{3}$-Anwesenheitspflicht. Die Lehrveranstaltungen werden an verschiedenen Veranstaltungsorten in Wien bzw. im Raum Linz abgehalten. TeilnehmerInnen aus Oberösterreich können einzelne Lehrveranstaltungen in Wien und TeilnehmerInnen aus Wien können auch solche in Oberösterreich besuchen. Dem Lehrgang der APG stehen derzeit 34 Lehrpersonen für Wien und Oberösterreich zur Verfügung, viele sind HochschullehrerInnen. Es wird darauf Wert gelegt, dass möglichst alle Lehrpersonen neben ihrer fachlichen Qualifikation auch eine psychotherapeutische Ausbildung absolviert haben. Für die Absolvierung der praktischen Elemente des Propädeutikums gibt die APG Hilfestellung bei der Wahl und Vermittlung. Für das Praktikum wird hierbei die Praktikumsstellenliste des BMGF herangezogen, für Selbsterfahrung und Supervision enthält das Lehrveranstaltungsprogramm Listen mit von der APG (unverbindlich) empfohlenen PsychotherapeutInnen.

Im Bereich der praktikumsbegleitenden Supervision müssen im Lehrgang der APG 30 Std. anstatt der gesetzlich vorgesehenen 20 Std. nachgewiesen werden. Da der Lehrgang vorwiegend am Zeitrahmen berufstätiger TeilnehmerInnen orientiert ist, finden die Lehrveranstaltungen großteils in Form von Wochenendseminaren und Abendkursen statt. Das Wintersemester läuft von Mitte September bis Mitte Februar, das Sommersemester von Ende Februar bis Mitte Juli.

5. Dauer

Der Lehrgang ist so konzipiert, dass alle Ausbildungselemente im Zeitraum von 2 Jahren besucht werden können. Bei Anrechnungsmöglichkeiten verkürzt sich die Dauer entsprechend. Durchschnittlich benötigen TeilnehmerInnen für die komplette Absolvierung des Propädeutikums 2 $^{1}/_{2}$ Jahre.

6. Kosten

Gesamtkosten: € 5.064,– (inkl. Selbsterfahrung und Praktikumsupervision). Die Kosten für den Theorieteil des Lehrgangs betragen € 3.564,–, die Kosten für Selbsterfahrung und Supervision sind von der/dem jeweils gewählten PsychotherapeutIn abhängig und betragen rund € 550,– (für Gruppenselbsterfahrung) bzw. rund € 330,– (für Gruppensupervision). Sonstige Kosten: Aufnahmegebühr € 291,–; seit 2002 wird eine Jahresgebühr von € 72,– eingehoben. Für den Fall der Unterbrechung der Lehrgangsteilnahme (z.B. Auslandsaufenthalt, Karenz) besteht die Möglichkeit der ruhenden Mitgliedschaft für die Dauer von 4 Jahren. In diesem Zeitraum wird keine Jahresgebühr eingehoben. Danach wird eine Aktivierungsgebühr von € 120,– berechnet. Die Anrechnungsgebühr (pro Anrechnungsvorgang) beläuft sich auf € 74,–, die Gebühr für die Abschlussprüfung auf € 185,–. Stornogebühren für Lehrveranstaltungen belaufen sich auf 10% ab Anmeldeschluss bis 3 Tage vor Beginn des Kurses (danach gesamter Betrag). Die LehrveranstaltungsteilnehmerInnen zahlen die Gebühren für Theorieseminare direkt an die LehrveranstaltungsleiterInnen.

7. Prüfungen

Für jede Lehrveranstaltung muss bis spätestens zum Ende des folgenden Semesters der Erfolgsnachweis erbracht werden (z.B. schriftliche oder mündliche Prüfung, schriftliche Arbeit), wobei die Prüfungsmodalitäten im Ermessen des jeweiligen Lehrveranstaltungsleiters liegen. Die Erfolgsnachweise werden im Studienbuch bzw. in Zeugnissen eingetragen. Für den Abschluss des Lehrgangs wird eine mündliche, kommissionelle Prüfung vor 3 PrüferInnen aus dem Kreis der Lehrgangsleitung und des Lehrpersonals abgelegt.

8. TeilnehmerInnen

Zum Zeitpunkt der Befragung gab es 285 LehrgangsteilnehmerInnen. Bis zum Jahr 2004 haben insgesamt 688 TeilnehmerInnen den APG-Lehrgang abgeschlossen. Im vergangenen Berichtsjahr wurden 79 TeilnehmerInnen in den Lehrgang aufgenommen, 44 TeilnehmerInnen haben in diesem Zeitraum ihre Ausbildung abgeschlossen. Die Drop-out-Rate liegt bei ungefähr 12%. In erster Linie nehmen Berufstätige am Lehrgang teil, der Frauenanteil beträgt 78%, der Großteil der TeilnehmerInnen ist zwischen 30 und 40 Jahre alt.

Kommentar

Der Lehrgang Psychotherapeutisches Propädeutikum der APG verzeichnet seit seiner Einrichtung wachsendes Interesse und hohe TeilnehmerInnenzahlen. Das Lehrangebot wurde und wird entsprechend den Bedürfnissen der TeilnehmerInnen erweitert, was in den meisten Bereichen die Wahl zwischen verschiedenen Lehrveranstaltungen (verschiedene Veranstaltungszeitpunkte, -formen und ReferentInnen) ermöglicht. Ein Vorteil des Lehrgangs für die Absolvierung des Propädeutikums neben Beruf oder Studium ist die Gestaltung der Lehrveranstaltungen als Wochenendseminare oder Abendkurse. Die Konzeption des Lehrgangs in seiner offenen Form, die sowohl TeilnehmerInnen als auch ReferentInnen möglichst großen Freiraum für Ablauf und Gestaltung der Ausbildung überlässt, wird als wesentlicher Punkt angesehen.

Kontaktadresse

APG-Lehrgangsbüro
Strudlhofgasse 3/2
1090 Wien
Tel. 01/315 41 02, Fax 01/315 41 01
E-Mail: prop@apg.or.at
www.apg.or.at

ARGE Bildungsmanagement Wien

Die Arge Bildungsmanagement Wien wurde 1990 als gemeinnütziger Verein gegründet und betreibt Aus- und Fortbildung im Bereich Beratung, Management und Psychotherapie. Die offizielle Anerkennung als Anbieter des Psychotherapeutischen Propädeutikums erfolgte im Juni 1993. Die Lehrgangsleitung obliegt Dr. Klaus Rückert; dem Leitungs- und Organisationsteam gehören weiters Harald Picker, Gerhard Karl und Iris Rückert-Possél an. Seit 2005 besteht eine Kooperation mit der Sigmund Freud Privat-Universität Wien.

1. Auskunft

Informationsbroschüren zum Psychotherapeutischen Propädeutikum liegen im Sekretariat auf. Auch im Internet können sich Interessierte informieren. Vor Beginn eines neuen Kurses werden Informationsveranstaltungen abgehalten.

2. Aufnahmebedingungen

InteressentInnen, die die gesetzlichen Bedingungen erfüllen, werden zum Lehrgang zugelassen; der Anmeldung sind die notwendigen Zeugnisse und eventuell Bestätigungen über bereits absolvierte Aus- und Fortbildungen zwecks Anrechnung beizulegen.

Die Kurse beginnen jeweils zu Semesteranfang (Februar/März und September/Oktober). Das Vertragsverhältnis wird schriftlich hergestellt.

3. Anrechnung

Es gelten die Richtlinien des zuständigen Bundesministeriums.

4. Angebot

Das Angebot entspricht den gesetzlichen Bestimmungen und geht nicht über die verlangte Mindeststundenzahl hinaus. Alle Fächer des theoretischen Teils werden im Zeitraum von 2 Semestern mind. einmal angeboten.
Ort der Durchführung ist Wien, 21. Bezirk, im ARGE-Haus oder in angemieteten Seminarräumen.

ReferentInnen sind für die meisten Fächer PsychotherapeutInnen, in jedem Fall qualifizierte Fachleute, entsprechend den ministeriellen Vorgaben.

Für die Absolvierung des Praktikums bietet die Arge den KandidatInnen Hilfe an: So nützen z.B. die Leitungsmitglieder ihre beruflichen Kontakte, um zusätzliche Praktikumsstellen zu erschließen. Für die Praktikumsupervision und die Selbsterfahrung werden den KandidatInnen PsychotherapeutInnen aus dem Umfeld der Arge vorgeschlagen.

Die Ausbildung wird in halb-geschlossenen Gruppen absolviert, TeilnehmerInnen mit Anrechnungen können aber die fehlenden Ausbildungsteile ergänzen. Die Kurse werden in Seminarform mit einer maximalen TeilnehmerInnenzahl von 15–30 in kontinuierlichen Abendseminaren und jeweils 4–6 Wochenend-Blockseminaren pro Semester abgehalten; sie können frei gewählt werden, wobei oft kontinuierliche Gruppen viele Seminare gemeinsam besuchen. Die Semesterferien decken sich mit den Wiener Pflichtschulferien. Versäumte Seminare können nach Vorhandensein freier Plätze im nächsten Semester besucht werden.

5. Dauer

Die Dauer des Curriculums beträgt 4 Semester. Verkürzungen infolge Anrechenbarkeiten oder persönlicher Terminplanung sind möglich.

6. Kosten

Gesamtkosten: ca. € 5.150,– (inkl. Selbsterfahrung und Praktikumsupervision).

Die Lehrgangsgebühr beträgt – so nichts angerechnet werden kann – € 4.100,–. Selbsterfahrung (mind. ca. € 550,–) und Praktikumsupervision (mind. ca. € 220,–) sind direkt mit den LeiterInnen dieser Ausbildungsteile zu verrechnen. Weiters sind € 80,– Anmeldegebühr sowie € 200,– Prüfungsgebühr bzw. für die Begutachtung der Diplomarbeit zu bezahlen.

Bei KandidatInnen mit mehr als einem Viertel anrechenbarer Std. reduzieren sich die Kosten.

Bei noch höherer anrechenbarer Stundenzahl gelten Sonderregelungen, und es werden Einzelseminarkosten berechnet.

7. Prüfungen

Die Erfolgsbestätigungen für die Theorieteile werden von den jeweiligen ReferentInnen ausgestellt. Der Erfolgsnachweis bewertet Anwesenheit und Mitarbeit (Gruppenarbeiten, Referate, Hausarbeiten). Die Diplomprüfung besteht aus einer schriftlichen Arbeit, welche die Auseinandersetzung mit der Theorie und die Verarbeitung von Erfahrungen aus dem Praktikum beinhalten soll. Die mündliche Abschlussprüfung hat die kritische Reflexion dieser Diplomarbeit zum Inhalt.

8. TeilnehmerInnen

Bisher gibt es ca. 620 erfolgreiche TeilnehmerInnen des Lehrgangs. Folgende Berufsgruppen sind vertreten: SozialarbeiterInnen, SozialpädagogInnen, PädagogInnen, PsychologInnen, MedizinerInnen, ErgotherapeutInnen, Krankenschwestern. Ein Drittel der TeilnehmerInnen kommt aus nichteinschlägigen Berufen.

Kommentar

Die ARGE Bildungsmanagement ist eine erfahrene Ausbildungsorganisation für das Psychotherapeutische Propädeutikum und für weitere Lehrgänge im Bereich Beratung, Management und Psychotherapie mit Masterabschlüssen.

Kontaktadresse

ARGE Bildungsmanagement Wien
Friedstraße 23
1210 Wien
Tel. 01/263 23 12-0, Fax 01/263 23 12-20
E-Mail: office@bildungsmanagement.at
www.bildungsmanagement.at

Fachhochschule Salzburg für Soziale Arbeit

Der Lehrgang „Psychotherapeutisches Propädeutikum" der Akademie für Sozialarbeit – Salzburg läuft bis Juni 2008 schrittweise aus. Ein Neueinstieg von Studierenden ist nicht mehr möglich.

Kontaktadresse

FH-Lehrgang „Psychotherapeutisches Propädeutikum"
Sekretariat des FH-Diplomstudiengangs
für Soziale Arbeit der FH Salzburg (Mo–Do 13–17 Uhr)
FH-Campus Salzburg-Urstein
Urstein Süd 1, 5412 Puch
Tel. 050/22 11-0
E-Mail: office.soza@fh-salzburg.ac.at
www.fh-salzburg.ac.at

Kuratorium für Psychosoziale Dienste in Wien

Das Psychotherapeutische Propädeutikum des Kuratoriums für Psychosoziale Dienste ist seit März 1993 offiziell anerkannt. Bislang wurde allerdings noch kein Lehrgang angeboten. Zurzeit ist es nicht möglich, das Psychotherapeutische Propädeutikum des Kuratoriums für Psychosoziale Dienste in Wien zu absolvieren.

Kontaktadresse

Kuratorium für Psychosoziale Dienste
Gonzagagasse 15
1013 Wien
E-Mail: chabue@psd-wien.at

Lehranstalt für Berufstätige der Erzdiözese Wien

Die Lehranstalt der Erzdiözese Wien für Berufstätige bietet seit Jänner 1992 einen Lehrgang Psychotherapeutisches Propädeutikum an. Das Propädeutikum ist in einzelnen Jahrgängen organisiert, die vom Grundgedanken her als geschlossene Gruppen angelegt sind; durch Anrechnungen ist die Geschlossenheit der Jahrgänge jedoch nicht zur Gänze gegeben. Motiv für die Geschlossenheit des Lehrgangs war der Anspruch der Anbieter, das Propädeutikum auch persönlichkeitsentwickelnd zu gestalten.

Träger der Organisation ist die Erzdiözese Wien, der Lehrgang ist jedoch konfessionell völlig offen. Die Leitung im Sinne des Psychotherapiegesetzes und die kaufmännische Geschäftsführung hat der Träger an den Verein für psychosoziale und psychotherapeutische Aus-, Fort- und Weiterbildung (VPA) delegiert. Der Propädeutikumslehrgang selbst wird im Sinne einer kollegialen Leitung von DSA Monika Gumhalter-Scherf als Direktorin und Univ.-Doz. Dr. Thomas Stephenson als wissenschaftlichem Leiter geführt.

1. Auskunft

Die Erstinformation erfolgt telefonisch im Büro der Lehranstalt oder in der Informationsstelle für Ausbildungsfragen. Bei Interesse werden eine Lehrgangsbroschüre und auch die Gesamtliste der Propädeutikumsanbieter sowie die ministeriellen Anrechnungsrichtlinien zugeschickt. Es finden laufend Informationsveranstaltungen statt. Die Termine werden auf der Homepage aktualisiert, die weitere Informationen bereitstellt.

2. Aufnahmebedingungen

Die Kriterien der Aufnahme entsprechen den gesetzlichen Regelungen. Wenn ein neuer Lehrgang angeboten wird, werden die InteressentInnen zu einem ausführlichen Erstgespräch eingeladen. Zwischen den TeilnehmerInnen und der Ausbildungseinrichtung besteht ein schriftliches Vertragsverhältnis. Hier wird unter anderem die kontinuierliche Teilnahme am Lehrgang geregelt.

3. Anrechnung

Die Anrechnung erfolgt nach den Richtlinien des BMGF. Da gleichzeitig 3 Lehrgänge parallel laufen, ist es für TeilnehmerInnen mit vielen Anrechnungen möglich, einen individuellen Studienzeitraum zu planen und die Kosten zu verringern. Für TeilnehmerInnen, die eine Lehrveranstaltung trotz Anrechnungsmöglichkeit besuchen wollen, besteht die Möglichkeit, diese Veranstaltung zum halben Preis zu buchen.

4. Angebot

Die Lehranstalt bietet das komplette Propädeutikum außer dem Praktikum als Lehrgang universitären Charakters in Form eines 6-semestrigen, geschlossenen Kurses an. Der Theorieteil hat eine höhere Stundenzahl als die gesetzlich vorgeschriebene, da das Curriculum durch einige Fächer ergänzt wurde. So wurden der Bereich „Psychosomatik" auf 30 Std. erweitert und die Zusatzfächer „Sexualtherapie", „Supervisionstechniken" und „Religion und Therapie" eingeführt. Der theoretische Teil umfasst somit 840 Std. Die Selbsterfahrung (50 Std.) kommt noch dazu, ist aber in das Curriculum in Form von eigenen Blockveranstaltungen integriert. Die Ausbildungsteile werden in monatlichen Blockveranstaltungen zu jeweils 30 Einheiten (zu je 45 Minuten) abgehalten. Die Blöcke finden von Do, 17 Uhr, bis So, 12.30 Uhr, an externen Seminarorten statt. Die Blockveranstaltungen haben Workshop-Charakter, um erlebnisorientiertes und fallorientiertes Lernen zu ermöglichen. Dabei sollen die TeilnehmerInnen auch Erfahrungen mit verschiedenen Formen der Gruppenarbeit und den Interventionsstilen unterschiedlicher Therapierichtungen sammeln.

Für das Praktikum werden die LehrgangsteilnehmerInnen beraten, und es wird ihnen neben der Praktikumsstellenliste des Bundesministeriums auch eine eigene Liste zur Verfügung gestellt. Die Praktikumsupervision soll nach Möglichkeit in der Praktikumsstelle selbst stattfinden. Wenn das nicht möglich ist, wird auf eine offene Praktikums-Supervisionsgruppe der Lehranstalt hingewiesen.

Jeder Lehrgang wird von einem oder einer JahrgangsbegleiterIn unterstützt. Der bzw. die JahrgangsbegleiterIn ist bei den einzelnen Ausbildungsblöcken anwesend und dient als AnsprechpartnerIn für die KursteilnehmerInnen sowie als Koordinationsperson zu den Lehrbeauftragten. Von den TeilnehmerInnen jeder Ausbildungsgruppe werden 2 JahrgangsvertreterInnen gewählt.

Das Lehrpersonal umfasst zurzeit 23 Personen. Alle Lehrenden (ausgenommen im Fach „Gesetzliche Rahmenbedingungen") sind als PsychotherapeutInnen tätig.

Die Lehrveranstaltungen werden laufend evaluiert. Die Monate Juli und August sind unterrichtsfrei.

5. Dauer

Das Propädeutikum dauert 6 Semester. Bei einer hohen Anzahl angerechneter Lehrveranstaltungen aus anderen Ausbildungen kann die Dauer verkürzt werden.

6. Kosten

Gesamtkosten: ca. € 8.400,–.

Die Lehrgangskosten (inkl. Kosten für Selbsterfahrung) (ohne Anrechnungen) belaufen sich derzeit auf ca. € 8.200,–. Diese setzen sich zusammen aus den Kosten für das Aufnahmegespräch zu € 55,–, dem Organisationsbeitrag zu € 520,– und den Kosten pro Lehrveranstaltungsblock (30 Lerneinheiten) zu € 255,–. Dazu kommen dann noch die separat zu verrechnenden Kosten für die Praktikumsupervision (ca. € 220,–).

7. Prüfungen

Die Prüfungen erfolgen in Form von Teilprüfungen. Sie finden in unterschiedlicher Form statt (mündlich, schriftlich, Hausarbeiten, Gruppenarbeiten). Die kommissionelle Abschlussprüfung findet auf der Basis der schriftlichen Abschlussarbeit statt.

8. TeilnehmerInnen

Zum Zeitpunkt der Befragung (Mai 2005) gab es 3 Lehrgänge mit jeweils zwischen 16 und 24 TeilnehmerInnen. Die Berufsgruppen, aus denen sich die TeilnehmerInnen zusammensetzen, sind breit gestreut. Dennoch zeigt sich die Tendenz, dass verhältnismäßig mehr Berufstätige als Studierende den Lehrgang absolvieren.

Kommentar

Das Psychotherapeutische Propädeutikum der Erzdiözese Wien ist als Lehrgang universitären Charakters konzipiert und gekennzeichnet durch höhere Anforderungen und Kosten als bei den meisten anderen Anbietern. Es versteht sich nicht als bloße Voraussetzung für die fachspezifische Ausbildung, sondern möchte eine psychosoziale Grundausbildung bieten, die auch für sich genommen eine wertvolle Ergänzung vieler Berufe sein kann.

Um diesen Anspruch erfüllen zu können, ist das Betreuungsverhältnis mit JahrgangsbegleiterIn und kleinen, geschlossenen Gruppen entsprechend günstig, und der Theorieteil wurde um einige interessante Punkte ergänzt.

Kontaktadresse

Psychotherapeutisches Propädeutikum –
Lehranstalt der Erzdiözese Wien für Berufstätige
Penzinger Straße 115/5, 1140 Wien
Tel. 01/231 13 95 (Mo, Mi, Do 9–13 Uhr)
E-Mail: mail@propaedeutikum.org, www.propaedeutikum.org

Niederösterreichische Landesakademie – Zentrum für Psychotherapie und psychosoziale Gesundheit

Träger des Psychotherapeutischen Propädeutikums in St. Pölten ist das Zentrum für Psychotherapie und psychosoziale Gesundheit, welches im Bereich Gesundheit und Soziales an der Niederösterreichischen Landesakademie verankert ist. Die offizielle Anerkennung als erstes Propädeutikum in Österreich, damals noch in Krems, wurde im Februar 1992 vom BMfGK ausgesprochen. Die Strukturen der NÖ Landesakademie als Ausbildungsstätte konnten für das Psychotherapeutische Propädeutikum genutzt werden. Die wissenschaftliche Leitung obliegt Dr. Reinhard Skolek.

1. Auskunft

Die Lehrgangshomepage steht für eine erste Information zur Verfügung. InteressentInnen erhalten auch persönlich, telefonisch oder per E-Mail Auskunft und Unterlagen zum Propädeutikum.

2. Aufnahmebedingungen

BewerberInnen, welche die gesetzlichen Bedingungen erfüllen, werden nach Unterfertigen des Ausbildungsvertrages zum Lehrgang zugelassen. Der Einstieg ist immer zu Semesterbeginn möglich.

3. Anrechnung

Die Richtlinien des BMGF bezüglich der Anrechnung bereits absolvierter Teile sind für das Propädeutikum an der NÖ Landesakademie verbindlich.

4. Angebot

Alle Elemente der theoretischen Ausbildung werden mind. 1-mal in einem Turnus von 4 Semestern angeboten. Ort der Durchführung ist die NÖ Landesakademie (Neue Herrengasse 17a, St. Pölten). Die geforderten Qualifikationen für Lehrpersonen sind die Anerkennung als PsychotherapeutIn sowie die fachliche Qualifikation in dem Gegenstand, der unterrichtet wird. Der praktische Teil des Curriculums (Praktikum, Praktikumsupervision und Selbsterfahrung) ist nicht Bestandteil des Angebots. InteressentInnen werden bei der Organisation des praktischen Teils beraten.

Der theoretische Teil des Psychotherapeutischen Propädeutikums ist als Anwesenheitsstudium in Form von Vorlesungen und Seminaren im Wochenendbetrieb konzipiert (Fr 14.30–18.30, Sa 9–13 und 14.30–18.30 Uhr), die von den TeilnehmerInnen nach eigenem Ermessen inskribiert werden können. Die TeilnehmerInnenzahl pro Lehrgang ist auf 35 Studierende beschränkt. Lehrveranstaltungsfreie Zeiten sind Juli, August, September und, soweit möglich, die Schulferien.

5. Dauer

In einem Turnus von 4 Semestern werden alle Theorieteile angeboten. Einstieg ist jeweils zu Semesterbeginn möglich. Bei Anrechnung von Lehrinhalten kann man die Dauer auch verkürzen.

6. Kosten

Gesamtkosten: € 4.832,50 (inkl. Selbsterfahrung und Praktikumsupervision).

Die Kosten für den theoretischen Teil und die Administration betragen max. € 4.062,50. Im Detail werden folgende Gebühren in Rechnung gestellt: € 70,– Immatrikulationsgebühr, € 110,– Semestergebühr, € 60,– Anrechnungspauschale (nur im Falle von Anrechnungen), € 4,50/Unterrichtsstunde und € 110,– Abschlussgebühr. Prüfungsgebühren sind von Studierenden nur dann zu entrichten, wenn der vorgesehene Termin nicht wahrgenommen werden kann und ein Sondertermin vereinbart werden muss.

Die Kosten für Selbsterfahrung (ca. € 550,–) und Praktikumsupervision (ca. € 220,–) werden zwischen den TeilnehmerInnen und den SelbsterfahrungsleiterInnen bzw. SupervisorInnen vereinbart und direkt bezahlt.

7. Prüfungen

Die Evaluierung des Studienfortschrittes erfolgt generell durch Prüfungen. Die Prüfungsmodalitäten für die theoretischen Einzelprüfungen regeln die ReferentInnen mit den TeilnehmerInnen, sie sind üblicherweise schriftlich. Die Durchfallquoten sind, wie auch die Drop-out-Rate insgesamt, sehr niedrig. Die Abschlussprüfung findet in Form eines halbstündigen kommissionellen Abschlussgesprächs vor 2 PrüferInnen statt.

8. TeilnehmerInnen

Die TeilnehmerInnen sind vor allem Berufstätige. Zu den Berufsgruppen zählen PädagogInnen, MedizinerInnen, PsychologInnen, SozialarbeiterInnen, ErzieherInnen, KrankenpflegerInnen und in einem geringeren Ausmaß sonstige Berufe. Die am stärksten vertretene Berufsgruppe sind derzeit AbsolventInnen der Sozialakademie.

Kommentar

Die Niederösterreichische Landesakademie ist die Pionierin unter den Anbietern des Psychotherapeutischen Propädeutikums. Sie bietet ein seit Jahren bewährtes Angebot zu moderaten Preisen. Die Abhaltung ist charakterisiert durch ein ausschließliches Wochenendangebot und ein 4-semestriges Curriculum, wodurch sich der Lehrgang ganz primär an Berufstätige wendet.

Kontaktadresse

Psychotherapeutisches Propädeutikum – NÖ Landesakademie
Dr. Reinhard Skolek (Wissenschaftliche Leitung)
Birgit Weissenbacher (Geschäftsführung, Sekretariat, Information)
Neue Herrengasse 17a
3109 St. Pölten
Tel. 02742/294-17442
Sekretariatsstunden: Mo, Di und Fr 9–13 Uhr
E-Mail: birgit.weissenbacher@noe-lak.at, reinhard.skolek@noe-lak.at
www.psychotherapie.noe-lak.at

Österreichischer Arbeitskreis für Gruppentherapie und Gruppendynamik (ÖAGG)

Der ÖAGG ist einer der größten Therapievereine im deutschsprachigen Raum und bietet neben 5 Fachspezifika und diversen Weiterbildungen bereits seit dem Sommersemester 1992 das Psychotherapeutische Propädeutikum an. Diese Ressourcen ermöglichen es auch, ein eigenes Propädeutikum in Wien, Linz und Graz anzubieten; der organisatorische Sitz ist Wien. Die wissenschaftliche Leitung obliegt Dr. Ursula Margreiter, Ansprechpersonen sind Mag. Marlies Wohlgenannt und Mag. Iris Jahn.

1. Auskunft

Erste Informationen und das Seminarprogramm sind auf der ÖAGG-Website abrufbar. Informationsmaterial kann telefonisch oder per E-Mail angefordert werden. Für spezifische Auskünfte bezüglich Anrechnungsmöglichkeiten, Zusammenstellung der erforderlichen Seminare etc. stehen die Mitarbeiter Mo bis Fr ganztags telefonisch zur Verfügung; es kann auch ein ausführliches persönliches Informationsgespräch vereinbart werden.

2. Aufnahmebedingungen

Die Aufnahmebedingungen entsprechen den gesetzlichen Regelungen. Der Einstieg ist jederzeit möglich. Ein persönliches Informationsgespräch dient zur Reflexion der Ausbildungsmotivation sowie zur genauen Information über den Lehrgang und die damit verbundenen Möglichkeiten. Zwischen Anbieter und TeilnehmerInnen besteht ein schriftliches Vertragsverhältnis, in dem der Beitrag beider Seiten für die einzelnen Ausbildungsschritte definiert ist.

3. Anrechnung

Die Anrechnung bereits anderweitig absolvierter Ausbildungsteile erfolgt nach den Richtlinien des BMGF.

4. Angebot

Am Standort Wien werden sämtliche für den Theorieteil des Propädeutikums erforderlichen Seminare mind. 1-mal, in vielen Fällen auch 2-mal/Jahr angeboten. In Graz bzw. Linz wiederholt sich das Seminarangebot in einem 3- bis 4-Semester-Turnus. Bei Bedarf besteht die Möglichkeit, Seminare aus allen Regionalgruppen zu besuchen. Die Seminare werden nach einem Modulsystem angeboten, es bleibt den KandidatInnen freigestellt, wie viele Seminare pro Semester sie absolvieren möchten. Von den vorgeschriebenen 765 Std. des Theorieteils müssen etwas mehr als zwei Drittel (540 Std.) in Form von Seminaren und 45 Std. durch Übungen absolviert werden. Die verbleibenden 180 Std. können wahlweise durch Seminare oder ein betreutes Literaturstudium abgedeckt werden.

Die Seminare finden in Form von Blockveranstaltungen Fr abends und Sa ganztägig (15 Std.) statt. Zusätzlich werden wochentags Abendseminare (5-stündig) angeboten. In den Sommermonaten Juli und August finden in der Regel keine Lehrveranstaltungen statt.

Die ReferentInnen sind vorzugsweise PsychotherapeutInnen mit Vortrags- und Lehrerfahrung sowie mehrjähriger Praxis im psychosozialen Feld. Die ReferentInnenauswahl erfolgt unter dem Aspekt, einem hohen wissenschaftlichen Niveau im Sinne des Psychotherapiegesetzes zu entsprechen und eine universitäre Gleichwertigkeit zu gewährleisten. Ein hoher Prozentsatz der ReferentInnen ist in Forschung und Lehre an Universitäten tätig, auf Berücksichtigung neuer Forschungsergebnisse wird Wert gelegt. Insgesamt sind an die 100 ReferentInnen für den Lehrgang tätig. Es erfolgt eine regelmäßige Evaluierung der Lehrveranstaltungen.

Der Großteil der Seminare in Wien findet in der ÖAGG-Akademie (s. Kontaktadresse) statt, zusätzlich stehen in Wien wie auch in Graz und Linz externe Räumlichkeiten zur Verfügung.

Die Organisation des praktischen Teils des Propädeutikums (Selbsterfahrung, Praktikum, Supervision) obliegt der Eigeninitiative der KandidatInnen, wobei das Propädeutikumsteam Hilfestellungen gibt. Selbsterfahrung und Supervision müssen bei eingetragenen PsychotherapeutInnen absolviert werden.

5. Dauer

Die durchschnittliche Dauer des Lehrgangs beträgt 3–5 Semester. Für Personen, die Seminarangebot und Literaturstudium in hohem Umfang nützen, besteht – insbesondere bei Anrechnungsmöglichkeiten aufgrund bereits absolvierter Ausbildungen/Studien – die Möglichkeit zu einem (wesentlich) schnelleren Abschluss.

6. Kosten

Gesamtkosten: € 5.950,– bzw. € 7.210,– (inkl. Selbsterfahrung und Praktikumsupervision).

Die Kosten für den Theorieteil des Propädeutikums setzen sich aus einem Ausbildungsbeitrag und den Seminarbeiträgen zusammen. Der Ausbildungsbeitrag in Höhe von € 1.400,– ist ein Pauschalbetrag, der – unabhängig von der realen Ausbildungsdauer – in vier halbjährlich fälligen Raten zu € 350,– zu bezahlen ist. Der Ausbildungsbeitrag umfasst Anmelde-, Anrechnungs- und Prüfungsgebühren, Begutachtung von Literaturarbeiten, KandidatInnen-Betreuung etc. Die Seminarbeiträge sind mit € 7,–/Stunde berechnet, ein 15-stündiges Seminar kostet demnach Euro € 105,– (inklusive Skriptum).

Für Personen, denen keine Ausbildungsinhalte angerechnet werden können, liegen die Kosten für den theoretischen Teil zwischen € 5.180,– (bei voller Ausschöpfung der Möglichkeit zum Literaturstudium) und € 6.440,– (nur Seminare, kein Literaturstudium).

Für Klinische und GesundheitspsychologInnen sowie ÄrztInnen mit ÖÄK-PSY-Diplomen bestehen Sonderkonditionen bezüglich des Ausbildungsbeitrags.

7. Prüfungen

Voraussetzung für die erfolgreiche Absolvierung der Schwerpunkte ist die durchgehende Anwesenheit bei den Seminaren, das Erreichen des von den jeweiligen ReferentInnen bzw. dem Leitungsteam vorgeschlagenen Evaluationsziels sowie – im Falle des Literaturstudiums – das Erarbeiten der vorgegebenen Literatur. Am Ende des Propädeutikums erfolgt eine kommissionelle Abschlussprüfung. Vor dem Abschluss wird ein Themen- bzw. Fragenkatalog zur Verfügung gestellt, der als Lernhilfe und zur Selbstkontrolle dient.

8. TeilnehmerInnen

Zum Erhebungszeitpunkt (Juni 2005) hatte das ÖAGG-Propädeutikum 357 ordentliche KandidatInnen, wobei ca. die Hälfte über einen Quellenberuf im Sinne des Psychotherapiegesetzes (vorwiegend PsychologInnen, MedizinerInnen und LehrerInnen) verfügte. Seit Bestehen des ÖAGG-Propädeutikums haben 718 KandidatInnen das Propädeutikum erfolgreich abgeschlossen (Stand: Juni 2005).

Kommentar

Das ÖAGG-Propädeutikum kennzeichnet sich durch sein hochfrequentes Seminarangebot, das an den Bedürfnissen berufstätiger TeilnehmerInnen orientiert ist und eine individuelle Gestaltung der Seminarzusammenstellung erlaubt, sodass bei gleichbleibenden Kosten der Lehrgang nach individuellen Notwendigkeiten innerhalb eines sehr kurzen oder eines längeren Zeitraums absolviert werden kann.

Besonderer Wert wird auf schulenübergreifende und interdisziplinäre Vermittlung der Inhalte gelegt. Eine Besonderheit ist das Angebot zum Schwerpunkt A.1. „Psychotherapeutische Schulen“, in dessen Rahmen zu sämtlichen in Österreich anerkannten Psychotherapieschulen – in der Regel von LehrtherapeutInnen der jeweiligen Fachspezifika – referiert wird.

Kontaktadresse

ÖAGG – Akademie
Psychotherapeutisches Propädeutikum
Lenaugasse 3
1080 Wien
Tel. 01/405 39 95, Fax 01/405 39 95-20
E-Mail: propaedeutikum@oeagg.at
www.oeagg.at

Österreichisches Trainingszentrum für Neurolinguistisches Programmieren (ÖTZ-NLP)

Das ÖTZ-NLP ist seit Juni 1998 vom Bundesministerium für Gesundheit und Frauen als propädeutische Ausbildungseinrichtung anerkannt und bietet das Psychotherapeutische Propädeutikum als Intensivlehrgang an. Die theoretischen Lehrveranstaltungen verteilen sich über ein Jahr und finden in Blöcken zu jeweils 8–10 Tagen statt.

Das Leitungsteam besteht aus Dr. Siegrid Schneider-Sommer, Mag. Peter Schütz und Dr. Ingrid Senk-Kern.

1. Auskunft

Ausführliches Informationsmaterial über den Lehrgang, das aktuelle Lehrveranstaltungsangebot und die Anrechnungsmöglichkeiten sind auf der Homepage des ÖTZ-NLP *(www.nlpzentrum.at)* zu finden und/oder können im Sekretariat des ÖTZ-NLP kostenlos angefordert werden.
Durchschnittlich alle 6 Wochen werden für InteressentInnen Informationsabende abgehalten. Ebenso können individuell persönliche Beratungstermine vereinbart werden.

2. Aufnahmebedingungen

Die Aufnahmebedingungen entsprechen den gesetzlichen Regelungen. Die Anmeldung zum Lehrgang erfolgt mit einem Anmeldeformular oder per Internet und ist laufend möglich. Der Einstieg in den Lehrgang ist jederzeit möglich.

Die einzelnen Lehrveranstaltungen sind in sich abgeschlossen und nicht aufeinander aufbauend. Gesichert ist, dass jede Lehrveranstaltung zumindest 1-mal/Kalenderjahr angeboten wird.

3. Anrechnung

Die Anrechnung erfolgt gemäß ministerieller Richtlinie. Nach vorheriger Rücksprache ist – insbesondere im Krankheitsfall – der Besuch der Lehrveranstaltung über die Videothek möglich. Im Einzelfall kann in einigen Fächern nach vorheriger Vereinbarung die Anwesenheit durch eine Literaturarbeit ersetzt werden.

4. Angebot

Die TeilnehmerInnenzahl der Lehrveranstaltungen ist in der Regel auf 34 Personen begrenzt. Eine begleitende Evaluation der Lehrveranstaltungen (Methodik und Didaktik der ReferentInnen) dient einerseits der Qualitätssicherung und andererseits der Aufnahme aktueller, von den TeilnehmerInnen gewünschter Inhalte. Die ReferentInnen sind großteils gleichzeitig als PsychotherapeutInnen tätig. Bei der Auswahl der Praktikumsstelle wird als Grundlage die Liste der Praktikumsstellen des BMGF zur Verfügung gestellt und bei Bedarf auch Unterstützung gegeben.

Die Lehrveranstaltungen werden in ganztägigen Blockveranstaltungen abgehalten. Die Blöcke sind meist um Feiertage gruppiert bzw. orientieren sich zeitlich stark an den Schulferien.

Der Großteil der Lehrveranstaltungen findet im institutseigenen Seminarhaus statt.

Eine kostenlose Nächtigung für Studierende aus den Bundesländern ist bei Bedarf in einfachen Gästezimmern möglich.

5. Dauer

Das Curriculum des Psychotherapeutischen Propädeutikums wird innerhalb eines Kalenderjahres angeboten. Im Idealfall kann das Propädeutikum mit einigen Anrechnungsmöglichkeiten von bereits im Rahmen des Studiums oder der Berufsausbildung absolvierten Lehrveranstaltungen in diesem Zeitraum bewältigt werden. Durchschnittlich benötigen TeilnehmerInnen ohne Anrechnungsmöglichkeiten bei günstiger Studiengestaltung (inklusive Praktikum) eineinhalb Jahre.

6. Kosten

Gesamtkosten: € 6.415,– (inkl. Selbsterfahrung und Praktikumsupervision).

Die Kosten für den theoretischen Teil und administrativen Aufwand belaufen sich auf € 5.645,–. Diese Summe setzt sich wie folgt zusammen: Einschreibegebühr (Administrations-/Prüfungskosten): € 600,–; Anrechnung des Praktikums: € 40,–; jede Seminarstunde € 6,50.

Bei einer einmaligen Zahlung des Gesamtbetrages wird ein Sonderbonus von € 450,– (bzw. je nach Anrechnungssituation 8% des Gesamtbetrags) gewährt, wodurch die Kosten für Theoriekurs (ohne Anrechnung) und Administration auf € 5.195,– gesenkt werden können. Kostenfrei sind Skripten für die einzelnen Lehrveranstaltungen und kleine Erfrischungen für die Pausen.

Es werden keine Semestergebühren verrechnet, d.h. die Lehrgangsdauer hat keine Auswirkung auf die Kosten.

Für die Anrechnung extern absolvierter Lehrveranstaltungen ist ein einmaliger Betrag von € 80,– zu bezahlen.

Die Kosten für die eigenständig organisierte Selbsterfahrung und Praktikumsupervision sind separat zu bezahlen.

7. Prüfungen

Voraussetzung für die erfolgreiche Absolvierung der einzelnen Lehrveranstaltungen ist die Anwesenheit bei den einzelnen Lehrveranstaltungen sowie das Erfüllen der von den jeweiligen ReferentInnen gestellten Arbeitsaufträge. Das Abschlusskolloquium ist eine kommissionelle Prüfung.

8. TeilnehmerInnen

Zum Zeitpunkt der Befragung (Stand: Juni 2005) gab es 69 LehrgangsteilnehmerInnen. Bisher haben 126 TeilnehmerInnen den Lehrgang abgeschlossen. Die Drop-out-Rate wird als sehr gering eingeschätzt.

Kommentar

Das Psychotherapeutische Propädeutikum des ÖTZ-NLP ist charakterisiert durch die konzentrierte Abhaltung der Lehrveranstaltungen. Dadurch ist es vor allem für Berufstätige sowie Personen interessant, die zwischen Studienabschluss und Beginn der Berufsaufnahme stehen. Auffallend ist auch das Angebot während der Universitätsferien. Für Kandidaten aus den Bundesländern stellt die kostenlose Nächtigungsmöglichkeit während der Seminare eine interessante Möglichkeit dar.

Kontaktadresse

Psychotherapeutisches Propädeutikum –
ÖTZ-NLP Intensivkurs
Widerhofergasse 4
1090 Wien
Tel. 01/317 67 80 oder 0676/84 91 12 23
E-Mail: info@nlpzentrum.at
www.nlpzentrum.at

Pro Mente Akademie

Die Pro Mente Akademie ist die Ausbildungsinstitution des Vereins Pro Mente in Wien und bietet seit rund 40 Jahren Aus- und Fortbildungen im Sozial- und Gesundheitsbereich an. Im Mai 2005 erhielt die Akademie die Akkreditierung zur Ausbildung im Psychotherapeutischen Propädeutikum. Dessen wissenschaftliche Leitung obliegt Univ.-Prof. Dr. Karl Dantendorfer, die organisatorische Leitung dem Akademieleiter Mag. Andreas Schwab. Der erste Lehrgang startet voraussichtlich im März 2006.

1. Auskunft

Interessierte können sich per Telefon oder E-Mail an die Pro Mente Akademie wenden. Auf der Homepage sind ebenfalls Informationen abrufbar.

2. Aufnahmebedingungen

Die Aufnahme in den Lehrgang erfolgt über ein Aufnahmegespräch, die Bedingungen dafür entsprechen dem Psychotherapiegesetz.

3. Anrechnung

Die Anrechnung erfolgt gemäß der ministeriellen Richtlinie.

4. Angebot

Die Pro Mente Akademie bietet den theoretischen Teil der Ausbildung innerhalb von 4 Semestern an, das Praktikum kann ebenfalls bei Pro Mente absolviert werden. Die überwiegend in Seminarform abgehaltenen Kurse sind dabei frei belegbar und werden während des Semesters an den Wochenenden stattfinden. Die Sommermonate sind veranstaltungsfrei.

5. Dauer

Ohne Anrechnungen ist das Programm in 4 Semestern zu absolvieren.

6. Kosten

Die Kostenstruktur und -höhe stand zum Zeitpunkt der Drucklegung noch nicht fest.

7. Prüfungen

Überprüfungen des Lernfortschritts sind in jedem Seminar vorgesehen und obliegen in der Gestaltung den Seminarleitern. Am Ende des Lehrgangs erfolgt eine kommissionelle Abschlussprüfung.

8. TeilnehmerInnen

Über die Teilnehmerstruktur lässt sich noch keine Aussage treffen.

Kommentar

Die Pro Mente Akademie verfügt über viel Erfahrung im Bereich psychosozialer Ausbildungen. Der neue Lehrgang kann auch auf Praktikumsplätze in der eigenen Organisation zurückgreifen. Ob sich das Angebot freilich langfristig durchsetzen kann, wird von der konkreten Lehrgangsqualität und den noch festzulegenden Kosten abhängen.

Kontaktadresse

Pro Mente Akademie
Grüngasse 1A
1040 Wien
Tel. 01/513 15 30-113, Fax 01/513 15 30-350
E-Mail: info@promenteakademie.at
www.promenteakademie.at

Schloss Hofen – Zentrum für Wissenschaft und Weiterbildung (Psychotherapeutisches Propädeutikum Vorarlberg und Universitätslehrgang „Grundlagen der Psychotherapie")

Schloss Hofen wurde 1981 vom Land Vorarlberg als Zentrum für Wissenschaft und Weiterbildung eingerichtet. Es konzentriert sich auf Lehrgänge und Seminarprogramme in den Bereichen Recht, Wirtschaft, Medizin - Psychologie - Psychotherapie, Soziale Arbeit, Beratung sowie Verwaltung. Das Psychotherapeutische Propädeutikum Vorarlberg ist dem Bereich „Medizin - Psychologie - Psychotherapie" zugeordnet und wird im Auftrag der Vorarlberger Landesregierung als Lehrgang universitären Charakters organisiert und geführt. Die offizielle Anerkennung erfolgte im Januar 1993. Mit der wissenschaftlichen Leitung wurde a.o. Univ.-Prof. Dr. Burkart Mangold beauftragt.

Seit 1999 wird außerdem der Universitätslehrgang „Grundlagen der Psychotherapie" angeboten (s. Kasten). Wissenschaftlicher Leiter des Universitätslehrganges ist a.o. Univ.-Prof. Mag. Dr. Hans Jörg Walter, Institut für Erziehungswissenschaften, Universität Innsbruck.

Zur Umsetzung der beiden Lehrgänge wurde in Schloss Hofen ein eigenes Sekretariat eingerichtet (pädagogische Mitarbeiter Dr. Elmar Fleisch und Mag. Edith Lutz).

> Der Universitätslehrgang „Grundlagen der Psychotherapie" ist eine formalrechtliche Variante des bisher angebotenen Lehrgangs. Curriculum und Kurse sind mit denen des Psychotherapeutischen Propädeutikums identisch, erforderlich ist aber die Inskription an der Universität Innsbruck, sodass von dort Zeugnisse für die besuchten Lehrveranstaltungen erworben werden können. Dadurch werden die Kurse auf Regelstudien anrechenbar. Auch diese Teilnehmer können die kommissionelle Prüfung für das Psychotherapeutische Propädeutikum ablegen. Zu beachten ist, dass die Anrechenbarkeit im Rahmen der neuen, dreigliedrigen Studien derzeit noch nicht geklärt ist.

1. Auskunft

Über das Sekretariat sind eine Informationsbroschüre, das interne Vorlesungsverzeichnis sowie Auskünfte zu den Anrechnungsmöglichkeiten erhältlich. Die Information über den Lehrgang erfolgt sowohl persönlich als auch telefonisch oder schriftlich und ist auch auf der Homepage abrufbar. 1-mal/Jahr erscheint zudem ein Gesamtprogramm sämtlicher Studienprogramme.

2. Aufnahmebedingungen

Eine schriftliche Bewerbung (mit Zeugnissen bereits absolvierter Ausbildungen, tabellarischem Lebenslauf, ausführlicher Darstellung der Motivation) ist erforderlich. Bei Aufnahme muss in jedem Fall ein schriftliches Vertragsverhältnis mit der Ausbildungseinrichtung eingegangen werden. Die Teilnahme am Universitätslehrgang setzt die Immatrikulation und Inskription an der Universität Innsbruck voraus. Die Teilnehmerzahl ist aus organisatorischen Gründen auf 40 Personen begrenzt. Über die endgültige Zulassung entscheidet in jedem Fall die wissenschaftliche Leitung. Da das Propädeutikum als geschlossener Studiengang konzipiert wurde, ist ein Einstieg nur zu Beginn eines neuen Lehrgangs möglich, d.h. alle 5 Semester.

3. Anrechnung

Die Anrechnung erfolgt nach den Richtlinien des BMGF. Die Selbsterfahrung ist für alle Teilnehmer jedoch verbindlich im Zentrum zu absolvieren.

4. Angebot

Die Ausbildungseinrichtung bietet den Theorieteil des Propädeutikums sowie Selbsterfahrung und Praktikumsupervision an. Die Lehrveranstaltungen werden in Form von Vorlesungen, Seminaren und Übungen abgehalten. Seminare und Übungen haben Anwesenheitspflicht und werden in Gruppen mit max. 20 Teilnehmern abgehalten. Die Gruppenzuteilung erfolgt in erster Linie alphabetisch, wobei persönliche Notwendigkeiten berücksichtigt werden. Die Teilnehmer einer Gruppe bleiben den gesamten Lehrgang über beisammen, bei einigen Ausbildungsfächern werden Wahlmöglichkeiten angeboten. Generell müssen nur sehr wenige Teilnehmer ein Praktikum absolvieren, da der Lehrgang als berufsbegleitende Ausbildung konzipiert ist und vor allem Personen ansprechen möchte, die bereits im medizinischen oder psychosozialen Bereich verankert sind. Daraus ergibt sich, dass es in der Regel genügend Praktikumsstellen in Vorarlberg für die übrigen Teilnehmer gibt. Die Selbsterfahrung wird in Form einer Übung als Gruppenselbsterfahrung abgehalten und ist nicht extern anrechenbar.

Alle Lehrveranstaltungen finden soweit wie möglich in geblockter Form an Wochenenden und Abenden statt (Fr 17–21.30, Sa 9–17 Uhr, So ist vorlesungsfrei). Ein Wochenendblock umfasst 1 Semesterwochenstunde, also 15 Unterrichtseinheiten. Pro Semester werden Lehrveranstaltungen im Umfang von 10 bis 12 Semesterwochenstunden durchgeführt. Innerhalb eines Lehrganges wird eine Lehrveranstaltung in der Regel nur 1-mal angeboten.

5. Dauer

Die Mindestdauer für die komplette Ausbildung beträgt 5 Semester. Erst mit Ende des Lehrgangs ist es möglich, zur Abschlussprüfung anzutreten.

6. Kosten

Gesamtkosten: € 5.940,– für Personen, die das gesamte Angebot (inkl. Selbsterfahrung und Praktikumsupervision) in Anspruch nehmen (d.h. 56 Semesterwochenstunden, keine Anrechnungen).

Genauere Aufschlüsselung der Kosten: Für die Immatrikulation ist ein einmaliger Betrag von € 450,– zu bezahlen. Darin enthalten sind die Aufwendungen für Administration und Anrechnung. Die Kosten für die theoretischen Lehrveranstaltungen belaufen sich auf € 90,–/Semesterwochenstunde. Für Selbsterfahrungsseminare (2-mal 1,75 Semesterwochenstunden) sind pro Teil € 157,50 zu entrichten, für die Praktikumsupervision (1,5 Semesterwochenstunden) ein Betrag von € 135,–.

7. Prüfungen

Aufgrund der Organisation des Propädeutikums als Lehrgang universitären Charakters orientieren sich Prüfungsformen und Benotung am Universitätsgesetz. Die Erbringung des Erfolgsnachweises erfolgt für die einzelnen Lehrveranstaltungen in unterschiedlicher Form – mündlich, schriftlich, in Form einer Seminararbeit oder durch Anwesenheit. Die Wiederholung einer Prüfung ist grundsätzlich nur 1-mal möglich. Voraussetzungen für die mündliche Abschlussprüfung sind die positive Absolvierung der Lehrveranstaltungen sowie die Bestätigung der vorgesehenen Selbsterfahrung, des Praktikums und der Praktikumsupervision. Die Abschlussprüfung erfolgt als kommissionelles fächerübergreifendes Gespräch.

Im Universitätslehrgang „Grundlagen der Psychotherapie" besuchen die Teilnehmer dieselben Lehrveranstaltungen wie die Teilnehmer des Lehrgangs universitären Charakters, erhalten jedoch als Hörer der Universität Innsbruck ein Gesamtzeugnis, das für Anrechnungen auf Regelstudien (vor allem Erziehungswissenschaften) verwendet werden kann.

8. TeilnehmerInnen

Pro Lehrgang werden max. 40 Personen aufgenommen. Durch die Form des geschlossenen Lehrgangs kann die Drop-out-Rate sehr gering gehalten werden.

Die Berufsgruppen der Lehrer, Kindergärtner, Sozialpädagogen und Sozialarbeiter dominieren, es finden sich aber auch immer Ärzte, Psychologen und Personen aus dem Krankenpflegefachdienst. Bei der Zusammenstellung der Lehrgangsgruppe ist die Durchmischung der Tätigkeitsfelder von großer Bedeutung.

Seit der Einrichtung des Universitätslehrgangs lässt sich eine gewisse Verschiebung zugunsten von Personen aus pädagogischen Arbeitsbereichen feststellen, da eine Anrechnung des Lehrgangs auf das Studium der Erziehungswissenschaften der Universität Innsbruck ermöglicht wurde. Aus diesem Grund stieg auch das Verhältnis der Teilnehmer an den Lehrveranstaltungen, die den Universitätslehrgang belegen, kontinuierlich an.

Kommentar

Das Psychotherapeutische Propädeutikum hat sich über die Jahre als selbstständiges Studienangebot etabliert und findet nach wie vor regen Anklang. Die Zahl der Bewerbungen übersteigt bei weitem die der Studienplätze. Das Propädeutikum ist sehr stark durch die hohe Qualität der Referenten, die auch z.T. aus dem Ausland angeworben werden, geprägt. Die kompakte Form der Durchführung hat sich bewährt: Da die Teilnehmer den gesamten Lehrgang gemeinsam absolvieren, können sie einander unterstützen und daher ist die Zahl der Studienabbrecher gering. Durch die Anrechenbarkeit im Rahmen des Universitätslehrgangs ist eine für Regelstudenten interessante Möglichkeit hinzugekommen.

Kontaktadresse

Zentrum für Wissenschaft und Weiterbildung
Dr. Elmar Fleisch, Mag. Edith Lutz
Hoferstraße 26
6911 Lochau/Bodensee
Sekretariat (Mo–Fr 8–12 und 13–16 Uhr)
Tel. 05574/49 30-133, Fax 05574/49 30-22
E-Mail: info@schlosshofen.at
www.schlosshofen.at

Universitätslehrgang der Universität Graz und der Medizinischen Universität Graz

Die Karl-Franzens-Universität Graz bietet seit dem Wintersemester 1992/93 einen Universitätslehrgang zur Absolvierung des Psychotherapeutischen Propädeutikums an. Die nunmehrigen Träger des Propädeutikums sind die Karl-Franzens-Universität und die Medizinische Universität Graz, die auch Mittel und Infrastruktur für den Lehrgang zur Verfügung stellen. Der Studienplan wird durch eigene Lehrveranstaltungen und Lehrangebot aus dem bestehenden Studienangebot der Universitäten abgedeckt. Die wissenschaftliche Leiterin des Universitätslehrgangs ist Frau Ass.-Prof. Dr. Brigitte Verlic.

1. Auskunft

Informationen über den Universitätslehrgang sind im Lehrgangsbüro bei Mag. Dave J. Karloff erhältlich. Die Beratung über den Lehrgang erfolgt telefonisch, per E-Mail und persönlich. Informationsbroschüren liegen im Büro auf und werden auf Anfrage auch zugeschickt. Die aktuellen Sprechstundenzeiten und weiterführende Informationen finden sich auf der Homepage des Lehrgangs.

2. Aufnahmebedingungen

Auswahlkriterien für die Aufnahme in den Universitätslehrgang sind der Nachweis aller gesetzlich geforderten Voraussetzungen sowie die Reihenfolge der Anmeldungen. Die Anmeldung kann nur persönlich vorgenommen werden. Es kann nur eine begrenzte Anzahl an InteressentInnen aufgenommen werden (25 TeilnehmerInnen/Jahr). Über die Aufnahme in den Lehrgang entscheidet die wissenschaftliche Leiterin.

3. Anrechnung

Für die Anrechnung von bereits absolvierten Teilen des Propädeutikums gelten die Richtlinien des BMGF. In Übereinkunft mit der Arbeitsgemeinschaft der Propädeutikumsanbieter in Österreich werden auch Theorieteile angerechnet, die zur Gänze bei anderen anerkannten Einrichtungen absolviert wurden.

4. Angebot

Der Theorieteil des Propädeutikums wird vom Lehrgang an der Universität Graz angeboten, wobei sich das Angebot aus eigens für den Lehrgang abgehaltenen Lehrveranstaltungen und bereits bestehenden Universitätslehrangeboten zusammensetzt. Das Lehrpersonal umfasst ca. 60 ReferentInnen, deren Qualifikation sich nach den Auflagen des BMGF richtet. Sie sind vorzugsweise PsychotherapeutInnen und verfügen jedenfalls über die erforderlichen wissenschaftlichen Qualifikationen und Erfahrungen im Lehrbetrieb. Es liegen Listen von Praktikumsstellen als Orientierungshilfe auf. So bieten z.B. die Univ.-Klinik für Medizinische Psychologie und Psychotherapie sowie die Univ.-Klinik für Psychiatrie und die Abteilung Psychosomatik der Univ.-Kinderklinik Praktikumsstellen an. Diesbezüglich wird bei Bedarf auch eine Beratung angeboten. Die Praktikumsupervision kann seit 2004 optional im Rahmen des Lehrgangs besucht werden. Die Selbsterfahrung kann ebenfalls optional über die Teilnahme am Integrativen Seminar für Psychotherapie in Bad Gleichenberg abgedeckt werden. Da der Lehrgang hierbei als Mitveranstalter fungiert, können LehrgangsteilnehmerInnen zu besonders günstigen Konditionen an diesem Seminar teilnehmen. Überdies liegen für Selbsterfahrung und Praktikumsupervision ständig aktualisierte Adressenlisten und Angebote Dritter im Lehrgangsbüro auf.

Die Art der Lehrveranstaltungen erstreckt sich von Wochenendseminaren über Abendkurse bis hin zu wenigen Veranstaltungen, die tagsüber stattfinden. Als lehrveranstaltungsfreie Zeiten gelten die Semesterferien der Universitäten. Der Einstieg in den Lehrgang erfolgt nur im Wintersemester. Alle Lehrveranstaltungen werden jedenfalls innerhalb von 2 Jahren, z.T. auch jährlich angeboten. Das gilt es bei der Wahl der Lehrveranstaltungen zu beachten, die grundsätzlich frei ist. Die Lehrveranstaltungen werden überwiegend in den Räumlichkeiten der Grazer Universitäten durchgeführt.

5. Dauer

Die Mindestdauer für die komplette Absolvierung des Propädeutikums beträgt 4 Semester. Im 5. Semester kann die Abschlussprüfung abgelegt werden. Für PsychologiestudentInnen der Universität Graz wird bei ausreichender Nachfrage ein Kurzcurriculum angeboten (Dauer: 2 Semester). Die Dropout-Rate hat im Vergleich zu den Anfangsjahren drastisch nachgelassen und liegt bei den rezenten Jahrgängen (2003 und 2004) bei 2%. Die durchschnittliche Studiendauer liegt zwischen 5 und 6 Semestern.

6. Kosten

Gesamtkosten: € 5.855,– (inkl. 80 Std. Selbsterfahrung und 20 Std. Praktikumsupervision). Im Detail: einmalige Grundgebühr von € 1.200,–; die Semestergebühr € 200,– (für 4 Semester). Die Lehrveranstaltungsgebühren belaufen sich auf € 75,–/Semesterwochenstunde (= 15 Std.). Für Lehrveranstaltungen aus dem bestehenden Studienangebot sind keine Gebühren zu entrichten. Daher müssen dzt. nur 40 der 51 Semesterwochenstunden an die LehrgangsteilnehmerInnen verrechnet werden. Für die Abschlussprüfung sind € 150,– zu bezahlen; optional: Anrechnungsgebühr von € 50,–. Als Tarif für die Selbsterfahrung (€ 480,– für insgesamt 80 Selbsterfahrungsstd.) wurde die zweimalige, für LehrgangsteilnehmerInnen ermäßigte Teilnahme am Integrativen Seminar für Psychotherapie in Bad Gleichenberg herangezogen. Die Absolvierung der Praktikumsupervision (20 Std.) kostet im Rahmen des Lehrgangs € 150,–.

LehrgangsteilnehmerInnen, die neben dem Lehrgang kein Regelstudium betreiben, sind von der allgemeinen Studiengebühr ausgenommen und bezahlen an die Universität nur den ÖH-Beitrag von derzeit € 15,–/Semester. Ordentliche Studierende, die zusätzlich den Universitätslehrgang belegen, müssen weiterhin die Studiengebühr für ihr Regelstudium entrichten.

7. Prüfungen

Pro Lehrveranstaltung muss eine Prüfung abgelegt werden, wobei die Prüfungsmodalitäten im Ermessen der LehrveranstaltungsleiterInnen liegen. Als Kriterien für die kommissionelle Abschlussprüfung gelten: Überblick über den Gesamtstoff, Fähigkeit zum vernetzten Denken im biopsychosozialen Bereich, Herstellen von Verbindungen zwischen dem theoretischen Wissen und praktischen Erfahrungen.

8. TeilnehmerInnen

Zum Zeitpunkt der Befragung (Juni 2005) gab es insgesamt 115 TeilnehmerInnen, wobei PädagogInnen, MedizinerInnen und PsychologInnen die am stärksten vertretenen Berufsgruppen sind. Bislang haben 293 TeilnehmerInnen den Lehrgang positiv abgeschlossen.

Kommentar

Der Universitätslehrgang Psychotherapeutisches Propädeutikum der Universität Graz ist mit dem Angebot der beiden assoziierten Universitäten verknüpft und kann so recht kostengünstig bei gleichzeitig universitärem Leistungsniveau abgehalten werden, zu dem auch die begrenzte TeilnehmerInnenzahl beiträgt. Interessant ist sicher die Möglichkeit, Praktikumsupervision und Selbsterfahrung ebenfalls aus dem Angebot des Lehrgangs bzw. assoziierter Veranstaltungen zu schöpfen.

Kontaktadresse

ULG Psychotherapeutisches Propädeutikum
Karl-Franzens-Universität / Medizinische Universität Graz
Elisabethstraße 32, 8010 Graz, Tel. 0316/380-5760, Fax 0316/380-9658
E-Mail: propaed@uni-graz.at, www.uni-graz.at/pthpwww

Universitätslehrgang der Universität Innsbruck

Die Universität Innsbruck bietet seit dem Sommersemester 1992 das Psychotherapeutische Propädeutikum im Rahmen eines Universitätslehrgangs an, welcher vom Institut für Kommunikation im Berufsleben und Psychotherapie betreut wird. Mit der wissenschaftlichen Leitung ist Univ.-Prof. Dipl.-Psych. Dr. Heidi Möller beauftragt. Die Leitung wird vom Rektorat der Universität Innsbruck bestellt.

1. Auskunft

Auskünfte über den Lehrgang, das aktuelle Lehrveranstaltungsangebot und die verschiedenen Möglichkeiten der Anrechnung sind im Sekretariat des Instituts für Kommunikation im Berufsleben und Psychotherapie erhältlich. Die Beratung erfolgt telefonisch, per E-Mail oder persönlich. Auch auf der Homepage des Instituts können sich Interessenten informieren.

2. Aufnahmebedingungen

Die Aufnahme in den Lehrgang ist zu Beginn jedes Semesters möglich, wofür die BewerberInnen ein entsprechendes Ansuchen fristgerecht an die Leitung des Lehrgangs stellen müssen. Die BewerberInnen werden als außerordentliche Studierende an der Universität Innsbruck zugelassen. Derzeit können alle Antragsteller aufgenommen werden, sofern sie die formalen Aufnahmekriterien erfüllen.

3. Anrechnung

Es gelten die Richtlinien des BMGF, wonach einzelne Teile des Psychotherapeutischen Propädeutikums aufgrund bereits absolvierter Ausbildungen angerechnet werden können. Die einzelnen Ansuchen auf Anrechnung werden von der wissenschaftlichen Leitung des Lehrgangs geprüft.

4. Angebot

Es wird der theoretische Teil des Psychotherapeutischen Propädeutikums angeboten. Die Supervision des Praktikums und die Selbsterfahrung können ebenfalls im Rahmen des Universitätslehrgangs absolviert werden. Die Lehrgangsleitung legt zu Beginn des Studienjahrs eine Liste mit empfohlenen Praktikumseinrichtungen (im Raum Innsbruck) auf, andere Einrichtungen im In- und Ausland können nach Bewilligung durch die Lehrgangsleitung ebenfalls herangezogen werden. Die Lehrveranstaltungen finden an der Universität Innsbruck während des Semesters, z.T. (spät-)nachmittags, z.T. als Blockveranstaltung (z.B. Fr und Sa) statt. Zu Beginn jedes Semesters wird ein Studienführer herausgegeben, dem Ort, Zeit und Inhalt der einzelnen Lehrveranstaltungen zu entnehmen sind. Innerhalb von 4 Semestern werden alle Bausteine des Propädeutikums mind. 1-mal angeboten. Für bestimmte Lehrveranstaltungsteile werden auch Alternativen bzw. Parallelveranstaltungen angeboten; außerdem gibt es verschiedene Seminare, die in jedem Semester angeboten werden. Die Lehrveranstaltungen werden in Form von Vorlesungen, Seminaren und Übungen abgehalten und sind frei wählbar. Die ReferentInnen (insgesamt 26 – Stand: Juli 2005) sind zum Großteil Bedienstete der Universität Innsbruck. Wichtig bei der Bestellung der Lehrpersonen ist deren Qualifikation in dem Fach, welches sie im Rahmen des Psychotherapeutischen Propädeutikums lehren.

5. Dauer

Der Lehrgang umfasst 4 Semester. Es besteht jedoch sowohl die Möglichkeit (z.B. für Berufstätige), den Lehrgang zu „strecken", also erst nach 5, 6 oder mehr Semestern abzuschließen, als auch vor Ablauf der geplanten 4 Semester den Lehrgang abzuschließen. StudentInnen der Psychologie, Pädagogik oder Medizin können sich große Teile für den Lehrgang anrechnen zu lassen.

6. Kosten

Gesamtkosten (inkl. Selbsterfahrung und Praktikumsupervision): € 1.888,– (für 4 Semester). Für den Lehrgang ist pro Semester eine Unterrichtsgebühr von € 472,– zu entrichten (Stand: Sommersemester 2005).

7. Prüfungen

Die Prüfungsmodalitäten entsprechen dem Universitätsgesetz 2002. Die Prüfungen werden im Zusammenhang mit den einzelnen Lehrveranstaltungen abgelegt. Die Abschlussprüfung ist eine kommissionelle mündliche Prüfung.

8. TeilnehmerInnen

Im Juni 2005 lag die TeilnehmerInnenzahl bei 99 (75% Frauen und 25% Männer). Drei Viertel der TeilnehmerInnen sind 24 bis 40 Jahre alt. Nur eine sehr geringe Anzahl der TeilnehmerInnen nimmt das volle Stundenausmaß des Lehrgangs in Anspruch, fast alle TeilnehmerInnen verfügen über Anrechnungsmöglichkeiten extern absolvierter Studieninhalte oder Berufsausbildungen. Diese Gruppe setzt sich hauptsächlich aus Studierenden bzw. AbsolventInnen der Studienrichtungen Psychologie, Pädagogik und aus dem Krankenpflegefachdienst zusammen.

Kommentar

Der Universitätslehrgang der Universität Innsbruck bietet derzeit das Psychotherapeutische Propädeutikum im Vergleich mit anderen Anbietern sehr kostengünstig an. Besonders für StudentInnen besteht dadurch die Möglichkeit, die Ausbildung noch während ihres Studiums (in der Regel eine Zeit mit niedrigem Einkommen) zu beginnen. Ein weiterer positiver Aspekt des Universitätslehrgangs ist, dass es derzeit keine Warteliste gibt, d.h. es werden zurzeit keine Aufnahmeanträge wegen Platzmangels abgelehnt.

Kontaktadresse

Leopold-Franzens-Universität Innsbruck
Institut für Kommunikation im Berufsleben und Psychotherapie
Sekretariat (Mo–Fr 9–12 Uhr)
Schöpfstraße 3
6020 Innsbruck
Tel. 0512/507-8682, Fax 0512/507-2765
E-Mail: zwiko@uibk.ac.at
www2.uibk.ac.at/zwiko

Universitätslehrgang der Universität Klagenfurt

Die Abteilung Klinische Psychologie, Psychotherapie und Psychoanalyse am Institut für Psychologie der Universität Klagenfurt bietet seit Oktober 1992 den Universitätslehrgang Psychotherapeutisches Propädeutikum an. Durch die Verschränkung mit dem Angebot des Studienfachs Psychologie ist das Propädeutikum in den Universitätsbetrieb eingebunden und unterliegt einerseits dem Universitätsgesetz 2002, andererseits dem Psychotherapiegesetz. Die wissenschaftliche Leitung obliegt o. Univ.-Prof. MMag. Dr. Jutta Menschik-Bendele, Stellvertreter ist a.o. Univ.-Prof. Dr. Axel Krefting.

1. Auskunft

Den InteressentInnen werden Unterlagen über den Lehrgang und ein Verzeichnis der Lehrveranstaltungen zur Verfügung gestellt. Vor Semesterbeginn werden Informationsveranstaltungen angeboten, bei Bedarf kann auch eine persönliche oder telefonische Beratung erfolgen.

2. Aufnahmebedingungen

Die Zulassung zum Lehrgang erfordert eine schriftliche Bewerbung. Der Einstieg ist jeweils zu Semesterbeginn möglich. Bei der Bearbeitung der Ansuchen um Zulassung wird nach den formalen gesetzlichen Bestimmungen vorgegangen. Die Inskription als außerordentliche HörerInnen an der Alpen-Adria Universität Klagenfurt ist verpflichtend. Die Universität garantiert das Lehrangebot und die Möglichkeit, den Lehrgang fristgerecht abzuschließen.

3. Anrechnung

Über die Anrechnung von anderweitig absolvierten Theorieteilen entscheidet die Leitung des Lehrgangs, wobei die diesbezüglichen Richtlinien des BMGF als Grundlage dienen.

4. Angebot

Das Angebot umfasst alle durch das Psychotherapiegesetz vorgegebenen Inhalte und geht zeitlich bei Selbsterfahrung und Praktikumsupervision jeweils 10 Std. über das dort geforderte Mindestmaß hinaus. Angebotene Kurse konnten bis jetzt stets durchgeführt werden, Veränderungen im Angebot oder bei der Ausgestaltung der Ausbildungselemente sind nicht geplant. Die Zahl der AusbildnerInnen liegt derzeit bei 44 (davon 34 PsychotherapeutInnen; Stand: 1. Juni 2005).

Bei der Suche nach Praktikumsplätzen ist die Abteilung den TeilnehmerInnen behilflich: Kontakte der Lehrenden zu Kliniken und psychosozialen Einrichtungen können genutzt werden, außerdem stehen den KandidatInnen Listen von Praktikumsplätzen in Kärnten zur Verfügung.

Selbsterfahrung wird im Umfang von 4 Semesterwochenstunden (60 Std.), Praktikumsupervision im Umfang von 2 Semesterwochenstunden (30 Std.) gefordert. Den TeilnehmerInnen wird hierzu eine Liste von anerkannten PsychotherapeutInnen für die Selbsterfahrung bzw. die Praktikumsupervision ausgehändigt. Auch an der Abteilung selbst besteht die Möglichkeit, diese Elemente zu absolvieren. Bei Selbsterfahrung und Praktikumsupervision ist eine Beschränkung der TeilnehmerInnenzahl auf 12–15 gegeben. Fallsupervision am Praktikumsplatz kann bei Erfüllung der dafür notwendigen Voraussetzungen angerechnet werden.

Der Lehrgangsbetrieb findet während des Semesters, überwiegend abends und am Wochenende statt, die Hochschulferien sind lehrveranstaltungsfreie Zeiten. Die Lehrveranstaltungen sind z.T. geblockt, z.T. erstrecken sie sich über das ganze Semester. Das Komplettprogramm wird innerhalb eines Jahres einmal angeboten, wobei einige Lehrveranstaltungen jeweils nur im Wintersemester, andere nur im Sommersemester abgehalten werden. Darüber hinaus können die Teilnehmer frei entscheiden, welche Lehrveranstaltungen sie wann belegen möchten. Anrechenbare Lehrveranstaltungen des Regelstudiums Psychologie werden im Semesterplan des Propädeutikums angeführt, um den Teilnehmern die Übersicht zu erleichtern.

5. Dauer

Die Mindestdauer bis zum Abschluss des Propädeutikums liegt für AbsolventInnen des ordentlichen Studiums Psychologie bei 2 Semestern. Für KandidatInnen ohne akademische Vorbildung bzw. ohne einen der im Psychotherapiegesetz genannten Quellenberufe beträgt die Mindestdauer 4 Semester.

6. Kosten

Gesamtkosten (inkl. Kosten für Selbsterfahrung und Praktikumsupervision): € 3.279,20.

Das Unterrichtsgeld wird vom zuständigen Kollegialorgan festgelegt. Die Semestergebühr beträgt derzeit € 545,05, für ordentliche Hörer und Erwerbslose € 436,04. Das Abschlusskolloquium inklusive Zertifikat kostet € 109,–. Für TeilnehmerInnen, die lediglich einzelne Curriculumspunkte absolvieren wollen, gilt für eine Semesterwochenstunde, das entspricht 15 Unterrichtsstunden, ein Satz von € 38,52.
Für Selbsterfahrung (ca. € 660,–) und Praktikumsupervision (ca. € 330,–) sind in der obigen Gesamtkalkulation Standardtarife herangezogen.

7. Prüfungen

Über jede Vorlesung ist am Ende des Semesters eine Einzelprüfung abzulegen. Bei integrierten Lehrveranstaltungen, Seminaren, Übungen, Konversatorien und Praktika erfolgt die Leistungsbeurteilung durch die/den jeweilige/n ReferentIn. Die Zeugnisse werden von den LeiterInnen der jeweiligen Lehrveranstaltung ausgestellt, die Beurteilungen in ein Studienbuch eingetragen.

Die formalen Voraussetzungen für den Zugang zur Abschlussprüfung sind die Absolvierung der Einzelprüfungen und ein supervidiertes Praktikum mit schriftlichem Praktikumsbericht. Die Abschlussprüfung ist eine kommissionelle Prüfung, bei welcher die KandidatInnen nachweisen sollen, dass sie in der Lage sind, die verschiedenen Bestandteile des Propädeutikums zu integrieren. Die Abschlussprüfung hat den Charakter eines Eignungsgesprächs. Bei einer negativen Beurteilung richtet sich die Anzahl zulässiger Wiederholungen und die Art der Wiederholungsprüfung nach dem Universitätsgesetz.

8. TeilnehmerInnen

Im Sommersemester 2005 waren 156 TeilnehmerInnen eingeschrieben. Die Zahl der AbsolventInnen liegt im Schnitt pro Jahr bei ca. 70. Davon sind ca. 60 ordentlich Studierende.

Kommentar

Die Alpen-Adria Universität Klagenfurt war eine der ersten AnbieterInnen des Psychotherapeutischen Propädeutikums. Das primäre Ziel des Lehrgangs ist die allgemeine grundlegende Ausbildung nach dem Psychotherapiegesetz. Darüber hinaus kann der Lehrgang aber auch für psychosozial Arbeitende als Fortbildung dienen und zur Ausbildung im Gewerbe der Lebens- und SozialberaterInnen vorbereiten. Das (finanziell gesehen) günstige Ausbildungsangebot ist durch seine Einbindung in den Universitätsbetrieb geprägt. Bei den Vorlesungen muss z.T. mit hohen HörerInnenzahlen gerechnet werden.

Kontaktadresse

Alpen-Adria Universität Klagenfurt
Abteilung für Klinische Psychologie, Psychotherapie und Psychoanalyse
Elfriede Schaunig
Universitätsstraße 65–67, 9020 Klagenfurt
Tel. 0463/27 00-1606 (Mo–Do 10–12, Di, Do 15–16 Uhr)
E-Mail: elfriede.schaunig@uni-klu.ac.at
www.uni-klu.ac.at/psy/index.php?cat=klin

Universitätslehrgang der Universität Salzburg

Der Universitätslehrgang „Psychotherapeutisches Propädeutikum" wurde 1992 in Kooperation mit verschiedenen anderen Institutionen als Senatslehrgang eingerichtet. Heute ist der Universitätslehrgang dem Fachbereich „Erziehungswissenschaft und Kultursoziologie" zugeordnet. Erhalten geblieben sind die fakultätsübergreifende Mitwirkung von Lehrenden der naturwissenschaftlichen und der juridischen Fakultät und die Zusammenarbeit mit der Landesnervenklinik und den im Salzburger Landesverband für Psychotherapie vertretenen psychotherapeutischen Schulen. Dem derzeitigen Leiter des Lehrgangs a.o. Univ.-Prof. Dr. Josef Schermaier ist ein beratendes Leitungsteam beigestellt, dem Ass.-Prof. Dr. Anton Laireiter, Hofrat Dr. Reinhard Larcher und Dr. Christian Meusburger angehören. Für das Sekretariat ist Frau Agnes Rieger zuständig.

1. Auskunft

Informationen zum Lehrgang können im Sekretariat eingeholt werden. Auf Wunsch wird den Interessenten eine Informationsschrift zugesandt, die ausführlich über den Lehrgang informiert. Aktualisierte Informationen können auch auf der Homepage in Erfahrung gebracht werden.

2. Aufnahmebedingungen

Eine Aufnahme ist zu Beginn eines jeden Studienjahres möglich. Die Teilnahme an einem Gruppeninformationsgespräch ist verpflichtend (die Termine werden in der jährlich herausgegebenen Informationsschrift und auf der Homepage angekündigt). Teilnahmewillige erhalten einen Aufnahmeantrag, der ausgefertigt, mit einem Lichtbild versehen und unterzeichnet im Sekretariat einzureichen ist. Mit der Unterzeichnung bestätigt der/die AufnahmewerberIn die Kenntnisnahme der in der Informationsschrift angegeben Bedingungen und Verpflichtungen.

Über die Aufnahme selbst entscheidet der Lehrgangsleiter, in Zweifelsfällen das Leitungsteam, nach eingehender Überprüfung der eingegangenen Aufnahmeanträge. Kriterien wie abgeschlossene Studien und Ausbildungsgänge, einschlägige Beschäftigungen und Erfahrungen in psychosozialen Arbeitsbereichen, Motivation und persönliche Lebenslagen bieten Orientierung. Mit den für die Aufnahme vorgesehenen Personen werden persönliche Aufnahme- und Anrechnungsgespräche geführt, dabei wird festgelegt, welche Ausbildungsteile nach eingehender Prüfung angerechnet werden. Darüber wird ein Protokoll angefertigt, das die Grundlage für die Ausstellung des Anrechnungsbescheids bildet. Zum Eintritt in den Lehrgang ist in allen Fällen die Inskription des Lehrgangs an der Universität Salzburg erforderlich.

3. Anrechnung

Die Anrechnung erfolgt gemäß Psychotherapiegesetz, allerdings ist im Aufnahmegespräch darüber zu entscheiden, in welchem Umfang es sinnvoll erscheint, abgeschlossene Ausbildungsteile anzurechnen.

4. Angebot

Innerhalb von 4 Semestern werden alle Gegenstände des theoretischen Ausbildungsteils angeboten. Die Lehrveranstaltungen (Vorlesungen, Seminare, Übungen) finden in der Regel in der für den Vorlesungsbetrieb vorgesehenen Semesterdauer an Wochentagen (Di und Do) abends 17–20.15 Uhr und Fr nachmittags (14.30–19 Uhr) in den Räumlichkeiten der Universität (Institut für Erziehungswissenschaft) statt. Im Sinne der Verbindung von Lehre und Praxis sind die im Lehrgang als Universitätslektoren oder Vortragende mitwirkenden Personen in den meisten Fällen auch praktizierende Psychotherapeuten.

Die praktische Ausbildung (Selbsterfahrung, Praktikum, Supervision) ist von den Lehrgangsteilnehmern selbst zu organisieren. Informationsmaterial über Praktikumseinrichtungen und Selbsterfahrungsseminare werden beigestellt und kostenlose persönliche Beratungen angeboten.

5. Dauer

Die Lehrgangsdauer beträgt 4 Semester. Die theoretische Ausbildung kann dann schon früher abgeschlossen werden, wenn durch entsprechende Anrechnungen (z.B. für PsychologInnen) die für den Abschluss erforderlichen Lehrveranstaltungen als absolviert gelten.

6. Kosten

Gesamtkosten: € 5.100,– (inkl. Selbsterfahrung und Praktikumsupervision). Die Kosten für die theoretische Ausbildung einschließlich der Prüfungsgebühren betragen € 4.330,–. Davon entfallen € 330,– auf die Einschreibgebühr (einschließlich der ersten Semestergebühr), je € 110,– als fixe Semestergebühr für die weiteren drei Semester und € 100,– für die Abschlussprüfung.

Die Lehrveranstaltungsgebühren richten sich nach dem Ausmaß der Inanspruchnahme des Lehrangebotes, berechnet auf der Basis von € 70,– pro Semesterwochenstunde.

Die Kosten für Selbsterfahrung und Praktikumsupervision sind in der obigen Kalkulation der Gesamtkosten nach gängigen Sätzen berechnet.

7. Prüfungen

Grundsätzlich ist über jede Lehrveranstaltung eine Prüfung abzulegen. Die Art der Prüfung wird vom jeweiligen Lektor bestimmt und soll Teil des didaktischen Konzepts der jeweiligen Lehrveranstaltung sein. Über die praktischen Ausbildungsteile sind entsprechende Bestätigungen vorzulegen. Nach positiver Absolvierung aller Ausbildungsteile ist eine kommissionelle mündliche Prüfung abzulegen.

8. TeilnehmerInnen

Derzeit (Juni 2005) besuchen 50 Personen den Lehrgang. Jene, die die 4-semestrige theoretische Ausbildung bereits absolviert, aber die Abschlussprüfung noch nicht abgelegt haben, sind darin nicht berücksichtigt. Von den 50 TeilnehmerInnen sind 39 Frauen (78 %) und 11 Männer. 42 Personen haben einen Quellenberuf oder sind Studenten einer einschlägigen Studienrichtung (7 Psychologie, 10 Pädagogik). Die Drop-out-Rate ist sehr gering.

Kommentar

Der Universitätslehrgang der Universität Salzburg gehört zu den ältesten Propädeutika und kann auf entsprechende Erfahrungswerte zurückgreifen.

Derzeit bestehen Überlegungen, auf der Basis der im Psychotherapiegesetz § 3 vorgeschriebenen Inhalte und Mindeststundenzahl durch inhaltliche Erweiterungen und Schwerpunktsetzungen dem Lehrgang ein spezielles Profil und gemäß § 26 des Universitätsstudiengesetzes mit dem Abschluss einen akademischen Grad zu verleihen.

Kontaktadresse

Universitätslehrgang „Psychotherapeutisches Propädeutikum“
an der Universität Salzburg
Fachbereich Erziehungswissenschaft und Kultursoziologie
Akademiestraße 26
5020 Salzburg
Sekretariat: Agnes Rieger, Tel. 0662/80 44-4240
E-Mail: psth.propaed@sbg.ac.at
www.sbg.ac.at/erz/people/intern–propaed

Universitätslehrgang der Universität Wien

Die Universität Wien bietet seit April 1993 das Psychotherapeutische Propädeutikum im Rahmen eines interfakultären Universitätslehrgangs an. Durch die organisatorische und personelle Einbindung in den Universitätsbetrieb wird den Studierenden eine Ergänzung zu den in ihrem Studium erfolgten Ausbildungsschritten ermöglicht. Die Leitung des Universitätslehrgangs Psychotherapeutisches Propädeutikum (HoPP) haben a.o. Univ.-Prof. Mag. Dr. Elisabeth Jandl-Jager und a.o. Univ.-Prof. Dr. Christian Korunka inne. Das Leitungsteam besteht weiters aus Ass.-Prof. Dr. Brigitte Lueger-Schuster und a.o. Univ.-Prof. Dr. Germain Weber. Für die Organisation sind Mag. Birgit Riel-Brandstetter und Mag. Marion Swaton zuständig.

1. Auskunft

Informationsmaterial über den Lehrgang, das aktuelle Lehrveranstaltungsangebot und die Anrechnungsmöglichkeiten sind im Sekretariat des HoPP erhältlich bzw. auf der Website zu finden. Die Unterlagen können auch schriftlich angefordert werden. 1-mal monatlich – während der Inskriptionszeiten jede Woche – findet eine Erstberatung für InteressentInnen statt.

2. Aufnahmebedingungen

Zusätzlich zu den Voraussetzungen des Psychotherapiegesetzes ist die Immatrikulation an der Universität Wien als ordentliche/r oder außerordentliche/r HörerIn nötig. Die Anmeldung mittels Erhebungsblatt ist laufend möglich, kann aber erst nach Teilnahme an einer Informationsveranstaltung erfolgen. Der Einstieg in den Lehrgang ist jeweils mit Semesterbeginn möglich, für Studierende der Universität sogar jederzeit. Es entsteht also max. eine Wartezeit von 6 Monaten. Den Studierenden wird empfohlen, den Lehrgang möglichst erst gegen Ende ihres Studiums zu beginnen, sich aber schon rechtzeitig über eine günstige Studiengestaltung zu informieren, um Anrechnungsmöglichkeiten nutzen zu können.

3. Anrechnung

Es existieren detaillierte Unterlagen für die Anrechnung schon absolvierter Lehrveranstaltungen. Aufgrund der engen Verquickung mit dem universitären Lehrveranstaltungsangebot sind auch Anrechnungen von einzelnen Lehrveranstaltungen möglich. Auch bei anderen Anbietern durchgeführte Teile des Propädeutikums werden angerechnet; hier allerdings üblicherweise nur ganze Prüfungsfächer.

4. Angebot

Der Universitätslehrgang bietet den Theorieteil des Propädeutikums an. Die Lehrveranstaltungen haben Seminarcharakter und sind in der Regel auf 30 TeilnehmerInnen begrenzt. Um dem zunehmenden Flexibilitätsbedürfnis Rechnung zu tragen, werden immer mehr Lehrveranstaltungen auch nach dem „Blended Learning"-Prinzip gestaltet, d.h. es wechseln sich Präsenzphasen mit E-Learning-Phasen ab. Dadurch reduziert sich die Anwesenheitspflicht, die E-Learning-Phasen können von den TeilnehmerInnen eigenständig nach ihren Zeitbedürfnissen durchgeführt werden.

Die inhaltliche Ausgestaltung der Ausbildungselemente ist auf das universitäre Angebot abgestimmt, um eine Kompatibilität mit bereits absolvierten Lehrveranstaltungen herzustellen. Jede Lehrveranstaltung wird zumindest einmal in 3 Semestern angeboten.

Die ReferentInnen sind großteils UniversitätslehrerInnen, die zumeist gleichzeitig als PsychotherapeutInnen tätig sind.

Bei den praktischen Teilen des Propädeutikums, insbesondere dem Praktikum, wird versucht, studienbedingte Ausbildungsschritte wie Pflichtpraktika und Freifächer zu nutzen. PsychologiestudentInnen wird empfohlen, ihr im Studienplan vorgesehenes Pflichtpraktikum nach Möglichkeit zu verlängern, um so den gesamten Umfang des Propädeutikumspraktikums abzudecken. MedizinstudentInnen werden Famulaturzeiten als Praktikum angerechnet. In allen übrigen Fällen wird die Praktikumsstellenliste des BMGF herangezogen. Die Studienrichtung Medizin beinhaltet Lehrveranstaltungen, die als Supervisionsteil anrechenbar sind. Die Kurse werden in Wochenend-Blockveranstaltungen und Abendkursen abgehalten und können frei gewählt werden. Ein Großteil der Lehrveranstaltungen findet in Räumlichkeiten des HoPP statt. Lehrveranstaltungsfreie Zeit ist von Mitte Juli bis Mitte September.

5. Dauer

Das gesamte Curriculum des Psychotherapeutischen Propädeutikums wird in 3-4 Semestern angeboten. In der Regel kann das Propädeutikum aber durch Anrechnung von bereits im Rahmen des Studiums oder der Berufsausbildung absolvierten Lehrveranstaltungen in (bedeutend) kürzerer Zeit abgeschlossen werden.

6. Kosten

Gesamtkosten: € 4.931,– (inkl. Selbsterfahrung und Praktikumsupervision). Die Kosten für den Theorieteil des Propädeutikums belaufen sich auf ca. € 4.300,–. Anrechnungen können diesen Betrag jedoch erheblich senken, sodass bei günstiger Studiengestaltung eine Reduktion auf etwa € 700,– möglich ist.

Genauere Aufschlüsselung der Kosten: Das 1. Semester des Lehrgangs kostet € 146,–, die weiteren Semester jeweils € 73,–. Es werden € 15,– Anrechnungsgebühr je Curriculumspunkt verrechnet (es gibt 16 anrechenbare Punkte). Das Abschlusszeugnis kostet € 73,–. Die Kursgebühr beträgt für 15 Std. € 73,–, Prüfungskosten für allfällige 3. Termine belaufen sich auf etwa € 73,–. Zusätzlich fallen noch geringe Kosten für Kopien und dergleichen an. Die Preise für die Selbsterfahrung und die Supervision variieren zwischen dem kostenlosen Besuch von entsprechenden Lehrveranstaltungen und den marktüblichen Honorarsätzen der PsychotherapeutInnen. Sie sind in der obigen Gesamtkalkulation nach gängigen Sätzen (€ 11,–/Std.) berechnet.

7. Prüfungen

Die Leistungsüberprüfung erfolgt in der Regel als Einzelprüfung, die von den ReferentInnen in unterschiedlicher Form (mündlich, schriftlich, Seminararbeit etc.) abgenommen wird. Die Abschlussprüfung erfolgt als kommissionelles Gespräch auf Basis eines schriftlichen Praktikumsberichts.

8. TeilnehmerInnen

Zum Zeitpunkt der Befragung (Stand: Juni 2005) gab es 264 LehrgangsteilnehmerInnen, vor allem StudentInnen und AbsolventInnen der Studienrichtungen Psychologie, Pädagogik und Medizin. Bisher haben 524 TeilnehmerInnen den Lehrgang abgeschlossen. Die Drop-out-Rate wird als sehr gering eingeschätzt.

Kommentar

Der Universitätslehrgang Psychotherapeutisches Propädeutikum der Universität Wien ist durch die starke Verknüpfung mit dem universitären Angebot gekennzeichnet. Dadurch bietet er bei günstiger Studiengestaltung erhebliche Anrechnungsmöglichkeiten für StudentInnen und AbsolventInnen und kann so kostengünstig absolviert werden. Insbesondere bei dieser Zielgruppe stößt er auch auf reges Interesse und hat sich gut etabliert. Hervorzuheben ist auch das Bemühen der Anbieter, bei Bedarf über das reguläre Semesterangebot hinausgehend Lehrveranstaltungen zu organisieren.

Kontaktadresse

Universitätslehrgang Psychotherapeutisches Propädeutikum der Universität Wien
Lammgasse 8, 3. Stock, Tür 10, 1080 Wien
Tel. 01/42 77-18251, Fax 01/4277-18253
E-Mail: hopp@univie.ac.at, www.univie.ac.at/lammgasse

Vereinigung Rogerianische Psychotherapie (VRP) (Propädeutikum Online)

Die Vereinigung Rogerianische Psychotherapie (VRP) bietet seit Herbst 2004 einen Lehrgang für das Psychotherapeutische Propädeutikum an. Das „Propädeutikum Online" ist der erste Lehrgang, der ausschließlich nach einem modernen E-Learning-Konzept gestaltet ist.

Das Leitungsteam besteht aus der organisatorischen Leitung (MMag. Margarete Finger-Ossinger, Antonia Croy und Mag. Sabine Hofer-Freundorfer) und der wissenschaftlichen Leitung (Univ.-Prof. Dr. Robert Hutterer, Dr. Thomas Oberlechner).

1. Auskunft

Informationen sind über die Webseite des „Propädeutikums Online" jederzeit zugänglich. Unterlagen können gegen Rückporto auch schriftlich angefordert werden. Eine telefonische Beratung für InteressentInnen ist ebenfalls möglich, spezielle Anfragen auch über E-Mail. Mehrmals jährlich (Oktober, Dezember, März und Juni) finden kostenlose Informationsveranstaltungen statt (Termine und Ort s. Homepage).

2. Aufnahmebedingungen

Die Aufnahmevoraussetzungen entsprechen dem Psychotherapiegesetz. Die Anmeldung zum Lehrgang erfolgt elektronisch (Registrierung von Daten) und postalisch über die Zusendung eines Anmeldeformulars und weiterer erforderlicher Unterlagen. Der Einstieg in den Lehrgang ist jederzeit möglich, die Kursinhalte sind ständig online. Ein PC-Arbeitsplatz mit Internetzugang (Breitband empfohlen) ist notwendig. Zur Bedienung der Kurswebseiten ist ein Testkurs eingerichtet *(http://test.vrp.at)*.

Das gesamte Kursangebot kann auch von Gasthörern genutzt werden; eine Überprüfung der Zugangsvoraussetzungen ist dann nicht erforderlich.

3. Anrechnung

Die Anrechnung erfolgt nach dem Psychotherapiegesetz, die Richtlinien sind online abrufbar. Eine konkrete und verbindliche Auskunft ist für ordentliche Hörer des Propädeutikums bei der VRP erhältlich.

4. Angebot

Das Psychotherapeutische Propädeutikum der VRP bietet den Theorieteil des Propädeutikums sowie Möglichkeiten zur Selbsterfahrung und Praktikumsupervision an. Für das Praktikum wird eine entsprechende Beratung und Unterstützung angeboten.

Die theoretischen Seminare werden nach einem E-Learning-Konzept gestaltet. Bei der Vermittlung wird auf eine abgestimmte und ausgewogene „Mischung" aus Onlinephasen (Internet) und Präsenzphasen (Anwesenheit) Bedacht genommen („Blended Learning"). In der Onlinephase erarbeiten TeilnehmerInnen im Selbststudium grundlegende Informationen und Inhalte. In dieser Phase werden diese durch einen Lerncoach (SeminarleiterIn) betreut und über Rückmeldungen, Selbstkontrollfragen sowie durch Austausch mit KollegenInnen (Diskussionsforum) unterstützt. In der Anwesenheitsphase werden ihre Kenntnisse durch Fallbeispiele, Videomaterial, Expertengespräche und aufgabenorientierte Gruppenarbeit ergänzt und vertieft. Bei diesem Konzept werden die Vorteile des Präsenzlernens mit den Vorteilen des virtuellen Lernens kombiniert; das Lernen ist zeitlich und örtlich sehr flexibel. Dennoch bleiben die Lernmöglichkeiten durch Kommunikation, Rückmeldung und Onlineunterstützung aufrecht. Diese „Individualisierung" des Lernens durch E-Learning kommt besonders Berufstätigen entgegen. Die Präsenzseminare werden in der Regel in Wochenend-Blockveranstaltungen abgehalten.

5. Dauer

Das Curriculum des Psychotherapeutischen Propädeutikums ist auf 6 Semester angelegt. In der Regel kann das Propädeutikum aber durch Anrechnungen in bedeutend kürzerer Zeit abgeschlossen werden. Abhängig von der individuellen Zeiteinteilung und dem Lerntempo kann das Propädeutikum durch die permanente Verfügbarkeit der Onlinekurse und aufgrund der hohen Frequenz der Präsenzangebote auch in ca. 12 Monaten absolviert werden.

6. Kosten

Gesamtkosten: € 5.770,– (inkl. Selbsterfahrung und Praktikumsupervision), unter der Voraussetzung, dass keine Anrechnungen durchgeführt werden.

Die Kosten für die Absolvierung des theoretischen Teils des Propädeutikums (Theorieteil) belaufen sich auf € 5.000,–. Darin sind Organisationskosten wie Aufnahmegebühr und Prüfungsgebühr (Abschlussprüfung) bereits enthalten. Durch Anrechnungen verringern sich die Kosten entsprechend. Für einen Teil der ordentlichen Hörer gewährt die organisatorische Leitung bei Vorlage entsprechender Nachweise Ermäßigungen: Für Personen, die sich während der Teilnahme am Propädeutikum in einer Grundausbildung oder einem Studium befinden, die anrechenbare Teile beinhalten, beträgt die Ermäßigung 15 %. Für Personen, die zusätzlich noch Bezieher einer Studienbeihilfe sind, beträgt die Ermäßigung 25 % (Details s. Website).

Die Preise für die Selbsterfahrung und die Supervision variieren zwischen dem kostenlosen Besuch von entsprechenden Lehrveranstaltungen im Quellstudium und den marktüblichen Honorarsätzen der PsychotherapeutInnen. Sie sind in der obigen Gesamtkalkulation nach gängigen Sätzen (€ 11,–/Stunde) berechnet.

7. Prüfungen

Je nach Art, Umfang und Inhalt der Lernvorgänge, die im Rahmen des Psychotherapeutischen Propädeutikums vermittelt und gefördert werden, werden unterschiedliche Formen der Evaluation durchgeführt. Onlinekurse werden über die Beantwortung von Kontrollfragen evaluiert, Präsenzseminare durch Reflexion von wesentlichen Lernerfahrungen (Seminartagebuch). Der letzte Schritt für einen positiven Abschluss des Propädeutikums ist ein kommissionelles Prüfungsgespräch.

8. TeilnehmerInnen

Zum Zeitpunkt der Befragung (Stand: Juni 2005) gab es 35 LehrgangsteilnehmerInnen, davon ca. 70 % weiblich, 30 % männlich. Etwa 40 % aller TeilnehmerInnen haben das Propädeutikum auf Basis einer Matura bzw. einer Studien- oder Berufsberechtigungsprüfung begonnen, ca. 60 % konnten eine Ausbildung oder ein Studium in einem „Quellenberuf" oder einem anderen akademischen Studienabschluss vorweisen. Die anvisierte Zielgruppe des „Propädeutikums Online", die bei Berufstätigen liegt, zeigt sich auch in der Altersstruktur: Alle TeilnehmerInnen waren zum Berichtszeitpunkt über 24 Jahre alt, 75 % über 30 Jahre, 43 % über 40 Jahre. Zwischen Lehrgangsbeginn (Oktober 2004) und Berichtszeitpunkt (Juni 2005) gab es aufgrund der kurzen Laufzeit des Lehrganges keine Abschlüsse. Die Drop-out-Rate wird als gering eingeschätzt.

Kommentar

Das „Propädeutikum Online" wurde auf der Grundlage von fast 10 Jahren Erfahrung mit E-Learning an der Universität Wien aufgebaut. E-Learning-Angebote stellen in der beruflichen Aus- und Weiterbildung einen wachsenden Anteil dar und ermöglichen zeitliche und örtliche Flexibilität, was sich auch in der Teilnehmerstruktur niederschlägt. Neben den Vorteilen muss auch auf die Problematik des E-Learnings hingewiesen werden, das durch die ständige Verfügbarkeit der Inhalte dazu verleitet, dasselbe auch vom Lehrpersonal und sich selbst zu erwarten. Die Nutzung eines solchen Angebots setzt eine gewisse Selbstdisziplin voraus.

Beim „Propädeutikum Online“ ist im Vergleich zu Propädeutika in Präsenzform die soziale Komponente des Lernens durch die didaktische Form des E-Learnings naturgemäß eingeschränkt.

Kontaktadresse

Propädeutikum Online
(Lehrgang Psychotherapeutisches Propädeutikum
der Vereinigung Rogerianische Psychotherapie – VRP)
Rögergasse 22
1090 Wien
Postadresse: A-1091 Wien, Postfach 33
Tel. 0664/221 44 41
E-Mail: propaedeutikum@vrp.at
http://propaedeutikum.vrp.at

Verein für angewandtes Psychodrama im pädagogischen und sozialen Arbeitsfeld / ARGE Kindergartenpädagogik (VAPPSA/ARGE Kindergartenpädagogik)

Laut Auskunft der Lehrgangsleitung sind dzt. (Stand: Jänner 2006) keine weiteren Ausbildungskurse geplant.

Kontaktadresse

Verein für angewandtes Psychodrama
im pädagogischen und sozialen Arbeitsfeld /
ARGE Kindergartenpädagogik
(VAPPSA/ARGE Kindergartenpädagogik)
Krausegasse 7a/10, 1110 Wien
Tel./Fax 01/748 54 69, E-Mail: argebaki@aon.at
www.members.aon.at/argebaki/vappsa.htm

2. Psychotherapeutisches Fachspezifikum

Allgemeine und übergeordnete Informationen

Bevor die zum Zeitpunkt der Drucklegung anerkannten 34 Anbieter im Einzelnen vorgestellt und im Detail charakterisiert werden, seien hier noch einige allgemeine Gesichtspunkte erläutert. Auf diverse Richtlinien, die auch als qualitätssichernde Maßgaben und -nahmen gedacht sind, unter anderem mit konsumentenschützender Perspektive (z.B. Verpflichtung zu Ausbildungsverträgen), wird auch im Glossar im Anhang eingegangen. Diese Richtlinien sollen zu einer Vereinheitlichung und Strukturierung der Ausbildungslandschaft beitragen, was gleichwohl auch die Autonomie der Ausbildungseinrichtungen einschränkende und verschulende Tendenzen nach sich ziehen kann.

Bedingungen für die Aufnahme in ein Fachspezifikum

Nachfolgend sind die Voraussetzungen angeführt, die laut Psychotherapiegesetz für alle gelten:

1. Mindestalter von 24 Jahren;
2. Abschluss des Propädeutikums;
3. Nachweis des Abschlusses der Ausbildung in einem der definierten Quellenberufe (Krankenpflegefachdienst, medizinisch-technischer Dienst, Sozialarbeit, Lehramt, Ehe- und Familienberatung, Musiktherapie) bzw. der erfolgreichen Absolvierung eines definierten Studiums (Medizin, Pädagogik, Philosophie, Psychologie, Publizistik und Kommunikationswissenschaft, Theologie, Lehramt an höheren Schulen) bzw. einer Ausnahmegenehmigung.

In den einzelnen Darstellungen sind nur mehr zusätzliche spezifische Auflagen der jeweiligen Ausbildungsanbieter genannt.

Ausbildungsrahmen und Inhalte der fachspezifischen Ausbildung

Das Psychotherapiegesetz (PthG) gibt den Rahmen vor, der dann von den einzelnen Anbietern institutions- und methodenspezifisch quantitativ und qualitativ im Rahmen der jeweiligen Ausbildungsordnung ausgefüllt wird. Die Mindestumfänge (siehe auch weiter unten) dürfen dabei nicht unterschritten werden, können aber überschritten werden. Die Überschreitung der Minima ist auch bei vielen Curricula der Fall, was neben der unterschiedlich hohen Anzahl der Ausbildungsstunden im Einzelsetting auch ein Grund für die z.T. beträchtlichen Differenzen in den Ausbildungskosten ist. Wir haben im Übrigen wesentliche Überschreitungen der Ausbildungserfordernisse in den Darstellungen der einzelnen Ausbildungsinstitutionen separat hervorgehoben, um AusbildungsinteressentInnen und -teilnehmerInnen auf diesen Umstand, der ja in aller Regel einen höheren Standard impliziert, aufmerksam zu machen.

Das Psychotherapiegesetz sieht die nachstehend angeführten Mindeststundenumfänge pro Kategorie und insgesamt vor. Zu beachten ist darüber hinaus, dass jede Ausbildungseinrichtung über die im Folgenden genannten Minima hinaus in einem der theoretischen Ausbildungselemente einen Schwerpunkt im Umfang von 50 Std. und im Bereich des praktischen Ausbildungsteils einen Schwerpunkt von 100 Std. zu bilden hat.

I. Theoretischer Teil (insgesamt mind. 300 Std.):

1. Theorie der gesunden und der psychopathologischen Persönlichkeitsentwicklung	60 Std.
2. Methodik und Technik	100 Std.
3. Persönlichkeits- und Interaktionstheorien	50 Std.
4. Psychotherapeutische Literatur	40 Std.

II. Praktischer Teil (insgesamt mind. 1600 Std.):

1. Lehrtherapie, Lehranalyse, Einzel- und Gruppenselbsterfahrung	200 Std.
2. Praktikum	550 Std.
3. Praktikumsupervision	30 Std.
4. Psychotherapeutische Tätigkeit	600 Std.
5. Supervision der psychotherapeutischen Praxis	120 Std.

Psychotherapeutische Tätigkeit im Ausbildungsstadium

Mit dem Erlangen des Status „Psychotherapeut/in in Ausbildung unter Supervision“ (siehe auch Glossar im Anhang) können/müssen KandidatInnen psychotherapeutisch arbeiten (und zwar in einem Mindestausmaß von 600 Std.). Eine Hürde besteht darin, zu KlientInnen zu kommen. Neben einer freiberuflichen Praxis können aber auch eine eigene berufliche Tätigkeit in einer Institution oder auch die Möglichkeiten einer Praktikumsstelle dafür genützt werden. Begünstigt sind in diesem Punkt jene AusbildungsteilnehmerInnen, die ihre Ausbildung in einer Ausbildungseinrichtung absolvieren, die eine eigene Beratungsstelle bzw. Psychotherapeutische Ambulanz unterhält.

PsychotherapeutInnen in Ausbildung verlangen in der Regel für ihre eigene psychotherapeutische Arbeit Honorare von ihren KlientInnen oder beziehen im günstigen Fall über Institutionen, in denen sie beschäftigt sind, einen

Verdienst dafür. Allerdings ist in der freien Praxis keinerlei Verrechnung mit den Krankenkassen möglich, weder für Ausbildungstherapien, also Psychotherapie, die die auszubildende Person selbst in Anspruch nimmt, noch für Kontrolltherapien, also Psychotherapien, die von den AusbildungsteilnehmerInnen selbst durchgeführt werden. Nur die vorausgesetzte therapeutische Analyse vor Beginn von psychoanalytischen Ausbildungen kann (wenigstens zum Teil) aus Mitteln der Krankenkassen refundiert werden. Das heißt also, dass AusbildungskandidatInnen für ihre Lehrtherapie keine Kassenleistungen in Anspruch nehmen dürfen und dass ihre KlientInnen keine Zuschüsse von den Krankenkassen bekommen können. Da dadurch die Konkurrenzfähigkeit mit in die Psychotherapeutenliste eingetragenen PsychotherapeutInnen geschmälert wird, müssen sich PsychotherapeutInnen in Ausbildung in den meisten Fällen doch mit eher niedrigen Honoraren begnügen.

Anrechnung

Im Gegensatz zum Psychotherapeutischen Propädeutikum sind die Anrechnungsmöglichkeiten für das Psychotherapeutische Fachspezifikum marginal. Insbesondere sind Anrechnungen aus vorausgehenden Berufsausbildungen bzw. aus Studiengängen kaum möglich. Im Wesentlichen sieht die ministerielle Anrechnungsrichtlinie (siehe auch Glossar im Anhang) in folgenden Fällen Anrechnungen für die fachspezifische Ausbildung vor:

1. für den Fall von (teilweise) im Ausland absolvierter Ausbildung;
2. bei einem Wechsel von einem begonnenen Fachspezifikum in ein anderes;
3. Anrechnung des Praktikums, falls dieses nach Abschluss des Propädeutikums über eine Berufsausbildung oder -ausübung abgedeckt wurde.

Abschlusszertifikat und Eintragungsverfahren in die Psychotherapeutenliste

Mit dem Abschluss der methodenspezifischen Ausbildung (siehe auch die einzelnen Darstellungen, wie dieser bei den verschiedenen Ausbildungsträgern aussieht und was diesem vorausgeht) erhalten die AbsolventInnen ein offizielles Abschlusszertifikat. Damit kann beim zuständigen Bundesministerium die Eintragung in die Psychotherapeutenliste beantragt werden. Dieser Vorgang, der auch ein aufwendiges Procedere (u.a. auch das Ausfüllen einiger Formulare) vorsieht, kann mehrere Wochen bis Monate dauern, unter anderem deswegen, weil nur vier Sitzungen des Psychotherapiebeirats pro Jahr anberaumt sind. Dieser wird aber vor der Eintragung in die staatliche Liste eingeschaltet.

Eine Voraussetzung für die Eintragung ist ein Mindestalter von 28 Jahren, weiters ein Gesundheits- und ein Leumundszeugnis. Im Eintragungsausschuss des Beirats wird auch geprüft, ob sämtliche Erfordernisse, die aus dem

Psychotherapiegesetz bzw. aus der Ausbildungsordnung, mit der die Ausbildungseinrichtung anerkannt wurde, abzuleiten sind, erfüllt sind.

Ausübungsberechtigung als PsychotherapeutIn: Bandbreite der psychotherapeutischen Qualifikation

Mit dem Abschluss einer fachspezifischen Ausbildung und der Eintragung in die Psychotherapeutenliste ist die Berechtigung zur eigenständigen psychotherapeutischen Arbeit gegeben. Näher zu bestimmen ist jeweils noch, für welche Settings und Zielgruppen diese formale Berechtigung gilt. Zwar sieht das Psychotherapiegesetz global vor, dass sich PsychotherapeutInnen bei der Berufsausübung „auf jene psychotherapeutischen Arbeitsgebiete und Behandlungsmethoden zu beschränken“ haben, auf denen sie „ausreichende Kenntnisse und Erfahrungen erworben“ haben, aber dies ist nur eine allgemeine Leitlinie, die keine Aussage zur Frage der spezifischen Legitimation erlaubt. Daher ist jeweils zu klären, welchen Bereich das Zertifikat der Ausbildungseinrichtung abdeckt (Einzel-, Gruppen-, Paar- und Familiensetting bzw. Kinder, Jugendliche, Erwachsene, alte Menschen oder auch z.B. Arbeit mit Suchtkranken, psychosomatisch Kranken, Personen mit sexuellen Störungen).

Insbesondere für Verfahren, die sich in ihrer theoretischen Grundlegung als Gruppenmethoden definieren, stellt sich bei der Ausübung des Berufs die Frage nach der Berechtigung in Bezug auf die verschiedenen Settings. So legen die Bezeichnungen „Dynamische Gruppenpsychotherapie“ und „Gruppenpsychoanalyse“ nahe, dass damit explizit nur die Qualifikation für die Methode im Gruppensetting erworben wird. Und auch im Falle der „Systemischen Familientherapie“ scheint nahe liegend, dass hiermit das familientherapeutische Setting abgedeckt wird. De facto ist dagegen über diese Ausbildungen der Erwerb der Berechtigung zur Arbeit mit Einzelnen eingeschlossen. Die AbsolventInnen haben sich keineswegs nur auf das Gruppen- bzw. Familiensetting zu beschränken, und die einzeltherapeutische Qualifikation muss nicht erst als Spezialisierung im Sinne einer Weiterbildung nach der gruppentherapeutischen Ausbildung erworben werden. Dies sei hier festgehalten, da viele AusbildungsinteressentInnen ihre fachspezifische Ausbildung nicht mit einer expliziten Gruppenmethode beginnen wollen.

In vielen Fällen berechtigt der Ausbildungsabschluss und die Eintragung in die Psychotherapeutenliste zunächst nur zur Ausübung der Einzelpsychotherapie. Die Qualifikation für andere Settings oder auch für die Arbeit mit bestimmten Klientengruppen ist, wenn sie nicht mit dem Abschluss der fachspezifischen Ausbildung verbunden ist, über Weiterbildung zu vervollständigen. So ist z.B. die gruppentherapeutische Qualifikation in den meisten Fällen erst nach Abschluss einer psychotherapeutischen Ausbildung über die Weiterbildungsschiene zu erwerben (siehe dazu den Abschnitt über psychotherapeutische Weiterbildung).

Anbieter des Psychotherapeutischen Fachspezifikums im Überblick

Kriterien für die Anerkennung als fachspezifische psychotherapeutische Ausbildungseinrichtung

Die wichtigsten Kriterien, die für die Begutachtung durch den Psychotherapiebeirat bzw. letztlich für die Anerkennung einer Einrichtung als fachspezifische Ausbildungseinrichtung durch das Bundesministerium für Gesundheit herangezogen werden, sind (vgl. dazu Psychotherapiegesetz § 7):
- Es muss sich um eine eigenständige Methode handeln.
- Die Methode, in der ausgebildet wird, muss auf einer wissenschaftlich-psychotherapeutischen Theorie des menschlichen Handelns gründen.
- Die praktische Anwendung der Methode muss mehrjährig erprobt sein, d.h. ihre Wirksamkeit muss evaluiert sein.
- Das in detaillierter Form vorzulegende methodenspezifische Curriculum muss die Erreichung des Ausbildungsziels, also die Ausbildung von entsprechenden Kompetenzen und Fähigkeiten, gewährleisten.
- Ebenso muss eine ausreichende Zahl von AusbildnerInnen (konkret fünf LehrtherapeutInnen mit voller Ausbildungsfunktion) und deren Qualifikation nachgewiesen werden, damit auch in dieser Hinsicht die Erreichung des Ausbildungsziels gewährleistet werden kann.

Ausbildungen nach Methoden

Insgesamt sind bei Drucklegung in Österreich 21 Zusatzbezeichnungen anerkannt, die in ihrer formalen Differenzierung z.T. mehr auf den Ausbildungshintergrund, nämlich den Ausbildungsträger und dessen spezifisches Profil, verweisen als auf eine unverwechselbare methodische Essenz. Dies trifft unseres Erachtens jedenfalls zu auf:
- Existenzanalyse bzw. Existenzanalyse und Logotherapie,
- Gestalttheoretische Psychotherapie bzw. Integrative Gestalttherapie
- Klientenzentrierte Psychotherapie bzw. Personenzentrierte Psychotherapie und
- Psychoanalyse bzw. Gruppenpsychoanalyse (als Teil der Methode Psychoanalyse).

So betrachtet ist es aus inhaltlichen Gründen wohl zutreffender, von nur 17 anerkannten psychotherapeutischen Methoden in Österreich auszugehen. Auch sei darauf hingewiesen, dass im Laufe der Jahre einige Namensänderungen erfolgten:
- Autogenes Training (AT) wurde zur Autogenen Psychotherapie,
- Hypnose (HY) zur Hypnosepsychotherapie,
- Katathymes Bilderleben (KB) zur Katathym Imaginativen Psychotherapie (KIP) und
- Transaktionsanalyse (TA) zur Transaktionsanalytischen Psychotherapie.

Zusatzbezeichnung	Anzahl
Analytische Psychologie	57
Autogene Psychotherapie	59
Daseinsanalyse	3
Dynamische Gruppenpsychotherapie	183
Existenzanalyse	73
Existenzanalyse und Logotherapie	161
Integrative Gestalttherapie	334
Gruppenpsychoanalyse	77
Gestalttheoretische Psychotherapie	42
Hypnosepsychotherapie	55
Individualpsychologie	162
Integrative Therapie*	–
Katathym Imaginative Psychotherapie	313
Klientenzentrierte Psychotherapie	575
Konzentrative Bewegungstherapie	36
Personenzentrierte Psychotherapie	222
Psychoanalyse	330
Psychodrama	225
Systemische Familientherapie	1.111
Transaktionsanalytische Psychotherapie	93
Verhaltenstherapie	570
Alle PsychotherapeutInnen (inkl. jener ohne Zusatzbezeichnung)**	**5.885**

Tab. 4: Anerkannte Methoden (Stand: Dezember 2005) und Anzahl der eingetragenen Psychotherapeuten in den einzelnen Methoden (Stand: 1. 6. 2005)

Die Aufstellung zeigt, dass sich das Interesse an den einzelnen Methoden in den letzten Jahrzehnten etwas verlagert hat. War es in den 1980er-Jahren vor allem der Klientenzentrierte Ansatz, der, rein quantitativ gesehen, den größten Anklang fand, gefolgt von mehreren anderen Methoden wie z.B. Gestalttherapie, Verhaltenstherapie und Systemischer Psychotherapie, so ist nunmehr der systemische Ansatz im Ausbildungsbereich mit Abstand am populärsten, gefolgt von Klienten-/Personenzentrierter Psychotherapie. Zeitgeistige Tendenzen, aber auch die relativ straffe Organisation systemischer Ausbildungen mögen für diese Reihung eine Rolle spielen. Dahinter gruppieren sich eine Reihe von anderen Methoden wie Verhaltenstherapie und Gestalttherapie, aber auch Psychoanalyse, Katathym Imaginative Psychothe-

* Die Methode „Integrative Therapie“ wurde erst im Dezember 2005 anerkannt.

** Die Anzahl der insgesamt eingetragenen PsychotherapeutInnen ist höher, da bis 30.6.1993 aufgrund der Übergangsbestimmungen gemäß § 26 Abs. 1 des Psychotherapiegesetzes eine Eintragung in die Psychotherapeutenliste ohne fachspezifischen Abschluss möglich war.

rapie, Psychodrama und Individualpsychologie. Vor allem die Psychoanalyse ist, betrachtet man das Ausbildungsinteresse, keineswegs als Auslaufmodell zu betrachten, als das sie bisweilen in der Öffentlichkeit hingestellt wird. Die Ausbildungskosten sind natürlich auch ein Faktor in der Wahl einer Ausbildung. Die aufgezeigten Daten relativieren aber deren Einfluss, sind doch auch durchaus kostspielige Ausbildungen, wie die psychoanalytischen, gestalttherapeutischen und die individualpsychologische, zahlreich vertreten.

-> *Siehe Überblickstabelle S. 106–111*

Überblick über psychotherapeutische Fachausbildungen in Österreich

Methode	Ausbildungseinrichtung	Voraussetzungen bzw. Aufnahmemodus	Mind. Dauer in J.	Lehrtherapie / Selbsterfahrung Einzel / Gruppe	Th
Analytische Psychologie	**ÖGAP** in Kooperation mit der Donau-Universität Krems	3 x 2 Gespräche mit LehranalytikerInnen	5–6	300 bei männl. u. weiblichen Lehranalytikern	30
Analytische Psychologie	**SGTP**	dzt. keine Ausbildung			
Autogene Psychotherapie	**ÖGATAP**	1 Aufnahmegespräch mit 2 DozentInnen	5–6	100 / 390	30
Daseinsanalyse	**ÖDAI**	2 Gespräche, Lehranalyse (mind. 100 Std.)	5	mind. 400 Lehranalyse	40
Dynamische Gruppenpsychotherapie	**ÖAGG**	2 Gespräche, 1 Gruppentraining (4–5-tägig, 40 Std.)	5–7	120 / 440	30
Existenzanalyse	**GLE**	2-tägiges Auswahlsem., 2 Gespräche	5–6	50 / 245	42
Logotherapie und Existenzanalyse	**ABILE**	1 Auswahlseminar	4–5	60 / 190	30
Gestalttheoretische Psychotherapie	**ÖAGP**	5-tägiges Einführungsseminar, 1 Gespräch	5–6	60 / 514	42
Integrative Gestalttherapie	**ÖAGG** in Kooperation mit der Donau-Universität Krems	Zulassungsseminar (3-tägig bzw. 18 Std.), 2 Gespräche	5–6	150 / 216 (2 J.)	604
Integrative Gestalttherapie	**IGW**	1 Auswahlseminar	5–6	120/366	606
Gruppenpsychoanalyse	**ÖAGG**	Aufnahmegespräche mit 2 LehrtherapeutInnen	4–6	300 / 250	300
Hypnosepsychotherapie	**ÖGATAP**	1 Aufnahmegespräch mit 2 DozentInnen	4–5	100 / 300	300

(Stand: Jänner 2006)

Supervision der eigenen Praxis Einzel / Gruppe	Sonstiges	Abschluss	Mindestkosten in €
20 > 100 / 20	Falldokumentation, Referate, Prüfungen	Diplomarbeit, Abschlussvortrag, Master of Science bzw. akademische/r Psychotherapeut/in	> 30.000
20		1 Fallbeschreibung, Abschlusskolloquium	> 19.400
25 Einzelkontrollen, 25 Kontrollen in der Gruppe	2 Arbeiten, die im Seminar vorgestellt werden (1 theoret., 1 prakt.)	1 publikationsreife Arbeit, Klausurarbeit, Abschlusskolloquium	> 40.800
> 50 / > 50 20 frei wählbar)		Abschlussarbeit, Fall- od. Gruppenverlaufsdarstellung	> 25.500
-/150 5 Th.verl. + 5 Themen-SV)	3 schriftl. Prüfungen, 60 Std. Fortbildung GLE	Abschlussarbeit	> 16.000
20	4 mündl.-schriftl. Prüfg., Falldoku, Live-Supervision	Abschlusskolloquium, Praktikumsarbeit	> 15.800
48 / 314	Theorieprüfung, Fachvorträge, div. schriftl. Arbeiten	Abschlussarbeit	> 21.900
60 / 60	–	Schriftliche Abschlussarbeit	> 31.000
280 > 50 / > 180	–	Abschlussarbeit, Abschlusskolloquium	> 27.900
30 / 80	Referate für Theorieseminare, Fallbeschreibungen (für Supervision)	Abschlusskolloquium	> 35.600
120	–	1 Fallbeschreibung, Abschlusskolloquium	> 18.000

Methode	Ausbildungs-einrichtung	Voraussetzungen bzw. Aufnahmemodus	Mind. Dauer in J.	Lehrtherapie / Selbsterfahrung Einzel / Gruppe	Th
Individual-psychologie	**ÖVIP**	5 Vorstellungsgespräche	4–5	300 / 30	30
Integrative Therapie	**Donau-Uni Krems (DUK)**	3 Aufnahmegespräche	4–6	80 / 250	37
Katathym Imaginative Psychotherapie	**ÖGATAP**	1 Aufnahmegespräch mit 2 DozentInnen	5–6	100 / 390	30
Klientenzentrierte Psychotherapie	**ÖGWG** in Kooperation mit der Donau-Universität Krems	1 Auswahlgespräch, Auswahlsem. (20 Std.)	4–6	100 / 225	34
Personenzentrierte Psychotherapie	**APG**	4-tägiges Entscheidungsseminar, 2 Gespräche, 30 Std. meth.spezif. E	4–5	300 80–140 / 220–160	32
Personenzentrierte Psychotherapie	**VRP**	Auswahlseminar, 2 Gespräche, 30 Std. SE	4	300 > 200 / > 50	37
Konzentrative Bewegungstherapie	**ÖAKBT** in Kooperation mit der Donau-Universität Krems	25 Std. Erfahrung in KBT (inkl. 15 Std. Auswahlseminar), 3 Auswahlgespräche	5–7	150 / 225	35
Psychoanalyse	**APLG**	wissenschaftl. Vorbildg., 2 J. Praxis im Berufsfeld, 3 Gespräche	8	400 / 120	3
Psychoanalyse	**IAP**	3 Gespräche	5–6	400 / 60	60
Psychoanalyse	**PSI**	nach Mögl. Studium (Psychol., Päd., Med.), 1-jähr. Berufspraxis, 3 Gespräche	5–6	300 Lehranalyse (2–3 Wochenstd.)	64 Ei
Psychoanalyse	**SAP**	200 Std. Einzelanalyse, 3 Gespräche, 2 J. Berufspraxis	7–10	200 / 100 (mind. 3 Jahre, mind. 3 E/Wo)	31
Psychoanalyse	**WAP**	lfd. Analyse im fortgeschr. Stadium (mind. 4 E/Wo), 4 Gespräche	6–9	300 Lehranalyse (Ø 600–800) (mind. 4 E/Wo)	44

Supervision der eigenen Praxis Einzel / Gruppe	Sonstiges	Abschluss	Mindestkosten in €
120 Kontrollanalyse (3 Fälle, mind. 2 Erwachsene)	50 Std. Schwerpunkte	schriftl. u. mündl. Vortrag	> 31.500
120 < 30 / 90	Inskription an der Donau-Uni Krems	Schriftl. Abschlussarbeit (Masterthese)	> 24.700
120	–	1 Fallbeschreibung, Abschlusskolloquium	> 19.400
120 > 70 / > 40 Rest freie Wahl	Teilnahme an regionaler AG (160 Std.)	Schriftl. Arbeit (Masterthese), Abschlusskolloquium	> 25.900 (inkl. Studiengebühren von 12.600 für 7 Sem.)
220 > 50 / > 110 (mind. 3 Fälle) 60 nach freier Wahl	Schriftl. Arbeit	Abschlussreflexion über einen Fall	Forum: > 17.000 IPS: > 18.100
150 > 60 / 90	–	Abschlussprüfung	> 23.000
120 > 30 / 90	Beobachtung 30 Std. Co-Leitung 60 Std.	Schriftl. Falldarstellung, prakt. Prüfung, Masterthese	> 28.900 (inkl. Studiengebühren von 12.600 für 7 Sem.)
150 (Einzel bzw. Gruppe)	120 Std. Kasuistik-Sem., 6 Ausb.-WE, Privatissimum (alle 14 Tage)	Abschlusskolloquium , schriftl. Falldarst.	> 45.100
> 120 / > 120	2 Kolloquien, 6 Tagungen (4x davon 4 Ausb.-WE)	Abschlusskolloquium , schriftl. Falldarstellung	> 44.500
170 100 / 50 (mind. 2 Langzeitth.)	SV v. 20 biograf. Anamnesen Wochenendseminare, Vereinstagungen	Abschlusskolloquium, Abschlussarbeit	> 40.500
120 (bei 2 versch. SV, davon mind. 60 Einzel)	Ausb.-WE, Symposien (4 Veranstaltungen)	Schriftl. Arbeit, Falldarst., Abschlusskomitee	> 27.000
120 Kontrollanalyse (1 E/Wo, 2 Fälle, je 1 Jahr)	Schriftliche Arbeit, 3 Ausb.-veranst.	Abschlussvortrag (im Allg. Sem.)	> 31.600

Methode	Ausbildungs-einrichtung	Voraussetzungen bzw. Aufnahmemodus	Mind. Dauer in J.	Lehrtherapie / Selbst-erfahrung Einzel / Gruppe	Th
Psychoanalyse	**WKPS**	3 Gespräche, 50 Std. Gruppen-SE	6	400 Lehranalyse, (mind. 4 J.) Gruppe empf.	35
Psychoanalyse	**WPV**	im 3. Jahr einer lfd. therapeut. Analyse (mind. 4 E/Wo), 3 Gespräche	6–8	600 Lehranalyse (mind. 4 E/Wo, mind. 4 Jahre)	31 wi Ve d.
Psychodrama	**Uni Innsbruck**	2-tägiges Seminar, 1 Gespräch	4–5	90 / 240	62
Psychodrama	**ÖAGG** in Kooperation mit der Donau-Universität Krems	30 Einzel od. 80 Gruppe, 1 Gespräch, Zulassungs-seminar	4-7	100 / 240	33
Systemische Familientherapie	**ÖAS**	1-täg. Info-Seminar, 1 Gespräch	4	80 / 150	43 so
Systemische Familientherapie	**la:sf**	2-täg. Auswahltagung, 2 Gespräche	4–5	80 / 120	42
Systemische Familientherapie	**ÖAGG**	2 Aufnahmegespräche 1-tägiges Auswahl-seminar	4	80 / 165 + 30 in einer anderen Methode	35
Transaktions-analytische Psychotherapie	**ARGE TA**	ÖATA: 3 Gespräche ITAP : Ausw.sem. (2-tägig), 2 Gespräche	5–7	200 ÖATA: 160 Einzel ITAP: 120 Einzel	32
Verhaltenstherapie	**AVM**	2-täg. Aufnahmeseminar (inkl. 3 Gespräche)	4–6	200 (> 50 / > 100)	61
Verhaltenstherapie	**ÖGVT**	2-tägiges Einführungs-seminar, 2 bzw. 4 Gespräche	4–6	330 80 / 150+100	34

Die angeführten Werte sind grundsätzlich Mindestwerte! Der Umfang des Praktikums ist mit mind. 550 Std. bei allen gleich, ebenso die Praktikumsupervision mit mind. 30 Std.

Supervision der eigenen Praxis Einzel / Gruppe	Sonstiges	Abschluss	Mindestkosten in €
120 / 90	Teilnahme an wiss. Veranst. d. Kreises	schriftliche Arbeit, Abschlussvortrag	> 40.400
160 Kontrollanalyse (3x2 J., wöchentl.) + kontinuierl. Fallsem.	2 schriftl. Arbeiten (1 theoret., 1 prakt.)	Abschlussvortrag bzw. schriftl. Arbeit	> 42.000
120		Abschlussarbeit, Abschlussprüfung	> 20.300
120 > 40 / > 40	160 Std. Übungen, schriftl. Arbeit, 2 Evaluationen	Abschlusskolloquium	> 26.000 (inkl. Studiengebühren von 12.600 für 7 Sem.)
160 Gruppensuperv. + 60 Kleingruppe bzw. 220 Gruppe	2 Live-SV mit Klienten oder Videos von eig. Klienten	2 Therapieprotokolle, theoret. Arbeit	Wien: > 22.800 Graz, Sbg. und Innsbruck: > 20.800
220 Kleingruppe (inkl. Live-SV)	200 Std. Peer-Gruppen-arbeit, 20 Std. Religion, 3 Kolloquien	3 Kolloquien, mind. 2 Live-SV, schriftl. Falldarst.	> 22.800
200 (davon 40 Einzel oder Kleingruppe)	3 Live-SV, Peergruppenarbeit	Abschlussarbeit (theoret.-method. Arbeit) und Abschlusskolloquium	> 21.500
120 (Einzel-, Gruppen- od. Live-SV)	Literaturstudium, Fallstudie (Theorie + Technik)	Kolloquium, 1 Falldarst. (schriftl.+ Tonband)	ITAP: > 21.100 ÖATA: > 26.200
120 > 50 / 70 (Kl.gruppe)	Literaturstudium, 3 Zwischenprüfungen	Abschlusskolloquium, 2 Falldarstellungen	> 18.900
150 3330 / 2 x 60	Teilnahme an Falldisk. (40 Std.)	Evaluation, schriftl. Falldarst., Abschlussvortrag	> 18.100

Mit Ausnahme der ÖDAI (900 Std.) und der AVM (700 Std.) ist bei allen von mind. 600 Std. für die psychotherapeutische Praxis auszugehen.

Spezieller Teil: Fachspezifische Ausbildungsangebote

In diesem Abschnitt sind jene 34 Ausbildungsgänge beschrieben, die bis Jänner 2006 vom zuständigen Bundesministerium als fachspezifische Psychotherapieausbildungen anerkannt waren.

In Österreich werden einzelne Ausbildungseinrichtungen, die jeweils methodenspezifische Ausbildungen anbieten, anerkannt. Dies bedeutet, dass eine psychotherapeutische Methode nicht per se, sondern in Verbindung mit der diese anbietenden Ausbildungseinrichtung anerkannt wird. Zudem sei festgehalten, dass nur jene Methoden anerkannt werden, die eine eigenständige theoretische Fundierung aufweisen. Kombinationen von verschiedenen Methoden, eklektische Verfahren oder allgemeine integrative Psychotherapieansätze entsprechen nicht diesem Kriterium.

Beschreibungsraster

Die fachspezifischen Ausbildungseinrichtungen wurden anhand des folgenden inhaltlichen Rasters erhoben:

- Kurze Einleitung in Form einer übergeordneten Charakterisierung des Ausbildungsangebots (inkl. der geografischen Verbreitung des Ausbildungsangebots)
- Prägnante Darstellung der vertretenen psychotherapeutischen Methode sowie allenfalls des für die Ausbildungseinrichtung spezifischen Methodenverständnisses

I. Geschichte der Ausbildungseinrichtung bzw. der von ihr repräsentierten psychotherapeutischen Ausbildung

II. Charakterisierung der Organisationsstruktur (z.B. Vereinsorgane und -gremien, Formen der Mitgliedschaft) sowie aktuelle Daten (z.B. Mitgliederzahl, Zahl der AusbildungsteilnehmerInnen, Zahl der Aufnahmen, Zahl der AusbildungsabsolventInnen, Zahl der in die Psychotherapeutenliste eingetragenen Personen)

III. Veröffentlichungen, Veranstaltungen, Kontakte (inkl. internationale Verflechtung): jeweils nur institutionsbezogene Angaben

IV. Angaben zur Ausbildung (Aufnahmebedingungen, Aufnahmemodus, Ausbildungsrahmen, Umfang des Curriculums, Ausbildungsinhalte aufgeschlüsselt nach verschiedenen Kategorien wie Selbsterfahrung, Theorie, Praxis, Supervision und Praktikum), Evaluierung und Ausbildungsabschluss, Dauer, Kosten, Angaben zu den AusbildnerInnen

V. Kommentar in Form einer Gesamtbetrachtung

- Kontaktadresse(n) inkl. E-Mail und ggf. Homepage

Die Reihenfolge der Ausbildungseinrichtungen richtet sich nach den (alphabetisch geordneten) psychotherapeutischen Methoden, in denen die Einrichtungen ausbilden. Innerhalb derselben Methode sind die Einrichtungen wiederum nach dem Alphabet gereiht.

Österreichische Gesellschaft für Analytische Psychologie – C.G. Jung-Gesellschaft*

Die Österreichische Gesellschaft für Analytische Psychologie (ÖGAP) wurde 1980 gegründet und ist die einzige Ländergruppe der Internationalen Gesellschaft für Analytische Psychologie (IAAP) in Österreich. Die Akkreditierung als Ausbildungseinrichtung für das Fachspezifikum durch das Bundesministerium erfolgte 1997.

Seit 2004 besteht ein Kooperationsvertrag mit der Donau-Universität in Krems, wodurch der akademische Grad „Master of Science" (Psychotherapie) bzw. „Akademischer Psychotherapeut" erworben werden kann.

Vereinssitz der ÖGAP ist Wien. Die theoretische Ausbildung findet in Wien und Krems in Kooperation mit der Donau-Universität statt. Die Lehranalyse kann in Wien, Salzburg, Linz, St. Pölten und Graz absolviert werden. Die Auszubildenden kommen schwerpunktmäßig aus Wien, Nieder- und Oberösterreich, Steiermark, Salzburg und Tirol.

Methode und Methodenverständnis

Die tiefenpsychologische Schule der Analytischen Psychologie wurde von dem Schweizer Psychiater Carl Gustav Jung (1875–1961) geschaffen. Ausgehend von der Psychoanalyse Freuds und der Arbeit mit psychotischen, neurotischen und Borderline-Patienten sowie durch intensive Beschäftigung mit dem eigenen Unbewussten entwickelte C.G. Jung die Analytische Psychologie. Die lebenslange Auseinandersetzung mit Mythologie, Philosophie, Religion, Medizin, Psychologie, Kunst, Ethnologie und Ethologie prägte seine Vorstellung von der menschlichen Psyche. Auf dem kollektiven Unbewussten, das mit seinen archetypischen Strukturen allen Menschen gemeinsam ist, basiert die individuelle Psyche, deren kleinste Einheiten er Komplexe nannte.

Das psychotherapeutische Ziel der Analytischen Psychologie ist die Integration abgespaltener unbewusster Persönlichkeitsanteile der PatientInnen (Schatten, Anima, Animus) zur Erweiterung ihres Erlebens und Handelns. Es soll ihnen im Dialog mit dem/der AnalytikerIn die Gestaltung eines ganzheitlicheren, individuellen, sinnvollen Lebens möglich werden. Von besonderer Bedeutung in der Therapie sind die Beschäftigung mit Träumen, Fantasien, Symbolhaftem und der kreative Umgang mit dem Unbewussten.

* Text der Darstellung in der Erstauflage (1995) von Martin Voracek; Aktualisierung und weitgehende Überarbeitung mit Unterstützung von Reinhard Skolek.

I. Geschichte

Schon 1975 formte sich in Wien eine an der Analytischen Psychologie interessierte Gemeinschaft um Heinrich Buberl, Reinhard und Rita Skolek, Edith Konecny und Derick Armstrong. Mit Unterstützung der Berliner bzw. Münchner Kollegen Hans Dieckmann und Peter Pflüger mündete die Zusammenarbeit schließlich 1980 in der Gründung der „Österreichischen Arbeitsgemeinschaft für Analytische Psychologie nach C.G. Jung".

1983 erfolgte die Änderung des Namens in „Österreichische Gesellschaft für Analytische Psychologie" (ÖGAP) und die Aufnahme in die Internationale Gesellschaft für Analytische Psychologie (IAAP). In diesem Jahr wurde auch die Ausbildungstätigkeit aufgenommen. 1997 erfolgte die definitive Anerkennung als Ausbildungsinstitution für das Fachspezifikum in Analytischer Psychologie. Seit 2004 besteht ein Kooperationsvertrag mit der Donau-Universität Krems, sodass mit der Ausbildung auch der akademische Grad „Master of Science" (Psychotherapie) erworben werden kann.

II. Organisationsstruktur

Die Österreichische Gesellschaft für Analytische Psychologie verfügt über vier Vereinsorgane. Die Mitgliederversammlung nimmt neue Mitglieder auf und bestellt den Vorstand und das Ausbildungskomitee. Das Ausbildungskomitee – bestehend aus fünf Mitgliedern – ist mit allen ausbildungsrelevanten Fragen befasst und entscheidet auch über die Aufnahme in die Ausbildung. Das Gremium der LehranalytikerInnen entscheidet in geheimer Wahl mit Zweidrittelmehrheit über die Aufnahme neuer LehranalytikerInnen.

Die AusbildungskandidatInnen wählen zwei Vertreter und ihre beiden Stellvertreter. Die zwei KandidatInnenvertreter haben Sitz im Ausbildungskomitee, einer davon hat Sitz und Stimme in der Mitgliederversammlung. AusbildungskandidatInnen sind außerordentliche Mitglieder.

Daten zur Ausbildungseinrichtung

• Zahl der Mitglieder mit absolvierter psychotherapeutischer Ausbildung (Stichtag 1. 1. 2005):	48
• Aktuelle Zahl der AusbildungsteilnehmerInnen (Stichtag 1. 6. 2005):	43
• Zahl der AusbildungsteilnehmerInnen im Status „Psychotherapeut/in in Ausbildung unter Supervision" (Stichtag 1. 6. 2005):	27
• Zahl der Aufnahmen in die psychotherapeutische Ausbildung im letzten Jahr (1. 6. 2004 – 1. 6. 2005):	3
• Zahl der Aufnahmen in die psychotherapeutische Ausbildung in den letzten 5 Jahren (1. 6. 2000 – 1. 6. 2005):	31

- Zahl der Abschlüsse der psychotherapeutischen Ausbildung (1. 6. 2000 – 1. 6. 2005): 19
- Zahl jener AusbildungsabsolventInnen, die mit der entsprechenden Zusatzbezeichnung derzeit (Stand 1. 6. 2005) in die Psychotherapeutenliste eingetragen sind: 48

III. Veröffentlichungen, Veranstaltungen, Kontakte

Veröffentlichungen: Vierteljährlich erscheint die Zeitschrift *Analytische Psychologie. Zeitschrift für Psychoanalyse und Psychotherapie* im Verlag Brandes & Apsel, Frankfurt am Main. Sie ist das offizielle Organ der drei deutschsprachigen Landesgruppen der Internationalen Gesellschaft für Analytische Psychologie.
Vereinsintern erscheinen ebenfalls vierteljährlich die *ÖGAP-Nachrichten.*

Veranstaltungen: 1994 und 2005 wurde der Dreiländerkongress der drei deutschsprachigen Ländergruppen der IAAP in Wien veranstaltet:
(1994) „Was wirkt in der Psychotherapie?"
(2005) „100 Jahre Erich Neumann – 130 Jahre C.G. Jung"
Mehrmals pro Jahr, aber in unregelmäßigen Abständen, veranstaltet die ÖGAP öffentliche Vorträge internationaler Analytiker.

Kontakte: Die ÖGAP ist in die Internationale Gesellschaft für Analytische Psychologie (IAAP) als Ländergruppe integriert und kooperiert vor allem mit der Deutschen (DGAP) und der Schweizer (SGAP) Ländergruppe.
Seit 2004 besteht ein Kooperationsvertrag mit der Donau-Universität in Krems.

IV. Ausbildung

1. Aufnahmebedingungen

Neben den Anforderungen des Psychotherapiegesetzes muss sich der Kandidat einem Auswahlverfahren (siehe folgenden Punkt) stellen.

2. Aufnahmemodus

Es ist ein Ansuchen an das Ausbildungskomitee zu stellen. Dieses soll auch einen Lebenslauf enthalten, aus dem wichtige Erlebnisse und innere Entwicklungen (Verhältnis zu nahe stehenden Personen, Lebensereignisse, Motivation und Einstellung zur Analytischen Psychologie) hervorgehen. Sodann muss der Kandidat mit drei LehranalytikerInnen je zwei getrennt stattfindende Einzelgespräche führen. Das Ausbildungskomitee entscheidet dann mit Zweidrittelmehrheit über die Aufnahme.

3. Ausbildungsrahmen, -ablauf und -vertrag

Die Ausbildung erfolgt in Zusammenarbeit mit der Donau-Universität Krems als Universitätslehrgang. Nach der Aufnahme als Ausbildungskandidat des Vereins kann die Inskription an der Universität erfolgen. Der Abschluss des Lehrgangs ist an eine erfolgreiche Absolvierung des gesamten Vereinscurriculums gebunden, wobei sich der Verein vorbehält, Kandidaten auszuschließen, deren Eignung fraglich erscheint.

Die Ausbildung ist in zwei Abschnitte gegliedert und wird mit einer Diplomarbeit abgeschlossen. Nach dem ersten Abschnitt und mindestens 150 Lehranalysestunden können KandidatInnen einen Antrag an das Ausbildungskomitee richten, um nach einem Gespräch mit dem Komitee mit der Psychotherapie in Ausbildung unter Supervision beginnen zu können.
Die Lehrveranstaltungen zur Theorie finden einmal pro Monat ausschließlich an Wochenenden (Fr abends und Sa) statt.

Bei einer allfälligen Auflösung des Kooperationsvertrages mit der Donau-Universität Krems würde die Ausbildung wieder „klassisch", d. h. nur beim Verein absolviert werden.

4. Ausbildungsinhalte

a) Selbsterfahrung

Die Lehranalyse umfasst mind. 300 Std. und soll ausbildungsbegleitend sein. 150 Std. sollen im ersten Abschnitt durchgeführt werden. Da die Lehranalyse der inneren Reifung des Kandidaten dient, kann vom Ausbildungskomitee oder von den SupervisorInnen in Einzelfällen eine höhere Stundenanzahl verlangt werden.

Insgesamt sollen mind. 100 Std. bei ein und demselben Analytiker absolviert werden; Analysen von weniger als 25 Std. werden nicht anerkannt.

Im Hinblick auf die Theorie der Analytischen Psychologie ist außerdem gewünscht, dass Lehranalysen bei Analytikern beiderlei Geschlechts erfolgen.

b) Theorie

Die theoretische Ausbildung umfasst 300 Std. Für den ersten Abschnitt sind folgende Fachbereiche vorgesehen:

1. Grundlagen der Analytischen Psychologie
2. Neurosenlehre, Komplexdiagnostik (Assoziationsexperiment), Komplexlehre
3. Psychologie des Traumes
4. Psychologie der Märchen
5. Psychologie der Mythen (verbindlich griechische Mythologie und zusätzlich wahlweise biblische, keltische, germanische, ägyptische, babylonische oder andere nach Absprache)
6. Entwicklungspsychologie

7. Methodik der Psychotherapie (Übertragung und Gegenübertragung, Abwehrmechanismen, Umgang mit dem Unbewussten etc.)
8. Symbolik der Alchemie (wahlweise im 1. oder 2. Ausbildungsabschnitt)
9. Aktive Imagination (wahlweise im 1. oder 2. Ausbildungsabschnitt).

Im zweiten Abschnitt sind folgende Gebiete vorgesehen:
1. Symbolik der Alchemie (sofern nicht im 1. Abschnitt absolviert)
2. Aktive Imagination (sofern nicht im 1. Abschnitt absolviert)
3. Psychologische Deutung von Träumen
4. Psychologische Deutung von Märchen
5. Mythologie und Religion
6. Der Individuationsprozess und seine Symbole
7. Bildinterpretation

c) Psychotherapeutische Tätigkeit unter Supervision

Die eigene psychotherapeutische Tätigkeit kann erst im zweiten Ausbildungsabschnitt und nach 150 Std. Eigenanalyse aufgenommen werden, über den genauen Zeitpunkt entscheidet das Ausbildungskomitee.

Der Ausbildungskandidat hat selbstständige Analysen im Ausmaß von insgesamt mind. 600 Std. durchzuführen. Es sind dafür Analysen bei mind. 3 Personen durchzuführen, wobei beide Geschlechter vertreten sein müssen, 2 Analysen müssen mind. je 80 Std. umfassen.

Über alle Fälle ist ein Fallbericht zu erstellen, der bei den beiden langen Analysen ausführlicher sein muss (10-20 Seiten). Über einen dieser beiden Berichte ist auch ein Kolloquium zu absolvieren. Das Gremium der LehranalytikerInnen evaluiert die Berichte und erlässt ggf. Auflagen.

d) Supervision der psychotherapeutischen Tätigkeit

Die Supervision der eigenständigen Arbeit umfasst insgesamt mind. 120 Std., wobei mind. 100 Std. im Einzelsetting erfolgen müssen. Die restliche Stundenzahl kann auch als Gruppensupervision erfolgen. Die Einzelsupervision hat bei 2 verschiedenen Lehranalytikern zu erfolgen. Höchstens ein Viertel der Einzelstunden darf bei einem Lehranalytiker absolviert werden, bei dem auch die Selbsterfahrung absolviert wurde/wird.

e) Praktikum

Im Ausmaß von mind. 550 Std.

f) Praktikumsupervision

Mind. 30 Std. im Einzel- oder Gruppensetting.

g) Sonstiges

Zusätzliche Gruppenselbsterfahrung wird empfohlen.

5. Evaluierung und Ausbildungsabschluss

Jeder theoretische Ausbildungspunkt wird durch ein Kolloquium evaluiert, in einigen Fällen auch durch Seminararbeit oder Referat. Prüfungen finden immer mit Beisitzer, also kommissionell, statt. Über die eigenständige psychotherapeutische Tätigkeit müssen die erwähnten Fallberichte vorgelegt und ein Kolloquium absolviert werden.

Prüfungen des zweiten Abschnitts können zudem erst nach 35 Std. Einzelsupervision abgelegt werden.

Gegen Ende der Ausbildung ist eine wissenschaftliche Diplomarbeit von mind. 80 Seiten zu verfassen. Dazu wählt der Kandidat einen Betreuer unter den LehranalytikerInnen und legt einen Arbeitsplan vor.

Die Bewertung erfolgt durch 2 vom Ausbildungskomitee bestimmte Begutachter.

Den Abschluss der Ausbildung bildet die Vorstellung der Diplomarbeit vor dem Ausbildungskomitee.

KandidatInnen, die über die Studienberechtigung verfügen, wird der akademische Grad „Master of Science" (Psychotherapie) verliehen. Ohne Studienberechtigung wird man „Akademischer Psychotherapeut".

6. Dauer und Kosten

	Tagessatz/ Stundensatz	**Stunden (mind.)**	**Gesamt (mind.)**
Ausbildungskosten			
Eigentherapie (Einzel)	€ 65,–	300	€ 19.500,–
Gruppenselbsterfahrung		nur empf.	
Theorie		300	
1. Abschnitt	€ 290,–/Sem.	4 Semester	€ 1.160,–
2. Abschnitt	€ 145,–/Sem.	4 Semester	€ 580,–
Einzelsupervision	€ 65,–	100	€ 6.500,–
Gruppensupervision	€ 7,50 (10 Teiln.)	20	€ 150,–
Praktikumsupervision	€ 7,50 (10 Teiln.)	30	€ 225,–
Zusatzkosten			
Aufnahmekosten	€ 65,–	6 Gespräche	€ 390,–
Mitgliedsbeitrag	€ 75,– (Kand.)	4 Jahre	€ 300,–
Sonstige Kosten:			
Prüfungsgelder			
1. Abschnitt	€ 87,–	5 Prüfungen	€ 435,–
2. Abschnitt	€ 109,–	3 Prüfungen	€ 327,–
Diplomarbeit			€ 508,–
Gesamtkosten			**€ 30.075,–**

Die Ausbildung dauert mind. 7 Semester, realistisch sind 6 Jahre.

Bei einer Absolvierung der Ausbildung nur beim Verein (also im Falle der Auflösung des Kooperationsvertrages mit der DUK) würde mit Kosten von mind. € 30.000,– zu rechnen sein. Die obenstehende Kostenaufstellung folgt diesem Modell.

Bei der Inskription an der Donau-Universität (über 7 Semester) fallen Kosten von € 12.600,– (€ 1.800,–/Semester) an, plus € 390,– Aufnahmekosten, plus € 19.500,– (für jene 300 Std. Selbsterfahrung und Supervision, die nicht durch Inskriptionsgebühren abgedeckt sind; 120 Std. sind durch die Inskriptionsgebühren abgedeckt) plus € 300,– Mitgliedsbeiträge, wodurch die Gesamtkosten mind. € 34.000,– betragen.

7. AusbildnerInnen

Das Gremium der LehranalytikerInnen befürwortet mit Zweidrittelmehrheit die Neubestellung von AusbildnerInnen. Neben den Voraussetzungen, wie sie in der Lehrpersonenrichtlinie des zuständigen Bundesministeriums geregelt sind, ist die Absolvierung eines mehrstündigen Aufnahmegesprächs mit dem Gremium der LehranalytikerInnen über praktische Arbeit und Konzepte der Analytischen Psychologie vorgesehen.

• Zahl der AusbildnerInnen (LehrtherapeutInnen) mit voller Lehrbefugnis (Stichtag 1. 6. 2005):	14
• Zahl der AusbildnerInnen (LehrtherapeutInnen) mit partieller Lehrbefugnis (Stichtag 1. 6. 2005):	0
• Zahl der GastdozentInnen (im Zeitraum 1. 6. 2004 – 1. 6. 2005):	4

LehrtherapeutInnen mit voller Lehrbefugnis (Stand 1. 6. 2005):

Derick Armstrong, M.A., Ökonom, Wien
Annika Bugge, Dipl. Sozialarbeiterin, Wien
Gerhard Burda, Mag. Dr., Pädagoge, Philosoph, Wien
Erika Eggertsberger, Dipl. Ehe- und Familienberaterin, Salzburg
Ingrid Fleck, Lehrerin, Graz
Gerald Gruber, Dr., Psychologe, Salzburg
Wilhelm Just, Dr., Physiker, Linz
Edith Kerstan, Dr., Psychiater, Wien
Edith Konecny, Dr., Psychologin, Wien
Bernhard Lesniewicz, M.A., Theologe, Wien
Asa Liljenroth-Denk, Physiotherapeutin, Salzburg
Sepp Maderegger, Mag. Mag., Theologe und Psychologe, Marchtrenk (OÖ)
Reinhard Skolek, Mag. Dr., Veterinärmediziner, Wien und St. Pölten
Regina Skolek-Winkler, Dr., Psychologin, Wien
Rita Skolek-Winnisch, A. Prof. Mag. Dr., Veterinärmedizinerin, Wien

V. Gesamtbetrachtung

Eine Besonderheit ist die Möglichkeit, durch die Zusammenarbeit der ÖGAP mit der Donau-Universität Krems einen akademischen Grad zu erwerben.

Auch wenn die Verpflichtung, 100 Std. Analyse schon vor der Aufnahme zu absolvieren, weggefallen ist, erscheinen die Ausbildungsanforderungen (vor allem im Selbsterfahrungsbereich) und die Evaluationspraxis weiterhin auf hohe Qualität ausgerichtet. Die ÖGAP hat auch personell eine deutliche Expansion erfahren. Sie stellt derzeit – da die Ausbildungstätigkeit der Salzburger Gesellschaft für Tiefenpsychologie – C.G. Jung-Institut ruht – die einzige Möglichkeit dar, ein Fachspezifikum dieser Ausrichtung zu absolvieren.

Kontaktadressen

Prof. Mag. Dr. Rita Skolek-Winnisch
(Leiterin des Ausbildungskomitees)
Premlechnergasse 17/13
1120 Wien
Tel. 01/804 67 27
E-Mail: rita.skolek@vu-wien.ac.at
www.cgjung.at

Niederösterreichische Landesakademie
Zentrum für Psychotherapie
Mag. Dr. Reinhard Skolek
(Studienleiter Analytische Psychologie der DUK)
Neue Herrengasse 17A
3100 St. Pölten
Tel. 02742/90 05-12755
E-Mail: reinhard.skolek@noe-lak.at

Salzburger Gesellschaft für Tiefenpsychologie – C.G. Jung-Institut (SGTP-CGJI)*

Die Salzburger Gesellschaft für Tiefenpsychologie - C.G. Jung-Institut wurde 1991 in Salzburg gegründet, um auch dort eine Institution zur Aus- und Weiterbildung in der Analytischen Psychologie zu etablieren. Sie ist nach der Österreichischen Gesellschaft für Analytische Psychologie der zweite Ausbildungsverein dieser Richtung in Österreich. Die SGTP wurde 1996 als Ausbildungseinrichtung für das Psychotherapeutische Fachspezifikum anerkannt, die Ausbildungstätigkeit ist aber derzeit ruhend gemeldet.

Methode und Methodenverständnis

Jung bemühte sich zunächst, die Psychoanalyse Freuds in der Psychiatrie zu etablieren. Vor allem aufgrund unterschiedlicher Auffassungen zur Libido kam es zum Bruch. Das Grundelement psychischer Organisation ist nach Jung der Komplex, ein Begriff für die Konstellation von Gefühlen, Bildern und Ideen, die sich um einen Zusammenhang, den Komplexkern, strukturiert haben. Jung sah neben dem individuellen Unbewussten Freuds außerdem das kollektive Unbewusste, das sich aus den Archetypen zusammensetzt. Sie sind potenziell allen Menschen gemein und die Grundlage der Ähnlichkeit von Mythen und Märchen verschiedener Kulturen. Das Modell der Psyche nach Jung umfasst daneben u.a. die Persona als sozial angepasste Seite des Menschen und den Schatten, das individuell, aber auch kollektiv Verdrängte. Die Auseinandersetzung mit dem Schatten spielt im Reifungsprozess, der Individuation, eine wesentliche Rolle. Auf Jung gehen auch die Konzepte von Anima und Animus zurück.

Der Verein sieht sich nicht einer bestimmten Denkrichtung innerhalb der Analytischen Psychologie verpflichtet, sondern möchte alle Entwicklungen nach Jung erfassen.

I. Geschichte

Lisa Bock und Rudolf Bock sowie Leo Prothmann, die bereits 1983 als Mitgründer der ÖGAP (s. Beitrag dazu in diesem Buch, S. 114) fungierten, gründeten 1991 die Salzburger Gesellschaft für Tiefenpsychologie. Grundlage dieser Entscheidung waren ein Sachkonflikt innerhalb der ÖGAP und das Bestreben, auch in Salzburg eine Ausbildung in Analytischer Psychologie anbieten

* Texterstellung mit Unterstützung von Andreas von Heydwolff.

zu können. Eine erste Ausbildungsgruppe startete bereits im selben Jahr, 2 weitere 1996 und 1999. Im Jahr 1996 erfolgte auch die Anerkennung als Ausbildungseinrichtung für das Psychotherapeutische Fachspezifikum.

Im Jahr 2000 erließ das zuständige Bundesministerium eine neue Lehrpersonenrichtlinie, die das Hinzuziehen externer Ausbildner beschränkte. Die Salzburger Gesellschaft für Tiefenpsychologie war aufgrund ihrer Größe jedoch auf viele externe Ausbildner aus der Schweiz und Deutschland angewiesen, und man sah dies als Bereicherung an. Hinzu kam ein Konflikt um die Verankerung in der Internationalen Gesellschaft für Analytische Psychologie (IAAP), der 2001 zu einem Austritt aus der IAAP führte, in dessen Folge mehrere Mitglieder und Kandidaten letztlich zur ÖGAP wechselten. Durch diese Einschränkung an Lehrpersonal war die weitere Ausbildung nicht mehr gewährleistet, und die Ausbildung wurde als ruhend gemeldet. Derzeit ist der Verein dabei, sich zu konsolidieren.

II. Organisationsstruktur

Der Vorstand besteht aus vier Personen. Der Vorsitzende ist derzeit Andreas von Heydwolff. Der Vorstand bestellt die Ausbildungskommission.

Daten zur Ausbildungseinrichtung

• Zahl der Mitglieder mit absolvierter psychotherapeutischer Ausbildung (Stichtag 1. 1. 2005):	11
• Aktuelle Zahl der AusbildungsteilnehmerInnen (Stichtag 1. 6. 2005):	4
• Zahl der AusbildungsteilnehmerInnen im Status „Psychotherapeut/in in Ausbildung unter Supervision“ (Stichtag 1. 6. 2005):	4
• Zahl der Aufnahmen in die psychotherapeutische Ausbildung im letzten Jahr (1. 6. 2004 – 1. 6. 2005):	0
• Zahl der Aufnahmen in die psychotherapeutische Ausbildung in den letzten 5 Jahren (1. 6. 2000 – 1. 6. 2005):	1
• Zahl der Abschlüsse der psychotherapeutischen Ausbildung (1. 6. 2000 – 1. 6. 2005):	5
• Zahl jener AusbildungsabsolventInnen, die mit der entsprechenden Zusatzbezeichnung derzeit (Stand 1. 6. 2005) in die Psychotherapeutenliste eingetragen sind:	10

Die aktuellen AusbildungsteilnehmerInnen sind solche, die ihre bereits im Rahmen der SGTP begonnene Ausbildung abschließen können.

III. Veröffentlichungen, Veranstaltungen, Kontakte

Veröffentlichungen: von Heydwolff, A./Prothmann, L./Bock, L./Bock, R. (1996): Die Analytische Psychologie nach C.G. Jung. Übersicht – Einblick – Herausforderungen. Salzburg: Eigendruck der Salzburger Gesellschaft für Tiefenpsychologie – C.G. Jung-Institut.

Veranstaltungen: Der Verein organisiert öffentliche Vorträge in Salzburg, zuletzt:
Andreas von Heydwolff (2002): „Gold machen ... – Zur Geschichte und psychischen Wandlungssymbolik der Alchemie."
Ruth Ammann (2003): „Seelengarten – Seelenpflege". Der Zauber des Gartens – Und was er unserer Seele schenkt.

Kontakte: 1998–2001 vorläufige Mitgliedschaft in der Internationalen Gesellschaft für Analytische Psychologie; 2001 einvernehmlicher Austritt, Wiedereintritt bei Erreichen einer entsprechenden Anzahl international verankerter Mitglieder geplant.

Bis heute Kooperation mit dem C.G. Jung-Institut Zürich, aus dem bislang auch externe Ausbildner kamen.

IV. Ausbildung

Laut Verein würden die Ausbildungsrichtlinien vor Wiederaufnahme der Ausbildungstätigkeit überarbeitet werden.
Dauer und Kosten würden sich an der in tiefenpsychologischen Ausbildungen gängigen Größenordnung orientieren.

V. Gesamtbetrachtung

Die Salzburger Gesellschaft für Tiefenpsychologie hat eine wechselvolle Geschichte hinter sich. Da die Ausbildung derzeit ruht und auch keine Aufnahmen in die Ausbildung stattfinden, können diesbezüglich keine Aussagen getroffen werden.

Kontaktadresse

Salzburger Gesellschaft für Tiefenpsychologie – C.G. Jung-Institut
Ursulinenplatz 3, 5020 Salzburg
Tel./Fax 0662/87 41 86
E-Mail: salzjung@utanet.at
www.utanet.at/salzjung

Österreichische Gesellschaft für angewandte Tiefenpsychologie und allgemeine Psychotherapie (ÖGATAP) – Autogene Psychotherapie (ATP)*

Der Träger der Ausbildung, die Österreichische Gesellschaft für angewandte Tiefenpsychologie und allgemeine Psychotherapie (ÖGATAP), bietet auch Curricula für Hypnosepsychotherapie und für Katathym Imaginative Psychotherapie an (siehe die entsprechenden Beiträge in diesem Buch).
Der Sitz der Gesellschaft ist in Wien. Ausbildungsmöglichkeiten gibt es in Wien, in Klagenfurt, Lienz und (in Planung) auch in Graz.

Methode und Methodenverständnis

Im Berlin der 1920er-Jahre entwickelte der Berliner Neurologe und Psychiater Johannes Heinrich Schultz im Zuge seiner Erfahrungen mit Hypnose das Autogene Training (seit 2003 „Autogene Psychotherapie") als eigenständiges psychotherapeutisches Verfahren. Die ATP hat sich – unter anderem durch die Arbeiten von Heinrich Wallnöfer zur analytischen Oberstufe – zu einer tiefenpsychologisch/psychodynamisch fundierten Methode gewandelt, welche unter Einbezug der Entspannung der Grundstufe eine Bearbeitung von psychischen und psychosomatischen Störungen in Mittel- und Oberstufe möglich macht. Wesentliche Prinzipien der ATP – Loslassen und Geschehenlassen – sind Grundvoraussetzungen und ermöglichen erst einen gelassenen und angstfreien Umgang mit den allmählich ins Bewusstsein aufsteigenden inneren Konflikten. Dem autogenen Prinzip folgend behält der Patient die Kontrolle über Regressionstiefe und Dauer des Versenkungszustands. Neben analytischen Techniken, wie z.B. dem assoziativen Vorgehen, erfüllt vor allem die präverbale körperliche Erlebnisdimension der ATP eine wichtige therapeutische Funktion. Das breite Anwendungsspektrum der ATP reicht von Neurosen über psychosomatische Erkrankungen bis hin zu Persönlichkeitsstörungen.

I. Geschichte

Heinrich Wallnöfer gründete 1969 die „Österreichische Gesellschaft für Ärztliche Hypnose und Autogenes Training", um praktisch tätigen Ärztinnen und Ärzten den Zugang zu psychotherapeutischem Wissen und Ausbildungsmög-

* Text der Darstellung in der Erstauflage (1995) von Peter Floquet; Aktualisierung und ergänzende Überarbeitung mit Unterstützung von Susanne Frei.

lichkeiten zu verschaffen. Die Gesellschaft erweiterte 1973 ihr Ausbildungsangebot um die Katathym Imaginative Psychotherapie. Im Jahre 1980 wurde der Titel der Gesellschaft auf „Österreichische Gesellschaft für Autogenes Training und allgemeine Psychotherapie" abgeändert, um dem Gesamtgebiet der Psychotherapie Rechnung zu tragen. Seit 1992 steht die Gesellschaft allen Personen offen, die gesetzlich zur psychotherapeutischen Ausbildung zugelassen sind. Seit 1994 ist sie als fachspezifische Ausbildungseinrichtung für Autogene Psychotherapie im Sinne des Psychotherapiegesetzes anerkannt. Den tiefenpsychologischen Zielsetzungen entsprechend erfolgte 2003 eine Namensänderung in „Österreichische Gesellschaft für Angewandte Tiefenpsychologie und Allgemeine Psychotherapie."

II. Organisationsstruktur

Der Verein ÖGATAP zeigt für die 3 angebotenen Ausbildungen Autogene Psychotherapie, Hypnosepsychotherapie und Katathym Imaginative Psychotherapie eine einheitliche Struktur und Organisation. Dies erklärt, warum eine Reihe der in der ÖGATAP aktiv tätigen Personen über mehr als eine der angebotenen Ausbildungen verfügt.

Die wichtigsten Gremien des Vereins sind die Mitgliederversammlung, der Vorstand, die Ausbildungskommission sowie die Vertretungen der relevanten Gruppierungen (Dozentenschaft, graduierte TherapeutInnen sowie AusbildungskandidatInnen), die im Rahmen der Ausbildungsaktivitäten in der ÖGATAP zusammenarbeiten.

Autonomie im methodenspezifischen Bereich gibt es u.a. hinsichtlich der Bestellung von LehrtherapeutInnen, Inhalten des Curriculums sowie Anrechnungsfragen.

Um die Aufnahme als ordentliche Mitglieder können sich ÄrztInnen, PsychologInnen, AbsolventInnen der Universität Klagenfurt des Kombinationsfaches Psychologie oder Heilpädagogik, alle in die Psychotherapeutenliste Eingetragenen sowie all jene Personen schriftlich bewerben, welche die gesetzlichen Bestimmungen für den Beginn einer psychotherapeutischen Ausbildung erfüllen.

Daten zur Ausbildungseinrichtung

- Zahl der Mitglieder mit absolvierter psychotherapeutischer Ausbildung (Stichtag 1. 6. 2005): 31
- Aktuelle Zahl der AusbildungsteilnehmerInnen (Stichtag 1. 6. 2005): 108
- Zahl der AusbildungsteilnehmerInnen im Status „Psychotherapeut/in in Ausbildung unter Supervision" (Stichtag 1. 6. 2005): 34
- Zahl der Aufnahmen in die psychotherapeutische Ausbildung im letzten Jahr (1. 6. 2004 – 1. 6. 2005): 0

- Zahl der Aufnahmen in die psychotherapeutische Ausbildung in den letzten 5 Jahren (1. 6. 2000 – 1. 6. 2005): 4
- Zahl der Abschlüsse der psychotherapeutischen Ausbildung (1. 6. 2000 – 1. 6. 2005): 1
- Zahl jener AusbildungsabsolventInnen, die mit der entsprechenden Zusatzbezeichnung derzeit (Stand 1. 6. 2005) in die Psychotherapeutenliste eingetragen sind: 59

Die relative hohe Zahl an AusbildungsteilnehmerInnen erklärt sich daraus, dass viele graduierte TherapeutInnen (KIP und HY) im Zuge ihrer Ausbildung die Grundstufenausbildung in ATP zwar abschließen, die Mittel- und Oberstufenausbildung dann aber nicht mehr forcieren, da sie mit der Grundstufe in Kliniken und Praxen das Auslangen finden.

III. Veröffentlichungen, Veranstaltungen, Kontakte

Veröffentlichungen: Neben regelmäßigen Zusendungen (aktuelle Informationen und Programme) erhalten Vereinsmitglieder auch die vierteljährlich erscheinende wissenschaftliche Zeitschrift *Imagination* (früher *Ärztliche Praxis und Psychotherapie*), die von der ÖGATAP herausgegeben und im gesamten deutschen Sprachraum vertrieben wird.

Veranstaltungen: Außer dem jährlich stattfindenden Internationalen Seminar in Waidhofen a.d. Ybbs, das auch von KandidatInnen anderer Ausbildungen (Katathym Imaginative Psychotherapie, Hypnosepsychotherapie) und von interessierten Nichtmitgliedern besucht werden kann, findet einmal im Jahr ein Internationales Winterseminar für Autogene Psychotherapie und Hypnosepsychotherapie, mit Möglichkeiten zur Gruppenselbsterfahrung und zum Erwerb theoretischer Kenntnisse, statt.

Jedes Jahr veranstaltet die ÖGATAP einen großen Psychotherapiekongress im Wiener Allgemeinen Krankenhaus (AKH) mit namhaften in- und ausländischen ReferentInnen.

Es gibt in ganz Österreich Wochenendseminare mit österreichischen DozentInnen bzw. mit Beteiligung von GastreferentInnen der ausländischen Schwesternvereine. In den Bundesländern werden regelmäßige Treffen zum wissenschaftlichen Austausch organisiert („Jour fixe"); derzeit in Wien, Graz, Klagenfurt, Villach und Innsbruck.

Kontakte: Die ÖGATAP ist in ihrer ATP-spezifischen Ausrichtung Mitglied der internationalen und der europäischen Gesellschaft für Autogenes Training (ICAT – International Committee for Autogenic Training, Autogenic

Therapy and Autogenic Psychotherapy bzw. ECAAT – European Committee for the Advanced Analytical Autogenic Training). Als Beispiel für die Kontakte der ÖGATAP innerhalb Österreichs sei vor allem auf die wissenschaftliche Zusammenarbeit mit dem Österreichischen Arbeitskreis für Gruppentherapie und Gruppendynamik (ÖAGG), mit dem gemeinsam u.a. Weiterbildungen organisiert werden, mit der Österreichischen Gesellschaft für Analytische Psychologie (ÖGAP) und anderen analytischen Ausbildungsgesellschaften verwiesen.

IV. Ausbildung

1. Aufnahmebedingungen

Voraussetzung für die Zulassung zur Absolvierung des Fachspezifikums ist neben der Erfüllung der gesetzlichen Bestimmungen der Besuch eines Einführungsseminars in der Methode ATP.

Kriterien, die InteressentInnen als für die Ausbildung geeignet erscheinen lassen, sind: Reflexions- und Selbstreflexionsfähigkeit, Fähigkeit zu Empathie, sozialen Kontakten und Beziehungen, ausreichende Ich-Stärke und Belastbarkeit, ausreichende intellektuelle Begabung, reifer Umgang mit Frustrationen und mit eigenen und fremden aggressiven und libidinösen Impulsen. Als Kontraindikationen für die Zulassung zur Ausbildung gelten schwere Persönlichkeitsstörungen, deutliche Ich-Struktur-Defekte und auffällige Verhaltensstörungen.

2. Aufnahmemodus

Das Aufnahmegespräch, welches dazu dient, die persönliche Eignung und Belastbarkeit der InteressentInnen festzustellen, dauert etwa 30 Minuten und wird von 2 nach Zufallsprinzip ausgewählten LehrdozentInnen geführt. Das Ergebnis wird sofort mitgeteilt.

3. Ausbildungsrahmen, -ablauf und -vertrag

Ausbildungsziel ist das Erkennen psychischer Störungen und Erkrankungen von PatientInnen und der Einsatz indikationsgerechter praktischer Behandlungsschritte auf den theoretischen Grundlagen der Autogenen Psychotherapie.

Verpflichtend für die Ausbildung ist die Teilnahme an einer geschlossenen, kontinuierlichen Ausbildungsgruppe, in der sowohl theoretisches Wissen (mind. 150 Std.) als auch Selbsterfahrung (mind. 300 Std.) vermittelt werden. Sie werden als 14-tägig stattfindende Abendgruppen mit 2–3 Wochenenden pro Jahr oder als ausschließliche Wochenendgruppen (6- bis 8-mal/Jahr) angeboten und erstrecken sich über einen Zeitraum von 3–4 Jahren. Eine kombinierte Aus- und Weiterbildungsgruppe wird zurzeit in Wien angeboten. Bei regionalen Engpässen kann die Ausbildung, nach Zustimmung der Ausbildungskommission, ausnahmsweise auch im Modulsystem durchlaufen werden, indem bestimmte umgrenzte Ausbildungsteile, z.B. die analytische Oberstufe, bei anderen LehrtherapeutInnen der Methode absolviert werden können.

Nach ca. einem Jahr (100 Std.) Gruppenselbsterfahrung in der laufenden Ausbildungsgruppe erfolgt eine Überprüfung und Klärung des KandidatInnenstatus durch den Leiter der Ausbildungsgruppe, unter Einbeziehung der anderen GruppenteilnehmerInnen. Nach anderthalb bis 2 Jahren wird der Praktikantenstatus verliehen, der zur psychotherapeutischen Behandlung von PatientInnen unter Supervision berechtigt. Seit 2003 ist ein Ausbildungsvertrag in Kraft, der die Rechte und Pflichten von KandidatInnen und Ausbildungsgesellschaft regelt und individuell zwischen AusbildungsteilnehmerIn und Ausbildungseinrichtung abgeschlossen wird.

4. Ausbildungsinhalte

a) Selbsterfahrung

Der Selbsterfahrungsteil umfasst mind. 490 Std., wovon auf Einzelselbsterfahrung bzw. Lehrtherapie mit der analytischen Oberstufe der Autogenen Psychotherapie mind. 100 Std., auf Selbsterfahrung im Rahmen der kontinuierlichen Ausbildungsgruppe mind. 300 Std. und auf Selbsterfahrung im Rahmen verschiedener Intensiv- und Anwendungsseminare mind. 90 Std. entfallen. Die Einzelselbsterfahrung bzw. Lehrtherapie soll als kontinuierlicher Prozess bei einem einzigen Lehrtherapeuten erfolgen.

b) Theorie

Insgesamt umfasst der Theorieteil mind. 300 Std. Davon werden 150 Std. in der laufenden Gruppe und 150 Std. in verschiedenen Intensiv- und Theorieseminaren (z.B. in Waidhofen, Scheffau, Goldegg und Kongress am AKH in Wien) und in speziellen Anwendungsseminaren (z.B. Sucht-, Schmerztherapie, Psychosomatik etc.) erworben.

Die inhaltliche Gliederung des theoretischen Teils der Ausbildung umfasst 5 Teilbereiche:

- Persönlichkeitsentwicklung (mind. 60 Std.): Vermittlung von Wissen aus den Bereichen Entwicklungspsychologie, Tiefenpsychologie, Narzissmustheorie, Objektbeziehungstheorie, Psychopathologie, Psychiatrie und Psychosomatik;
- Methodik und Technik (mind. 100 Std.): Psychophysiologie, objektive und subjektive Trancephänomene, Entspannungs- und Meditationstechniken, Suggestion, spezifische Theorie des Autogenen Trainings, Therapieplanung (Erstinterview, Anamnese, Diagnostik, Arbeitshypothese, Therapieverlauf, Therapieende), Indikation und Kontraindikation für Autogene Psychotherapie;

- Persönlichkeits- und Interaktionstheorien (mind. 50 Std.): Neurosenlehre, Verhaltenspsychologie, Sozialpsychologie, Kommunikationstheorie, Systemtheorie, Gruppenprozesse;
- psychotherapeutische Literatur (mind. 40 Std.): Literaturstudium entsprechend der aktuellen Literaturliste;
- Schwerpunkt nach methodenspezifischer Ausrichtung (mind. 50 Std.): Spezifische Theorie und Techniken der Grundstufe und der analytischen Oberstufe, Didaktik, Gruppengeschehen, Autogenes Training als Psychotherapie, Abgrenzung von und Kombination mit anderen psychotherapeutischen Verfahren.

c) Psychotherapeutische Tätigkeit unter Supervision

Eigene psychotherapeutische Tätigkeit ist in einem Mindestausmaß von 600 Std. vorgeschrieben. Den KandidatInnen wird in der Ausbildungsgruppe bei ausreichender Entwicklung und Qualifikation durch den verantwortlichen Ausbildungsdozenten, nach Feedback durch die Gruppe, der PraktikantInnenstatus verliehen. Damit ist man berechtigt, unter begleitender Supervision Therapien durchzuführen.

d) Supervision der psychotherapeutischen Tätigkeit

Die Supervision zur psychotherapeutischen Tätigkeit muss im Mindestumfang von 120 Std. erfolgen (mind. 10 Fallvorstellungen mit eigenem Fall). Es wird empfohlen, neben Gruppensupervision auch Einzelsupervision in Anspruch zu nehmen.

e) Praktikum

Mind. 550 Std.; bei der Auswahl eines Praktikumsplatzes bietet die ÖGATAP Hilfestellung an, indem in Form einer Börse regelmäßig nach Praktikumsmöglichkeiten gefragt wird und Praktikumsplätze in der vereinsinternen Zeitschrift *Infopost* angeboten werden.

f) Praktikumsupervision

Mind. 30 Std.

g) Sonstiges

Zusätzliche Gruppenselbsterfahrung wird empfohlen.

5. Evaluierung und Ausbildungsabschluss

Der Abschluss der Ausbildung besteht aus 2 Teilen: einer schriftlichen Ausarbeitung eines Therapieverlaufs und dem Therapeutenkolloquium. Dieses besteht einerseits aus einem Gespräch über den eingereichten Fall und den entsprechenden Behandlungsstil, andererseits aus allgemeinen Fragen zu

Theorie und Praxis. Das Kolloquium muss vor 2 DozentInnen (wie beim Aufnahmegespräch nach dem Zufallsprinzip ausgewählt) abgelegt werden.

Alle Lehrveranstaltungen werden durch den Einsatz sogenannter Feedbackbögen anonym durch die TeilnehmerInnen evaluiert. Die Ergebnisse der Evaluation werden einerseits den Vortragenden mitgeteilt und fließen andererseits auch in die Auswahl der Vortragenden durch den/die AusbildungsleiterIn und die Organisationskomitees ein.

6. Dauer und Kosten

Unter Berücksichtigung aller erforderlichen Ausbildungsschritte beträgt die durchschnittliche Mindestausbildungsdauer ca. 5–6 Jahre.

Die Gesamtkosten belaufen sich – berechnet nach der für die einzelnen Ausbildungsteile erforderlichen Mindeststundenanzahl – auf mind. € 19.400,–. Die Praxis zeigt jedoch, dass die Kosten bei durchschnittlicher Dauer und durchschnittlichem Umfang eher an die € 24.000,– betragen. Der jährliche Mitgliedsbeitrag beträgt € 148,– (ermäßigt € 112,–, gilt für Studierende, Arbeitslose, Karenzierte und PensionistInnen).

	Tagessatz/ Stundensatz	**Stunden (mind.)**	**Gesamt (mind.)**
Ausbildungskosten			
Eigentherapie (Einzel)	€ 60,– bis € 100,–	100	€ 6.000,–
Gruppenselbsterfahrung	€ 14,74	390	€ 5.750,–
Theorie	€ 14,74	300	€ 4.422,–
Einzelsupervision	€ 60,– bis € 100,–	keine, nur empf.	
Gruppensupervision	€ 14,74	120	€ 1.770,–
Praktikumsupervision	€ 14,74	30	€ 440,–
Zusatzkosten			
Aufnahmegespräch	€ 94,–		€ 94,–
Mitgliedsbeitrag	€ 148,–	5 Jahre	€ 740,–
Sonstige Kosten:			
Therapeutenkolloquium			€ 218,–
Gesamtkosten			**€ 19.434,–**

7. AusbildnerInnen

Die Aufgaben der DozentInnen (LehrtherapeutInnen mit voller Lehrbefugnis) sind die Abhaltung der theoretischen und praktischen Ausbildung, von Supervision, Lehrtherapien (Einzel- und Gruppenselbsterfahrung), Aufnahmegesprächen, Therapeutenkolloquien und die Leitung einer der kontinuierlichen Ausbildungsgruppen, während die LehrtherapeutInnen mit partieller Lehrbefugnis ausschließlich für den Bereich der Selbsterfahrung zuständig sind. Die GastdozentInnen sind bei den Internationalen Seminaren tätig.

Für die Bestellung von LehrtherapeutInnen und DozentInnen müssen zusätzlich zu den gesetzlichen Vorgaben vor der Berufung zur DozentIn der Status der LehrtherapeutIn für partielle Lehrbefugnis erreicht worden sein, Nachweise über mind. 140 Std. Gruppenerfahrung in Gruppendynamik, Gruppenanalyse oder einer vergleichbaren Methode erbracht und mind. 8 Co-Leitungen in Intensiv- und Fallvorstellungsseminaren gemacht werden.

• Zahl der AusbildnerInnen (LehrtherapeutInnen) mit voller Lehrbefugnis (Stichtag 1. 6. 2005):	10
• Zahl der AusbildnerInnen (LehrtherapeutInnen) mit partieller Lehrbefugnis (Stichtag 1. 6. 2005):	3
• Zahl der GastdozentInnen (im Zeitraum 1. 6. 2004 – 1. 6. 2005):	25

LehrtherapeutInnen mit voller Lehrbefugnis (Stand 1. 6. 2005):

Jadranka Dieter, Dr., Psychologin, Wien
Elfriede M. Fidal, Dr., Psychologin, Wien
Susanne Frei, Dr., Psychologin, Wien
Gisela Gerber, Univ.-Prof. Dr., Psychologin, Wien
Lieselotte Grausgruber, Dr., Psychologin, Lienz
Edgar Hättich, Prof. Dr., Psychologe, Klagenfurt
Wolfgang Ladenbauer, Dr., Arzt, Wien
Marianne Martin, Dr., Psychologin, Wien
Franz Sedlak, Mag. DDr., Psychologe und Theologe, Wien
Heinrich Wallnöfer, OMR Dr., Arzt, Wien

V. Gesamtbetrachtung

Seit 1969 bietet die ÖGATAP die Ausbildung zur Psychotherapie mit dem Autogenen Training, nunmehr Autogene Psychotherapie, an. Die Ausbildung (kontinuierliche Ausbildungsgruppen mit max. 14 TeilnehmerInnen/Gruppe) werden als etwa 14-tägig stattfindende Abendgruppen mit 2 bis 3 Wochenenden pro Jahr oder als reine Wochenendgruppen (6- bis 8-mal/Jahr) berufsbegleitend angeboten. Bei regionalen Engpässen kann man die Ausbildung, nach vorheriger Abklärung, auch in einem Modulsystem absolvieren.

Die frühere ärztliche Dominanz ist zurückgegangen (so sind von 13 permanenten LehrtherapeutInnen nur 4 Ärzte, jedoch 9 PsychologInnen).

Die Nachfrage nach der Ausbildung ist in den letzten Jahren zurückgegangen; zurzeit wird aber, um das Ausbildungsangebot gewährleisten zu können, eine kombinierte Aus- und Weiterbildungsgruppe für Autogene Psychotherapie in Wien angeboten. Außerhalb der Ausbildungsgruppen werden zusätzliche theoretische und methodische Veranstaltungen im Rahmen von Kongressen und Tagungen der ÖGATAP angeboten (jährlicher Kongress im AKH Wien, Internationales Seminar für Psychotherapie in Waidhofen a.d. Ybbs, Winterseminar in Scheffau/Tirol, KIP-Seminar in Goldegg).

Kontaktadresse

Sekretariat der ÖGATAP
Kaiserstraße 14/13
1070 Wien
Tel. 01/523 38 39
Fax 01/523 38 39-10
E-Mail: office@oegatap.at
www.oegatap.at

Österreichisches Daseinsanalytisches Institut für Psychotherapie, Psychosomatik und Grundlagenforschung (ÖDAI)*

Das ÖDAI ist derzeit die einzige Ausbildungseinrichtung für Daseinsanalyse (DA) in Österreich und Mitglied der Internationalen Vereinigung für Daseinsanalyse (IVDA). Das Institut ging 1995 aus der Österreichischen Gesellschaft für Daseinsanalyse (ÖGDA) hervor, die 1990 gegründet wurde. 2004 wurde das ÖDAI als Ausbildungseinrichtung für das Fachspezifikum anerkannt. Die Ausbildung schließt mit dem Diplom „Daseinsanalytische Psychotherapeutin/Daseinsanalytischer Psychotherapeut“ ab. Vermittelt wird die Befähigung zur Durchführung von Einzeltherapie sowie von Paar-, Familien- und Gruppentherapie.

Der Sitz ist Wien. Die Ausbildung findet am Daseinsanalytischen Institut und an der Universität Wien statt.

Methode und Methodenverständnis

Die Daseinsanalyse (DA) versteht sich als Weiterentwicklung der Psychoanalyse durch ihre phänomenologisch-hermeneutische Verfahrensweise und ihre ontologisch-anthropologische Ausrichtung. Die DA überschreitet die eingrenzende Objektivität (Vergegenständlichung) einzelwissenschaftlicher Zugänge zum menschlichen Dasein, verneint deren Monopolisierungsansprüche und verlangt als Grundhaltung größten Respekt vor den Phänomenen selbst. Die DA erblickt die Existenz des Menschen mit Martin Heidegger als weltweiten Offenheitsbereich des „Da-seins“ allem ihm Begegnenden gegenüber. Sie begreift das unscheinbare „Sein“ des Menschen in den mannigfaltigen Weisen seines Anwesens in Offenheit zur Mit- und Umwelt. Zu diesem Anwesen in der Gegenwart gehört auch die Offenheit für Abwesendes und zwar in den Bereichen des Gewesen- und Zukünftigseins, welche die Spannweite des Menschen charakterisieren. Demgemäß geht es in der DA therapeutisch um die Befreiung von Beeinträchtigungen dieser Offenheit, d. h. um Wahrheit als die sich ereignende Unverborgenheit des jeweiligen Seins im „Da“, die befreiend für das eigenste Selbstsein-Können im Sein mit- und füreinander wirkt.

* Texterstellung mit Unterstützung von Hans-Dieter Foerster und A.K. Wucherer-Huldenfeld.

I. Geschichte

Die Österreichische Gesellschaft für Daseinsanalyse (ÖGDA) wurde 1990 gegründet und wurde 1995 zum Zwecke der Grundlagenforschung und der Aus- und Weiterbildung von Psychotherapeuten vom Österreichischen Daseinsanalytischen Institut für Psychotherapie, Psychosomatik und Grundlagenforschung (ÖDAI) abgelöst. Im April 2004 erfolgte die Anerkennung als Ausbildungseinrichtung für das Fachspezifkum durch das Bundesministerium. In seinem Aufbau wurde das Institut ideell und materiell vom Züricher Daseinsanalytischen Institut für Psychotherapie und Psychosomatik (Medard Boss Stiftung) unterstützt. Das Curriculum entspricht der Schweizer Ausbildungsordnung.

II. Organisationsstruktur

Die Planung, Organisation, Durchführung und Evaluierung der Ausbildung zum/zur Daseinsanalytischen PsychotherapeutIn wird von der Ausbildungskommission getragen. Alle Lehrtherapeuten gehören ihr an und wählen auf sechs Jahre den Präsidenten der Ausbildungskommission. Die KandidatInnen werden außerordentliche Mitglieder des Vereins.

Daten zur Ausbildungseinrichtung

• Zahl der Mitglieder mit absolvierter psychotherapeutischer Ausbildung (Stichtag 1. 1. 2005):	20
• Aktuelle Zahl der AusbildungsteilnehmerInnen (Stichtag 1. 6. 2005):	4
• Zahl der AusbildungsteilnehmerInnen im Status „Psychotherapeut/in in Ausbildung unter Supervision“ (Stichtag 1. 6. 2005):	4
• Zahl der Aufnahmen in die psychotherapeutische Ausbildung in den letzten 5 Jahren (1. 6. 2000 – 1. 6. 2005):	3
• Zahl der Abschlüsse der psychotherapeutischen Ausbildung (1. 6. 2000 – 1. 6. 2005):	3
• Zahl jener AusbildungsabsolventInnen, die mit der entsprechenden Zusatzbezeichnung derzeit (Stand 1. 6. 2005) in die Psychotherapeutenliste eingetragen sind:	2

III. Veröffentlichungen, Veranstaltungen, Kontakte

Veröffentlichungen: Periodikum *Daseinsanalyse: Jahrbuch für phänomenologische Anthropologie und Psychotherapie*, offizielles Organ der DA (herausgegeben von der Internationalen Vereinigung für Daseinsanalyse (IVDA) Redaktion (Wien, Zürich): H. Reck/G.F. Condrau/T. Fazekas/H.-D. Foerster/ G.A. Schopf/S. Wotruba.

Veranstaltungen: (2005) Teilnahme an der Sektion „Daseins Analytical Psychotherapy" im Rahmen des 4th World Congress for Psychotherapy in Buenos Aires (Argentinien)
(2005) Symposium: „Die Bedeutung der Gefühle für die Praxis der Psychotherapie" an der Universität Wien
(WS 2005/06) Interdisziplinäres Seminar über Daseinsanalyse (Grundfragen der Theorie und Praxis) an der Philosophischen Fakultät der Universität Wien mit dem Thema „Philosophie und Psychotherapie – Klärung und Versuch einer Neubestimmung ihres Verhältnisses"

Kontakte: Eine enge Zusammenarbeit besteht mit dem Schweizer Fachverband für Daseinsanalytische Psychotherapie (SFDP), u.a. im Austausch von Dozenten und der Organisation von Veranstaltungen auf nationaler und internationaler Ebene.

IV. Ausbildung

1. Aufnahmebedingungen

Das ÖDAI in Wien bietet grundsätzlich drei Ausbildungsmöglichkeiten an:

- als Ausbildungskandidat mit Tätigkeit am Daseinsanalytischen Institut (Typus A)
- als berufsbegleitende Ausbildung ohne Tätigkeit am Daseinsanalytischen Institut (Typus B)
- Grundkurs in Daseinsanalyse (Typus C) über 4 Semester; da er nicht zu einem Abschluss im Sinne des Psychotherapiegesetzes führt, wird hier nicht weiter darauf eingegangen.

Typus A: Ausbildung für Kandidaten, die am Daseinsanalytischen Institut tätig sind

Voraussetzung für die Tätigkeit am Institut ist für sämtliche KandidatInnen eine mind. halbjährige Tätigkeit an einer psychiatrischen oder einer sonstigen Institution, in welcher seelisch Kranke somatisch (medikamentös) und psychotherapeutisch behandelt werden.

Typus B: Die berufsbegleitende Ausbildung

Diese ist vorgesehen für ÄrztInnen und PsychologInnen, die ihren Arbeits- bzw. Wohnsitz nicht in Wien haben, beruflich anderweitig tätig sind oder bereits voll in eigener Praxis stehen. Das Gleiche gilt für andere als gleichwertig anerkannte Berufsrichtungen. Für KandidatInnen, die eine berufsbegleitende Ausbildung machen, gelten die gleichen Voraussetzungen, Ausbildungszeiten und Richtlinien wie für jene, die am Institut arbeiten.

2. Aufnahmemodus

Voraussetzungen für den Beginn der Ausbildung sind die Teilnahme an den vom Institut angebotenen Seminaren (mind. über ein Semester) und eine Analyse von ca. 100 Std. oder in der Dauer von einem Jahr bei einem Lehranalytiker.

Der Ausbildungsantrag, der einen Lebenslauf mitsamt Ausbildungshintergrund beinhaltet, wird zuhanden des Präsidenten an das Institut gerichtet. Es folgen Vorgespräche mit 2 Mitgliedern der Ausbildungskommission. Die Ausbildungskommission entscheidet über die Aufnahme.

3. Ausbildungsrahmen, -ablauf und -vertrag

Die KandidatInnen schließen mit dem ÖDAI einen Vertrag über die gesamte Ausbildungszeit. Die Vertragslösung kann im Einvernehmen geschehen. Die Ausbildungskommission behält sich vor, Kandidaten bei persönlicher Nichteignung zum Daseinsanalytiker oder bei einem zu hohen Fehlstundenausmaß von der Ausbildung auszuschließen.

Der Theorieteil wird in Form von Vorlesungen und Seminaren am Institut und an der Universität abgehalten. Die eigenständige psychotherapeutische Tätigkeit ist grundsätzlich am Institut durchzuführen. Unter bestimmten Umständen (Typ B der Ausbildung) kann sie auch außerhalb erfolgen.

4. Ausbildungsinhalte

a) Selbsterfahrung

Lehranalyse: Sie umfasst insgesamt mind. 400 Std. Daseinsanalyse. Da sich ihr Erfolg nicht von vornherein festlegen lässt, sollte die Lehranalyse, wenn möglich, bereits vor Beginn der Ausbildung genügend weit fortgeschritten sein. Die vor Aufnahme in die Ausbildung absolvierten Std. können nach der Aufnahme in den Verein angerechnet werden.

b) Theorie

Die theoretische Ausbildung umfasst mind. 400 Std. an Vorlesungen und Seminaren gemäß der Empfehlung der Ausbildungskommission. Wichtige Kernfächer sind dabei: die philosophischen Grundlagen der Daseinsanalyse, Theorie der Daseinsanalytischen Anthropologie und Psychotherapie, Psychosomatik, Psychopathologie, Literaturseminare, Seminare zu daseinsanalytischer Praxis und Traumauslegung.

c) Psychotherapeutische Tätigkeit unter Supervision

Der praktische Teil erfordert mind. 900 Std. selbstständig durchgeführter Psychotherapie mit mind. 2 Klienten über einen längeren Zeitraum (mind. 6 Monate). Sie erfolgt grundsätzlich am Institut, nur in Absprache mit der Ausbildungskommission auch extern (Ausbildung Typ B).

Die Tätigkeit kann nach mind. 100 Std. Selbsterfahrung und frühestens nach einem Theoriesemester sowie einem Teil des Praktikums, also frühestens 2 Jahre nach Ausbildungsbeginn, begonnen werden.

d) Supervision der psychotherapeutischen Tätigkeit

Es sind 125 Std. Einzel- und 125 Std. Gruppenkontrollen vorgesehen. Diese sollten bei 2 verschiedenen Kontrollanalytikern absolviert werden.

e) Praktikum

550 Std. gemäß Psychotherapiegesetz; bezüglich der Praktikumsplätze arbeitet das Institut mit verschiedenen Institutionen zusammen.

f) Praktikumsupervision

Mind. 30 Std.

5. Evaluierung und Ausbildungsabschluss

Um die Ausbildung abschließen zu können, müssen in ihrem Verlauf mehrere Leistungsnachweise erbracht werden:

- 2 Fallreferate (die erste Arbeit erfolgt nach 4 Semestern): Die Arbeit muss in definitiv ausformulierter Fassung zunächst einem Mitglied der Ausbildungskommission 14 Tage vor der Präsentation im Seminar vorgelegt werden. Danach beurteilt die Ausbildungskommission die Arbeit.
- eine Klausurarbeit, in welcher die schriftliche Auslegung und therapeutische Anwendung von Träumen dargestellt werden soll;
- ein Kolloquium über Neurosenlehre, Psychosomatik und Psychotherapie;
- eine publikationsreife Arbeit (mind. 25 Schreibmaschinenseiten);
- Testatheft mit dem Nachweis für den erfolgten Veranstaltungsbesuch sowie eine Liste der durchgearbeiteten Literatur;
- die mündliche oder schriftliche Zustimmung der Kontrollanalytiker.

Mit dem Ausbildungsabschluss wird das Diplom „Daseinsanalytische/r Psychotherapeut/in“ erlangt.

6. Dauer und Kosten

Die Ausbildung dauert ca. 5 Jahre.

Die Ausbildungskosten belaufen sich auf mind. € 41.000,–. Supervision und Seminare werden nach einem eigenen Stundensatz in Rechnung gestellt, auch Aufnahme- und Zwischengespräche. Die Kosten der Ausbildung werden als Semestergebühr entrichtet.

	Tagessatz/ Stundensatz	Stunden (mind.)	Gesamt (mind.)
Ausbildungskosten			
Eigentherapie (Einzel)	€ 65,–	400	€ 26.000,–
Gruppenselbsterfahrung			
Theorie	€ 11,–	400	€ 4.400,–
Einzelsupervision	€ 65,–	125	€ 8.125,–
Gruppensupervision	€ 11,–	125	€ 1.375,–
Praktikumsupervision	€ 11,–	30	€ 330,–
Zusatzkosten			
Aufnahmekosten	€ 130,–		€ 130,–
Mitgliedsbeitrag	€ 130,–	5 Jahre	€ 650,–
Sonstige Kosten:			
Diplomprüfungsgebühr	€ 145,–		€ 145,–
Gesamtkosten			**€ 41.155,–**

7. AusbildnerInnen

Bestellungskriterien für AusbildnerInnen sind (außer den in der Lehrpersonenrichtlinie des zuständigen Bundesministeriums angegebenen):

- 5 Jahre supervidierte Praxis nach Graduierung
- 3000 Std. psychotherapeutische Tätigkeit
- Theoretische Arbeit: Vortrag und/oder Publikation zu einem Thema aus dem Bereich der Daseinsanalyse.

Die Bewerbung zum/zur LehrtherapeutIn erfolgt schriftlich auf Einladung durch den Institutsvorstand oder durch die/den KandidatIn selbst. Das Anerkennungsorgan ist der Institutsvorstand, der nach Überprüfung der zuvor genannten Voraussetzungen über die Befähigung entscheidet. Die Berufung erfolgt schriftlich durch den Institutsvorstand.

- Zahl der AusbildnerInnen (LehrtherapeutInnen) mit voller Lehrbefugnis (Stichtag 1. 6. 2005): 5
- Zahl der AusbildnerInnen (LehrtherapeutInnen) mit partieller Lehrbefugnis (Stichtag 1. 6. 2005): 3
- Zahl der GastdozentInnen (im Zeitraum 1. 6. 2004 – 1. 6. 2005): 4

AusbildnerInnen (LehrtherapeutInnen) mit voller Lehrbefugnis (Stand 1. 6. 2005):

Hans-Dieter Foerster, Dr., Arzt, Wien

Helmut Albrecht, Dr. Dipl.-Psych., Arzt und Psychologe, Wien

Joachim Hinsch, Dr., Psychologe, Wien

Heinz Laubreuter, Wien

Stephan Libisch, Dr., Arzt, Wien

V. Gesamtbetrachtung

„Das Österreichische Daseinsanalytische Institut für Psychotherapie, Psychosomatik und Grundlagenforschung ist derzeit die einzige Ausbildungseinrichtung für Daseinsanalyse in Österreich. Im Kanon der Fachspezifika ist dieses Ausbildungsangebot noch relativ jung. Dies mag zur aktuell niedrigen Zahl an AusbildungsteilnehmerInnen beitragen.

Die psychotherapeutische Tätigkeit unter Supervision ist mit 900 Std. bemerkenswert hoch angesetzt und übertrifft an Ausmaß alle anderen Fachspezifika.

Der Kreis der Lehrtherapeuten mit voller Lehrbefugnis, der zunächst ausschließlich aus Männern bestand, wurde bereits um eine Lehrtherapeutin erweitert und soll demnächst um eine weitere Lehrtherapeutin ergänzt werden."

Kontaktadresse

Österreichisches Daseinsanalytisches Institut für Psychotherapie, Psychosomatik und Grundlagenforschung (ÖDAI)
Schwarzspanierstraße 15/9/1/10
1090 Wien
Tel./Fax 01/407 31 36
E-Mail: info@daseinsanalyse.at
www.daseinsanalyse.at

Österreichischer Arbeitskreis für Gruppentherapie und Gruppendynamik (ÖAGG) – Fachsektion für Gruppendynamik und Dynamische Gruppenpsychotherapie (GD & DG)*

Die Fachsektion GD & DG ist eine von 5 Fachsektionen des ÖAGG, die ein gesetzlich anerkanntes Fachspezifikum anbieten (s. auch die Ausbildungen für Gruppenpsychoanalyse, Integrative Gestalttherapie, Psychodrama und Systemische Familientherapie).

Der Ausbildungsabschluss berechtigt zur Ausübung der Psychotherapie in allen Settings, also mit Gruppen, Einzelpersonen, Paaren und Familien, auch wenn dies die Zusatzbezeichnung „Dynamische Gruppenpsychotherapie" nicht nahe zu legen scheint.

Der Einzugsbereich für die Ausbildung umfasst das gesamte Bundesgebiet. Regionale Schwerpunkte sind Wien, Graz, Linz, Salzburg und Innsbruck.

Methode und Methodenverständnis

Dynamische Gruppenpsychotherapie ist eine ganzheitliche und integrative Methode, die die wirksamen Elemente psychoanalytischer Theorien (Bion, Klein, Slavson, Yalom) und gruppendynamischer/sozialpsychologischer Theorien (Lewin) mit dem vom Wiener Psychiater Raoul Schindler entwickelten Verfahren der Soziodynamischen Rangstruktur zu einem klinischen Modell vereint.

Die Dynamische Gruppenpsychotherapie legt sowohl im Gruppensetting als auch im Einzelsetting den Fokus der therapeutischen Arbeit auf die Analyse der im Hier und Jetzt stattfindenden Wiederinszenierung der Beziehungs- und Konfliktdynamik. So werden die aus der Primär- und den Sekundärgruppen herrührenden Störungen im Person-Umwelt-Bezug sichtbar. Zentraler therapeutischer Wirkfaktor ist das Bewusstmachen der Widerstände, Abwehrmechanismen, inter- und intrapersonellen Konfliktinszenierungen sowie der Übertragungs- und Gegenübertragungsphänomene. Dadurch wird die psychosoziale Reifung angeregt und die Autonomie gefördert. Beziehungs- und Kommunikationsstörungen sowie Einschränkungen im Denken und Handeln werden verbessert oder behoben. Dynamische Gruppenpsychotherapie führt im Einzel-, Paar- und Gruppensetting zur Selbstgesundung durch Erschließung der eigenen Gesundungspotenziale.

* Text der Darstellung in der Erstauflage (1995) von Martin Voracek; Aktualisierung bzw. weitgehende Überarbeitung mit Unterstützung von Friederike Goldmann und Konrad Wirnschimmel.

I. Geschichte

Die Methode Dynamische Gruppenpsychotherapie steht mit dem 1959 von Raoul Schindler, Traugott Lindner und Hans Strotzka gegründeten Psychotherapieverein ÖAGG in enger Verbindung, der bei seiner Gründung in Sektionen für ÄrztInnen, für Sozialpsychologie sowie für Recht und Sozialarbeit gegliedert war. Raoul Schindler sah seine Aufgabe in der Erforschung der Strukturen und der psychodynamischen Bedingungen des Gruppenlebens sowie in der Nutzbarmachung der Forschungsergebnisse für die Anwendung in der Praxis der ärztlichen Therapie, der Fürsorge und der Erziehung. In seiner Arbeit an der damaligen Psychiatrisch-Neurologischen Universitätsklinik in Wien hatte er bereits ab 1949 gruppenanalytische und gruppendynamische Methoden zum Modell der „Bifokalen Familientherapie" verbunden; 1957 war der wegweisende Artikel „Grundprinzipien der Psychodynamik in der Gruppe", in dem das Modell der „Soziodynamischen Rangstruktur" erstmals vorgestellt wurde, erschienen.

Als im Zuge der Erweiterung des ÖAGG methodenorientierte Fachsektionen entstanden, schlossen sich 1981 die gruppendynamisch orientierten Mitglieder zur „Fachsektion Gruppendynamik" zusammen und entwickelten Curricula mit den Graduierungen „Groupworker", „GruppentrainerIn", „GruppenanalytikerIn" und „GruppenpsychotherapeutIn". Später spaltete sich die Methode der Gruppenpsychoanalyse als eigene Fachsektion ab (s. den Beitrag über diese Ausbildung im vorliegenden Buch). 1989 wurde der Name auf „Fachsektion für Gruppendynamik und Dynamische Gruppenpsychotherapie (GD & DG)" geändert, und es wurden neue Curricula beschlossen, die für eine klare Abgrenzung zwischen gruppenpsychotherapeutischer und gruppendynamischer Ausbildung sorgen.

II. Organisationsstruktur

Die Fachsektion GD & DG besteht unter dem vereinsrechtlichen Dach des ÖAGG, der eine Reihe von Fachsektionen unterhält und mit 1663 Mitgliedern (2005) der größte Psychotherapiedachverein Österreichs ist. In den wesentlichen Belangen der Ausbildung und der wissenschaftlichen Weiterentwicklung genießt die Fachsektion Autonomie.

Die Fachsektion ist in einen therapeutischen und einen beratenden Bereich geteilt und wird von 2 SektionsleiterInnen geführt, die jeweils für Dynamische Gruppenpsychotherapie und für Gruppendynamik verantwortlich sind.

Die Ausbildungshoheit wird von der GeneralsekretärIn an die Fachsektion übertragen. Das höchste Entscheidungsgremium in allen Fragen der Methode und Ausbildung ist die LehrtherapeutInnenversammlung. Von dieser wird ein/e LehrtherapeutIn als Ausbildungsleitung bestimmt. Für die

Betreuung der KandidatInnen sind die regionalen AusbildungsberaterInnen zuständig.

Daten zur Ausbildungseinrichtung

• Zahl der Mitglieder mit absolvierter psychotherapeutischer Ausbildung (Stichtag 1. 1. 2005):	118
• Aktuelle Zahl der AusbildungsteilnehmerInnen (Stichtag 1. 6. 2005):	13
• Zahl der AusbildungsteilnehmerInnen im Status „Psychotherapeut/in in Ausbildung unter Supervision" (Stichtag 1. 6. 2005):	2
• Zahl der Aufnahmen in die psychotherapeutische Ausbildung im letzten Jahr (1. 6. 2004 – 1. 6. 2005):	3
• Zahl der Aufnahmen in die psychotherapeutische Ausbildung in den letzten 5 Jahren (1. 6. 2000 – 1. 6. 2005):	5
• Zahl der Abschlüsse der psychotherapeutischen Ausbildung (1. 6. 2000 – 1. 6. 2005):	3
• Zahl jener AusbildungsabsolventInnen, die mit der entsprechenden Zusatzbezeichnung derzeit (Stand 1. 6. 2005) in die Psychotherapeutenliste eingetragen sind:	183

III. Veröffentlichungen, Veranstaltungen, Kontakte

Veröffentlichungen: Hervorzuheben ist ein Band, in dem die Methode der Dynamischen Gruppenpsychotherapie in Theorie und Praxis von LehrtherapeutInnen der Fachsektion grundlegend dargestellt wird:
Majce-Egger, M. (Hg.) (1999): Gruppentherapie und Gruppendynamik – Dynamische Gruppenpsychotherapie. Theoretische Grundlagen, Entwicklungen und Methoden (Band 9 der Bibliothek Psychotherapie). Wien: Facultas.
Zudem verfügt die Fachsektion seit 1997 über die Publikationsreihe „Visionen und Wege", in der sowohl die Ergebnisse theoretischer Diskussionen und Weiterentwicklungen als auch Erkenntnisse gruppendynamischer praktischer Anwendungen in Beratung und Psychotherapie veröffentlicht werden. Bisher sind 5 Bände erschienen; beispielsweise würdigt Band 2 Bedeutung und Wirken von Raoul Schindler:
Fliedl, R./Kölbl, D./Dolanski-Lenz, W./Lehner, L. (Hg.) (1998): Symposium zum 75. Geburtstag von Raoul Schindler. Innsbruck: Studienverlag.
Band 4 befasst sich mit der Aspekten des Einzelsettings in der Dynamischen Gruppenpsychotherapie:
Dolleschka, B. (Hg.) (2002): Einzelarbeit und Gruppenkompetenz. Wien: Krammer.
Band 5 setzt sich mit Fragen der Wahrnehmung von Wirklichkeit auseinander:

Fliedl, R./Pölzl, G./Tippe A. (Hg.) (2004): Wie konstruieren wir Wirklichkeit? Wien: Krammer.

Veranstaltungen: Seit 1981 werden jedes Jahr im Jänner in Gallneukirchen bei Linz als Fachtagung die „Gruppendynamik-Tage" veranstaltet. An der von 1967 bis 2005 jeweils im Juni in Alpbach abgehaltenen internationalen Großgruppenveranstaltung war die Fachsektion organisatorisch und mit ihren TrainerInnen maßgeblich beteiligt; bei den Psychotherapiewochen in Bad Gleichenberg werden von der Fachsektion Seminare angeboten.

Kontakte: Die Fachsektion ist Mitglied der European Association for Psychotherapy (EAP), der International Association of Group-Psychotherapy (IAGP) und arbeitet mit der Schwestergesellschaft des ÖAGG in Deutschland, dem Deutschen Arbeitskreis für Gruppentherapie und Gruppendynamik (DAGG), zusammen.

IV. Ausbildung

1. Aufnahmebedingungen

Für die Aufnahme zur Ausbildung in Dynamischer Gruppenpsychotherapie sind neben den im Psychotherapiegesetz genannten Bedingungen folgende ergänzende Eignungskriterien Voraussetzung: ausreichender Entwicklungsstand hinsichtlich eines positiven Menschenbildes, Sensibilität, Eigen- und Fremdwahrnehmung sowie persönliche Belastbarkeit und kognitive Differenzierungsfähigkeit.

2. Aufnahmemodus

Das Aufnahmeverfahren sieht nach Konsultation der regionalen Ausbildungsberatung 2 Aufnahmegespräche mit LehrtherapeutInnen und die Teilnahme an einem gruppentherapeutischen Seminar unter der Leitung von LehrtherapeutInnen mit Abschlussgespräch und Gesprächsprotokollierung vor.

3. Ausbildungsrahmen, -ablauf und -vertrag

Die fachspezifische Ausbildung wird in Form von Modulen angeboten, damit die Entwicklung zu Selbstbestimmung und Selbstorganisation der AusbildungskandidatInnen angeregt wird; diese bestimmen anhand des Curriculums die Reihenfolge ihrer Ausbildungsschritte, wie sie ihrer persönlichen Entwicklung und der Erweiterung ihrer Kompetenz förderlich sind. Daher kann die Ausbildung jederzeit begonnen werden.

Dem durch die schriftliche Aufnahmemitteilung konstituierten Ausbildungsvertrag liegen die Ausbildungsvertrags-Richtlinien des zuständigen Bundesministeriums zugrunde.

4. Ausbildungsinhalte

a) Selbsterfahrung

Die Ausbildungsinhalte sind darauf ausgerichtet, eine Ausbildung sowohl für das Einzel- als auch für das Gruppensetting zu gewährleisten, sodass der Selbsterfahrungsanteil mit mind. 560 Std. – 120 Std. Einzel- sowie 440 Std. Gruppenselbsterfahrung – angesetzt ist. Dieser setzt sich wie folgt zusammen:

1. Zwei nacheinander zu absolvierende Jahresgruppen (120 Std.); nach Möglichkeit sollten beide Jahresgruppen in derselben Gruppe mit denselben LeiterInnen absolviert werden.
2. 320 Std. Gruppenseminare, davon:
   7 methodenspezifische Seminare in Form von 4- bis 5-tägigen Trainings (jeweils 40 Std.), insgesamt 280 Std., davon 3 Trainingsgruppen bzw. Sensitivitytrainings, ein Organisationstraining, ein Kriseninterventionsseminar, eine Gruppenbeobachtung mit Coaching und ein Skilltraining; ein Seminar aus dem Bereich Persönlichkeitsentwicklung bzw. anerkannte psychotherapeutische Modelle (40 Std.)
3. Lehr-Einzeltherapie (mind. 120 Std.).

b) Theorie

Der theoretische Teil umfasst insgesamt 300 Std.:

1. Theorie der gesunden und psychopathologischen Persönlichkeitsentwicklung (zusammen 80 Std.):
   - Theorien zur Entwicklung der Persönlichkeit allgemein (8 Std.)
   - tiefenpsychologische Theorien im Besonderen (16 Std.)
   - sozialpsychologische Theorien, wie Feldtheorie, Gruppen- und Rangdynamik (24 Std.)
   - Genese und Phänomenologie von Störungen (8 Std.)
   - Nosologisches Modell und Psychiatrie (8 Std.)
   - Krankheitsrolle (8 Std.)
   - Psychosomatik (8 Std.)
2. Methodik und Technik (insgesamt 100 Std.):
   - Großgruppen (16 Std.)
   - Gruppenmodelle und Gruppendiagnostik (16 Std.)
   - Einzeltherapie (16 Std.)
   - Interventionstechniken (16 Std.)
   - Konzept, Design und Setting für Gruppen, Einzelne, Familien und Paare (16 Std.)
   - diagnostischer, therapeutischer und Indikationsprozess für Erstgespräch, Anamnese und Verlauf (20 Std.)
3. Spezielle Persönlichkeits- und Interaktionstheorien sowie aktuelle Entwicklungen (insgesamt 80 Std.):
   - Lern-, Kommunikations- und Rollentheorie (16 Std.)

- Organisationstheorie sowie Großgruppen- und Massenpsychologie (16 Std.)
- ganzheitliches systemisches Denken, Systemtheorien, Selbststeuerung und Selbstorganisation (24 Std.)
- Grundkonzepte gesellschaftlicher Theorien (Ethnien, soziale Ungleichheit, Geschlechter) (24 Std.)

4. Psychotherapeutische Literatur (40 Std.)

c) Psychotherapeutische Tätigkeit unter Supervision

Die eigene einzel- bzw. gruppenpsychotherapeutische Tätigkeit (unter begleitender Supervision) mit verhaltensgestörten oder leidenden Personen ist im Umfang von mind. 600 Std. nachzuweisen. Sie setzt sich folgendermaßen zusammen:

- 60 Std. als Co-TherapeutIn einer therapeutischen Jahresgruppe mit verhaltensgestörten oder leidenden Personen unter der Leitung eines/einer LehrtherapeutIn, mit schriftlicher Protokollierung,
- 120 Std. als selbstständige/r LeiterIn: 2 therapeutische Jahresgruppen oder eine therapeutische Jahresgruppe und gruppentherapeutische Seminare (abschließendes Gespräch mit dem/der SupervisorIn und Gesprächsprotokoll; mit schriftlicher Beurteilung) sowie
- 420 Std. psychotherapeutische Tätigkeit mit verhaltensgestörten oder leidenden Personen im Gruppen- und/oder Einzelsetting.

d) Supervision der psychotherapeutischen Tätigkeit

Es sind 120 Std. Supervision der eigenen psychotherapeutischen Tätigkeit zu absolvieren, davon

- für gruppentherapeutische Arbeit mind. 50 Std.,
- für einzeltherapeutische Arbeit mind. 50 Std. und
- frei wählbar 20 Std.

e) Praktikum

Im Ausmaß von mind. 550 Std.

f) Praktikumsupervision

Mind. 30 Std.

g) Sonstiges

Ausbildungsbegleitende Peergroups werden angeregt und Unterstützung durch die AusbildungsberaterInnen während der gesamten Ausbildung wird angeboten.

5. Evaluierung und Ausbildungsabschluss

Die Abschlussprüfung setzt sich aus Einzelbeurteilungen zusammen. Nach jedem Ausbildungsschritt wird in Einzel- oder Gruppengesprächen mit den

AusbildnerInnen abgeklärt, ob das jeweilige Ausbildungsziel erreicht wurde. Nach Abschluss des ersten und des zweiten Drittels des Curriculums finden Zwischenbeurteilungen statt, die den KandidatInnen Rückmeldung über ihren Entwicklungsstand geben und notwendig erscheinende Entwicklungsschritte anregen.

Die positive zweite Zwischenbeurteilung ist mit der Erlaubnis zur selbstständigen psychotherapeutischen Arbeit als „Psychotherapeut/in in Ausbildung unter Supervision" verbunden.

Zum Abschluss der Ausbildung haben die KandidatInnen ihr Wissen durch eine schriftliche Abschlussarbeit in Form einer Falldarstellung oder eines Gruppenverlaufs unter wissenschaftlichen Kriterien nachzuweisen. Die Beurteilung dieser Arbeit obliegt 2 LehrtherapeutInnen.

Nach Absolvierung sämtlicher Ausbildungsschritte erfolgt eine Gesamtevaluierung des Ansuchens um Graduierung durch die LehrtherapeutInnenversammlung. Das Ergebnis wird schriftlich mitgeteilt; die Graduierungsurkunden werden den AbsolventInnen im Rahmen der „Gruppendynamik-Tage" überreicht.

6. Dauer und Kosten

	Tagessatz/ Stundensatz	**Stunden (mind.)**	**Gesamt (mind.)**
Ausbildungskosten			
Eigentherapie (Einzel)	€ 80,–[1]	120	€ 9.600,–
Gruppenselbsterfahrung			
Jahresgruppe	€ 18,50[1]	120	€ 2.220,–
Seminare	€ 11,–[1]	320	€ 3.520,–
Theorie	€ 13,–	300	€ 3.900,–
Einzelsupervision	€ 80,–[1]	30	€ 2.400,–
Gruppensupervision	€ 21,–[1]	90	€ 1.890,–
Praktikumsupervision	€ 21,–[1]	30	€ 630,–
Zusatzkosten			
Aufnahmekosten			
2 Aufnahmegespräche	€ 70,–	2	€ 140,–
1 Aufnahmeseminar	€ 11,–	40	€ 440,–
Bearbeitungsgebühr			€ 90,–
Mitgliedsbeitrag	€ 125,–/Jahr	5 Jahre	€ 625,–
Gesamtkosten			**€ 25.455,–**

1) Stundensätze werden mit der Ausschreibung von den LehrtherapeutInnen festgelegt bzw. individuell vereinbart.

Für die Ausbildung sind 5 bis 7 Jahre zu veranschlagen. Mit Ausbildungskosten von mind. € 25.400,– muss gerechnet werden, wenn die im Curriculum vorgesehenen Mindestanforderungen zugrunde gelegt werden. Nicht enthalten sind Aufenthalts- und Reisekosten sowie Auslagen für Fachliteratur.

Den größten Anteil macht die Selbsterfahrung (Einzel und Gruppe) mit ca. € 15.340,– aus. Die Theorie kostet € 3.900,–, die Supervision (Einzel und Gruppe) ca. € 4.920,–. Die Kosten für das Aufnahmeverfahren betragen € 670,–; der jährliche Mitgliedsbeitrag im ÖAGG beträgt für KandidatInnen und AbsolventInnen € 125,–.

7. AusbildnerInnen

LehrtherapeutInnen und Lehrbeauftragte werden auf Vorschlag der LehrtherapeutInnenversammlung für die Dauer von 4 Jahren bestellt. Die Voraussetzungen dafür richten sich nach der Lehrpersonenrichtlinie des zuständigen Bundesministeriums.

• Zahl der AusbildnerInnen (LehrtherapeutInnen) mit voller Lehrbefugnis (Stichtag 1. 6. 2005):	17
• Zahl der AusbildnerInnen (LehrtherapeutInnen) mit partieller Lehrbefugnis (Stichtag 1. 6. 2005):	2
• Zahl der GastdozentInnen (im Zeitraum 1. 6. 2004 – 1. 6. 2005):	0

AusbildnerInnen (LehrtherapeutInnen) mit voller Lehrbefugnis (Stand 1. 6. 2005):

Christine Andreas, Dr., Psychiaterin, Wien
Heinrich Bartuska, Dr., Psychologe, Wien
Bernhard Dolleschka, Ing., Medizintechniker, Gmünd (NÖ)
Rainer Fliedl, Dr., Psychiater, Wien
Ingrid Krafft-Ebing, Dr., Psychologin, Wien
Reinhard Larcher, Hofrat Dr., Psychologe, Salzburg
Lilli Lehner, Hauptschullehrerin, Wien
Maria Majce-Egger, Dr., Psychologin, Wien
Ursula Margreiter, Dr., Psychologin, Wien
Jodok Moosbrugger, Mag., Pädagoge, Innsbruck
Gertraud Pölzl, Röntgenassistentin, Graz
Petra Riccabona, Dr., Psychologin, Innsbruck
Susanna Schenk, Mag., AHS-Lehrerin, Wien
Raoul Schindler, Univ.-Doz. Dr., Psychiater, Wien
Peter Schütz, Mag., Soziologe, Wien
Konrad Wirnschimmel, Bautechniker, Wien
Ursula Wisiak, Univ.-Prof. Dr., Psychologin, Graz

V. Gesamtbetrachtung

Der Ausbildungsgang zeichnet sich durch einen sehr hohen Selbsterfahrungsanteil (Einzel- und Gruppenselbsterfahrung) von mind. 560 Std. aus (gegenüber mind. 200 Std. laut Psychotherapiegesetz). Er befähigt - gleichwohl die Zusatzbezeichnung dies nicht nahe legt - zur psychotherapeutischen Tätigkeit im Einzel-, Paar-, Familien- wie auch im Gruppensetting. Trotz des anspruchsvollen Curriculums und einer großen Zahl von AusbildnerInnen in ganz Österreich wird das Ausbildungsangebot allerdings nur beschränkt in Anspruch genommen.

Kontaktadresse

ÖAGG-Sekretariat
Lenaugasse 3
1080 Wien
Tel. 01/405 39 93-0, Fax 01/405 39 93-20
E-Mail: gruppendynamik@oeagg.at
www.gddg.at
www.oeagg.at
(Hier finden sich auch die Kontaktadressen der AusbildungsberaterInnen sowie Informationen zum Curriculum und zu den Ausbildungsveranstaltungen.)

Ausbildungsinstitut für Logotherapie und Existenzanalyse (ABILE)*

Das Ausbildungsinstitut für Logotherapie und Existenzanalyse (ABILE) wurde 1994 gegründet und 1999 als Ausbildungseinrichtung für das Fachspezifikum anerkannt. Der Verein bietet eine Ausbildung in Existenzanalyse und Logotherapie, wobei – im Gegensatz zur Ausbildung bei der Gesellschaft für Existenzanalyse und Logotherapie (GLE-Ö) – der klassischen Lehre Frankls der Vorzug gegeben wird.

Der Hauptsitz des Vereins ist in Wels mit einer Außenstelle in Wien. Wochenendseminare finden auch in Kremsmünster statt.

Anerkannte LehrtherapeutInnen haben ihre Praxen in Wels, Graz, Innsbruck, Perchtoldsdorf bei Wien, Wien und Schnifis (Vorarlberg).

Methode und Methodenverständnis

In der Existenzanalyse und Logotherapie ist der Sinn unserer Existenz ins Zentrum des menschlichen Seins gerückt. Das Verfahren der Logotherapie will dem Klienten zu einer heilsamen Selbstdefinition in diesem Kontext verhelfen.

Erster Grundgedanke ist die Freiheit des Willens. Der Mensch ist nicht nur Produkt der Welt, sondern er hat die Möglichkeit, freie Entscheidungen zu treffen und so seine innere und äußere Welt zu gestalten. Der Mensch ist aber nicht nur frei, er hat auch den Willen zum Sinn. Die Suche nach dem individuellen Sinn der Existenz ist eine Grundmotivation des Menschen, eine treibende Kraft, die, wenn sie sich nicht entfalten kann, zur Krankheit führt. Der dritte wichtige Grundgedanke ist, dass der Sinn eine unabhängige Wirklichkeit der Welt darstellt und nicht bloß eine Sache der Perspektive, eine Fantasie des Menschen ist.

Im Gegensatz zur GLE ist das ABILE der klassischen Richtung verpflichtet, die sich ganz zentral mit Sinn- und Wertfragen des Menschen beschäftigt, seine Vergangenheit hingegen als einen Aspekt des Menschseins betrachtet, zu dem er Stellung beziehen kann.

I. Geschichte

Das Ausbildungsinstitut für Logotherapie und Existenzanalyse wurde 1994 auf Initiative von Viktor Frankl und seiner Schülerin Elisabeth Lukas gegründet und vertritt die klassische Logotherapie und Existenzanalyse. 1999 erhielt das

* Texterstellung mit Unterstützung von Otmar Wiesmeyr.

ABILE die Berechtigung zur Ausbildung in Logotherapie und Existenzanalyse im Rahmen des Psychotherapeutischen Fachspezifikums.

Das Institut hat seinen Hauptsitz in Wels und verfügt über eine Außenstelle in Wien.

II. Organisationsstruktur

Der von der Generalversammlung auf 4 Jahre gewählte Vorstand des ABILE ist für die Gestaltung der Ausbildung zuständig. Der/Die zweite Vorsitzende wird vom Viktor Frankl Institut bestellt. Dem sogenannten Qualitätszirkel obliegen Überlegungen zur Verbesserung der Ausbildung. Der Ausbildungssprecher ist Mitglied.

Daten zur Ausbildungseinrichtung

- Zahl der Mitglieder mit absolvierter psychotherapeutischer Ausbildung (Stichtag 1. 1. 2005): 7
- Aktuelle Zahl der AusbildungsteilnehmerInnen (Stichtag 1. 6. 2005): 60
- Zahl der AusbildungsteilnehmerInnen im Status „Psychotherapeut/in in Ausbildung unter Supervision" (Stichtag 1. 6. 2005): 28
- Zahl der Aufnahmen in die psychotherapeutische Ausbildung im letzten Jahr (1. 6. 2004 – 1. 6. 2005): 16
- Zahl der Aufnahmen in die psychotherapeutische Ausbildung in den letzten 5 Jahren (1. 6. 2000 – 1. 6. 2005): 77
- Zahl der Abschlüsse der psychotherapeutischen Ausbildung (1. 6. 2000 – 1. 6. 2005): 18
- Zahl jener AusbildungsabsolventInnen, die mit der entsprechenden Zusatzbezeichnung derzeit (Stand 1. 6. 2005) in die Psychotherapeutenliste eingetragen sind: 18

III. Veröffentlichungen, Veranstaltungen, Kontakte

Veröffentlichungen: Das ABILE gibt eine regelmäßig erscheinende Zeitschrift mit Fachbeiträgen und aktuellen Themen heraus: *NO:OS* (Chefredakteur: Franz Dorner).

Aktuelle Publikationen sind:

Wiesmeyr, O. (2005): Existenzanalyse und Logotherapie. In: H. Bartuska/M. Buchsbaumer/G. Mehta/G. Pawlowsky/S. Wiesnagrotzki (Hg.): Psychotherapeutische Diagnostik. Leitlinien für den Neuen Standard (S. 93–99). Wien-New York: Springer.

Wiesmeyr, O./Batthyany, A. (2006): Der Wille zum Sinn (Kongressband). München: Beltz.

Veranstaltungen: Für AbsolventInnen findet eine jährliche Herbsttagung statt. Jedes Frühjahr wird eine Fachtagung veranstaltet, außerdem werden Workshops zu speziellen Themen der Existenzanalyse angeboten. Die Themen der Fachtagungen der vergangenen Jahre waren:

(2000) „Humor in der Logotherapie", Fürstenfeldbruck bei München
(2001) „Freude als Therapeutikum", Fürstenfeldbruck bei München
(2002) „Narrative Logotherapie und Existenzanalyse", Wels
(2003) „Schizophrenie und Persönlichkeitsstörungen", Wien
(2004) „Sinnzentrierte Familientherapie", Wien
(2005) „Logotherapeutische Gruppentherapie", Graz

Kongresse:

(2000) Symposium: „Auf den Spuren Viktor E. Frankls" auf der Rax in Niederösterreich
(2005) „Der Wille zum Sinn". Internationaler Logotherapiekongress zum 100. Geburtstag von Viktor E. Frankl in Wien
(2005) „Trotzdem ja zum Leben sagen", Logotherapiekongress in Graz
(2005) Mitbeteiligung am Symposium „Freiheit – mehr als eine brauchbare Illusion" an der Uni Salzburg.

Kontakte: Mit dem Viktor Frankl Institut (VFI) besteht eine enge Zusammenarbeit. Der/Die stellvertretende Vorsitzende des ABILE wird vom VFI gestellt. Das Viktor Frankl Institut verwaltet die Bücher und Publikationen und bearbeitet den Nachlass von Viktor E. Frankl.

Das ABILE kooperiert weiters mit dem Logotherapieinstitut Tübingen/Wien, dem Schweizer Institut für Logotherapie, der Deutschen Gesellschaft für Logotherapie und dem Süddeutschen Institut für Logotherapie. Mit dem Schweizer Institut werden gemeinsame Veranstaltungen durchgeführt (z.B. Kongress 2005 in Wien), und es sind Austauschprogramme für AusbildungskandidatInnen geplant (Abstimmung der Curricula/Seminare).

IV. Ausbildung

1. Aufnahmebedingungen

Entsprechend dem Psychotherapiegesetz.

2. Aufnahmemodus

Über die Aufnahme entscheiden Zulassungsseminare, die jeweils im Jänner und Juni eines Jahres für das Winter- bzw. Sommersemester stattfinden. In ihnen wird zunächst über die Ausbildung informiert. In einem schriftlichen Test wird die persönliche Einstellung zu Psychotherapie überprüft, im anschließenden Gespräch die persönliche Eignung beleuchtet. Über die Aufnahme entscheidet die Ausbildungsleitung zusammen mit einem weiteren Lehrtherapeuten.

3. Ausbildungsrahmen, -ablauf und -vertrag

Die AusbildungskandidatInnen eines Startsemesters nehmen in den ersten 4 Semestern gemeinsam an den Lehrveranstaltungen teil, danach bestehen Wahlmöglichkeiten. Die Seminare werden zumeist geblockt an Wochenenden abgehalten, Veranstaltungsorte sind Wien, Wels und Kremsmünster. Aus methodischen Gründen wird eine durchgehende Anwesenheit bei allen Lehrveranstaltungen verlangt. Abwesenheiten müssen entsprechend kompensiert werden.

Jeder Lehrgangsteil wird von den Kandidaten 1- bis 2-mal im Verlauf evaluiert.

Der Ausbildungsvertrag entspricht den ministeriellen Vorgaben.

4. Ausbildungsinhalte

a) Selbsterfahrung

Die Selbsterfahrung umfasst insgesamt 250 Std. und soll den angehenden PsychotherapeutInnen die wichtigen Grundeigenschaften Sinnorientierung, Selbstdistanzierung und Selbsttranszendenz vermitteln und zu eigenverantwortlicher Tätigkeit befähigen.

Die 250 Std. verteilen sich dabei auf 190 Std. Gruppenselbsterfahrung und 60 Std. Einzelselbsterfahrung.

b) Theorie

Der theoretische Hintergrund (insg. 300 Std.) wird in 4 Teilen (Semestern) zu je 75 Std. beleuchtet. Jeder Teil schließt mit einer Abschlussprüfung ab und wird überwiegend in Seminarform abgehalten, wobei auch praktische Inhalte wie Videodemonstrationen und Übungen enthalten sind, an denen rege Teilnahme erwartet wird.

Die 4 Teile haben folgende Inhalte:

- Anthropologie, Persönlichkeits- und Interaktionstheorie
- gesunde Persönlichkeitsentwicklung, logotherapeutische Krisenprävention und Rückfallprophylaxe
- psychopathologische Persönlichkeitsentwicklung und Krisenintervention
- Logotherapie und Existenzanalyse als ärztliche Seelsorge.

Ein Schwerpunktseminar (zu 15 Std.) dient als Einführung in das Lebenswerk Frankls.

c) Psychotherapeutische Tätigkeit unter Supervision

Die selbstständige psychotherapeutische Tätigkeit umfasst 600 Std. Sie kann erst nach erfolgreichem Screening-Gespräch (siehe Evaluierung) aufgenommen werden.

d) Supervision der psychotherapeutischen Tätigkeit

Die eigenständige psychotherapeutische Tätigkeit erfordert eine Supervision im Ausmaß von 120 Std. (sowohl im Einzel- als auch Gruppensetting möglich).

e) Praktikum

Mind. 550 Std.; es ist eine schriftliche Arbeit zum Praktikum zu verfassen. Das ABILE kann unter anderem Plätze im Therapiezentrum Schnifis (Vorarlberg) vermitteln.

f) Praktikumsupervision

Im Ausmaß von mind. 30 Std.

5. Evaluierung und Ausbildungsabschluss

Jeder Theorieteil wird anhand einer mündlichen und schriftlichen Abschlussprüfung sowie der Mitarbeit während des Semesters bewertet.

In den praktischen Bereichen wird von den jeweils zuständigen Lehrpersonen eine kontinuierliche Beurteilung durchgeführt, inwieweit der/die KandidatIn sich fachlich und persönlich zu einem/r selbstständigen PsychotherapeutIn entwickelt. Zu diesem Zweck werden auch 3 Falldemonstrationen und 2 Besprechungen von Psychotherapien (als Transkript oder Video) oder Livesupervisionen gefordert.

Während der Ausbildung sollen außerdem insgesamt 30 Fallbeispiele ausgearbeitet worden sein.

Um die Tätigkeit als Psychotherapeut/in in Ausbildung unter Supervision aufnehmen zu können, ist ein sogenanntes Screening-Gespräch erforderlich, in dem der ausreichende Lern- und Entwicklungsfortschritt von der Ausbildungsleitung und 2 weiteren Lehrtherapeuten überprüft wird. Voraussetzung für das Gespräch ist folgender formaler Fortschritt:

- positive Absolvierung der 4 Theorie-Praxis-Semester; Gruppenselbsterfahrung: 80 Einheiten;
- Gesprächsführung: 30 Einheiten;
- Supervision: 50 Einheiten und 10 schriftliche Falldokumentationen;
- Einzellehrtherapie: 20 Einheiten;
- psychotherapeutisches Praktikum: 250 Einheiten.

Die Ausbildung wird mit einem Kolloquium abgeschlossen. Es hat 3 Themenbereiche zum Inhalt: Theorie der Existenzanalyse und Logotherapie, Praxis der Existenzanalyse und Logotherapie und Praktikumsarbeit.

6. Dauer und Kosten

Das Curriculum umfasst mind. 4 Jahre.

An Gesamtkosten ist mit knapp unter € 16.000,– zu rechnen, die sich wie folgt ermitteln:

	Tagessatz/ Stundensatz	Stunden (mind.)	Gesamt (mind.)
Ausbildungskosten			
Eigentherapie (Einzel)	€ 65,–	60	€ 3.250,–
Gruppenselbsterfahrung	€ 16,–	190	€ 3.040,–
Theorie I, II, III, IV	€ 16,–	300	€ 4.800,–
Schwerpunktseminar	€ 16,–	15	€ 240,–
Supervision	€ 16,–	120	€ 1.920,–
Praktikumsupervision	€ 16,–	30	€ 480,–
Zusatzkosten			
Aufnahmekosten:			
Zulassungsseminar	€ 16,–	8	€ 128,–
Mitgliedsbeitrag	€ 150,–/Sem.	8 Semester	€ 1.200,–
Sonstige Kosten:			
Praktikumsarbeit	€ 65,–	4	€ 260,–
4 x schriftliche Prüfung	€ 60,–	4	€ 240,–
Screening-Gespräch	€ 80,–	1	€ 80,–
Kolloquium	€ 120,–	1	€ 120,–
Gesamtkosten			**€ 15.758,–**

Im Falle einer Kooperation mit der Donau-Universität Krems werden sich die Kosten um eine Studiengebühr von ca. € 500,– pro Semester bis 2008 erhöhen. Ab 2008 ist eine Studiengebühr von ca. € 1.000,– pro Semester vorgesehen.

7. AusbildnerInnen

Für die Auswahl geeigneter LehrtherapeutInnen ist ein Auswahlgremium zuständig. Erforderlich sind wissenschaftliche Publikationen, nachgewiesene Fortbildungen in Psychotherapieforschung, Methodenlehre und Lehrtätigkeit und möglichst auch internationale Erfahrung. Weiters nehmen potenzielle LehrtherapeutInnen an mind. 100 Std. der Supervisionsgruppe für Lehrtherapeuten teil und müssen 120 Std. als Co-Trainer tätig sein.

- Zahl der AusbildnerInnen (LehrtherapeutInnen) mit voller Lehrbefugnis (Stichtag 1. 6. 2005): 7
- Zahl der AusbildnerInnen (LehrtherapeutInnen) mit partieller Lehrbefugnis (Stichtag 1. 6. 2005): 0
- Zahl der GastdozentInnen (im Zeitraum 1. 6. 2004 – 1. 6. 2005): 2

AusbildnerInnen (LehrtherapeutInnen) mit voller Lehrbefugnis (Stand 1. 6. 2005):
Peter Amann, Dr., Pädagoge, Schnifis (Vbg.)
Klaus Gstirner, Dr., Arzt, Graz
Heidi Ilsinger, Dr., Psychologin, Innsbruck
Elisabeth Lukas, Dr., Psychologin, Perchtoldsdorf (bei Wien)
Hermine Mollik-Kreuzwirt, Dr., Ärztin, Wien
Harald Mori, Wien
Otmar Wiesmeyr, Dr., Psychologe, Wels (OÖ)

V. Gesamtbetrachtung

Das Ausbildungsinstitut für Logotherapie und Existenzanalyse ist ein kleiner Verein, der seine Tradition auf Viktor Frankl selbst zurückführt. Und auch die Gründungsmitglieder standen zu diesem in einem persönlichen Naheverhältnis. Damit grenzt sich der Verein von der Gesellschaft für Logotherapie und Existenzanalyse Österreich deutlich ab. Die Ausbildung wird dieser speziellen Auffassung entsprechend gestaltet. Auffällig ist das starke Gewicht des Gruppensettings im Bereich der Selbsterfahrung und Supervision bzw. die geringe Zahl an Einzelstunden im Bereich der Selbsterfahrung.

Mit Herbst 2006 ist eine Kooperation mit der Donau-Universität Krems geplant. Damit wird neben dem Abschluss des Fachspezifikums eine akademische Graduierung als Master of Science (mit Matura, Studieneignungsprüfung) bzw. akademische/r Psychotherapeut/in (ohne Matura) ermöglicht.

Kontaktadresse

ABILE – Ausbildungsinstitut für Logotherapie und Existenzanalyse
Kaiser-Josef-Platz 52
4600 Wels
Tel. 07242/20 75 84 (Mo, Di, Do 8–12, Mi, Fr 10–14 Uhr)
E-Mail: abileinstitut@aon.at
www.abile.org

Gesellschaft für Logotherapie und Existenzanalyse (GLE)*

Obwohl die GLE erst Mitte der 1980er-Jahre gegründet worden ist, zählt sie heute mit zu den größeren psychotherapeutischen Vereinigungen in Österreich. Sie bietet eine Ausbildung in Existenzanalyse an, und zwar in Form einer Weiterentwicklung der klassischen Richtung nach Frankl, die inhaltlich und methodisch über die Logotherapie hinausreicht. Dementsprechend lautet die mit dem Ausbildungsabschluss verbundene Zusatzbezeichnung nunmehr „Existenzanalyse“, während sie in den 1990er-Jahren noch „Existenzanalyse und Logotherapie“ hieß.

Die Ausbildung wird in mehreren Städten angeboten: in Wien jährlich, in Bregenz/Lochau, Innsbruck, Salzburg, Graz, St. Georgen (Kärnten) im Zweijahresrhythmus.

Methode und Methodenverständnis

Die von Viktor Frankl begründete Logotherapie und Existenzanalyse wurde in Österreich erst in den 1980er-Jahren von der GLE institutionell etabliert. Für die Existenzanalyse steht im Zentrum die Person mit ihrer Fähigkeit, sich zu dem zu entscheiden, was ihr Leben ausmacht, und das eigene Leben mit innerer Zustimmung zu leben. Der Ansatz vertritt eine konsequente dialogische Arbeit. Diese fußt dabei auf vorwiegend phänomenologischer (d.h. auf die Einmaligkeit und Individualität der Personen Bezug nehmender) Methodik, in der sich auch die Psychotherapeuten als Personen gezielt und aktiv einbringen.

Die Existenzanalyse, wie sie in der GLE verstanden wird, stellt eine Weiterentwicklung der Frankl'schen Logotherapie dar. Insbesondere handelt es sich um Erweiterungen im Bereich von Psychopathologie und Therapie. Mit den „existenziellen Grundmotivationen“ nimmt sie Bezug auf die 4 Grunddimensionen der Existenz: Weltbezug, Lebensbezug, Selbstbezug, Sinnbezug – womit Sinn nur eine Dimension unter anderen ist. Die Praxis hat ihren Schwerpunkt nicht mehr im Kognitiven (Erkennen), sondern zentriert sich um das Erleben (Bedeutung der Gefühle). Diese Weiterentwicklung war begleitet von der Ausarbeitung spezifischer Methoden wie z.B. der Personalen Existenzanalyse.

* Text der Darstellung in der Erstauflage (1995) von Andrea Fritsch; Aktualisierung und Überarbeitung mit Unterstützung von Alfried Längle.

I. Geschichte

Als Vorläufer der GLE in Wien sind einerseits die seit dem Zweiten Weltkrieg von Viktor Frankl gehaltenen Vorlesungen, Referate und seine Arbeit an der Poliklinik der Stadt Wien anzusehen, andererseits das 1982 gegründete „Institut für Logotherapie und andere Methoden der Psychotherapie" unter der ärztlichen Leitung von MR Dr. Eva Kozdera. Dieses Institut war zunächst Träger der 1983 erstmals angebotenen Ausbildung in Existenzanalyse und Logotherapie. 1985 wurde die Gesellschaft für Logotherapie und Existenzanalyse (GLE) gegründet, welche die Belange der Ausbildung übernahm.

Die GLE wurde gegründet, um einerseits eine erweiterte Praxis in Logotherapie und Existenzanalyse zu garantieren, andererseits, um eine kontinuierliche Diskussion der Praxis und Theorie sowie Aus- und Weiterbildung, wissenschaftliche Weiterentwicklung und Publikation zu gewährleisten.

1991 legte Viktor Frankl den Ehrenvorsitz in der GLE zurück und distanzierte sich von der Gesellschaft. Grund dafür waren die eingangs erwähnten Weiterentwicklungen, mit denen er sich nicht mehr identifizieren konnte: Die hauptsächlich auf Sinnsuche konzentrierte Logotherapie hatte sich zu einer personzentrierten Existenzanalyse entwickelt, welche die Logotherapie nur mehr als Teilbereich beinhaltete.

Die GLE wurde im März 1994 als fachspezifische Ausbildungseinrichtung für Psychotherapie anerkannt.

II. Organisationsstruktur

Die GLE ist seit 2002 in Ländergesellschaften aufgeteilt. Die GLE-International ist als Dachorganisation für die Ausbildungsinhalte verantwortlich; die Durchführung der Ausbildung wird an die Länderorganisationen delegiert. In Österreich ist die GLE-Ö Trägerin der Ausbildung. Die GLE hat auch Ausbildungseinrichtungen in Deutschland, der Schweiz, in Tschechien, Rumänien, Russland, Nord- und Südamerika.

Zurzeit hat die GLE etwas mehr als 1.000 Mitglieder, davon 600 in Österreich, davon wiederum knapp 200 PsychotherapeutInnen (s.u.).

Das AusbildnerInnenteam ist international und trifft sich jährlich für Fortbildungen und Besprechungen.

Die Mitglieder der GLE-Ö sind berechtigt, an allen Versammlungen des Vereins teilzunehmen. Das Stimmrecht in der Generalversammlung sowie das aktive und passive Wahlrecht steht nur den ordentlichen Mitgliedern und den Ehrenmitgliedern zu. AusbildungsteilnehmerInnen haben die Möglichkeit, über die Kandidatenvertretung, über direkten Kontakt mit den AusbildnerInnen und über schriftlichen Kontakt mit dem Vorstand und der Ausbildungskommission am Vereinsgeschehen teilzunehmen bzw. dieses mitzubestimmen.

Ordentliche Mitglieder haben eine vollständige Ausbildung in Logotherapie und Existenzanalyse in einer von der Gesellschaft anerkannten Ausbildungsstätte erfolgreich abgeschlossen.
AusbildungsteilnehmerInnen können außerordentliches Mitglied in der GLE-Ö werden. Eine Mitgliedschaft ist nicht verpflichtend (es besteht stattdessen die Möglichkeit, den etwas geringeren Verwaltungsbeitrag zu zahlen).

Daten zur Ausbildungseinrichtung

- Zahl der Mitglieder mit absolvierter psychotherapeutischer Ausbildung (Stichtag 1. 1. 2005): 184
- Aktuelle Zahl der AusbildungsteilnehmerInnen (Stichtag 1. 6. 2005): 205
- Zahl der AusbildungsteilnehmerInnen im Status „Psychotherapeut/in in Ausbildung unter Supervision“ (Stichtag 1. 6. 2005): 100
- Zahl der Aufnahmen in die psychotherapeutische Ausbildung im letzten Jahr (1. 6. 2004 – 1. 6. 2005): 40
- Zahl der Aufnahmen in die psychotherapeutische Ausbildung in den letzten 5 Jahren (1. 6. 2000 – 1. 6. 2005): 134
- Zahl der Abschlüsse der psychotherapeutischen Ausbildung (1. 6. 2000 – 1. 6. 2005): 60
- Zahl jener AusbildungsabsolventInnen, die mit der entsprechenden Zusatzbezeichnung derzeit (Stand 1. 6. 2005) in die Psychotherapeutenliste eingetragen sind: 216

III. Veröffentlichungen, Veranstaltungen, Kontakte

Veröffentlichungen: Die GLE gab ab 1984 vierteljährlich die Zeitschrift *Bulletin der Gesellschaft für Logotherapie und Existenzanalyse* heraus, die seit 1995 den Namen *Existenzanalyse* trägt und nun 2-mal jährlich erscheint. Hier werden unter anderem wissenschaftliche Berichte, Publikationen und Termine von Veranstaltungen publiziert.

Veranstaltungen: Die GLE veranstaltet jährlich einen internationalen Kongress abwechselnd in Österreich, Deutschland und der Schweiz:
(1995) „Geschlecht – Erotik – Sexualität“, Hannover
(1996) „Ich kann nicht ... Behinderung als menschliches Phänomen“, Rothenburg
(1997) „Die Person in der Arbeitswelt“, Steyr
(1998) „Aggression und Gewalt“, Thun
(1999) „Hysterie“, Prag
(2000) „Wenn der Sinn zur Frage wird“, Wien
(2001) „Methoden der Existenzanalyse und Logotherapie“, Hannover

(2002) „Mein Selbst – dein Problem. Narzissmus in Interaktion und Therapie“, Salzburg
(2003) „Angst – Phänomene existentieller Verunsicherung und ihre Behandlung“, Hamburg
(2004) „Im Schatten des Lebens – Existenzanalyse der Depression“, Bern
(2005) „Die verletzte Person – Trauma und Persönlichkeit“, Wien
(2006) „Hab' mich gern…! – Dissozialität und Anpassung“, Prag

Es werden regelmäßig Vorträge und Seminare, auch unabhängig von der Ausbildung, veranstaltet, die sich vor allem an die Mitglieder richten, aber auch offen für Interessierte anderer Psychotherapierichtungen sind.

Kontakte: Die GLE ist u.a. Mitglied der Internationalen Gesellschaft für Psychotherapie (IFP), der Internationalen Gesellschaft für Tiefenpsychologie e.V. (Stuttgart), der Wiener Internationalen Akademie für Ganzheitsmedizin, der Martin-Heidegger-Gesellschaft e.V. und des Verbandes der wissenschaftlichen Gesellschaften Österreichs (VWGÖ).

Mit Schloss Hofen (der Landesbildungsstätte von Vorarlberg) besteht ein Kooperationsvertrag bezüglich des Fachspezifikums, das mit identem Aufbau wie in der GLE auch dort angeboten wird.

IV. Ausbildung

1. Aufnahmebedingungen

Die Aufnahmebedingungen richten sich bezüglich Alter, Beruf und Vorbildung nach den gesetzlichen Bestimmungen. Als persönliche Eignungskriterien werden genannt:

- begründetes und nachvollziehbares Interesse für die psychotherapeutische Tätigkeit;
- reflektiertes Interesse an einem existenziellen Verfahren der Psychotherapie, Interesse für ein existenzielles Verständnis des Menschen, Vorkenntnisse aus Existenzanalyse und Logotherapie;
- eine Persönlichkeit, die frei ist von störenden seelisch-geistigen Krankheiten und die den Belastungen einer mehrjährigen Ausbildung mit Selbsterfahrung und einer Tätigkeit mit psychisch Kranken gewachsen ist;
- ausreichend kritische Reflexionsfähigkeit, Flexibilität im Dialog, Gespür für den Gesprächspartner und für eigene Motivationen, Offenheit für die Emotionalität, Einsichtigkeit, selbstkritische Distanz zu eigenen Überzeugungen und Werten;
- eine Persönlichkeit, die so weit entwickelt ist, dass sie mit belastenden, kritischen oder leidvollen Situationen „reif“, d.h. die eigene Emotionalität wahrnehmend und ihr standhaltend, umzugehen vermag;

- die Fähigkeit und Bereitschaft, sich dem Leben gestalterisch zu stellen, ohne Fixierung im regressiven und aggressiven Bereich;
- Lebenserfahrungen, die in die Tiefen der menschlichen Existenz Einblick boten und gesunde Bewältigungsstrategien förderten.

2. Aufnahmemodus

Es finden 2 Aufnahmegespräche und ein 2-tägiges Aufnahmeseminar statt, in welchem die Ausbildungsgruppen konstituiert werden. Nach der Entscheidung über die Aufnahme, die im AusbildnerInnenteam gefällt wird, werden die KandidatInnen mündlich und schriftlich über die Entscheidung informiert.

3. Ausbildungsrahmen, -ablauf und -vertrag

Die Ausbildung erfolgt in 3 Abschnitten:
- Grundausbildung (ca. 2 Jahre, 402 Std.);
- klinische Ausbildung mit beginnender Supervision (ca. 2 Jahre, 320 Std.);
- Fortbildung und Supervision (ca. 2 Jahre, 210 Std.).

Für das Vertragsverhältnis zwischen AusbildungsteilnehmerInnen und der Ausbildungseinrichtung ist das Ausbildungsprogramm maßgeblich; der Ausbildungsvertrag nach den Richtlinien des Ministeriums ist ein Extrakt dieser umfassenderen Vereinbarung.

4. Ausbildungsinhalte

Die aktuelle Ausbildungsordnung besteht seit September 1993 mit kleinen Modifikationen im Jahre 2001. Die Anforderungen des Curriculums der GLE entsprechen denen des Psychotherapiegesetzes. Darüber hinaus gibt es ein zusätzliches Ausbildungsangebot, welches nicht für alle KandidatInnen verpflichtend zu absolvieren ist, sondern jeweils nach individuellem Bedarf genützt wird.

a) Selbsterfahrung

Ziele der Gruppen- bzw. Einzelselbsterfahrung (mind. 50 Std. Einzelselbsterfahrung, mind. 245 Std. Gruppenselbsterfahrung) sind Reifung der eigenen Persönlichkeit, Selbsterfahrung, Lösung eigener Konflikte und neurotischer Anteile sowie eine Auseinandersetzung mit und ein Verstehen von anthropologischen und existenziellen Grundgegebenheiten aus der Sicht der Existenzanalyse.

b) Theorie

Der theoretische Teil der Ausbildung (mind. 420 Std.) umfasst folgende Themenbereiche: Im 1. Jahr:
- Einführung und Grundlagen der Existenzanalyse;
- existenzanalytische Motivationstheorie;
- Wertfühlen, Emotionslehre und Sinnlehre.

Im 2. Jahr:
- existenzanalytische Personlehre;
- personale Existenzlehre;
- Beziehungs- und Interaktionstheorien.

Nach den ersten 2 Jahren:
- Angst, Phobie, Panik, Zwang; ängstliche Persönlichkeitsstörung;
- Depression, manisch-depressives Krankheitsbild; depressive Persönlichkeitsstörung;
- Hysterie, Narzissmus; histrionische Persönlichkeitsstörung;
- Psychosen, Sucht; Paartherapie.

Neben diesen Pflichtseminaren werden noch zusätzliche Fortbildungsseminare (z.B. im Rahmen der Herbstakademie, bei Tagungen und speziellen Seminaren) zu den Themen Traumarbeit, Essstörungen, Bilderleben, Psychosomatik und Paartherapie angeboten.
Die Vermittlung der Wissensgebiete erfolgt in Klein- und Großgruppen, weiters durch Literaturstudium, Referate, Diskussionen und Falldarstellungen.
Es besteht bereits während der Ausbildung wie auch nach Abschluss der Ausbildung eine Fortbildungsverpflichtung.

c) Psychotherapeutische Tätigkeit unter Supervision

Nach der Grundausbildung (1. Abschnitt, ca. 2 Jahre) und mind. 30 Std. Selbsterfahrung beginnen die KandidatInnen zunächst meist mit beratender Tätigkeit. Nach dem 2. Abschnitt (4 Jahre) und mind. zwei Dritteln der Selbsterfahrung beginnt die psychotherapeutische Tätigkeit (mind. 600 Std.) unter begleitender Supervision. Es sollten möglichst KlientInnen mit den verschiedensten Störungskategorien (und im Praktikum auch PatientInnen mit Psychosen) gesehen werden.

d) Supervision der psychotherapeutischen Tätigkeit

Die Supervision laufender Therapien findet in Gruppen von 4 bis 7 Personen und in Einzelsitzungen statt. Es müssen mind. 150 Std. absolviert werden, im Durchschnitt kommen die KandidatInnen auf 150 bis 200 Std.

e) Praktikum

Mind. 550 Std.; in der Vermittlung von Praktikumsmöglichkeiten ist die GLE-Österreich behilflich und hat dazu eigene Kontakte.

f) Praktikumsupervision

Mind. 30 Std.; im Einzel- und vorzugsweise Gruppensetting.

5. Evaluierung und Ausbildungsabschluss

Am Ende des 1., 2. und 4. Ausbildungsjahres findet eine schriftliche Prüfung statt. Weiters gibt es regelmäßige Gespräche zwischen KandidatInnen und SeminarleiterInnen. Die Einzelselbsterfahrung wird durch Abschlussgespräche mit den LehrtherapeutInnen, die Supervision durch Abschlusssupervisionen der einzelnen Fälle (Aufarbeitung des gesamten Therapieverlaufs) evaluiert.

Für das Diplom wird eine Abschlussarbeit von mind. 30 Seiten verlangt. Diese Arbeit wird von den zuständigen HauptausbildnerInnen begutachtet. Die Entscheidung über die Diplomerteilung wird im AusbildnerInnenteam gefällt.

Die schriftliche Evaluation der Lehrveranstaltungen durch die TeilnehmerInnen findet systematisch statt; außerdem gibt es regelmäßige Feedbackrunden in den Gruppen.

6. Dauer und Kosten

	Tagessatz/ Stundensatz	**Stunden (mind.)**	**Gesamt (mind.)**
Ausbildungskosten			
Eigentherapie (Einzel)	€ 70,– bis € 95,–	50	€ 3.000,– bis € 4.750,–
Gruppenselbsterfahrung	€ 13,–	245	€ 3.185,–
Theorie	€ 13,–	420	€ 5.460,–
Einzelsupervision	€ 70,– bis € 95,–	10	€ 700,– bis € 950,–
Gruppensupervision	€ 13,– bis € 22,–	150	€ 1.950,– bis € 3.300,–
Praktikumsupervision	€ 13,– bis € 22,–	30	€ 390,– bis € 660,–
Zusatzkosten			
Aufnahmekosten			
2 Aufnahmegespräche			€ 160,–
Aufnahmeseminar			€ 260,–
Mitgliedsbeitrag	€ 70,– bis € 105,–/Jahr	5 Jahre	€ 350,– bis € 525,–
Sonstige Kosten (Literatur, Teilnahme an Kongressen)			€ 600,–
Gesamtkosten			**€ 16.055,– bis 19.840,–**

Die Ausbildungsdauer beträgt mind. 5, im Durchschnitt 6 bis 7 Jahre.

Die Gesamtkosten für die Ausbildung betragen mind. € 16.000,–. Arbeitslose JungakademikerInnen erhalten auf die Kurse eine Ermäßigung von einem Drittel des Preises. Weitere Kosten wie Anmeldungs-, Anrechnungs-, Prüfungs-, Abschluss-, Semester-, Lehrgangs-, Storno- oder sonstige Gebühren werden nicht verlangt.

Der Mitgliedsbeitrag beläuft sich zurzeit auf € 70,–/Jahr für außerordentliche und € 105,– für ordentliche Mitglieder. Die Mitgliedschaft ist nicht verpflichtend, empfiehlt sich aber wegen der Begünstigungen.

7. AusbildnerInnen

Voraussetzungen für die Bestellung der AusbildnerInnen sind neben den allgemein verbindlichen folgende:

- zunächst mind. 3 Jahre psychotherapeutische Praxis mit weiterer Supervision sowie erweiterte Praxiserfahrung durch Tätigkeiten im wissenschaftlichen Bereich, durch Vorträge, Erwachsenenbildung, Mithilfe bei Selbsterfahrungsgruppen und Supervisionsgruppen sowie AssistentInnentätigkeit in Ausbildungsgruppen;
- im Anschluss an diese Voraussetzungen 3 komplette Kursdurchgänge als Co-TrainerIn mit kontinuierlich wachsender Übernahme von Aufgaben unter der verantwortlichen Leitung von VollausbildnerInnen, wobei die Kurse auch überlappend durchgeführt werden können.

Durch einstimmigen Beschluss des Ausbildungsteams und durch Anerkennung des Vorstands wird die (unbefristete) Berechtigung für die VollausbildnerInnen erteilt.

Die Minimalzeit bis zur Graduierung beträgt 5 Jahre, die durchschnittliche Dauer 8 Jahre.

Co-TrainerInnen haben partielle Befugnis, stehen aber auch für die Einzel- und Gruppensupervision zur Verfügung.

• Zahl der AusbildnerInnen (LehrtherapeutInnen) mit voller Lehrbefugnis (Stichtag 1. 6. 2005):	16
• Zahl der AusbildnerInnen (LehrtherapeutInnen) mit partieller Lehrbefugnis (Stichtag 1. 6. 2005):	17
• Zahl der GastdozentInnen (im Zeitraum 1. 6. 2004 – 1. 6. 2005):	0

AusbildnerInnen (LehrtherapeutInnen) mit voller Lehrbefugnis (Stand 1. 6. 2005):

Jana Bozuk, Dr., Psychologin, Wien
Helene Drexler, Dr., Psychologin, Wien
Doris Fischer-Danzinger, Mag., Psychologin, Wien
Brigitte Heitger, Lic. phil., Psychologin, Bern (CH)
Susanne Jaeger-Gerlach, Berlin (D)
Erich Karp, Dipl. theol., Theologe, Göppingen (D)
Susanne Klar, Mag., Theologin, Wien
Christoph Kolbe, Dr., Dipl.-Päd., Hannover (D)
Alfried Längle, DDr., Arzt, Psychologe, Wien
Silvia Längle, Dr., Wissenschaftstheoretikerin, Wien
Anton Nindl, Mag. Dr., Psychologe, Salzburg

Christine Orgler, Dr., Psychologin, Wien
Christian Probst, Dr., Psychiater, Graz
Michaela Probst, Lehrerin, Graz
Liselotte Tutsch, Dr., Psychologin, Wien
Christine Wicki, Dipl. theol., Theologin, Unterägeri (CH)

V. Gesamtbetrachtung

Bei der GLE handelt es sich um einen relativ jungen Verein, der eine rasche Entwicklung hin zu einer wissenschaftlichen Institution durchlaufen hat. Ziel ist die wissenschaftliche Weiterentwicklung, Verbreitung, Lehre und Qualitätssicherung der Existenzanalyse als phänomenologische Psychotherapie (mit ihrem Teilgebiet der Frankl'schen Logotherapie).
Die Seminarangebote sind themenmäßig breit gestreut, Fortbildung nimmt einen hohen Stellenwert ein (internationale Kongresse, Tagungen, „Herbstakademien").

Die durchschnittliche Ausbildungsdauer beträgt 6 Jahre bei einer Wartezeit von durchschnittlich 6 Monaten.

Die Ausbildung zählt mit zu den kostengünstigsten Psychotherapieausbildungen in Österreich, vor allem aufgrund der niedrigen Mindeststundenzahl für die Einzelselbsterfahrung (50 Std.) und auch aufgrund des Umstandes, dass keine Einzelsupervision verpflichtend vorgesehen ist. Dies dürfte neben der Attraktivität der Methode und der Qualität der Ausbildung auch ein Grund dafür sein, dass für die Ausbildung eine hohe Nachfrage zu verzeichnen ist.

Kontaktadressen

Gesellschaft für Logotherapie und Existenzanalyse – Österreich (GLE-Ö)
Einwanggasse 23/11
1140 Wien
Tel./Fax 01/897 43 39
E-Mail: gle-oe@existenzanalyse.org
www.gle.at

Gesellschaft für Logotherapie und Existenzanalyse – International (GLE-International)
Eduard-Sueß-Gasse 10
1150 Wien
Tel. 01/985 95 66, Fax 01/982 48 45
E-Mail: gle@existenzanalyse.org
www.existenzanalyse.org

Österreichische Arbeitsgemeinschaft für Gestalttheoretische Psychotherapie (ÖAGP)*

Die wissenschaftliche Dachorganisation der ÖAGP ist die Internationale Gesellschaft für Gestalttheorie und ihre Anwendungen (GTA). Durch die Einbindung in die GTA sollen die Interdisziplinarität sowie der interschulische Austausch und die Forschungstätigkeit gefördert werden.

Die Ausbildungsorte liegen überwiegend im Raum Wien und Niederösterreich. Der Schwerpunkt des Einzugsbereiches der Ausbildung liegt in Ostösterreich.

Methode und Methodenverständnis

Die Gestalttheoretische Psychotherapie beruht konsequent auf den differenzierten, experimentell ausgewiesenen Grundlagen der Berliner Schule der Gestalttheorie. Auf diese gestalttheoretischen Wurzeln der Gestalttherapie zurückzugehen und sie von daher konsistent zu begründen und weiterzuentwickeln, hat sich in bereits über 25-jähriger Entwicklungsarbeit als notwendiger und fruchtbarer Neuansatz erwiesen und begründet die eigenständige, spezifische Strömung der Gestalttheoretischen Psychotherapie.

Grundlegend für die Gestalttheoretische Psychotherapie ist die Orientierung am Hier-und-Jetzt-Prinzip (nach Lewin), die Betonung der sozialen Gemeinschaft und ein Menschenbild, das die Fähigkeit betont, ethisch richtig zu handeln – Freiheit, im Sinne einer „Freiheit, das Richtige zu tun". Gestalttheoretische Psychotherapie ist offen für alle psychotherapeutischen Methoden und Schulrichtungen, soweit sie mit den differenzierten ganzheitlichen Sicht- und Forschungsweisen der Gestalttheorie vereinbar sind. Dabei wird diese als Forschungsansatz verstanden, der phänomenologische, tiefenpsychologische, systemtheoretische und psychophysische Sichtweisen erkenntnistheoretisch und methodisch integriert.

I. Geschichte

Die Anfänge der Ausbildung in Gestalttheoretischer Psychotherapie in Österreich gehen auf das Jahr 1979 zurück, als im Rahmen des ASG (Arbeitskreis für Sozialpsychologie und Gruppendynamik) die Sparte „Gestalttherapie/gestalttheoretisch begründete Psychotherapie" ihre Tätigkeit aufnahm. 1985

* Text der Darstellung in der Erstauflage (1995) von Angelika Groh; Aktualisierung und ergänzende Überarbeitung mit Unterstützung von Dieter Zabransky und Eva Wagner-Lukesch.

wurde die ÖAGP als eigener Verein gegründet, um der Ausbildungstätigkeit einen selbstständigen und unabhängigen Rahmen zu geben.

Seit dem Jahre 1994 ist die ÖAGP als fachspezifische psychotherapeutische Ausbildungsvereinigung anerkannt.

II. Organisationsstruktur

Die ÖAGP ist eine eigenständige, nationale Arbeitsgemeinschaft der Sektion Psychotherapie der GTA. Der Vorstand der ÖAGP setzt sich aus Lehrpersonen, Graduierten mit Zusatzbezeichnung GTP und AusbildungsteilnehmerInnen im 2. Abschnitt unter Supervision zusammen. Zwei KandidatInnenvertreterInnen erheben und dokumentieren die Anliegen der AusbildungsteilnehmerInnen und bringen sie in Vorstandssitzungen zur Sprache.

Die fachliche und personelle Verantwortung und Entscheidungskompetenz in allen Fragen der von der ÖAGP angebotenen psychotherapeutischen Aus- und Weiterbildung ist dem Ausbildungsausschuss der ÖAGP übertragen, der durch Beschluss des ÖAGP-Vorstandes im Einvernehmen mit dem Vorstand der internationalen Sektion Psychotherapie der GTA eingesetzt wird. Die Mitglieder des Ausbildungsausschusses setzen sich wie folgt zusammen: ein/e VertreterIn des ÖAGP-Vorstandes, ein/e VertreterIn des Vorstandes der internationalen Sektion Psychotherapie der GTA, mind. 5, höchstens aber 9 Lehrbeauftragte der ÖAGP. Neben diesen stimmberechtigten Mitgliedern des Ausbildungsausschusses nimmt die Kandidatenvertretung an seinen Sitzungen mit beratender Stimme und Antragsrecht teil.

Daten zur Ausbildungseinrichtung

• Zahl der Mitglieder mit absolvierter psychotherapeutischer Ausbildung (Stichtag 1. 1. 2005):	50
• Aktuelle Zahl der AusbildungsteilnehmerInnen (Stichtag 1. 6. 2005):	44
• Zahl der AusbildungsteilnehmerInnen im Status „Psychotherapeut/in in Ausbildung unter Supervision“ (Stichtag 1. 6. 2005):	27
• Zahl der Aufnahmen in die psychotherapeutische Ausbildung im letzten Jahr (1. 6. 2004 – 1. 6. 2005):	4
• Zahl der Aufnahmen in die psychotherapeutische Ausbildung in den letzten 5 Jahren (1. 6. 2000 – 1. 6. 2005):	10
• Zahl der Abschlüsse der psychotherapeutischen Ausbildung (1. 6. 2000 – 1. 6. 2005):	10
• Zahl jener AusbildungsabsolventInnen, die mit der entsprechenden Zusatzbezeichnung derzeit (Stand 1. 6. 2005) in die Psychotherapeutenliste eingetragen sind:	42

III. Veröffentlichungen, Veranstaltungen, Kontakte

Veröffentlichungen: Die Publikationen der ÖAGP erfolgen in Zusammenarbeit mit der GTA bzw. der Sektion Psychotherapie. So werden im internationalen wissenschaftlichen Publikationsorgan *Gestalt Theory. An International Multidisciplinary Journal* Beiträge von ÖAGP-Mitgliedern veröffentlicht und eigene Publikationen der Sektion Psychotherapie der GTA herausgegeben. Ebenso werden in den *DAGP/ÖAGP-Informationen,* die zumindest 3-mal jährlich erscheinen, neben Informationen zur Ausbildung, berufspolitischen Informationen und Literatur- und Terminhinweisen auch inhaltliche Beiträge aus Theorie und Praxis der Gestalttheoretischen Psychotherapie veröffentlicht. Die ÖAGP verfügt über ein umfangreiches Archiv an Literatur zur Gestalttheoretischen Psychotherapie.

Veranstaltungen: Alle 2 Jahre veranstaltet die GTA wissenschaftliche Tagungen zu verschiedenen Schwerpunktthemen, wie beispielsweise:

(1997) „Probleme des Werdens", Theater am Steinhof und Medizinische Fakultät der Universität Wien

(1999) „Das Problem der Wirkung", Institut für Medizinische Psychologie und Psychotherapie in Graz

(2001) „Kreativität – Bedingungen/Entfaltungsräume/Zukunftswege", Universität Darmstadt

(2003) „Abweichen oder Anpassen. Wider die Prokrustes-Zwänge in Wissenschaft, Forschung und Praxis", Pädagogische Hochschule Karlsruhe

(2005) „Werte, Sinn und Tatsachen. Diktiert die Gehirnforschung ein neues Bild vom Mensch in der Gesellschaft?", Medizinische Universität und Fachhochschule Joanneum in Graz

Kontakte: Enge Verbindungen und Zusammenarbeit bestehen mit anderen Sektionen bzw. Arbeitsgemeinschaften der GTA. Die Ausbildungen der nationalen Zweige (ÖAGP und DAGP) der GTA-Sektion Psychotherapie werden wechselseitig anerkannt. Über die Sektion Psychotherapie der GTA, die Mitglied der AGF (Arbeitsgemeinschaft gestalttherapeutischer Fachverbände) und der AGPF (Arbeitsgemeinschaft psychotherapeutischer Fachverbände) ist, ergeben sich Kontakte der ÖAGP zu diesen Vereinigungen.

IV. Ausbildung

Grundlage ist die redigierte Fassung (2004) der dem Anerkennungsbescheid aus 1994 zugrunde liegenden Ausbildungsordnung.

1. Aufnahmebedingungen

Außer den gesetzlichen Auflagen bestehen folgende weitere Voraussetzungen für die Aufnahme in die Ausbildung der ÖAGP:

Die Teilnahme an der Ausbildung ist an die außerordentliche Mitgliedschaft bei der ÖAGP und somit auch der GTA gebunden. Weiters werden als persönliche Eignungskriterien folgende Punkte genannt:

- ein hohes Maß an Eigenverantwortlichkeit;
- Kontaktfähigkeit;
- die Fähigkeit und Bereitschaft zur kritischen Selbstreflexion;
- Lernbereitschaft und -fähigkeit;
- die Fähigkeit zu differenzierter Selbst- und Fremdwahrnehmung im intellektuellen, emotionalen und Verhaltensbereich und entsprechendes Ausdrucksvermögen;
- die Bereitschaft, sich vorbehaltlos auf die therapeutische Beziehung einzulassen und sich auch selbst darin zu exponieren.

Methodenspezifische Vorerfahrung ist zwar erwünscht, nicht aber verpflichtend vorgeschrieben.

2. Aufnahmemodus

In einem Aufnahmegespräch werden Fragen der persönlichen Motive und Eignung, der Zulassungsvoraussetzungen und der Ausbildung bearbeitet. Während eines 5-tägigen Einführungsseminars kann die Gestalttheoretische Psychotherapie kennen gelernt und das eigene Interesse an der Ausbildung überprüft werden. Gleichzeitig erfolgt eine weitere Prüfung der Zulassungsvoraussetzungen durch die beiden das Seminar leitenden LehrtherapeutInnen. Anschließend findet eine Bewertung durch das LehrtherapeutInnenteam und durch die Gruppe statt.

3. Ausbildungsrahmen, -ablauf und -vertrag

Eine Ausbildungsgruppe kommt dann zustande, wenn sich genügend TeilnehmerInnen zum Einführungsseminar angemeldet haben.

Die Ausbildung umfasst insgesamt 2544 Std. und gliedert sich in 2 Abschnitte. Den Schwerpunkt der Ausbildung im 1. Abschnitt bildet die 3-Jahres-Gruppe, eine geschlossene Ausbildungsgruppe, in der 30 Tage im Jahr (insgesamt 90 Tage) grundlegende theoretische Arbeit, Selbsterfahrung und Supervision stattfinden. Die KandidatInnen verpflichten sich jeweils für ein Jahr zur Teilnahme an der Gruppe.

In beiden Ausbildungsabschnitten ist u.a. die Teilnahme an den ÖAGP-Theorie-Arbeitskreisen und Regionalgruppen verbindlich vorgesehen:

3-mal jährlich werden in Arbeitskreisen, die auch Nicht-ÖAGP-Mitgliedern offen stehen, spezifische Themen der Gestalttheorie und ihrer Anwendungsfelder gemeinsam mit LehrtherapeutInnen erarbeitet.

In selbstständig organisierten Regionalgruppen (4–8 Personen, meist in unterschiedlichen Phasen der Ausbildung) findet eine Aufarbeitung theoretischer Themen der Ausbildung, Selbsterfahrung und kollegiale Supervision statt; in überregionalen Gruppentreffen wird die Arbeit der Regionalgruppen gemeinsam reflektiert.

Überblick über den 1. Ausbildungsabschnitt (1.526 Std., wobei Teile der Einzelanalyse und des Praktikums auch noch in den zweiten Abschnitt reichen können):

3-Jahres-Ausbildungsgruppe (30 Tage/Jahr)	90 Tage	720 Std.
Theorie-Grundlagen-Seminar	3 Tage	24 Std.
Psychotherapiewerkstatt	5 Tage	40 Std.
ÖAGP-Theoriearbeitskreis (7 Treffen)		42 Std.
Regionalgruppe (ab 2. Jahr)		60 Std.
Einzelanalyse in der Dyade (ab 2. Jahr)		60 Std.
Fachspezifisches Praktikum		550 Std.
Praktikumsupervision		30 Std.

Sonstige Anforderungen im 1. Ausbildungsabschnitt:

- schriftliche Berichte über mind. 12 Tage der Ausbildungsgruppe;
- Fachvortrag in der Ausbildungsgruppe;
- Literaturstudium nach Literaturliste;
- Theorieprüfung am Ende des 1. Ausbildungsabschnitts;
- Bescheinigung über die Absolvierung des 1. Ausbildungsabschnitts;
- Zulassung zum 2. Ausbildungsabschnitt oder Vereinbarung über eine Übergangsphase (individuelle Vereinbarung von zusätzlichen Ausbildungsschritten vor der Zulassung zum 2. Ausbildungsabschnitt).

Im 2. Abschnitt erfolgt nach Eintritt in die praxisbegleitende Einzelsupervision die Zulassung zu eigenständiger psychotherapeutischer Tätigkeit unter Supervision.

Überblick über den 2. Ausbildungsabschnitt (1018 Std. insgesamt):

2 Theorieseminare (à 3 Tage)	6 Tage	48 Std.
3 Wahlpflichtseminare (à 3 Tage)	9 Tage	72 Std.
Psychotherapiewerkstatt	5 Tage	40 Std.
Gruppen-Lehrsupervision	12 Tage	96 Std.
Einzel-Lehrsupervision (24 Doppelstd.)		48 Std.
ÖAGP-Theoriearbeitskreis (5 Treffen)		30 Std.
Regionalgruppe (2 Jahre)		60 Std.
Kolloquium	3 Tage	24 Std.
Eigene psychotherapeutische Praxis		600 Std.

Sonstige Anforderungen im 2. Ausbildungsabschnitt:
- Fachvortrag im ÖAGP-Theoriearbeitskreis;
- Literaturstudium nach Literaturliste;
- Bescheinigung über Absolvierung des 2. Ausbildungsabschnitts;
- schriftliche Abschlussarbeit.

Die Zulassung zur Ausbildung erfolgt mit dem Abschluss des detaillierten schriftlichen Ausbildungsvertrages, wobei die TeilnehmerInnen zur Dokumentation der Ausbildungsschritte auch ein Ausbildungsbuch erhalten.

4. Ausbildungsinhalte

a) Selbsterfahrung

Ziel ist es zu lernen, sich vorbehaltlos auf die therapeutische Beziehung einzulassen, um die Erfordernisse der jeweiligen Therapiesituation zu erkennen und adäquat, d.h. nach sachlicher Gefordertheit, zu handeln (sowohl im Kontext der therapeutischen Gruppe als auch in der Dyade).
Der Selbsterfahrungsteil (574 Std.) wird in folgenden Ausbildungseinheiten absolviert:
- 3-Jahres-Gruppe (392 Std., davon 60 Einzelstunden in der Gruppe integriert),
- Einzelanalyse (60 Std.),
- Regionalgruppen (30 Std.),
- Psychotherapiewerkstätten (20 Std.) und
- Wahlpflichtseminare (72 Std.).

b) Theorie

Schwerpunkte der theoretischen Ausbildung sind die theoretischen Grundlagen gestalttheoretisch-psychotherapeutischer Methodik, gestalttheoretisch begründete Ethik und Grundhaltung, wesentliche erlebnisaktivierende und kontaktfördernde Methoden und Grundkonzepte der bedeutendsten psychotherapeutischen Schulen in Auseinandersetzung mit der Gestalttheorie (z.B. „Gestalt-/feld-/systemtheoretische und tiefenpsychologische Grundbegriffe", „Gestalttheorie als Theorie menschlichen Zusammenlebens", „Gestalttheorie und Psychopathologie", „Erkenntnistheoretische Grundlagenprobleme der Psychosomatik", „Entwicklungen und Fehlentwicklungen der Gestalt-Therapie – Fritz Perls und die Folgen").

Der Theorieteil der Ausbildung (428 Std.) wird in folgenden Ausbildungseinheiten erarbeitet:
- 3-Jahres-Gruppe (160 Std.),
- Theorieseminare (72 Std.),
- Psychotherapiewerkstätten (40 Std.),
- Theoriearbeitskreise (72 Std.),
- Regionalgruppen und Literaturstudium (60 Std.) sowie
- Kolloquium (24 Std.).

Die Teilnahme an Fachtagungen wird empfohlen, ist aber nicht verpflichtend vorgeschrieben.

c) Psychotherapeutische Tätigkeit unter Supervision

Eigene psychotherapeutische Arbeit ist in einem Umfang von mind. 600 Std. zu absolvieren. Darin müssen längerfristige Einzel- und Gruppentherapien enthalten sein. Bezüglich der Klientel gibt es keine Auflagen.

d) Supervision der psychotherapeutischen Tätigkeit

Die psychotherapeutische Tätigkeit ist in folgenden Ausbildungseinheiten in einem Gesamtausmaß von 362 Std. zu supervidieren:

- 3-Jahres-Gruppe (168 Std.),
- Psychotherapiewerkstätten (20 Std.),
- Einzelsupervision (48 Std.),
- Gruppensupervision (96 Std.) und
- Regionalgruppen (30 Std.).

e) Praktikum

Mind. 550 Std. (laut Psychotherapiegesetz).

f) Praktikumsupervision

Mind. 30 Std.; können in Einzelstunden oder in der Gruppe absolviert werden.

5. Evaluierung und Ausbildungsabschluss

Im Rahmen der 3-Jahres-Gruppe im 1. Ausbildungsabschnitt erfolgt nach jedem Jahr eine ausführliche Selbstbeurteilung durch die TeilnehmerInnen und eine Einschätzung durch die anderen GruppenteilnehmerInnen und die LehrtherapeutInnen bezüglich der persönlichen Entwicklung und der Entwicklung der psychotherapeutischen Qualifikation; ev. können ergänzende Ausbildungsschritte vereinbart werden.

Nach erfolgreichem Abschluss aller Teile des 1. Abschnitts werden die KandidatInnen zum 2. Ausbildungsabschnitt zugelassen. Im 2. Abschnitt ist neben dem Theoriekolloquium und der Abschlussarbeit die Beurteilung durch die verantwortlichen SupervisorInnen ausschlaggebend. Die schriftliche Abschlussarbeit besteht in einer ausführlichen Darstellung eines abgeschlossenen Therapiefalls mit Protokollen von Sitzungen. Wesentlich ist hierbei die gestalttheoretische Reflexion des persönlichen Therapiestils. Über die Annahme der Abschlussarbeit entscheidet der Ausbildungsausschuss.

6. Dauer und Kosten

Die Ausbildungsdauer beträgt mind. 5 Jahre, ein Großteil der TeilnehmerInnen schließt die Ausbildung nach 5–6 Jahren ab. Der 1. Abschnitt umfasst in der Regel 3–4, der 2. Abschnitt 2–3 Jahre.

Die Gesamtkosten für die Ausbildung betragen mind. € 22.000,– (1. Abschnitt: mind. € 15.450,–, 2. Abschnitt mind. € 6.550,–). Bei der 3-Jahres-Gruppe sind die Kosten von der Gruppengröße abhängig; Arbeitskreise und Regionalgruppen sind kostenlos.

	Tagessatz/ Stundensatz	**Stunden (mind.)**	**Gesamt (mind.)**
Ausbildungskosten			
Eigentherapie (Einzel)	€ 72,50	60	€ 4.350,–
Gruppenselbsterfahrung (inkl. Regionalgruppen)	€ 95,–/Tag	484 (insg. 514 Std.)	€ 5.748,–
Theorie (inkl. Theorie-, Arbeitskreise und Regionalgruppen)	€ 95,–/Tag	296 (insg. 428 Std.)	€ 3.515,–
Einzelsupervision	€ 65,25	48	€ 3.132,–
Gruppensupervision (inkl. Regionalgruppen)	€ 95,–/Tag	284 (insg. 314 Std.)	€ 3.373,–
Praktikumsupervision	€ 11,50 (in d. Gruppe)	30	€ 345,–
Zusatzkosten			
Aufnahmekosten:			
Aufnahmegespräch			€ 98,–
Einführungsseminar		40 (5 Tage)	€ 425,–
Mitgliedsbeitrag	€ 182,–	5 Jahre	€ 910,–
Gesamtkosten			**€ 21.896,–**

Die Angaben beziehen sich auf die ÖAGP-Tarifordnung (mit Stand vom Juni 2005). Mit einer Erhöhung der Kosten im Rahmen der Steigerung des Verbraucherpreisindex ist ab 2006 zu rechnen.

7. AusbildnerInnen

Die Entscheidung über die Erteilung der Lehrbefugnis trifft der Ausbildungsausschuss mit Zweidrittelmehrheit unter Beachtung der Lehrtherapeuten-Richtlinie des zuständigen Bundesministeriums.

- Zahl der AusbildnerInnen (LehrtherapeutInnen) mit voller Lehrbefugnis (Stichtag 1. 6. 2005): 6
- Zahl der AusbildnerInnen (LehrtherapeutInnen) mit partieller Lehrbefugnis (Stichtag 1. 6. 2005): 4
- Zahl der GastdozentInnen (im Zeitraum 1. 6. 2004 – 1. 6. 2005): 0

AusbildnerInnen (LehrtherapeutInnen) mit voller Lehrbefugnis (Stand 1. 6. 2005):

Rainer Kästl, Dipl.-Psych., Psychologe, Lustenau (Vbg.) und Wien

Brigitte Lustig, Dr., Pädagogin, Wien

Gerhard Stemberger, Dr., Soziologe, Wien und Purkersdorf (NÖ)
Eva Wagner-Lukesch, Dr., Psychologin, Wien
Hans-Jürgen Walter, Dipl.-Psych. Dr., Purkersdorf und Biedenkopf (D)
Dieter Zabransky, DDr., Psychologe, Arzt, Wien und Maissau (NÖ)

V. Gesamtbetrachtung

Bei der Ausbildungseinrichtung ÖAGP handelt es sich – vom Umfang des Lehr- und Leitungskollegiums und der Anzahl der KandidatInnen her – um einen eher kleinen Ausbildungsverein, was direkte, persönliche Kommunikation zwischen Vereinsleitung und TeilnehmerInnen ermöglicht.

Durch die enge Verbindung zur GTA ist ein internationaler Austausch in Bezug auf LehrtherapeutInnen, Ausbildungsangebote und die Anrechnung der Ausbildung außerhalb Österreichs gegeben.

Charakteristisch für die Ausbildung sind ein hohes Maß an Selbstorganisation und Selbstverantwortlichkeit der TeilnehmerInnen und ein Schwerpunkt im Bereich der Gruppenarbeit. Ein relativ hohes Maß an zeitlicher Flexibilität wird durch die Selbstorganisation von Ausbildungselementen erreicht. Erwähnenswert erscheint auch, dass im Laufe der Ausbildung unterschiedliche Ziele gestalttheoretischer Arbeitsfelder gewählt werden können (im Rahmen der fachspezifischen Ausbildung, zur berufsbegleitenden Qualifikation, zur Erweiterung der wissenschaftlichen Qualifikation auf gestalttheoretischer Grundlage). Das Curriculum zeigt eine deutliche Überschreitung der im Psychotherapiegesetz geforderten Mindeststundenzahlen (Selbsterfahrung: 574 statt 200; Theorie: 428 statt 300, Supervision: 362 statt 120).

Kontaktadresse

ÖAGP-Geschäftsstelle
Schopenhauerstraße 48/6
1180 Wien
Tel. 01/406 46 61
E-Mail: oeagp@gestalttheory.net
www.gestalttheory.net/oeagp

Österreichischer Arbeitskreis für Gruppendynamik und Gruppentherapie (ÖAGG) – Fachsektion für Integrative Gestalttherapie (IG)*

Die Fachsektion Integrative Gestalttherapie ist eine von 5 Fachsektionen des ÖAGG, die ein gesetzlich anerkanntes Fachspezifikum anbieten (s. auch die Ausbildungen für Dynamische Gruppenpsychotherapie, Gruppenpsychoanalyse, Psychodrama und Systemische Familientherapie).

2004 schloss die Fachsektion eine Kooperationsvereinbarung mit der Donau-Universität Krems und führt die Ausbildung nunmehr als Universitätslehrgang: Dadurch erwerben die AbsolventInnen mit der Psychotherapieausbildung den akademischen Grad „Master of Science" bzw. „Akademische/r Psychotherapeut/in", wenn keine Matura oder Studienberechtigung vorhanden ist.

Die Ausbildungsgruppen finden vor allem im Raum Wien und Salzburg, aber auch in Graz statt. Der Einzugsbereich umfasst das gesamte Bundesgebiet.

Methode und Methodenverständnis

Die Integrative Gestalttherapie beruht auf der von Fritz Perls, Lore Perls und Paul Goodman begründeten Gestalttherapie. Darüber hinaus werden in der Fachsektion für Integrative Gestalttherapie (IG) theoretische und methodische Weiterentwicklungen durch Lore Perls, Erving und Miriam Polster sowie Hilarion Petzold in das Verfahren integriert. Theoretische Grundlagen stammen aus der Gestaltpsychologie, der Psychoanalyse und der Feldtheorie. In ihrer philosophischen Tradition wurzelt die Integrative Gestalttherapie in der Phänomenologie und dem Existenzialismus.

Körper, Seele und Geist des Menschen werden als untrennbare Einheit aufgefasst, die nur in Beziehung zu ihrer sozialen und ökologischen Umwelt gesehen werden kann. Diesem Bild des Menschen entsprechend soll die Integrative Gestalttherapie eine ganzheitliche Behandlungsmethode bieten, in der sich die TherapeutInnen als Personen einbringen und so für die PatientInnen neue Möglichkeiten zwischenmenschlicher Beziehungen erfahrbar machen.

Kennzeichnend für den in der Fachsektion vertretenen und gelehrten Ansatz der Integrativen Gestalttherapie ist die Betonung der „europäischen Wurzeln" (Phänomenologie, Begegnungsphilosophie und Intersubjektivitätstheorie, aktive Psychoanalyse) der Gestalttherapie.

* Text der Darstellung in der Erstauflage (1995) von Barbara Oswald; Aktualisierung bzw. ergänzende Überarbeitung mit Unterstützung von Hilde Heindl und Liselotte Nausner.

I. Geschichte

Nachdem von deutschen GestalttherapeutInnen von 1971 an immer wieder Workshops auch in Österreich angeboten worden waren, fanden auch erste österreichische Ausbildungsgruppen statt – 1971 in Wien, geleitet von H. Petzold, 1973 in Salzburg, geleitet von H. Heinl (beide Gruppen wurden vom Fritz-Perls-Institut Düsseldorf angeboten). 1976 wurde in Wien, ausgehend vom Institut für Integrative Gestalttherapie Würzburg (IGW), eine von K. Martin und H.J. Süss geleitete Ausbildung durchgeführt.

Aus diesen Gruppen taten sich TeilnehmerInnen mit dem Ziel zusammen, in Österreich eine selbstständige Ausbildungsinstitution für Integrative Gestaltarbeit zu gründen. Da der Großteil davon bereits Mitglieder im ÖAGG waren, wurde der Beschluss gefasst, sich innerhalb dieses Vereins zu organisieren. So wurde im Jänner 1979 die Fachsektion Integrative Gestaltarbeit (IG) im Österreichischen Arbeitskreis für Gruppendynamik und Gruppentherapie (ÖAGG) gegründet. Von diesem Zeitpunkt an wurden fortlaufend Ausbildungen angeboten.

Von Beginn an haben sich innerhalb der Fachsektion Regionalsektionen etabliert. Diese bieten in Form von Jours fixes ihren Mitgliedern die Möglichkeit, sich fachlich und berufspolitisch auszutauschen.

1984 kam es zu einer gründlichen Überarbeitung des Curriculums, in deren Folge die Bezeichnung „GestaltarbeiterIn" in „GestaltberaterIn" geändert wurde, die Bezeichnung „GestalttrainerIn" in „GestalttherapeutIn". Die Sektion nannte sich nun Fachsektion für Integrative Gestalttherapie.

Die definitive Anerkennung als fachspezifische Ausbildungseinrichtung erfolgte im Jänner 1994. Der erste fachspezifische Ausbildungslehrgang nach dem im Jahre 1993 eingerichteten Curriculum wurde Anfang 1995 begonnen.

Seit Jänner 2004 (Ausbildungsgruppe 28) wird nach einem neuen, stärker klinisch orientierten Curriculum gearbeitet, um den geänderten Anforderungen an die Ausbildung zu entsprechen.

In den 26 Jahren seit Beginn der Ausbildungstätigkeit wurden insgesamt 29 Gruppen zu max. 16 TeilnehmerInnen ausgebildet.

II. Organisationsstruktur

Innerhalb der Fachsektion ist die Mitgliederversammlung das höchste Gremium. Sie wählt für je 2 Jahre den Vorstand der Fachsektion, der sich aus 3 Mitgliedern des Lehrkörpers, 3 VertreterInnen der Graduierten und 3 VertreterInnen der AusbildungskandidatInnen zusammensetzt.

Weitere Gremien sind der (um VertreterInnen aus den Regionalsektionen) erweiterte Sektionsvorstand, die AusbildnerInnenkonferenz und der Ausbildungsausschuss.

Der Sektionsvorstand ist für sämtliche Belange der Fachsektion zuständig; er bestätigt auch die Graduierungen. Die Sektionsleitung ist für die Graduierungsvorgänge, Nostrifikationsanträge, das Erarbeiten von Vertragsentwürfen und gemeinsam mit der Lehrgangsleitung für die Durchführung der laufenden Aus- und Weiterbildungen zuständig.

Der AusbildnerInnenkonferenz (AK) gehören alle LehrtherapeutInnen und Lehrbeauftragten an. Sie trifft sich mind. 1-mal jährlich. Dieses Gremium entscheidet alle Grundfragen der Aus-, Fort- und Weiterbildung.

Der Ausbildungsausschuss ist für die kontinuierliche inhaltliche und organisatorische Arbeit im Ausbildungsbereich zuständig.

Bei der Generalversammlung des ÖAGG und in der Fachsektion für Integrative Gestalttherapie ist jedes ordentliche Mitglied stimmberechtigt.

Daten zur Ausbildungseinrichtung

• Zahl der Mitglieder mit absolvierter psychotherapeutischer Ausbildung (Stichtag 1. 1. 2005):	225
• Aktuelle Zahl der AusbildungsteilnehmerInnen (Stichtag 1. 6. 2005):	116
• Zahl der AusbildungsteilnehmerInnen im Status „Psychotherapeut/in in Ausbildung unter Supervision“ (Stichtag 1. 6. 2005):	77
• Zahl der Aufnahmen in die psychotherapeutische Ausbildung im letzten Jahr (1. 6. 2004 – 1. 6. 2005):	28
• Zahl der Aufnahmen in die psychotherapeutische Ausbildung in den letzten 5 Jahren (1. 6. 2000 – 1. 6. 2005):	69
• Zahl der Abschlüsse der psychotherapeutischen Ausbildung (1. 6. 2000 – 1. 6. 2005):	30
• Zahl jener AusbildungsabsolventInnen, die mit der entsprechenden Zusatzbezeichnung derzeit (Stand 1. 6. 2005) in die Psychotherapeutenliste eingetragen sind:	320

III. Veröffentlichungen, Veranstaltungen, Kontakte

Veröffentlichungen: Termine, Ankündigungen und Seminarausschreibungen werden in der Vereinszeitschrift des ÖAGG, *Feedback*, veröffentlicht. Mehrmals jährlich werden auch Rundschreiben, in denen die Vereinsaktivitäten dokumentiert werden, an die Mitglieder der Fachsektion verschickt. Der 2004 herausgegebene Band „Gestalttherapie“ (hg. von M. Hochgerner/H. Hoffmann-Widhalm/L. Nausner/E. Wildberger im Facultas-Verlag, Wien) ist ein Beispiel für die Kooperation von RepräsentantInnen der 3 in Österreich staatlich anerkannten Ausbildungseinrichtungen für Gestalttherapie.
Weiters 2 Tagungsbände: Freiler, C./Ventouratou-Schmetterer, D./Reiner-Lawugger, C./Bösel, R. (Hg.) (1994): 100 Jahre Fritz Perls. Tagungsband der

Internationalen Psychotherapietagung der Fachsektion für Integrative Gestalttherapie ÖAGG. Wien: Facultas.
Gollner, C./Nausner, L./Bösel, R. (1996): Internationale Psychotherapietagung 22.–26. November 1995. Wien: Edition Praesens.

Veranstaltungen: Jedes Jahr wird eine Tagung der Fachsektion, die „Gestalttage", organisiert, die in Vorträgen und Workshops aktuelle Fragen der Psychotherapie sowohl gestaltspezifisch als auch schulenübergreifend behandelt. Darüber hinaus finden meist monatliche Treffen innerhalb der Regionalsektionen der Fachsektion zur Förderung des beruflichen und fachlichen Austausches statt. Weiters werden internationale Gestalttherapietagungen mitveranstaltet, zuletzt (2005) die Laura-Perls-Tagung in München.

Kontakte: Kontakte werden insbesondere zum FPI (Fritz-Perls-Institut in Deutschland) unterhalten, da viele LehrtherapeutInnen an beiden Instituten Lehraufträge haben. Hier bestehen auch Übereinkommen für die gegenseitige Anerkennung von Ausbildungen. Weiters bestehen Kontakte zur DVG (Deutsche Vereinigung für Gestalttherapie), zum SVG (Schweizer Verein für Gestalttherapie und Integrative Therapie) und zur EAG (European Association for Gestalttherapy).

IV. Ausbildung

1. Aufnahmebedingungen

Außer den gesetzlich vorgeschriebenen Voraussetzungen gelten folgende persönliche Eignungskriterien:

- gute Selbst-, Fremd- und soziale Wahrnehmung;
- Empathie und Konfliktfähigkeit;
- Problembewusstsein und Rollenflexibilität;
- emotionale Stabilität und Flexibilität.

Erwünscht ist zusätzlich Erfahrung mit der Methode (nicht nur in Form einer theoretischen Auseinandersetzung – z.B. im Propädeutikum –, sondern auch in Form von Selbsterfahrungsgruppen bzw. Eigentherapie).
Um eine fachspezifische Ausbildung beginnen zu können, ist die ordentliche Mitgliedschaft im ÖAGG Voraussetzung.

2. Aufnahmemodus

Es sind 2 Zulassungsinterviews bei 2 verschiedenen AusbildnerInnen vorgesehen, von denen mind. eines positiv beurteilt werden muss. Zusätzlich muss ein Zulassungsseminar (Dauer: über ein Wochenende im Ausmaß von 18 Std.) positiv absolviert werden.

3. Ausbildungsrahmen, -ablauf und -vertrag

Die im Folgenden beschriebene Ausbildungsordnung zum/zur Integrativen GestalttherapeutIn ist seit Herbst 2004 gültig. Die Mindeststundenzahl für die gesamte Ausbildung beträgt 1.120 Std. zuzüglich der vorgeschriebenen 550 Praktikumstunden und 600 Std. psychotherapeutische Tätigkeit unter Supervision.

Vor Beginn der Ausbildung ist ein Ausbildungsvertrag (mit dem ÖAGG/Fachsektion Integrative Gestalttherapie) abzuschließen und an der Donau-Universität zu inskribieren.

4. Ausbildungsinhalte

a) Selbsterfahrung

mind. 366 Std., davon

- 150 Std. Lehrtherapie;
- 216 Std. Gruppenselbsterfahrung in einer von LehrtherapeutInnen geführten fortlaufenden Ausbildungsgruppe (12 Wochenenden in 2 Jahren).

b) Theorie

Insgesamt 604 Std., davon mind. 340 Std. aus:

- Theorie der gesunden und psychopathologischen Persönlichkeitsentwicklung (60 Std.);
- Methodik und Technik (100 Std.);
- Persönlichkeits- und Interaktionstheorien (50 Std.);
- spezielle (klinische) Theorie (90 Std.);
- Erarbeitung integrativ-gestalttherapeutischer Literatur (40 Std.) sowie weitere Seminare zu folgenden Schwerpunkten (im Umfang von 264 Std.):
- Arbeit mit kreativen Medien (40 Std.);
- körperorientierte Arbeit in der Integrativen Gestalttherapie (40 Std.);
- Arbeit mit Träumen und dem leeren Stuhl (40 Std.);
- Übertragung-Gegenübertragung (18 Std.);
- Durchführung von Einzeltherapien (18 Std.);
- Neurosen (18 Std.);
- fortlaufende Arbeitsgruppe (3. Jahr Ausbildungsgruppe) zu Methodik und Technik (90 Std.).

c) Psychotherapeutische Tätigkeit unter Supervision

Diese hat mind. 600 Std. psychotherapeutische Arbeit mit PatientInnen zu umfassen. Die Zulassung zur Behandlungsstufe erfolgt nach dem 3. Jahr Ausbildungsgruppe.

d) Supervision der psychotherapeutischen Tätigkeit

- 60 Std. Einzellehrsupervision;
- 60 Std. Gruppensupervision.

e) Praktikum
Mind. 550 Std.

f) Praktikumsupervision
Mind. 30 Std., welche in einer Gruppe absolviert werden können.

5. Evaluierung und Ausbildungsabschluss
Im Verlauf der Ausbildung erfolgt die 1. Evaluierung am Ende des 1. Ausbildungsjahres durch die LehrtherapeutInnen, am Ende des 3. Ausbildungsjahres durch ein Gremium von LehrtherapeutInnen, das – im Falle eines positiven Abschlusses – zur psychotherapeutischen Praxis unter Supervision ermächtigt (Zulassung zur Behandlungsstufe).

Bis zum 6. Semester ist ein geschlossener wissenschaftlicher Text (Vertiefung aus den Theoriefächern) im Umfang von 3.000 Wörtern abzugeben.

Um die Ausbildung abschließen zu können, muss eine publikationsreife theoretische Arbeit verfasst werden (Masterthese mit mind. 18.000 Wörtern für den MSc, Graduierungsarbeit für den Akademischen Psychotherapeuten).

Nach Annahme der Masterthese/Graduierungsarbeit ist eine mündliche kommissionelle Prüfung abzulegen.

Nach positiver Absolvierung aller Ausbildungsschritte erfolgt die Graduierung durch den ÖAGG/Fachsektion Integrative Gestalttherapie und damit die Berechtigung zur Eintragung in die Psychotherapeutenliste.

Nach der Graduierung verleiht die Donau-Universität den Titel „Master of Science" (Psychotherapie) bzw. „Akademische/r Psychotherapeut/in"

Die Ausbildungsveranstaltungen werden laufend über schriftliche Rückmeldungen der Teilnehmerinnen evaluiert.

6. Dauer und Kosten
Die Mindestdauer der Ausbildung beträgt 5 Jahre, im Schnitt muss aber mit einem größeren Zeitrahmen gerechnet werden.

Die Gesamtkosten betragen mind. € 31.000,–, zuzüglich Reise- und Aufenthaltskosten.

-> *Siehe Kostenüberblick S. 180*

	Tagessatz/ Stundensatz	Stunden (mind.)	Gesamt (mind.)
Ausbildungskosten			
Universitätslehrgang (7 Semester, inkl. ÖH-Beitrag, Prüfungsgebühren, Begutachtungsgebühren, Theorieseminare und Gruppenselbsterfahrung)		340 216	zusammen € 12.600,–
Eigentherapie (Einzel)	€ 55,– bis € 65,–	150	€ 9.000,–
Theorie: übrige Seminare	€ 11,–/Std.	264	€ 2.904,–
Einzelsupervision	€ 55,– bis € 65,–	60	€ 3.600,–
Gruppensupervision	€ 11,–/Std.	60	€ 660,–
Praktikumsupervision (falls in Gruppe)	€ 11,–/Std.	30	€ 330,–
Zusatzkosten			
Aufnahmekosten			
2 Zulassungsinterviews	€ 73,–		€ 146,–
1 Zulassungsseminar	€ 218,–	18	€ 320,–
Mitgliedsbeitrag (ÖAGG)	€ 145,–/Jahr	5 Jahre	€ 725,–
Sonstige Kosten: Organisationsabgabe	€ 150,–	5 Jahre	€ 750,–
Gesamtkosten			**€ 31.035,–**

7. AusbildnerInnen

LehrtherapeutInnen mit voller Lehrbefugnis können sämtliche Ausbildungsschritte anbieten, LehrtherapeutInnen mit partieller Lehrbefugnis werden für einzelne Fachbereiche (Lehraufträge) bestellt.

Die Bewerbung als LehrtherapeutIn mit voller Lehrbefugnis hat schriftlich auf Einladung durch die AusbildnerInnenkonferenz zu erfolgen. Zusätzlich zu den für LehrtherapeutInnen mit partieller Lehrbefugnis (Lehrbeauftragte) geltenden Anforderungen sind didaktische und methodische Fähigkeiten, theoretische und wissenschaftliche Arbeit, Co-Trainings, Supervision und die Fähigkeit zur Durchführung von mind. 2 Seminartypen nachzuweisen. Ebenso ist die Verpflichtung zur Weiterbildung Voraussetzung für die Bestellung durch die AusbildnerInnenkonferenz. Diese Berufung gilt auf unbefristete Zeit.

Als Voraussetzungen für die Bestellung zum/zur LehrtherapeutIn mit partieller Lehrbefugnis durch die AusbildnerInnenkonferenz gelten der Nachweis von 5 Jahren supervidierter Praxis nach der Graduierung, der Nachweis wissenschaftlicher Arbeit und im Falle der Spezialisierung zu Sonderseminaren mind. 2 Co-Trainings im Rahmen des angestrebten Seminartyps. Die Lehraufträge sind auf 2 Jahre beschränkt und müssen supervidiert werden. Die Stellungnahme der SupervisorInnen ist ausschlaggebend für eine Verlängerung des Lehrauftrags.

• Zahl der AusbildnerInnen (LehrtherapeutInnen) mit voller Lehrbefugnis (Stichtag 1. 6. 2005):	9
• Zahl der AusbildnerInnen (LehrtherapeutInnen) mit partieller Lehrbefugnis (Stichtag 1. 6. 2005):	24
• Zahl der GastdozentInnen (im Zeitraum 1. 6. 2004 – 1. 6. 2005):	0

AusbildnerInnen (LehrtherapeutInnen) mit voller Lehrbefugnis (Stand 1. 6. 2005):
Nancy Amendt-Lyon, Dr., Psychologin, Wien
Günther Bitzer-Gavornik, Dr., Psychologe, Graz
Renate Frühmann, Dr., Psychologie, Salzburg
Kathleen Höll, Mag., Politologin/Soziologin, Wien
Albin Hofer-Moser, Dr., Psychologe, Klagenfurt
Karl-Heinz Ladenhauf, Dr., Theologe, Graz
Angelika Rohmann, Dr., Psychologin, Salzburg
Eva-Maria Stix, Dr., Psychologin, Salzburg
Sylvester Walch, Dr., Psychologe, Oberstdorf (D)

V. Gesamtbetrachtung

Im Vergleich zu den anderen beiden Anbietern von Gestalttherapieausbildungen in Österreich, dem Institut für Gestalttherapie – Wien (IGW) und der Österreichischen Arbeitsgemeinschaft für Gestalttheoretische Psychotherapie (ÖAGP), besteht einerseits die Ausbildung der Fachsektion für Integrative Gestalttherapie im ÖAGG länger, andererseits ist die Fachsektion deutlich größer. Dementsprechend stehen neben 9 Vollausbildnern noch 24 qualifizierte Ausbildner mit partieller Lehrfunktion mit einer breiten Palette von Spezialisierungen für die Ausbildung zur Verfügung.

Methodisch betrachtet ist der Lehrkörper mehr von der Weiterentwicklung der Gestalttherapie durch Hilarion Petzold beeinflusst als die AusbildnerInnen des IGW. Die Ziele der Fachsektion liegen, abgesehen von der Ausbildung, vor allem im theoretischen Austausch und im Versuch, Graduierten und KandidatInnen eine „therapeutische Heimat" zu sein, Vernetzung und Gemeinschaft zu bieten.

Kontaktadresse

Büro der Fachsektion
Lenaugasse 3, 1080 Wien
Tel. 01/718 48 60-0, Fax 01/718 48 60-2
E-Mail: gestalttherapie@oeagg.at
www.gestalttherapie.at, www.donau-uni.ac.at./psymed

Institut für Integrative Gestalttherapie Wien (IGWien)*

Neben dem Österreichischen Arbeitskreis für Gruppentherapie und Gruppendynamik (ÖAGG) bietet auch das 1995 gegründete IGWien eine Ausbildung in Integrativer Gestalttherapie an. Die Akkreditierung als fachspezifische Ausbildungseinrichtung erfolgte 1998.

Der Vereinssitz und Ausbildungsort ist Wien. Die Ausbildung kann aufgrund der Organisation in relativ selbstständigen Ausbildungsgruppen und der blockweisen Gestaltung in ganz Österreich absolviert werden, es finden sich Lehrtherapeuten in allen Bundesländern mit Ausnahme des Burgenlandes und Tirol.

Methode und Methodenverständnis

Im Zuge der Erweiterung und Differenzierung von Theorie und Praxis der von Fritz und Laura Perls sowie Paul Goodman entwickelten Gestalttherapie etablierte sich im deutschsprachigen Raum die Integrative Gestalttherapie. Über das therapeutische Gespräch wird jeglicher Ausdruck einbezogen, der verbale wie der nonverbal-körperliche und der nonverbal-atmosphärische. Zur Unterstützung ganzheitlichen Erlebens kommen auch kreative Medien und Körperinterventionen (Malen, Musik, Bewegung etc.) zur Anwendung.

Das IGW vertritt eine Position, in der die Entwicklung zu einer klinischen Psychotherapie durch Laura Perls und die Mitarbeiter des Cleveland Institutes betont wird. Kennzeichnend sind die Begriffe des prozessorientierten Arbeitens dicht am Phänomen, der Erfahrungsorientiertheit, der existenzielle Dialog, die Beachtung und Einbeziehung des Feldes sowie die Awareness für den gegenwärtigen Kontakt.

Aufgrund des offenen Konzepts der Gestalttherapie ist es möglich, ein breites Spektrum an methodischen Ansätzen zu integrieren; so sind psychodramatische Methoden, Gruppendynamik, Körperarbeit sowie systemische Ansätze heute selbstverständlicher Bestandteil des Inventars der Integrativen Gestalttherapie.

I. Geschichte

Das IGWien wurde 1995 als Ausbildungsverein für Integrative Gestalttherapie gegründet. Vorläufer war das 1993 gegründete Österreichische Gestaltinstitut (ÖGI), ein Weiterbildungsverein für Integrative Gestalttherapie. Einige Mitarbeiter des ÖGI waren gleichzeitig auch langjährige Mitarbeiter in

* Texterstellung mit Unterstützung von Ursula Grillmeier-Rehder.

den gestalttherapeutischen Ausbildungen des IGW in Würzburg. Schon seit 1976 hatte dieses immer wieder Ausbildungsgruppen in Integrativer Gestalttherapie in Österreich durchgeführt. Die Gründung eines eigenen österreichischen Ausbildungsinstitutes erfolgte aufgrund des großen Interesses österreichischer KandidatInnen an dieser Ausbildung, die 1995 mit einer eigenen Gruppe startete.

1998 erhielt das IGWien seine Anerkennung als fachspezifische Ausbildungseinrichtung in Integrativer Gestalttherapie. Im strukturellen Aufbau, in der Form des Curriculums und in der methodischen Ausrichtung schließt das IGWien an die über 20-jährige Ausbildungstradition des Würzburger Institutes an. Sowohl die Ausbildungstätigkeit als auch die Institutsführung wird von österreichischen und deutschen KollegInnen gemeinsam getragen.

II. Organisationsstruktur

Die Vereinsleitung obliegt dem Vorstand, der aus 8 Mitgliedern besteht. Es handelt sich dabei um 4 österreichische und 4 deutsche LehrtherapeutInnen, was sich aus der engen Verknüpfung mit dem IGW in Würzburg ergibt. (Je 2 Vorstandsmitglieder übernehmen jeweils eine Ausbildungsgruppe und führen sie durch das ganze Curriculum.)

Neben dem Vorstand gibt es außerordentliche Mitglieder, die als LehrtherapeutInnen, SupervisorInnen und SeminarleiterInnen tätig sind.

Die AusbildungskandidatInnen werden nicht Mitglied, ihr Verhältnis wird in einem Ausbildungsvertrag geregelt.

Daten zur Ausbildungseinrichtung

- Zahl der Mitglieder mit absolvierter psychotherapeutischer Ausbildung (Stichtag 1. 1. 2005): 25
- Aktuelle Zahl der AusbildungsteilnehmerInnen (Stichtag 1. 6. 2005): 85
- Zahl der AusbildungsteilnehmerInnen im Status „Psychotherapeut/in in Ausbildung unter Supervision“ (Stichtag 1. 6. 2005): 52
- Zahl der Aufnahmen in die psychotherapeutische Ausbildung im letzten Jahr (1. 6. 2004 – 1. 6. 2005): 13
- Zahl der Aufnahmen in die psychotherapeutische Ausbildung in den letzten 5 Jahren (1. 6. 2000 – 1. 6. 2005): 71
- Zahl der Abschlüsse der psychotherapeutischen Ausbildung (1. 6. 2000 – 1. 6. 2005): 14
- Zahl jener AusbildungsabsolventInnen, die mit der entsprechenden Zusatzbezeichnung derzeit (Stand 1. 6. 2005) in die Psychotherapeutenliste eingetragen sind: 16

III. Veröffentlichungen, Veranstaltungen, Kontakte

Veröffentlichungen: In der Schriftenreihe des IGWien erschienen unter anderem: Picker, R. (1999): Die anthropologischen und philosophischen Grundlagen der Gestalttherapie (Seminarmitschnitte auf CD).
Grillmeier-Rehder, U. (2001): Die Philosophien und Theorien im Hintergrund der Gestalttherapie. 2005 wurde die Schriftenreihe „EHP-IGW-Publikationen“ begründet, die im Verlag Edition Humanistische Psychologie erscheint (geplant ist ein Band pro Jahr; 2006: Greenberg, L.: Emotion und Prozess im Zentrum des therapeutischen Interesses).

Veranstaltungen:
(2002) Symposion: „Gestalttherapie in Progress“ in Wien
(2003) Tagung mit Leslie Greenberg: „Emotion und Prozess im Zentrum des therapeutischen Interesses“ in Würzburg
Im Rahmen einer Vortragsreihe fanden in Wien Vorträge (ca. 4-mal/Jahr) zu gestalttherapeutischen Themen sowie fallweise Klinische Fortbildungsseminare im Raum Oberösterreich statt.

Kontakte: Das IGWien arbeitet eng mit dem Verein für Integrative Gestalttherapie Würzburg zusammen und veranstaltet auch einen wichtigen Ausbildungsteil, das Kompakttraining, mit diesem gemeinsam. Außerdem ist das IGWien Mitglied in der European Association for Gestalt Therapy (EAGT).

IV. Ausbildung

1. Aufnahmebedingungen

Neben den Anforderungen des Psychotherapiegesetzes ist die Absolvierung eines Informations- und Aufnahmeseminars erforderlich, welches für den Ausbildungsbeginn im Oktober jeweils Ende Mai desselben Jahres stattfindet.

2. Aufnahmemodus

Während des Aufnahmeseminars werden die InteressentInnen mit der Methode bekannt gemacht und lernen die Ausbildner kennen. Umgekehrt machen sich auch die AusbildungsleiterInnen ein Bild von den InteressentInnen, vor allem in Hinblick auf ihre Eignung zu gestalttherapeutischem Handeln (Experimentierfreudigkeit, emotionale Belastbarkeit, Empathie, Fähigkeit zur Selbst- und Fremdwahrnehmung, Kontaktfähigkeit, Achtung vor der Integrität anderer), und entscheiden über die Aufnahme.

3. Ausbildungsrahmen, -ablauf und -vertrag

Nach erfolgreicher Absolvierung des Auswahlseminars wird ein schriftlicher Ausbildungsvertrag zwischen dem IGWien und der KandidatIn geschlossen.

Die Ausbildung selbst findet berufsbegleitend blockweise (an [verlängerten] Wochenenden, Fr–So oder Do–So) statt. Das eigentliche Ausbildungsjahr läuft von Oktober bis Juni/Juli. Die Teilnehmer bleiben als Gruppe während der gesamten Ausbildungszeit zusammen und werden abwechselnd von ihren 2 Ausbildungsleitern betreut, was eine hohe Konstanz in der Ausbildung garantieren und den persönlichen Wachstumsprozess fördern soll. Um aber auch den Blick auf die Vielfalt nicht zu verlieren, werden einzelne Ausbildungselemente auch von Gasttrainern betreut (Sonderseminare) oder finden in größerer Gemeinschaft (Kompakttrainings) statt.

Während des Ausbildungsjahres organisiert die Ausbildungsgruppe gemeinsam die 7–9 vorgesehenen Wochenendveranstaltungen. Jeder Ausbildungstag umfasst 8 Unterrichtseinheiten à 45 Minuten. Das Thema der Blöcke ist im Lehrplan vorgegeben.

Im Zeitraum Juli/August ist 2-mal im Ausbildungsverlauf ein sogenanntes Kompakttraining (Gestaltkibbuz) vorgesehen, das gemeinsam mit Teilnehmern aus Deutschland und der Schweiz in Deutschland absolviert wird und 2 Wochen dauert.

Durchgeführt wird das Kompakttraining von Gestalttherapeuten aus den USA, Deutschland, der Schweiz und Österreich. Das Kompakttraining wird zur Gänze vom IGW in Würzburg organisiert.

4. Ausbildungsinhalte

a) Selbsterfahrung (mind. 486 Std.)

Einerseits findet die Selbsterfahrung (mind. 366 Std.) wie Theorie und Supervision in den in der Gruppe organisierten Wochenendblöcken statt.
Zusätzlich ist ab dem 1. Jahr eine Lehrtherapie im Ausmaß von mind. 120 Std. zu absolvieren.

b) Theorie

Die Theorie wird im Rahmen der thematisch strukturierten Wochenendblöcke gelehrt und umfasst insgesamt 606 Std. Es finden Vorträge genauso statt wie Literaturerarbeitung in Kleingruppen mit Referaten der TeilnehmerInnen und Diskussionen zu aktueller Literatur. Jours fixes sind klinischen Themen gewidmet. Des Weiteren finden Peergroups und ein eigenes Literaturstudium ihren Platz.
Die Themenblöcke sind:

1. Jahr: Gestalttheorie, Geschichte der Gestalttherapie, Philosophischer Hintergrund der Gestalttherapie, „Hier und Jetzt", Organismische Selbstregulation, Awareness-Konzept, Ich-Du/dialogische Beziehung, Figur-Grund-Gestaltbildungsprozess, Feldtheorie, Kontaktzyklus/Kontaktfunktionen, Körpergewahrsein *(sensory awareness);*

2. Jahr: Grundlagen der prozess- und beziehungsorientierten Gestalttherapie, Support (Stütze), Kontaktunterbrechung, Abwehrmechanismen;

3. Jahr: Gestaltdiagnostik/prozessuale Diagnostik; multimediale kreative Techniken, familiendynamische Prozesse, Interaktion zwischen Gestaltansatz und Institution;
4. Jahr: Gestaltdiagnostik/klinische Diagnostik, Krisenintervention;
5. Jahr: Körperdiagnostik/Theorie und Praxis körperbezogener Intervention, Klinische Seminare (wahlweise depressive Erkrankungen, Psychosen, Psychosomatik, Psychotraumatologie etc.).

c) Psychotherapeutische Tätigkeit unter Supervision

Ab Ende des 3. Ausbildungsjahres (bei besonderer beruflicher Qualifikation ab Ende des 2.) beginnt der Kandidat seine eigenständige psychotherapeutische Tätigkeit in Ausbildung unter Supervision. Die Tätigkeit soll mind. 600 Std. umfassen.

Gefordert ist in jedem Fall ein klares, von anderen pflegenden und beratenden Tätigkeiten getrenntes psychotherapeutisches Setting, das die Rahmenbedingungen eines Therapievertrages mit den KlientInnen erfüllt. In jedem Fall sind mind. 2 längerfristige supervidierte Einzelanalysen vorzuweisen. Zum Teil werden auch Co-Trainings in Jahresgruppen bei den LehrtherapeutInnen des Instituts angerechnet.

d) Supervision der psychotherapeutischen Tätigkeit

100 Std. Einzellehrsupervision, nach 50 Std. Einzellehrsupervision kann mit Zustimmung des Lehrsupervisors (anstelle weiterer 50 Std. im Einzelsetting) auch eine Kleingruppensupervision mit max. 4 TeilnehmerInnen besucht werden. Zusätzlich sind im Rahmen der Ausbildungsgruppe 8 Supervisionsseminare bei den AusbildungsleiterInnen im Umfang von 180 Std. vorgesehen.

e) Praktikum

Mind. 550 Std. gemäß Psychotherapiegesetz.

f) Praktikumsupervision

30 Std. bei LehrtherapeutInnen des Instituts oder anderen PsychotherapeutInnen mit eingetragener Zusatzbezeichnung Integrative Gestalttherapie, entweder im Einzel- oder im Gruppensetting.

g) Sonstiges

Mit dem Beginn der Ausbildung sind die TeilnehmerInnen verpflichtet, zusammen mit TeilnehmerInnen des gleichen Ausbildungsjahres Peer-Gruppen zu bilden, die sich im Abstand von etwa 3 Wochen über die gesamte Ausbildung hinweg ohne Ausbildungsleiter treffen. Ziel ist eine Vertiefung von Ausbildungsinhalten, abgestimmt auf die Aufgabenstellung des jeweiligen Ausbildungsjahres, wie die Durcharbeitung der vorgegebenen Literaturliste, die Einübung der Gestaltmethoden in Triaden und die Aneignung

bzw. Vertiefung der theoretischen Grundlagen der Gestalttherapie. Später liegt der Schwerpunkt auf dem kollegialen Austausch über die eigene psychotherapeutische Tätigkeit.
Außerdem ist zweimal während der Ausbildung ein zweiwöchiges Kompakttraining zu absolvieren. Das Kompakttraining dient einer intensivierten Selbsterfahrung, die besonders durch das äußere Setting des Zusammenlebens in der Gruppe über einen längeren Zeitraum begünstigt wird. Es dient der Vertiefung von Ausbildungsinhalten nach individuellen Neigungen und Interessen und dem Kennenlernen verschiedener therapeutischer Verfahren und Arbeitsstile. In der Regel ist die Wahlmöglichkeit zwischen Gestalttherapie, körperorientierter Psychotherapie und verschiedenen kreativen Therapieansätzen gegeben; es wird von einer internationalen Gruppe renommierter GestalttherapeutInnen durchgeführt. Die TeilnehmerInnen kommen aus allen Ausbildungsgruppen des IGW in Deutschland, Österreich und der Schweiz.

5. Evaluierung und Ausbildungsabschluss

Neben der Absolvierung der vorgesehenen Ausbildungsteile ist eine Abschlussarbeit zu verfassen und ein Abschlusskolloquium zu absolvieren.

Die Abschlussarbeit muss nach wissenschaftlichen Grundsätzen verfasst werden. Der Schwerpunkt der Arbeit kann auf einer Falldarstellung, einer relevanten theoretischen Abhandlung oder empirischen Untersuchung liegen oder die Gestalttherapie im beruflichen Kontext zum Inhalt haben. Ein Exposé ist den Ausbildungsleitern auszuhändigen, die die weitere Arbeit betreuen. Die fertige Arbeit muss rechtzeitig vor dem Abschlusskolloquium in 3-facher Ausfertigung auf dem Institut abgegeben werden und wird von 2 Gutachtern bewertet.

Der Nachweis der besuchten Lehrveranstaltungen, der Lehrtherapie, der supervidierten Praktika und der eigenständigen psychotherapeutischen Tätigkeit sowie eine positiv bewertete Abschlussarbeit sind die Voraussetzung für die Anmeldung zum Abschlusskolloquium.

Dieses dauert rund 45 Minuten und soll noch einmal zusammenfassend die fachliche und persönliche Eignung des Kandidaten herausstellen.

6. Dauer und Kosten

Die Ausbildung dauert 5 Jahre, kann aber, abhängig von den Möglichkeiten der TeilnehmerInnen, die eigenständige psychotherapeutische Praxis zu leisten und der individuellen Zeit für die Abfassung ihrer Abschlussarbeit, auch länger dauern.

Insgesamt ist mit mind. € 27.900,- an Kosten zu rechnen. Neben den eigentlichen Ausbildungskosten sind noch die Raum-, Aufenthalts- und Fahrtkosten für die Wochenendblöcke zu berücksichtigen.

	Tagessatz/ Stundensatz	Stunden (mind.)	Gesamt (mind.)
Ausbildungskosten			
Eigentherapie (Einzel)	€ 75,–	120	€ 9.000,–
Gruppenselbsterfahrung + Theorie/Methodik + Gruppensupervision	€ 86,–/Tag	1.152 (= 144 Tage)	€ 12.384,–
Einzelsupervision	€ 75,–	50	€ 3.750,–
Kleingruppensupervision	€ 27,–	50	€ 1.350,–
Praktikumsupervision	€ 27,– bis € 75,–	30 (Einzel od. Gruppe)	€ 810,– bis € 2.250,–
Zusatzkosten			
Aufnahmekosten:			
Auswahlseminar	€ 10,–/Std.	32	€ 320,–
Mitgliedsbeitrag	keiner		
Sonstige Kosten:			
Abschlussprüfung	€ 240,–		€ 240,–
Gesamtkosten			**€ 27.854,–**

7. AusbildnerInnen

Neben den in der Lehrpersonenrichtlinie genannten Kriterien müssen folgende Voraussetzungen für die Bestellung zum Lehrtherapeuten erfüllt sein:

- praktische Erfahrungen in der Erwachsenenbildung bzw. Lehrerfahrungen in anderen Bereichen,
- möglichst breiter klinischer Erfahrungshintergrund und psychotherapeutische Tätigkeit parallel zur Tätigkeit als LehrtherapeutIn am IGWien,
- ein persönliches Gespräch mit der Ausbildungsleitung des IGWien,
- ein wissenschaftlicher Vortrag im Rahmen der Jour-fixe-Reihe des IGWien und
- mind. ein Co-Training im Rahmen eines Ausbildungsseminares des IGWien.

Zur Bestellung eines neuen Lehrtherapeuten ist ein einstimmiger Vorstandsbeschluss notwendig.

- Zahl der AusbildnerInnen (LehrtherapeutInnen) mit voller Lehrbefugnis (Stichtag 1. 6. 2005): 23
- Zahl der AusbildnerInnen (LehrtherapeutInnen) mit partieller Lehrbefugnis (Stichtag 1. 6. 2005): 0
- Zahl der GastdozentInnen (im Zeitraum 1. 6. 2004 – 1. 6. 2005): 2

AusbildnerInnen (LehrtherapeutInnen) mit voller Lehrbefugnis (Stand 1. 6. 2005):

Heide Anger, Dr., Ärztin, Wien

Johann Christian Bachl, Dr., Arzt, Wien

Hans Peter Bilek, Dr., Arzt, Wien
Hanna Fak, Mag., Musiktherapeutin, Wien
Werner Gill, Dipl.-Päd., Pädagoge, Frankfurt/Main (D)
Georg Gombos, a.o. Univ.-Prof. Dr., Pädagoge, Klagenfurt
Ursula Grillmeier-Rehder, Musiktherapeutin, Wien
Brigitte Holzinger, Mag. Dr., Psychologin, Wien
Barbara Knittl, Mag., Theologin, Feldkirch (Vbg.)
Ingrid Koller, Bildhauerin und Keramikerin, Wien
Barbara Künschner, Dipl.-Soz.-Päd., Sozialpädagogin, Linz
Almut Ladisich-Raine, Dipl.-Psych., Psychologin, Starnberg (D)
Ingrid Laimer, Dr., Psychologin, Bad Ischl (OÖ)
Eva Lasser-Korytko, Dr., Psychologin, Graz
Johann Lauber, Dr., Arzt, Klosterneuburg (NÖ)
Alfred Oppolzer, DDr., Arzt/Humanbiologe, Wien und Pöchlarn (NÖ)
Brigitte Rasmus, Dipl.-Psych., Psychologin, München (D)
Christa Reichmann, Dr., Psychologin, Wien
Thomas Schön, Dipl.-Soz.-Päd. (FH), Sozialpädagoge, Wien
Hans-Jörg Süss, Dipl.-Psych., Psychologe, Würzburg (D)
Burkhard Veitl, Dipl.-Soz.-Päd., Sozialpädagoge, Salzburg
Hermann Wegscheider, Mag., AHS-Lehrer, Wien
Hans Peter Weidinger, Dr., Arzt, Wien

V. Gesamtbetrachtung

Das Curriculum des IGWien ist gekennzeichnet durch eine die gesamte Ausbildung gemeinsam absolvierende Gruppe, die von zwei AusbildungsleiterInnen betreut wird. Anhand des straff strukturierten Lehrplans werden während des Ausbildungsjahres die Wochenendblöcke gemeinsam und dezentral organisiert. Eine weitere Besonderheit stellen die 2-wöchigen Kompaktseminare in Zusammenarbeit mit Schweizer und deutschen Gruppen dar. Sie bieten die Möglichkeit, trotz der kompakten Durchführung der Ausbildung andere Lehrende und AusbildungsteilnehmerInnen kennen zu lernen.

Die lehrenden Personen sind zahlreich und in verschiedenen Regionen vertreten. Sie kommen aus unterschiedlichen Berufs- und Tätigkeitsfeldern: Rund 40 Prozent der AusbildnerInnen sind PsychologInnen, rund ein Viertel sind ÄrztInnen, der Rest gehört anderen Quellberufen an, wobei der Anteil künstlerischer Berufe bemerkenswert ist.

Kontaktadresse

IGWien
Anastasius-Grün-Gasse 13/17, 1180 Wien
Tel./Fax 01/478 09 25
E-Mail: igw@igwien.at, www.igwien.at

Österreichischer Arbeitskreis für Gruppentherapie und Gruppendynamik (ÖAGG) – Fachsektion für Gruppenpsychoanalyse (FS GPA)*

Die Fachsektion Gruppenpsychoanalyse ist eine von 5 Fachsektionen des ÖAGG, die ein gesetzlich anerkanntes Fachspezifikum anbieten (siehe auch die Ausbildungen für Dynamische Gruppenpsychotherapie, Integrative Gestalttherapie, Psychodrama und Systemische Familientherapie).

Der Ausbildungsabschluss berechtigt zur Ausübung der Psychotherapie in allen Settings, also mit Gruppen, Einzelpersonen, Paaren und Familien, auch wenn dies die Zusatzbezeichnung „Gruppenpsychoanalyse" nicht nahe zu legen scheint. Die Ausbildung kann im gesamten Bundesgebiet gemacht werden: Es gibt in allen Landeshauptstädten LehrtherapeutInnen, mit Ausnahme von Eisenstadt, Bregenz und St. Pölten.

Methode und Methodenverständnis

Gruppenpsychoanalyse ist die Anwendung psychoanalytischer Theorie und Praxis auf Gruppen. In der psychoanalytischen Gruppe gilt die Regel der freien Assoziation in Form von freier Kommunikation zwischen den Gruppenmitgliedern. Der Gruppenleiter schlägt keine Themen vor, sondern fördert die Äußerung von Fantasien, Träumen, Gefühlen und Empfindungen. Er konzentriert sich auf die Deutung von Vorgängen in der Gruppe und berücksichtigt vor allem ihre latente, unbewusste Bedeutung. Es wird in erster Linie die Wiederholung von verdrängten Konflikten in der Übertragungssituation im Rahmen des Gruppengeschehens bearbeitet, wobei die Analyse des Widerstands einen wichtigen Teil der Arbeit mit der Gruppe einnimmt. Die Analyse seiner eigenen Gegenübertragung ist ein wichtiges Instrument des Gruppenleiters. Der Gruppenanalytiker verhält sich abstinent, er enthält sich Gefühlsäußerungen und Wertungen den Gruppenmitgliedern gegenüber. Die verschiedenen gruppenpsychoanalytischen Modelle können auf einem Kontinuum angeordnet werden, dessen Pole die „Psychoanalyse des Einzelnen in der Gruppe" und die „Psychoanalyse der Gruppe" darstellen. Die Fachsektion Gruppenpsychoanalyse im ÖAGG orientiert sich insbesondere am gruppenanalytischen Konzept, das von Siegmund H. Foulkes während des Zweiten Weltkriegs entwickelt wurde: Es ist als „Analyse des Einzelnen durch die Gruppe" zu charakterisieren und auf dem erwähnten Kontinuum etwa in der Mitte anzusiedeln.

* Text der Darstellung in der Erstauflage (1995) von Martin Voracek; Aktualisierung bzw. weitgehende Überarbeitung mit Unterstützung von Irmgard Eisenbach-Stangl.

I. Geschichte

1959 wurde der Österreichische Arbeitskreis für Gruppentherapie und Gruppendynamik vom Psychoanalytiker Raoul Schindler gegründet, der in seinen zahlreichen theoretischen Schriften auch einen eigenständigen Beitrag zur Gruppenanalyse geliefert hat. Ziel der Gründung war die Einführung der Gruppenarbeit in Österreich. Die von Schindler entwickelte Gruppenarbeit vereint Elemente der Gruppendynamik und Gruppenpsychoanalyse, in diesem Sinn war die Gruppenpsychoanalyse eine Gründungsmethode des ÖAGG. Im Laufe der Jahre kam es zu Ausdifferenzierungen der gruppentherapeutischen Methoden und zur Bildung von entsprechenden „Fachsektionen". Als letzte wurde die Fachsektion Gruppenpsychoanalyse Anfang der 1980er-Jahre gegründet, sie ist mit kontinuierlich rund 100 Mitgliedern die kleinste geblieben. 1993 wurde sie vom zuständigen Bundsministerium als Fachspezifikum anerkannt.

II. Organisationsstruktur

Die Fachsektion ist eine Suborganisation des ÖAGG. Es gelten die Vereinsstatuten der Dachorganisation. Die Ausbildungskompetenz und -verantwortung für Gruppenpsychoanalyse liegt jedoch in den Händen der Fachsektion. Auf der Basis einer Geschäftsordnung, die in der FS GPA entwickelt und beschlossen wurde, ist unter anderem geregelt, dass der Vorstand der FS von einer Mitgliederversammlung (der „Sektionsversammlung") im Zweijahresrhythmus gewählt wird. Der Vorstand besteht aus einem/einer SektionsleiterIn, 2 SekretärInnen sowie aus einem/einer KassierIn. Die Ausbildung wird von der Ausbildungskommission geleitet, die aus 3–5 LehrtherapeutInnen und einem/einer VertreterIn des Sektionsvorstandes besteht und die ihrerseits ebenfalls von der Mitgliederversammlung gewählt wird. Die Kandidaten wählen einen KandidatInnenvertreter.

Daten zur Ausbildungseinrichtung

- Zahl der Mitglieder mit absolvierter psychotherapeutischer Ausbildung (Stichtag 1. 1. 2005): 72
- Aktuelle Zahl der AusbildungsteilnehmerInnen (Stichtag 1. 6. 2005): 9
- Zahl der AusbildungsteilnehmerInnen im Status „Psychotherapeut/in in Ausbildung unter Supervision" (Stichtag 1. 6. 2005): 2
- Zahl der Aufnahmen in die psychotherapeutische Ausbildung im letzten Jahr (1. 6. 2004 – 1. 6. 2005): 4
- Zahl der Aufnahmen in die psychotherapeutische Ausbildung in den letzten 5 Jahren (1. 6. 2000 – 1. 6. 2005): 10

- Zahl der Abschlüsse der psychotherapeutischen Ausbildung (1. 6. 2000 – 1. 6. 2005): 7
- Zahl jener AusbildungsabsolventInnen, die mit der entsprechenden Zusatzbezeichnung derzeit (Stand 1. 6. 2005) in die Psychotherapeutenliste eingetragen sind: 77

III. Veröffentlichungen, Veranstaltungen, Kontakte

Veröffentlichungen: In den letzten Jahren sind – teils in Anlehnung an Jahressymposien – die 3 folgenden Reader erschienen:
Eisenbach-Stangl, I./Ertl, M. (Hg.) (1997): Unbewusstes in Organisationen. Zur Psychoanalyse von sozialen Systemen. Facultas: Wien.
Eisenbach-Stangl, I./Stangl, W. (Hg.) (2000): Das äußere und innere Ausland. Fremdes in soziologischer und psychoanalytischer Sicht. Wiener Universitätsverlag: Wien.
Pritz, A./Vykoukal, E. (Hg.) (2003): Gruppenpsychoanalyse. Theorie – Technik – Anwendung. 2. veränderte Aufl. Facultas: Wien.

Veranstaltungen: Die FS GPA veranstaltet etwa 1-mal pro Monat einen Jour fixe zu einem aktuellen Thema: Ein Mitglied der Sektion oder ein Gast wird zu einem Vortrag eingeladen, es folgt eine – zumeist sehr ausgiebige und intensive – Diskussion. Außerdem wird von der Fachsektion jährlich ein Symposium zu einem ausgewählten Thema in Wien veranstaltet, das etwa 2 ½ Tage dauert und – wie auch die Jours fixes – allen Interessierten offen steht.

Kontakte: Die FS GPA ist u.a. Mitglied der Tiefenpsychologisch-Psychoanalytischen Dachgesellschaft (TPD) und im European Group Analytic Training Institutions Network (E.G.A.T.I.N.), einer internationalen Vereinigung von gruppenanalytischen Ausbildungsinstitutionen. Enge Zusammenarbeit besteht mit der internationalen Arbeitsgemeinschaft für Gruppenanalyse (IAGA) mit Sitz in Bonn, die ihre Veranstaltungen in Altaussee durchführt und von der Fachsektion Gruppenpsychoanalyse als Ausbildungsstätte anerkannt ist. Verbindungen bestehen auch zur Group Analytic Society (GAS) in London, die 1952 von S.H. Foulkes gegründet wurde, zur European Association for Psychotherapy (EAP), der European Federation for Psychoanalytic Psychotherapy (EFPP) und der European Association of Transcultural Group Analysis (EATGA).

IV. Ausbildung

1. Aufnahmebedingungen

Zur Ausbildung kann zugelassen werden, wer die gesetzlichen Voraussetzungen erfüllt.

Im Curriculum der FS GPA werden des Weiteren folgende methodenspezifische Kriterien für die Zulassung genannt: Symbolverständnis, Empathie und Kontaktfähigkeit, Fantasie- und Reflexionsfähigkeit, Fähigkeit zur Ich-Spaltung in der therapeutischen Situation.

2. Aufnahmemodus

Die Aufnahme erfolgt nach Aufnahmegesprächen mit zwei LehrtherapeutInnen der Fachsektion Gruppenpsychoanalyse durch die Ausbildungskommission, der zurzeit 4 LehrtherapeutInnen angehören und in die eine VertreterIn der Sektionsvorstandes kooptiert ist. Für die Bewerbung sind außerdem ein schriftlicher Lebenslauf und die Darstellung des beruflichen Werdeganges erforderlich.

3. Ausbildungsrahmen, -ablauf und -vertrag

In der Ausbildungsordnung (AO) wird den AusbildungskandidatInnen, der Richtlinie des BM folgend, empfohlen, mit der Selbsterfahrung und dem Praktikum zu beginnen, sich dann der Theorie und in weiterer Folge der gruppenanalytischen Praxis und Supervision zuzuwenden. Es gibt kontinuierliche Angebote von Selbsterfahrungs- und Supervisionsgruppen von LehrtherapeutInnen der Fachsektion. Die Selbsterfahrung kann in einer Gruppe gemacht werden, die vorwiegend von PatientInnen besucht wird. Der Selbsterfahrung in gruppenanalytischen Therapiegruppen wird sogar der Vorzug gegeben. Da die Zahl der KandidatInnen gering ist, gibt es hingegen kein ausreichendes kontinuierliches Angebot für Theorie. Die KandidatInnen organisieren ergänzende Ausbildungsveranstaltungen in Theorie nach Bedarf selbst, teils gemeinsam mit den KandidatInnen der Österreichischen Arbeitskreise für Psychoanalyse. In den Theorie- und Supervisionsveranstaltungen sind je nach Übereinkunft mit den LehrtherapeutInnen Referate zu halten und Falldarstellungen zu präsentieren. Die Internationale Arbeitsgemeinschaft für Gruppenanalyse hat eigene Voraussetzungen für Theorie und Supervision, deren Erfüllung von der Fachsektion angerechnet wird.

4. Ausbildungsinhalte

a) Selbsterfahrung

Insgesamt mind. 550 Std., davon mind. 300 Std. Einzelanalyse bei einem/einer LehrtherapeutIn der Fachsektion Gruppenpsychoanalyse oder einer der staatlich anerkannten psychoanalytischen Ausbildungsvereine, des Weiteren Teilnahme an einer kontinuierlichen gruppenpsychoanalytischen Selbsterfahrung über mind. 2 Jahre mit zumindest einer zweistündigen Sitzung pro Woche bei einem/einer LehrtherapeutIn der gruppenanalytischen Sektion und Teilnahme an geblockter gruppenpsychoanalytischer Selbsterfahrung (gruppenpsychoanalytische Selbsterfahrung insgesamt mind. 250 Std.).

b) Theorie

Insgesamt mind. 300 Std., davon

- Theorie der Psychoanalyse (im Ausmaß von mind. 150 Std.): Persönlichkeitstheorie; Psychoanalytische Entwicklungstheorie; allgemeine und spezielle Neurosenlehre, inklusive Psychosen; Technik der analytischen Psychotherapie und
- Theorie der Gruppenpsychoanalyse (im Ausmaß von mind. 150 Std.): gruppenanalytische Theorien; Technik der Gruppenpsychoanalyse; Indikation, Diagnose, Erstinterview; Interventionsformen; Anwendung der Gruppenpsychonanalyse in speziellen Settings, etwa Krankenanstalten und anderen stationären Einrichtungen, für spezielle Diagnosegruppen, in speziellen Gruppenformen, etwa Supervision, Großgruppen und für Sonderformen von Gruppen, etwa Gruppen mit Paaren und Familien.

c) Psychotherapeutische Tätigkeit unter Supervision

Es sind zumindest 600 Std. eigener psychotherapeutischer Tätigkeit (Praxis) erforderlich. Davon entfallen zumindest 300 Std. auf die gruppenpsychoanalytische und die verbleibenden Std. auf die einzelpsychotherapeutische Praxis. Für die psychotherapeutische Praxis sind insgesamt zumindest 160 Std. Supervision erforderlich, davon die Hälfte (80 Std.) im Einzelsetting.

d) Supervision der psychotherapeutischen Tätigkeit

Die psychotherapeutische Arbeit mit Gruppen und mit Einzelnen soll in gleichem Ausmaß – also jeweils mit 80 Std. – supervidiert werden. Die Hälfte der Supervision soll in Gruppen stattfinden, die andere Hälfte soll einzeln in Anspruch genommen werden. Supervisionsgruppen können kontinuierlich oder in geblockter Form stattfinden.

e) Praktikum

Mind. 550 Std.

f) Praktikumsupervision

Mind. 30 Std. Einzel- oder Gruppensupervision.

5. Evaluierung und Ausbildungsabschluss

Die Vorträge zur Theorie der Gruppenpsychoanalyse und der Psychoanalyse und die Falldarstellungen sind in den entsprechenden Veranstaltungen zu halten. Der Abschluss der Ausbildung berechtigt zur Arbeit mit Einzelnen, mit Paaren, Familien und Gruppen.

6. Dauer und Kosten

Die Dauer der gesamten gruppenpsychoanalytischen Ausbildung ist mit etwa 4 bis 6 Jahren zu veranschlagen.

Die Gesamtkosten belaufen sich mind. auf etwa € 35.600,–, die sich wie folgt ergeben:

	Tagessatz/ Stundensatz	Stunden (mind.)	Gesamt (mind.)
Ausbildungskosten			
Eigentherapie (Einzel)	€ 70,–/Sitzung	300	€ 21.000,–
Gruppenselbsterfahrung	€ 12,50/Std.	250	€ 3.125,–
Theorie	€ 12,50/Std.	300	€ 3.750,–
Einzelsupervision	€ 70,–/Sitzung	80	€ 5.600,–
Gruppensupervision	€ 12,50/Std.	80	€ 1.000,–
Praktikumsupervision	€ 12,50/Std.	30	€ 375,–
Zusatzkosten			
Aufnahmekosten	€ 73,–	2 Gespräche	€ 146,–
Mitgliedsbeitrag	€ 130,–/Jahr	5 Jahre	€ 650,–
Gesamtkosten			**€ 35.646,–**

7. AusbildnerInnen

Über die Lehrbefugnis entscheidet die Ausbildungskommission und die Sektionsversammlung. Der Entscheidungsprozess ist wie folgt geregelt: Jedes graduierte Mitglied der FS GPA kann sich 5 Jahre nach seiner/ihrer Graduierung um den Status eines/einer LehrtherapeutIn bewerben. Die Kriterien hierfür sind jene aus der Lehrpersonenrichtline des zuständigen Bundesministeriums.

Der FS-Vorstand beauftragt die Ausbildungskommission mit der Beurteilung des/der BewerberIn. Fällt diese positiv aus, kann dem/der BewerberIn auf Vorschlag des FS-Vorstandes anlässlich einer Sektionsversammlung der Status eines Lehrtherapeuten von den graduierten Mitgliedern und dem/der KandidatenvertreterIn mit einfacher Mehrheit zuerkannt werden.

Viele der LehrtherapeutInnen der Fachsektion Gruppenpsychoanalyse sind zugleich LehranalytikerInnen in anerkannten psychoanalytischen Vereinen (wie auch viele Mitglieder der Fachsektion Mitglieder in psychoanalytischen Vereinen sind). Zurzeit sind LehrtherapeutInnen in den meisten Bundesländern zu finden, Ausnahmen bilden das Burgenland, Niederösterrech und Vorarlberg. Das gruppenanalytische Angebot ist in Wien am besten ausgebaut.

- Zahl der AusbildnerInnen (LehrtherapeutInnen) mit voller Lehrbefugnis (Stichtag 1. 6. 2005): 17
- Zahl der AusbildnerInnen (LehrtherapeutInnen) mit partieller Lehrbefugnis (Stichtag 1. 6. 2005): 0
- Zahl der GastdozentInnen (im Zeitraum 1. 6. 2004 – 1. 6. 2005): 0

AusbildnerInnen (LehrtherapeutInnen) mit voller Lehrbefugnis (Stand 1. 6. 2005):

Wien:

Nancy Amendt-Lyon, Dr., Psychologin

Ingrid Krafft-Ebing, Dr., Psychologin

Felix Mendelssohn, Sozialarbeiter

Alfred Pritz, Prof. Dr., Psychologe

Johannes Ranefeld, Dr., Psychiater

August Ruhs, a.o. Univ.-Prof. Dr., Psychiater

Raoul Schindler, Univ.-Doz. Dr., Psychiater

Kitty Schmidt-Löw-Beer, Dr., Psychiaterin

Josef Shaked, Prof. Dr., Psychiater

Kärnten:

Jutta Menschik-Bendele, Univ.-Prof. Mag. Dr., Psychologin

Oberösterreich:

Peter Schendl, Prof. DDr., Theologe, Psychologe

Salzburg:

Edmund Frühmann, Prof. Dr., Psychiater

Helmut Paulus, Dr., Psychiater

Eva-Maria Thaler, Mag. Dr., Psychologin

Steiermark:

Rainer Danzinger, a.o. Univ.-Prof. Dr., Psychiater

Paul Paß, Dr., Theologe

Tirol:

Edith Frank-Rieser, Dr., Psychologin

V. Gesamtbetrachtung

Die Anforderungen der Ausbildung liegen im Bereich der Selbsterfahrung ganz deutlich über der im Gesetz festgehaltenen Mindeststundenzahl (550 Std. Selbsterfahrung, gegenüber 200 Std. im Psychotherapiegesetz), allein für die Eigenanalyse sind schon mind. 300 Std. im Einzelsetting vorgeschrieben.

Die Fachsektion hat eine große Zahl renommierter AusbildnerInnen und liegt bei der Mitgliederzahl – verglichen mit allen anderen Fachspezifika – im Mittelfeld.

Die Fachsektion zählt allerdings – gemessen an der Zahl der Aufnahmen und der AusbildungsteilnehmerInnen – zu den kleinsten Ausbildungseinrichtungen in Österreich, doch wurden hier auch angesichts des Umstandes, dass es sich auch um eine gruppenpsychotherapeutische Ausbildung handelt, kreative Lösungen entwickelt. Für den deutschen Sprachraum stehen die halbjährlich in Altaussee in der Steiermark stattfindenden Workshops der Internationalen Arbeitsgemeinschaft für Gruppenanalyse (IAGA) zur Verfügung, die von der Fachsektion für die Ausbildung anerkannt werden.

Fazit: Ein anspruchsvolles Ausbildungsangebot, das nur von wenigen in Anspruch genommen wird.

Kontaktadressen

Prof. Dr. Josef Shaked
(Sektions- und Ausbildungsleiter)
Währinger Straße 15
1090 Wien
Tel. 01/406 88 40
E-Mail: shaked@utanet.at

Univ.-Prof. Dr. Irmgard Eisenbach-Stangl
(Mitglied des Vorstandes und der Ausbildungskommission)
Fünkhgasse 13
3021 Pressbaum
Tel. 02233/526 59
E-Mail: irmgard.eisenbach-stangl@univie.ac.at

ÖAGG-Sekretariat
Lenaugasse 3
1080 Wien
Tel. 01/405 39 93, Fax 01/405 39 93-20
E-Mail: generalsekretariat@oeagg.at

Österreichische Gesellschaft für angewandte Tiefenpsychologie und allgemeine Psychotherapie (ÖGATAP) – Hypnosepsychotherapie (HY)*

Der Träger der Ausbildung, die Österreichische Gesellschaft für angewandte Tiefenpsychologie und allgemeine Psychotherapie (ÖGATAP), bietet auch Curricula für Katathym Imaginative Psychotherapie und für Autogene Psychotherapie an (s. die entsprechenden Beiträge in diesem Buch).

Der Sitz der Gesellschaft ist in Wien. Regionale Ausbildungsmöglichkeiten gibt es auch in Salzburg.

Methode und Methodenverständnis

Die Hypnosepsychotherapie geht auf die ältesten Formen psychotherapeutisch wirksamer Einflussnahme auf den Menschen zurück, der Arbeit mit Trancezuständen. Diese veränderten und verändernden Bewusstseinszustände bilden neben dem hypnosetherapeutischen Gespräch das zentrale Medium psychotherapeutischer Intervention. In der Hypnosepsychotherapie wird der Mensch in seinem entwicklungs- und lerngeschichtlichen, systemischen und zukunftsorientierten Rahmen gesehen, wobei als Grundlage die Erkenntnisse der Tiefenpsychologie mit ihrer Beschreibung unbewusster Strukturen und Prozesse stehen. Zur Lösung von Problemen bzw. zum Überwinden von Defiziten werden die vorhandenen gesunden Anteile der Persönlichkeit gestärkt und Ressourcen entwickelt.

I. Geschichte

Der Arzt Heinrich Wallnöfer gründete 1969 die Österreichische Gesellschaft für Ärztliche Hypnose und Autogenes Training, um praktisch tätigen ÄrztInnen den Zugang zu psychotherapeutischem Wissen und Ausbildungsmöglichkeiten zu verschaffen. Die Gesellschaft erweiterte 1973 ihr Ausbildungsangebot um die Katathym Imaginative Psychotherapie. Im Jahre 1980 wurde der Titel der Gesellschaft auf Österreichische Gesellschaft für Autogenes Training und allgemeine Psychotherapie abgeändert, um dem Gesamtgebiet der Psychotherapie Rechnung zu tragen. Seit 1992 steht die Gesellschaft allen Personen offen, die gesetzlich zur psychotherapeutischen Ausbildung zugelassen sind. Seit 1994 ist sie als fachspezifische Ausbildungseinrichtung für Hypnose (seit 2004 Hypnosepsychotherapie) im Sinne des Psychotherapiegesetzes

* Text der Darstellung in der Erstauflage (1995) von Peter Floquet; Aktualisierung und ergänzende Überarbeitung mit Unterstützung von Hans Kanitschar.

anerkannt. Den tiefenpsychologischen Zielsetzungen entsprechend erfolgte 2003 eine Namensänderung in Österreichische Gesellschaft für angewandte Tiefenpsychologie und allgemeine Psychotherapie.

II. Organisationsstruktur

Der Verein ÖGATAP zeigt für die 3 angebotenen Ausbildungen, Hypnosepsychotherapie, Autogene Psychotherapie und Katathym Imaginative Psychotherapie, eine einheitliche Struktur und Organisation. Dies erklärt, warum eine Reihe der in der ÖGATAP aktiv tätigen Personen über mehr als eine der angebotenen Ausbildungen verfügt.

Die wichtigsten Gremien des Vereins sind die Mitgliederversammlung, der Vorstand, die Ausbildungskommission sowie die Vertretungen der relevanten Gruppierungen (Dozentenschaft, graduierte TherapeutInnen sowie AusbildungskandidatInnen), die im Rahmen der Ausbildungsaktivitäten in der ÖGATAP zusammenarbeiten.

Autonomie im methodenspezifischen Bereich gibt es u. a. hinsichtlich der Bestellung von LehrtherapeutInnen, Inhalten des Curriculums sowie Anrechnungsfragen.

Um die Aufnahme als ordentliche Mitglieder können sich ÄrztInnen, PsychologInnen, AbsolventInnen der Universität Klagenfurt des Kombinationsfaches Psychologie oder Heilpädagogik, alle in die Psychotherapeutenliste Eingetragenen sowie all jene Personen schriftlich bewerben, welche die gesetzlichen Bestimmungen für den Beginn einer psychotherapeutischen Ausbildung erfüllen.

Daten zur Ausbildungseinrichtung

- Zahl der Mitglieder mit absolvierter psychotherapeutischer Ausbildung (Stichtag 1. 1. 2005): 39
- Aktuelle Zahl der AusbildungsteilnehmerInnen (Stichtag 1. 6. 2005): 81
- Zahl der AusbildungsteilnehmerInnen im Status „Psychotherapeut/in in Ausbildung unter Supervision" (Stichtag 1. 6. 2005): 34
- Zahl der Aufnahmen in die psychotherapeutische Ausbildung im letzten Jahr (1. 6. 2004 – 1. 6. 2005): 12
- Zahl der Aufnahmen in die psychotherapeutische Ausbildung in den letzten 5 Jahren (1. 6. 2000 – 1. 6. 2005): 43
- Zahl der Abschlüsse der psychotherapeutischen Ausbildung (1. 6. 2000 – 1. 6. 2005): 20
- Zahl jener AusbildungsabsolventInnen, die mit der entsprechenden Zusatzbezeichnung derzeit (Stand 1. 6. 2005) in die Psychotherapeutenliste eingetragen sind: 55

III. Veröffentlichungen, Veranstaltungen, Kontakte

Veröffentlichungen: Neben regelmäßigen Zusendungen (aktuelle Informationen und Programme) erhalten Vereinsmitglieder auch die vierteljährlich erscheinende wissenschaftliche Zeitschrift *Imagination* (früher: *Ärztliche Praxis und Psychotherapie)*, die von der ÖGATAP herausgegeben und im gesamten deutschen Sprachraum vertrieben wird.

Veranstaltungen: Außer dem jährlich stattfindenden Internationalen Seminar in Waidhofen/Ybbs, das auch von KandidatInnen anderer Ausbildungen (Autogene Psychotherapie, Katathym Imaginative Psychotherapie) und von interessierten Nichtmitgliedern besucht werden kann, findet einmal im Jahr ein Internationales Winterseminar für Autogene Psychotherapie und Hypnosepsychotherapie, mit Möglichkeiten zur Gruppenselbsterfahrung und zum Erwerb theoretischer Kenntnisse, statt.

Jedes Jahr veranstaltet die ÖGATAP einen großen Psychotherapiekongress im Wiener Allgemeinen Krankenhaus (AKH) mit namhaften in- und ausländischen ReferentInnen.

Neben diesen Veranstaltungen werden in unregelmäßigen Abständen internationale GastreferentInnen zu Vorträgen und Seminaren eingeladen. In den Bundesländern werden regelmäßige Treffen zum wissenschaftlichen Austausch organisiert (Jours fixes); derzeit in Wien, Graz, Klagenfurt, Villach und Innsbruck.

Kontakte: Die ÖGATAP ist in ihrer hypnosespezifischen Ausrichtung Mitglied der European Society of Hypnosis (ESH) und der International Society of Hypnosis (ISH), wobei vor allem mit den Schwestergesellschaften in der Schweiz und in Deutschland ein fachlicher Austausch gepflegt wird. Als Beispiel für die Kontakte der ÖGATAP innerhalb Österreichs sei vor allem auf die wissenschaftliche Zusammenarbeit mit dem Österreichischen Arbeitskreis für Gruppentherapie und Gruppendynamik (ÖAGG) verwiesen, mit dem gemeinsam u. a. Weiterbildungen organisiert werden, mit der Österreichischen Gesellschaft für Analytische Psychologie (ÖGAP) und anderen analytischen Ausbildungsgesellschaften.

IV. Ausbildung

1. Aufnahmebedingungen

Voraussetzung für die Zulassung zur Absolvierung des Fachspezifikums ist neben der Erfüllung der gesetzlichen Bestimmungen der Besuch eines Einführungsseminars in der Methode Hypnosepsychotherapie (HY).

Kriterien, die InteressentInnen für die Ausbildung geeignet erscheinen lassen, sind: Reflexions- und Selbstreflexionsfähigkeit, Fähigkeit zu Empathie, sozialen Kontakten und Beziehungen, ausreichende Ich-Stärke und Belastbarkeit, ausreichende intellektuelle Begabung, reifer Umgang mit Frustrationen und mit eigenen und fremden aggressiven und libidinösen Impulsen. Als Kontraindikationen für die Zulassung zur Ausbildung gelten schwere Persönlichkeitsstörungen, deutliche Ich-Struktur-Defekte und auffällige Verhaltensstörungen.

2. Aufnahmemodus

Das Aufnahmegespräch, welches dazu dient, die persönliche Eignung und Belastbarkeit der InteressentInnen festzustellen, dauert etwa 30 Minuten und wird von 2 nach den Zufallsprinzip ausgewählten LehrdozentInnen geführt. Das Ergebnis wird sofort mitgeteilt.

3. Ausbildungsrahmen, -ablauf und -vertrag

Ausbildungsziel ist das Erkennen psychischer Störungen und Erkrankungen von PatientInnen und der Einsatz indikationsgerechter praktischer Behandlungsschritte auf den theoretischen Grundlagen der Hypnosepsychotherapie.

Verpflichtend für die Ausbildung ist die Teilnahme an einer geschlossenen, kontinuierlichen Ausbildungsgruppe (mind. 460 Std.), in der sowohl theoretisches Wissen (mind. 260 Std.) als auch Selbsterfahrung (mind. 200 Std.) vermittelt werden. Die Idee dieser kleinen Ausbildungseinheiten ist, einer möglichen Verschulung der Ausbildung vorzubeugen. Sie werden als 14-tägig stattfindende Abendgruppen mit 2–3 Wochenenden/Jahr oder als ausschließliche Wochenendgruppen (6- bis 8-mal/Jahr) angeboten und erstrecken sich über einen Zeitraum von 3 bis 4 Jahren. Derzeit gibt es in Wien 2 Ausbildungsgruppen, eine dritte ist gerade in Planung.

Nach ca. einem Jahr Gruppenselbsterfahrung in der laufenden Ausbildungsgruppe (100 Std.) erfolgt eine Überprüfung und Klärung des KandidatInnenstatus durch den Leiter der Ausbildungsgruppe, unter Einbeziehung der anderen GruppenteilnehmerInnen. Nach einem weiteren halben Jahr bis Jahr wird der Praktikantenstatus verliehen, der zur psychotherapeutischen Behandlung von PatientInnen unter Supervision berechtigt. Seit 2 Jahren ist ein Ausbildungsvertrag in Kraft, der die Rechte und Pflichten von KandidatInnen und Ausbildungsgesellschaft regelt und individuell zwischen AusbildungsteilnehmerIn und Ausbildungseinrichtung abgeschlossen wird.

4. Ausbildungsinhalte

a) Selbsterfahrung

Der Selbsterfahrungsteil umfasst mind. 400 Std., wovon auf Einzelselbsterfahrung bzw. Lehrtherapie mittels tiefenpsychologisch orientierter Hypnosepsychotherapie mind. 100 Std., auf Selbsterfahrung im Rahmen der kontinuierlichen Ausbildungsgruppe mind. 200 Std. und auf Selbsterfahrung im Rahmen verschiedener Weiterbildungs- und Intensivseminare mind. 100 Std.

entfallen. Die Einzelselbsterfahrung bzw. Lehrtherapie soll als kontinuierlicher Prozess bei einem einzigen Lehrtherapeuten erfolgen.

b) Theorie

Insgesamt umfasst der Theorieteil mind. 300 Std. Davon werden 200 Std. in der laufenden Gruppe und 100 Std. in verschiedenen Intensiv- und Theorieseminaren (z.B. in Waidhofen, Scheffau, Goldegg oder Kongress am Wiener AKH) und in speziellen Anwendungsseminaren (z.B. Sucht-, Schmerztherapie, Psychosomatik etc.) erworben.

Die inhaltliche Gliederung des theoretischen Teils der Ausbildung umfasst 5 Teilbereiche:

- Persönlichkeitsentwicklung (mind. 60 Std.): Vermittlung von Wissen aus den Bereichen Entwicklungspsychologie, Tiefenpsychologie, Ich-Psychologie, Selbstpsychologie, Objektbeziehungstheorie, Psychopathologie und Psychiatrie, Psychosomatik;
- Methodik und Technik (mind. 100 Std.): Psychophysiologie, objektive und subjektive Trancephänomene, Hypnosetheorien und Geschichte der Hypnose, Entspannungs- und Meditationstechniken, Suggestion; das Menschenbild und die Techniken von Milton Erickson; Therapieplanung (Erstinterview, Anamnese, Diagnostik, Arbeitshypothese, Therapieverlauf, Therapieende), Indikation und Kontraindikation der Hypnosepsychotherapie;
- Persönlichkeits- und Interaktionstheorien (mind. 50 Std.): Neurosenlehre, Verhaltenspsychologie, Sozialpsychologie, Kommunikationstheorie, Systemtheorie, Gruppenprozesse;
- Psychotherapeutische Literatur (mind. 40 Std.): Literaturstudium entsprechend der aktuellen Literaturliste;
- Schwerpunkt nach methodenspezifischer Ausrichtung (mind. 50 Std.): Spezifische Theorien der Hypnose als psychotherapeutisches Verfahren mit besonderer Beachtung tiefenpsychologischer Grundlagen wie Neurosenlehre, Übertragung und Gegenübertragung, Abwehren etc., Induktions- und Vertiefungstechniken, Abgrenzung und Kombination von/mit anderen psychotherapeutischen Verfahren.

c) Psychotherapeutische Tätigkeit unter Supervision

Eigene psychotherapeutische Tätigkeit ist in einem Mindestausmaß von 600 Std. vorgeschrieben. Den KandidatInnen wird in der Ausbildungsgruppe bei ausreichender Entwicklung und Qualifikation durch den verantwortlichen Ausbildungsdozenten, nach Feedback durch die Gruppe, der PraktikantInnenstatus verliehen. Damit ist man berechtigt, unter begleitender Supervision Therapien durchzuführen.

d) Supervision der psychotherapeutischen Tätigkeit

Die Supervision zur psychotherapeutischen Tätigkeit muss im Mindestumfang von 120 Std. erfolgen (mind. 10 Fallvorstellungen mit eigenem Fall). Es wird im Interesse der eigenen Qualität empfohlen, neben Gruppensupervision auch Einzelsupervision in Anspruch zu nehmen.

e) Praktikum

Mind. 550 Std.; bei der Auswahl eines Praktikumsplatzes bietet die ÖGATAP Hilfestellung an, indem in Form einer Börse regelmäßig nach Praktikumsmöglichkeiten gefragt und Praktikumsplätze in der vereinsinternen Zeitschrift *Infopost* angeboten werden.

f) Praktikumsupervision

Mind. 30 Std.

5. Evaluierung und Ausbildungsabschluss

Der Abschluss der Ausbildung besteht aus 2 Teilen: einer schriftlichen Ausarbeitung eines Therapieverlaufs und dem Therapeutenkolloquium. Dieses besteht einerseits aus einem Gespräch über den eingereichten Fall und den entsprechenden Behandlungsstil, andererseits aus allgemeinen Fragen zu Theorie und Praxis. Das Kolloquium muss vor 2 DozentInnen (wie beim Aufnahmegespräch nach dem Zufallsprinzip ausgewählt) abgelegt werden.

Alle Lehrveranstaltungen werden durch den Einsatz sogenannter Feedbackbögen anonym durch die TeilnehmerInnen evaluiert. Die Ergebnisse der Evaluation werden einerseits den Vortragenden mitgeteilt und fließen andererseits auch in die Auswahl der Vortragenden durch den/die AusbildungsleiterIn und die Organisationskomitees ein.

6. Dauer und Kosten

Unter Berücksichtigung aller erforderlichen Ausbildungsschritte beträgt die durchschnittliche Mindestausbildungsdauer ca. 3 $^1/_2$–5 Jahre.

Die Gesamtkosten belaufen sich – berechnet nach der für die einzelnen Ausbildungsteile erforderlichen Mindeststundenanzahl – auf mind. € 18.000,–. Die Praxis zeigt jedoch, dass die Kosten bei durchschnittlicher Dauer und durchschnittlichem Umfang eher € 19.000,– bis € 23.000,– betragen. Der jährliche Mitgliedsbeitrag beträgt € 148,– (ermäßigt € 112,–, gilt für StudentInnen, Arbeitslose, Karenzierte und PensionistInnen).

	Tagessatz/ Stundensatz	Stunden (mind.)	Gesamt (mind.)
Ausbildungskosten			
Eigentherapie (Einzel)	€ 60,– bis € 100,–	100	€ 6.000,–
Gruppenselbsterfahrung	€ 14,74	300	€ 4.422,–
Theorie	€ 14,74	300	€ 4.422,–
Einzelsupervision	€ 60,– bis € 100,–	keine; nur empf.	
Gruppensupervision	€ 14,74	120	€ 1.770,–
Praktikumsupervision	€ 14,74	30	€ 440,–
Zusatzkosten			
Aufnahmekosten			
Aufnahmegespräch	€ 94,–	4 Jahre	€ 94,–
Mitgliedsbeitrag	€ 148,–		€ 592,–
Sonstige Kosten:			
Therapeutenkolloquium			€ 218,–
Gesamtkosten			**€ 17.958,–**

7. AusbildnerInnen

Grundsätzlich wird zwischen DozentInnen (LehrtherapeutInnen mit voller Lehrbefugnis) und LehrtherapeutInnen (mit partieller Lehrbefugnis) unterschieden. Die Aufgaben der DozentInnen sind die Abhaltung der theoretischen und praktischen Ausbildung, von Supervision, Lehrtherapien (Einzel- und Gruppenselbsterfahrung), Aufnahmegesprächen, Therapeutenkolloquien und die Leitung einer der kontinuierlichen Ausbildungsgruppen, während die LehrtherapeutInnen mit partieller Lehrbefugnis ausschließlich für den Bereich der Selbsterfahrung zuständig sind.

Für die Bestellung von LehrtherapeutInnen und DozentInnen müssen zusätzlich zu den gesetzlichen Vorgaben vor der Berufung zur DozentIn der Status der LehrtherapeutIn für partielle Lehrbefugnis erreicht worden sein, Nachweise über mind. 140 Std. Gruppenerfahrung in Gruppendynamik, Gruppenanalyse oder einer vergleichbaren Methode erbracht und mind. 8 Co-Leitungen in Intensiv- und Fallvorstellungsseminaren gemacht werden.

- Zahl der AusbildnerInnen (LehrtherapeutInnen) mit voller Lehrbefugnis (Stichtag 1. 6. 2005): 7
- Zahl der AusbildnerInnen (LehrtherapeutInnen) mit partieller Lehrbefugnis (Stichtag 1. 6. 2005): 2
- Zahl der GastdozentInnen (im Zeitraum 1. 6. 2004 – 1. 6. 2005): 25

LehrtherapeutInnen mit voller Lehrbefugnis (Stand 1. 6. 2005):

Brigitte Anderl, Dr., Psychologin, Wien

Susanne Frei, Dr., Psychologin, Wien

Hans Kanitschar, Dr., Psychologe, Wien
Wolfgang Ladenbauer, Dr., Arzt, Wien
Matthias Mende, Dr., Psychologe, Salzburg
Heinrich Wallnöfer, OMR Dr., Arzt, Wien
Philip Zindel, Dr., Arzt, Basel (CH)

V. Gesamtbetrachtung

Hypnosepsychotherapie wird von der ÖGATAP seit 1969 als wissenschaftlich-psychotherapeutische Methode mit tiefenpsychologischer Grundlage in Form von Ausbildungsgruppen angeboten. Im Jahr 2004 erfolgte die Umbenennung in Hypnosepsychotherapie. Die frühere ärztliche Dominanz ist zurückgegangen (so sind von 7 permanenten LehrtherapeutInnen 4 PsychologInnen).

Die Ausbildung ist berufsbegleitend und erfolgt in erster Linie im Rahmen kontinuierlicher Ausbildungsgruppen (max. 14 TeilnehmerInnen pro Gruppe), für deren Leitung jeweils ein Dozent verantwortlich ist. Sie werden als 14-tägig stattfindende Abendgruppen mit 2–3 Wochenenden/Jahr oder als reine Wochenendgruppen (6- bis 8-mal/Jahr) angeboten.

Aufgrund des in den letzten Jahren stetig anwachsenden Interesses an dieser Ausbildungsmethode werden zurzeit 2 Hypnosepsychotherapie-Ausbildungsgruppen in Wien angeboten, eine weitere ist bereits in Planung. Außerhalb der Ausbildungsgruppen werden zusätzliche theoretische und methodische Veranstaltungen im Rahmen von Kongressen und Tagungen der ÖGATAP angeboten (jährlicher Kongress im AKH-Wien, Internationales Seminar für Psychotherapie in Waidhofen/Ybbs, Winterseminar in Scheffau/Tirol, KIP-Seminar in Goldegg).

Kontaktadresse

Sekretariat der ÖGATAP
Kaiserstraße 14/13
1070 Wien
Tel. 01/523 38 39
E-Mail: office@oegatap.at
www.oegatap.at

Österreichischer Verein für Individualpsychologie (ÖVIP)*

Die fachspezifische Ausbildung schließt mit der Graduierung zum Individualpsychologischen Analytiker bzw. zur Individualpsychologischen Analytikerin ab. Der Schwerpunkt liegt in der einzeltherapeutischen Ausbildung, welche der Tiefenpsychologie verpflichtet ist.

Für die Theorieausbildung ist das Alfred-Adler-Institut zuständig. Dort ist auch eine Bibliothek mit individualpsychologischer Literatur eingerichtet, die auf Anfrage auch Nichtmitgliedern offen steht.

Der ÖVIP ist Träger eines Ambulatoriums für Kinder und Jugendliche in Krisensituationen („die boje"), das im Individualpsychologischen Zentrum (IPZ) in Wien (17., Hernalser Hauptstraße 15/3/11) untergebracht ist.

Regional betrachtet gibt es Ausbildungsangebote nahezu in ganz Österreich, da in fast allen Regionen LehrtherapeutInnen zur Verfügung stehen.

Methode und Methodenverständnis

Die hochfrequente, langfristige Analyse von Erwachsenen zielt in besonders differenzierter Weise auf das Deuten und Bewusstwerden von Unbewusstem ab und findet im Sessel-Couch-Setting bei 2 bis 4 Therapiesitzungen pro Woche statt. Von zentraler Bedeutung ist dabei ein zurückhaltendes Auftreten des Therapeuten; die Aufforderung an den Patienten, frei zu erzählen, was ihm in den Sinn kommt; sowie das Bemühen um ein allmähliches Verstehen des bewussten und unbewussten lebensstiltypischen Erlebens und Handelns im Hier und Jetzt, besonders das Verstehen von Übertragung und Widerstand, Abwehr und Sicherung unter Einbeziehung biografischer Perspektiven.

Unter Berücksichtigung der jeweiligen Indikation zur Psychotherapie, den gegebenen institutionellen Rahmenbedingungen und den akut gegebenen Möglichkeiten wird auch in anderen Settings gearbeitet, wobei die spezifische methodische Gestaltung der psychotherapeutischen Arbeit vom je entfalteten tiefenpsychologischen Verständnisrahmen abhängig gemacht wird.

Individualpsychologische Psychotherapie wird nicht nur mit Erwachsenen, sondern auch in der Arbeit mit Kindern, Jugendlichen, Familien, Paaren und Gruppen sowie im Grenzbereich zwischen Psychotherapie, Beratung und Krisenintervention geleistet.

* Diese Darstellung basiert auf dem Text von Beate Klocker aus der Erstauflage (1995); Aktualisierung und ergänzende Überarbeitung mit Unterstützung von Wilfried Datler.

I. Geschichte

Nachdem es 1911 zum Bruch Alfred Adlers mit Sigmund Freud gekommen war, gründete Adler einen Verein für Freie Psychoanalyse. 1912 wandelte er die Bezeichnung – um die Trennung von Freud auch namentlich hervorzukehren – in Verein für Individualpsychologie um. Wie Freud pflegte Adler monatliche Zusammenkünfte mit anderen Interessierten. Die Vergabe von Ausbildungsdiplomen lässt sich bis in die 1920er-Jahre zurückverfolgen.

Ab 1934, während des austrofaschistischen Regimes, konnten Aktivitäten nur eingeschränkt verfolgt werden. Die einsetzende Emigration der Intellektuellen und Wissenschaftler minderte mit der Zeit auch die inoffiziellen Aktivitäten. Zwar wurde noch 1937 ein „Club der Freunde der Individualpsychologie" mit Sitz in Wien gegründet, doch war dies ein letztes Aufflackern hoffnungsvollen Bestrebens. Mit dem Einmarsch der Deutschen Wehrmacht und dem „Anschluss" Österreichs an das Deutsche Reich erlosch die Vereinstätigkeit vollends. Die Zeit während des Zweiten Weltkriegs war vom Zusammenrücken der wenigen in Wien verbliebenen Psychoanalytiker und Individualpsychologen gekennzeichnet. Erst 1946 konnte der Wiener Verein für Individualpsychologie seine Tätigkeiten wieder aufnehmen. 1979 wurde der Tätigkeitsbereich des Vereins, der zuvor auf Wien beschränkt gewesen war, auf ganz Österreich ausgeweitet. Zugleich wurden neue Statuten und eine neue Ausbildungsordnung beschlossen. Im Zuge dessen kam es auch zu einer neuerlichen Namensänderung (in Österreichischer Verein für Individualpsychologie). Seit 1993 ist der ÖVIP als fachspezifische psychotherapeutische Ausbildungseinrichtung anerkannt.

II. Organisationsstruktur

Der ÖVIP besteht aus mehreren organisatorischen Untereinheiten. Eine davon ist das Alfred-Adler-Institut, welches vor allem für die Theorieausbildung zuständig ist. Dieses bietet darüber hinaus – z.T. in Zusammenarbeit mit anderen Institutionen – auch nichttherapeutische Weiterbildungsveranstaltungen an, welche etwa Bereiche wie Schule, Infant-Observation oder Erziehungsberatung betreffen.

Eine weitere Untereinheit stellt der Lehrausschuss dar, der vor allem für die Aufnahme und für die Graduierung von AusbildungskandidatInnen sowie die Durchführung des praktischen Teils der psychotherapeutischen Ausbildung zuständig ist. Mitglieder des Lehrausschusses führen die Vorstellungsgespräche mit jenen InteressentInnen, die ihre fachspezifische Psychotherapieausbildung im ÖVIP absolvieren möchten.

Es ist zwischen ordentlichen und außerordentlichen Vereinsmitgliedern sowie KandidatInnen zu unterscheiden. Die ordentliche Mitgliedschaft kann erst nach vollständigem Abschluss der psychotherapeutischen Ausbildung erworben werden. KandidatInnen sind Personen, die durch den Vorstand zur fachspezifischen Ausbildung aufgenommen wurden. Sie sind stimmberechtigt; bloß Abstimmungen über Statutenfragen sind den ordentlichen Mitgliedern vorbehalten.

Außerordentliche Mitglieder sind solche Personen, die sich durch theoretische und praktische berufsbegleitende Weiterbildung in ihrem Beruf individualpsychologisch qualifiziert haben und sich an der Vereinstätigkeit beteiligen, ohne über eine individualpsychologische Psychotherapieausbildung zu verfügen.

Daten zur Ausbildungseinrichtung

• Zahl der Mitglieder mit absolvierter psychotherapeutischer Ausbildung (Stichtag 1. 1. 2005):	144
• Aktuelle Zahl der AusbildungsteilnehmerInnen (Stichtag 1. 6. 2005):	127
• Zahl der AusbildungsteilnehmerInnen im Status „Psychotherapeut/in in Ausbildung unter Supervision“ (Stichtag 1. 6. 2005):	81
• Zahl der Aufnahmen in die psychotherapeutische Ausbildung im letzten Jahr (1. 6. 2004 – 1. 6. 2005):	10
• Zahl der Aufnahmen in die psychotherapeutische Ausbildung in den letzten 5 Jahren (1. 6. 2000 – 1. 6. 2005):	41
• Zahl der Abschlüsse der psychotherapeutischen Ausbildung (1. 6. 2000 – 1. 6. 2005):	25
• Zahl jener AusbildungsabsolventInnen, die mit der entsprechenden Zusatzbezeichnung derzeit (Stand 1. 6. 2005) in die Psychotherapeutenliste eingetragen sind:	150

III. Veröffentlichungen, Veranstaltungen, Kontakte

Veröffentlichungen: Wissenschaftliche Publikationen von Mitgliedern des Vereins erscheinen u.a. in dem vierteljährlich herausgegebenen Fachorgan *Zeitschrift für Individualpsychologie* oder in den *Beiträgen zur Individualpsychologie* (beide im Verlag Vandenhoeck & Ruprecht). Zweimal jährlich wird ein vereinsinternes Mitteilungsblatt und ein Seminarprogramm des Alfred-Adler-Instituts an die Mitglieder verschickt.

Veranstaltungen: In Wien und Graz werden regelmäßig Vereinsabende, im Westen Österreichs Vereinstreffen abgehalten, die der wissenschaftlichen Diskussion dienen. Dazu kommen regelmäßig stattfindende Fallbesprechungsabende und zweimal jährlich stattfindenden Symposien („IP-Weekends“). Außerdem veranstaltet der ÖVIP seit 1980 regelmäßig wissenschaftliche Kongresse in Österreich.

Arbeitstagungen und Kongresse (seit 1997) (Auswahl):
(1997) Arbeitstagung: „Setting, Frequenz und Dauer von Psychotherapien", Aachensee
(1998) 6. Österreichischer Kongress für Individualpsychologie zum Thema „Die individualpsychologische Gruppe: Gruppenpsychotherapie, Gruppenpsychoanalyse", Wien
(1998) Arbeitstagung: „Therapieabbrüche", Salzburg
(2000) Arbeitstagung: „Die Dritten in der Psychotherapie", Salzburg
(2001) Arbeitstagung: „Gegenübertragung – ihre Bedeutung und Handhabung im therapeutischen Prozess", Salzburg
(2002) Arbeitstagung: „Perversion in der Psychotherapie und im menschlichen Alltag", Salzburg
(2002) Arbeitstagung: „Scham: Zur Psychodynamik eines Affekts und seiner Bedeutung im psychotherapeutischen Prozess", Salzburg
(2002) Arbeitstagung: „Macht und Machtstreben: Ist das klassische individualpsychologische Konzept des Macht-Strebens heute noch aktuell und bedeutsam für unsere psychotherapeutische Praxis?", Salzburg
(2003) Arbeitstagung: „Neurose als unpassende Wirklichkeitskonstruktion? Radikaler Konstruktivismus und individualpsychologische Grundannahmen", Salzburg
(2005) Arbeitstagung: „Was ist das typisch Individualpsychologische am Deuten von Neid?", Salzburg
(2005) Arbeitstagung: „Diagnostik in der Psychotherapie", St. Gilgen

Kontakte: Es besteht auch ein enger Kontakt zu Versorgungseinrichtungen, zu Universitätsinstituten und -kliniken, da viele Vereinsmitglieder, insbesondere auch lehrende Mitglieder, in solchen Einrichtungen tätig sind. Der Verein ist Gründungsmitglied des Internationalen Vereins für Individualpsychologie. Dieser organisiert seit 1922 kontinuierlich internationale wissenschaftliche Kongresse.

IV. Ausbildung

1. Aufnahmebedingungen

Neben der Erfüllung der gesetzlichen Aufnahmebedingungen laut Psychotherapiegesetz sollten die Ansuchenden in ausreichender Weise bereit und in der Lage sein, im Zuge der Ausbildung Flexibilität, Beziehungsfähigkeit und theoretisches Verständnis zu entwickeln sowie Zugang zu eigenen unbewussten Prozessen zu finden.

2. Aufnahmemodus

Es müssen insgesamt 5 Vorstellungsgespräche mit Mitgliedern des Lehrausschusses geführt werden. Diese können aus einer Liste der Lehrausschussmitglieder ausgewählt werden. Haben die Mitglieder des Lehrausschusses den Eindruck gewonnen, dass der Ansuchende für die Psychotherapieausbildung zum Individualpsychologen geeignet ist, so empfehlen sie dem Vorstand, das Ansuchen um Zulassung zur Ausbildung positiv zu behandeln.

3. Ausbildungsrahmen, -ablauf und -vertrag

Die im Folgenden beschriebene Ausbildungsordnung besteht seit Jänner 1992. Danach umfasst die individualpsychologische Ausbildung insgesamt 1.980 Std. und gliedert sich in eine Theorieausbildung (mind. 300 Std.), eine praktische Ausbildung (mind. 1.630 Std.) und in selbstgewählte ergänzende Schwerpunktsetzungen (mind. 50 Std.).

Zwischen den einzelnen AusbildungskandidatInnen und dem ÖVIP wird ein schriftlicher Ausbildungsvertrag geschlossen.

4. Ausbildungsinhalte

a) Selbsterfahrung

Im Zuge der Ausbildung sind folgende Selbsterfahrungselemente zu absolvieren (insgesamt mind. 330 Std.): eine Lehranalyse in der Dauer von mind. 300 Std. bei ÖVIP-LehranalytikerInnen sowie Gruppenselbsterfahrung in der Dauer von mind. 30 Std. bei ÖVIP-GruppenpsychotherapeutInnen.

b) Theorie

Der Theorieteil der Ausbildung umfasst einen Literatur-Grundkurs (mind. 210 Std.) sowie vertiefende Theorieseminare (mind. 90 Std.).
Der Literatur-Grundkurs sieht die folgenden 5 Themensetzungen vor:

- Entwicklung der Individualpsychologie im historischen Kontext (mind. 40 Std.);
- Persönlichkeitstheorie und Interaktionstheorie (mind. 50 Std.);
- Entwicklungspsychologie (mind. 40 Std.);
- Psychopathologie (mind. 40 Std.);
- Methodik und Praxeologie bzw. Technik (mind. 40 Std.).

Zur Absolvierung dieser Ausbildungselemente bietet das Alfred-Adler-Institut Literaturseminare an, die sich über mehrere Semester erstrecken, insgesamt zumindest 150 Std. umfassen und auf die oben erwähnten Ausbildungselemente anrechenbar sind. Für AusbildungskandidatInnen ist die Teilnahme an diesen Literaturseminaren verpflichtend. Daneben bietet das Alfred-Adler-Institut auch andere, zeitlich kürzer bemessene Literaturseminare an, die auf die oben erwähnten Ausbildungselemente anrechenbar sind.
Die vertiefenden Theorieseminare beinhalten:

- ein Seminar über Unterschiede in der psychotherapeutischen Arbeit mit Kindern, Jugendlichen und Erwachsenen (mind. 20 Std.);

- spezielle Fragen der Psychopathologie (Entwicklungspsychopathologie) in ihrer Bedeutung für die psychotherapeutische Arbeit mit Erwachsenen (mind. 35 Std.);
- fallzentrierte Seminare zu speziellen Fragen der Methodik und Praxeologie (Technik) des psychotherapeutischen Arbeitens mit Erwachsenen (mind. 35 Std.).

c) Psychotherapeutische Tätigkeit unter Supervision

Wenn zumindest der Literatur-Grundkurs und mind. 100 Std. Lehranalyse absolviert wurden, kann an den Lehrausschuss der Antrag gestellt werden, in die (vom Lehrausschuss geführte) Liste jener PsychotherapeutInnen in Ausbildung eingetragen zu werden, welche berechtigt sind, unter Supervision (Kontrollanalyse) individualpsychologisch-psychotherapeutisch zu arbeiten. Die eigene psychotherapeutische Arbeit umfasst mind. 600 Std. mit mind. 3 PatientInnen. Von den mind. 3 Fällen müssen mind. 2 der einzelpsychotherapeutischen Arbeit mit Erwachsenen entstammen, der dritte Fall kann dem Bereich der Kinder- oder Jugendlichenpsychotherapie zuzurechnen sein.

d) Supervision der psychotherapeutischen Tätigkeit

Supervision (als Kontrollanalyse der eigenen psychotherapeutischen Tätigkeit) ist in einem Ausmaß von mind. 120 Std. erforderlich. Dabei sollten u.a. mind. ein Therapieanfang und ein Therapieabschluss supervisorisch besprochen werden.

e) Praktikum

Mind. 550 Std.; die KandidatInnen werden bei der Suche nach einem Praktikumsplatz durch den ÖVIP unterstützt.

f) Praktikumsupervision

Mind. 30 Std. im Einzel- oder Gruppensetting.

g) Sonstiges

Zur individuellen Ergänzung der theoretischen und praktischen Ausbildung sind Ausbildungselemente im Gesamtumfang von mind. 50 Std. aus einer Reihe von Vorschlägen auszuwählen (selbst gewählte ergänzende Schwerpunktsetzung). Zur Absolvierung dieser Ausbildungselemente können auch Aus-, Fort- und Weiterbildungsveranstaltungen belegt werden, die nicht vom ÖVIP angeboten werden.

5. Evaluierung und Ausbildungsabschluss

Wird der erfolgreiche Abschluss der Theorieausbildung, der praktischen Ausbildung und der selbst gewählten ergänzenden Schwerpunktsetzung vom

Lehrausschuss nach Rücksprache mit dem Alfred-Adler-Institut bestätigt, ist im Anschluss daran ein Abschlussvortrag in schriftlicher Form dem Lehrausschuss vorzulegen. Wird darüber positiv befunden, ist der Abschlussvortrag der Vereinsöffentlichkeit zu präsentieren. Mit dem vom Vorstand bestätigten erfolgreichen Abschluss der Ausbildung ist die Voraussetzung für die Eintragung in die Psychotherapeutenliste mit der methodenspezifischen Zusatzbezeichnung Individualpsychologie (IP) gegeben. Die ÖVIP-AbsolventInnen sind berechtigt, den Titel Individualpsychologischer Analytiker bzw. Individualpsychologische Analytikerin zu führen und können zugleich ordentliche Mitglieder des ÖVIP werden. Außerdem kann die gruppenpsychotherapeutische oder die kinder- und jugendlichenpsychotherapeutische Weiterbildung des ÖVIP begonnen bzw. fortgesetzt und beendet werden.

6. Dauer und Kosten

Für die gesamte Ausbildung ist mit einer Mindestdauer von 4 bis 5 Jahren zu rechnen.

Für den theoretischen Teil ergeben sich keine Wartezeiten. Bei den praktischen Teilen der Ausbildung kann es allerdings zu Wartezeiten von 1 bis 2 Jahren kommen.

Die Kosten für die gesamte Ausbildung belaufen sich auf mind. € 31.580,–.

Der Mitgliedsbeitrag beträgt jährlich € 265,– für ordentliche Mitglieder und € 190,– für KandidatInnen (das Abonnement der *Zeitschrift für Individualpsychologie* ist in diesen beiden Beträgen inkludiert). Für die 5 Vorstellungsgespräche im Zuge des Aufnahmeverfahrens wird nichts verrechnet.

	Tagessatz/ Stundensatz	**Stunden (mind.)**	**Gesamt (mind.)**
Ausbildungskosten			
Eigentherapie (Einzel)	€ 60,–	300	€ 18.000,–
Gruppenselbsterfahrung	€ 11,–	30	€ 330,–
Theorie	€ 11,–	300	€ 3.300,–
Einzelsupervision	€ . 60,–	120	€ 7.200,–
Praktikumsupervision	€ 60,–	30	€ 1.800,–
Zusatzkosten			
Aufnahmekosten			
Mitgliedsbeitrag	€ 190,–	für 5 Jahre	€ 950,–
Gesamtkosten			**€ 31.580,–**

7. AusbildnerInnen

Ordentliche Mitglieder des ÖVIP können als TheorieausbildnerInnen bestellt werden, wenn der Abschluss ihrer Ausbildung zumindest 5 Jahre zurückliegt und wenn sie sich durch ihre wissenschaftliche sowie psychotherapeutisch-praktische Tätigkeit für einzelne Fachgebiete der theoretischen Ausbildung besonders qualifiziert haben. Sie werden vom Leitungsausschuss des Alfred-Adler-Instituts bestellt.

Für den praktischen Teil sind vom Vorstand des ÖVIP Lehr- und KontrollanalytikerInnen sowie Personen, die als KontrollanalytikerInnen zur Verfügung stehen, bestellt. Zur Auswahl stehen hierbei jene ordentlichen Mitglieder, deren Ausbildungsabschluss länger als 5 Jahre zurückliegt. Zusätzlich müssen sie über ausreichende psychotherapeutische Erfahrung verfügen und ihre therapeutische und didaktische Kompetenz mehrfach unter Beweis gestellt haben.

• Zahl der AusbildnerInnen (LehrtherapeutInnen) mit voller Lehrbefugnis (Stichtag 1. 6. 2005):	19
• Zahl der AusbildnerInnen (LehrtherapeutInnen) mit partieller Lehrbefugnis (Stichtag 1. 6. 2005):	14
• Zahl der GastdozentInnen (im Zeitraum 1. 6. 2004 – 1. 6. 2005):	17

LehrtherapeutInnen mit voller Lehrbefugnis (Stand 1. 6. 2005):

Region Ost:

Gertrude Bogyi, Dr., Psychologin, Wien

Wilfried Datler, a.o. Univ.-Prof., Dr., Bildungswissenschaftler und Psychologe, Wien

Kurt-Bernhard Günther, Dr., Psychologe, Wien

Max H. Friedrich, Univ.-Prof., Dr., Kinderpsychiater, Wien

Josef Lange, DDr., Theologe und Soziologe, Wien

Margot Matschiner-Zollner, Mag., AHS-Lehrerin, Wien

Eva Presslich, Ass.-Prof., Dr., Psychologin, Wien

Toni Reinelt, a.o. Univ.-Prof., Dr., Psychologe, Wien

Gernot Sonneck, Univ.-Prof., Dr., Psychiater, Wien

Elisabeth Wustinger, Dr., Psychologin, Wien

Region Süd:

Magdalena Copony, Dr., Ärztin, Graz

Viktor Kann, Dr., Arzt, Graz

Ulf Lukan, Dr., Psychologe, Graz

Walter Pieringer, Univ.-Prof., Dr., Arzt, Graz

Region Mitte:

Werner Leixnering, Prim. Dr., Kinderpsychiater, Linz und Wien

Josef M. Trimmel, Prof. (PH), Mag., Sozialarbeiter und Erziehungswissenschaftler, Salzburg und Wels

Region West:

Wilfried Biebl, a.o. Univ.-Prof., Dr., Arzt, Innsbruck

Brigitte König, Sozialarbeiterin, Feldkirch

Roland Wölfle, Dr., Arzt, Wolfurt

V. Gesamtbetrachtung

In der Tradition und im Selbstverständnis des ÖVIP ist individualpsychologische Psychotherapie ein tiefenpsychologisches Verfahren, für welches die Annahme unbewusster psychischer Aktivitäten von zentraler Bedeutung ist.

Bei den beruflichen Vorbildungen der Lehrpersonen dominieren ÄrztInnen und PsychologInnen mit jeweils einem Drittelanteil.

Im Anschluss an die Ausbildung sollen individualpsychologische PsychotherapeutInnen befähigt sein, vor ihrem individualpsychologischen Hintergrund (je nach spezieller Qualifikation) mit PatientInnen in verschiedenen Settings und auch unter verschiedenen institutionellen Bedingungen zu arbeiten. Sie sind nach Absolvierung des Curriculums jedenfalls in der Lage, mit Erwachsenen – unter Berücksichtigung der jeweiligen Psychotherapieindikation, der institutionellen Rahmenbedingungen und der situativ vorhandenen Möglichkeiten – einzelanalytisch zu arbeiten. Es ist möglich, schon während der fachspezifischen Ausbildung Akzente z.B. in Richtung einer Weiterbildung für individualpsychologische Kinder- und Jugendpsychotherapie zu setzen.

Kontaktadresse

Österreichischer Verein für Individualpsychologie
Hernalser Hauptstraße 15/3/11
1170 Wien
Tel. 01/406 66 02-11, Fax 01/406 66 02-22
E-Mail: oevip@psychotherapie.at
www.members.magnet.at/oevip

Donau-Universität Krems, Zentrum für Psychosoziale Medizin, Universitätslehrgang „Psychotherapie"*

Das Zentrum für Psychosoziale Medizin der Donau-Universität Krems bietet als seit 2005 anerkannte fachspezifische Ausbildungseinrichtung im Rahmen des Universitätslehrganges „Psychotherapie" eine Ausbildung in Integrativer Therapie an.

Das Fachspezifikum wird an der Donau-Universität Krems und in Bildungshäusern im Raum St. Pölten veranstaltet.

Methode und Methodenverständnis

Die Integrative Therapie wurde in den 1970er-Jahren von Hilarion G. Petzold, Johanna Sieper und Hildegund Heinl als praktisches Verfahren aus Elementen verschiedener Therapieströmungen (Elastische Psychoanalyse, Psychodrama, Gestalttherapie, Verhaltensmodifikation, Integrative Leib- und Bewegungstherapie) entwickelt. Sie ist ein spezieller Ansatz von systematischer Methodenintegration und schulenübergreifender Konzeptentwicklung in der Psychotherapie mit einer Fundierung durch klinisch-empirische Forschung. Dadurch werden mehrperspektivische Zugangsweisen und multimethodische Behandlungswege ermöglicht, d.h. neben verbalem Austausch werden auch Ansätze nonverbaler Kommunikation sowie kreative Methoden, Techniken und Medien miteinbezogen. Die Neuorganisation des Denkens, Erlebens und Verhaltens des Patienten wird mittels therapeutischen Kontakts und Beziehung unter Bearbeitung aktueller Lebensprobleme, sozialer Netzwerksituationen sowie unbewusster Konflikte erreicht.

Auf dieser Basis ist die Integrative Therapie ein kuratives und palliatives Handeln in ambulanten, stationären, klinischen und rehabilitativen Settings und auch einsetzbar für eine gesundheitsfördernde Arbeit, z.B. in der Prävention. Die Integrative Therapie findet Anwendung in der Einzel-, Paar-, Familien- und Gruppentherapie.

I. Geschichte

Die Donau-Universität Krems wurde 1994 gegründet und nahm ihren Lehrbetrieb im Oktober 1995 auf. Sie ist die 22. staatliche Universität Österreichs, die privatwirtschaftlich geführt wird. Im Zentrum für Psychosoziale Medizin, das seit 1999 besteht, erfolgt postgraduale Aus- und Weiterbildung sowie Forschung auf dem Gebiet von psychosozialen Interventionen, die ganzheitlich

* Texterstellung mit Unterstützung von Anton Leitner.

und differenziell ausgerichtet sind. Es werden Universitätslehrgänge für Berufsgruppen angeboten, in deren Arbeitsfeld der Umgang mit Menschen im Sinne eines intersubjektiven Prozesses im Mittelpunkt steht. Im Oktober 2000 erfolgte das Ansuchen um die Anerkennung als Ausbildungseinrichtung für das Psychotherapeutische Fachspezifikum Integrative Therapie. Im Dezember 2005 wurde die Donau-Universität Krems als Ausbildungsträger für das Psychotherapieverfahren Integrative Therapie anerkannt.

II. Organisationsstruktur

Das Fachspezifikum wird am Zentrum für Psychosoziale Medizin der Donau-Universität Krems im Rahmen eines Universitätslehrganges angeboten. Die Zulassung zum Studium erfolgt jeweils nach Maßgabe vorhandener Studienplätze. Die Zulassung der Studierenden obliegt gemäß § 60 Abs. 1 UG 2002 dem Rektorat. Die Studierenden bleiben bis zum Abschluss des Fachspezifikums an der Donau-Universität Krems inskribiert. Der Lehrausschuss besteht aus der wissenschaftlichen Leitung und LehrtherapeutInnen der Integrativen Therapie.

Da die Einrichtung erst vor Redaktionsschluss als fachspezifische Ausbildungsinstitution anerkannt wurde, gibt es noch keine Ausbildungsabschlüsse. Der Start der ersten Ausbildungsgruppe ist für das WS 2006/07 geplant.

III. Veröffentlichungen, Veranstaltungen, Kontakte

Veröffentlichungen: Leitner, A. (Hg.) (2001): Strukturen der Psychotherapie (Band 1 der Reihe „Fortschritte der Psychotherapeutischen Medizin“, Edition Donau-Universität Krems). Wien: Krammer.
Leitner, A. (Hg.) (2003): Entwicklungsdynamiken in der Psychotherapie (Band 2 der Reihe „Fortschritte der Psychotherapeutischen Medizin“, Edition Donau-Universität Krems). Wien: Krammer.

Veranstaltungen: Das Zentrum für Psychosoziale Medizin veranstaltet jährlich in Kooperation mit der Österreichischen Gesellschaft für Psychosomatische und Psychotherapeutische Medizin (ÖGPPM) die „Kremser Tage“:
Tagungsthema 2005: „Synergetik von Psyche und Gehirn“
Tagungsthema 2006: „Stress in Gesundheit und Krankheit“

Kontakte: Das Zentrum für Psychosoziale Medizin hält mehrere Kooperationen mit anderen Ausbildungsträgervereinen und Berufsvertretungen. Für das Absolvieren der Wahlpflichtfächer können z.B. Vorlesungen des Universitätslehrganges „Psychotherapeutische Medizin“, der in Kooperation mit der Ärztekammer für Niederösterreich veranstaltet wird, besucht werden. Die „Kremser Tage“, die in Kooperation mit der ÖGPPM veranstaltet werden, bieten Weiterbildung für PsychotherapeutInnen, Psychotherapeutische MedizinerInnen, Lebens- und SozialberaterInnen und SupervisorInnen an. Damit soll auch eine stärkere Vernetzung von Menschen, die im psychosozialen Bereich tätig sind, erreicht werden.

IV. Ausbildung

1. Aufnahmebedingungen

Voraussetzung für die Zulassung zum Universitätslehrgang mit dem Abschluss „Akademische/r Psychotherapeut/in" ist die Erfüllung der Aufnahmevoraussetzungen gemäß Psychotherapiegesetz. Für den Universitätslehrgang mit dem Abschluss „Master of Science" ist zusätzlich eine Studienberechtigung vorzuweisen.

2. Aufnahmemodus

Mittels Bewerbungsbogen bewerben sich die InteressentInnen um einen Studienplatz. Danach sind 3 Aufnahmegespräche bei Integrativen LehrtherapeutInnen zu führen. Nach positivem Bescheid erfolgt die endgültige Anmeldung durch die Studierenden. Es erfolgt die Überprüfung und Erteilung des Studienplatzes durch das Rektorat.

3. Ausbildungsrahmen, -ablauf und -vertrag

Die Ausbildung wird gemäß der Verordnung des Universitätslehrganges „Psychotherapie" berufsbegleitend durchgeführt. Die Lehrveranstaltungen werden in 7 Semestern angeboten. Eine Weiterinskription nach dem 7. Semester ist bis zur Erbringung aller zusätzlich geforderten Ausbildungsschritte (Einzeltherapie, Praktikum, Praktikumsupervision – Einzel und Gruppe sowie Wahlfächer) vorgesehen.

4. Ausbildungsinhalte

a) Selbsterfahrung (330 Std.)

Lehrtherapie: mind. 80 Std.
Gruppenselbsterfahrung (fortlaufende Ausbildungsgruppe): 250 Std.

b) Theorie

- Theorie der gesunden und psychopathologischen Persönlichkeitsentwicklung (60 Std.)
- Methodik und Technik (Kreative Medien, Leibarbeit, Krisenintervention, Grundlagen zur Durchführung von Einzeltherapien) (100 Std.)
- Persönlichkeits- und Interaktionstheorien der Integrativen Therapie (50 Std.)
- Spezielle Theorie (Erstinterview und Prozessuale Diagnostik, Theoretische Grundlagen der IT der Traumarbeit, Integrative Therapie in der Psychiatrie und bei Suchterkrankungen) (90 Std.)

- Wahlpflichtfächer: aktuelle Entwicklungen in der Psychotherapie; Diagnostik psychischer Störungen ICD 10, Indikation; Risiken, Nebenwirkungen und Schäden durch Psychotherapie; Psychotraumatologie; Rechtsfragen in der Psychotherapie; wissenschaftliches Arbeiten (30 Std.)
- Literatur (40 Std.)

c) Psychotherapeutische Tätigkeit unter Supervision

Zur psychotherapeutischen Arbeit unter Supervision wird der/die AusbildungskandidatIn nach dem Screening im 3. Ausbildungsjahr zugelassen.

d) Supervision der psychotherapeutischen Tätigkeit

Supervision der psychotherapeutischen Arbeit mit Gruppen- sowie EinzelpatientInnen, davon mind. 30 Std. Einzelsupervision.

e) Praktikum

Praktikum (mind. 550 Std.)

f) Praktikumsupervision

Diese erfolgt parallel zum Praktikum im Gruppen- oder auch im Einzelsetting.

5. Evaluierung und Ausbildungsabschluss

Bis zum Ende des 3. Ausbildungsjahres ist eine schriftliche Teilprüfung in Form eines in sich geschlossenen wissenschaftlichen Textes zu verfassen, der eine Vertiefung in einem der Unterrichtsfächer darzustellen hat.
Für den Lehrgang mit dem Abschluss „Akademische/r Psychotherapeut/in" ist eine schriftliche Abschlussarbeit über Theorie und Praxis der Psychotherapie im Ausmaß von mind. 9.000 Wörtern zu erstellen. Diese Arbeit soll erkennen lassen, dass der/die StudentIn sein/ihr theoretisches Wissen selbstständig und praktisch anwenden kann. Die Beurteilung erfolgt durch die Lehrgangsleitung oder von dieser betraute Lehrende.

Für den Lehrgang mit dem Abschluss „Master of Science" (Psychotherapie) ist die Verfassung einer umfassenden schriftlichen Arbeit (Masterthese) im Ausmaß von mind. 18.000 Wörtern erforderlich. Die Masterthese wird von zwei BegutachterInnen beurteilt.

Nach positiver Beurteilung der schriftlichen Arbeiten und erfolgter Überprüfung der zu absolvierenden Ausbildungsschritte des Fachspezifikums treten die StudentInnen zur mündlichen und kommissionellen Abschlussprüfung an.

Nach bestandener Prüfung erhalten die Studierenden ein Abschlussprüfungszeugnis und die Bezeichnung „Akademische/r Psychotherapeut/in" oder den akademischen Grad „Master of Science" (Psychotherapie) verliehen. Damit ist der Abschluss des Fachspezifikums erfolgt und die AbsolventInnen sind berechtigt, um die Eintragung in die Psychotherapeutenliste anzusuchen.

Die Lehrveranstaltungen (außer Selbsterfahrung) werden laufend anonym evaluiert. Zusätzlich erfolgt zu Beginn jedes Lehrganges eine Eingangsbefragung über Erwartungen und am Ende des Lehrganges eine ausführliche Befragung über einzelne Ausbildungsschritte des Curriculums, die Kompetenz der Lehrenden und die Organisation.

6. Dauer und Kosten

Die Studiendauer beträgt ungefähr 4 bis 6 Jahre.

Die Ausbildungskosten betragen mind. € 24.700,–, die u.a. dann überschritten werden, wenn die tatsächliche Stundenanzahl für die Einzellehrtherapie höher als die mind. vorgeschriebene ist.

Zusätzliche Kosten können für die 30 Std. Wahlfächer entstehen, wenn die Studierenden nicht an den eigens dafür vorgesehenen Vorlesungen des Zentrums für Psychosoziale Medizin an der Donau-Universität Krems teilnehmen wollen, sondern diese Ausbildungsteile z.B. bei nationalen bzw. internationalen Tagungen, Symposien und Kongressen absolvieren wollen.

	Tagessatz/ Stundensatz	**Stunden (mind.)**	**Gesamt (mind.)**
Ausbildungskosten			
Universitätslehrgang (inkl. ÖH-Geb., Servicecard und Abschlusskosten)	für 7 Semester		€ 12.600,–
Eigentherapie (Einzel)	€ 75,– bis € 85,–	80	€ 6.800,–
Einzelsupervision	€ 75,– bis € 85,–	30	€ 2.550,–
Gruppensupervision	€ 15,– bis € 20,–	90	€ 1.800,–
Praktikumsupervision	€ 15,– bis € 20,–	30	€ 600,–
Zusatzkosten			
Aufnahmekosten	3 Aufnahmegesp.		€ 250,–
Sonstige Kosten:			
Weiterinskription nach dem 7. Semester	mind. 1 Semester/ Semester € 100,–		€ 100,–
Gesamtkosten			**€ 24.700,–**

7. AusbildnerInnen

Die Lehrenden müssen eine mind. 5-jährige Praxis nach Abschluss ihrer Ausbildung in der Integrativen Therapie vorweisen. Vorausgesetzt wird eine wissenschaftliche Tätigkeit in Form von Vorträgen, Publikationen, Forschungsprojekten etc. Das Lehrteam ist verpflichtet, die Begutachtung und Betreuung von Masterthesen bzw. Abschlussarbeiten durchzuführen und zur Weiterentwicklung der Integrativen Therapie aktiv beizutragen.

- Zahl der AusbildnerInnen (LehrtherapeutInnen) mit voller Lehrbefugnis (Stichtag 1. 6. 2005): 13
- Zahl der AusbildnerInnen (LehrtherapeutInnen) mit partieller Lehrbefugnis (Stichtag 1. 6. 2005): 0
- Zahl der GastdozentInnen (im Zeitraum 1. 6. 2004 – 1. 6. 2005): 0

LehrtherapeutInnen mit voller Lehrbefugnis (Stand 1. 6. 2005):

Dörte Amt-Euler, Dipl.-Psych., Psychologin, München (D)
Dietrich Eck, Dipl.-Psych. Dr., FA für Psychiatrie, Reinbek (D)
Christiana Maria Edlhaimb-Hrubec, MAS, Ordinationsassistentin, Baden (NÖ)
Renate Frühmann, Dr., Psychologin, Salzburg
Albin Hofer-Moser, Dr., Psychologe, Millstatt (Ktn.)
Isabella Kernbichler, Dr., Germanistin, Graz
Anton Leitner, Prof. Dr., Arzt, St. Pölten
Jürgen Lemke, Dipl.Sup., Pädagoge, Kammerstein (D)
Peter Osten, Dipl.-Soz.-Päd. (FH), Sozialpädagoge, München (D)
Auguste Reichel, MAS, Sozialarbeiterin, St. Pölten
Maria Theresia Rohrhofer, Dr., FA für Psychiatrie und Neurologie, Wien
Hans Waldemar Schuch, Prof. Dr., Erziehungswissenschaftler, Dortmund (D)
Melitta Schwarzmann, Mag. Dr., Psychologin, Feldkirch (Vbg.)

V. Gesamtbetrachtung

Das Zentrum für Psychosoziale Medizin der Donau-Universität Krems bietet als erste Einrichtung Österreichs das 2005 staatlich anerkannte Fachspezifikum für Integrative Therapie an, welches sich einem speziellen Ansatz von systematischer Methodenintegration und schulenübergreifender Konzeptentwicklung in der Psychotherapie verpflichtet fühlt.

Da die Integrative Therapie kein abgeschlossenes System darstellt, sondern sich stetig auf der Basis von neuen forschungsgegründeten Erkenntnissen in der Psychotherapie weiter entwickelt, wird sowohl von den Ausgebildeten wie auch von den Lehrenden eine permanente und intensive Weiterbildung in diesem Fachspezifikum vorausgesetzt.

Kontaktadresse

Donau-Universität Krems
Zentrum für Psychosoziale Medizin und Psychotherapie
Leitung: Prof. Dr. Anton Leitner
Dr.-Karl-Dorrek-Straße 30, 3500 Krems
Tel. 02732/893 26 28
E-Mail: anton.leitner@donau-uni.ac.at
www.donau-uni.ac.at/psymed/it

Österreichische Gesellschaft für angewandte Tiefenpsychologie und allgemeine Psychotherapie (ÖGATAP) – Katathym Imaginative Psychotherapie (KIP)*

Der Träger der Ausbildung, die Österreichische Gesellschaft für angewandte Tiefenpsychologie und allgemeine Psychotherapie (ÖGATAP), bietet auch Curricula für Autogene Psychotherapie und Hypnosepsychotherapie an (siehe die entsprechenden Beiträge in diesem Buch).

Der Sitz der Gesellschaft ist in Wien. Ausbildungsgruppen gibt es in Wien, Salzburg, Klagenfurt und Innsbruck.

Methode und Methodenverständnis

Die Katathym Imaginative Psychotherapie (KIP) wurde 1955 von H. Leuner unter dem Namen Katathymes Bilderleben (KB) als wissenschaftlich fundiertes Verfahren in die Psychotherapie eingeführt. Die KIP ist ein tiefenpsychologisches oder psychodynamisches Verfahren. Ihr spezifisches Element, die therapeutisch begleitete Imagination, nutzt die bildhafte Symbolsprache des Unbewussten in einem kontrollierten regressiven Geschehen. In den therapeutischen Anwendungen, die von der Behandlung neurotischer Störungen bis zur Therapie schwerer Persönlichkeitsstörungen und posttraumatischer Syndrome reichen, werden in einem psychodynamisch konzipierten therapeutischen Prozess unter Beachtung von Widerständen und Übertragungs-Gegenübertragungsprozessen neue Konfliktlösungen erreicht, und es kommt zu einer Integration verdrängter und abgespaltener Anteile der Persönlichkeit.

I. Geschichte

Der Arzt Heinrich Wallnöfer gründete 1969 die Österreichische Gesellschaft für Ärztliche Hypnose und Autogenes Training, um praktisch tätigen ÄrztInnen den Zugang zu psychotherapeutischem Wissen und Ausbildungsmöglichkeiten zu verschaffen. Die Gesellschaft erweiterte 1973 ihr Ausbildungsangebot um die Katathym Imaginative Psychotherapie. Im Jahre 1980 wurde der Titel der Gesellschaft auf Österreichische Gesellschaft für autogenes Training und allgemeine Psychotherapie abgeändert, um dem Gesamtgebiet der Psychotherapie Rechnung zu tragen. Seit 1992 steht die Gesellschaft allen Per-

* Diese Darstellung basiert auf dem Text von Peter Floquet aus der Erstauflage (1995); Aktualisierung und ergänzende Überarbeitung mit Unterstützung von Wilfried Dieter.

sonen offen, die gesetzlich zur psychotherapeutischen Ausbildung zugelassen sind. Seit 1994 ist sie als fachspezifische Ausbildungseinrichtung für Katathym Imaginative Psychotherapie im Sinne des Psychotherapiegesetzes anerkannt. Den tiefenpsychologischen Zielsetzungen entsprechend erfolgte 2003 eine Namensänderung in Österreichische Gesellschaft für angewandte Tiefenpsychologie und allgemeine Psychotherapie.

II. Organisationsstruktur

Der Verein zeigt für die 3 angebotenen Ausbildungen, Katathym Imaginative Psychotherapie, Hypnosepsychotherapie und Autogene Psychotherapie, eine einheitliche Struktur und Organisation. Dies erklärt, warum eine Reihe der in der ÖGATAP aktiv tätigen Personen über mehr als eine der angebotenen Ausbildungen verfügt.

Die wichtigsten Gremien des Vereins sind die Mitgliederversammlung, der Vorstand, die Ausbildungskommission sowie die Vertretungen der relevanten Gruppierungen (Dozentenschaft, graduierte TherapeutInnen sowie AusbildungskandidatInnen), die im Rahmen der Ausbildungsaktivitäten in der ÖGATAP zusammenarbeiten.

Autonomie im methodenspezifischen Bereich gibt es u.a. hinsichtlich der Bestellung von LehrtherapeutInnen, Inhalte des Curriculums sowie Anrechnungsfragen. Um die Aufnahme als ordentliche Mitglieder können sich ÄrztInnen, PsychologInnen, AbsolventInnen der Universität Klagenfurt des Kombinationsfaches Psychologie oder Heilpädagogik, alle in die Psychotherapeutenliste Eingetragenen sowie all jene Personen schriftlich bewerben, welche die gesetzlichen Bestimmungen für den Beginn einer psychotherapeutischen Ausbildung erfüllen.

Daten zur Ausbildungseinrichtung

• Zahl der Mitglieder mit absolvierter psychotherapeutischer Ausbildung (Stichtag 1. 1. 2005):	270
• Aktuelle Zahl der AusbildungsteilnehmerInnen (Stichtag 1. 6. 2005):	308
• Zahl der AusbildungsteilnehmerInnen im Status „Psychotherapeut/in in Ausbildung unter Supervision“ (Stichtag 1. 6. 2005):	231
• Zahl der Aufnahmen in die psychotherapeutische Ausbildung im letzten Jahr (1. 6. 2004 – 1. 6. 2005):	34
• Zahl der Aufnahmen in die psychotherapeutische Ausbildung in den letzten 5 Jahren (1. 6. 2000 – 1. 6. 2005):	128
• Zahl der Abschlüsse der psychotherapeutischen Ausbildung (1. 6. 2000 – 1. 6. 2005):	84
• Zahl jener AusbildungsabsolventInnen, die mit der entsprechenden Zusatzbezeichnung derzeit (Stand 1. 6. 2005) in die Psychotherapeutenliste eingetragen sind:	308

III. Veröffentlichungen, Veranstaltungen, Kontakte

Veröffentlichungen: Neben regelmäßigen Zusendungen (aktuelle Informationen und Programme) erhalten Vereinsmitglieder auch die vierteljährlich erscheinende wissenschaftliche Zeitschrift *Imagination* (früher: *Ärztliche Praxis und Psychotherapie)*, die von der ÖGATAP herausgegeben und im gesamten deutschsprachigen Raum vertrieben wird.

Veranstaltungen: Außer dem jährlich stattfindenden Internationalen Seminar in Waidhofen/Ybbs, das auch von KandidatInnen anderer Ausbildungen (Autogene Psychotherapie, Hypnosepsychotherapie) und von interessierten Nichtmitgliedern besucht werden kann, findet einmal im Jahr ein Internationales KIP-Seminar in Goldegg/Salzburg mit Möglichkeiten zur Gruppenselbsterfahrung und zum Erwerb theoretischer Kenntnisse statt.

Jedes Jahr veranstaltet die ÖGATAP einen großen Psychotherapiekongress im Wiener Allgemeinen Krankenhaus (AKH) mit namhaften in- und ausländischen ReferentInnen. Neben diesen Veranstaltungen werden in unregelmäßigen Abständen internationale GastreferentInnen zu Vorträgen und Seminaren eingeladen. In den Regionen werden regelmäßige Treffen zum wissenschaftlichen Austausch organisiert (Jours fixes), derzeit in Wien, Graz, Klagenfurt, Villach und Innsbruck.

Kontakte: Die ÖGATAP ist in ihrer KIP-spezifischen Ausrichtung Mitglied der Internationalen Gesellschaft für Katathymes Bilderleben (IGKB), wobei zu den Schwestergesellschaften in Deutschland, der Schweiz, Holland, Schweden, Tschechien und der Slowakei enger Kontakt besteht. Als Beispiel für die Kontakte der ÖGATAP innerhalb Österreichs sei vor allem auf die wissenschaftliche Zusammenarbeit mit dem Österreichischen Arbeitskreis für Gruppentherapie und Gruppendynamik (ÖAGG) verwiesen, mit dem gemeinsam u. a. Weiterbildungen organisiert werden, mit der Österreichischen Gesellschaft für Analytische Psychologie (ÖGAP) und anderen analytischen Ausbildungsgesellschaften.

IV. Ausbildung

1. Aufnahmebedingungen

Voraussetzung für die Zulassung zur Absolvierung des Fachspezifikums ist neben der Erfüllung der gesetzlichen Bestimmungen der Besuch eines Einführungsseminars in der Methode KIP.

Kriterien, die InteressentInnen als für die Ausbildung geeignet erscheinen lassen, sind: Reflexions- und Selbstreflexionsfähigkeit, Fähigkeit zu Empathie, sozialen Kontakten und Beziehungen, ausreichende Ich-Stärke und Belastbarkeit, ausreichende intellektuelle Begabung, reifer Umgang mit Frustrationen und mit eigenen und fremden aggressiven und libidinösen Impulsen. Als Kontraindikationen für die Zulassung zur Ausbildung gelten schwere Persönlichkeitsstörungen, deutliche Ich-Struktur-Defekte und auffällige Verhaltensstörungen.

2. Aufnahmemodus

Das Aufnahmegespräch, welches dazu dient, die persönliche Eignung und Belastbarkeit der InteressentInnen festzustellen, dauert etwa 30 Minuten und wird von 2 nach dem Zufallsprinzip ausgewählten LehrdozentInnen geführt. Das Ergebnis wird sofort mitgeteilt.

3. Ausbildungsrahmen, -ablauf und -vertrag

Ausbildungsziel ist das Erkennen psychischer Störungen und Erkrankungen von PatientInnen und der Einsatz indikationsgerechter praktischer Behandlungsschritte auf den theoretischen Grundlagen der Katathym Imaginativen Psychotherapie.

Verpflichtend für die Ausbildung ist die Teilnahme an einer geschlossenen, kontinuierlichen Ausbildungsgruppe (mind. 450 Std.), in der sowohl theoretisches Wissen (mind. 150 Std.) als auch Selbsterfahrung (mind. 300 Std.) vermittelt werden. Die Idee dieser kleinen Ausbildungseinheiten ist es, einer möglichen Verschulung der Ausbildung vorzubeugen. Sie werden als 14-tägig stattfindende Abendgruppen mit 2–3 Wochenenden/Jahr oder als ausschließliche Wochenendgruppen (6- bis 8-mal/Jahr) angeboten und erstrecken sich über einen Zeitraum von 3 bis 4 Jahren. Derzeit gibt es in Wien, Innsbruck, Klagenfurt und Salzburg solche Ausbildungsgruppen.

Nach ca. einem Jahr (100 Std.) Gruppenselbsterfahrung in der laufenden Ausbildungsgruppe erfolgt eine Überprüfung und Klärung des KandidatInnenstatus durch den Leiter der Ausbildungsgruppe, unter Einbeziehung der anderen GruppenteilnehmerInnen. Nach einem weiteren halben Jahr bis Jahr wird der Praktikantenstatus verliehen, der zur psychotherapeutischen Behandlung von Patientinnen unter Supervision berechtigt. Seit 2 Jahren ist ein Ausbildungsvertrag in Kraft, der die Rechte und Pflichten von KandidatInnen und Ausbildungsgesellschaft regelt und individuell zwischen AusbildungsteilnehmerIn und Ausbildungseinrichtung abgeschlossen wird.

4. Ausbildungsinhalte

a) Selbsterfahrung

Der Selbsterfahrungsteil umfasst mind. 490 Std., wovon auf Einzelselbsterfahrung bzw. Lehrtherapie mit der Katathym Imaginativen Psychotherapie mind. 100 Std., auf Selbsterfahrung im Rahmen der kontinuierlichen Ausbildungsgruppe mind. 300 Std. und auf Selbsterfahrung im Rahmen verschiedener Weiterbildungs- und Intensivseminare mind. 90 Std. entfallen. Die Einzelselbsterfahrung bzw. Lehrtherapie soll als kontinuierlicher Prozess bei einem einzigen Lehrtherapeuten erfolgen.

b) Theorie

Insgesamt umfasst der Theorieteil mind. 300 Std. Davon werden 150 Std. in der laufenden Gruppe und 150 Std. in verschiedenen Intensiv- und Theorieseminaren (z.B. in Goldegg, Waidhofen, Scheffau oder beim Kongress am Wiener AKH) und in speziellen Anwendungsseminaren (z.B. Sucht-, Schmerztherapie, Psychosomatik etc.) erworben.
Die inhaltliche Gliederung des theoretischen Teils der Ausbildung umfasst 5 Teilbereiche:

- Persönlichkeitsentwicklung (mind. 60 Std.): Vermittlung von Wissen aus den Bereichen Entwicklungspsychologie, Tiefenpsychologie, Narzissmustheorie, Objektbeziehungstheorie, Psychopathologie, Psychiatrie und Psychosomatik;
- Methodik und Technik (mind. 100 Std.): Psychophysiologie, Traumtheorie, spezifische Theorie der Katathym Imaginativen Psychotherapie inklusive tiefenpsychologischer Grundlagen (spezielle Ausprägung von Übertragung und Gegenübertragung, Abwehr etc.), weitere imaginative Techniken, Therapieplanung (Erstinterview, Anamnese, Diagnostik, Arbeitshypothese, Therapieverlauf, Therapieende), Indikation und Kontraindikation der Katathym Imaginativen Psychotherapie;
- Persönlichkeits- und Interaktionstheorien (mind. 50 Std.): Neurosenlehre, Verhaltenspsychologie, Sozialpsychologie, Kommunikationstheorie, Systemtheorie, Gruppenprozesse;
- psychotherapeutische Literatur (mind. 40 Std.): Literaturstudium entsprechend der aktuellen Literaturliste;
- Schwerpunkt nach methodenspezifischer Ausrichtung (mind. 50 Std.): Theorie und Techniken der Grund-, Mittel- und Oberstufe, Dimensionen der Katathym Imaginativen Psychotherapie, Abgrenzung und Kombination von/mit anderen psychotherapeutischen Verfahren.

Alle Lehrveranstaltungen werden durch den Einsatz sogenannter Feedbackbögen anonym durch die TeilnehmerInnen evaluiert. Die Ergebnisse der Evaluation werden einerseits den Vortragenden mitgeteilt und fließen andererseits auch in die Auswahl der Vortragenden durch den/die AusbildungsleiterIn und die Organisationskomitees ein.

c) Psychotherapeutische Tätigkeit unter Supervision

Eigene psychotherapeutische Tätigkeit ist in einem Mindestausmaß von 600 Std. vorgeschrieben. Den KandidatInnen werden in der Ausbildungsgruppe bei ausreichender Entwicklung und Qualifikation durch den verantwortlichen Ausbildungsdozenten, nach Feedback durch die Gruppe, der PraktikantInnenstatus verliehen. Damit ist man berechtigt, unter begleitender Supervision Therapien durchzuführen.

d) Supervision der psychotherapeutischen Tätigkeit

Die Supervision zur psychotherapeutischen Tätigkeit muss im Mindestumfang von 120 Std. erfolgen (mind. 10 Fallvorstellungen mit eigenem Fall). Es wird im Interesse der eigenen Qualität empfohlen, neben Gruppensupervision auch Einzelsupervision in Anspruch zu nehmen.

e) Praktikum

Mind. 550 Std.; bei der Auswahl eines Praktikumsplatzes bietet die ÖGATAP Hilfestellung an.

f) Praktikumsupervision

Mind. 30 Std.

5. Evaluierung und Ausbildungsabschluss

Der Abschluss der Ausbildung besteht aus 2 Teilen: einer schriftlichen Ausarbeitung eines Therapieverlaufs und dem Therapeutenkolloquium mit Tonbandmitschnitten der Therapie. Dieses besteht einerseits aus einem Gespräch über den eingereichten Fall und den entsprechenden Behandlungsstil, andererseits aus allgemeinen Fragen zu Theorie und Praxis und muss vor 2 DozentInnen (wie beim Aufnahmegespräch nach dem Zufallsprinzip ausgewählt) abgelegt werden.

6. Dauer und Kosten

	Tagessatz/ Stundensatz	**Stunden (mind.)**	**Gesamt (mind.)**
Ausbildungskosten			
Eigentherapie (Einzel)	€ 60,– bis € 100,–	100	€ 6.000,–
Gruppenselbsterfahrung	€ 14,74	390	€ 5.750,–
Theorie	€ 14,74	300	€ 4.422,–
Einzelsupervision	€ 60,– bis € 100,–	keine; nur empf.	
Gruppensupervision	€ 14,74	120	€ 1.770,–
Praktikumsupervision	€ 14,74	30	€ 440,–
Zusatzkosten			
Aufnahmekosten: Aufnahmegespräch	€ 94,–		€ 94,–
Mitgliedsbeitrag	€ 148,–	5 Jahre	€ 740,–
sonstige Kosten: Therapeutenkolloquium			€ 218,–
Gesamtkosten			**€ 19.434,–**

Unter Berücksichtigung aller erforderlichen Ausbildungsschritte beträgt die durchschnittliche Mindestausbildungsdauer ca. 5–6 Jahre.

Die Gesamtkosten belaufen sich – berechnet nach der für die einzelnen Ausbildungsteile erforderlichen Mindeststundenanzahl – auf mind. € 19.400,–. Die Praxis zeigt jedoch, dass die Kosten bei durchschnittlicher Dauer und durchschnittlichem Umfang eher an die € 24.000,– betragen. Der jährliche Mitgliedsbeitrag beträgt € 148,– (ermäßigt € 112,–, gilt für StudentInnen, Arbeitslose, Karenzierte und PensionistInnen).

7. AusbildnerInnen

Grundsätzlich wird zwischen DozentInnen (LehrtherapeutInnen mit voller Lehrbefugnis) und LehrtherapeutInnen (mit partieller Lehrbefugnis) unterschieden. Die Aufgaben der DozentInnen sind die Abhaltung der theoretischen und praktischen Ausbildung, von Supervision, Lehrtherapien (Einzel- und Gruppenselbsterfahrung), Aufnahmegesprächen, Therapeutenkolloquien und die Leitung einer der kontinuierlichen Ausbildungsgruppen, während die LehrtherapeutInnen mit partieller Lehrbefugnis ausschließlich für den Bereich der Selbsterfahrung zuständig sind.

Für die Bestellung von LehrtherapeutInnen und DozentInnen müssen zusätzlich zu den gesetzlichen Vorgaben vor der Berufung zur DozentIn der Status der LehrtherapeutIn für partielle Lehrbefugnis erreicht worden sein, Nachweise über mind. 140 Std. Gruppenerfahrung in Gruppendynamik, Gruppenanalyse oder einer vergleichbaren Methode erbracht und mind. 8 Co-Leitungen in Intensiv- und Fallvorstellungsseminaren gemacht werden.

- Zahl der AusbildnerInnen (LehrtherapeutInnen) mit voller Lehrbefugnis (Stichtag 1. 6. 2005): 23
- Zahl der AusbildnerInnen (LehrtherapeutInnen) mit partieller Lehrbefugnis (Stichtag 1. 6. 2005): 33
- Zahl der GastdozentInnen (im Zeitraum 1. 6. 2004 – 1. 6. 2005): 25

LehrtherapeutInnen mit voller Lehrbefugnis (Stand 1. 6. 2005):

Josef Bittner, Dr., Psychologe, Wien
Barbara Burian-Langegger, Dr., Ärztin, Wien
Heide Dellisch, Dr., Ärztin, Klagenfurt
Jadranka Dieter, Dr., Psychologin, Wien
Wilfried Dieter, Dr., Arzt, Wien und München (D)
Elfriede M. Fidal, Dr., Psychologin, Wien
Edmund Frühmann, Univ.-Prof. Dr., Arzt, Salzburg
Gisela Gerber, Univ.-Prof. Dr., Psychologin, Wien
Magdalena Grünewald, Dr., Ärztin, Innsbruck
Edgar Hättich, Univ.-Prof. Dr., Psychologe, Salzburg
Hans Kanitschar, Dr., Psychologe, Wien

Wolfgang Ladenbauer, Dr., Arzt, Wien
Harald Meller, Dr., Arzt, Innsbruck
Mathilde Pichler, Dr., Psychologin, Wien
Monika Pomberger-Kugler, Mag., Psychologin, Linz
Ingrid Reichmann, Dr., Psychologin, Klagenfurt
Eveline Schöpfer-Mader, Mag., Psychologin, Innsbruck
Franz Sedlak, Min.-Rat Mag. DDr., Psychologe und Theologe, Wien
Claudius Stein, Dr., Arzt, Wien
Peter Teichmann, Dipl.-Psych., Psychologe, Berlin (D)
Eva-Maria Thaler, Mag. Dr., Psychologin, Salzburg
Joachim Warnecke, Dr. DI., Psychologe, Bregenz
Sylvia Zwettler-Otte, Dr., Psychologin, Wien

V. Gesamtbetrachtung

Seit 1973 bietet die ÖGATAP (früher: Österreichische Gesellschaft für Autogenes Training und Allgemeine Psychotherapie bzw. Österreichische Gesellschaft für Ärztliche Hypnose und Autogenes Training) die Ausbildung in Katathym Imaginativer Psychotherapie an, seit 1977 in Form kontinuierlicher Ausbildungsgruppen.

Die frühere ärztliche Dominanz ist zurückgegangen. Von den 23 LehrtherapeutInnen mit voller Lehrbefugnis sind 15 PsychologInnen und 8 ÄrztInnen.

Die Ausbildung erfolgt in erster Linie im Rahmen kontinuierlicher Ausbildungsgruppen (maximal 14 TeilnehmerInnen pro Gruppe), für deren Leitung jeweils ein Dozent verantwortlich ist. Sie werden als 14-tägig stattfindende Abendgruppen mit 2–3 Wochenenden pro Jahr oder als reine Wochenendgruppen (6- bis 8-mal/Jahr) berufsbegleitend angeboten.

Zurzeit werden mehrere KIP-Ausbildungsgruppen in Wien, Salzburg, Innsbruck und Klagenfurt angeboten. Außerhalb dieser Ausbildungsgruppe ist es notwendig, sich zusätzliche theoretische Kenntnisse in verschiedenen Vorträgen und Seminaren anzueignen, die von der ÖGATAP angeboten werden.

Kontaktadresse

Sekretariat der ÖGATAP
Kaiserstraße 14/13
1070 Wien
Tel. 01/523 38 39, Fax 01/523 38 39-10
E-Mail: office@oegatap.at
www.oegatap.at

Österreichische Gesellschaft für wissenschaftliche klientenzentrierte Psychotherapie und personorientierte Gesprächsführung (ÖGWG)*

Der Verein, mit ca. 550 Mitgliedern einer der größten psychotherapeutischen Fachverbände in Österreich, besteht seit 1974 und bietet ein Fachspezifikum für Klientenzentrierte Psychotherapie nach Carl Rogers an. Diese Ausbildung wird seit 2005 in Kooperation mit der Universität für Weiterbildung (Donau-Universität) Krems als Universitätslehrgang angeboten. TeilnehmerInnen, die Matura oder eine einschlägige Studienberechtigung haben, können dabei zugleich mit dem Abschluss den akademischen Grad Master of Science (MSc) für Psychotherapie erwerben, allen übrigen TeilnehmerInnen kann mit dem Abschluss der Titel „Akademische/r Psychotherapeut/in" verliehen werden. Die Ausbildung befähigt zur Ausübung von Klientenzentrierter Einzel- und Gruppenpsychotherapie.

Die ÖGWG ist im gesamten Bundesgebiet vertreten. Dementsprechend sind die Ausbildungslehrgänge in der Regel gesamtösterreichisch beschickt. Die Lehrveranstaltungen werden an der Donau-Universität Krems oder in den Wohnregionen der TeilnehmerInnen anberaumt. Die dem Beginn des Lehrgangs vorgeschaltete Regionale Kerngruppe findet in der jeweiligen Region statt; die frei zu wählenden TherapeutInnen für die Einzellehrtherapie stehen in allen Bundesländern zur Verfügung.

Methode und Methodenverständnis

Für das Methodenverständnis der ÖGWG ist die Integration der Konzepte von Carl Rogers und Eugene Gendlin charakteristisch.

Dem Rogers-Ansatz (Personzentrierter Ansatz) liegt die Überzeugung zugrunde, dass der Mensch über ein ihm innewohnendes Potenzial zu seiner Erhaltung und Weiterentwicklung verfügt: eine grundsätzlich konstruktive Aktualisierungstendenz. Dieses Potenzial wird jedoch nur in zwischenmenschlichen Beziehungen wirksam angesprochen, in welchen man bedingungsfreie Wertschätzung und empathisches Verstandenwerden durch (mit sich selbst) kongruente Bezugspersonen erfährt.

Wenn eine therapeutische Beziehung wesentlich von diesen Grundeinstellungen getragen ist, kann man sich achtsam und angstfrei den eigenen Zerrissenheiten, Inkongruenzen, Blockaden und Veränderungswünschen zuwenden und die für persönliche Veränderung nötige Tiefung

* Diese Darstellung basiert auf dem Text von Georg Zepke aus der Erstauflage (1995); Aktualisierung und ergänzende Überarbeitung mit Unterstützung von Wolfgang Keil.

und Klärung wird möglich. Diese Tiefung des inneren Erlebens („experiencing") wird von Gendlin als ein körperlich spürbares, an der Grenze zwischen Bewusstem und Unbewusstem liegendes Fühlen („felt sense") beschrieben; dies ermöglicht es, dass abgebrochene, verhinderte, entgleiste und erstarrte Erlebensprozesse wieder ins Lot kommen und die Person mehr sie selbst werden kann.

I. Geschichte

Die ÖGWG wurde 1974 im Anschluss an eine Ausbildung mit AusbildnerInnen der deutschen GwG (unter anderem Ursula Plog) für berufstätige BeraterInnen in Linz gegründet. Die ausgesprochen praktisch-klinische Orientierung dieser Ausbildung sollte in der Folge auch für die ÖGWG insgesamt charakteristisch werden. Ausschlaggebend für die Gründung eines eigenen Vereins war u. a. die Absicht, den Zugang zur psychotherapeutischen Tätigkeit auch für nichtakademische Quellenberufe offen zu halten.

Die ÖGWG hat von Anfang an sowohl die Klientenzentrierte Psychotherapie wie auch die Anwendungen des Rogers-Ansatzes außerhalb der Psychotherapie vertreten. Die staatliche Anerkennung als Fachspezifikum erfolgte 1992. Seit 2005 wird dieses in Kooperation mit der Universität für Weiterbildung (Donau-Universität) Krems als Universitätslehrgang angeboten.

II. Organisationsstruktur

Die Zusammenarbeit der Mitglieder gestaltet sich vor allem in den Regionalen Arbeitsgruppen (RAG) und in den Regionalzentren (RZ). Die Regionalen Arbeitsgruppen bestehen aus ca. 3–8 Personen und dienen der Intervision und dem persönlich-fachlichen Erfahrungsaustausch, während die Regionalzentren in allen größeren Landeshauptstädten sich der darüber hinausführenden fachlichen Auseinandersetzung bzw. der Fortbildung widmen.

Die Leitung des Vereins obliegt der alle 2 Jahre stattfindenden Generalversammlung, bei der auch AusbildungsteilnehmerInnen das aktive Wahlrecht haben, und dem von ihr gewählten Vorstand, in den ebenfalls ein/e stimmberechtigte/r VertreterIn der Ausbildungsteilnehmer kooptiert wird.

Der Ausbildungsbereich wird neben verschiedenen anderen Gremien von der halbjährlich stattfindenden Lehrpersonalkonferenz sowie vom Lehrgangsleiter zusammen mit der Ausbildungskommission, der ebenfalls ein/e stimmberechtigte/r VertreterIn der Ausbildungsteilnehmer angehört, betreut.

Die Gesamtkoordination aller Vereinsbelange besorgt die Geschäftsstelle der ÖGWG, die bewusst am Ort der Vereinsentstehung belassen wurde und sich daher in Linz befindet.

Daten zur Ausbildungseinrichtung

• Zahl der Mitglieder mit absolvierter psychotherapeutischer Ausbildung (Stichtag 1. 1. 2005):	447
• Aktuelle Zahl der AusbildungsteilnehmerInnen (Stichtag 1. 6. 2005):	89
• Zahl der AusbildungsteilnehmerInnen im Status „Psychotherapeut/in in Ausbildung unter Supervision" (Stichtag 1. 6. 2005):	61
• Zahl der Aufnahmen in die psychotherapeutische Ausbildung im letzten Jahr (1. 6. 2004 – 1. 6. 2005):	18
• Zahl der Aufnahmen in die psychotherapeutische Ausbildung in den letzten 5 Jahren (1. 6. 2000 – 1. 6. 2005):	69
• Zahl der Abschlüsse der psychotherapeutischen Ausbildung (1. 6. 2000 – 1. 6. 2005):	62
• Zahl jener AusbildungsabsolventInnen, die mit der entsprechenden Zusatzbezeichnung derzeit (Stand 1. 6. 2005) in die Psychotherapeutenliste eingetragen sind:	539

III. Veröffentlichungen, Veranstaltungen, Kontakte

Veröffentlichungen: Die ÖGWG ist Mitherausgeberin der seit 1997 2-mal jährlich erscheinenden internationalen Fachzeitschrift *Person.* Neben Tagungsbänden* hat der Verein ein Lehrbuch für Klientenzentrierte Psychotherapie (zusammen mit der APG) herausgebracht** und Vereinsmitglieder haben an einer Reihe von wichtigen methodenspezifischen Publikationen führend mitgearbeitet***. Für die Mitglieder erscheinen intern die *Klientenzentrierten Nachrichten.*

Veranstaltungen: Neben den Aktivitäten der Regionalzentren finden österreichweit regelmäßig Seminare und Fortbildungen statt. Als kontinuierliche Plattform für persönlichen und fachlichen Austausch, Fortbildung und Encounter hat sich die ÖGWG-Woche etabliert, die jährlich im Oktober stattfindet. Mitglieder der ÖGWG haben Ausbildungsprojekte für Klientenzentrierte Psychotherapie in der Ukraine, in Rumänien, in Russland und z.T. auch in der Slowakei ausgearbeitet und dabei unentgeltlich mitgearbeitet. Von der ÖGWG wurde eine Reihe von nationalen und internationalen Kongressen mitveranstaltet:

* Z.B. Keil, W.W./Hick, P./Korbei, L./Poch, V. (Hg.) (1994): Selbst-Verständnis. Beiträge zur Theorie der Klientenzentrierten Psychotherapie. Bergheim b. Sbg.: Mackinger.

** Frenzel, P./Keil, W.W./Schmid, P.F./Stölzl, N. (Hg.) (2001): Klienten-/Personzentrierte Psychotherapie. Kontexte, Konzepte, Konkretisierungen. Wien: Facultas.

*** U.a. Keil,W.W./Stumm, G. (Hg.) (2002): Die vielen Gesichter der Personzentrierten Psychotherapie. Wien: Springer.
Stumm, G./Wiltschko, J./Keil, W.W. (Hg.) (2003): Grundbegriffe der Personzentrierten und Focusing-orientierten Psychotherapie und Beratung. Stuttgart: Pfeiffer bei Klett-Cotta.

(1994) „Third International Conference on Client-Centered and Experiential Psychotherapy“, Gmunden (OÖ)
(2000) „Identität – Begegnung – Kooperation.“ Jubiläums-Symposium von GwG, ÖGWG, APG und SSGT, Salzburg
(2002) „100 Jahre Carl Rogers.“ Subsymposium am 3. Weltkongress für Psychotherapie, Wien
(2005) Symposium: „Selbstorganisation. Gestaltende und vermittelnde Prozesse in Personzentrierter Beratung und Psychotherapie“, Salzburg

Kontakte: Neben den Kooperationen mit den österreichischen personzentrierten Verbänden (APG, VRP) besteht ein enger Kontakt zu den entsprechenden deutschen und schweizerischen Vereinigungen sowie eine Ausbildungskooperation mit dem Institut GFK (Gesprächspsychotherapie, Focusing, Körpertherapie) in der Schweiz. Die ÖGWG ist Mitglied des Europäischen Netzwerks für Personzentrierte und Experienzielle Psychotherapie, das zurzeit in eine Sektion des Weltverbandes für Personzentrierte und Experienzielle Psychotherapie und Beratung umgewandelt wird.

IV. Ausbildung

1. Aufnahmebedingungen

Neben den gesetzlich geregelten formalen Voraussetzungen wird für die Zulassung zur Ausbildung die Absolvierung des Auswahlverfahrens gefordert. Der reflektierte authentische Umgang mit eigenem und fremdem innerem Erleben bildet dabei das zentrale Auswahlkriterium.

2. Aufnahmemodus

Nach einem Vorgespräch bei einem Mitglied des Lehrpersonals muss ein Auswahlseminar (20 Std.) besucht werden, das zum Kennenlernen der Methode und zur Reflexion der Motivation und Eignung für die Ausbildung in Klientenzentrierter Psychotherapie dient.

3. Ausbildungsrahmen, -ablauf und -vertrag

Die wesentlichen Elemente der Ausbildung stellen die von einem Ausbildnerpaar (mit Co-TrainerInnen) kontinuierlich begleitete geschlossene Ausbildungsgruppe, die davon personell getrennte Einzel-Lehrtherapie sowie der kommissionelle Abschluss mit schriftlicher Abschlussarbeit bzw. Masterthesis dar. Dazu kommen die Subgruppen der Ausbildungsgruppe (geleitete Regionale Kerngruppe zu Beginn, später als leiterlose Peergroup weitergeführt), die in Absprache mit den AusbildnerInnen selbst zu wählenden Seminare sowie das gesetzlich geforderte Praktikum und die eigene Praxis samt der jeweils zugehörigen Supervision.

Der Hauptteil der Ausbildung findet im Universitätslehrgang (7 Semester, 326 Std. Theorie, 184 Std. Selbsterfahrung/Praxeologie und 40 Std. Supervision) in einer geschlossenen Ausbildungsgruppe mit 12–14 TeilnehmerInnen in Form von Blockveranstaltungen von zumeist je 15 Std. (Fr/Sa) statt. Im 1. Studienabschnitt stehen „Persönlichkeitsmerkmale und theoretische Grundlagen einer Klientenzentrierten Psychotherapeutin/eines Klientenzentrierten Psychotherapeuten" im Vordergrund, während sich der 2. Studienabschnitt der „Psychodynamik der therapeutischen Beziehung" zuwendet.

Die übrigen Ausbildungsteile (s. u.) sind direkt beim ÖGWG-Lehrpersonal zu absolvieren.

Die TeilnehmerInnen schließen einen den Empfehlungen des Psychotherapiebeirats entsprechenden Ausbildungsvertrag mit der ÖGWG ab, wobei sie sich u. a. zur kontinuierlichen Teilnahme an der Ausbildungsgruppe verpflichten.

4. Ausbildungsinhalte

a) Selbsterfahrung (insg. mind. 325 Std.)

Neben der Selbsterfahrung in der geschlossenen Ausbildungsgruppe (184 Std.) sind Selbsterfahrung im Rahmen der geleiteten Regionalen Kerngruppe (mind. 25 Std.) und in Wahlseminaren (mind. 16 Std.) sowie die Einzelselbsterfahrung im Rahmen der Lehrtherapie (mind. 100 Std.) erforderlich.

b) Theorie

Zusätzlich zu der Theorie, die im Universitätslehrgang vermittelt wird (326 Std.), ist die Absolvierung von Wahlseminaren (mind. 16 Std.) sowie die Erstellung einer Masterthesis oder Abschlussarbeit erforderlich. Auch wenn in den Lehrveranstaltungen des Universitätslehrgangs der Schwerpunkt klar bei der Vermittlung von theoretischem Wissen liegt, gibt es auch hier Aspekte der Selbsterfahrung, da darauf geachtet wird, dass die Theorie mit eigenen Erfahrungen verknüpft wird.

c) Psychotherapeutische Tätigkeit unter Supervision

Die eigene psychotherapeutische Tätigkeit „in Ausbildung unter Supervision" (mind. 600 Std.) kann frühestens nach der Evaluierung am Ende des 1. Studienabschnitts und der ausdrücklichen Verleihung dieses Status begonnen werden.

d) Supervision der psychotherapeutischen Tätigkeit

Die Supervision der psychotherapeutischen Arbeit (insg. mind. 120 Std.) findet z.T. (40 Std.) in der Ausbildungsgruppe statt. Der Rest der erforderlichen Stundenzahl (mind. 80) ist als Einzel- (mind. 70 Std.) oder Gruppensupervision zu absolvieren.

e) Praktikum

Mind. 550 Std.

f) Praktikumsupervision

Die begleitende Supervision zum Praktikum (mind. 30 Std.) soll in der Praktikumsstelle stattfinden, sofern sie dort methodenspezifisch absolviert werden kann.

g) Sonstiges

Im Anschluss an die geleitete Regionale Kerngruppe zu Beginn der Ausbildung wird diese als leiterlose Peergroup zur Vertiefung der Ausbildungsinhalte, zum Studium der Literatur und zur Intervision für die Dauer der gesamten Ausbildung weitergeführt (zumindest 40 Std./Arbeitsjahr).

5. Evaluierung und Ausbildungsabschluss

Die Evaluation der persönlichen und fachlichen therapeutischen Kompetenzen erfolgt durch die LeiterInnen der praxeologischen Seminare im Rahmen der geschlossenen Ausbildungsgruppe vor der Vergabe des Status „Psychotherapeut/in in Ausbildung unter Supervision" und vor der Empfehlung zum Abschluss. Neben dieser Empfehlung und der Empfehlung durch die eigene Regionale Kerngruppe und der Absolvierung aller Ausbildungsschritte stellen die Erbringung eines Leistungsnachweises für die Theorie-Lehrveranstaltungen sowie die Erstellung einer Masterthesis oder einer schriftlichen Abschlussarbeit Voraussetzungen für den Ausbildungsabschluss dar.

Die Masterthesis muss den üblichen universitären Kriterien für Master- oder Diplomarbeiten entsprechen (mind. 18.000 Wörter, wissenschaftlich relevante Strukturen und Themen) und sich inhaltlich mit Theorie und Praxis der Klientenzentrierten Psychotherapie befassen. Die Masterthesis bzw. die Abschlussarbeit wird von jeweils 2 GutachterInnen beurteilt. Der Abschluss erfolgt in Form eines Abschlusskolloquiums mit den GutachterInnen und dem Leiter des Zentrums für psychosoziale Medizin der Donau-Universität Krems als Vorsitzendem der Kommission.

6. Dauer und Kosten

Die geschlossene Ausbildungsgruppe im Universitätslehrgang dauert 7 Semester. Darüber hinaus ist noch ein entsprechender Zeitraum für die bis dahin noch nicht absolvierte eigene psychotherapeutische Praxis samt Supervision sowie für die Erstellung der Masterthesis oder der Abschlussarbeit zu veranschlagen.

Die Studiengebühr für die Seminare im Universitätslehrgang beträgt € 12.600,– (€ 1.800,–/Semester). Nach dem 7. Semester müssen die TeilnehmerInnen bis zum Abschlusskolloquium inskribiert bleiben, um den akademischen Abschluss zu gewährleisten; die Kosten dafür betragen € 100,–/Semester. Die Kosten für den Abschluss sind in der Studiengebühr inkludiert.

Die übrigen Ausbildungsteile sind direkt mit dem ÖGWG-Lehrpersonal zu verrechnen; dabei sind für die geleitete Regionale Kerngruppe (mind. 25 Std.) Kosten von mind. € 625,–, für die Wahlseminare (mind. 32 Std.) Kosten von etwa € 500,– und für die Lehrtherapie (mind. 100 Std.) und Einzelsupervision (mind. 70 Std.) Kosten zwischen € 65,– und € 85,–/Std. zu veranschlagen.

	Tagessatz/ Stundensatz	**Stunden (mind.)**	**Gesamt (mind.)**
Ausbildungskosten			
Eigentherapie (Einzel)	€ 65,– bis € 85,–	100	€ 6.500,–
Gruppenselbsterfahrung			
Lehrgang	€ 22,90	184	€ 4.213,60
Regionale Kerngruppe	€ 25,–	25	€ 625,–
Wahlseminare	€ 10,– bis € 20,–	16	€ 160,–
Theorie			
Lehrgang	€ 22,90	326	€ 7.465,40
Wahlseminare	€ 10,– bis € 20,–	16	€ 160,–
Einzelsupervision	€ 65,– bis € 85,–	70	€ 4.550,–
Gruppensupervision			
Lehrgang	€ 22,90	40	€ 916,–
Regionale Kerngruppe	€ 25,– bis € 40,–	10	€ 250,–
Praktikumsupervision	€ 10,– bis € 40,–	30	€ 300,–
Zusatzkosten			
Aufnahme:			
Aufnahmegespräch	€ 70,–	1	€ 70,–
Auswahlseminar	€ 14,–	20	€ 280,–
Mitgliedsbeitrag	€ 75,–	5 Jahre	€ 375,–
Gesamtkosten			**€ 25.865,–**

7. AusbildnerInnen

Um österreichweit eine ausreichende Anzahl qualifizierter AusbildnerInnen zu gewährleisten, umfasst das Lehrpersonal Lehrpersonen mit eingeschränkter, mit erweiterter und mit voller Lehrbefugnis. Voraussetzungen für die Aufnahme in das Lehrpersonal sind neben der ordentlichen Mitgliedschaft bei der ÖGWG mind. 5 Jahre methodenspezifische Berufserfahrung im Umfang von mind. 1.500 Std. psychotherapeutischer Tätigkeit, methodenspezifische wissenschaftliche Tätigkeit und praktisches Engagement in der Regionalen Arbeitsgruppe.

• Zahl der AusbildnerInnen (LehrtherapeutInnen) mit voller Lehrbefugnis (Stichtag 1. 6. 2005):	10
• Zahl der AusbildnerInnen (LehrtherapeutInnen) mit partieller Lehrbefugnis (Stichtag 1. 6. 2005):	31
• Zahl der GastdozentInnen (im Zeitraum 1. 6. 2004 – 1. 6. 2005):	0

AusbildnerInnen (LehrtherapeutInnen) mit voller Lehrbefugnis (Stand 1. 6. 2005):
Christoph Fischer, Dr., Psychologe, Innsbruck
Wolfgang W. Keil, Mag., Soziologe, Wien
Sonja Kinigadner, Dr., Psychologin, Wien
Lore Korbei, MSc., Sozialarbeiterin, Wien
Beatrix Mitterhuber, Mag., Psychologin, Salzburg
Ilse Papula, Sozialpädagogin, Linz
Jochen Sauer, Prof. Dr., Psychologe, Salzburg
Ewald Sommerer, Dr., Psychologe, Innsbruck
Norbert Stölzl, Dr., Theologe, Graz
Hans Wolschlager, Ergotherapeut, Wels (OÖ)

V. Gesamtbetrachtung

Die ÖGWG zählt, gemessen an der Zahl der Mitglieder, zu den größten psychotherapeutischen Vereinigungen in Österreich. Sie ist in allen österreichischen Bundesländern vertreten; in Wien, Linz, Salzburg, Innsbruck, Graz und Klagenfurt bestehen Regionalzentren, die u. a. eigene Arbeitsprogramme für absolvierte Mitglieder anbieten.

Für die psychotherapeutische Ausbildung ist maßgeblich, dass diese in Kooperation mit der Donau-Universität Krems durchgeführt wird.

Die ÖGWG bevorzugt eine eher klinische Orientierung der Klientenzentrierten Psychotherapie; in der Ausbildung wird daher starkes Gewicht auf den Erwerb von professionellen therapeutischen Grundfähigkeiten gelegt. Die Anwendung des Ansatzes von Rogers auf außertherapeutische Bereiche wie auch gesellschaftspolitische Interessen bildet einen zweiten Schwerpunkt der Vereinsaktivität.

Kontaktadresse

ÖGWG-Geschäftsstelle
Altstadt 17
4020 Linz
Tel. 0732/78 46 30 (Mo, Mi 9–13 Uhr)
E-Mail: oegwg@psychotherapie.at
www.psychotherapie.at/oegwg

Arbeitsgemeinschaft Personzentrierte Psychotherapie, Gesprächsführung und Supervision (APG)*

Die 1979 gegründete APG besteht seit 1996 aus 2 autonomen Sektionen: dem Forum Personzentrierte Praxis, Ausbildung und Forschung (Forum) und dem Institut für Personzentrierte Studien (IPS). Diese bieten über 2 getrennt organisierte AusbildnerInnengruppen jeweils die fachspezifische Ausbildung auf der Basis der staatlich anerkannten Ausbildungsordnung an. Daher lassen sich für die APG insgesamt und die angebotene fachspezifische Ausbildung übergeordnete Aussagen nur bezüglich formaler Aspekte treffen. Die spezielle, vor allem inhaltliche Charakterisierung dagegen kann nur sektionsweise erfolgen. AusbildungskandidatInnen müssen sich bereits vor der Aufnahme in die Ausbildung einer der beiden Sektionen zuordnen.

Die überwiegende Zahl der Ausbildungsveranstaltungen wird im Raum Wien abgehalten. Daneben gibt es Angebote auch im Raum Linz/Wels.

Methode und Methodenverständnis

Die Personzentrierte Psychotherapie legt größten Wert auf ein spezifisches therapeutisches Beziehungsangebot bzw. Beziehungsklima, das von grundlegenden Haltungen aufseiten des/der PsychotherapeutIn geprägt ist: Echtheit, nicht an Bedingungen gebundene Wertschätzung des Klienten und fortwährendes Bemühen um einfühlendes Verstehen des inneren Bezugsrahmens des Klienten sowie Vertrauen in die Ressourcen und Selbstheilungskräfte der KlientInnen und deren Fähigkeit zu Selbstbestimmung. Dies wird als wichtigster Wirkfaktor angesehen, um Inkongruenz aufseiten des Klienten zu verringern und damit persönliche Entwicklung zu fördern.

Während das Institut für Personzentrierte Studien (IPS) sich im Wesentlichen an der Arbeit von Carl Rogers, dem Begründer des personzentrierten Ansatzes in der Psychotherapie, und der Weiterentwicklung zu einer dialogischen Psychotherapie mit vielfältigen Mitteln und in verschiedenen Settings orientiert, basiert die Ausrichtung des Forums zwar auf der von Rogers konzipierten klassischen Grundlage, bezieht darüber hinaus aber auch weiterführende Strömungen und Ausformungen innerhalb der Personzentrierten Psychotherapie ein, wie z.B. Focusing und störungsspezifische Ansätze.

* Die Darstellung basiert auf dem Beitrag von Barbara Oswald aus der Erstauflage (1995); Aktualisierung und weitgehende Überarbeitung mit Unterstützung von Renata Fuchs.

Es geht aber in beiden Ausbildungsverständnissen weniger um die Aneignung technischen Know-hows, sondern vor allem um die Entwicklung der eigenen Persönlichkeit als Grundlage für die psychotherapeutische Arbeit.

I. Geschichte

Die APG wurde 1979 als Verein gegründet. In die Gründerzeit fällt auch die Zusammenarbeit mit dem von Carl Rogers gegründeten Center for Studies of the Person in Kalifornien, vor allem mit Douglas Land. Ergebnis davon waren unter anderem Besuche von Rogers selbst in Österreich, 1981 und 1984, in deren Rahmen auch Workshops und Vorträge abgehalten wurden.

Die Anerkennung als psychotherapeutische Ausbildungseinrichtung erfolgte im Juni 1993.

Im Juli 1994 traten 3 Gründungsmitglieder (G. Pawlowsky, R. Hutterer und R. Stipsits) aus der APG aus und gründeten die – mittlerweile ebenfalls als fachspezifische Ausbildungseinrichtung anerkannte – Vereinigung Rogerianische Psychotherapie (VRP). 1996 kam es innerhalb der APG zu der bereits eingangs erwähnten Bildung von 2 Sektionen, die in erster Linie auf gruppendynamische Prozesse vor allem im Ausbildnerkreis zurückzuführen war.

2005 wurde ungeachtet der weiterhin offiziell gültigen Zusatzbezeichnung („Personenzentrierte Psychotherapie") vereinsintern die Bezeichnung „personzentriert" eingeführt.

II. Organisationsstruktur

Oberstes Entscheidungsgremium der APG ist die einmal jährlich stattfindende ordentliche Generalversammlung. Der Vorstand ist von den beiden Sektionen paritätisch besetzt.

Innerhalb der beiden Sektionen gibt es jeweils Sektionsversammlungen und eine Sektionsleitung, die auch als Leitungsteam konstituiert sein kann.

Auf der Ausbildungsebene arbeiten die beiden Sektionen bzw. die beiden Ausbildnergruppen unabhängig voneinander.

Innerhalb beider Sektionen gibt es jeweils ein elaboriertes Regelwerk. Im Ausbildungskomitee (Forum) bzw. in der Ausbildungskommission (IPS) werden die übergeordneten sektionsspezifischen Beschlüsse in Ausbildungsangelegenheiten, soweit sie nicht durch die Ausbildungsordnung vorgegeben sind, gefasst. Darin sind die AusbildnerInnen und die AusbildungskandidatInnen sowie die ordentlichen Mitglieder vertreten.

Ordentliche Mitglieder haben die Ausbildung absolviert. Die außerordentliche Mitgliedschaft kann während oder nach Abschluss einer Ausbildung angestrebt werden. Mitgliedschaft im Kandidatenstatus: Es ist erforderlich, APG-Mitglied zu sein, um an der Ausbildung teilnehmen zu können.

Daten zur Ausbildungseinrichtung

- Zahl der Mitglieder mit absolvierter psychotherapeutischer Ausbildung (Stichtag 1. 1. 2005): 84 (Forum: 37/IPS: 47)
- Aktuelle Zahl der AusbildungsteilnehmerInnen (Stichtag 1. 6. 05): 163 (Forum 97/IPS: 66)
- Zahl der AusbildungsteilnehmerInnen im Status „Psychotherapeut/in in Ausbildung unter Supervision" (Stichtag 1. 6. 2005): 87 (Forum: 55/IPS: 32)
- Zahl der Aufnahmen in die psychotherapeutische Ausbildung im letzten Jahr (1. 6. 2004 – 1. 6. 2005): 24 (Forum: 15/IPS: 9)
- Zahl der Aufnahmen in die psychotherapeutische Ausbildung in den letzten 5 Jahren (1. 6. 2000 – 1. 6. 2005): 102 (Forum: 63/IPS: 39)
- Zahl der Abschlüsse der psychotherapeutischen Ausbildung (1. 6. 2000 – 1. 6. 2005): 57 (Forum: 19/IPS: 38)
- Zahl jener AusbildungsabsolventInnen, die mit der entsprechenden Zusatzbezeichnung derzeit (Stand 1. 6. 2005) in die Psychotherapeutenliste eingetragen sind: 191

III. Veröffentlichungen, Veranstaltungen, Kontakte

Veröffentlichungen: Beide Sektionen geben gemeinsam mit anderen deutschsprachigen personzentrierten Verbänden die internationale Zeitschrift *Person* heraus, die seit 1997 2-mal pro Jahr erscheint, und arbeiten regelmäßig in der Redaktion mit.
Publikationen mit Lehrbuchcharakter bzw. für Ausbildungszwecke, an denen eine Reihe von AutorInnen der APG mitgearbeitet haben, sind:
Frenzel, P./Keil, W.W./Schmid, P.F./Stölzl, N. (Hg.) (2001): Klienten-/Personzentrierte Psychotherapie. Kontexte, Konzepte, Konkretisierungen. Wien: Facultas.
Keil, W.W./Stumm, G. (Hg.) (2002): Die vielen Gesichter der Personzentrierten Psychotherapie. Wien: Springer.
Stumm, G./Wiltschko, J./Keil, W.W. (Hg.) (2003): Grundbegriffe der Personzentrierten und Focusing-orientierten Psychotherapie und Beratung. Stuttgart: Pfeiffer bei Klett-Cotta.

Veranstaltungen: 1994 fand in Gmunden (Oberösterreich) auf Einladung eines Organisationskomitees, in dem Mitglieder der APG führend vertreten waren, der „3. Internationale Kongress für Klientenzentrierte und Experienzielle Psychotherapie" statt.
Weitere internationale Veranstaltungen, die von der APG bzw. den beiden Sektionen, Forum und IPS, veranstaltet bzw. mitveranstaltet wurden:
(2000) „Identität – Begegnung – Kooperation." Jubiläums-Symposium von GwG, ÖGwG, APG und SGGT in Salzburg
(2001) Internationales Kolloquium des IPS zum 100. Geburtstag von Carl Rogers in Wien

(2002) „100 Jahre Carl Rogers." Subsymposium am 3. Weltkongress für Psychotherapie in Wien
(2005) Symposium: „Selbstorganisation. Gestaltende und vermittelnde Prozesse in Personzentrierter Beratung und Psychotherapie" in Salzburg
(2006) „Offenheit und Vielfalt im Personzentrierten Ansatz." Tagung (anlässlich des 10-jährigen Bestehens der Sektion Forum der APG) in Wien
(2006) „Identitätsentwicklung durch Begegnung – der Personzentrierte Ansatz als Herausforderung in Therapie, Bildung und Gesellschaft" (anlässlich des 10-jährigen Bestehens der Sektion IPS der APG) in Wien.

Eine 8-tägige Selbsterfahrungsgruppe (in Anlehnung an das La-Jolla-Programm von Mitarbeitern von Carl Rogers), das sich u.a. durch den Wechsel von Großgruppe und Kleingruppen auszeichnet, wird von beiden Sektionen unabhängig voneinander im jährlichen Abstand (IPS: „The Austria Program") bzw. alle 2 Jahre (Forum: „PCE – The Person-centered Experience") durchgeführt, vorwiegend im Rahmen der Psychotherapieausbildung.

Kontakte: Beide Sektionen sind im Weltverband für Personzentrierte und Experienzielle Psychotherapie und Beratung organisiert. Darüber hinaus bestehen Kontakte zu den anderen deutschsprachigen Verbänden (GwG, ÄGG und DPGG in Deutschland sowie SGGT in der Schweiz). In Österreich wird mehr oder weniger eng mit ÖGwG und VRP kooperiert, was u.a. in der gemeinsamen Herausgabe der internationalen Zeitschrift *Person* und der gemeinsamen Veranstaltung von Kongressen (s. o.) sowie im Rahmen von Weiter- und Fortbildungsangeboten zum Ausdruck kommt. Das IPS plant eine Kooperation mit der Sigmund Freud PrivatUniversität Wien (SFU).

IV. Ausbildung

1. Aufnahmebedingungen

Als persönliche Eignungskriterien gelten:

- die Fähigkeit zur offenen Auseinandersetzung mit der eigenen Person;
- Kontaktfähigkeit und Einfühlungsvermögen;
- die Fähigkeit zur Selbstwahrnehmung und Selbstreflexion;
- Wahrnehmungs- und Handlungsfähigkeit in sozial komplexen Situationen;
- psychische Flexibilität und Stabilität.

Neben den gesetzlich fundierten Bestimmungen ist die Aufnahme von der Feststellung der Eignung und der Verfügbarkeit des Ausbildungsplatzes (s. u.) abhängig. Die Eignungsfeststellung basiert auf der Zustimmung der jeweiligen Ausbildnergruppe aufgrund von 2 Vorstellungsgesprächen und einem Entscheidungsseminar (im Umfang von mind. 35 Std.) sowie auf der Absolvierung von mind. 30 Std. personzentrierter Selbsterfahrung.

2. Aufnahmemodus

Das Aufnahmeverfahren besteht – in dieser Reihenfolge – aus:

- der Feststellung der persönlichen Eignung der BewerberInnen (s. o.);
- der Feststellung der Verfügbarkeit eines Ausbildungsplatzes: Um mit der Ausbildung beginnen zu können, müssen die BewerberInnen die Zusage für einen Lehrtherapieplatz im Einzelsetting einholen;
- der Feststellung der Erfüllung der gesetzlichen Aufnahmebedingungen.

3. Ausbildungsrahmen, -ablauf und -vertrag

Die Ausbildung umfasst insgesamt mind. 1.970 Std. Sie findet – abgesehen von den Einzelstunden – zum größten Teil an Wochenenden statt und ist in weiten Teilen analog zu einer universitären Struktur organisiert. Ca. 50 Prozent der Veranstaltungen (Lehrtherapie, Einzelsupervision, Gruppensupervision in sogenannten Praxisgruppen sowie 7 Pflichttheorieseminare) sind obligatorisch („Pflichtveranstaltungen"). Die restlichen 50 Prozent sind innerhalb des jeweiligen Ausbildungsteils (Selbsterfahrung, Supervision, Theorie) frei wählbar („Wahlpflichtveranstaltungen").

Es wird ein schriftlicher Ausbildungsvertrag geschlossen. Vertragspartner sind der/die AusbildungsteilnehmerIn und die Sektionen vertreten durch die Sektionsleitungen, die vereinsintern eine Ausbildungsvollmacht haben.

4. Ausbildungsinhalte

a) Selbsterfahrung

Die Selbsterfahrung im Umfang von mind. 300 Std. über einen Zeitraum von mind. 3 Jahren umfasst folgende Pflichtteile:

- Einzelselbsterfahrung/Lehrtherapie (mind. 80 Std.): Diese hat sich über mind. 2 Jahre zu erstrecken. Die konkrete Dauer wird unter Berücksichtigung der Vorerfahrung und der persönlichen Situation zwischen der/dem LehrtherapeutIn und der/dem KandidatIn vereinbart.
- Gruppenselbsterfahrung (mind. 110 Std.): Dieses Ausbildungselement besteht aus der zweimaligen Teilnahme an einer 8-tägigen Encountergruppe mit charakteristischem Setting (je 55 Std.).
- Wahlpflichtveranstaltungen: Diese können weitere Einzeltherapie, Wochenend-Encountergruppen, kontinuierlich laufende Selbsterfahrungsgruppen über mind. 1 Jahr oder auch die Teilnahme an einer weiteren mehrtägigen Encountergruppe oder internationale Seminare umfassen.

b) Theorie

Veranstaltungen zur Theorie müssen im Umfang von mind. 320 Std. besucht werden und untergliedern sich wie folgt:

a) 7 Pflichtseminare (125 Std.):

- Grundlagen personzentrierter Theoriebildung (Theorieblock)
- die Schriften von C. Rogers zu Beziehung und Prozess

- die Schriften von C. Rogers zur Persönlichkeitstheorie und -entwicklung
- Beziehung/Diagnose/Technik
- Persönlichkeitstheorie/Motivationstheorie/humanistisches Menschenbild
- neuere Literatur zur Personzentrierten Psychotherapie
- Verhältnis zu anderen psychotherapeutischen Ansätzen

b) Wahlpflicht (195 Std.): Hier kann aus einer Vielzahl von regelmäßig angebotenen, jeweils wechselnden Theorieseminaren ausgewählt werden. Dafür kommen auch die zahlreichen Angebote von aus- und inländischen GastdozentInnen, die vor allem von der Sektion Forum kontinuierlich eingeladen werden, infrage.

Zusätzlich ist im letzten Ausbildungsabschnitt eine schriftliche Arbeit als theoretische Auseinandersetzung mit dem Personzentrierten Ansatz zu verfassen und einzureichen. Diese ist von 2 AusbildnerInnen positiv zu begutachten.

c) Psychotherapeutische Tätigkeit unter Supervision

Die 600 Std. eigener psychotherapeutischer Arbeit unter Supervision müssen mind. 300 Std. Einzeltherapien einschließen. Die restlichen Std. können auch in anderen Settings (Gruppen, Familien, Paare) durchgeführt werden. Es müssen mind. 3 längerfristige Psychotherapien bis zum Abschluss geführt werden.

Der Status „Psychotherapeut/in in Ausbildung unter Supervision", der zur psychotherapeutischen Praxis ermächtigt, kann in der Regel gegen Ende des 2. bzw. Anfang des 3. Ausbildungsjahres erlangt werden.

d) Supervision der psychotherapeutischen Tätigkeit

Der Supervisionsanteil (mind. 220 Stunden) teilt sich wie folgt auf:

a) Pflichtveranstaltungen (im Ausmaß von 160 Std.):

- Gruppensupervision: 2 einjährige Praxisgruppen zu je 55 Std., insgesamt mind. 110 Std.; in diesem zentralen Ausbildungsbestandteil werden praktische Grundfertigkeiten eingeübt und eigene praktische Erfahrungen auch in Bezug auf den theoretischen Ansatz reflektiert.
- Einzelsupervision (mind. 50 Std.) zur detaillierten Fallbesprechung im Zuge der psychotherapeutischen Praxis im Kandidatenstatus.

b) Wahlpflichtveranstaltungen (im Ausmaß von mind. 60 Std.):

- weitere Einzelsupervision oder
- eine weitere Praxisgruppe oder auch
- Gruppensupervision (beispielsweise geblockt an Wochenenden oder laufend).

e) Praktikum

Mind. 550 Std.

f) Praktikumsupervision

Mind. 30 Std.; davon können max. 15 Std. vor Ort im Rahmen der Praktikumseinrichtung bei einem/einer dafür qualifizierten SupervisorIn absolviert werden.

5. Evaluierung und Ausbildungsabschluss

Die Evaluierung der Teilnahme der KandidatInnen an den einzelnen Lehrveranstaltungen obliegt den jeweiligen AusbildnerInnen.

Sobald alle Ausbildungsschritte (inkl. schriftliche Arbeit) absolviert sind, was durch eine quantitative Evaluation bestätigt wird, und die qualitative Evaluation im Ausbildnerkreis positiv ausfällt, wird der/die AusbildungskandidatIn zur Abschlussreflexion eingeladen: Diese besteht aus einer Reflexion über einen selbst psychotherapeutisch betreuten Fall im persönlichen Austausch mit 2 AusbildnerInnen.

6. Dauer und Kosten

		Tagessatz/ Stundensatz	Stunden (mind.)	Gesamt (mind.)
Ausbildungskosten				
Eigentherapie (Einzel)	Forum	€ 59,– bis € 76,–	80	€ 5.200,–
	IPS	€ 65,– bis € 110,–		€ 5.200,–
Gruppenselbsterfahrung	Forum	€ 8,46 bis € 12,69	220	€ 2.050,–
	IPS	€ 9,90 bis € 16,–		€ 2.178,–
Theorie	Forum	€ 8,46 bis € 12,69	320	€ 3.150,–
	IPS	€ 12,– bis € 16,–		€ 3.840,–
Einzelsupervision	Forum	€ 59,– bis € 76,–	50	€ 3.250,–
	IPS	€ 65,– bis € 110,–		€ 3.250,–
Gruppensupervision	Forum	€ 8,46 bis € 12,69	170	€ 1.540,–
	IPS	€ 10,– bis € 16,–		€ 1.700,–
Praktikumsupervision	Forum	€ 10,15 bis € 12,69	30	€ 305,–
	IPS	€ 10,– bis € 16,–		€ 300,–
Zusatzkosten				
Aufnahmekosten:				
Vorstellungsgespräche	Forum	€ 60,–	2 Gespr.	€ 120,–
	IPS	€ 50,–		€ 100,–
Entscheidungsseminar	Forum	€ 330,–	35	€ 330,–
	IPS	€ 300,–		€ 300,–
Mitgliedsbeitrag		€ 200,–/Jahr	4 Jahre	€ 800,–
Sonstige Kosten:				
Begleitgespräch	Forum	€ 59,–	1	€ 59,–
	IPS	€ 65,–	1	€ 65,–
Gutachten schriftl. Arb.	Forum	€ 67,–	2	€ 134,–
	IPS	€ 140,–		€ 280,–
Abschlussreflexion	Forum	€ 50,–		€ 100,–
	IPS	€ 70,–		€ 140,–
Gesamtkosten	**Forum**			**€ 17.038,–**
	IPS			**€ 18.153,–**

Für die Ausbildung muss mit einer Dauer von mind. 4 Jahren gerechnet werden. Alle notwendigen Ausbildungsveranstaltungen werden von beiden Sektionen in diesem Zeitraum angeboten. Die durchschnittlich benötigte Zeit beträgt aber erfahrungsgemäß eher 5–6 Jahre.

Die Mindestkosten für die Ausbildung (inkl. Mitgliedsbeitrag und Kosten für das Aufnahmeverfahren; exkl. Reise-, Aufenthalts- bzw. Literaturkosten) betragen in der Sektion Forum mind. € 17.000,–, im IPS mind. € 18.100,–. Die Gesamtkosten sind dann entsprechend höher, wenn das vereinbarte Stundenausmaß für die Lehrtherapie einen größeren Umfang als 80 Std. hat. Bei nachweisbar niedrigem Einkommen ist für alle Ausbildungsseminare eine Kostenreduktion von 20 % möglich.

Die Honorarsätze des Forum sind an den Index gebunden und auch die Honorarrichtlinien des IPS dürfen während der 6-jährigen Vertragsdauer nicht überschritten werden.

7. AusbildnerInnen

Für die Bestellung von AusbildnerInnen gelten die gesetzlichen Bestimmungen.

Über die Bestellung entscheiden in der Sektion Forum das Ausbildungskomitee, in der Sektion IPS die Ausbildungskommission.

• Zahl der AusbildnerInnen (LehrtherapeutInnen) mit voller Lehrbefugnis (Stichtag 1. 6. 2005):	12 (Forum: 7/IPS: 5)
• Zahl der AusbildnerInnen (LehrtherapeutInnen) mit partieller Lehrbefugnis (Stichtag 1. 6. 2005):	6 (Forum: 3/IPS: 3)
• Zahl der GastdozentInnen (im Zeitraum 1. 6. 04 – 1. 6. 05):	9 (alle Forum)

AusbildnerInnen (LehrtherapeutInnen) mit voller Lehrbefugnis (Stand 1. 6. 2005):

Forum:

Sylvia Gaul, Wien

Brigitte Macke-Bruck, Dr., Ärztin, Wien

Christian Metz, Dr., Theologe, Wien

Nora Nemeskeri, Dr., Psychologin, Wien

Barbara Reisel, Dr., Psychologin, Wien

Gerhard Stumm, Dr., Psychologe, Wien

Beatrix Teichmann-Wirth, Dr., Psychologin, Wien

IPS:

Christian Fehringer, Mag., Sonder- und Heilpädagoge, Wien

Peter Frenzel, Mag., Wirtschaftspsychologe, Wien

Peter F. Schmid, Univ.-Doz HS-Prof. Mag. Dr., Theologe und Pastoralpsychologe, Wien

Josef Pennauer, Dr., Mediziner, Wien

Marietta Winkler, Sozialarbeiterin, Wien

Grundsätzlich stehen alle AusbildnerInnen zur Verfügung, doch wird in der Praxis nur in seltenen Ausnahmefällen davon Gebrauch gemacht, Veranstaltungen bei AusbildnerInnen der jeweils anderen Sektion zu besuchen.

V. Gesamtbetrachtung

Ein herausragendes Charakteristikum ist die weitgehend freie Gestaltung der Ausbildungsschritte durch den/die AusbildungsteilnehmerIn selbst. Abgesehen von einigen für alle gleichermaßen verpflichtenden Ausbildungselementen liegt sowohl die inhaltliche als auch die zeitliche Disposition im Ermessen der AusbildungsteilnehmerInnen.

Trotz einer – relativ betrachtet – beträchtlichen Zahl an Std. im Einzelsetting (mind. 80 Std. Einzellehrtherapie und mind. 50 Std. Einzelsupervision) zählt das Ausbildungsangebot zu den kostengünstigsten überhaupt. Dies schlägt sich wohl auch in der Nachfrage nach der Psychotherapieausbildung nieder, denn hier rangiert die APG im vorderen Mittelfeld.

Die APG hat sich seit ihrer Gründung an Rogers und seinen MitarbeiterInnen in den USA orientiert. Während die Sektion IPS am klassischen Ansatz festhält und an dessen Weiterentwicklung zu einer dialogischen Psychotherapie orientiert ist, sind in der Sektion Forum verschiedene Strömungen, vom klassischen Ansatz bis hin zu Focusing, repräsentiert. AusbildungskandidatInnen müssen sich von Beginn an für eine der beiden Sektionen entscheiden.

Kontaktadressen

Arbeitsgemeinschaft Personzentrierte Psychotherapie, Gesprächsführung und Supervision (APG)
Strudlhofgasse 3/2
1090 Wien
Tel. 01/315 41 01

Forum Personzentrierte Praxis, Ausbildung und Forschung (Forum)
Otto-Bauer-Gasse 5/14
1060 Wien
Tel. 01/966 79 44
E-Mail: apg-forum@chello.at
www.apg-forum.at

Institut für Personzentrierte Studien (IPS)
Dißlergasse 5/4
1030 Wien
Tel. 01/713 77 96
E-Mail: office@ips-online.at
www.ips-online.at

Vereinigung Rogerianische Psychotherapie (VRP)*

Der Verein wurde 1994 gegründet und ist neben der Arbeitsgemeinschaft für Personenzentrierte Psychotherapie, Gesprächsführung und Supervision (APG) und der ÖGwG (s. die jeweiligen Darstellungen dazu) ein weiterer Ausbildungsverein für Personen-/Klientenzentrierte Psychotherapie. Die Akkreditierung als Ausbildungseinrichtung für das Fachspezifikum erfolgte 1998.

Der überwiegende Teil der Theorieseminare bzw. Selbsterfahrungs- und Supervisionsgruppen wird an Wochenenden in Wien angeboten. Die LehrtherapeutInnen kommen allesamt aus Wien. Der Tätigkeitsbereich der VRP erstreckt sich derzeit auf Wien, es gibt keine Regional- oder Fachgruppen, allerdings gibt es auch AusbildungsteilnehmerInnen aus nahen Bundesländern (Niederösterreich, Steiermark, Burgenland).

Methode und Methodenverständnis

Ein wichtiges Grundprinzip des auf den amerikanischen Psychotherapeuten Carl Rogers zurückgehenden Ansatzes ist die Aktualisierungs- und Selbstaktualisierungstendenz von Klienten, die auf der Fähigkeit jedes Organismus zur Entwicklung seiner Möglichkeiten in Auseinandersetzung mit seiner Umwelt aufbaut. Ausgehend von diesem Entwicklungs- und Motivationsprinzip arbeitet die Personenzentrierte Psychotherapie mit den Selbstregulierungs- und Selbstheilungskräften von Klienten, die in der Beziehung mit dem/der PsychotherapeutIn aktiviert und gefördert werden. Die Verwirklichung einer akzeptierenden und respektvollen Grundhaltung, von nichtwertendem, einfühlendem Verstehen in einer offenen und echten Beziehung ist ein zentrales Gestaltungsprinzip der Personenzentrierten Psychotherapie. Dadurch wird Klienten Selbstöffnung, Selbstauseinandersetzung und ein vertieftes Selbstverstehen ermöglicht, das nachweislich zu einer deutlichen Verminderung psychischer Beeinträchtigungen und Probleme führt.

Die VRP ist der klassischen Auffassung von Carl Rogers verbunden.

I. Geschichte

Die Gründung der VRP erfolgte nach einer Abspaltung von der Arbeitsgemeinschaft Personenzentrierte Psychotherapie, Gesprächsführung und Supervision (APG) (s. dazu den Beitrag in diesem Band). Der Verein wurde 1994 von Robert Hutterer, Gerhard Pawlowsky und Reinhold Stipsits in Wien gegründet, um die Methode von Carl Rogers zu fördern und weiterzuent-

* Texterstellung mit Unterstützung von Robert Hutterer.

wickeln. Im Jänner 1998 wurde die VRP als Ausbildungseinrichtung für das Fachspezifikum anerkannt.

II. Organisationsstruktur

Die Leitung des Vereins obliegt dem 5-köpfigen Präsidium, das alle 4 Jahre gewählt wird. Es wird durch 3 Konferenzen unterstützt. Die Praxiskonferenz besteht aus praktisch tätigen PsychotherapeutInnen und setzt sich mit aktuellen Fragen aus der Praxis auseinander. Die Lehrkonferenz setzt sich aus den LehrtherapeutInnen zusammen, ihr obliegt die Durchführung und Gestaltung der Ausbildungsgänge des Vereins. Die KandidatInnenkonferenz der in Ausbildung stehenden KollegInnen vertritt die Interessen der LehrgangsteilnehmerInnen.

Daten zur Ausbildungseinrichtung

• Zahl der Mitglieder mit absolvierter psychotherapeutischer Ausbildung (Stichtag 1. 1. 2005):	23
• Aktuelle Zahl der AusbildungsteilnehmerInnen (Stichtag 1. 6. 2005):	14
• Zahl der AusbildungsteilnehmerInnen im Status „Psychotherapeut/in in Ausbildung unter Supervision" (Stichtag 1. 6. 2005):	8
• Zahl der Aufnahmen in die psychotherapeutische Ausbildung im letzten Jahr (1. 6. 2004 – 1. 6. 2005):	2
• Zahl der Aufnahmen in die psychotherapeutische Ausbildung in den letzten 5 Jahren (1. 6. 2000 – 1. 6. 2005):	18
• Zahl der Abschlüsse der psychotherapeutischen Ausbildung (1. 6. 2000 – 1. 6. 2005):	9
• Zahl jener AusbildungsabsolventInnen, die mit der entsprechenden Zusatzbezeichnung derzeit (Stand 1. 6. 2005) in die Psychotherapeutenliste eingetragen sind:	31

III. Veröffentlichungen, Veranstaltungen, Kontakte

Veröffentlichungen: Einmal jährlich findet die Aussendung eines Programms statt, das alle Aus- und Weiterbildungsangebote der VRP beinhaltet.

Veranstaltungen: Einmal jährlich findet im Frühjahr die Vereinsvollversammlung statt. Regelmäßig alle 2 Monate finden wissenschaftliche Abende statt, die öffentlich zugänglich sind und der theoretischen Auseinandersetzung und Diskussion zu relevanten Fragestellungen im Personenzentrierten Ansatz dienen.

Im Jahre 2004 war der Verein Mitveranstalter des Symposiums „Selbst-Organisation in der Personenzentrierten Beratung und Psychotherapie" (in

Salzburg) und des Symposiums „Neuere Entwicklungen im Personenzentrierten Ansatz“ (mit der Universität Wien). 2005 veranstaltete der VRP das Symposium „Personenzentrierte Psychotherapie bei Menschen mit besonderen Bedürfnissen“ (mit dem Blindeninstitut Wien).

Kontakte: Seit mehreren Jahren findet eine rege Zusammenarbeit mit der Universität Wien/Institut für Bildungswissenschaften im Rahmen des Projektstudiums „Personenzentrierte Beratung und Psychotherapie“ statt. Es wurden bereits 3 gemeinsame Symposien veranstaltet.

Seit Anfang 2005 bietet die VRP gemeinsam mit der APG/Sektion Forum eine 2-jährige Weiterbildung in Personenzentrierter Kinder- und Jugendlichentherapie an. Es besteht dabei eine enge Zusammenarbeit mit Univ.-Prof. Dr. Behr von der Pädagogischen Hochschule Schwäbisch-Gmünd, der im Rahmen der Ausbildung der VRP Seminare hält.

IV. Ausbildung

1. Aufnahmebedingungen

Außer den gesetzlich definierten Kriterien sind mind. 30 Std. Selbsterfahrung mit der Methode nach Carl Rogers nachzuweisen.

2. Aufnahmemodus

Aufnahmegespräche mit 2 PsychotherapeutInnen der Lehrkonferenz und die Absolvierung des Auswahlseminars bzw. die Teilnahme an einer Selbsterfahrungsgruppe (mind. 30 Std.), die von einem Mitglied der Lehrkonferenz geleitet wird, sollen die Eignung abklären.

3. Ausbildungsrahmen, -ablauf und -vertrag

Der Einstieg in die Ausbildung ist jederzeit möglich. Die Aufnahme kann aber nur erfolgen, wenn ein Lehrtherapieplatz und ein Praktikumsplatz nachgewiesen werden können. Es wird ein Ausbildungsvertrag zwischen dem Kandidaten und der VRP geschlossen, der die gegenseitigen Rechte und Pflichten dokumentiert

Die Ausbildung findet in Seminarform statt. Verpflichtend ist die Teilnahme an einem fortlaufenden Theorieseminar über 3 Jahre, wobei jeweils für 1 Jahr eine geschlossene Gruppe besteht, sodass ein Einstieg in das Theorieseminar jeweils zu Beginn der Jahresgruppe möglich ist. Der Rest der Kurse kann frei gewählt werden.

4. Ausbildungsinhalte

a) Selbsterfahrung

Mind. 300 Std., davon mind. 200 Std. Einzeltherapie und mind. 50 Std. in einer fortlaufenden Gruppe. Der Schwerpunkt der Selbsterfahrung liegt demnach auf der Einzelselbsterfahrung. Diese muss bei 3 verschiedenen LehrtherapeutInnen erfolgen, wobei eine Therapie mind. 150 Std. über einen Zeitraum von 2 Jahren umfassen soll (Langzeittherapie). Der Rest der Einzeltherapiestunden soll sich auf 2 Kurzzeittherapien verteilen. Die Lehrtherapien dürfen jeweils nicht parallel geführt werden. Diese Regelung dient dem Kennenlernen verschiedener Interaktionen und Effekte im Therapieverlauf.

b) Theorie

Es sind mind. 370 Std. mit folgenden Themen zu absolvieren:

1. Gesunde und pathologische Persönlichkeitsentwicklung (mind. 100 Std.), einschließlich Diagnostik
2. Persönlichkeits- und Interaktionstheorie (mind. 50 Std.)
3. Methodik und Technik (mind. 130 Std.)
4. Neuere Literatur (mind. 40 Std.): Seminare zu aktueller deutsch- und englischsprachiger Literatur
5. Schwerpunktseminare (mind. 50 Std.) nach eigener Wahl

c) Psychotherapeutische Tätigkeit unter Supervision

Mind. 600 Std. eigenständige psychotherapeutische Tätigkeit; davon mind. 300 Std. als Einzeltherapie.

d) Supervision der psychotherapeutischen Tätigkeit

Mind. 150 Std., davon mind. 60 Std. in Einzelsupervision.

e) Praktikum

Mind. 600 Std. gemäß gesetzlicher Bestimmungen; es besteht nach Maßgabe freier Plätze die Möglichkeit, bei Institutionen, in denen Mitglieder der VRP beschäftigt sind, das vorgeschriebene psychotherapeutische Praktikum zu absolvieren.

f) Praktikumsupervision

Mind. 30 Std. im Einzel- oder Gruppensetting.

5. Evaluierung und Ausbildungsabschluss

Es wird die erfolgreiche Teilnahme an einzelnen Ausbildungsschritten und Seminaren schriftlich bestätigt. Weiters sind im Verlauf der Ausbildung mind. 2 Lernweggespräche zu absolvieren. Zentral dabei ist ein Prozess der Rückmeldung und intersubjektiven Abstimmung zwischen Selbsteinschätzung durch den Auszubildenden und Einschätzung durch die AusbildnerInnen. Die Evaluation zielt sowohl auf die Mindesterfordernisse des fachspezifischen Curriculums (quantitative Evaluation) als auch auf Entwicklungsfortschritte im Sinne der Ausbildungsziele (qualitative Evaluation) ab.

Um die Ausbildung abzuschließen, muss eine schriftliche Arbeit über ein relevantes Thema verfasst werden. Das Abschlussverfahren beinhaltet die quantitative und qualitative Evaluation, die Beurteilung der theoretischen Arbeit und eine Abschlussprüfung mit 2 LehrtherapeutInnen. Der erfolgreiche Abschluss der Ausbildung wird durch ein Diplom bestätigt.

6. Dauer und Kosten

Die Ausbildung dauert mind. 4 Jahre, der Durchschnitt beträgt 5 Jahre. Es ist mit Mindestkosten von € 23.000,– zu rechnen.

	Tagessatz/ Stundensatz	**Stunden (mind.)**	**Gesamt (mind.)**
Ausbildungskosten			
Eigentherapie (Einzel)	€ 60,– bis € 75,–/Std.	200	€ 12.000,–
Gruppenselbsterfahrung	€ 12,– bis € 15,–/Std.	100	€ 1.200,–
Theorie	€ 12,– bis € 15,–/Std.	370	€ 4.440,–
Einzelsupervision	€ 60,– bis € 75,–/Std.	60	€ 3.600,–
Gruppensupervision	€ 12,– bis € 15,–/Std.	60	€ 720,–
Praktikumsupervision	€ 12,– bis € 15,–/Std. (Gruppe)	30	€ 360,–
Zusatzkosten			
Aufnahmekosten	2 Gespr. + Aufnahmesem.	30	€ 210,–
Mitgliedsbeitrag	€ 120,–/Jahr	4 Jahre	€ 480,–
Gesamtkosten			**€ 23.010,–**

7. AusbildnerInnen

Die AusbildnerInnen der VRP müssen neben den in der Lehrpersonenrichtlinie des zuständigen Bundesministeriums definierten Kriterien noch Folgendes erfüllen: Mitgliedschaft als PraktikerIn der VRP über mind. 5 Jahre seit Abschluss der personenzentrierten/klientenzentrierten Ausbildung;

Aktive Mitarbeit in der VRP in Form von personenzentrierter Fortbildung in der VRP, Vorträgen an wissenschaftlichen Abenden, Übernahme von Funktionen bzw. Mitarbeit bei Projekten der VRP, Teilnahme an Ausbildungsveranstaltungen der VRP als Co-AusbildnerIn.

- Zahl der AusbildnerInnen (LehrtherapeutInnen) mit voller Lehrbefugnis (Stichtag 1. 6. 2005): 6
- Zahl der AusbildnerInnen (LehrtherapeutInnen) mit partieller Lehrbefugnis (Stichtag 1. 6. 2005): 0
- Zahl der GastdozentInnen (im Zeitraum 1. 6. 2004 – 1. 6. 2005): 1

AusbildnerInnen (LehrtherapeutInnen) mit voller Lehrbefugnis (Stand 1. 6. 2005):
Andrea Hammer, Dr., Psychologin, Wien
Robert Hutterer, a.o. Univ.-Prof. Dr., Pädagoge, Wien
Thomas Oberlechner, MMag. Dr., Jurist und Psychologe, Wien
Gerhard Pawlowsky, Dr., Psychologe, Wien
Reinhold Stipsits, a.o. Univ.-Prof. Dr., Pädagoge, Wien
Christine Wakolbinger, Mag., Psychologin, Wien

V. Gesamtbetrachtung

Die VRP ist ein kleiner und noch junger Ausbildungsverein, der aber von der großen Erfahrung seiner Gründer mit Vereinsgestaltung, Ausbildungsfragen und Psychotherapie profitiert. Die Ausbildung kann sehr individuell gestaltet und den Bedürfnissen der KandidatInnen angepasst werden, Ausbildner und KandidatInnen stehen in engem Kontakt. Positiv fällt auch das Bemühen um Kommunikation und Austausch mit Dritten (Homepagegestaltung, öffentliche Veranstaltungen) auf.

Ein Schwerpunkt der Ausbildung liegt auf der Einzellehrtherapie, deren Mindestausmaß mit 200 Std. für eine personzentrierte Ausbildung relativ hoch angelegt ist, da auf die Entwicklung der Therapeutenpersönlichkeit besonderer Wert gelegt wird. Die Ausbildner sind z.T. im universitären Bereich verankert.

Kontaktadresse

Vereinigung Rogerianische Psychotherapie
Postfach 33
1091 Wien
Tel./Fax 01/319 50 03
E-Mail: office@vrp.at
www.vrp.at

Österreichischer Arbeitskreis für Konzentrative Bewegungstherapie (ÖAKBT)*

Der Österreichische Arbeitskreis für Konzentrative Bewegungstherapie (ÖAKBT) wurde 1980 gegründet und erhielt im Jahre 2001 die Akkreditierung als Ausbildungseinrichtung für das Fachspezifikum. Seit 2005 kooperiert der ÖAKBT mit der Donau-Universität Krems und bietet mit dieser zusammen einen Masterlehrgang an.

Der Sitz des Vereins ist Salzburg. LehrtherapeutInnen gibt es in Wien, Salzburg und Tirol, Deutschland und Südtirol. Die KandidatInnen kommen bisher vorwiegend aus Ostösterreich, daher finden die Kurse in Wien statt. Bei ausreichendem Interesse sind auch andere Veranstaltungsorte möglich.

Methode und Methodenverständnis

Die Konzentrative Bewegungstherapie (KBT) ist geeignet als Gruppen- und Einzeltherapie auf der Basis entwicklungspsychologischer Denkmodelle (Piaget, Erikson, Mahler, Stern, Lichtenberg), tiefenpsychologischer Theorien (Ich-Psychologie, Selbst-Psychologie) und Objektbeziehungstheorien. Ausgehend von der Theorie, dass sich Wahrnehmung zusammensetzt aus Sinnesempfindungen und Erfahrung, geht die KBT den Weg der bewussten Körperwahrnehmung im „Hier und Jetzt" vor dem Hintergrund der individuellen Lebens- und Lerngeschichte. Wahrnehmung und Bewegung bilden eine Einheit (Weizsäcker: Gestaltkreis; Piaget: sensomotorische Intelligenz) und stellen den Angelpunkt für Erfahren, Handeln und Erinnern in der Therapie dar. Das Erlebte wird sodann durch Versprachlichung ins Bewusstsein gebracht und somit den Ebenen des Denkens, der Assoziation, der Reflexion und der Kommunikation zugeführt.

Ein wesentliches Element der Methode ist die Arbeit mit Gegenständen, die unter verschiedenen therapeutischen Aspekten genutzt werden: als Möglichkeit zur taktilen Erfahrung (Primärerfahrung), Gegenüber (Objekt), Projektionsfläche (Übertragung), Erinnerungsfeld (Biografie), szenische Gestaltung (Symbolisierung) und als Mittel schöpferischer Gestaltungsprozesse.

Gesamt betrachtet geht es um ein Beziehungsgeschehen im Sinne des dialogischen Prinzips, wobei dem Körperdialog besondere Bedeutung zukommt.

* Texterstellung mit Unterstützung von Markus Hochgerner, Elisabeth Sprinz und Brigitte Windisch.

I. Geschichte

Der Österreichische Arbeitskreis für KBT wurde 1980 nach 5-jähriger Vorbereitungszeit gegründet. Seit 1975 liefen bereits in Österreich KBT-Ausbildungsgruppen, zunächst mit deutschen Lehrbeauftragten. Im Jahre 2001 wurde der Verein dann als fachspezifische Ausbildungseinrichtung in Österreich für KBT anerkannt. Seit dem Wintersemester 2005 wird in Kooperation mit der Donau-Universität Krems die fachspezifische Ausbildung als Universitätslehrgang (mit insgesamt 180 ECTS-Punkten) durchgeführt. Damit wird dem zunehmenden Interesse Rechnung getragen, aufgrund der Ausbildung auch einen akademischen Grad erwerben zu können.

II. Organisationsstruktur

Der Vorstand besteht aus 4 Mitgliedern. Das Lehrbeauftragtengremium beschickt eine 4-köpfige Ausbildungskommission, die sich mit organisatorischen Fragen des Curriculums befasst. Die Aufnahme neuer Mitglieder obliegt aber dem Vorstand und der Generalversammlung. KandidatInnen sind außerordentliche Mitglieder.

Daten zur Ausbildungseinrichtung

• Zahl der Mitglieder mit absolvierter psychotherapeutischer Ausbildung (Stichtag 1. 1. 2005):	50
• Aktuelle Zahl der AusbildungsteilnehmerInnen (Stichtag 1. 6. 2005):	28
• Zahl der AusbildungsteilnehmerInnen im Status „Psychotherapeut/in in Ausbildung unter Supervision“ (Stichtag 1. 6. 2005):	2
• Zahl der Aufnahmen in die psychotherapeutische Ausbildung im letzten Jahr (1. 6. 2004 – 1. 6. 2005):	0
• Zahl der Aufnahmen in die psychotherapeutische Ausbildung in den letzten 5 Jahren (1. 6. 2000 – 1. 6. 2005):	26
• Zahl der Abschlüsse der psychotherapeutischen Ausbildung (1. 6. 2000 – 1. 6. 2005):	0
• Zahl jener AusbildungsabsolventInnen, die mit der entsprechenden Zusatzbezeichnung derzeit (Stand 1. 6. 2005) in die Psychotherapeutenliste eingetragen sind:	36

III. Veröffentlichungen, Veranstaltungen, Kontakte

Veröffentlichungen: Der ÖAKBT gibt zusammen mit dem Deutschen Arbeitskreis für Konzentrative Bewegungstherapie (DAKBT) die 2-mal jährlich erscheinende Fachzeitschrift *Konzentrative Bewegungstherapie* heraus.

Es finden sich darin theoretische Abhandlungen und Erfahrungsberichte aus der Praxis.

Veranstaltungen: Jedes Frühjahr wird der Theorietag abgehalten, eine auch für Nichtvereinsmitglieder offene Fortbildungsveranstaltung. Seit 2002 finden im Herbst jeweils die KBT-Herbsttage statt. Der Schwerpunkt liegt hier auf Praxis und Selbsterfahrung.
Alle 4 Jahre wird gemeinsam mit dem Deutschen Arbeitskreis ein größerer Kongress organisiert (zuletzt 2001: „Diagnostik in der Psychotherapie").

Kontakte: Der ÖAKBT ist Mitglied im Europäischen Arbeitskreis für Konzentrative Bewegungstherapie (EAKBT) und pflegt Kontakte mit den KBT-Vereinen Deutschlands, der Schweiz, Belgiens, Italiens, der Slowakei und Schwedens. Einige Ausbildungsgruppen in der Slowakei wurden von österreichischen LehrtherapeutInnen geleitet und durchgeführt. Mehrere im Ausland wohnende LehrtherapeutInnen sind ständige Gastlehrbeauftragte im ÖAKBT. Am intensivsten ist die Zusammenarbeit mit dem DAKBT, mit dem die Fachzeitschrift *Konzentrative Bewegungstherapie* herausgegeben wird. An der Jahrestagung des DAKBT nehmen viele ÖAKBT-Mitglieder, auch als ReferentInnen, teil, ebenso an der Forschungstagung des DAKBT, die ebenfalls jährlich stattfindet.

Es gibt 2 fachspezifische Arbeitskreise zur Theorieentwicklung, die sich mehrmals jährlich treffen und international besetzt sind.

IV. Ausbildung

Der berufsbegleitende Lehrgang ermöglicht AbsolventInnen mit Studienberechtigung, den Grad „Master of Science" (Psychotherapie) bzw. „Akademische/r Psychotherapeut/in" (falls ohne Studienberechtigung) zu erwerben (insgesamt 180 ECTS-Punkte).

1. Aufnahmebedingungen

Der ÖAKBT verlangt neben der Erfüllung der Voraussetzungen des Psychotherapiegesetzes 25 Std. Erfahrung mit KBT; das Zulassungsseminar kann dafür angerechnet werden.

2. Aufnahmemodus

Nach Antragstellung mit den erforderlichen Nachweisen melden sich InteressentInnen für eine konkrete Ausbildungsgruppe an. Sie absolvieren ein Vorgespräch und ein Zulassungsseminar, wonach über die endgültige Aufnahme entschieden wird. Des Weiteren ist ein Antrag auf außerordentliche Mitgliedschaft im Verein zu stellen und es sind 2 Auswahlgespräche mit

Lehrbeauftragten zu führen. Die Aufnahme erfolgt zunächst über den Verein, der/die KandidatIn inskribiert zugleich an der Donau-Universität Krems.

3. Ausbildungsrahmen, -ablauf und -vertrag

Der Teil der Ausbildung, der in Zusammenarbeit mit der Donau-Universität Krems stattfindet, wird über 7 Semester geführt.

Die Ausbildungspflichten und -rechte sind in einem standardisierten Vertrag festgehalten.

4. Ausbildungsinhalte

a) Selbsterfahrung (375 Std.)

Diese gliedert sich in Gruppen- und Einzelselbsterfahrung. Die Gruppentherapie umfasst mind. 225 Std., von denen 150 Std. möglichst zu Beginn der Ausbildung in einer gleich bleibenden Gruppe zu absolvieren sind, parallel dazu kann mit der Einzellehrtherapie begonnen werden. Die Lehrtherapie im Einzelsetting umfasst mind. 150 Std. bei einem/einer KBT-LehrtherapeutIn. Alternativ können auch 100 Std. tiefenpsychologisch orientierte Psychotherapie und 70 Std. KBT-Lehrtherapie absolviert werden.

b) Theorie

Die theoretische Ausbildung umfasst insgesamt 350 Std. Sie ist folgendermaßen gegliedert:

1. Theorie der Persönlichkeit (100 Std.). Dieser Teil umfasst Entwicklungspsychologie, Psychopathologie, Psychosomatik, psychodynamische Mechanismen und therapeutische Beziehung. Entsprechend dem theoretischen Hintergrund der KBT werden auch relevante Aspekte der Anatomie, Physiologie und der Bewegungslehre vermittelt.
2. Methodik und Didaktik (210 Std.). Der allgemeine Teil (100 Std.) widmet sich der Indikationsstellung, der Gestaltung des therapeutischen Settings, den verwendeten Materialien, der Anamnese, Diagnose und Gesprächsführung sowie der KBT im Kontext klinischer und sozialer Institutionen. Der spezielle Teil behandelt die spezifische Technik der KBT-Gruppentherapie (60 Std.) und der KBT-Einzeltherapie (50 Std.).
   Weitere 40 Std. gelten dem KBT-relevanten Literaturstudium.
   Die Evaluation erfolgt durch die jeweiligen Lehrbeauftragten in Kleingruppen.

c) Psychotherapeutische Tätigkeit unter Supervision

Voraussetzung dafür sind 150 Std. Gruppen- und 30 Std. Einzellehrtherapie, weiters 150 Std. Praktikum und 130 Std. aus bestimmten Theoriefächern.

Zunächst widmet der/die KandidatIn 30 Std. der Beobachtung und Reflexion von KBT-Therapieabläufen. Mind. 60 Std. ist er/sie dann selbst als Co-TherapeutIn bei einer Therapie dabei. Dann folgt die eigenständige Arbeit als PsychotherapeutIn in Ausbildung unter Supervision (600 Std.), jedoch erst nach Absolvierung von 50 Std. Einzel-, 150 Std. Gruppenlehrtherapie, 150 Std. Praktikum und bestimmten Theorieteilen (130 Std.).

d) Supervision der psychotherapeutischen Tätigkeit

Sie umfasst mind. 120 Std. als Verlaufskontrolle der eigenständigen Arbeit, wobei 30 Std. davon bei einem/r SupervisorIn absolviert werden müssen; der Rest kann auch über Supervisionsseminare erbracht werden.

e) Praktikum

Mind. 550 Std.

f) Praktikumsupervision

Mind. 30 Std. bei einem KBT-Supervisor.

5. Evaluierung und Ausbildungsabschluss

Nach Absolvierung der Ausbildungsschritte stellt der Kandidat einen schriftlichen Antrag auf Abschluss an den Vereinsvorstand. Dieser prüft, ob die Voraussetzungen gegeben sind. Außerdem wählt der Kandidat 2 Prüfer aus und legt ihnen Protokolle von 3 aufeinander folgenden Gruppen- oder 5 Einzelsitzungen (aus einer mind. 20-stündigen Therapie) vor, die er selbst geleitet hat.

Nach Bestätigung der Protokolle durch die Prüfer kann der praktische Prüfungsteil abgelegt werden.

Im Rahmen einer Einzelprüfung oder eines Seminars arbeitet der Kandidat dabei mit einer Gruppe unter Beisein der Prüfer. Darauf folgt eine Diskussion zum Ablauf. Im folgenden Kolloquium wird der Kandidat zu seinen vorgelegten Protokollen sowie zu Theorie und Praxis der KBT befragt.

Zeitgleich wird eine schriftliche Abschlussarbeit (Masterthesis) an der Donau-Universität Krems verfasst und in einem Kolloquium geprüft.

Nach erfolgreichem Abschluss erhält der Teilnehmer das Zertifikat der ÖAKBT sowie den Titel „Master of Science" (Psychotherapie) bzw., ohne Vorliegen der Studienberechtigung, den Titel „Akademische/r Psychotherapeut/in".

6. Dauer und Kosten

Die Durchschnittsdauer der Ausbildung ist mit 5–7 Jahren zu veranschlagen.

Es ist mit Gesamtkosten von mind. € 28.900,– zu rechnen (ohne Nebenkosten wie Fahrtkosten, Unterkunft etc.), davon entfallen € 12.600,– an Studiengebühren auf den Universitätslehrgang. Die Studiengebühren schließen die Veranstaltungen ein, die an der Donau-Universität zu absolvieren sind. Diese sind in der folgenden Kostenaufstellung integriert.

	Tagessatz/ Stundensatz	Stunden (mind.)	Gesamt (mind.)
Ausbildungskosten			
Eigentherapie (Einzel)	€ 60,–	150	€ 9.000,–
Gruppenselbsterfahrung	€ 20,–	225	€ 4.500,–
Theorie	€ 20,–	350	€ 7.000,–
Einzelsupervision	€ 60,–	30	€ 1.800,–
Gruppensupervision	€ 20,–	90	€ 1.800,–
Praktikumsupervision	€ 60,–	30	€ 1.800,–
Zusatzkosten			
Aufnahmekosten	€ 60,–	3 Gespräche	€ 180,–
Mitgliedsbeitrag	€ 73,–/Jahr	5 Jahre	€ 365,–
Sonstige Kosten: Abschluss-Masterthese			€ 2.500,–
Gesamtkosten			**€ 28.945,–**

7. AusbildnerInnen

Die Kriterien für die Bestellung von Lehrpersonen entsprechen in allen Punkten der Richtlinie des zuständigen Bundesministeriums.

- Zahl der AusbildnerInnen (LehrtherapeutInnen) mit voller Lehrbefugnis (Stichtag 1. 11. 2005): 16
- Zahl der AusbildnerInnen (LehrtherapeutInnen) mit partieller Lehrbefugnis (Stichtag 1. 6. 2005): 0
- Zahl der GastdozentInnen (im Zeitraum 1. 6. 2004 – 1. 6. 2005): 3

AusbildnerInnen (LehrtherapeutInnen) mit voller Lehrbefugnis (Stand 1. 11. 2005):

Gudrun Achatz-Petz, Mag., Psychologin, Salzburg
Christa Baier, Physiotherapeutin, München
Monika Dietz, Sozialpädagogin, Wien
Markus Hochgerner, MSc, Sozialarbeiter, Wien
Helga Hofinger, Physiotherapeutin, Wien
Hedwig Illichmann, Lehrerin, Kirchstein (D)
Maximilian Kreuzberger, Mag., Theologe, Bergheim (Sbg.)
Ulrike Kühnel, Physiotherapeutin, Prien (D)
Christa Paluselli, Mag., Psychologin, Eksaarde (Belgien), Salzburg
Karin Pernstich, Dr., Pädagogin, Eppan (Italien)
Veronika Pokorny, Mag. Dr., Psychologin, Wien
Elisabeth Schuierer, Mag., Germanistin/Theologin, Fulpmes (T)
Elisabeth Sprinz, Dr., Ärztin, Salzburg

Ulrike Tempfli, Mag., AHS-Lehrerin, Salzburg
Waltraud Uhlir, Physiotherapeutin, Wien
Brigitte Windisch, Dr., Ärztin, Wien

V. Gesamtbetrachtung

Die Konzentrative Bewegungstherapie erweitert aufgrund des expliziten Einbezugs von Körperlichkeit die Palette an Zugangswegen für Klienten.

Der Österreichische Arbeitskreis für Konzentrative Bewegungstherapie bietet eine Ausbildung an, die gut durchdacht erscheint. Die Selbsterfahrung umfasst insgesamt 375 Std., und die Heranführung an die selbstständige Tätigkeit erfolgt schrittweise.

Veranstaltungen und Kooperationen deuten auf ein lebendiges Vereinsgeschehen hin.

Durch die Zusammenarbeit mit der Donau-Universität Krems kann ein akademischer Grad erworben werden.

Kontaktadresse

Österreichischer Arbeitskreis für Konzentrative Bewegungstherapie
Fürstenbrunnstraße 4
5020 Salzburg
Tel./Fax 0664/541 49 32
E-Mail: info@kbt.at
www.kbt.at

Arbeitskreis für Psychoanalyse Linz/Graz*

Der Arbeitskreis für Psychoanalyse Linz/Graz (APLG) zählt zu den jüngeren unter den Arbeitskreisen für Psychoanalyse in Österreich (s. auch die Darstellungen über den Wiener Arbeitskreis [WAP], den Salzburger Arbeitskreis [SAP] und den Innsbrucker Arbeitskreis [IAP] in den folgenden Kapiteln). Der Arbeitskreis in seiner jetzigen Form geht historisch auf den Zusammenschluss der lange Zeit selbstständigen Arbeitskreise Linz bzw. Graz zurück.

Methode und Methodenverständnis

Die Ausbildung, die im APLG vertreten wird, hat sich in den 1980er-Jahren von der theoretischen Ausrichtung der Personalistischen Tiefenpsychologie des Initiators aller Arbeitskreise Igor Caruso gelöst, um wieder einen methodischen Standpunkt einer „Psychoanalyse nach Sigmund Freud" zu vertreten, ohne jedoch bei dieser Rückorientierung neuere Tendenzen und Erweiterungen aus den Augen zu verlieren (z.B. Selbstpsychologie, Objektbeziehungstheorie, psychoanalytisch orientierte Verfahren der Psychotherapie).

Die aktuelle Grundorientierung liest sich in einer Selbstdarstellung des APLG wie folgt: „Der Arbeitskreis für Psychoanalyse Linz/Graz versteht sich als psychoanalytische Ausbildungs- und Forschungsvereinigung auf dem Boden der Freud'schen Theorie und Praxis. Ziel [...] ist die Vermittlung einer psychoanalytischen Grundhaltung, die den Menschen als Konfliktwesen sowie sein Denken, Fühlen und Handeln eingespannt sieht in eine Vielzahl von Kräften wie Trieben, moralischen Forderungen und Herausforderungen durch die soziale Umwelt. Ziel [...] ist es dabei, durch Einsicht in diese Dynamik des psychosozialen Geschehens größere Autonomie, Selbstbestimmung, Freiheit und persönliche und soziale Verantwortlichkeit zu entwickeln, wobei ein besonderer Akzent auf der Bedeutung unbewusster Prozesse liegt."

I. Geschichte

Der Linzer Arbeitskreis für Psychoanalyse (LAP) wurde im 1973 von Univ.-Doz. Dr. Harry Merl, Primarius der Abteilung für Psychotherapie des Wagner-Jauregg-Krankenhauses (Linz), zunächst als „Linzer Gruppe" des Wiener Arbeitskreises für Tiefenpsychologie gegründet. 1977 wurde der LAP (unter dem Namen Linzer Arbeitskreis für Tiefenpsychologie) Vollmitglied

* Text der Darstellung in der Erstauflage (1995) von Martin Voracek; Aktualisierung bzw. weitgehende Überarbeitung mit Unterstützung von Ruth Neumeister und Gerhard Zenaty.

im Verband der 1947 von Igor Alexander Caruso gegründeten Österreichischen Arbeitskreise für Tiefenpsychologie, die ursprünglich – im Unterschied zur Wiener Psychoanalytischen Vereinigung (WPV) – nicht orthodox freudianisch orientiert waren.

Univ.-Prof. Dr. Erich Pakesch gründete 1968 in Graz das erste Institut für medizinische Psychologie und Psychotherapie in Österreich. 1973 rief Pakesch die Grazer Gruppe für Tiefenpsychologie ins Leben, 1978 in Grazer Arbeitskreis für Tiefenpsychologie umbenannt.

Im Rahmen des Anerkennungsverfahrens als fachspezifische Ausbildungseinrichtung schlossen sich die relativ kleinen Arbeitskreise von Linz und Graz unter dem Namen Linzer Arbeitskreis für Psychoanalyse zusammen, im März 1994 wurde der Verein als Ausbildungsinstitution für das Fachspezifikum anerkannt. Seither kooperieren die beiden Gruppen in allen Fragen der Aus- und Fortbildung. 2004 schlossen sich die beiden Gruppen zum Verein Arbeitskreis für Psychoanalyse Linz/Graz mit 2 Sektionen zusammen.

II. Organisationsstruktur

Der APLG ist seit 2004 ein Verein mit 2 Sektionen (in Linz bzw. Graz). Derzeitiger Vereinssitz ist Graz.

Die Mitgliederversammlung wählt unter anderem die Mitglieder des Vorstands und des Ausbildungskomitees, nimmt neue Mitglieder auf und beschließt die Ausbildungsordnung.

Das Ausbildungskomitee besteht aus mind. 4 Mitgliedern (wovon mind. 3 ordentliche Mitglieder sein müssen): dem Ausbildungsleiter, dem Leiter des Arbeitskreises, mind. einem weiteren ordentlichen Mitglied und dem KandidatInnenvertreter. Die derzeit geltenden Ausbildungsrichtlinien sind seit Juli 1993 in Kraft. Das Ausbildungskomitee entscheidet über die Aufnahme von BewerberInnen, über die Zulassung zum „Kontrollstadium“ und über den Abschluss der Ausbildung.

Daten zur Ausbildungseinrichtung

• Zahl der Mitglieder mit absolvierter psychotherapeutischer Ausbildung (Stichtag 1. 1. 2005):	29
• Aktuelle Zahl der AusbildungsteilnehmerInnen (Stichtag 1. 6. 2005):	23
• Zahl der AusbildungsteilnehmerInnen im Status „Psychotherapeut/in in Ausbildung unter Supervision“ (Stichtag 1. 6. 2005):	10
• Zahl der Aufnahmen in die psychotherapeutische Ausbildung im letzten Jahr (1. 6. 2004 – 1. 6. 2005):	1

- Zahl der Aufnahmen in die psychotherapeutische Ausbildung in den letzten 5 Jahren (1. 6. 2000 – 1. 6. 2005): 9
- Zahl der Abschlüsse der psychotherapeutischen Ausbildung (1. 6. 2000 – 1. 6. 2005): 2
- Zahl jener AusbildungsabsolventInnen, die mit der entsprechenden Zusatzbezeichnung derzeit (Stand 1. 6. 2005) in die Psychotherapeutenliste eingetragen sind: 21

III. Veröffentlichungen, Veranstaltungen, Kontakte

Veröffentlichungen: Mitarbeit an *texte. psychoanalyse.ästhetik. kulturkritik* (Zeitschrift der Wissenschaftlichen Gesellschaft der Arbeitskreise für Psychoanalyse in Österreich).

Veranstaltungen: An Vereinsaktivitäten des APLG sind zu verzeichnen: die monatlichen „allgemeinen Seminare“ in Linz bzw. Graz; gemeinsam veranstaltete Aus- und Fortbildungswochenenden; seit 2003 gibt es eine fixe Ausbildungskooperation mit den anderen österreichischen Arbeitskreisen, wodurch ein regelmäßiges, breiteres und differenzierteres Angebot an Theorie-Ausbildungsseminaren gewährleistet ist (diese Seminare finden in Salzburg statt); gemeinsame Fortbildungs- und Öffentlichkeitsarbeit mit den anderen Österreichischen Arbeitskreisen für Psychoanalyse (u.a. gemeinsame Organisation des jährliches Symposiums „Freiberg“ in Salzburg); öffentlich zugängliche Vorträge, seit Sommersemester 2005 eine Fortbildung für PsychotherapeutInnen zum Thema „Schlüsselbegriffe der Psychoanalyse“ (SS 2005: 5 Abende; WS/SS 2005/06 8 Nachmittage) sowie regelmäßige gesamtösterreichische Treffen mit den Leitern aller „psychoanalytischen Arbeitskreise“.

Kontakte: Der APLG ist u. a. Mitglied folgender Vereinigungen: Verband der Österreichischen Arbeitskreise für Psychoanalyse; Wissenschaftliche Gesellschaft der Arbeitskreise für Psychoanalyse in Österreich (Freiberg), die u.a. die vierteljährlich erscheinende Zeitschrift *texte. psychoanalyse. ästhetik. kulturkritik* herausgibt; IFPS (Internationale Föderation der Arbeitskreise für Tiefenpsychologie), dem Zusammenschluss der auf die Tradition von Caruso zurückgehenden Arbeitskreise in Europa und Lateinamerika.

IV. Ausbildung

1. Aufnahmebedingungen

Die Zulassungsbedingungen für die Ausbildung beim APLG sind – abgesehen von den gesetzlich definierten Kriterien – wissenschaftliche Vorbildung (d.h. ein abgeschlossenes Universitätsstudium einer Human- oder Sozialwissenschaft oder eine abgeschlossene Ausbildung in einem Sozialberuf) – die Ausbildung steht damit auch NichtpsychologInnen und NichtmedizinerInnen offen –, sowie 2 Jahre Praxis in einem einschlägigen (d.h. aufgrund der wissenschaftlichen Vorbildung ergriffenen) Beruf.

2. Aufnahmemodus

An das Ausbildungskomitee ist schriftlich ein Antrag auf Zulassung zu richten. Dieser Antrag muss eine ausführliche autobiografische Darstellung sowie Urkunden, sofern sie für die Zulassung erforderlich sind, enthalten und eröffnet formal das Zulassungsverfahren.

In der Zulassungsphase werden 3 Aufnahmeinterviews gemacht. Das Ausbildungskomitee entscheidet auf der Grundlage dieser Aufnahmegespräche über die Eignung der InteressentInnen.

3. Ausbildungsrahmen, -ablauf und -vertrag

Die Ausbildung umfasst die Lehranalyse, die Teilnahme an Theorieseminaren, die Teilnahme an den Veranstaltungen und Seminaren der jeweiligen Sektion sowie den Ausbildungswochenenden. Über den Ausbildungsrahmen und die grundlegenden Bedingungen wird ein schriftlicher Ausbildungsvertrag geschlossen.

4. Ausbildungsinhalte

Die Ausbildung besteht aus 5 größeren Teilen: Lehranalyse und analytische Gruppenerfahrung (die beiden Selbsterfahrungsteile der Ausbildung), theoretisch-wissenschaftliche Ausbildung, praktische psychoanalytische Ausbildung und Praktikum.

Die Supervision ist zum größeren Teil im Einzelsetting zu absolvieren (s. den Punkt Supervision).

a) Selbsterfahrung

Die Lehranalyse ist der wesentliche Bestandteil der Ausbildung. Sie findet 3- bis 4-mal wöchentlich statt, umfasst mind. 400 Std. und ist grundsätzlich bei LehranalytikerInnen der Österreichischen Arbeitskreise für Psychoanalyse zu absolvieren (wobei im begründeten Ausnahmefall auch die Anrechnung externer Lehranalysen durch das Ausbildungskomitee möglich ist). Die angegebene Stundenanzahl ist als Untergrenze zu verstehen, die im individuellen (ausschließlich von LehranalytikerInnen zu beurteilenden) Fall deutlich überschritten werden kann. Die analytische Gruppenerfahrung umfasst mind. 120 Std. psychoanalytisch orientierte Gruppenerfahrung.

b) Theorie

Die theoretisch-wissenschaftliche Ausbildung ist mind. 6-semestrig und umfasst mind. 300 Std. Seminare, Kurse, Arbeitsgemeinschaften und kasuistische Besprechungen, bei denen die regelmäßige und aktive Teilnahme verpflichtend ist. Die folgenden theoretischen Fächer sind zu absolvieren:

- Freuds Schriften (40 Std.)
- Geschichte der Psychoanalyse (40 Std.)
- Neurosen- und Psychosenlehre (60 Std.)
- Entwicklungspsychologie (60 Std.)
- Technik der Psychoanalyse, inkl. Anamneseerhebung, Diagnostik, Indikationslehre (100 Std.)

Zusätzlich sind Seminare zu den folgenden Bereichen zu belegen (hier gibt es keine fixe Stundenvorgabe):

- Personalistische Tiefenpsychologie und andere psychoanalytische Schulen
- Ich-Psychologie
- Einführung in die Psychosomatik, Psychopathologie und Psychiatrie
- Traumlehre
- Einführung in die analytische Gruppentherapie
- Grundfragen der Jugendlichen- und Kinderanalyse sowie
- psychoanalytische Kulturtheorie

c) Psychotherapeutische Tätigkeit unter Supervision

Die psychoanalytische Praxis im Rahmen der Ausbildung besteht in der Führung von eigenen Analysen unter Supervision (sogenannten Kontrollfällen) im Ausmaß von insgesamt 600 Std. (die nach Möglichkeit 3-mal wöchentlich stattfinden und eine abgeschlossene Einzelanalyse von mind. 200 Std. Länge inkludieren). Dazu sind nur KandidatInnen im Kontrollstadium berechtigt. Die Zulassung ist möglich, wenn mind. 200 Std. Lehranalyse, wesentliche Theorieteile (psychoanalytische Entwicklungslehre, allgemeine und spezielle Neurosenlehre, Theorie und Technik der Psychoanalyse, 10 Doppelstunden technisch-kasuistisches Seminar) sowie das Praktikum absolviert sind.

d) Supervision der psychotherapeutischen Tätigkeit

Die selbst durchgeführten Analysen der KandidatInnen im Kontrollstadium stehen unter regelmäßiger Supervision durch KontrollanalytikerInnen (sogenannte Kontrollanalyse). Diese beträgt mind. 150 Std. (einzeln bzw. in einer Kontrollgruppe im Verhältnis von ca. 2:1) und ist bei KontrollanalytikerInnen der Österreichischen Arbeitskreise für Psychoanalyse zu absolvieren.

e) Praktikum

Gemäß Psychotherapiegesetz mind. 550 Std.

f) Praktikumsupervision

Praktikumsbegleitend in einem Ausmaß von mind. 30 Std. im Einzelsetting.

g) Sonstiges

Von den Österreichischen Arbeitskreisen für Psychoanalyse werden darüber hinaus regelmäßig gemeinsame Ausbildungswochenenden veranstaltet. Es besteht die Verpflichtung zur Teilnahme an mind. 6 dieser Ausbildungswochenenden.

5. Evaluierung und Ausbildungsabschluss

Voraussetzung für den Abschluss der Ausbildung und die Zulassung zum Abschlussverfahren (Kolloquium) durch das Ausbildungskomitee sind die Absolvierung der theoretisch-wissenschaftlichen Ausbildung, die Absolvierung der Lehranalyse und der analytischen Gruppenerfahrung im festgelegten Ausmaß, die Absolvierung des Psychiatriepraktikums und der begleitenden Praktikumsupervision sowie die Absolvierung des Kontrollstadiums (selbst durchgeführte Analysen unter Kontrollanalyse). LehranalytikerInnen nehmen zu Ausbildungsfragen der AnalysandInnen gegenüber dem Ausbildungskomitee grundsätzlich nicht Stellung.

Das Abschlusskolloquium wird vor der Mitgliederversammlung gehalten und entspricht einer ausführlichen, auch in einem theoretischen Rahmen zu reflektierenden Falldarstellung, die vorher schriftlich dem Ausbildungskomitee zur Einsicht abzugeben ist. Diese schriftliche, diplomarbeitsähnliche Kasuistik ist im Rahmen des Kolloquiums mündlich zu ergänzen und mit der Mitgliederversammlung zu diskutieren. Die Entscheidung über die vollständige Erfüllung der Ausbildungsinhalte trifft das Ausbildungskomitee, welches die AbsolventInnen der Mitgliederversammlung als ordentliche Mitglieder vorschlägt.

6. Dauer und Kosten

Als langjähriger Erfahrungswert haben sich etwa 8 Jahre Ausbildungsdauer herausgestellt (siehe auch Gesamtbetrachtung).

Die Ausbildungskosten betragen mind. € 45.000,–, wenn der Berechnung das Minimum von 400 Std. Lehranalyse zugrunde gelegt wird. Aufgeschlüsselt macht die Lehranalyse mind. € 28.000,– aus, die Supervision ca. € 9.000,– und die Theorie ca. € 3.000,–. Alle Kostenangaben sind jedoch stark variabel (die Theoriekosten je nach TeilnehmerInnenzahl, die Lehranalyse- und Supervisionskosten je nach Stundenzahl und Honorar der Lehr- bzw. KontrollanalytikerInnen).

	Tagessatz/ Stundensatz	Stunden (mind.)	Gesamt (mind.)
Ausbildungskosten			
Eigentherapie (Einzel)	€ 60,– bis € 100,–	400	€ 28.000,–
Gruppenselbsterfahrung	ca. € 10,–	120	€ 1.200,–
Theorie	€ 7,–/€ 10,– je nach Gruppengröße	300	€ 3.000,–
Einzelsupervision	€ 60,– bis € 100,–	100	€ 8.000,–
Gruppensupervision	ca. € 20,–/Person	50	€ 1.000,–
Praktikumsupervision	€ 60,– bis € 100,–	30	€ 2.400,–
Zusatzkosten			
Aufnahmekosten		3 Gespräche	€ 200,–
Mitgliedsbeitrag	ca. € 160,–/Jahr	8 Jahre	€ 1.280,–
Gesamtkosten			**€ 45.080,–**

7. AusbildnerInnen

Die Bestellung des Lehrpersonals erfolgt durch das Ausbildungskomitee auf der Grundlage folgender Kriterien:

- mind. 5 Jahre psychoanalytische Praxis nach dem eigenen Ausbildungsabschluss;
- mind. 4 abgeschlossene Langzeitanalysen;
- mehrjährige Aktivität in einem anerkannten psychoanalytischen Arbeitskreis (bzw. in einem anerkannten psychoanalytischen Ausbildungsinstitut);
- wissenschaftliche Tätigkeit (Vorträge, Publikationen) auf dem Gebiet der Psychoanalyse;
- regelmäßige Mitarbeit am wissenschaftlichen Leben und am Seminarbetrieb.

- Zahl der AusbildnerInnen (LehrtherapeutInnen) mit voller Lehrbefugnis (Stichtag 1. 6. 2005): 9
- Zahl der AusbildnerInnen (LehrtherapeutInnen) mit partieller Lehrbefugnis (Stichtag 1. 6. 2005): 3
- Zahl der GastdozentInnen (im Zeitraum 1. 6. 2004 – 1. 6. 2005): 27

AusbildnerInnen (LehrtherapeutInnen) mit voller Lehrbefugnis (Stand 1. 6. 2005):

Rainer Danzinger, Univ.-Prof. Dr., Psychiater, Graz
Ulrike Körbitz, Dr., Psychologin, Graz
Gert Lyon, Dr., Psychiater, Graz
Günther Nausner, Mag., Theologe, Linz
Paul Pass, Dr., Theologe, Graz
Klaus Posch, Dr., Psychologe, Graz
Gerhard Zenaty, Prof. Dr., Philosoph, Linz

V. Gesamtbetrachtung

Der APLG, ein seit 2 Jahrzehnten existierendes Mitglied der Österreichischen Arbeitskreise für Psychoanalyse mit dem Einzugsgebiet Oberösterreich, Salzburg und Steiermark, bietet eine psychoanalytische Ausbildung an, für die etwa 8 Jahre Dauer und über € 45.000,– Kosten zu veranschlagen sind. Dabei ist aber zu berücksichtigen, dass die meisten KandidatInnen selbst den Ausbildungsabschluss nicht forcieren, sondern vielmehr von einer „Kultur der Langsamkeit" motiviert sind, welche das eigene Persönlichkeitswachstum produktiv unterstützt.

Das Ausmaß des Curriculums geht vor allem im Bereich Selbsterfahrung über die gesetzlichen Mindestanforderungen hinaus (Lehranalyse und analytische Gruppenerfahrung zusammen mind. 520 Std. gegenüber mind. 200 Std. Selbsterfahrung laut Psychotherapiegesetz) und vermittelt theoretische und praktische Kenntnisse der psychoanalytischen Standardtechnik nach Freud sowie Einblicke in verschiedene Weiterentwicklungen (neuere psychoanalytische Richtungen, „neue" Krankheitsbilder, psychoanalytisch orientierte Therapietechniken).

Der APLG ist eine relativ kleine, dafür überschaubare, zu intensiven persönlichen Kontakten einladende Gruppe, die ca. 2 Dutzend aktive Mitglieder und KandidatInnen umfasst.

Es ist nicht selten, dass KandidatInnen bereits eine abgeschlossene Ausbildung in einer anderen psychotherapeutischen Methode haben, in eigener Praxis tätig sind und die Ausbildung im APLG als Vertiefung ihrer Berufsidentität wählen.

Das breit gefächerte Spektrum der im APLG vertretenen Berufsvorbildungen und Berufe und das Maß an Freiheit in der Ausbildung, welches die KandidatInnen durch die weitgehende Selbstorganisation der Ausbildungsinhalte haben, erscheint als ein weiteres wesentliches Charakteristikum dieser Ausbildungseinrichtung.

Kontaktadressen

Graz:
Dr. Klaus Posch (Leiter des APLG)
Janneckweg 20a, 8042 Graz
Tel. 0316/39 23 62, 0316/54 53-8710 (Büro), 0316/54 53-8700 (Sekretariat)
E-Mail: klaus.posch@fh-joanneum.at

Linz:
Prof. Dr. Gerhard Zenaty (Leiter des Ausbildungskomitees)
Baumbachstraße 15/6, 4020 Linz
Tel. 0732/79 00 33
E-Mail: gzenaty@gmx.at

Innsbrucker Arbeitskreis für Psychoanalyse (IAP)*

Der Innsbrucker Arbeitskreis ist die älteste Vereinigung für Psychoanalyse in Westösterreich und Mitglied in den Österreichischen Arbeitskreisen für Psychoanalyse (s. auch die Darstellungen über die fachspezifischen Ausbildungen im Wiener Arbeitskreis [WAP], im Salzburger Arbeitskreis [SAP] und im Arbeitskreis für Psychoanalyse Linz/Graz in diesem Buch).
Der IAP unterhält auch eine psychoanalytische Ambulanz für Menschen mit psychischen Problemen.

Der Einzugsbereich des Ausbildungsangebots ist Tirol und Vorarlberg, wo auch der Zweigverein Psychoanalytisches Seminar Vorarlberg tätig ist, sowie die angrenzenden deutschsprachigen Nachbarregionen Südtirol, Süddeutschland und Ostschweiz.

Methode und Methodenverständnis

Im Zuge der Auseinandersetzungen mit Ich-Psychologie, Selbstpsychologie, Beziehungsanalyse, kritischer Sozialisationstheorie, Narzissmustheorien, Kinder- und Jugendpsychoanalyse, Gruppenpsychoanalyse sowie Einflüssen anderer Wissenschaften auf die Psychoanalyse – wie Verhaltensforschung, Lerntheorien, Strukturalismus, Linguistik, Handlungs- und Gesellschaftstheorien – wurden ab den 1970er-Jahren Aspekte dieser Theorien und Methoden zu einer bio-psycho-sozialen Sicht auf den Menschen und seine Entwicklung integriert.

Heute findet sich eine reichhaltige, auch kontroversielle Debatte zu den Kernfragen der Psychoanalyse in ihren klinischen Anwendungen und zu den psychoanalytischen Betrachtungsweisen von individueller, sozialer, gesellschaftlicher, kultureller und geistiger Entwicklung. So zählt der IAP neben den Freud'schen triebtheoretischen Ansätzen auch die Objektbeziehungstheorien (u.a. M. Balint, O. Kernberg, Th. Bauriedl), Selbstpsychologien (H. Kohut, B. Grunberger) und Ansätze zu einem anthropologischen Individuationskonzept (I. A. Caruso, E. Neumann, V. Gradl) zu seinen gegenwärtigen Linien des wissenschaftlichen Diskurses. Psychodynamik und Soziodynamik menschlicher Entwicklung werden vor dem Hintergrund der individuellen Lebensgeschichte, aber auch der gesellschaftlichen Verhältnisse und der langfristigen Individuationsgeschichte über Generationen und Epochen hinweg betrachtet. Zentrum der klinischen Anwendung der Psychoanalyse bleibt die Psychoanalyse des Einzelnen in seiner Lebensgeschichte.

* Text der Darstellung in der Erstauflage (1995) von Martin Voracek; Aktualisierung bzw. weitgehende Überarbeitung mit Unterstützung von Edith Frank-Rieser.

I. Geschichte

Der IAP ist ident mit der Gruppe Innsbruck des Wiener Arbeitskreises für Tiefenpsychologie, gegründet 1947 von Igor Caruso, der im Zuge der Leitung einer psychotherapeutischen Ambulanz an der Innsbrucker Psychiatrie 1946 den Grundstein für eine psychoanalytische Ausbildung in Innsbruck legte. 1947 übernahm Eduard Grünewald bis 1949 die Leitung der Psychotherapeutischen Ambulanz und führte den Arbeitskreis für Tiefenpsychologie weiterhin im kollegialen Austausch mit dem Wiener Arbeitskreis. In den 1960er-Jahren entstand aus der internationalen Vernetzung des Wiener und Innsbrucker Arbeitskreises mit neueren psychoanalytischen Vereinigungen (deutsche, lateinamerikanische und US-amerikanische Verbände) die heutige International Federation of Psychoanalytic Societies. In Österreich selbst entstanden weitere kooperierende Arbeitskreise in Salzburg, Linz und Graz.

Seit 1979 entwickelten Psychoanalytiker des IAP in Vorarlberg ein psychoanalytisches Aus- und Fortbildungsangebot, das zur Gründung des Zweigvereines Psychoanalytisches Seminar Vorarlberg führte.

Der Innsbrucker Arbeitskreis für Psychoanalyse ist als Ausbildungsinstitut für Psychoanalyse seit März 1994 staatlich anerkannt.

Aus dem psychoanalytischen Verständnis einer Verknüpfung von Psycho- und Soziodynamik menschlicher Entwicklung ergab sich im IAP auch ein berufspolitisches Engagement für die gesetzliche und sozialpolitische Sicherung der therapeutischen Psychoanalyse. Als ähnliche Praxis ist auch die Einrichtung einer psychoanalytischen Ambulanz zu sehen, die seit 1999 mit einem neuen Konzept von psychoanalytischen Erstgesprächen arbeitet und zur niederschwelligen psychoanalytischen Grundversorgung vor Ort beiträgt.

II. Organisationsstruktur

Der IAP ist ein Verein mit Sitz in Innsbruck. Bisherige Leiter: Eduard Grünewald (bis 1984), Gunther F. Zeillinger (bis 1992), Hans-Jörg Walter (bis 1998) und gegenwärtig Edith Frank-Rieser.

Für die Wahrnehmung der Ausbildungsaufgabe sorgt die Ausbildungskommission, die sowohl für die Umsetzung des Curriculums, die Auswahl und Aufnahme von Bewerbern, die Evaluierung der Ausbildungsschritte und die Kooperation mit verwandten Einrichtungen verantwortlich ist. Bei Schwerpunktsetzungen, Kandidatenfragen und Umsetzung spezieller fachlicher Interessen werden die Kandidatenvertretungen einbezogen.

Der Zweigverein des IAP, das Psychoanalytische Seminar Vorarlberg (PSV), hat seinen Sitz in Bregenz und nimmt seine Aus- und Fortbildungsaufgaben im Rahmen des Hauptvereines wahr.

Daten zur Ausbildungseinrichtung

• Zahl der Mitglieder mit absolvierter psychotherapeutischer Ausbildung (Stichtag 1. 1. 2005):	34
• Aktuelle Zahl der AusbildungsteilnehmerInnen (Stichtag 1. 6. 2005):	9
• Zahl der AusbildungsteilnehmerInnen im Status „Psychotherapeut/in in Ausbildung unter Supervision“ (Stichtag 1. 6. 2005):	0
• Zahl der Aufnahmen in die psychotherapeutische Ausbildung im letzten Jahr (1. 6. 2004 – 1. 6. 2005):	3
• Zahl der Aufnahmen in die psychotherapeutische Ausbildung in den letzten 5 Jahren (1. 6. 2000 – 1. 6. 2005):	8
• Zahl der Abschlüsse der psychotherapeutischen Ausbildung (1. 6. 2000 – 1. 6. 2005):	9
• Zahl jener AusbildungsabsolventInnen, die mit der entsprechenden Zusatzbezeichnung derzeit (Stand 1. 6. 2005) in die Psychotherapeutenliste eingetragen sind:	38

Neben den AbsolventInnen der psychoanalytischen Ausbildung gem. Psychotherapiegesetz gibt es im Innsbrucker Arbeitskreis und dem Psychoanalytischen Seminar Vorarlberg eine Reihe von ausländischen Kollegen mit absolviertem Fachspezifikum sowie mehr als 20 eingetragene PsychotherapeutInnen, die bereits mit einer anderen absolvierten psychotherapeutischen Methode in die Psychotherapeutenliste eingetragen sind und das psychoanalytische Fachspezifikum als zusätzliche Ausbildung absolvieren.

III. Veröffentlichungen, Veranstaltungen, Kontakte

Veröffentlichungen: Im Rahmen der Wissenschaftlichen Gesellschaft der Arbeitskreise für Psychoanalyse in Österreich (Freiberg) ist der IAP an der Herausgabe der *texte. psychoanalyse. ästhetik. kulturpolitik* (gegründet 1981 im IAP), Publikationsorgan der österreichischen Arbeitskreise und einzige psychoanalytische Quartalzeitschrift Österreichs, beteiligt. Als interne Schrift dienen in Innsbruck die *Materialien* und in Vorarlberg die *Skizzen und Szenen,* in denen Semester-, Seminar- und Gastbeiträge festgehalten werden. Im Rahmen der International Federation of Psychoanalytic Societies ist die Zeitschrift *Forum of Psychoanalysis* ein weiterer wissenschaftlicher Bezugspunkt.

Veranstaltungen: Symposien/Workshops des IAP in Innsbruck:
(1995) „Von der Wirklichkeit der Psychoanalyse“
(2000) „Deutung oder Projektion? Freud, Fließ und die Achensee-Frage“
(2001) „Zur Psychoanalyse der Adoleszenz“

(2002) „Postmoderne Lebenswelten – Psychoanalytische Reflexionen und psychotherapeutische Konsequenzen"
(2003) „Postmoderne Lebenswelten – Die Globalisierung der Intimität"

Weiters finden jährlich öffentliche psychoanalytische Vorlesungen mit GastreferentInnen statt.

Jährliche Tagungen „Schwarzenberger Herbstgespräche" des PSV:
(1996) „Latente Ethik und Religiosität in der Psychoanalyse"
(1997) „Bin bös geboren – Umgang mit Aggressionen in der Kinder- und Jugendpsychoanalyse"
(1998) „Nichts ist so fremd wie die Heimat. Umgang mit dem Fremden in der Psychoanalyse"
(1999) „Brüder und Schwestern in Licht und Schatten – so nah, so fern"
(2000) „Sehnsucht nach Leben – Lebensgier – Lebensflucht"
(2001) „Wieder heimisch werden in der Welt. Zur Psychoanalyse von traumatisierten PatientInnen"
(2002) „Liebe und Sexualität – Psychoanalyse zwischen Triebschicksal und ..."
(2003) „Zeiten des Umbruchs. Die Krise des Einzelnen – die Krise der Gesellschaft aus psychoanalytischer Sicht"
(2004) „Ich erinnere, also bin ich"
(2005) „Zwischen Tod und Liebe"

Kontakte: Der IAP kooperiert mit den Arbeitskreisen für Psychoanalyse in Salzburg und Linz/Graz im Rahmen der regelmäßigen Durchführung fachspezifischer Ausbildungsseminare, wofür die jeweiligen Lehrpersonen der kooperierenden Arbeitskreise in das je eigene Ausbildungsgremium aufgenommen wurden. Basis dieser Kooperation sind die über Jahrzehnte gemeinsam gepflegten Theoriediskussionen und vergleichbaren Curricula.

Das Psychoanalytische Seminar Vorarlberg (PSV) ist in seiner Aktivität eng mit der schweizerischen und der bundesdeutschen Kollegenschaft verbunden und ein Zentrum psychoanalytischen Austausches im Bodenseeraum.

Im Rahmen der Wissenschaftlichen Gesellschaft der Arbeitskreise für Psychoanalyse (Freiberg) werden gemeinsame Tagungen veranstaltet, und es wird die oben erwähnte Zeitschrift herausgegeben.

Als Mitgliedsgesellschaft in der International Federation of Psychoanalytic Societies, die sich gegenüber jeder Orthodoxie kritisch zeigt und mehr als 20 psychoanalytische Gesellschaften auf 3 Kontinenten umfasst, stehen IAP und PSV im Austausch mit verschiedenen psychoanalytischen Ausrichtungen und Traditionen der Anwendung der Psychoanalyse.

IV. Ausbildung

Bewerbern für eine psychoanalytische Ausbildung wird die geltende Ausbildungsordnung auf Anfrage zugeschickt. Informationsgespräche zur Ausbildung können über das Sekretariat vereinbart werden.

1. Aufnahmebedingungen

Bewerber für die psychoanalytische Ausbildung können alle jene Personen sein, die die gesetzlichen Voraussetzungen erfüllen.

2. Aufnahmemodus

Nach Einlangen eines schriftlichen Ansuchens werden bei Erfüllung der formalen Kriterien die Bewerber zu 3 Aufnahmegesprächen bei LehranalytikerInnen entlang eines persönlichen Lebenslaufes eingeladen. Über die Eignung der Bewerber für die Ausbildung entscheidet die Ausbildungskommission nach Anhörung der Ergebnisse der Aufnahmeinterviews.

3. Ausbildungsrahmen, -ablauf und -vertrag

Aufgrund der meist geringen Anzahl von AusbildungsteilnehmerInnen werden die individuellen Bedingungen berücksichtigt. Der Ausbildungsablauf sieht eine Anfangszeit mit Selbsterfahrung und grundlegenden Seminaren vor, der vertiefende und kasuistische Schwerpunkte folgen. Die Arbeit mit Kontrollfällen ist nach Absolvierung von mind. zwei Dritteln des Curriculums möglich. Die aktuelle fachliche Diskussion im IAP wird von den AusbildungsteilnehmerInnen mitgestaltet.

Der Ausbildungsvertrag beinhaltet die formalen Verbindlichkeiten, die ausbildungsrelevanten Regelungen (Gremien, Aufnahme- und Ausschlusskriterien, berufsethische Verbindlichkeit) aus Statuten und Geschäftsordnung (Kandidatenvertretungen, Ablaufsvereinbarungen) sowie die geltenden Tarife.

4. Ausbildungsinhalte

Die Ausbildung umfasst Lehranalyse, theoretisch-wissenschaftliche Ausbildung und praktische psychoanalytische Ausbildung.

a) Selbsterfahrung

Lehranalyse: mind. drei Sitzungen pro Woche, mind. 400 Einzelsitzungen. Gruppenselbsterfahrung: mind. 30 Doppelstunden.

b) Theorie

Grundlagen, Wissenschaftstheorie und Geschichte der Psychoanalyse (210 Std.), Theorien zur psychischen Entwicklung (60 Std.), Krankheitslehre (Neurose, Psychosomatik, Psychose) und Diagnostik (180 Std.), Kultur- und Gesellschaftstheorien (30 Std.), Methode, Technik und Theorie der Methode (inkl. spezifische Methode und Setting mit Kindern, Jugendlichen, Paaren und Familien) (120 Std.) – insgesamt 600 Std., davon ca. die Hälfte im Rahmen der Ausbildungskooperation der Arbeitskreise Innsbruck, Salzburg und Linz/Graz.

c) Psychotherapeutische Tätigkeit unter Supervision
Selbstständige Durchführung von „Kontrollfällen": mind. 600 Std.

d) Supervision der psychotherapeutischen Tätigkeit
Supervision der „Kontrollfälle": mind. 120 Std. Einzelsupervision und 120 Std. Gruppensupervision (in kasuistischen Seminaren).

e) Praktikum
Praktikum im psychotherapeutisch-klinischen Feld: mind. 550 Std. vorwiegend im klinischen Rahmen.

f) Praktikumsupervision
Mind. 30 Std. im Rahmen der Praktikumseinrichtung bzw. bei Psychoanalytikern des IAP, einzeln oder in Gruppen.

g) Sonstiges
Regelmäßige Teilnahme an gemeinsamen Ausbildungswochenenden der Ausbildungskooperation (s. 4.b).

5. Evaluierung und Ausbildungsabschluss
Die Evaluierung der Ausbildungsschritte erfolgt im Rahmen der Ausbildungsseminare, in 2 Kolloquien (Grundlagen der Psychoanalyse, Methode), in begleitenden Gesprächen mit der Ausbildungsleitung und in der Supervision.

Die Zulassung zum Abschluss erfolgt durch die Ausbildungskommission nach Prüfung der eingereichten Unterlagen. Für den Abschluss wird eine schriftliche Darstellung einer konkreten Fallarbeit, die auf der Basis wissenschaftlicher psychoanalytischer Erkenntnisse reflektiert wird, vorgelegt und in einem Kolloquium diskutiert.

6. Dauer und Kosten
Die Gesamtdauer der Ausbildung beträgt mind. 5–6 Jahre.

Die gesamten Kosten für die Ausbildung müssen mit ca. € 45.000,– kalkuliert werden.

	Tagessatz/ Stundensatz	Stunden (mind.)	Gesamt (mind.)
Ausbildungskosten			
Eigentherapie (Einzel)	€ 60,– bis € 80,–	400	€ 28.000,–
Gruppenselbsterfahrung	€ 7,– (abh. von Teilnehmerzahl)	60	€ 420,–
Theorie	€ 7,– (abh. von Teilnehmerzahl)	600	€ 4.200,–
Einzelsupervision	€ 60,– bis € 80,–	120	€ 8.400,–
Gruppensupervision	€ 11,50 (abh. v. Teilnehmerzahl)	120	€ 1.400,–
Praktikumsupervision	gemäß Regelung am Praktikumsplatz	30	meist kostenlos
Zusatzkosten			
Aufnahmekosten	€ 100,–		€ 100,–
Jahresbeitrag	€ 300,–/Jahr	5 Jahre	€ 1.500,–
Sonstige Kosten:			
Abschlussgebühr	€ 365,–		€ 365,–
2 Kolloquien	€ 70,–/Kolloquium		€ 140,–
Gesamtkosten			**€ 44.525,–**

7. AusbildnerInnen

- Zahl der AusbildnerInnen (LehrtherapeutInnen) mit voller Lehrbefugnis (Stichtag 1. 6. 2005): 12
- Zahl der AusbildnerInnen (LehrtherapeutInnen) mit partieller Lehrbefugnis (Stichtag 1. 6. 2005): 1
- Zahl der GastdozentInnen (im Zeitraum 1. 6. 2004 – 1. 6. 2005): 8

Für die erwähnte Ausbildungskooperation stehen darüber hinaus potenziell 29 LehrtherapeutInnen (aus den Arbeitskreisen Salzburg bzw. Linz/Graz) zur Verfügung.

AusbildnerInnen (LehrtherapeutInnen) mit voller Lehrbefugnis (Stand 1. 6. 2005):

Edith Frank-Rieser, Dr., Psychologin, Innsbruck
Veronica Gradl, Dr., prakt. Ärztin, Innsbruck
Heinrich Halmer, Dr., Psychologe, Bregenz
Markus Hug, Dr., Psychologe, St. Gallen (CH) und Bregenz
Annemarie Laimböck, Dr., Psychologin, Innsbruck
Alexander Matzner, DDr., Psychologe, Innsbruck
Elfriede Pirchner, Dr., Erziehungswissenschaftlerin, Innsbruck
Günther Rösel, Dr., Psychologe, Bregenz
Eva Sporschill, Dr., Psychologin, Innsbruck
Urs Wagner, Dr., Psychologe, Bregenz
Amelia Wagner-Partel, Dr., Psychologin, Bregenz
Klaus Walzer, Dipl.-psych., Psychologe, Wilhelmsdorf (D) und Bregenz

V. Gesamtbetrachtung

Das Curriculum überschreitet in allen Ausbildungsbereichen das vom Psychotherapiegesetz vorgegebene Mindestmaß: Selbsterfahrung (460 gegenüber 200 Std.), Theorie (600 gegenüber 300 Std.), Supervision (240 gegenüber 120 Std.). Dabei wird der begleiteten Eigenaktivität der KandidatInnen durch Einbezug von Selbststudium, Lesekreisen und selbst organisierten Schwerpunktsetzungen eine hohe Bedeutung beigemessen. Dazu gehört auch die Nutzung der historisch gewachsenen Kooperationsmöglichkeiten mit anderen Arbeitskreisen für Psychoanalyse, mit der Wissenschaftlichen Gesellschaft der Arbeitskreise für Psychoanalyse sowie mit auswärtigen psychoanalytischen Gesellschaften.

Unter den Lehrpersonen mit voller Lehrbefugnis überwiegen PsychologInnen (10 von 12). Obwohl eine beträchtliche Zahl von Lehrpersonen mit voller und partieller Lehrbefugnis zur Verfügung steht, halten sich sowohl die aktuelle Zahl der AusbildungsteilnehmerInnen als auch die Zahl der Aufnahmen in die Ausbildung in den letzten 5 Jahren in Grenzen. Allerdings machen eine Reihe von Personen, die bereits – über die Absolvierung einer anderen psychotherapeutischen Ausbildung – in die Psychotherapeutenliste eingetragen sind, im IAP eine zweite psychotherapeutische Ausbildung, nunmehr in der psychoanalytischen Methode.

Im Rahmen der psychoanalytischen Ambulanz des IAP in Innsbruck arbeiten Mitglieder und KandidatInnen aktiv mit und gewinnen bzw. vermitteln dabei eine breite Erfahrung im niederschwelligen psychoanalytischen Behandlungsbereich.

Schließlich veranstaltet der IAP/PSV Fort- und Weiterbildungen in psychoanalytischen Schwerpunktgebieten für KollegInnen in psychotherapeutischen und psychosozialen Berufsfeldern.

Kontaktadressen

Innsbrucker Arbeitskreis für Psychoanalyse
Colingasse 7
6020 Innsbruck
E-Mail: psychoanalyse.ibk@aon.at
www.psychoanalyse-innsbruck.at

Psychoanalytisches Seminar Vorarlberg
c/o Dr. Günther Rösel
Reutegasse 70/8
6900 Bregenz
E-Mail: psv@psychoanalyse.at
www.psychoanalyse.at

Psychoanalytisches Seminar Innsbruck (PSI)*

Das Psychoanalytische Seminar Innsbruck wurde 1989 gegründet und ist seit Herbst 1995 als Ausbildungseinrichtung für das Fachspezifikum anerkannt. Es steht damit in direkter Konkurrenz zum Innsbrucker Arbeitskreis für Psychoanalyse (IAP).

Der Vereinssitz ist Innsbruck. Die KandidatInnen kommen auch aus Vorarlberg, Südtirol und Süddeutschland.

Methode und Methodenverständnis

In der von Sigmund Freud entwickelten Psychoanalyse wird dem individuellen Unbewussten eine entscheidende Rolle im Leben des Menschen eingeräumt, die Libido als zentrale Triebkraft gesehen. Eine mangelnde Libidoentwicklung führt zu innerpsychischen Konflikten, die sich in psychischen Krankheiten manifestieren. In der therapeutischen Praxis steht jedoch die Analyse der Beziehungen im Zentrum. Das PSI sieht sich deshalb in dieser Tradition Freuds und grenzt sich somit von anderen psychoanalytischen Vereinen durch eine Betonung der Weiterentwicklung der Theorie durch Ich-Psychologie, Objektbeziehungspsychologie und interpersonelle Aspekte ab. Kritisch gesehen werden einerseits dogmatische Auffassungen von Freuds Lehre, andererseits esoterische Entwicklungen in der Psychotherapieszene. Die Ausbildung setzt daher auf fundierte aktualisierte Theorie und Selbsterfahrung mit der Vermittlung der Fähigkeit, neuen Konzepten ebenso offen wie kritisch gegenüberzustehen.

I. Geschichte

Das PSI wurde 1989 von den drei Psychoanalytikern Christoph Fischer, Manfred Steinlechner und Wolfgang Wesiack gegründet, nachdem sie bereits seit 1987 eine Arbeitsgemeinschaft gebildet hatten. Man sah in den bisher bestehenden Ausbildungsmöglichkeiten modernere Auffassungen zu wenig berücksichtigt. Überdies wollten die Gründer den entstehenden Einflüssen esoterischer, weniger wissenschaftlich ausgerichteter Psychotherapierichtungen entgegenwirken.

1990 startete die erste Ausbildungsgruppe, und 5 Jahre später, im Herbst 1995, erfolgte die offizielle Anerkennung als fachspezifische Ausbildungseinrichtung.

* Texterstellung mit Unterstützung von Christoph Fischer.

II. Organisationsstruktur

Die wenigstens jedes Jahr einberufene Generalversammlung der Mitglieder bestellt auf 2 Jahre den Vereinsvorstand. Ein Schiedsgericht ist für Streitfragen zuständig. In Ausbildungsangelegenheiten ist die Ausbildungskommission zuständig, die auch von den KandidatInnen beschickt wird. Alle KandidatInnen sind außerordentliche Mitglieder und erwerben mit dem ersten Kolloquium volles Stimmrecht in der Generalversammlung. Zudem nehmen 2 KandidatInnenvertreter an den Vorstandssitzungen teil.

Daten zur Ausbildungseinrichtung

• Zahl der Mitglieder mit absolvierter psychotherapeutischer Ausbildung (Stichtag 1. 1. 2005):	30
• Aktuelle Zahl der AusbildungsteilnehmerInnen (Stichtag 1. 6. 2005):	16
• Zahl der AusbildungsteilnehmerInnen im Status „Psychotherapeut/in in Ausbildung unter Supervision" (Stichtag 1. 6. 2005):	11
• Zahl der Aufnahmen in die psychotherapeutische Ausbildung im letzten Jahr (1. 6. 2004 – 1. 6. 2005):	4
• Zahl der Aufnahmen in die psychotherapeutische Ausbildung in den letzten 5 Jahren (1. 6. 2000 – 1. 6. 2005):	15
• Zahl der Abschlüsse der psychotherapeutischen Ausbildung (1. 6. 2000 – 1. 6. 2005):	10
• Zahl jener AusbildungsabsolventInnen, die mit der entsprechenden Zusatzbezeichnung derzeit (Stand 1. 6. 2005) in die Psychotherapeutenliste eingetragen sind:	22

III. Veröffentlichungen, Veranstaltungen, Kontakte

Veröffentlichungen: Derzeit liegen noch keine Veröffentlichungen des Vereins vor. Es läuft aber ein PSI-eigenes Forschungsprojekt zur Wirkung der IPD (Interpersonelle Psychotherapie bei depressiven Störungen).

Veranstaltungen: Rund 2-mal pro Monat findet jeweils an Mittwochabenden eine Veranstaltung zu verschiedensten Themen mit Referaten und Diskussionen statt („Mittwochabende"). Einmal jährlich findet die sogenannte Rinn-Tagung statt. Sie hat Vereinsbelange ebenso zum Inhalt wie ein psychoanalytisches Schwerpunktthema. Themen der letzten Jahre waren „Ausbildung zwischen Chaos und Verschulung", „Organisationsentwicklung des PSI" (mit externem Coach) sowie „Identität als Psychoanalytiker".

Kontakte: Solche bestehen zur psychotherapeutischen Ambulanz des Instituts für medizinische Psychologie der Universitätsklinik Innsbruck und zum Münchner Arbeitskreis für Psychoanalyse (MAP). Zudem arbeitet das PSI an Forschungsprojekten mit, z.B. Transference Focused Psychotherapy (mit der Forschungsgruppe um Kernberg).

Seit Sommer 2005 hat das PSI eine Kooperation mit der Sigmund Freud PrivatUniversität Wien (SFU) begonnen: Hier soll die Verknüpfung zwischen universitärem Lernen und psychoanalytischer Ausbildung umgesetzt werden. AusbildungskandidatInnen des PSI und PsychoanalysestudentInnen der SFU werden nach Maßgabe der Möglichkeiten gemeinsame Veranstaltungen und Trainingsprogramme absolvieren, eine gegenseitige Anerkennung von Ausbildungsschritten soll sukzessive erfolgen.

IV. Ausbildung

1. Aufnahmebedingungen

Die Aufnahmebedingungen entsprechen dem Psychotherapiegesetz.

2. Aufnahmemodus

InteressentInnen stellen einen schriftlichen Antrag an die Ausbildungsleitung unter Beischluss der notwendigen Nachweise, eines Lebenslaufs und eines Motivationsschreibens. Dies erfolgt am besten nach ersten informellen Kontakten, z.B. im Rahmen öffentlich zugänglicher Veranstaltungen, in Gesprächen mit KandidatInnenvertretern. Sind die formalen Voraussetzungen bestätigt, meldet sich der Interessent für eine einführende Selbsterfahrungsgruppe des Vereins an. 3 LehranalytikerInnen, Ausbildungsleitung und KandidatInnenvertreter führen jeweils Erstgespräche mit dem Bewerber und beraten in der Ausbildungskommission über die Zulassung.

3. Ausbildungsrahmen, -ablauf und -vertrag

Die Ausbildung ist gegliedert in 2 Teile zu je 4 Semestern, Curricula genannt. Der Abschluss des Curriculums 1 berechtigt zur Aufnahme der psychotherapeutischen Tätigkeit in Ausbildung unter Supervision. Weitere Seminare und eigenständiges Studium dienen der Vertiefung des Wissens und der Praxis der Anwendung. Ein eigener Punkt soll Gelegenheit geben, auch andere Therapieverfahren kennen zu lernen. Die Ausbildung wird mit einem Vortrag über die Abschlussarbeit abgeschlossen.

Ein schriftlicher Ausbildungsvertrag regelt das Verhältnis zwischen KandidatInnen und PSI.

4. Ausbildungsinhalte

a) Selbsterfahrung

Die Lehranalyse umfasst mind. 300 Std. Sie soll die Ausbildung begleiten und in einer Frequenz von 2 bis 3 Wochenstunden erfolgen. Andere, möglichst nichtanalytische Methoden sollen im Ausmaß von 40 Std. kennen gelernt werden. Dies erfolgt im Rahmen des Vereins, und es fallen dafür keine Kosten an.

b) Theorie

Der Theorieteil der beiden Curricula umfasst je 320 Std., zusätzlich sind 220 Std. eigenständiges Theoriestudium vorgesehen, insgesamt also 860 Std.

a) Das Curriculum 1 umfasst 4 Semester, in denen 10 fortlaufende Seminare zu besuchen sind:

- Neurosenlehre 1 und 2
- Entwicklungspsychologie
- Traumseminar 1
- Geschichte der Psychoanalyse mit Schulenvergleich und Freud-Literaturstudium
- Diagnostik
- Erstgespräch 1 und 2
- Technik 1
- Anamnese-Seminar

Zusätzlich sind 4 Wochenendseminare, zumeist mit Gastdozenten, und 4 Gemeinschaftsseminare (PSI-Abende und -veranstaltungen) vorgesehen, die die Vertiefung von Lerninhalten und andere psychotherapeutische Methoden zum Inhalt haben.

Das Curriculum 1 wird mit einem Kolloquium abgeschlossen.

b) Das Curriculum 2 umfasst ebenfalls 4 Semester, es sind wiederum 10 fortlaufende Seminare zu besuchen:

- Psychosomatik
- Kurzpsychotherapie 1 und 2
- psychotherapeutische Arbeit mit strukturellen Persönlichkeitsstörungen 1 und 2
- Traumseminar 2
- Prozess und Abschluss von psychoanalytischen Psychotherapien und Psychoanalysen
- Technik 2
- Psychotherapie und Gesellschaft
- die Besonderheit der psychoanalytischen Haltung

Des Weiteren sind wieder 4 Wochenendseminare, diesmal zu Methodenschwerpunkten, und 4 Gemeinschaftsseminare vorgesehen.

c) Daneben sind rund 220 Std. supervidiertes Eigenstudium vorgesehen. Die Supervision findet im Rahmen der Seminare statt.

c) Psychotherapeutische Tätigkeit unter Supervision

Nach Abschluss des Curriculums 1 können KandidatInnen ihre eigenständige psychotherapeutische Tätigkeit unter Supervision beginnen. Räumlichkeiten können am Institut gemietet werden. Vorgeschrieben sind zunächst 10 biografische Anamnesen, die in der Supervision besprochen werden. Nach Befürwortung durch die Ausbildungskommission kann die eigentliche Tätigkeit aufgenommen werden, die mind. 600 Std. umfasst. Es sollen mind. 2 Langzeittherapien durchgeführt werden.

d) Supervision der psychotherapeutischen Tätigkeit

Mind. 170 Std. Supervision, davon 100 Std. Einzelsupervision und ca. 50 Std. Gruppensupervision; 20 Std. dienen der Supervision der 10 Anamnesegespräche.

e) Praktikum

Mind. 550 Std.

f) Praktikumsupervision

Mind. 30 Std.

g) Sonstiges

Die Ausbildung begleitend finden sogenannte Therapie-Praxis-Seminare (340 Std.) statt. Sie dienen der Vertiefung von Themenschwerpunkten, die die KandidatInnen selbst wählen.

5. Evaluierung und Ausbildungsabschluss

Die Lehrveranstaltungen werden in Seminarform abgehalten. Am Ende jeder Lehrveranstaltung findet mit den KandidatInnen eine Wiederholung des Lehrinhaltes statt. Bei Wissenslücken werden Auflagen erteilt. Mind. jedes Jahr findet ein Screeninggespräch zur Standortbestimmung der auszubildenden Person statt.

Vor der Zulassung als PsychotherapeutIn in Ausbildung unter Supervision ist das Kolloquium 1 abzulegen, das sich einerseits mit der Selbstreflexion der 10 Erstgespräche, andererseits aber auch mit dem Stoff des 1. Curriculums befasst.

Das 2. Curriculum wird in ähnlicher Weise mit dem Kolloquium 2 abgeschlossen.

Zusätzlich ist eine Abschlussarbeit zu verfassen, die neben einer Falldarstellung auch aktuelle theoretische Entwicklungen zum Inhalt hat. Sie soll die persönliche und fachliche Eignung des/der KandidatIn aufzeigen. Die Abschlussarbeit ist in Vortragsform mit anschließender Diskussion der Mitgliederversammlung zu präsentieren.

6. Dauer und Kosten

Die Ausbildung ist auf 5 Jahre ausgelegt, die Durchschnittsdauer beträgt 5–6 Jahre. Es ist mit Kosten von mind. € 40.500,– zu rechnen.

	Tagessatz/ Stundensatz	Stunden (mind.)	Gesamt (mind.)
Ausbildungskosten			
Eigentherapie (Einzel)	€ 68,–	300	€ 20.400,–
Gruppenselbsterfahrung			
Theorie		640	€ 6.000,–
Therapiepraxis		340	€ 2.000,–
Einzelsupervision	€ 78,–	100	€ 7.800,–
Gruppensupervision	€ 20,–	70	€ 1.400,–
Praktikumsupervision	€ 20,–	30	€ 600,–
Zusatzkosten			
Aufnahmekosten	€ 110,–		€ 110,–
Mitgliedsbeitrag (für Kand.)	€ 180,–/Sem.	10 Semester	€ 1.800,–
Sonstige Kosten: Abschlussgebühr	€ 365,–		€ 365,–
Gesamtkosten			**€ 40.475,–**

7. AusbildnerInnen

Es gelten die Bestimmungen der offiziellen Lehrpersonenrichtlinie des Bundesministeriums.

Zukünftige AusbildnerInnen werden zunächst mit einzelnen Lehraufträgen betreut und nehmen bei Bewährung in der gesamten Lehre teil. Der Vorstand entscheidet dann über die Aufnahme.

- Zahl der AusbildnerInnen (LehrtherapeutInnen) mit voller Lehrbefugnis (Stichtag 1. 6. 2005): 5
- Zahl der AusbildnerInnen (LehrtherapeutInnen) mit partieller Lehrbefugnis (Stichtag 1. 6. 2005): 3
- Zahl der GastdozentInnen (im Zeitraum 1. 6. 2004 – 1. 6. 2005): 2

AusbildnerInnen (LehrtherapeutInnen) mit voller Lehrbefugnis (Stand 1. 6. 2005):

Isabella Deuerlein, Dr., Psychologin, München (D)

Christoph Fischer, Dr., Psychologe, Innsbruck

Eduard Grünewald, Univ.-Prof. Dr., Psychologe, Innsbruck

Gerhard Schüßler, Univ.-Prof. Dr., Arzt, Innsbruck

Wolfgang Wesiack, Univ.-Prof. Dr., Arzt, Innsbruck

V. Gesamtbetrachtung

Das Psychoanalytische Seminar Innsbruck ist der bei weitem jüngste psychoanalytische Verein in Österreich. Der theoretische Zugang signalisiert eine gewisse Öffnung in der Auffassung der Psychoanalyse, beliebige und pseudowissenschaftliche Zugänge werden jedoch strikt abgelehnt. Hervorstechend ist die starke Partizipation der KandidatInnen am Vereinsgeschehen, aber auch der Überhang an Männern unter den Lehrtherapeuten mit voller Lehrbefugnis. Bemerkenswert ist weiters die Kooperation mit der Sigmund Freud PrivatUniversität in Wien, deren weitere Entwicklung aber noch abzuwarten bleibt. Die Einbindung in Forschungsprojekte fällt ebenfalls positiv auf.

Kontaktadresse

PSI Innsbruck
Anichstraße 40
6020 Innsbruck
Tel. 0512/57 55 40, Fax 0512/57 55 41
E-Mail: office@psi-innsbruck.at
www.psi-innsbruck.at

Salzburger Arbeitskreis für Psychoanalyse (SAP)*

Der Salzburger Arbeitskreis für Psychoanalyse ist Mitglied der von Igor Caruso gegründeten Österreichischen Arbeitskreise für Psychoanalyse (s. auch die fachspezifischen Ausbildungen des Innsbrucker Arbeitskreises, des Arbeitskreises Linz/Graz und des Wiener Arbeitskreises in diesem Buch).

Er ist der einzige Anbieter einer psychoanalytischen Ausbildung in Salzburg. Die Seminare finden in der Stadt Salzburg statt, dazu werden auch Seminare in Klagenfurt (von der „Klagenfurter Gruppe", welche eine assoziierte Sektion des SAP darstellt) angeboten.

Der Einzugsbereich erstreckt sich auf Salzburg, Kärnten sowie das benachbarte bayrische und oberösterreichische Gebiet.

Methode und Methodenverständnis

Im Salzburger Arbeitskreis finden sich relativ heterogene theoretische Positionen, von Freud über Klein, Balint, Kohut, Kernberg bis zu Bion und Lacan. Inhaltlich wurde das Lehrangebot seit den 1990er-Jahren um die Technik der psychoanalytischen Kurztherapie und Spezialthemen wie Borderline-Persönlichkeitsstörung, Psychosomatik und psychoanalytische Gruppentherapie erweitert. Dementsprechend ist als Ziel der Ausbildung die klinisch-psychoanalytische Arbeit in den Vordergrund getreten. Der SAP sieht sich jedoch weiterhin der klassischen Psychoanalyse und der freudianischen Position zugehörig, mit dem Bestreben, den theoretischen Diskurs und die Vielfalt des psychoanalytischen Denkens zu fördern. Dazu gehören auch alle Modifikationen und Weiterentwicklungen der Behandlungstechnik über die „klassische" Analyse hinaus sowie die Einbeziehung psychoanalytischen Denkens in Kultur- und Gesellschaftstheorie.

I. Geschichte

Der Salzburger Forschungs- und Arbeitskreis für Tiefenpsychologie und Psychosomatik wurde – initiiert von Igor Caruso – 1969 ins Leben gerufen und im Juli 1974 unter dem Namen Salzburger Arbeitskreis für Tiefenpsychologie (SATP) als Verein konstituiert. 1989 wurde der SATP in Salzburger Arbeitskreis für Psychoanalyse umbenannt. Nach einem Ausbildungsstopp in den Jahren 1988 bis 1990 wurde das Lehrangebot von Wochenendblöcken auf einen regelmäßigen Seminarbetrieb umgestellt. Die definitive Anerkennung als fachspezifische Ausbildungseinrichtung wurde im September 1993 ausgesprochen.

* Diese Darstellung basiert auf dem Text von Ria Mensen aus der Erstauflage (1995); Aktualisierung und Überarbeitung mit Unterstützung von Bodo Kirchner.

II. Organisationsstruktur

Die Generalversammlung entscheidet über Antrag des Vorstands über die Aufnahme von Mitgliedern. Teilnahmeberechtigt an der Generalversammlung sind alle Mitglieder und KandidatInnen des SAP.

Die Mitgliederversammlung dient dem praktischen Erfahrungs- und theoretischen Meinungsaustausch der Mitglieder. Ordentliche Mitglieder stellen sich nach ihrer Aufnahme mit dem Vortrag ihrer Abschlussarbeit in der Mitgliederversammlung vor.

Die KandidatInnenversammlung dient als Forum der KandidatInnen. Sie hat das Recht, Anträge und Tagesordnungspunkte in die nächste Sitzung des Vorstands, der Generalversammlung und der Ausbildungskommission einzubringen.

Die Ausbildungskommission ist für alle Fragen der Ausbildung zuständig. In ihre Kompetenz fällt die Bestellung von Lehrpersonen. Ihr gehören u.a. zwei KandidatInnenvertreter an.

Das Ausbildungskomitee ist in der Regel für alle Entscheidungen zuständig, die einzelne Personen im Zusammenhang mit ihrer Ausbildung betreffen. Es besteht aus 4 ordentlichen Mitgliedern des SAP, einem ordentlichen Mitglied der „Klagenfurter Gruppe" und dem Ausbildungsleiter.

Ordentliche Mitglieder können Personen werden, die die psychoanalytische Ausbildung abgeschlossen haben.

Vorläufig ordentliche Mitglieder können – befristet auf 3 Jahre – Personen werden, die sich in einem fortgeschrittenen Stadium der psychoanalytischen Ausbildung befinden.

Die „Klagenfurter Gruppe" ist Teil des SAP, sie organisiert jedoch in Kärnten zusätzliche Weiterbildungsangebote (Supervision, Intervision) und ist (über die Lehrpersonen) mit der Universität Klagenfurt eng vernetzt.

Daten zur Ausbildungseinrichtung

Während der SAP 1970 nur 4 Mitglieder und 11 KandidatInnen umfasste und es in den 1980er-Jahren ca. 15 Mitglieder und 20 KandidatInnen gab, zählte der SAP 1994 bereits 41 ordentliche Mitglieder und 57 KandidatInnen. In diesen Zahlen waren die Mitglieder der mit dem SAP assoziierten „Klagenfurter Gruppe" (2 LehranalytikerInnen, 2 Mitglieder, 6 KandidatInnen) enthalten. Heute sieht die Situation folgendermaßen aus:

- Zahl der Mitglieder mit absolvierter psychotherapeutischer Ausbildung (Stichtag 1. 1. 2005): 39
- Aktuelle Zahl der AusbildungsteilnehmerInnen (Stichtag 1. 6. 2005): 64
- Zahl der AusbildungsteilnehmerInnen im Status „Psychotherapeut/in in Ausbildung unter Supervision" (Stichtag 1. 6. 2005): 43

• Zahl der Aufnahmen in die psychotherapeutische Ausbildung im letzten Jahr (1. 6. 2004 – 1. 6. 2005):	4
• Zahl der Aufnahmen in die psychotherapeutische Ausbildung in den letzten 5 Jahren (1. 6. 2000 – 1. 6. 2005):	18
• Zahl der Abschlüsse der psychotherapeutischen Ausbildung (1. 6. 2000 – 1. 6. 2005):	15
• Zahl jener AusbildungsabsolventInnen, die mit der entsprechenden Zusatzbezeichnung derzeit (Stand 1. 6. 2005) in die Psychotherapeutenliste eingetragen sind:	39

III. Veröffentlichungen, Veranstaltungen, Kontakte

Veröffentlichungen: Das Periodikum *Zeitschrift des SAP* erscheint 1- bis 4-mal jährlich und enthält wissenschaftliche Texte der Mitglieder, Kandidaten und externer Referenten sowie Ankündigungen von Veranstaltungen und freie Mitteilungen.

Veranstaltungen: Das „Allgemeine Seminar" dient den wissenschaftlichen und den Forschungsinteressen des Vereins. Es wird vom Vorstand einberufen und gestaltet. Eingeladen werden alle Mitglieder und alle KandidatInnen, fallweise auch Gäste des SAP.
In jährlichen Abständen werden Tagessymposien in Salzburg zu verschiedenen Themen organisiert. Hier eine Aufstellung des letzten Dezenniums:
(1994) „Psychoanalyse der Weiblichkeit"
(1995) „Psychoanalyse der Männlichkeit"
(1996) „Gegenübertragungsanalyse"
(1997) „Narzissmus"
(1998) „Abstinenz"
(1999) „Träume und Traumtheorien"
(2000) „Psychoanalytisches Selbstverständnis"
(2001) „Geschichte des SAP"
(2002) „Die Zukunft der Psychoanalyse"
(2003) „Die Masken des Körpers"
(2004) „Psychoanalyse und Politik"

Kontakte: Die Zusammenarbeit mit den anderen Arbeitskreisen für Psychoanalyse in Österreich vollzieht sich informell bei Symposien und Ausbildungswochenenden. Die Lehranalytiker der Österreichischen Arbeitskreise veranstalten inzwischen gemeinsame Ausbildungsseminare für die österreichischen KandidatInnen; zur Organisation dieser Veranstaltungen wurde ein eigener „Ausbildungscoach" bestellt. Jährlich organisiert einer der Arbeitskreise ein Ausbildungswochenende zu einem bestimmten Thema. Mit der Münchner Arbeitsgemeinschaft für Psychoanalyse gibt es eine lose Zusammenarbeit. Der SAP ist Mitglied der International Federation of Psychoanalytic Societies.

IV. Ausbildung

1. Aufnahmebedingungen

Der SAP schreibt ein Mindestalter von 25 Jahren für die Aufnahme in die Ausbildung vor. Bezüglich Ausbildung und Beruf der InteressentInnen gelten die gesetzlichen Bestimmungen. Der SAP verlangt zusätzlich eine 2-jährige Berufspraxis. Als wichtige persönliche Eignungskriterien für den Zugang zur psychoanalytischen Ausbildung werden „Ich-Stärke" und eine ausgeprägte Selbstreflexion angesehen. Als Vorerfahrung wird psychoanalytische Selbsterfahrung im Rahmen einer Einzelanalyse im Ausmaß von zumindest 200 Std. verlangt.

2. Aufnahmemodus

Das Ansuchen um die Zulassung zur Ausbildung ist schriftlich an den Ausbildungsleiter zu richten. Über die persönliche Eignung entscheidet das Ausbildungskomitee aufgrund der Ergebnisse von mind. 3 Einzelgesprächen mit beauftragten Mitgliedern des SAP. Die BewerberInnen sind zur Ausbildung zugelassen, wenn alle Mitglieder des Ausbildungskomitees zustimmen. Der Beschluss des Ausbildungskomitees wird den BewerberInnnen vom Ausbildungsleiter schriftlich mitgeteilt. Die KandidatInnenvertreter und der Ausbildungscoach bieten den BewerberInnen ein Informationsgespräch an.

3. Ausbildungsrahmen, -ablauf und -vertrag

Die bestehende Ausbildungsordnung datiert aus dem Jahr 1992. Die Zahl der Theorieseminare, die pro Semester besucht werden dürfen, ist auf 4–5 Theorieveranstaltungen begrenzt. Grundlage der theoretischen Ausbildung bilden die Werke Freuds und der psychoanalytischen Klassiker bis zur Gegenwart. Die regelmäßige Teilnahme an den Seminaren ist vorgeschrieben. Die Ausbildungsseminare werden in 4 aufeinander aufbauenden Jahrgängen mit jeweiligen Schwerpunkten angeboten.

Die theoretische Ausbildung findet in kleinen Gruppen von 5 bis 8 TeilnehmerInnen statt.

4. Ausbildungsinhalte

a) Selbsterfahrung

Psychoanalytische Selbsterfahrung im Rahmen einer Einzelanalyse im Ausmaß von mind. 200 Std. wird vorausgesetzt. Wurde eine therapeutische Analyse bei LehranalytikerInnen des SAP durchgeführt, kann diese Analyse ab dem Zeitpunkt der Zulassung zur Ausbildung als Lehranalyse weitergeführt werden. Andernfalls beginnen die BewerberInnen nach Beendigung der therapeutischen Analyse eine Lehranalyse bei LehranalytikerInnen ihrer Wahl. Die Lehranalyse soll nicht weniger als 3 Jahre dauern und mind. 3 Sitzungen wöchentlich umfassen. Mind. 100 Std. Gruppenselbsterfahrung sind in psychoanalytisch geführten Gruppen (Workshops und/oder Jahresgruppen) zu absolvieren.

b) Theorie

Die Seminare der theoretischen Ausbildung (insg. 318 Std.) werden mit folgenden Schwerpunkten angeboten:

- Theorie der gesunden und der pathologischen Persönlichkeitsentwicklung (78 Std.), davon psychoanalytische Entwicklungspsychologie I (24 Std. in 2 Semestern), allgemeine Neurosenlehre (18 Std. in 2 Semestern) und spezielle Neurosenlehre (36 Std. in 4 Semestern);
- Methodik und Technik (150 Std.), davon technische Schriften Freuds (24 Std. in 2 Semestern), Technik der Psychoanalyse (32 Std. in 4 Semestern), technisch-kasuistisches Seminar (48 Std. in 4 Semestern), Technik der Traumdeutung (16 Std. in 2 Semestern), Erstinterview und diagnostisch-szenisches Verstehen (18 Std. in 3 Semestern), psychoanalytische Therapieformen (8 Std. in 2 Semestern), Technik der Kinderpsychoanalyse (8 Std. in 1 Semester) und Praxisseminar (12 Std. in 1 Semester);
- Persönlichkeits- und Interaktionstheorien (50 Std.), davon psychoanalytische Entwicklungspsychologie II (24 Std. in 2 Semestern), tiefenpsychologische Schulen (8 Std. in 1 Semester), psychoanalytische Gruppentheorien (8 Std. in 1 Semester) und psychoanalytische Paar- und Familiendynamik (10 Std. in 1 Semester);
- psychotherapeutische Literatur (40 Std.), davon Freud-Literatur (32 Std. in 3 Semestern) und Geschichte der Psychoanalyse (8 Std. in 1 Semester).

Darüber hinaus werden weiterführende Wahlseminare, z.B. über gesellschaftliche Aspekte der Psychoanalyse, angeboten.

c) Psychotherapeutische Tätigkeit unter Supervision

Die praktische psychoanalytische Ausbildung besteht in der Führung von Psychoanalysen (mind. 2 Kontrollfälle) in einem Ausmaß von mind. 600 Std. mit einer wöchentlichen Frequenz von mind. 3 Std. unter regelmäßiger Supervision durch KontrollanalytikerInnen (sogenannte Kontrollanalyse). Voraussetzungen für die Führung von Kontrollfällen sind:

- die Absolvierung von mind. 2 Theoriesemestern über psychoanalytische Behandlungstechnik;
- die Absolvierung eines Psychiatriepraktikums inklusive einer begleitenden, möglichst psychoanalytischen Supervision;

- die Absolvierung des Praxisseminars; Zweck des Praxisseminars ist es, die Eignung der KandidatInnen für die Übernahme von Kontrollfällen festzustellen.

Die Zulassung zur Führung von Kontrollfällen beschließt das Ausbildungskomitee aufgrund von Rückmeldungen der SeminarleiterInnen der bisherigen Ausbildung, insbesondere der LeiterInnen des Praxisseminars.

d) Supervision der psychotherapeutischen Tätigkeit

Die Supervision der eigenen psychotherapeutischen Tätigkeit hat als Kontrollanalyse im Umfang von mind. 120 Std. bei 2 KontrollanalytikerInnen, bezogen auf (mind.) 2 Kontrollfälle (mit jeweils mind. 200 Einzelsitzungen) stattzufinden. Die Stundenzahl der Kontrollanalyse kann zur Hälfte in einer Kontrollgruppe absolviert werden.

e) Praktikum

Mind. 550 Std.; der psychiatrische Praktikumsteil umfasst 320 Std., welche innerhalb eines Jahres zu absolvieren sind (davon mind. 4 Wochen kontinuierlich). Die Absolvierung dieses 4-wöchigen Psychiatrieblocks sowie von mind. 115 Std. der insgesamt 230 zusätzlich geforderten Praktikumsstunden in anderen Einrichtungen sind Voraussetzung für den Eintritt in das Praxisseminar.

f) Praktikumsupervision

Die Praktikumsupervision im Ausmaß von mind. 30 Std. kann einzeln oder in einer Gruppe erfolgen.

g) Sonstiges

Ergänzend zu den Ausbildungsseminaren des SAP zählt die Teilnahme an 4 Veranstaltungen (Symposien und/oder Ausbildungswochenenden der Österreichischen Arbeitskreise für Psychoanalyse bzw. gleichwertige ausländische Veranstaltungen) zur Ausbildung.

5. Evaluierung und Ausbildungsabschluss

Die Voraussetzungen für die Zulassung zum Abschlussverfahren neben der Absolvierung der angegebenen Ausbildungsschritte sind:

- Vorlage von mind. einem Thesenpapier im „Allgemeinen Seminar";
- schriftliche positive Stellungnahmen der KontrollanalytikerInnen an das Ausbildungskomitee;
- Vorlage einer publikationsreifen psychoanalytischen Abhandlung.

Das Abschlusskolloquium erfolgt vor einem Abschlusskomitee, bestehend aus 5 Analytikern des SAP. Gegenstand des Abschlussverfahrens ist die Darstellung eines Kontrollfalles einer bereits abgeschlossenen oder fortgeschrittenen Analyse. Maßstab für die Bewertung ist, inwiefern es den KandidatInnen gelingt, den Verlauf der Analyse zu beschreiben, ihre Arbeitsweise zu vermitteln, Manifestationen von Übertragung und Widerstand darzustellen, die eigenen Gegenübertragungsreaktionen zu reflektieren und ihre theoretischen Überlegungen mit der Praxis zu verbinden.

Die KandidatInnenvertreter geben Evaluierungen der Theorieveranstaltungen, welche von LehranalytikerInnen oder Mitgliedern abgehalten wurden, ab und wählen die LeiterInnen der Theorieseminare aus dem Angebot der Arbeitskreise aus.

6. Dauer und Kosten

Die Absolvierung der Theorieveranstaltungen dauert mind. 4 Jahre, im Durchschnitt brauchen die KandidatInnen dafür 6 Jahre. Inklusive Lehranalyse dauert die Ausbildung mind. 7, durchschnittlich 10 Jahre.

Die Mindestkosten für die gesamte Ausbildung betragen € 27.000,–, allerdings ist vor allem aufgrund der realiter zumeist weit höheren Stundenzahl für die Lehranalyse von höheren Gesamtkosten auszugehen. Der Mitgliedsbeitrag beträgt € 300,– für ordentliche, € 250,– für vorläufig ordentliche Mitglieder und € 150,– für KandidatInnen.

	Tagessatz/ Stundensatz	**Stunden (mind.)**	**Gesamt (mind.)**
Ausbildungskosten			
Eigentherapie (Einzel)	€ 70,–	200	€ 14.000,–
Gruppenselbsterfahrung	€ 15,–	100	€ 1.500,–
Theorie	€ 15,– bis € 30,–	320	€ 4.800,– bis € 9.600,–
Einzelsupervision	€ 70,–	60 (bis 120)	€ 4.200,– (bis € 8.400,–)
Gruppensupervision	€ 15,–	60 (bis 0)	€ 900,– (bis € 0)
Praktikumsupervision	€ 15,–/€ 70,–	30	€ 450,–/€ 2.100,–
Zusatzkosten			
Aufnahmekosten	jeweils € 70,–	3 Gespräche	€ 210,–
Mitgliedsbeitrag (für Kand.)	€ 150,–	7 Jahre	€ 1.050,–
Gesamtkosten			**€ 27.110,– bis € 32.060,–**

7. AusbildnerInnen

Die Funktion von LehranalytikerInnen kann ordentlichen Mitgliedern des SAP durch die Ausbildungskommission zuerkannt werden. Voraussetzungen sind eine mind. 5-jährige Praxis seit dem Abschluss der Ausbildung, mind. 6 abgeschlossene Langzeitanalysen, regelmäßige Mitwirkung am wissenschaftlichen Leben und am Seminarbetrieb des SAP.

• Zahl der AusbildnerInnen (LehrtherapeutInnen) mit voller Lehrbefugnis (Stichtag 1. 6. 2005):	15
• Zahl der AusbildnerInnen (LehrtherapeutInnen) mit partieller Lehrbefugnis (Stichtag 1. 6. 2005):	3
• Zahl der GastdozentInnen (im Zeitraum 1. 6. 2004 – 1. 6. 2005):	5

AusbildnerInnen (LehrtherapeutInnen) mit voller Lehrbefugnis (Stand 1. 6. 2005):

Klaus Bengesser, Dr., Psychologe und Pädagoge, Salzburg
Heide Dellisch, Dr., Ärztin, Klagenfurt
Marianne Jakob, Dr., Ärztin, Salzburg
Bodo Kirchner, Dr., Arzt, Salzburg
Angela Kozlik-Brida, Dr., Psychologin, Klagenfurt
Axel Krefting, Univ.-Prof. Dr., Psychologe, Klagenfurt
Franz Kronberger, Psychologe und Theologe, Salzburg
Sonja Kübber, Dr., Psychologin, München (D)
Jutta Menschik-Bendele, Univ.-Prof. Dr., Psychologin, Klagenfurt
Maria-Elisabeth Müller-Bardorff, Dr., Psychologin, Schönau (Berchtesgaden, D)
Helmut Paulus, Prim. Dr., Arzt, Salzburg
Wolfgang Pichler, Univ.-Prof. Dr., Psychologe, Salzburg
Anna Schäfer, Dr., Psychologin, Salzburg und München (D)
Manfred Schellenbacher, Mag. Dr., Psychologe und Pädagoge, Salzburg
Gerhard Stövesand, Dr., Psychologe und Theologe, Salzburg

V. Gesamtbetrachtung

Der Salzburger Arbeitskreis wurde 1974 unter Igor Caruso als damals von der orthodoxen Psychoanalyse abweichender psychoanalytischer Verein konstituiert. Die Ausbildung berücksichtigt derzeit sowohl die klassische als auch die modernen Positionen.

Der SAP bietet in Salzburg die einzige fachspezifische Ausbildung zum/zur PsychoanalytikerIn an.

Im Vergleich zu 1994 ist die Zahl der AusbildungsteilnehmerInnen nur ein wenig gestiegen, die Zahl der AusbildnerInnen ist – trotz des Ausscheidens einiger langjähriger LehranalytikerInnen – gleich geblieben, die Zahl der Mitglieder sogar leicht gesunken.

Die AusbildungskandidatInnen sind in den Vereins- und Ausbildungsgremien relativ stark vertreten.

Die AusbildnerInnen sind überwiegend PsychologInnen (11), ergänzt um 4 ÄrztInnen.

Obwohl das verpflichtende Theorieausmaß (318 Std.) nur knapp über das vom Psychotherapiegesetz verlangte Mindestmaß hinausgeht, dauert die theoretische Ausbildung im Schnitt 6 Jahre.

Analog zum WAP (Wiener Arbeitskreis für Psychoanalyse) wird auch im SAP die Qualität der klinischen Ausbildung forciert.

Kontaktadressen

Salzburger Arbeitskreis für Psychoanalyse
Maxglaner Hauptstraße 21/2
5020 Salzburg
Tel./Fax 0662/83 32 69
E-Mail: s.a.p@gmx.at
www.psychoanalyse-salzburg.com

Sekretariat (Adresse wie oben):
Dr. H. Roschal
Tel. 0676/521 29 30 (Mo 9–10 Uhr)
Fax 0662/63 30 20
E-Mail: roschal@gmx.at

Wiener Arbeitskreis für Psychoanalyse (WAP)*

Der nach dem Zweiten Weltkrieg von Igor Caruso gegründete Wiener Arbeitskreis für Psychoanalyse (WAP) besteht seit 1947. Er ist der größte der Österreichischen Arbeitskreise für Psychoanalyse (s. auch die fachspezifischen Ausbildungen des Salzburger Arbeitskreises, des Innsbrucker Arbeitskreises und des Arbeitskreises für Psychoanalyse Linz/Graz in diesem Buch) und einer von 3 Anbietern einer psychoanalytischen Ausbildung im Raum Wien (s. auch Wiener Psychoanalytische Vereinigung [WPV] und Wiener Kreis für Psychoanalyse und Selbstpsychologie in diesem Buch).

Der Wiener Arbeitskreis betreibt seit mehreren Jahren als „Study Group" die Erlangung der vollen Anerkennung im Rahmen der International Psychoanalytical Association (IPA) und orientiert sich hinsichtlich der Ausbildung an den Standards der IPA.

Seit 1994 unterhält der WAP eine psychoanalytische Beratungsstelle, in die auch AusbildungskandidatInnen eingebunden sind.

Vereinssitz des WAP ist Wien. Hier finden auch die Ausbildungsveranstaltungen statt. Die AusbildungsteilnehmerInnen kommen schwerpunktmäßig aus dem Raum Wien.

Methode und Methodenverständnis

Die Entwicklung in den letzten 2 Jahrzehnten hat zu einer zunehmenden Ausrichtung auf die Lehren Freuds und ihre Weiterentwicklung geführt, was u.a. seinen Niederschlag in der Umbenennung des Vereins in Wiener Arbeitskreis für Psychoanalyse gefunden hat. Der Verein führt jedoch seine Tradition fort, grundsätzlich für alle aktuellen Strömungen der Psychoanalyse offen zu sein. So wird u.a. die Auseinandersetzung mit den Theorien Melanie Kleins und ihrer Nachfolger bzw. mit Lacan und anderen Theoretikern der französischen Schule von einzelnen Personen bzw. Gruppen im WAP vorangetrieben. Spezielle Beachtung findet die psychoanalytische Psychosentherapie. Einige Mitglieder und LehranalytikerInnen sind auch gruppenpsychoanalytisch tätig. Innerhalb des WAP gibt es eine größere Gruppe von KinderanalytikerInnen, die Studiengruppen bilden.

I. Geschichte

Der Wiener Arbeitskreis für Tiefenpsychologie (WATP) wurde 1947 von Igor Caruso initiiert. Der theoretische Hintergrund Carusos war ursprünglich der

* Diese Darstellung basiert auf dem Text von Ria Mensen aus der Erstauflage (1995): Aktualisierung und Überarbeitung mit Unterstützung von Walter Parth und Franz Oberlehner.

christliche Existenzialismus und später sein Interesse für soziale Probleme. Er begann die Überschneidungsflächen zwischen den Gedanken Freuds und denen von Marx zu untersuchen. Caruso wurde aber im Laufe der Zeit immer mehr zu einem „Freudianer": Trotzdem hielt er an seiner Forderung fest, PsychoanalytikerInnen sollten sich insbesondere ihrer sozialen Abhängigkeit und ihrer sozialen Rolle bewusst werden. Die offizielle Vereinsbildung erfolgte im Mai 1954. Ende der 1960er-Jahre stieg das Interesse an Psychoanalyse in Wien allmählich an. 1966 wurde die Internationale Föderation der Arbeitskreise für Tiefenpsychologie gegründet. Anfang der 1970er-Jahre verließ Caruso den WATP, um an der Universität Salzburg eine ordentliche Professur für Psychologie anzutreten.

Der WAP erlebte im Laufe seiner Geschichte mehrere Abspaltungen: 1973 gründeten Klaus Rückert und Harald Picker die Österreichische Arbeitsgemeinschaft für Psychoanalyse und Sozialtherapie (ÖAPS). Dieselben Personen gründeten 1988 das Wiener Psychoanalytische Seminar und verließen den WATP. Erwin Bartosch verließ ebenfalls den Verein, widmete sich der Selbstpsychologie Kohuts und gründete 1987 den Wiener Kreis für Psychoanalyse (nunmehr Wiener Kreis für Psychoanalyse und Selbstpsychologie), der in weiterer Folge ebenfalls als fachspezifische Ausbildung für Psychoanalyse anerkannt wurde (s. den Beitrag dazu in diesem Band).

1988 wurde der WATP in Wiener Arbeitskreis für Psychoanalyse (WAP) umbenannt.

Die aktuelle Ausbildungsordnung datiert vom Mai 1998. Der WAP wurde im November 1993 als Fachspezifikumanbieter definitiv anerkannt.

Im Februar 1994 wurde unter der Leitung von Dr. Elisabeth Mayer in den neuen Räumlichkeiten des WAP (in der Berggasse 17, 1090 Wien) eine psychoanalytische Beratungsstelle geschaffen.

Seit einigen Jahren befindet sich der WAP auf dem Weg der Integration in die International Psychoanalytical Association (IPA). Es besteht eine entsprechende Study Group im WAP, laufende Ausbildungen entsprechen den Standards der IPA.

II. Organisationsstruktur

Vereinsorgane sind neben dem Vorstand u. a. die Generalversammlung und die Ausbildungskommission: Die Ausbildungskommission besteht aus 3–5 LehranalytikerInnen und wird von der Mitgliederversammlung gewählt.

Ordentliche Mitglieder können Personen werden, welche die psychoanalytische Ausbildung gemäß der Ausbildungsordnung des WAP abgeschlossen haben.

Die Teilnahme an der Ausbildung ist an den KandidatInnenstatus gebunden. Dieser wird BewerberInnen nach erfolgreichen Vorstellungsgesprächen bei 4 Mitgliedern der Ausbildungskommission verliehen. Die AusbildungskandidatInnen werden von KandidatInnenvertretern (die an personellen Entscheidungen allerdings nicht beteiligt sind) in der Ausbildungskommission vertreten.

PsychoanalytikerInnen in Ausbildung können ab dem Eintritt ins Technikseminar unter Supervision PatientInnen behandeln.

Für die KandidatInnen des WAP ergeben sich im Rahmen der psychoanalytischen Beratungsstelle des WAP, die auch als Praktikumsstelle für das Fachspezifikum anerkannt ist, Möglichkeiten, ihr Praktikum zu absolvieren, Erstgespräche zu erlernen, Probleme der Indikationsstellung, Diagnose, Prognose zu diskutieren und die Bedingungen von Übertragung/Gegenübertragung zu klären.

Daten zur Ausbildungseinrichtung

• Zahl der Mitglieder mit absolvierter psychotherapeutischer Ausbildung (Stichtag 1. 1. 2005):	50
• Aktuelle Zahl der AusbildungsteilnehmerInnen (Stichtag 1. 6. 2005):	75
• Zahl der AusbildungsteilnehmerInnen im Status „Psychotherapeut/in in Ausbildung unter Supervision" (Stichtag 1. 6. 2005):	22
• Zahl der Aufnahmen in die psychotherapeutische Ausbildung im letzten Jahr (1. 6. 2004 – 1. 6. 2005):	7
• Zahl der Aufnahmen in die psychotherapeutische Ausbildung in den letzten 5 Jahren (1. 6. 2000 – 1. 6. 2005):	20
• Zahl der Abschlüsse der psychotherapeutischen Ausbildung (1. 6. 2000 – 1. 6. 2005):	18
• Zahl jener AusbildungsabsolventInnen, die mit der entsprechenden Zusatzbezeichnung derzeit (Stand 1. 6. 2005) in die Psychotherapeutenliste eingetragen sind:	52

III. Veröffentlichungen, Veranstaltungen, Kontakte

Veröffentlichungen: Die Zeitschrift *texte. psychoanalyse. ästhetik. kulturkritik* wird von den Österreichischen Arbeitskreisen für Psychoanalyse und der Wissenschaftlichen Gesellschaft der Arbeitskreise für Psychoanalyse finanziert und erscheint vierteljährlich im Passagen Verlag (Wien), hg. v. von A. Ruhs, J. Ranefeld, K. Stockreiter und G. Zenaty. Hier werden u. a. auch Beiträge zu den internationalen Symposien (s. u.) veröffentlicht.

Aus der Tagung im Jahre 1992 resultiert: Grossmann-Garger, B./Parth, W. (Hg.) (1992): Heilt die Psychoanalyse? Gießen: Psychosozial.

Zudem ist eine Festschrift zum 70. Geburtstag von Josef Shaked zu nennen: Grossmann-Garger, B./Parth, W. (Hg.) (1999): Die leise Stimme der Psychoanalyse ist beharrlich. Gießen: Psychosozial.

Veranstaltungen: Das „Allgemeine Seminar" ist nur für Mitglieder und KandidatInnen zugänglich. Der Jour fixe ist für alle offen, die an psychoanalytischen Überlegungen zu unterschiedlichen Themen interessiert sind. Die Vorträge im Jour fixe finden in der Regel an einem Donnerstagabend im Monat statt. Jährlich im Oktober wird (zusammen mit der WPV) ein „pädagogischer Samstag" veranstaltet.
Internationale Tagungen des WAP in Wien:
(1992) „Heilt die Psychoanalyse?"
(2000) „Die Psychoanalyse und ihre Grenzfälle"
(2004) „Der Skandal des Sexuellen"

Kontakte: Zur WPV bestehen kollegiale Kontakte mit punktuellen Kooperationen (aktuell werden z. B. die Sigmund Freud Vorlesungen 2006 gemeinsam veranstaltet). Study Group der Internationalen Psychoanalytischen Vereinigung (IPV); Mitglied der International Federation of Psychoanalytic Societies.

IV. Ausbildung

1. Aufnahmebedingungen

Voraussetzung für die Zulassung zur Ausbildung ist eine zumindest seit einem Jahr andauernde Psychoanalyse bei einem Lehranalytiker des WAP und eine abgeschlossene Berufsausbildung. Der WAP sieht formell keine obere Altersgrenze vor. Als günstige Motivation für die Berufswahl wird die Bereitschaft angesehen, eine Empfindsamkeit für das subjektive Leiden an psychischen Erkrankungen mit einer aktiven Haltung bei der Erforschung von deren unbewussten Ursachen zu verbinden.

2. Aufnahmemodus

BewerberInnen werden von der Ausbildungskommission zu 4 Vorstellungsgesprächen eingeladen. Darin werden die bisherigen Erfahrungen mit der psychoanalytischen Methode sowie die sonstigen persönlichen und beruflichen Voraussetzungen zur Sprache gebracht. Die Entscheidung der Ausbildungskommission fällt mit einfacher Mehrheit.

3. Ausbildungsrahmen, -ablauf und -vertrag

Der Beginn der Ausbildung wird schriftlich mit der Bestätigung des/der KandidatIn, das Curriculum gelesen und zur Kenntnis genommen zu haben, fixiert. Über den Pflichtteil hinaus wird den KandidatInnen eine Teilnahme am „Allgemeinen Seminar" nahe gelegt. Hier werden die grundsätzlichen theoretischen und praktischen Interessen des WAP sowie seine Ausrichtung im Sinne der gemeinsamen Herausbildung einer beruflichen Identität als PsychoanalytikerIn erörtert. Wahlseminare, z.B. über aktuelle Theorien der Psychoanalyse, technische Probleme oder über psychoanalytische Psychosentherapie, werden angeboten. Alle Seminare (mit Ausnahme des „Allgemeinen Seminars") sind nur über die persönliche Zulassung seitens der SeminarleiterInnen in Absprache mit der Ausbildungskommission zugänglich.

4. Ausbildungsinhalte

a) Selbsterfahrung

Die Ausbildungsordnung schreibt eine Lehranalyse im Ausmaß von mind. 300 Std. vor. Sie dauert in der Regel jedoch wesentlich länger. Ziele sind sowohl eine persönliche Veränderung im Sinne von Ich-Stärke und Sensibilisierung für eigene bisher unbewusste Konflikte als auch ein Verständnis für unbewusste Prozesse und Übertragungs- und Gegenübertragungsbeziehungen in der späteren Arbeit mit PatientInnen.

b) Theorie

Der theoretische Ausbildungsteil hat eine Mindestdauer von 440 Std. Grundlage bilden die Werke Freuds.

Die Ausbildungsseminare sind in der unten stehenden Abfolge zu absolvieren:

- Freuds Schriften (wöchentlich, 2-stündig, etwa 2 Jahre lang, 140 Std.);
- Ich-Psychologie und Objektbeziehungstheorie (wöchentlich, 2-stündig, mind. ein Jahr, 70 Std.); parallel dazu
- Falldarstellungsseminar (20 Std.);
- Neurosenlehre (wöchentlich, 2-stündig, mind. 1 Jahr, 70 Std.); parallel dazu
- Psychosenseminar (20 Std.);
- Technik der Psychoanalyse (wöchentlich, 2-stündig, mind. ein Jahr, 100 Std.); parallel dazu
- Erstgesprächsseminar (20 Std.).

c) Psychotherapeutische Tätigkeit unter Supervision

Die eigene psychotherapeutische Tätigkeit umfasst mind. 600 Std. Der WAP fordert die psychoanalytische Behandlung von 2 Fällen mit einer Frequenz von mind. 4 Wochenstunden. Mit diesen Fällen (welche von SupervisorInnen kontrollanalysiert werden) kann nach dem Eintritt in das Seminar zur „Technik der Psychoanalyse" begonnen werden. Indikation und Prognose der PatientInnen werden mit den jeweiligen KontrollanalytikerInnen vorbesprochen.

d) Supervision der psychotherapeutischen Tätigkeit

Die 2 von den KandidatInnen psychoanalytisch therapierten Fälle sind jeweils über einen Zeitraum von mind. 1 $^1/_2$ Jahren mit einer Frequenz von einer Kontrollanalysestunde pro Woche im Einzelsetting zu supervidieren (Gesamtausmaß mind. 120 Std.).

e) Praktikum

Das Praktikum (mind. 550 Std.) ist in einer Institution zu absolvieren, in der psychoanalytisch gearbeitet wird bzw. in der psychiatrische Fälle gesehen werden können.

f) Praktikumsupervision

Mind. 30 Std.

5. Evaluierung und Ausbildungsabschluss

Zum Abschluss der Ausbildung weisen die KandidatInnen durch einen Vortrag im „Allgemeinen Seminar" nach, dass sie eine theoretische psychoanalytische Themenstellung selbstständig bearbeiten können. Der Abschlussvortrag soll spätestens 2 Jahre nach Beendigung der Kontrollanalysen gehalten werden. Die Zulassung zum Abschlussvortrag erfolgt durch die Ausbildungskommission nach Prüfung der eingereichten Unterlagen und der positiven Begutachtung der vorgelegten Arbeit, die spätestens 6 Wochen vor dem Vortrag vorzulegen ist.

Nach positiver Beurteilung des gehaltenen Abschlussreferats bestätigt die Ausbildungskommission den Abschluss der Ausbildung mit einem Zertifikat. Dieses ermöglicht die Eintragung in die Psychotherapeutenliste. Nach Abschluss der Ausbildung können KandidatInnen in einer eigens dafür einberufenen Mitgliederversammlung mit einfacher Mehrheit der anwesenden Mitglieder zu ordentlichen Mitgliedern gewählt werden.

6. Dauer und Kosten

	Tagessatz/ Stundensatz	**Stunden (mind.)**	**Gesamt (mind.)**
Ausbildungskosten			
Eigentherapie (Einzel)	€ 60,– bis € 80,–/Std.	300	€ 18.000,–
Gruppenselbsterfahrung			
Theorie	€ 8,–/Std.	440	€ 3.520,–
Einzelsupervision	€ 60,– bis € 80,–/Std.	120	€ 7.200,–
Gruppensupervision			
Praktikumsupervision	€ 60,– bis € 80,–/Std.	30	€ 1.800,–
Zusatzkosten			
Aufnahmekosten	4 Vorstellungsgespräche		€ 250,–
Mitgliedsbeitrag	€ 145,–	6 Jahre	€ 870,–
Gesamtkosten			**€ 31.640,–**

Die psychoanalytische Ausbildung im WAP dauert durchschnittlich 6–9 Jahre.

Mit Gesamtkosten von mind. € 31.640,– für die Ausbildung ist zu rechnen, diese werden aber in der Regel aufgrund eines größeren Umfangs der Lehranalyse deutlich überschritten. Der jährliche Mitgliedsbeitrag beträgt für ordentliche Mitglieder € 580,–, für KandidatInnen € 145,–.

7. AusbildnerInnen

Neben den LehranalytikerInnen können auch die delegierten Mitglieder Lehranalysen durchführen und Lehrveranstaltungen für Theorie anbieten. Die Durchführung von Kontrollanalysen ist jedoch LehranalytikerInnen vorbehalten.

Ordentliche Mitglieder des WAP können 5 Jahre nach Abschluss ihrer Ausbildung durch die Ausbildungskommission zu delegierten Mitgliedern ernannt werden. In dieser Zeit sind 3 Psychoanalysen in eigener Praxis durchzuführen und mit LehranalytikerInnen laufend zu diskutieren, ist an einer Supervisionsgruppe über mind. 1 Jahr teilzunehmen und eine abgeschlossene Analyse als Falldarstellung in einer Mitgliederversammlung zu präsentieren.

Delegierte Mitglieder werden von der Ausbildungskommission aufgrund der erwiesenen wissenschaftlichen Kompetenz und der langjährigen praktischen Erfahrung als LehranalytikerInnen vorgeschlagen. Die Bestellung ist unbefristet.

• Zahl der AusbildnerInnen (LehrtherapeutInnen) mit voller Lehrbefugnis (Stichtag 1. 6. 2005):	13
• Zahl der AusbildnerInnen (LehrtherapeutInnen) mit partieller Lehrbefugnis (Stichtag 1. 6. 2005):	2
• Zahl der GastdozentInnen (im Zeitraum 1. 6. 2004 – 1. 6. 2005):	4

AusbildnerInnen (LehrtherapeutInnen) mit voller Lehrbefugnis (Stand 1. 6. 2005):

Christine Butterfield-Meissl, DDr., Fachärztin für Psychiatrie, Wien

Margarethe Grimm, Sozialarbeiterin, Wien

Brigitte Grossmann-Garger, Dr., Psychologin, Wien

Ingrid Hinsch-Breser, Sozialarbeiterin, Wien

Eveline List, Dr., Historikerin, Wien

Elisabeth Mayer, Dr., Psychologin, Wien

Walter Parth, Dr., Psychologe, Wien

Traude Parth-Wille, Dr., Psychologin, Wien

Johannes Ranefeld, Dr., Facharzt für Psychiatrie, Wien

August Ruhs, Univ.-Prof. Dr., Facharzt für Psychiatrie, Wien

Marianne Scheinost-Reimann, Dr., Fachärztin für Psychiatrie, Wien

Raoul Schindler, Univ.-Doz. Dr., Facharzt für Psychiatrie, Wien

Josef Shaked, Hon.-Prof. Dr., Facharzt für Psychiatrie, Wien

V. Gesamtbetrachtung

Der Wiener Arbeitskreis für Tiefenpsychologie wurde nach dem Zweiten Weltkrieg von Igor Caruso zunächst als Forum wissenschaftlicher Auseinandersetzung gegründet. Der zunehmenden Ausrichtung auf die Lehren Freuds und ihre Weiterentwicklung wurde u. a. 1988 durch die Umbenennung des Vereins in Wiener Arbeitskreis für Psychoanalyse Rechnung getragen. Der WAP ist auch bestrebt, die volle Mitgliedschaft in der International Psychoanalytical Association (IPA) zu erlangen. Dementsprechend ist der Kontakt zur International Federation of Psychoanalytic Societies abgeklungen. Der Verein führt jedoch seine Tradition fort, grundsätzlich für alle aktuellen Strömungen der Psychoanalyse offen zu sein.

Eine wichtige Voraussetzung für die Zulassung zur Ausbildung ist eine zumindest seit einem Jahr andauernde Psychoanalyse bei einem Lehranalytiker des WAP.

Die Ausbildung ist von der Dauer (ca. 6–9 Jahre) und den Kosten (über € 30.000,–) her gesehen – im Vergleich zu anderen psychotherapeutischen Ausbildungen – recht aufwendig: So ist mit vielen Hundert Std. Lehranalyse zu rechnen, und auch der Theorieteil der Ausbildung sieht mit mind. 440 Std. einen Umfang vor, der das gesetzlich vorgesehene Minimum von 300 Std. deutlich überschreitet. Ein Schwerpunkt der Ausbildung liegt in der Betonung der klinischen Arbeit, u. a. der Arbeit mit schweren Persönlichkeitsstörungen. Durch die Vermittlung eines Verständnisses für die Komplexität unbewusster Prozesse in der klinischen Arbeit ist die Ausbildung für bereits im Berufsfeld stehende Personen attraktiv.

Die Quellenberufe der AusbildnerInnen mit voller Lehrbefugnis sind gestreut. Es überwiegen PsychiaterInnen (nahezu 50 %) und Psychologinnen.

Innerhalb des WAP beschäftigen sich Gruppen von PsychoanalytikerInnen auch mit Kinderpsychoanalyse und Gruppenpsychoanalyse.

Kontaktadresse

Wiener Arbeitskreis für Psychoanalyse
Berggasse 17
1090 Wien
Tel. 01/319 35 66
E-Mail: psychoanalyse@aon.at
www.psychoanalyse.org

Wiener Kreis für Psychoanalyse und Selbstpsychologie (WKPS)*

Der Wiener Kreis ist die dritte psychoanalytische Ausbildungseinrichtung in Wien (neben Wiener Psychoanalytischer Vereinigung und Wiener Arbeitskreis für Psychoanalyse).

Im Unterschied zu diesen beiden Organisationen gründet der Ausbildungsgang des WKPS nicht nur auf der klassischen Psychoanalyse nach Sigmund Freud, sondern vor allem auf der Weiterentwicklung der Psychoanalyse durch Heinz Kohuts Selbstpsychologie. Der WKPS wurde 1987 von Erwin Bartosch, aus dem Wiener Arbeitskreis für Psychoanalyse kommend, als bislang europaweit einzige von Grund auf selbstpsychologisch orientierte Ausbildungsinstitution gegründet.

Vereinssitz des WKPS ist Wien. Ausbildungsort ist die Vereinsadresse in Wien. Die AusbildungskandidatInnen kommen zum größeren Teil aus dem Raum Wien.

Methode und Methodenverständnis

Im WKPS wird die Selbstpsychologie als psychoanalytische Strömung vertreten und vermittelt. Empathiegeleitetes Zuhören und Intervenieren des Analytikers aktiviert beim Patienten über das Assoziieren jene Bereiche des Selbsterlebens, deren Entwicklung in der frühen Kindheit und später nicht optimal verlaufen ist, sodass sie sich in der Übertragung als Selbstobjektübertragungen abbilden. Der Schwerpunkt der Aufmerksamkeit liegt dabei auf dem gegenwärtigen Selbsterleben, auf dessen Entwicklung in der Vergangenheit und auf dessen Perspektiven für eine sich abzeichnende Zukunft. Dadurch treten jene Momente in der Beziehung zutage, die problematische Bereiche abbilden. Das führt zu Unterbrechungs- und Wiederherstellungssequenzen, womit die Unterbrechung und Wiederherstellung der positiven, die analytische Arbeit tragenden Beziehung gemeint ist.

Auf dem Weg des Sich-verstanden-Fühlens ereignet sich schrittweise die „umwandelnde Verinnerlichung" der Funktionen, die der Analytiker für den Patienten bis dahin hatte und die dieser zunehmend selbst übernehmen kann. Dabei werden Affekte, die bisher ein kohärentes Selbsterleben behinderten, integriert.

* Text der Darstellung in der Erstauflage (1995) von Martin Voracek; Aktualisierung und ergänzende Überarbeitung mit Unterstützung von Erwin Bartosch und den ordentlichen Mitgliedern des WKPS.

Die nach Kohut weiterentwickelte Selbstpsychologie ist heute in den USA, aber auch in Deutschland, Österreich, Italien, Norwegen und Schweden eine expandierende psychoanalytische Schule.

I. Geschichte

Die informelle Vorgeschichte des Wiener Kreises für Psychoanalyse und Selbstpsychologie (WKPS) reicht einige Zeit zurück. Ab 1976 setzte sich Erwin Bartosch, damals Lehranalytiker im Wiener Arbeitskreis für Tiefenpsychologie (heute: Wiener Arbeitskreis für Psychoanalyse, WAP), zusammen mit einer kleinen Gruppe von interessierten KollegInnen mit den neuen psychoanalytischen Narzissmustheorien auseinander. Ab 1979 hielt Bartosch zu diesem Thema fortlaufende Literaturseminare, und um 1985 wurde eine Arbeitsgemeinschaft für Narzissmustheorie und Selbstpsychologie Heinz Kohuts, ebenfalls geleitet von Bartosch, installiert. Diese neuen Ideen und Bestrebungen fanden im Wiener Arbeitskreis wenig Widerhall, da zu jener Zeit dort wieder mehr Gewicht auf die klassische Freud'sche Psychoanalyse gelegt wurde.

Um der Beschäftigung mit der Selbstpsychologie auch organisatorisch-formal eine förderliche Basis zu geben, trat Bartosch aus dem Wiener Arbeitskreis aus und gründete im Dezember 1987 den Wiener Kreis für Psychoanalyse, dessen Vereinsname im Juni 1993 in Wiener Kreis für Psychoanalyse und Selbstpsychologie geändert wurde.

Eine Ausbildungsordnung für die im WKPS vertretene psychoanalytische Selbstpsychologie wurde im September 1989 (gegenwärtig geltende Fassung vom September 2000) erstellt, gleichzeitig begannen die ersten Lehranalysen. Der erste Theoriekurs wurde im September 1990 abgehalten.

Die offizielle Anerkennung als Ausbildungseinrichtung für das Psychotherapeutische Fachspezifikum erfolgte im Juli 1995.

II. Organisationsstruktur

Der WKPS ist ein Verein ohne Zweigvereine. Die ausbildungsrelevanten Vereinsorgane sind die Generalversammlung und der Vorstand. Die Generalversammlung, bestehend aus allen Vereinsmitgliedern, bestellt unter anderem die Ausbildungskommission und beschließt die Ausbildungsordnung.

3 Arten der Mitgliedschaft sind zu unterscheiden:

KandidatInnen sind bis zum Abschluss der Ausbildung Mitglieder des Vereines. Ein KandidatInnenvertreter wird von den KandidatInnen gewählt.

Ordentliche Mitglieder haben die Ausbildung des WKPS abgeschlossen und werden nach Empfehlung durch die Ausbildungskommission von der Generalversammlung ernannt.

Außerordentliche Mitglieder werden auf Antrag des Vorstands von der Generalversammlung ernannt. Nur die ordentlichen Mitglieder haben das aktive und passive Wahlrecht in der Generalversammlung.

Daten zur Ausbildungseinrichtung

• Zahl der Mitglieder mit absolvierter psychotherapeutischer Ausbildung (Stichtag 1. 1. 2005):	24
• Aktuelle Zahl der AusbildungsteilnehmerInnen (Stichtag 1. 6. 2005):	17
• Zahl der AusbildungsteilnehmerInnen im Status „Psychotherapeut/in in Ausbildung unter Supervision" (Stichtag 1. 6. 2005):	9
• Zahl der Aufnahmen in die psychotherapeutische Ausbildung im letzten Jahr (1. 6. 2004 – 1. 6. 2005):	2
• Zahl der Aufnahmen in die psychotherapeutische Ausbildung in den letzten 5 Jahren (1. 6. 2000 – 1. 6. 2005):	8
• Zahl der Abschlüsse der psychotherapeutischen Ausbildung (1. 6. 2000 – 1. 6. 2005):	9
• Zahl jener AusbildungsabsolventInnen, die mit der entsprechenden Zusatzbezeichnung derzeit (Stand 1. 6. 2005) in die Psychotherapeutenliste eingetragen sind:	24

III. Veröffentlichungen, Veranstaltungen, Kontakte

Veröffentlichungen: Im von Erwin Bartosch betriebenen Verlag Neue Psychoanalyse Wien ist eine Reihe von Büchern erschienen, in denen selbstpsychologische Konzepte und ihre Weiterentwicklung dargestellt und diskutiert werden:

- Bartosch, E. (1999): Auf dem Weg zu einer neuen Psychoanalyse. Charakterentwicklung und Therapie aus der Sicht der Selbstpsychologie.
- Bartosch, E. (Hg.) (1999): Wunden der Seele – Chancen der Heilung. Die Tagung der Europäischen Föderation: Psychoanalytische Selbstpsychologie in Wien 1998.
- Bartosch, E./Hinterhofer, H./Pellegrini, E. (Hg.) (1999): Aspekte einer neuen Psychoanalyse. Ein selbstpsychologischer Austausch: New York–Wien.
- Bartosch, E. (Hg.) (2003): Der „Andere" in der Selbstpsychologie.
- Bartosch, E. (2004): Vorlesungen zur Selbstpsychologie. Mit einem Curriculum zur Theorieausbildung in der psychoanalytischen Selbstpsychologie.

Auf internationaler Ebene wurde die Buchreihe „Progress in Self Psychology" vom *International Journal of Psychoanalytic Self Psychology* abgelöst. Außerdem erscheint 4-mal im Jahr das Journal *Selbstpsychologie* (Brandes & Apsel) zweisprachig (Deutsch und Englisch).

Veranstaltungen: Der WKPS veranstaltet monatlich das „Allgemeine Seminar“, 2-mal pro Monat den „Psychoanalytischen Abend“ für ordentliche Mitglieder. 1-mal monatlich findet die „Kindertherapiegruppe“ statt. 2-mal pro Jahr treffen sich die ordentlichen Mitglieder zu einem Intervisionswochenende, 1-mal pro Jahr findet ein „Internes Fortbildungswochenende“ für Mitglieder und KandidatInnen statt.

Fachseminare wurden mehrmals veranstaltet mit Anna und Paul Ornstein (Boston), Lotte Köhler (München), Frank Lachmann (New York), Donna Orange (New York), Jim Fosshage (New York), Joseph Lichtenberg (Washington, D.C.), Robert Stolorow (Los Angeles), Gisela Leyting (Zürich) und Sigmund Karterud (Oslo). Die ersten beiden Kongresse der „Europäischen Föderation: Psychoanalytische Selbstpsychologie“ (1998 und 2002) wurden vom WKPS in Wien veranstaltet.

Kontakte: Der WKPS hat eine hohe internationale Vernetzung erreicht. Er ist Mitglied in der Association of Autonomous Psychoanalytic Institutes (AAPI) und – wichtiger – in der „International Association for Psychoanalytic Self Psychology (IAPSP)“. Kontakte bestehen zu selbstpsychologischen KollegInnen und Gruppierungen in Deutschland, den USA, Italien, der Schweiz, Norwegen und Schweden. Herauszuheben ist die Zusammenarbeit für Kongresse der „European Federation: Psychoanalytic Selfpsychology“ und das „Internationale Selbstpysychologie Symposium Dreieich“ (Frankfurt/M.), welche alternierend im Zweijahresrhythmus stattfinden, sowie alljährliche Kongresse der International Association for Psychoanalytic Self Psychology in den USA.

IV. Ausbildung

1. Aufnahmebedingungen

Bereits vor Beginn der Ausbildung nachzuweisende Berufserfahrung ist erwünscht, aber nicht Bedingung der Aufnahme. Im Rahmen der gesetzlich definierten Kriterien ist dem Verein ein grundsätzliches Interesse an der ganzheitlichen Betrachtung des Menschen und seines Leidens wichtig.
Eignungskriterien sind: Analysefähigkeit, Flexibilität von Erleben und Denken und realistische Vorstellungen über die berufliche Umsetzbarkeit psychoanalytisch-psychotherapeutischer Tätigkeit.

2. Aufnahmemodus

Im Zulassungsverfahren für die Aufnahme als AusbildungskandidatIn werden mind. 3 Aufnahmegespräche geführt. Hier werden vorrangig die oben genannten Eignungskriterien evaluiert.

3. Ausbildungsrahmen, -ablauf und -vertrag

Die Ausbildung verläuft gemäß der Ausbildungsordnung nach der geltenden Fassung (September 2000) und dem Ausbildungsvertrag.
Die Ausbildung beginnt mit der Lehranalyse. Nach etwa einem Jahr Lehranalyse können die KandidatInnen (mit Zustimmung ihrer LehranalytikerInnen) die Theorieveranstaltungen besuchen. Das sind 10 Seminarblöcke, von denen 2 pro Jahr absolviert werden.

4. Ausbildungsinhalte

a) Selbsterfahrung

Der zentrale Bestandteil der Ausbildung, die Einzelselbsterfahrung (Lehranalyse), ist in einem Umfang von mind. 400 Std., die sich über mind. 4 Jahre erstrecken, zu absolvieren. Bei einem üblichen Setting von 3 Sitzungen pro Woche und einer bisher zu beobachtenden Dauer der Lehranalysen von 4 bis 5 Jahren sind 400–550 Std. eine realistische Angabe für die Dauer der Lehranalysen im WKPS. Darüber hinaus wird in der Ausbildungsordnung eine von den KandidatInnen selbst gewählte weitere Erfahrung mit Selbsterfahrungsgruppen oder analytisch geführten Gruppen empfohlen.

b) Theorie

Im theoretischen Ausbildungsteil sind mind. 350 Std. innerhalb von mind. 5 Jahren in den folgenden Fächern zu absolvieren:
1. und 2.: Einführung in das psychoanalytische Verstehen (60 Std.);
3.: Selbstpsychologie (Kohut), parallel zu 1. und 2. (30 Std.);
4.: Entwicklungspsychologie I, psychoanalytische Entwicklungstheorien und empirische Säuglingsforschung (30 Std.);
5.: Allgemeine Krankheitslehre (30 Std.);
6.: Behandlungslehre I (30 Std.);
7.: Entwicklungspsychologie II (30 Std.);
8.: Differenzielle Krankheitslehre (30 Std.);
9. und 10: Behandlungslehre II: Zur Praxis der psychoanalytischen Selbstpsychologie (60 Std.) sowie Wahlpflichtseminare (60 Std.).

Außerdem ist eine eigenständige schriftliche Arbeit aus dem Bereich der Theorie oder der Praxis der psychoanalytischen Selbstpsychologie und eine Falldarstellung abzufassen.

Die Theorieausbildung orientiert sich an der Selbstpsychologie und der empirischen Säuglingsforschung, während die klassischen Positionen und Theorien in gleicher Weise vermittelt und zur Diskussion gestellt werden.

c) Psychotherapeutische Tätigkeit unter Supervision

Im Laufe der Ausbildung sind mind. 600 Std. ausreichend dokumentierter und supervidierter eigener psychotherapeutischer Tätigkeit zu absolvieren, davon mind. 400 Std. als therapeutische Einzelarbeit.

d) Supervision der psychotherapeutischen Tätigkeit

Die eigene psychotherapeutische Tätigkeit ist mit mind. 210 Std. zu supervidieren. Davon entfallen mind. 120 Std. auf Einzelsupervision, der Rest auf die kontinuierliche Teilnahme an Gruppensupervisionen (ergibt 30 Std. Gruppensupervision pro Jahr). Die gesamte Supervisionsphase soll sich auf einen Zeitraum von mind. 3 Jahren erstrecken. In der Regel soll nach je 6 Std. eigener psychotherapeutischer Tätigkeit eine Supervisionssitzung erfolgen. Das bedeutet wöchentliche Supervision, wenn die KandidatInnen zwei Psychoanalysen parallel führen, oder 14-tägige Supervision, wenn eine Analyse geführt wird.

e) Praktikum

Im Ausmaß von mind. 550 Std.

f) Praktikumsupervision

Mind. 30 Std. Einzel- oder Gruppensupervision.

5. Evaluierung und Ausbildungsabschluss

Nach der positiven Erledigung der Überprüfung der für den Abschluss erforderlichen Ausbildungsschritte befindet die Ausbildungskommission über den Abschluss der Ausbildung.

6. Dauer und Kosten

	Tagessatz/ Stundensatz	**Stunden (mind.)**	**Gesamt (mind.)**
Ausbildungskosten			
Eigentherapie (Einzel)	€ 65,– bis € 90,–	400	€ 26.000,–
Gruppenselbsterfahrung			
Theorie	€ 12,– bis € 15,–	350	€ 4.200,–
Einzelsupervision	€ 65,– bis € 90,–	120	€ 8.400,–
Gruppensupervision	€ 10,– bis € 15,–	90	€ 900,–
Praktikumsupervision	€ 65,– bis € 90,– (Einzel) € 10,– bis € 15,– (Gruppe)	30	€ 300,–
Zusatzkosten			
Aufnahmekosten	3 Aufnahmegespräche		€ 110,–
Mitgliedsbeitrag (für Kand.)	€ 75,–/Jahr	7 Jahre	€ 525,–
Gesamtkosten			**€ 40.435,–**

Die minimale Dauer der Ausbildung beim WKPS beträgt 6 Jahre und ergibt sich schon durch die in der Ausbildungsordnung festgehaltene Bestimmung, dass erst nach etwa einem Jahr Lehranalyse die theoretische Ausbildung einsetzen darf und diese 5 Jahre nicht unterschreiten soll.

Die Ausbildungskosten sind wegen der unterschiedlichen Länge der Lehranalyse nicht innerhalb enger Grenzen anzugeben. Rechnet man die vorgeschriebene Mindestdauer (400 Std.) und die angegebene Honoraruntergrenze (€ 65,–) für die Lehranalyse, so kostet diese € 26.000,–. Die tatsächlichen Kosten dafür können im Einzelfall jedoch deutlich höher liegen. Für den Theorieteil ist mit Kosten von ca. € 4.200,– zu rechnen, die Untergrenze für die Einzelsupervision beträgt € 65,–/Std. Die Gesamtkosten einer Ausbildung beim WKPS betragen somit mind. € 40.435,–.

Der Mitgliedsbeitrag beträgt jährlich € 150,– für ordentliche Mitglieder und € 75,– für KandidatInnen.

7. AusbildnerInnen

Die LehrtherapeutInnen müssen eine mind. 5-jährige Praxis in der Anwendung der Psychoanalyse mit dem Schwerpunkt Selbstpsychologie seit Abschluss der Ausbildung und Erlangung der ordentlichen Mitgliedschaft sowie wissenschaftliche Tätigkeit in Form von Vorträgen, Publikationen etc. nachweisen. Sie sollen durch wissenschaftliche Arbeit die psychoanalytische Selbstpsychologie weiterentwickeln und zur Auseinandersetzung mit anderen Psychotherapierichtungen beitragen.

• Zahl der AusbildnerInnen (LehrtherapeutInnen) mit voller Lehrbefugnis (Stichtag 1. 6. 2005):	7
• Zahl der AusbildnerInnen (LehrtherapeutInnen) mit partieller Lehrbefugnis (Stichtag 1. 6. 2005):	0
• Zahl der GastdozentInnen (im Zeitraum 1. 6. 2004 – 1. 6. 2005):	0

AusbildnerInnen (LehrtherapeutInnen) mit voller Lehrbefugnis (Stand 1. 6. 2005):

Erwin Bartosch, Dr., Theologe, Wien

Michael Erb, Mag., Kommunikationsforscher, Wien

Oskar Frischenschlager, a.o. Univ.-Prof. Dr., Psychologe, Wien

Andrea Harms, Dr., Psychologin, Wien und Gmunden

Margarethe Maria Lindner, Sozialarbeiterin, Wien

Gerhard Pawlowsky, Dr., Psychologe, Wien

Armin Vodopiutz, Dr., Psychologe, Wien

V. Gesamtbetrachtung

Der WKPS ist das erste Ausbildungsinstitut für selbstpsychologisch orientierte Psychoanalyse außerhalb des Ursprungslandes der Selbstpsychologie, den USA. Dass dies gerade in Wien, dem Geburtsort des in die USA emigrierten Begründers des Selbstpsychologie, Heinz Kohut, organisatorisch realisiert werden konnte, ist ein verdienstvolles historisches Faktum.

Der Verein bietet eine psychoanalytisch-selbstpsychologische Ausbildung an, deren ambitionierte Anforderungen z. T. weit über den im Psychotherapiegesetz festgeschriebenen Mindeststundenzahlen liegen: 400 Std. (gegenüber 200) Einzelselbsterfahrung als Lehranalyse, 350 Std. (gegenüber 300) Theorie und 210 Std. (gegenüber 120) Supervision der eigenen psychotherapeutischen Tätigkeit der KandidatInnen.

Der WKPS zählt mit dzt. 24 Mitgliedern und 17 AusbildungsteilnehmerInnen zu den kleineren psychotherapeutischen Ausbildungsvereinen in Österreich.

Die Lehrpersonen kommen aus dem sozial- und geisteswissenschaftlichen Bereich.

Kontaktadresse

Andrea Harms (Ausbildungsleiterin)
Obersteinergasse 7/7
1190 Wien
Tel. 0664/111 61 16
E-Mail: office@selbstpsychologie.at
www.selbstpsychologie.at

Wiener Psychoanalytische Vereinigung (WPV)*

Die Wiener Psychoanalytische Vereinigung (WPV) entstand aus den „Psychologischen Mittwochgesellschaften" Sigmund Freuds und wurde 1908 gegründet. Sie ist damit der älteste noch bestehende psychotherapeutische Verein weltweit. Die WPV gehört der Internationalen Psychoanalytischen Vereinigung an, die heute über 11.000 PsychoanalytikerInnen organisiert.

Die WPV betreibt ein eigenes Psychoanalytisches Ambulatorium, das „Psychoanalyse auf Krankenschein" anbietet.

Ausbildungsort ist Wien, der Einzugsbereich der Kandidaten ist vor allem Wien und Umgebung.

Methode und Methodenverständnis

Die Psychoanalyse basiert auf dem Werk Sigmund Freuds und den Weiterentwicklungen von M. Klein, D. Winnicott u. a. Das menschliche Handeln wird als Kompromiss zwischen bewussten und unbewussten Motiven begriffen. Peinliche und schmerzliche Erfahrungen werden verdrängt und führen zu inneren Konflikten, die sich in körperlichen Symptomen bzw. psychischen Problemen äußern. Das Ziel der analytischen Behandlung ist, unbewusste Konflikte und traumatische Erfahrungen in der Übertragung zum/zur AnalytikerIn erfahrbar zu machen. Durch das Lebendigwerden früherer Erfahrungen im Hier und Jetzt werden neue emotionale Möglichkeiten und Einsichten möglich. Die Standardanalyse umfasst eine Frequenz von 4 bis 5 Wochenstunden und die psychoanalytische Psychotherapie im Sitzen 1–3 Wochenstunden.

I. Geschichte

Das erste psychoanalytische Curriculum wurde 1922 am Berliner Psychoanalytischen Institut erstellt. Anfang der 1930er-Jahre gab es im WPV die erste Ausbildungsordnung. 1938 musste die WPV aufgelöst werden, da unter dem Nationalsozialismus das psychoanalytische Gedankengut verfolgt wurde und auch verboten war. Nach dem Zweiten Weltkrieg wurde die WPV im Jahre 1946 neu organisiert. 1998 wurde das Psychoanalytische Ambulatorium eröffnet, welches sanitätsrechtlich als Krankenanstalt zugelassen ist. Die aktuelle Ausbildungsordnung datiert vom 21. November 2000.

Seit Bestehen der WPV hat die Ausbildung an Qualität und Quantität zugenommen: Waren in den 1920er-Jahren ca. 200 Std. Lehranalyse üblich und

---

* Text der Darstellung in der Erstauflage (1995) von Andrea Fritsch; Aktualisierung und ergänzende Überarbeitung mit Unterstützung von Wilhelm Burian.

in den 1940er-Jahren ca. 400 Std., so beträgt der heutige Standard über 600 Std. bei einer Frequenz von 4- bis 5-mal pro Woche. Vor dem Zweiten Weltkrieg beschränkte sich der Theorieteil vor allem auf die Freud'schen Schriften. Seit dem Krieg wächst das Volumen stetig, und das Angebot wird immer spezialisierter, wie z.B. die psychotherapeutische Anwendung von psychoanalytischen Konzepten auf den Bereich der Persönlichkeitsstörungen.

Hinsichtlich der Ausbildungsziele wurde die Absicht, eine fundierte psychoanalytische Ausbildung zu gewährleisten, durch die Überzeugung ergänzt, die Anwendung psychoanalytischer Konzepte in verschiedenen Settings und mit unterschiedlichen Zielgruppen zu ermöglichen – also über das klassische Setting einer Zweierbeziehung AnalytikerIn-AnalysandIn hinaus.

II. Organisationsstruktur

Die WPV ist ein selbstständiger Verbandsverein der Internationalen Psychoanalytischen Vereinigung (IPV).

Die KandidatInnen werden über die KandidatensprecherInnen vom Vorstand in Ausbildungsfragen beigezogen. Eine stärkere Einbindung mit mehr Rechten und Pflichten ist gegenwärtig in Ausarbeitung.

Außerordentliches Mitglied kann werden, wer sich nach erfolgreicher Absolvierung der Ausbildung um die außerordentliche Mitgliedschaft bewirbt und von der Mehrheit der ordentlichen Mitglieder gewählt wird.

Ordentliches Mitglied kann werden, wer mind. 5 Jahre außerordentliches Mitglied war und über eine mind. 5-jährige praktische psychoanalytische Erfahrung verfügt. Durch eine Bewerbung beim Vorstand wird sie/er nach einem Vortrag von der Mehrheit der ordentlichen Mitglieder dazu gewählt. Jedes ordentliche Mitglied kann den Status LehranalytikerIn erlangen, wenn die Voraussetzungen dafür erfüllt werden und die Wahlkommission ihre Zustimmung gibt.

Die Mitglieder des Lehrinstituts (Lehrausschusses) werden in der Generalversammlung gewählt. Der Vorsitzende des Lehrausschusses gehört dem Vorstand ex officio an.

Daten zur Ausbildungseinrichtung

• Zahl der Mitglieder mit absolvierter psychotherapeutischer Ausbildung (Stichtag 1. 1. 2005):	96
• Aktuelle Zahl der AusbildungsteilnehmerInnen (Stichtag 1. 6. 2005):	78
• Zahl der AusbildungsteilnehmerInnen im Status „Psychotherapeut/in in Ausbildung unter Supervision“ (Stichtag 1. 6. 2005):	61
• Zahl der Aufnahmen in die psychotherapeutische Ausbildung im letzten Jahr (1. 6. 2004 – 1. 6. 2005):	11

- Zahl der Aufnahmen in die psychotherapeutische Ausbildung in den letzten 5 Jahren (1. 6. 2000 – 1. 6. 2005): 44
- Zahl der Abschlüsse der psychotherapeutischen Ausbildung (1. 6. 2000 – 1. 6. 2005): 28
- Zahl jener AusbildungsabsolventInnen, die mit der entsprechenden Zusatzbezeichnung derzeit (Stand 1. 6. 2005) in die Psychotherapeutenliste eingetragen sind: 94

III. Veröffentlichungen, Veranstaltungen, Kontakte

Veröffentlichungen: Die WPV publiziert nach Bedarf wichtige Diskussionen in der WPV, zuletzt „Trauma der Psychoanalyse. Die Vertreibung der Psychoanalyse aus Wien 1938 und die Folgen" (hg. von WPV bei milletre, 2005).

Monatlich erscheint ein Programm für die Veranstaltungen.

Veranstaltungen: Für die Mitglieder und KandidatInnen des Vereins finden ca. 2-mal monatlich Seminare bzw. Referate, die sogenannten Dienstagssitzungen, statt. Ungefähr einmal im Monat gibt es Gastvorträge und Falldiskussionen (Fr abends und Sa vormittags). Immer wieder werden von einzelnen Mitgliedern Arbeitskreise zu bestimmten Themen formiert. Alle 2 Jahre findet der Internationale Psychoanalytische Kongress statt, alljährlich die Europäische Psychoanalytische Tagung sowie alle 2 Jahre die Deutschsprachige Psychoanalytische Tagung.

Kontakte: Es besteht eine intensive Zusammenarbeit mit dem Wiener Arbeitskreis für Psychoanalyse (WAP) und der Tiefenpsychologisch-Psychoanalytischen Dachgesellschaft (TPD) und ihren Vereinen. Durch die Einbindung in die Europäische Psychoanalytische Föderation und vor allem in die Internationale Psychoanalytische Vereinigung weist die WPV reichlich internationale Vernetzungen auf.

IV. Ausbildung

1. Aufnahmebedingungen

Die allgemeinen Aufnahmebedingungen sind ident mit den Bedingungen des Psychotherapiegesetzes.

Bezüglich der persönlichen Eignungskriterien sollten die InteressentInnen ein spezifisches Interesse an der Psychoanalyse, an den eigenen psychischen Vorgängen und an den psychischen Prozessen anderer aufweisen und keine schweren, nicht behandelbaren Störungen aufweisen – sie sollten „hinlänglich gesund und hinlänglich krank" sowie analysierbar sein, d.h. im Rahmen der eigenen therapeutischen Analyse einen analytischen Prozess beginnen, aufrechterhalten und zu einem einigermaßen befriedigenden

Ergebnis bringen. Weiters ist die Fähigkeit notwendig, Monate und Jahre motorisch und psychisch ruhig auf entscheidende Veränderungen während einer Analyse warten zu können.

2. Aufnahmemodus

Nach einem Gespräch mit dem/der LeiterIn des Lehrausschusses, der den/die BewerberIn in Hinblick auf seinen/ihren Ausbildungswunsch zu beraten hat, erfolgt eine persönliche Vorstellung bei 3 Mitgliedern des Lehrausschusses. Diese Interviews sollen dem Lehrausschuss die Beurteilung der persönlichen Eignung des/der KandidatIn für die angestrebte Ausbildung ermöglichen. Die Mehrheit des Lehrausschusses entscheidet dann über Aufnahme oder Ablehnung des Ansuchens. Bei positiver Erledigung des Ansuchens wählt sich der/die KandidatIn aus der Liste der LehranalytikerInnen eine/n von ihnen zur Absolvierung der Lehranalyse.

3. Ausbildungsrahmen, -ablauf und -vertrag

Die Ausbildung besteht aus:

- der eigenen Lehranalyse und
- der Teilnahme an den vorgeschriebenen Seminaren.

Nach 2 Jahren Lehranalyse kann die Teilnahme an den Seminaren und anderen wissenschaftlichen Veranstaltungen der WPV erfolgen.

Nach erfolgreicher Absolvierung des 1. Jahres der theoretischen Seminare und des Erstgesprächseminars sowie dem Nachweis von praktischen Erfahrungen im Umgang mit psychisch kranken Menschen kann der/die KandidatIn mit einer Psychoanalyse unter Supervision betraut werden.

Zum Abschluss der Ausbildung ist eine schriftliche Arbeit über ein theoretisches Thema der Psychoanalyse zu verfassen. Mit der Annahme der Arbeit wird die außerordentliche Mitgliedschaft erworben.

Es handelt sich bei der WPV um eine *non-reporting society*, d.h. der Lehrausschuss erhält über die KandidatInnen von deren LehranalytikerInnen keine Informationen über die Analyse, sondern lediglich eine Bestätigung der Durchführung.

Im Studienbuch werden alle ausbildungsrelevanten Bestätigungen festgehalten. Mit der Annahme der Ausbildungsordnung anerkennt der/die KandidatIn die Rechte und Pflichten der Ausbildung.

4. Ausbildungsinhalte

a) Selbsterfahrung

Die Lehranalyse muss mind. 4-mal wöchentlich mind. 4 Jahre hindurch durchgeführt werden und hat somit einen Umfang von mind. 600 Std. Ziel ist es, sich selbst und die psychoanalytische Methode kennen zu lernen. Die Eigenanalyse sollte zu solchen Veränderungen führen, dass in der späteren psychotherapeutischen Arbeit die eigenen Probleme fern gehalten werden können und man in die Lage gesetzt wird, an den eigenen Problemen selbstständig zu arbeiten.

b) Theorie

Die theoretischen Ausbildungsteile (mind. 315 Std.) werden in 7 Semestern vermittelt. Ein Semester umfasst durchschnittlich 20 Doppelstunden.

- Grundlagen der Psychoanalyse (3 Semester);
- Krankheitslehre der Psychoanalyse (1 Semester);
- psychoanalytische Entwicklungspsychologie (1 Semester);
- Erstinterview (1 Semester);
- Behandlungstechnik (2 Semester).

Darüber hinaus müssen die KandidatInnen zusätzlich die wissenschaftlichen Veranstaltungen der WPV besuchen (mind. 105 Std.).

c) Psychotherapeutische Tätigkeit unter Supervision

Die Durchführung der supervidierten Psychoanalysen (mind. 600 Std.) kann erst nach erfolgreicher Absolvierung des ersten Jahres der theoretischen Seminare und des Erstgesprächseminars sowie dem Nachweis von praktischen Erfahrungen im Umgang mit psychisch kranken Menschen begonnen werden. Im 2. Ausbildungsjahr können die kontrollierten Supervisionsfälle begonnen werden. Diese sollen 4- bis 5-mal wöchentlich stattfinden.

d) Supervision der psychotherapeutischen Tätigkeit

Die Supervision im Einzelsetting muss für jede der 2 Kontrollanalysen mind. 2 Jahre betragen und im 1. Jahr wöchentlich, im 2. Jahr 14-tägig erfolgen. Das ergibt zusammen durchschnittlich 160 Supervisionsstunden. Danach wird ein kontinuierliches Fallseminar für alle fortgeschrittenen KandidatInnen angeraten.

e) Praktikum

Ein Praktikum im Umfang von mind. 550 Std. ist zu absolvieren. An der Adresse der WPV gibt es ein Psychoanalytisches Ambulatorium. Für die KandidatInnen bieten sich Praktikumsmöglichkeiten sowohl im Rahmen dieses Ambulatoriums als auch über Vermittlung der LehranalytikerInnen (die überwiegend leitende Funktionen in psychosozialen Einrichtungen innehaben).

f) Praktikumsupervision

Begleitend zum Praktikum muss Supervision (Einzel und/oder Gruppe) im Ausmaß von mind. 30 Std. genommen werden.

5. Evaluierung und Ausbildungsabschluss

Der Abschluss der Ausbildung erfolgt nach Beendigung der Seminare bzw. nach Abschluss der Supervision mit einer schriftlichen Arbeit. Mit der Darstellung eines theoretischen Begriffs oder Problems aus dem Bereich der Psychoanalyse soll der/die KandidatIn den Nachweis erbringen, dass er/sie auf dem Gebiet der Psychoanalyse wissenschaftlich selbstständig arbeiten kann und sich mit der einschlägigen Literatur vertraut gemacht hat.

6. Dauer und Kosten

Die Mindestdauer der Ausbildung beträgt 6 Jahre: Nach 2 Jahren Eigenanalyse kann mit den theoretischen Seminaren begonnen werden, welche 3 ½ Jahre dauern. Die durchschnittliche Ausbildungsdauer beläuft sich auf 8 Jahre.

Die Ausbildungskosten betragen mind. € 42.200,–. Der Mitgliedsbeitrag beträgt jährlich für ordentliche und außerordentliche Mitglieder € 900,–, KandidatInnen bezahlen einen Ausbildungsbeitrag von € 450,– jährlich (dieser Betrag stellt zugleich die Gebühren für 2 Semester Seminare dar).

	Tagessatz/ Stundensatz	**Stunden (mind.)**	**Gesamt (mind.)**
Ausbildungskosten			
Eigentherapie (Einzel)	€ 50,–	600	€ 30.000,–
Gruppenselbsterfahrung			
Theorie	über Semesterbeitrag	350	
Einzelsupervision	€ 50,–	160	€ 8.000,–
Gruppensupervision			
Praktikumsupervision	€ 50,–	30	€ 1.500,–
Zusatzkosten			
Aufnahmekosten		4 Gespräche	
Mitgliedsbeitrag (zugleich Semesterbeitrag für Seminare)	€ 450,–	6 Jahre	€ 2.700,–
Gesamtkosten			**€ 42.200,–**

7. AusbildnerInnen

Es sind alle ordentlichen Mitglieder berechtigt, nach einem bestimmten Prozedere den Status LehranalytikerIn zu beantragen. Es müssen einige Voraussetzungen erfüllt sein:

- fortgesetzte psychoanalytische Praxis mit mind. 4 psychoanalytischen Behandlungen von Erwachsenen in 4–5 wöchentlichen Sitzungen von 45 oder 50 Minuten Dauer;
- Kenntnis psychoanalytischer Theorien, angezeigt durch die Fähigkeit zur Formulierung und Vermittlung theoretischer Vorstellungen in schriftlicher und mündlicher Form;

- Beteiligung an den Aktivitäten der Wiener Psychoanalytischen Vereinigung, einschließlich einer Bereitschaft zur Übernahme administrativer Verantwortung;
- eine schriftliche Übersicht über die bisherige und gegenwärtige psychoanalytische Praxis und deren Anteil an der gesamten Berufsarbeitszeit;
- je 4-malige Supervision von 4 Psychoanalysen bei verschiedenen LehranalytikerInnen der WPV oder LehranalytikerInnen einer anderen Teilgesellschaft der IPV innerhalb der letzten 2 Jahre vor der Bewerbung.

Die Abwägung hinsichtlich der Erfüllung dieser Voraussetzungen und eine detaillierte Falldarstellung der/des BewerberIn werden in der Wahlkommission ausführlich erörtert und offen mit einfacher Mehrheit abgestimmt.

• Zahl der AusbildnerInnen (LehrtherapeutInnen) mit voller Lehrbefugnis (Stichtag 1. 6. 2005):	23
• Zahl der AusbildnerInnen (LehrtherapeutInnen) mit partieller Lehrbefugnis (Stichtag 1. 6. 2005):	0
• Zahl der GastdozentInnen (im Zeitraum 1. 6. 2004 – 1. 6. 2005):	0

AusbildnerInnen (LehrtherapeutInnen) mit voller Lehrbefugnis (Stand 1.6.2005):

Erla Ammerer, Dr., Psychologin, Wien
Elisabeth Brainin, Dr., Psychiaterin, Wien
Wilhelm Burian, Prim. Dr., Psychiater, Wien
Gertraud Diem-Wille, a.o. Univ.-Prof. Dr., Pädagogin, Wien
Christine Diercks, Dr., Psychiaterin, Wien
Michael Diercks, Dipl.-Psych., Psychologe, Wien
Elfriede Fidal, Dr., Psychologin, Wien
Friedl Früh, Sozialarbeiterin, Wien
Patrizia Giampieri-Deutsch, Univ.-Doz. Dr., Philosophin, Wien
Lore Gratz-Erbler, Dr., Psychiaterin, Wien
Marie-Luise Kronberger, Dr., Psychiaterin, Wien
Vera Ligeti, Dr., Psychologin, Wien
Josef Patloch, Dr., Psychiater, Wien
Thekla Pesta, Dr., Psychologin, Wien
Krista Placheta, Dr., Psychiaterin, Wien
Hannes Schmid, Dr., Neurologe, Wien
Kitty Schmid, Dr., Psychiaterin, Wien
Peter Schuster, Dr., Psychiater, Wien
Ursula Schuster, Dr., Psychiaterin, Wien
Elisabeth Skale, Dr., Psychiaterin, Wien
Marianne Springer-Kremser, Univ.-Prof. Dr., Psychiaterin, Wien
Daphne Stock, Dr., Psychiaterin, Wien
Sylvia Zwettler-Otte, Mag. Dr., Philologin, Wien

V. Gesamtbetrachtung

Die Wiener Psychoanalytische Vereinigung ist die traditionsreichste psychotherapeutische Ausbildungseinrichtung in Österreich. Sie ist auch Mitglied der Internationalen Psychoanalytischen Vereinigung.

Die WPV ist der mit Abstand größte psychoanalytische Ausbildungsträger in Österreich, sowohl was die Zahl der Mitglieder (96), die aktuelle Zahl der AusbildungsteilnehmerInnen (78) als auch die Zahl der Aufnahmen in den letzten 5 Jahren anlangt (44). In der psychoanalytischen Ausbildung werden basierend auf der Lehre Sigmund Freuds die Weiterentwicklungen und Spezialisierungen der psychoanalytischen Theorie und Klinik sowie unterschiedliche Settings berücksichtigt.

Der Anteil der FachärztInnen für Psychiatrie/Neurologie im Kollegium der LehrtherapeutInnen beträgt über 50 %.

Die Kosten der Ausbildung belaufen sich auf mind. € 42.000,–, die durchschnittliche Ausbildungsdauer beträgt 8 Jahre.

Kontaktadresse

Wiener Psychoanalytische Vereinigung
Gonzagagasse 11/2/11
1010 Wien
Tel./Fax 01/533 07 67
(Di 15–20, Fr 9–13 Uhr)
E-Mail: freud@wpv.at
www.wpv.at

Österreichischer Arbeitskreis für Gruppentherapie und Gruppendynamik (ÖAGG) – Fachsektion für Psychodrama, Soziometrie und Rollenspiel (PD)*

Die Fachsektion ist eine von 5 Fachsektionen des ÖAGG, die ein gesetzlich anerkanntes Fachspezifikum anbieten (s. auch die Ausbildungen für Dynamische Gruppenpsychotherapie, Gruppenpsychoanalyse, Integrative Gestalttherapie und Systemische Familientherapie).

Die Fachsektion hat eine Kooperationsvereinbarung mit der Donau-Universität Krems abgeschlossen und führt seit 2005 die Ausbildung als Universitätslehrgang. Dadurch erwerben die AbsolventInnen mit der Psychotherapieausbildung den akademischen Grad „Master of Science" (Psychotherapie) bzw. „Akademische/r Psychotherapeut/in", wenn keine Matura oder Studienberechtigung vorhanden ist. Der Abschluss der Ausbildung qualifiziert zur psychotherapeutischen Tätigkeit auf der Basis des Psychodramas sowohl im Einzel- als auch im Gruppensetting. Die Fachsektion hat mit Ausnahme von Vorarlberg in allen Bundesländern LehrtherapeutInnen; die meisten finden sich in Wien, Kärnten, Tirol und Salzburg.

Die meisten AusbildungskandidatInnen kommen aus dem Großraum Wien.

Methode und Methodenverständnis

Die Grundsteine des von Jacob Levi Moreno (1889–1974) auf Basis seiner österreichischen Erfahrungen in den 1930er- und 1940er-Jahren entwickelten Psychodramas, nämlich Konfliktlösungen auf dem kreativen Weg des Rollenspiels und Rollentausches sowie der spontanen Improvisation zu ermöglichen, sind dem kindlichen Spiel entlehnt. Die psychotherapeutische Methode, die Moreno immer auch als künstlerischen, kreativen Ausdruck der Person sah, zielt darauf ab, persönliche und soziale Prozesse verstehen zu lernen. Als methodisches Paradigma stellt das Psychodrama die Begegnung sowie die daraus resultierenden Rollenzuschreibungen und Rollenerwartungen in den Vordergrund. Die damit verbundenen Konflikte und deren Durcharbeitung sind ein wesentliches Thema in der Psychodrama-Psychotherapie. Durch das Rollenspiel in der Psychodrama-Psychotherapie ist es für die einzelne Person möglich, sowohl im Einzel- als auch im Gruppensetting durch das ganzheitliche Erleben Klärungen für sich herbeizuführen. In der anschließenden Reflexionsphase werden die dargestellten Erlebnisse reflektiert und integriert.

* Text der Darstellung in der Erstauflage (1995) von Barbara Oswald; Aktualisierung bzw. ergänzende Überarbeitung mit Unterstützung von Norbert Neuretter.

Das ursprüngliche Konzept Morenos, das der Gruppenpsychotherapie („Therapie in der Gruppe, Therapie durch die Gruppe, Therapie für die Gruppe und Therapie der Gruppe"), wurde in Österreich auf die Einzelpsychotherapie (Monodrama/Individualdrama) übertragen.

I. Geschichte

Die Wurzeln der österreichischen Psychodrama-Szene liegen einerseits bei A. Friedemann in der Schweiz, andererseits bei den beiden deutschen Moreno-Instituten in Überlingen und Stuttgart, zumal LehrtherapeutInnen dieser beiden Institute gemeinsam mit A. Friedemann den ersten österreichischen Ausbildungslehrgang leiteten.

1976 wurde die Fachsektion Psychodrama innerhalb des ÖAGG von einer Personengruppe gegründet und damit in Österreich institutionell etabliert.

1978 wurde die erste Ausbildungsordnung erstellt. Von diesem Zeitpunkt an wurden laufend Ausbildungsgruppen angeboten und der quantitative Umfang des Ausbildungsangebots laufend erweitert. Im Zuge dieser Entwicklung kam es auch zu einer Erweiterung des Lehrkörpers. Zu diesem Zeitpunkt wurde in der Ausbildungsordnung noch nicht zwischen Psychodrama-LeiterInnen im sozialpädagogischen oder psychotherapeutischen Bereich differenziert. Hier bewirkte das Psychotherapiegesetz 1991 eine klare Trennung in 2 Ausbildungsangebote:

- für RollenspielleiterInnen, u.a. im Rahmen sozialpädagogischer Tätigkeit;
- Fachspezifikum für Psychodrama zur Ausbildung von PsychotherapeutInnen.

Die Fachsektion wurde im November 1993 als fachspezifische Ausbildungseinrichtung für Psychodrama anerkannt. Die Konzentration auf die Implementierung und Durchführung des Fachspezifikums hatte die Zurückdrängung anderer psychosozialer Anliegen zugunsten der Psychotherapie zur Folge.

1995 begann die erste Ausbildungsgruppe nach dem neuen Curriculum in Wien. Seither beginnen jährlich 1–2 Ausbildungsgruppen mit 12 bis 14 TeilnehmerInnen. Seitens der Ausbildungseinrichtung wurde versucht, so weit wie möglich auf die regionalen Bedürfnisse einzugehen (z.B. Absolvierung einer Monodrama-Lehrtherapie im jeweiligen Bundesland).

Seit Oktober 2005 wird die fachspezifische Ausbildung in Kooperation mit der Donau-Universität Krems mit dem Abschluss „Akademische/r Psychotherapeut/in" oder „Master of Science" (Psychotherapie) angeboten.

II. Organisationsstruktur

Die Fachsektion Psychodrama ist eine Unterorganisation des Österreichischen Arbeitskreises für Gruppentherapie und Gruppendynamik (ÖAGG). Der ÖAGG selbst hat als Dachverein seine eigene Organisationsstruktur (Präsidium, Vorstand, Mitgliederversammlung), in der die einzelnen Fachsektionen wie das Psychodrama berücksichtigt sind.

Die Fachsektion Psychodrama (PD) selbst hat gemäß den Statuten des ÖAGG einen eigenen Vorstand, Vorsitzenden, Mitglieder und eine eigene Geschäftsordnung.

An Gremien gibt es:

- den Ausbildungsausschuss, der die Geschäfte führt, den/die Vorsitzende/-n berät und dringliche Anfragen individueller und genereller Natur bearbeitet;
- die LehrtherapeutInnenkonferenz, die 2-mal/Jahr stattfindet;
- die Studienkonferenz (Stuko); diese besteht aus Vertretern der Fachsektion, graduierten PsychotherapeutInnen, LehrtherapeutInnen und AusbildungskandidatInnen; sie tagt 3- bis 4-mal jährlich;
- Ombudsmann/-frau für Ausbildungsangelegenheiten.

Daten zur Ausbildungseinrichtung

• Zahl der Mitglieder mit absolvierter psychotherapeutischer Ausbildung (Stichtag 1. 1. 2005):	216
• Aktuelle Zahl der AusbildungsteilnehmerInnen (Stichtag 1. 6. 2005):	129
• Zahl der AusbildungsteilnehmerInnen im Status „Psychotherapeut/in in Ausbildung unter Supervision“ (Stichtag 1. 6. 2005):	48
• Zahl der Aufnahmen in die psychotherapeutische Ausbildung im letzten Jahr (1. 6. 2004 – 1. 6. 2005):	10
• Zahl der Aufnahmen in die psychotherapeutische Ausbildung in den letzten 5 Jahren (1. 6. 2000 – 1. 6. 2005):	67
• Zahl der Abschlüsse der psychotherapeutischen Ausbildung (1. 6. 2000 – 1. 6. 2005):	49
• Zahl jener AusbildungsabsolventInnen, die mit der entsprechenden Zusatzbezeichnung derzeit (Stand 1. 6. 2005) in die Psychotherapeutenliste eingetragen sind:	225

III. Veröffentlichungen, Veranstaltungen, Kontakte

Veröffentlichungen: Hier ist in erster Linie ein Lehrbuch zu nennen, das Artikel zu Theorie, Methodik und Technik des Psychodramas sowie zu Anwendungsgebieten, Forschung und Ausbildung beinhaltet. Die AutorInnen sind vorwiegend österreichische LehrtherapeutInnen für Psychodrama und österreichische Psychodrama-PsychotherapeutInnen:

Fürst, J./Ottomeyer, K./Pruckner, H. (Hg.) (2004): Psychodrama-Therapie. Ein Handbuch. Wien: Facultas.

Weiters: Mitwirkung an der *Zeitschrift für Psychodrama und Soziometrie* (ZPS), welche 2-mal jährlich erscheint (eine Lehrtherapeutin ist Mitglied der

Redaktion, 2 LehrtherapeutInnen sind Mitglieder des wissenschaftlichen Beirates) und in der auch zahlreiche Veröffentlichungen österreichischer Psychodrama-PsychotherapeutInnen zu finden sind.

Veranstaltungen: Seit 25 Jahren findet einmal jährlich ein 2-tägiges Symposium für Psychodramatheorie und -technik statt, alternierend für Psychodrama-Psychotherapie und Psychodrama im pädagogischen/beratenden Bereich, 1999–2004 in Spital am Pyhrn, 2005 in Wien:

(1999) „Psychodrama in der Psychiatrie" – Anwendungsbereiche
(2000) „Sieger und Besiegte" – Gewaltszenarien in der Gesellschaft
(2001) „Das Spiel ist der Königsweg der Kinder" – Kinderpsychotherapie
(2002) „Es ist nichts im Verstande, was nicht in den Sinnen war" – Psychodrama und Pädagogik
(2003) „Das Drama mit dem Körper" – Psychosomatik
(2004) „Die geleitete Gruppe als Ressource" – im Training und in der Gruppenpsychotherapie
(2005) „Gelebtes Psychodrama in Europa" – Internationale Anwendungsmöglichkeiten

Weiters werden von der Fachsektion PD angeboten:

- an den Sektionstagen (jährlich ein Tag) Inputs für Graduierte und AusbildungskandidatInnen zu unterschiedlichen Fachthemen,
- jährliche Fortbildungsveranstaltung in Kooperation mit der Universität Graz (Bad Gleichenberg),
- monatliche Jours fixes in Wien, um den Austausch auf praktischer und theoretischer Ebene vor Ort zu fördern,
- einmal jährlich eine Fachtagung des gesamten Lehrkörpers, deren Inhalte und Ziele die Evaluierung, Entwicklung von fachlichen Standards und die Weiterentwicklung der Methode unter Einbeziehung neuester wissenschaftlicher Erkenntnisse sind.

Kontakte: Die Ausbildungseinrichtung ist Mitglied und Board Member bei der Federation of European Psychodramatic Training Organisations (FEPTO). Mit dem Deutschen Arbeitskreis für Gruppentherapie und Gruppendynamik (DAGG) findet ein regelmäßiger Theorieaustausch statt, der seinen Niederschlag in verschiedenen Publikationen findet.

IV. Ausbildung

1. Aufnahmebedingungen

Neben den gesetzlich vorgeschriebenen Bedingungen müssen die BewerberInnen mind. 1 Jahr Einzel- oder Gruppentherapie in einer anerkannten Methode nachweisen können (entweder 30 Std. Einzeltherapie oder 80 Std.

Gruppenselbsterfahrung). Sollte diese nicht Psychodrama gewesen sein, so ist es notwendig, sich zusätzlich Selbsterfahrung in der Methode (z.B. im Rahmen der Selbsterfahrung im Propädeutikum) anzueignen.

2. Aufnahmemodus

Das Aufnahmeverfahren besteht aus:

- einem Zulassungsseminar (geleitet von 2 LehrtherapeutInnen)
- Einzelgespräch mit einem/einer LehrtherapeutIn
- positive Beurteilung beider Auswahlverfahren
- Anerkennung als AusbildungskandidatIn und Gegenzeichnung des Ausbildungsvertrages
- Mitgliedschaft beim ÖAGG/PD
- Einschreibung als StudentIn an der Donau-Universität Krems

3. Ausbildungsrahmen, -ablauf und -vertrag

Das Fachspezifikum wird seit Oktober 2005 von der Fachsektion in Kooperation mit der Donau-Universität-Krems (DUK) in Form eines gemeinsamen Hochschullehrganges angeboten.

Die Vermittlung der Wissensinhalte erfolgt zum Großteil in seminaristischer Form. Ausnahme sind die Monodrama-Lehrtherapie, die Einzelsupervision und die verschiedenen Zulassungs- und Abschlussgespräche.

Nach erfolgreicher Absolvierung des Lehrganges und aller fachspezifischen Ausbildungsschritte sowie der Abfassung einer Masterthese ist der/die StudentIn berechtigt, beim Ministerium um die Eintragung in die PsychotherapeutInnenliste anzusuchen. Anschließend wird von der DUK der akademische Grad „Master of Science" (Psychotherapie) bzw. die Bezeichnung „Akademische/r Psychotherapeut/in" verliehen.

Mit beiden Ausbildungsträgern wird ein schriftlicher Vertrag geschlossen, der auch die Vereinbarungen über Studiengebühren einschließt.

4. Ausbildungsinhalte

a) Selbsterfahrung

Einzelselbsterfahrung (Monodrama): mind. 100 Std.; Gruppenselbsterfahrung: mind. 240 Std. (Unterstufe).

b) Theorie

a) Theorieveranstaltungen (Pflichtseminare) (334 Std.):

- Theorie der gesunden und pathologischen Persönlichkeitsentwicklung (60 Std.);
- Methodik und Technik (184 Std.);
- Persönlichkeits- und Interaktionstheorien (50 Std.)
- Literaturstudium in Seminaren (40 Std.);

b) Übungen: (Pflichtseminar – angewandte Theorie und Technik)

- Livesupervisionsgruppe (160 Std.)

c) Psychotherapeutische Tätigkeit unter Supervision

Mit der eigenen psychotherapeutischen Praxis (mind. 600 Std.) kann nach einem Praxiszulassungsgespräch mit 2 LehrtherapeutInnen begonnen werden. Voraussetzungen dazu sind der positive Abschluss der Gruppenselbsterfahrung, 150 Std. klinisches Praktikum, die Hälfte der Monodrama-Lehrtherapie sowie die Hälfte der Theorieseminare.

Die psychotherapeutische Tätigkeit setzt sich zusammen aus:

- Gruppenpsychotherapie: Leitung (mind. 80 Std.) und Co-Leitung (mind. 80 Std.),
- Einzelpsychotherapie (mind. 100 Std.) sowie
- wahlweise Einzel- oder Gruppenpsychotherapie (mind. 340 Std.).

d) Supervision der psychotherapeutischen Tätigkeit

Es muss mind. ein Drittel der insg. mind. 120 Std. entweder im Einzel- oder im Gruppensetting absolviert werden.

e) Praktikum

Mind. 550 Std.

f) Praktikumsupervision

30 Std. im Einzel- oder Gruppensetting.

5. Evaluierung und Ausbildungsabschluss

Evaluierung der AusbildungskandidatInnen im Ausbildungsprozess:

1. Screening nach dem 1. Jahr in der Selbsterfahrungsgruppe (Unterstufengruppe)
2. Abschluss der Gruppenselbsterfahrung mit ausführlichem Feedback und Beurteilung von der Gruppe und den LehrtherapeutInnen
3. Abschluss der Live-Supervisionsgruppe mit Beurteilung durch die Gruppe und die LehrtherapeutInnen
4. Abschlusskolloquium über die schriftliche Abschlussarbeit/Masterthese bei zwei LehrtherapeutInnen

Alle Lehrveranstaltungen werden auf der Basis von Feedbackbögen der TeilnehmerInnen evaluiert.

6. Dauer und Kosten

Die Dauer ist abhängig von den persönlichen, ökonomischen und zeitlichen Ressourcen der AusbildungskandidatInnen und beträgt 4–7 Jahre.

Die Gesamtkosten (Aufenthaltskosten sind dabei nicht inkludiert) betragen in etwa € 26.000,–. Zurzeit betragen die standardisierten Stundensätze für Einzelsitzungen € 62,–, für Gruppen (Seminare) € 12,–.

	Tagessatz/ Stundensatz	Stunden (mind.)	Gesamt (mind.)
Ausbildungskosten			
Monodrama-Lehrtherapie	€ 62,–	100	€ 6.200,–
Gruppenselbsterfahrung	€ 12,–	240	€ 2.880,–
Theorieseminare	€ 12,–	334	€ 4.008,–
Livesupervision	€ 12,–	160	€ 1.920,–
Lehrsupervision (Einzel)	€ 62,–	40	€ 2.480,–
Gruppensupervision	€ 12,–	40	€ 480,–
Supervision (nach Wahl)	€ 62,–	40	€ 2.480,–
Praktikumsupervision	€ 62,–	30	€ 1.860,–
Zusatzkosten			
Aufnahmekosten:			
1 Gespräch	€ 62,–	1	€ 62,–
1 Zulassungsseminar	€ 12,–	12	€ 144,–
Mitgliedsbeitrag	€ 109,–	5 Jahre	€ 545,–
Sonstige Kosten:			
Abschlusskolloquium	€ 104,–		€ 104,–
Verwaltung ÖAGG			€ 350,–
Verwaltung DUK			€ 2.400,–
Gesamtkosten			**€ 25.913,–**

7. AusbildnerInnen

Neben den LehrtherapeutInnen mit voller Lehrbefugnis sind LehrtherapeutInnen mit partieller Lehrbefugnis nur für einen Teilbereich (Theorie, Monodrama-Lehrtherapie oder Praktikumsupervision) tätig. Für beide gelten die folgenden Voraussetzungen: nur bei regionalem oder bundesweitem Bedarf, mind. 5 Jahre supervidierte Praxis ab Graduierung, mind. 1 Jahr lang Co-Leitung einer Psychodrama-Ausbildungsgruppe, Co-Leitung von zwei Sonderseminaren unter verschiedenen LehrtherapeutInnen, Vorlage einer wissenschaftlichen Arbeit und der Nachweis eines Vortrages, der zudem in einem fachspezifischen Medium publiziert worden ist.

- Zahl der Ausbilder/innen (Lehrtherapeuten/innen) mit voller Lehrbefugnis (Stichtag 1. 6. 2005): 13
- Zahl der Ausbilder/innen (Lehrtherapeuten/innen) mit partieller Lehrbefugnis (Stichtag 1. 6. 2005): 22
- Zahl der Gastdozenten/innen (im Zeitraum 1. 6. 2004 – 1. 6. 2005): 3

AusbildnerInnen (LehrtherapeutInnen) mit voller Lehrbefugnis (Stand 1. 6. 2005):

Wien:

Gabriele Biegler-Vitek, Kindergärtnerin

Barbara Farkas-Erlacher, Dr., Psychologin

Helmut Haselbacher, Mag., evang. Theologe, Sozialarbeiter

Christian Jorda, Dr., Psychologe

Hildegard Pruckner, Lehrerin

Roswitha Ripl, Sozialarbeiterin

Anneliese Schigutt, Dr., Juristin

Maria Schönherr, Sozialarbeiterin

Salzburg:

Karoline Hochreiter, Dr., Psychologin

Manfred Stelzig, Dr., Psychiater

Tirol:

Jutta Fürst, Dr., Psychologin, Hall

Burgenland:

Norbert Neuretter, Sozialarbeiter, Hornstein

Kärnten:

Klaus Ottomeyer, Univ.-Prof. Dr., Psychologe, Klagenfurt

Dazu kommen 8 LehrtherapeutInnen mit partieller Lehrbefugnis in Wien, 5 in Kärnten, 3 in Tirol, je 2 in Niederösterreich und in Oberösterreich und je eine/r in Salzburg und der Steiermark.

V. Gesamtbetrachtung

Die fachspezifische Ausbildung zum/zur Psychodrama-PsychotherapeutIn ermöglicht nach erfolgreichem Abschluss des Curriculums, Psychodrama-Psychotherapien sowohl im Einzel- als auch im Gruppensetting durchzuführen.

Die Fachsektion zählt mit zu den eher größeren bzw. stärker frequentierten Ausbildungseinrichtungen für Psychotherapie in Österreich (216 Mitglieder, 129 AusbildungsteilnehmerInnen, davon 67 Aufnahmen in den letzten 5 Jahren).

Bei den Quellenberufen der LehrtherapeutInnen dominieren PsychologInnen (18) und SozialarbeiterInnen (6).

Kontaktadressen

Sekretariat:
ÖAGG/Fachsektion Psychodrama
Lenaugasse 3, 1080 Wien
Tel. 01/255 99 88
E-Mail: psychodrama@oeagg.at
www.oeagg.at

Donau-Universität Krems
Dr.-Karl-Dorrek-Straße 30
3500 Krems
Tel. 02732/893-2639
E-Mail: ute.wabro@donau-uni.ac.at.
www.donau-uni.ac.at/psymed

Institut für Kommunikation im Berufsleben und Psychotherapie der Universität Innsbruck (Universitätslehrgang in Psychodramatherapie)*

Das Institut für Kommunikation im Berufsleben und Psychotherapie der Universität Innsbruck bietet seit 2001 einen Universitätslehrgang in Psychodramatherapie an, der als fachspezifische Ausbildung anerkannt ist. Die Universität Innsbruck ist neben der Fachsektion des Österreichischen Arbeitskreises für Gruppentherapie und Gruppendynamik (ÖAGG) damit ein zweiter Anbieter dieser Methode.

Ausbildungsort ist die Universität Innsbruck. Die TeilnehmerInnen kommen aus Tirol, Vorarlberg, Salzburg und Südtirol. LehrtherapeutInnen in Einzelselbsterfahrung gibt es in nahezu jedem Bundesland.

Methode und Methodenverständnis

Gemäß den anthropologischen Grundannahmen im Psychodrama hat der Mensch ein kreatives Potenzial, das in die Rollen fließt, die er intrapsychisch (Erlebnisrolle) und im sozialen Kontext (Handlungsrolle) übernimmt. Dieses kreative Potenzial ermöglicht eine gesunde Entwicklung. Krankheit entsteht durch Rollenfixierung und Rollendefizite.

In der Psychodramatherapie wählt der Klient als sogenannter Protagonist direkt eine bestimmte Rolle, sei sie bereits erlebt, fiktiv oder sonst die Rolle einer anderen Person. In der Gruppentherapie werden Gruppenmitglieder zu den Mitspielern, in der Einzeltherapie werden (Hilfs-)Objekte verwendet. Im Spiel entfalten sich Emotionen und Erkenntnisse über die eigene Rolle sowie die der anderen. Nach dem Rollenspiel werden die Personen bzw. Objekte wieder aus ihren Rollen gelöst und das Spiel sowie die Gründe für die Wahl der anderen Rollen besprochen, ohne dabei interpretierend oder ratschlagend zu sein. Das Ausmaß der Erkenntnisaufnahme bleibt dem/den Klienten überlassen.

Der Universitätslehrgang in Innsbruck unterscheidet sich von der Ausbildung im ÖAGG in erster Linie dadurch, dass im Curriculum zusätzlich Seminare vorgeschrieben sind, die schulenübergreifende bzw. medizinische Aspekte zum Inhalt haben.

* Texterstellung mit Unterstützung von Christoph Bedenbecker.

I. Geschichte

Das Institut wurde 1991 als Senatsinstitut für zwischenmenschliche Kommunikation fakultäts- und fächerübergreifend eingerichtet. Der Aufgabenbereich umfasst die Lehre für Studierende aller Fakultäten und entsprechende Forschung in den Bereichen „Zwischenmenschliche Kommunikation" und „Psychotherapie (mit Schwerpunkt Psychotherapieausbildung)". Mit der Neuorganisation der Universität Innsbruck infolge des neuen Universitätsgesetzes 2002 wurde das Institut in die neu gegründete Fakultät für Bildungswissenschaften eingegliedert.

Bereits 1992, nachdem der Universitätslehrgang für das Psychotherapeutische Propädeutikum eingerichtet wurde, nahm die Absicht Formen an, auch fachspezifische Lehrgänge einzurichten: Es lag nahe, Forschung und Ausbildung miteinander zu verknüpfen. In der Folge wurden Gespräche mit anderen Instituten der Universität und einigen Ausbildungsvereinen geführt und schließlich eine Kooperation mit der ÖAGG gestartet. Universitätsvertreter und Psychodrama-LehrtherapeutInnen entwickelten das Curriculum auf Basis desjenigen der ÖAGG, aber mit verstärktem Augenmerk auf schulenübergreifende und medizinische Inhalte.

Die Anerkennung als fachspezifische Ausbildungseinrichtung erfolgte im Oktober 1996. Der Universitätslehrgang selbst wird seit Sommersemester 2001 angeboten. Die ersten Abschlüsse erfolgten im Frühjahr 2005, eine zweite Gruppe läuft seit 2004.

Eine Erweiterung des Angebots an Fachspezifika ist für die Zukunft geplant.

II. Organisationsstruktur

Das Fachspezifikum ist als Universitätslehrgang der Universität Innsbruck eingerichtet. Mit der Durchführung ist das Institut für Kommunikation im Berufsleben und Psychotherapie betraut. Es ist Teil der Fakultät für Bildungswissenschaften der Leopold-Franzens-Universität Innsbruck.

Die wissenschaftliche Leitung des Lehrganges wird von einem Team wahrgenommen, dem Univ.-Prof. Dr. Heidi Möller, Univ.-Prof. Dr. Gerhard Schüßler und Dr. Jutta Fürst angehören. Die organisatorische Leitung obliegt Mag. Christoph Bedenbecker.

Die LehrgangsteilnehmerInnen werden an der Universität Innsbruck aufgenommen. Eine darüber hinausgehende Mitgliedschaft in einem Verein oder einer Organisation ist nicht notwendig.

Daten zur Ausbildungseinrichtung

- Zahl der Mitglieder mit absolvierter psychotherapeutischer Ausbildung (Stichtag 1. 1. 2005): 0

- Aktuelle Zahl der AusbildungsteilnehmerInnen (Stichtag 1. 6. 2005): 28
- Zahl der AusbildungsteilnehmerInnen im Status „Psychotherapeut/in in Ausbildung unter Supervision" (Stichtag 1. 6. 2005): 12
- Zahl der Aufnahmen in die psychotherapeutische Ausbildung im letzten Jahr (1. 6. 2004 – 1. 6. 2005): 0*
- Zahl der Aufnahmen in die psychotherapeutische Ausbildung in den letzten 5 Jahren (1. 6. 2000 – 1. 6. 2005): 30*
- Zahl der Abschlüsse der psychotherapeutischen Ausbildung (1. 6. 2000 – 1. 6. 2005): 2*
- Zahl jener AusbildungsabsolventInnen, die mit der entsprechenden Zusatzbezeichnung derzeit (Stand 1. 6. 2005) in die Psychotherapeutenliste eingetragen sind: 0*

* Die erste Gruppe begann im Sommersemester 2001, die zweite im Sommersemester 2004. Die Aufnahme der zweiten Ausbildungsgruppe (insgesamt 16 Personen) erfolgte im Mai 2004. Die ersten Abschlüsse erfolgten im April und im Juni 2005. Die Eintragung der ersten beiden Absolventen in die Psychotherapeutenliste erfolgte ebenfalls im Juni 2005.

III. Veröffentlichungen, Veranstaltungen, Kontakte

Forschungsprojekt (lfd.): Möller, H./Schüßler, G./Fürst, J./Bedenbecker, C./Andreatta, P.: Evaluation und Analyse der Ausbildung im psychotherapeutischen Fachspezifikum.

Es sollen Konzepte entwickelt werden, wie die Veränderungen von Absolventen von Psychotherapieausbildungen in mehreren Dimensionen abgebildet werden können. Die Entwicklung der Instrumente erfolgt im Rahmen der Forschungsbegleitung der bereits angebotenen Ausbildungen (u.a. Fachspezifikum Psychodrama).

Veranstaltungen: Es gibt eine laufende Vortragsreihe und jährliche Kongresse, die sich auf unterschiedlichste Thematiken beziehen.

Kontakte: Als Universitätsinstitut bestehen vor allem Forschungskontakte und -kooperationen. Einige wichtige Institutionen sind hier: Moreno-Institut Überlingen, Universität Gent (Belgien), Berliner Akademie für Psychotherapie, Donau-Universität Krems und Federation of European Psychodrama Training Organisations. Außerdem bestehen Kontakte zum ÖAGG, dessen Curriculum als Grundlage diente. Weitere Vereine sollen in die Ausbildungstätigkeit eingebunden werden.

IV. Ausbildung

1. Aufnahmebedingungen

Es gelten die Bestimmungen des Psychotherapiegesetzes. Darüber hinaus wird in einem Auswahlverfahren über die Aufnahme entschieden.
Von den TeilnehmerInnen wird eine grundsätzliche Bereitschaft zur Mitarbeit bei begleitenden Forschungsprojekten erwartet.

2. Aufnahmemodus

Die Interessenten bewerben sich schriftlich unter Beischließung der notwendigen Nachweise bei der Lehrgangsleitung.

Ein Auswahlverfahren entscheidet über die Vergabe der zur Verfügung stehenden Plätze. Dieses besteht aus einem 2-tägigen Seminar unter der Leitung von 2 Psychodrama-LehrtherapeutInnen und einem Einzelgespräch mit einem Mitglied der wissenschaftlichen Leitung.

Neben einer allgemeinen Eignung für eine psychotherapeutische Ausbildung kommen Kriterien für die spezielle Eignung zum Psychodrama-Therapeuten zum Tragen (z.B. Spontaneität, Kreativität usw.)

3. Ausbildungsrahmen, -ablauf und -vertrag

Die Inskription als außerordentlicher Hörer der Universität Innsbruck ist obligat.

Die Universität verpflichtet sich schriftlich, den Ausbildungsplatz und den notwendigen Praktikumsplatz zur Verfügung zu stellen sowie alle notwendigen Lehrveranstaltungen innerhalb von 8 Semestern einmal anzubieten.

Die Ausbildung erfolgt in „geschlossenen" Ausbildungsgruppen. Die InteressentInnen bilden bei Beginn eines neuen Lehrgangs eine Gruppe, die das gesamte Curriculum über besteht. Versäumte Seminare können aber in folgenden Gruppen oder auswärts nachgeholt werden.

Die Lehrveranstaltungen überschneiden sich daher auch nicht mit dem sonstigen Lehrangebot des Instituts und finden geblockt an Abenden und Wochenenden statt, meist von Fr, 15 Uhr, bis Sa, 17 Uhr. Die Universitätsferien sind in aller Regel auch unterrichtsfrei.

4. Ausbildungsinhalte

a) Selbsterfahrung

Sie umfasst mind. 330 Std. Davon sollen 240 Std. in der Gruppe und 90 Std. im Einzelsetting absolviert werden.
Zumindest 30 Std. müssen in der Methode Monodrama absolviert werden; die restlichen Std. können nach Rücksprache mit der Leitung auch in einer anderen, verwandten Methode erfolgen (z.B. Katathym Imaginative Psychotherapie).

Die Lehrgangsleitung stellt eine Liste mit PsychotherapeutInnen zur Verfügung, die infrage kommen und zur Zusammenarbeit bereit sind (möglichst ortsnahe TherapeutInnen). Die LehrgangsteilnehmerInnen suchen sich aus der Liste eine/n TherapeutIn aus und vereinbaren ein Erstgespräch. Liegt eine beidseitige Bereitschaft vor, schließt die Lehrgangsleitung mit dem/der betreffenden TherapeutIn einen Vertrag über zunächst 30 Std. ab (der normalerweise verlängert wird). Die Abrechnung wird über den Lehrgang abgewickelt.

b) Theorie

Der theoretische Teil umfasst insgesamt 625 Std., ausschließlich in Seminarform. Folgende Inhalte werden gelehrt:

1. Gesunde und pathologische Persönlichkeitsentwicklung (65 Std.)
2. Methodik und Technik (320 Std.)
3. Persönlichkeits- und Interaktionstheorien (60 Std.)
4. Literaturseminare (45 Std.)
5. Medizinische und schulenübergreifende Perspektiven (135 Std.)

c) Psychotherapeutische Tätigkeit unter Supervision

Die eigenständige psychotherapeutische Tätigkeit umfasst insgesamt 600 Std. und ist folgendermaßen strukturiert:

- 80 Std. Co-Leitung einer Psychodramagruppe,
- 80 Std. als Gruppenleiter,
- 100 Std. im Einzelsetting und
- weitere 340 Std. nach Wahl.

TeilnehmerInnen, die nicht die Möglichkeit zur selbstständigen Tätigkeit haben, ist die Lehrgangsleitung bei der Organisation entsprechender Möglichkeiten behilflich.

In jedem Fall wird die psychotherapeutische Praxis anhand von Stundenprotokollen überprüft.

d) Supervision der psychotherapeutischen Tätigkeit

Die eigenständige Tätigkeit wird im Ausmaß von 120 Std. supervidiert. Die Supervision erfolgt in der Regel in Kleinstgruppen. Sie wird vom Institut organisiert. Die konkrete Organisation richtet sich nach dem Bedarf und den örtlichen bzw. zeitlichen Möglichkeiten der TeilnehmerInnen (z.B. auch in Vorarlberg oder Salzburg möglich).

e) Praktikum

Mind. 550 Std.

f) Praktikumsupervision

Mind. 30 Std.

5. Evaluierung und Ausbildungsabschluss

Die Lehrveranstaltungen werden aufgrund der Teilnahme, Mitarbeit bzw. Seminararbeiten vom Leiter der Lehrveranstaltung beurteilt.

Für den Abschluss des Lehrgangs ist eine Abschlussarbeit anzufertigen. Sie soll nach wissenschaftlichen Kriterien einen eigenständig bearbeiteten Fall und die dabei vorgenommenen Interventionen darstellen.

Nach Absolvierung aller Ausbildungselemente und positiver Bewertung der Abschlussarbeit durch 2 GutachterInnen, die der wissenschaftlichen Leitung des Lehrganges angehören, stellt sich der/die KandidatIn einer kommissionellen Abschlussprüfung.

6. Dauer und Kosten

Der Universitätslehrgang dauert 8 Semester. Aussagen zur Durchschnittsdauer können angesichts fehlender Erfahrungen noch nicht gemacht werden.

Die durchschnittlichen Kosten bewegten sich bei der 1. Ausbildungsgruppe (mit einem Studienbeitrag von € 1.671,48/Semester und einem Stundensatz von € 65,– für die Einzeltherapie) um € 19.500,–, für die nächste Zukunft ist mit Gesamtkosten von knapp über € 20.000,– zu rechnen.

	Tagessatz/ Stundensatz	**Stunden (mind.)**	**Gesamt (mind.)**
Ausbildungskosten			
Eigentherapie (Einzel)	€ 70,–	90	€ 6.300,–
Gruppenselbsterfahrung		alles im Studienbeitrag von € 1.700,– pro Semester enthalten*	€ 13.600,–
Theorie			
Einzelsupervision			
Gruppensupervision			
Praktikumsupervision			
Zusatzkosten			
Aufnahmekosten	€ 300,–		€ 300,–
Mitgliedsbeitrag			
Sonstige Kosten: ÖH-Beitrag	€ 14,86	pro Semester	€ 118,88
Gesamtkosten			**€ 20.318,88**

* Der Studienbeitrag in Höhe von € 1.700,– ist für insgesamt 8 Semester zu bezahlen. TeilnehmerInnen, die mehr als 8 Semester brauchen, haben pro zusätzlichem Semester nur eine Verwaltungsabgabe von derzeit € 70,– zu entrichten. Prüfungsgebühren inkl. Abschlussprüfung sind im Studienbeitrag enthalten.

7. AusbildnerInnen

Für die Bestellung von AusbildnerInnen gelten die in der Lehrpersonenrichtlinie des zuständigen Bundesministeriums angeführten Kriterien.

- Zahl der AusbildnerInnen (LehrtherapeutInnen) mit voller Lehrbefugnis (Stichtag 1. 6. 2005): 5
- Zahl der AusbildnerInnen (LehrtherapeutInnen) mit partieller Lehrbefugnis (Stichtag 1. 6. 2005): 3
- Zahl der GastdozentInnen (im Zeitraum 1. 6. 2004 – 1. 6. 2005): 8

AusbildnerInnen (LehrtherapeutInnen) mit voller Lehrbefugnis (Stand 1. 6. 2005):

Jutta Fürst, Dr., Psychologin, Hall (T)
Karoline Hochreiter, Dr., Psychologin, Salzburg
Manfred Stelzig, Dr., Arzt, Salzburg
Maria Schönherr, Sozialarbeiterin, Wien
Michael Haselbacher, Mag., Theologe, Wien

V. Gesamtbetrachtung

Das Fachspezifikum Psychodramatherapie des Instituts für Kommunikation im Berufsleben und Psychotherapie ist quasi auf dem Reißbrett entstanden, es basiert jedoch auf erprobten Konzepten (in Anlehnung an das Curriculum der Fachsektion des ÖAGG). Besonders hervorzuheben ist, dass das Institut als Veranstalter per se nicht nur die lebendige Forschung im Hintergrund hat, sondern auch die Lehrerfahrung seines Personals anbieten kann. Die Selbsterfahrung ist der Methode entsprechend gruppenbetont. Die Ausbildung selbst ist sehr kompakt.

Bei den AusbildnerInnen finden sich 40 % Psychologen, 20 % Mediziner, und 40 % andere Professionen. Das Angebot ist auch deshalb bemerkenswert, weil damit erstmals in Österreich eine vollständig universitär organisierte fachspezifische Ausbildung angeboten wird.

Kontaktadresse

Institut für Kommunikation im Berufsleben und Psychotherapie an der Fakultät für Bildungswissenschaften der Universität Innsbruck
Schöpfstraße 3
6020 Innsbruck
Tel. 0512/507-8681 oder -8682
Fax 0512/507-2765
E-Mail: zwiko@uibk.ac.at
www2.uibk.ac.at/zwiko

Österreichischer Arbeitskreis für Gruppentherapie und Gruppendynamik (ÖAGG) – Fachsektion für systemische Familientherapie (SFT)*

Die Fachsektion ist eine von 5 Fachsektionen des ÖAGG, die ein gesetzlich anerkanntes Fachspezifikum anbieten (s. auch die Ausbildungen für Dynamische Gruppenpsychotherapie, Gruppenpsychoanalyse, Integrative Gestalttherapie und Psychodramatherapie).

Der Abschluss der Ausbildung qualifiziert ungeachtet der Zusatzbezeichnung „Systemische Familientherapie" zur psychotherapeutischen Tätigkeit im Einzel-, Paar-, Familien- und Gruppensetting.

Seit Herbst 2004 gibt es eine Ausbildungsgruppe in Kooperation mit Schloss Hofen, Zentrum für Wissenschaft und Weiterbildung (Vorarlberg).

Es gibt 3 Ausbildungscluster, die sich auch aus der geografisch bedingten Nachfrage ergeben: Bregenz-Innsbruck, Salzburg-Kärnten sowie Graz-Wien.

Methode und Methodenverständnis

Der systemische Ansatz, wie er in der Fachsektion verstanden wird, beruht auf folgender erkenntnistheoretischen Orientierung: Theorie der Selbstorganisation von Systemen (Autopoiese nach Maturana und Varela), Konstruktivismus (Watzlawick, von Foerster, von Glasersfeld), Theorie des sozialen Konstruktionismus und der Theorie sozialer Systeme (Niklas Luhmann).

Theoretisch und methodisch spannt das Curriculum einen Bogen von entwicklungsorientierten und strukturellen Ansätzen über das systemische Paradigma sowie die Grundlegung durch den Konstruktivismus und sozialen Konstruktionismus hin zu narrativen Konzepten der systemischen Psychotherapie. Dabei wird auf die Verbindung von traditionellen Modellen der Familientherapie und den aktuellen Entwicklungen im Feld der systemischen Therapie geachtet.

Ein wesentliches Ziel der Ausbildung ist die Entwicklung der Fähigkeit, Verhalten, Beziehungen, Gefühle und Bedeutungszuschreibungen als zirkuläre Prozesse wahrzunehmen und zu beschreiben. Dies setzt voraus, dass die Auseinandersetzung mit Theorie nicht nur inhaltlich stattfindet, sondern auch in ihrer Rückbezüglichkeit auf die Person der/des TherapeutIn reflektiert und integriert wird. Ein spezifischer Schwerpunkt im ersten Ausbildungsabschnitt sind die Seminare zur „Familien (re)konstruktion" (entwicklungsorientiertes Modell nach Virginia Satir).

* Text der Darstellung in der Erstauflage (1995) von Martin Voracek; Aktualisierung und ergänzende Überarbeitung mit Unterstützung von Juliane Kleibel-Arbeithuber.

I. Geschichte

Die Fachsektion wurde (mit Unterstützung durch Hans Strotzka und den Mitgründer und damaligen Vereinsleiter des ÖAGG, Raoul Schindler) 1975 ins Leben gerufen. Als erste Sektionsleiter fungierten Harry Merl (bis 1987) und Ludwig Reiter (bis 1981).

Vor der Fachsektionsgründung existierten im Bundesgebiet mehrere familientherapeutisch interessierte Kreise, die sich um die Pioniere der Familientherapie in Österreich, Harry Merl (Linz), Hans Strotzka und Ludwig Reiter (Wien) sowie Heimo Gastager (Salzburg), formierten. Diese Pioniere hatten familientherapeutische Ausbildungen im Ausland absolviert, wobei Strotzka und Gastager am Thema Familie eher sozialpsychiatrisch, Merl psychotherapeutisch im engeren Sinn interessiert waren. Merl hatte auch schon vor der Sektionsgründung (in Kooperation mit Reiter) familientherapeutische Fortbildungen in Österreich initiiert (2 Ausbildungsgruppen vor 1975). Mit der „konstruktivistischen Wende" fanden wesentliche Diskussionen zur Neudefinition der handlungsleitenden Theorien statt.

Das Psychotherapeutische Fachspezifikum der Fachsektion Systemische Familientherapie wurde vom zuständigen Bundesministerium im Jänner 1994 anerkannt.

Über die erst vor kurzem gebildete Zusammenarbeit mit Schloss Hofen kann nach Eintragung in die Psychotherapeutenliste zusätzlich der Abschluss mit dem akademischen Grad „Master of Science" gemacht werden.

II. Organisationsstruktur

Die Fachsektion SFT steht vereinsrechtlich unter dem „Dach" des ÖAGG, ist aber weitgehend autonom. Es gelten die Vereinsstatuten des ÖAGG. An Gremien sind zu nennen:

AusbildungsleiterInnenkonferenz des ÖAGG, die Lehrpersonalkonferenz der Fachsektion, der Ausbildungsausschuss und die Fachsektionsleitung. Die KandidatInnenvertreter der fünf Fachsektionen wählen eine/n KandidatInnenvertreterIn als Delegierte/n in den Vorstand des ÖAGG.

Ordentliche Mitglieder können alle Personen werden, die die Ausbildung absolviert haben oder in Ausbildung stehen. Sie werden vom Vorstand des ÖAGG über Antrag oder Ansuchen eines ordentlichen Mitglieds aufgenommen.

Daten zur Ausbildungseinrichtung

- Zahl der Mitglieder mit absolvierter psychotherapeutischer Ausbildung (Stichtag 1. 1. 2005): 324
- Aktuelle Zahl der AusbildungsteilnehmerInnen (Stichtag 1. 6. 2005): 52

- Zahl der AusbildungsteilnehmerInnen im Status „Psychotherapeut/in in Ausbildung unter Supervision" (Stichtag 1. 6. 2005): 43
- Zahl der Aufnahmen in die psychotherapeutische Ausbildung im letzten Jahr (1. 6. 2004 – 1. 6. 2005): 12
- Zahl der Aufnahmen in die psychotherapeutische Ausbildung in den letzten 5 Jahren (1. 6. 2000 – 1. 6. 2005): 43
- Zahl der Abschlüsse der psychotherapeutischen Ausbildung (1. 6. 2000 – 1. 6. 2005): 4*
- Zahl jener AusbildungsabsolventInnen, die mit der entsprechenden Zusatzbezeichnung derzeit (Stand 1. 6. 2005) in die Psychotherapeutenliste eingetragen sind: 456

* Die niedrige Zahl der AbsolventInnen ist darauf zurückzuführen, dass das Ausbildungsinstitut nach einer mehrjährigen Pause erst seit 2002 wieder jedes Jahr eine Ausbildungsgruppe führt.

III. Veröffentlichungen, Veranstaltungen, Kontakte

Veröffentlichungen: Brandl-Nebehay, A./Rauscher-Gföhler, B./Kleibel-Arbeithuber, J. (Hg.) (1998): Systemische Familientherapie. Wien: Facultas. Henzl, S./Dunzinger, M./Pfeffer, M. (Hg.) (2003): Wenn Männer leiden ... Symposiumsbericht. Vöcklabruck-Wien: Institut für systemische Lösungen.

Veranstaltungen: (1994) Fachtagung „Angst" in Wien
(1995) Symposium: „Systeme in Geschichten" in Graz
(1998) Tagung „Familientherapie zwischen Gestern und Morgen" in Wien
(1999) Internationales wissenschaftliches Symposium „Compliance" in Salzburg
(2003) Wissenschaftliches Symposium „Wenn Männer leiden ..." in Linz.
Jour fixe: Quartalsmäßig, regional organisierte (zumeist) Abendveranstaltungen, in welchen theoretisch-methodische Entwicklungen oder psychotherapeutisch relevante Themen diskutiert werden.

Kontakte: Die Fachsektion Systemische Familientherapie ist Mitglied der International Family Therapy Association (IFTA). Austausch und Verbindungen zu verschiedenen Vereinigungen und Instituten z.B. in Italien, Israel, Deutschland, den Niederlanden, England und der Schweiz werden durch individuelle Mitgliedschaften und/oder Kooperationen gepflegt.

Es besteht eine Kooperation mit den anderen beiden Fachspezifika für Systemische Familientherapie in Österreich; die 3 Institute treffen sich jährlich zu einer gemeinsamen Konferenz.

Wie bereits eingangs erwähnt, wird eine Ausbildungsgruppe in Kooperation mit Schloss Hofen (Vorarlberg) und der Ärztekammer für Tirol und Niederösterreich geführt.

IV. Ausbildung

1. Aufnahmebedingungen

Es gelten die gesetzlich definierten Aufnahmekriterien. Neben der persönlichen Motivation und Eignung wird auch auf kontextuelle Bedingungen wie persönliche und berufliche Vorkenntnisse und Vorerfahrungen, dzt. beruflichen Kontext und Möglichkeiten, einen erfolgversprechenden Lernkontext aufzubauen, geachtet.

2. Aufnahmemodus

AusbildungsinteressentInnen schicken eine schriftliche Bewerbung, die einen Lebenslauf, ein Foto sowie den beantworteten „Fragebogen für InteressentInnen an einer Ausbildung in Familientherapie" enthalten soll. Dieser Fragebogen soll über den privaten und beruflichen Kontext der BewerberInnen, insbesondere über ihre Motivation zur angestrebten Ausbildung informieren (er erhebt soziodemografische und ausbildungsspezifische Grundinformationen über die BewerberInnen). Eine differenzierte Überprüfung der Entscheidung zu einer psychotherapeutischen Ausbildung findet in den mind. 2 Auswahlgesprächen und im 1-tägigen Auswahlseminar statt.

3. Ausbildungsrahmen, -ablauf und -vertrag

Die Ausbildung findet größtenteils im Rahmen einer geschlossenen Ausbildungsgruppe statt. Diese ist eine Großgruppe von ca. 12 bis 16 TeilnehmerInnen gleicher Ausbildungsstufe, welche in der Regel von 2 LehrtherapeutInnen geleitet wird. Während der Ausbildung werden für Übungen und Supervisionen und bei regionalen Veranstaltungen Subsysteme gebildet (10–11 TeilnehmerInnen und ein/e LehrtherapeutIn bzw. 3–8 TeilnehmerInnen und ein/e LehrtherapeutIn).

Die Ausbildungsgruppe eröffnet einen kommunikativen Lernraum, in dem AusbildungskandidatInnen und LehrtherapeutInnen die Auswirkungen theoretischer und methodischer Vermittlung auf den Ausbildungsprozess sowie auf den Entwicklungsprozess jedes/r einzelnen TeilnehmerIn reflektieren können. Eigene Werthaltungen, vertraute kognitive und emotionale Reaktionsmuster, persönliche Ressourcen und Einschränkungen können dabei wahrgenommen und gefördert bzw. verändert werden. Diese rekursive Form systemischer Selbsterfahrung stellt einen Schwerpunkt des Ausbildungsprozesses dar. Der gemeinsame Lernprozess ermöglicht mit einem vielfältigen Angebot auf unterschiedlichen Wahrnehmungsebenen (durch Vorträge, Demonstrationen, Übungen, Rollenspiele, Skulpturen und Aufstellungen, unterschiedliche Supervisionsformen, Analysen von Videobeispielen therapeutischer Sitzungen, Arbeit in reflektierenden Teams) die Verarbeitung der Inhalte.

In selbst organisierten Peergruppen finden Live-, Video- und Exzerptsupervisionen statt. Die Peergruppentreffen dienen der Vernetzung der Kompetenzen, Erfahrungen und Qualitäten aus den unterschiedlichen Quellenberufen und Arbeitskontexten der TeilnehmerInnen und bieten den Raum für die Reflexion und Einübung der Lerninhalte sowie die gegenseitige Unterstützung im Lernprozess.

Der Ausbildungsvertrag wird den InteressentInnen vor den Auswahlgesprächen geschickt und beim Auswahlseminar bzw. -gesprächen mit den InteressentInnen besprochen.

4. Ausbildungsinhalte

a) Selbsterfahrung

Der Selbsterfahrungsteil umfasst mind. 275 Std., davon 80 Std. Einzelselbsterfahrung und 165 Std. Gruppenselbsterfahrung sowie 30 Std. Gruppenselbsterfahrung in einer anderen psychotherapeutischen Methode, die im Rahmen des ÖAGG vertreten ist.

b) Theorie

Der theoretische Teil der Ausbildung umfasst mind. 350 Std. in den folgenden Fächern:

- Theorie der gesunden und der psychopathologischen Persönlichkeitsentwicklung (mind. 80 Std.): Theorie des Krankheitsbegriffs und der prozessualen Diagnostik aus systemischer Sicht, Gegenüberstellung verschiedener Annahmen über psychische Probleme, systemische Entwicklungspsychologie, familiendynamische Grundbegriffe und Theorien, familiärer Lebenszyklus, Kommunikationstheorie, Theorie des therapeutischen Systems sowie Indikationsfragen – Möglichkeiten und Grenzen therapeutischen Handelns;
- Persönlichkeits- und Interaktionstheorien (mind. 100 Std.): Kommunikationstheorie (Bateson, Watzlawick, Satir), bezogene Individuation, Autopoiese und strukturelle Koppelung; Kybernetik I und II; Selbstkonzepte, Selbsterzählung und Ressourcenorientierung, Konfliktmodelle; soziale Systeme;
- Methodik und Technik (mind. 130 Std.): Hypothesenbildung, Zirkularität, systemische Diagnostik, Bildung eines therapeutischen Systems, Interview- und Interventionstechniken sowie Lösungs- und Zielorientierung;
- psychotherapeutische Literatur (40 Std.).

c) Psychotherapeutische Tätigkeit unter Supervision

Mind. 600 Std.; es kann damit begonnen werden, wenn neben den in der Supervisionsrichtlinie des zuständigen Bundesministeriums genannten Punkten Folgendes erfüllt ist: Psychiatriepraktikum (im Ausmaß von 150 Std.), Praktikumsupervision (30 Std.) sowie erfolgreiche Durchführung einer Livesitzung mit einer Rollenspielfamilie in der Ausbildungsgruppe (Screening). Die Livesitzung beinhaltet die Vorbereitung eines Erstinterviews mit Videodokumentation, Protokoll des Erstgespräches mit theoretischer und methodischer Reflexion.

d) Supervision der psychotherapeutischen Tätigkeit

Mind. 200 Std., davon 40 Std. im Einzelsetting oder in der Kleingruppe; 160 Std. werden in den größeren Peergruppen absolviert. Erfahrungsgemäß werden die Mindestsupervisionsstunden überschritten bzw. durch zusätzliche Supervisionsmöglichkeiten am Arbeitsplatz ergänzt.

Im ersten Ausbildungsabschnitt ist die Livesupervision einer Rollenspielfamilie zu absolvieren, im zweiten Abschnitt Live-, Video- und Exzerptsupervisionen der praktischen Tätigkeit.

e) Praktikum

Mind. 550 Std.

f) Praktikumsupervision

Mind. 30 Std. im Einzel- oder auch im Gruppensetting.

5. Evaluierung und Ausbildungsabschluss

Der Ausbildungsverlauf wird jährlich mithilfe verschiedener Methoden (Fragebogen und/oder persönliches Feedback, Selbstevaluationsaufgaben, Rollenspielsupervision) evaluiert.

Im 2. Ausbildungsjahr ist ein weiteres Auswahlverfahren (Screening) der AusbildungskandidatInnen durch LehrtherapeutInnenteams vorgesehen. Ein positives Screening ist neben den absolvierten Praktika, Seminaren und Einzelselbsterfahrungsstunden die Voraussetzung, um den Status „PsychotherapeutIn in Ausbildung unter Supervision" zu erhalten. Hier ist auch im Sinne einer Selbstevaluation zu überprüfen, ob die Entscheidung zu dieser Ausbildung weiterhin passend ist und die theoretische, praktische und persönliche Lernentwicklung von AusbildungsleiterInnen und den anderen AusbildungskandidatInnen zufriedenstellend beurteilt wird.

Bei negativ ausfallender Evaluierung (d.h., wenn ein Ausbildungsabschluss aus fachlichen oder ethischen Hinderungsgründen dem LehrtherapeutInnenteam nicht verantwortbar scheint) können den AusbildungskandidatInnen weitere Ausbildungsschritte verwehrt oder entsprechende Auflagen erteilt werden.

Für den Ausbildungsabschluss müssen neben der Absolvierung aller erforderlichen Ausbildungselemente die folgenden Kriterien erfüllt werden:

- mind. 3 Livesupervisionen der eigenen psychotherapeutischen Tätigkeit,
- 2 Exzerpt- oder Videosupervisonen der eigenständigen psychotherapeutischen Tätigkeit,

- Abschlussarbeit (theoretisch-methodische Reflexion eigenständiger psychotherapeutischer Tätigkeit),
- Abschlusskolloquium über die Theorie der systemischen Familientherapie und
- Beurteilung der LehrtherapeutInnen durch die AusbildungskandidatInnen (im Sinne eines rekursiven Feedbacks).

6. Dauer und Kosten

Die Ausbildung dauert mind. 4 Jahre.

Die geschätzten Mindestkosten für die Ausbildung (inkl. Zusatzkosten) betragen ca. € 21.500,–, wovon ca. € 5.200,– auf die Einzelselbsterfahrung, ca. € 8.000,– auf Gruppenselbsterfahrung und Einzel- und Peergruppensupervision sowie ca. € 5.000,– auf den Theorieteil entfallen. Der Mitgliedsbeitrag beläuft sich (einheitlich für KandidatInnen und AbsolventInnen) auf jährlich € 150,–.

	Tagessatz/ Stundensatz	**Stunden (mind.)**	**Gesamt (mind.)**
Ausbildungskosten			
Eigentherapie (Einzel)	€ 65,– bis € 75,–/Std.	80	€ 5.200,–
Gruppenselbsterfahrung	€ 110,–/Tag (= 8 AE)*	195	€ 2.700,–
Theorie	€ 110,–/Tag (= 8 AE)	350	€ 5.000,–
Einzelsupervision oder Kleingruppe	€ 65,– bis € 75,–/Std.**	40	€ 2.600,–
Gruppensupervision	€ 15,– bis € 25,–/Std.	160	€ 2.400,–
Praktikumsupervision	€ 65,– bis € 75,–/Std.**	30	€ 1.950,–
Zusatzkosten			
Aufnahmekosten:			
Aufnahmegebühr			€ 400,–
Aufnahmegespräche (2)	€ 75,–		€ 150,–
Sonstige Kosten:			
Mitgliedsbeitrag	€ 150,–/Jahr	4 Jahre	€ 600,–
Abschlusskolloquium	€ 450,–		€ 450,–
Gesamtkosten			**€ 21.450,–**

* Das Auswahlseminar ist in der Summe der Seminartage schon enthalten.

** Nach Einzelsetting berechnet, können jedoch auch in der Gruppe absolviert werden.

7. AusbildnerInnen

Der Anforderungskatalog für das Bestellungsverfahren für Lehrpersonal richtet sich einerseits nach der Lehrpersonenrichtlinie des zuständigen Bundesministeriums. Dazu kommt:

1. mind. 5 Jahre systemisch-familientherapeutische Tätigkeit;
2. mind. 200 Std. teilnehmende Beobachtung von Lehrveranstaltungen anerkannter LehrtherapeutInnen;
3. mind. 100 Std. Leitung von Lehrveranstaltungen unter Supervision und didaktischer Kontrolle von anerkannten LehrtherapeutInnen.

• Zahl der AusbildnerInnen (LehrtherapeutInnen) mit voller Lehrbefugnis (Stichtag 1. 6. 2005):	19
• Zahl der AusbildnerInnen (LehrtherapeutInnen) mit partieller Lehrbefugnis (Stichtag 1. 6. 2005):	24
• Zahl der GastdozentInnen (im Zeitraum 1. 6. 2004 – 1. 6. 2005):	2

AusbildnerInnen (LehrtherapeutInnen) mit voller Lehrbefugnis (Stand 1. 6. 2005):

Wien:
Hildegard Katschnig, Dr., Fachärztin für Kinder- und Jugendheilkunde
Marlies Lenglachner, Sozialarbeiterin
Renate Riedler-Singer, Dr., Psychologin
Anneliese Schigutt, Dr., Juristin
Robert Schigutt, Dr., Facharzt für Psychiatrie und Neurologie
Rita Vogl, Sozialarbeiterin
Esther Wanschura, Dr., Psychologin

Linz:
Paul Eichinger, Sozialarbeiter
Margarete Fehlinger, Dr., Psychologin
Siegfried Henzl, Sozialarbeiter
Erich Lang, Sozialpädagoge
Harry Merl, Univ.-Doz. Dr., Facharzt für Psychiatrie und Neurologie
Helga Mezgolich, Prim. Dr., Fachärztin für Psychiatrie und Neurologie

Salzburg:
Juliane Kleibel-Arbeithuber, Mag., Wirtschaftspädagogik, Sozialarbeiterin
Brigitte Roschger-Stadlmayr, Mag., Philologin

Graz:
Guni Baxa, Dr., Psychologin
Maria Brunner-Hantsch, Dr., Fachärztin für Psychiatrie und Neurologie
Christine Essen, Sozialarbeiterin
Siegfried Essen, Dipl.-Psych., Psychologe

Dazu kommen in Wien 2, in Linz 4, in Graz 3, in Salzburg 5, in Klagenfurt 2, in Innsbruck 5 und in Vorarlberg 3 Lehrpersonen mit partieller Lehrbefugnis.

V. Gesamtbetrachtung

Die Fachsektion für systemische Familientherapie im ÖAGG, einer von derzeit 3 Anbietern einer Ausbildung in Systemischer Familientherapie in Österreich, gehört zu jenen österreichischen Psychotherapie-Ausbildungsinstitutionen, welche _ über den Einzugsbereich Wien hinausreichend - regionalisierte Ausbildungsgruppen organisieren.

Die Fachsektion verfügt, verteilt über ganz Österreich, über eine relativ große Zahl von AusbildnerInnen mit voller und mit partieller Lehrbefugnis, unter ihnen auch Pioniere der Systemischen Familientherapie in Österreich. Bei den Quellenberufen der AusbildnerInnen dominieren PsychologInnen (18) und SozialarbeiterInnen (12) sowie, mit Abstand, FachärztInnen für Psychiatrie und für Kinderheilkunde (zusammen 6).

Kontaktadresse

Fachsektion systemische Familientherapie des ÖAGG
Lenaugasse 3
1080 Wien
Tel. 01/405 39 93
E-Mail: systemischefamilientherapie@oeagg.at
www.oeagg.at

Lehranstalt für systemische Familientherapie der Erzdiözese Wien für Berufstätige (la:sf)*

Die Lehranstalt für systemische Familientherapie (la:sf) ist eine Ausbildungseinrichtung, die seit 1983 als Privatschule der Erzdiözese Wien für Berufstätige geführt wird und seit 1994 eine fachspezifische Ausbildung gemäß Psychotherapiegesetz anbietet.

Die Ausbildung erfolgt in Form eines durchgängigen Curriculums für die gesamte Lehrgangsdauer.

Der Ausbildungsabschluss berechtigt zur Ausübung der Psychotherapie in allen Settings, also mit Paaren, Familien und auch Einzelpersonen, auch wenn dies die Zusatzbezeichnung „Systemische Familientherapie" nicht nahe zu legen scheint.

Die Ausbildungsveranstaltungen finden in Wien statt. Die AusbildungsteilnehmerInnen kommen aus nahezu allen Bundesländern.

Methode und Methodenverständnis

Die Ausbildung orientiert sich in Theorie und Methodik am ökosystemischen Ansatz nach Harry Merl, an lösungsorientierten und an narrativen Ansätzen.

Die AbsolventInnen werden befähigt, mit KlientInnen im Kontext unterschiedlichster Probleme und Störungsbilder in dem jeweils dafür geeigneten Setting (Einzel-, Paar-, Familientherapie) flexibel, bedarfs- und ressourcenorientiert therapeutisch zu arbeiten.

So wird einerseits der Ausbildungsfokus auf adäquate therapeutische Hilfen für Probleme des Zusammenlebens und des Familienlebenszyklus (Paarkrisen, Verhaltensauffälligkeiten von Kindern, Leben in „neuen" Familienformen u.a.) gelegt, andererseits wird AbsolventInnen auch ein systemisches Verständnis klinisch relevanter Störungen (schwere psychiatrische Störungen, Depressionen, Angststörungen, psychosomatische Störungen, Essstörungen u.a.) nahe gebracht.

I. Geschichte

Als MitarbeiterInnen der Familienberatungsstellen der Erzdiözese Wien Anfang der 1980er-Jahre mit immer komplexeren Problemlagen ihrer KlientInnen konfrontiert wurden, entwickelte eine in der Arbeit mit Familien erfah-

* Text der Darstellung in der Erstauflage (1995) von Angelika Groh; Aktualisierung bzw. ergänzende Überarbeitung mit Unterstützung von Ina Manfredini.

rene Gruppe – Harry und Christine Merl, Alfred Mika und Margarete Scholze – das erste Lehrgangskonzept.

Mit Inkrafttreten des Psychotherapiegesetzes wurde 1991 die Ausbildung von 3 auf 4 Jahre verlängert. In den 1990er-Jahren fand eine Verschiebung der Ausbildungsschwerpunkte statt: Das ursprüngliche Interesse an strukturell problematischen Aspekten von Familiensystemen wandelte sich in eine verstärkte Aufmerksamkeit für Ressourcen, Kompetenzen und Lösungsstrategien von Familiensystemen, Paaren und EinzelklientInnen.

II. Organisationsstruktur

Die Lehranstalt für systemische Familientherapie ist eine Privatschule mit Öffentlichkeitsrecht der Erzdiözese Wien für Berufstätige. Alle nicht im Lehrplan oder Organisationsstatut geregelten Bereiche fallen unter das Schulunterrichtsgesetz.

In Bezug auf ihre Ausbildungsziele, Ausbildungsinhalte und didaktische Gestaltung der Ausbildung ist die la:sf autonom und bietet eine Ausbildung gemäß Psychotherapiegesetz an. Die Interessen der AusbildungsteilnehmerInnen werden durch regelmäßige Treffen der Leitung und der KandidatInnenvertreter gewahrt. Seit 2003 ist Ina Manfredini Leiterin der la:sf.

Daten zur Ausbildungseinrichtung

- Zahl der Mitglieder mit absolvierter psychotherapeutischer Ausbildung (Stichtag 1. 1. 2005): keine, da es sich um eine Schule handelt, ein AbsolventInnenverein ist aber in Vorbereitung.
- Aktuelle Zahl der AusbildungsteilnehmerInnen (Stichtag 1. 6. 2005): 121
- Zahl der AusbildungsteilnehmerInnen im Status „Psychotherapeut/in in Ausbildung unter Supervision“ (Stichtag 1. 6. 2005): 56 (aus laufenden Lehrgängen) und 11 (aus abgeschlossenen Lehrgängen)
- Zahl der Aufnahmen in die psychotherapeutische Ausbildung im letzten Jahr (1. 6. 2004 – 1. 6. 2005): 44
- Zahl der Aufnahmen in die psychotherapeutische Ausbildung in den letzten 5 Jahren (1. 6. 2000 – 1. 6. 2005): 142
- Zahl der Abschlüsse der psychotherapeutischen Ausbildung (1. 6. 2000 – 1. 6. 2005): 75
- Zahl jener AusbildungsabsolventInnen, die mit der entsprechenden Zusatzbezeichnung derzeit (Stand 1. 6. 2005) in die Psychotherapeutenliste eingetragen sind: 251

III. Veröffentlichungen, Veranstaltungen, Kontakte

Veröffentlichungen: Hervorzuheben sind insbesonders die Mitarbeit an dem von den 3 österreichischen Fachspezifika in systemischer Familientherapie herausgegebenen „Lehrbuch der systemischen Familientherapie“ (hg. von Brandl-Nebehay/Rauscher-Gföhler/Kleibel-Arbeithuber, Facultas, Wien 1999), weiters das Buch „Unterwegs in der systemischen Familientherapie“ (hg. von Scholze/Rauscher-Gföhler/Klicpera, Facultas, Wien 1997) sowie zwei Kongressbände zu von der la:sf veranstalteten Kongressen (s. auch unten): „Sehnsüchte, Werte, Visionen in menschlichen Systemen – 10 Jahre Lehranstalt für Familientherapie“ (hg. von Billie Rauscher-Gföhler im Panorama-Verlag, Wien 1994) und „Obertöne – Unterschiede: Vielstimmigkeit in der systemischen Therapie. 20 Jahre Lehranstalt für systemische Familientherapie“ (hg. v. Manfredini/Russinger/Grossmann, Eigenverlag der Lehranstalt, Wien 2005).
Ein wesentliches Publikationsforum bildet die vierteljährlich erscheinende Fachzeitschrift der la:sf *Systemische Notizen.*

Die la:sf führt eigene Forschungsprojekte unter Einbeziehung von StudentInnen durch.

Veranstaltungen: Die la:sf veranstaltet in Form des „Systemischen Kaffeehauses“ 2-mal jährlich eine eintägige Fortbildung (Vorträge und Workshops zu spezifischen Themenstellungen) sowie Jours fixes als 2-monatlich stattfindende Vortrags- und Diskussionsreihe zu aktuellen Themen systemischer Therapie. Sie bietet regelmäßig Fort- und Weiterbildungsseminare an und veranstaltet Tagungen und Kongresse unter Einbeziehung österreichischer wie internationaler ReferentInnen:
(1994) „Sehnsüche, Werte, Visionen“ (Wien)
(2004) „Obertöne – Unterschiede“ (Wien).

Kontakte: Die la:sf steht in einem engen fachlichen Austausch und in einem guten Kooperationsverhältnis mit der Fachsektion Familientherapie des Österreichischen Arbeitskreises für Gruppendynamik und Gruppentherapie (ÖAGG) und der Österreichischen Arbeitsgemeinschaft für systemische Therapie (ÖAS), dem VPA (Verein für psychosoziale Aus-, Fort- und Weiterbildung). Sie arbeitet mit internationalen familientherapeutischen Vereinigungen wie etwa der EFTA (European Family Therapy Association) und der IFTA (International Family Therapy Association) zusammen.

IV. Ausbildung

1. Aufnahmebedingungen

Voraussetzung für die Aufnahme an der la:sf ist die Erfüllung der gesetzlich geregelten Erfordernisse und der persönlichen Eignung durch die BewerberInnen. In diesem Zusammenhang stehen eine empathische Werthaltung und ressourcenorientierte Perspektive im Kontext von Beziehungen im Vordergrund. Persönliche Eignung erschließt sich zudem in der überzeugend wirkenden Motivation, sich beruflich professionell zu engagieren.

2. Aufnahmemodus

An regelmäßig stattfindenden Informationsabenden können sich InteressentInnen über die Inhalte, den Aufbau, die Struktur und Rahmenbedingungen der Ausbildung informieren. Im Folgenden absolvieren InteressentInnen 2 Aufnahmegespräche mit LehrtherapeutInnen in Form von Einzelinterviews; zusätzlich werden sie zu einem mehrtägigen Auswahlseminar eingeladen. Die Entscheidung über die Aufnahme in die Ausbildung trifft die Leitung gemeinsam mit der jeweiligen Lehrgangsleitung.

3. Ausbildungsrahmen, -ablauf und -vertrag

Der Unterricht findet in geschlossenen Ausbildungsgruppen in Form von monatlichen Wochenendblockseminaren in den Räumlichkeiten der la:sf statt; diese werden durch Supervisionsgruppen und regelmäßige Treffen von selbstorganisierten Peergruppen sowie durch einmal jährlich extern stattfindende Sommerselbsterfahrungswochen ergänzt. Für das Literaturstudium steht eine laufend aktualisierte Bibliothek zur Verfügung.

Die Ausbildung überschreitet in einigen Punkten den gesetzlich vorgeschriebenen Mindestrahmen; sie umfasst insgesamt 2.220 Std. und gliedert sich in 2 Abschnitte:

Der 1. Abschnitt umfasst in der Regel 4 Semester und beinhaltet 2 Ausbildungskolloquien, deren erfolgreiche Absolvierung in Kombination mit der Erfüllung anderer Voraussetzungen die AusbildungsteilnehmerInnen dazu berechtigt, als „Psychotherapeut/in in Ausbildung unter Supervision" selbstständig tätig zu sein.

Der 2. Ausbildungsabschnitt dauert mind. weitere 4 Semester und schließt mit einem Abschlusskolloquium sowie einer Abschlussarbeit ab.

Mit den AusbildungskandidatInnen werden schriftliche Ausbildungsverträge abgeschlossen.

4. Ausbildungsinhalte

a) Selbsterfahrung

Der Selbsterfahrungsteil der Ausbildung umfasst mind. 200 Std., davon mind. 120 Std. systemische Gruppenlehrtherapie in Form von Blockseminaren sowie mind. 80 Std. systemische Einzellehrtherapie. Das Ziel der Gruppenselbsterfahrung ist die Erfahrung der eigenen Eingebundenheit in lebensweltliche Systeme sowie die Vergegenwärtigung eigener biografischer Quellen und Ressourcen für die therapeutische Profession.

Gruppen- wie Einzelselbsterfahrung sollen einer kooperativen Gestaltung der therapeutischen Beziehung sowie einer Zunahme von Geduld, Toleranz und Empathiefähigkeit dienen.

Im Zuge der systemischen Einzellehrtherapie kann die Wirkweise systemischer Therapie aus einer KlientInnenperspektive erfahren werden. Hier können persönlich wichtige Ereignisse, die mit der Ausbildung in Zusammenhang stehen, wie auch lebensbiografische Themen bearbeitet werden. Die eigene Entwicklung kann im Zusammenhang mit der therapeutischen Tätigkeit betrachtet werden.

b) Theorie

Kriterien der theoretischen Ausbildung bilden die Kohärenz und Aktualität theoretischer Konzepte sowie deren Praxisrelevanz: Die la:sf ist darum bemüht, systemische Therapietheorie praxisnahe zu vermitteln – Übungen und Demonstrationen bilden hierbei ein wesentliches Medium; der konkreten Arbeitssituation von AusbildungsteilnehmerInnen kommt große Bedeutung zu.

Das persönliche Literaturstudium der AusbildungsteilnehmerInnen sowie Übungen im Kontext der Peergruppen dienen der Vertiefung theoretischer Lernvorgänge.

Die theoretische Ausbildung (mind. 420 Std.) umfasst folgende metatheoretische, therapietheoretische und praxeologische Inhalte:

- Theorie der gesunden und psychopathologischen Persönlichkeitsentwicklung (60 Std.): Geschichte der Familie, Entwicklung der Familientherapie, Wirkfaktoren der unterschiedlichen Schulen der systemischen Familientherapie, Familienlebenszyklus, philosophische Grundannahmen, Grundfragen der psychotherapeutischen Ethik, Theorie lebender Systeme, sozialer Konstruktivismus, systemische Forschung, systemische Entwicklungspsychologie, Gesundheitsmodell/Störungsmodell, Theorie der Veränderung;
- Methodik und Technik der systemischen Familientherapie (250 Std.): Fragetechniken: Lineare, strategische, reflexive Fragen; handlungsorientierte Interventionen: Aufgaben, Rituale, Experimente; erzählorientierte Interventionen: Umdeuten, positive Konnotation, Metaphern, Geschichten, Briefe, Dokumente; imaginative und hypnotherapeutische Interventionen: Teilearbeit, Gesundheitsbild, Externalisieren, Timeline; skulptierende Interventionen: Familienbrett, Aufstellungen, „parts party"; Kotherapiemodelle, Reflektierendes Team, Umgang mit institutionellen Kontexten;
- Persönlichkeits- und Interaktionstheorien (50 Std.): Metatheorie: Konstruktivismus, Kybernetik I. und II. Ordnung, Autopoiese, ökosystemisches Modell (Musterregeln, persönliches Referenzmodell, Austausch, Wandel,

Erstmaligkeit), sozialkonstruktivistische und narrative Ansätze, systemisch-familientherapeutische Sichtweise von kommunikativen Vorgängen und deren Einfluss auf die Entwicklung der Persönlichkeit, inneres Modell, Vernetzung (Zirkularität, Hypothetisieren, Neutralität, Rekursivität), Kommunikation und Interaktion, Beziehung und Austausch, Bedarf des Menschen;
- psychotherapeutische Literatur (40 Std.);
- Religion (20 Std.) – Reflexion ethischer Positionen und ethischer Implikationen therapeutischen Tuns.

c) Psychotherapeutische Tätigkeit unter Supervision

Die selbstständige psychotherapeutische Arbeit umfasst mind. 600 dokumentierte Therapiestunden.

d) Supervision der psychotherapeutischen Tätigkeit

Die Supervision (in Kleingruppen – insgesamt mind. 220 Std.) widmet sich schwerpunktmäßig der Fallsupervision.

e) Praktikum

Im Rahmen der la:sf kann das psychosoziale Praktikum (im Ausmaß von 400 Std., als Teil der insgesamt erforderlichen 550 Std.) unter anderem an der dem Ausbildungsbetrieb angeschlossenen Lehrpraxis „AST“ – Ambulante Systemische Therapie – geleistet werden.

Eine Mitarbeiterin der la:sf steht im Rahmen der „Praktikumsdrehscheibe“ für Fragen rund um das Praktikum zur Verfügung.

f) Praktikumsupervision

Mind. 30 Std.

g) Peergruppen

Einen wesentlichen Bereich der Ausbildung stellt die Peergruppenarbeit dar (mind. 200 Std.). Die Peergruppen dienen dem Erfahrungsaustausch, der Intervision, der vertiefenden Übung und der wechselseitigen Unterstützung.

5. Evaluierung und Ausbildungsabschluss

Im Verlauf der Ausbildung sind 3 Kolloquien zu absolvieren, welche die Grundlage der Evaluation des Ausbildungsprozesses der TeilnehmerInnen bilden.

Das 1. Kolloquium findet am Ende des 2. Semesters statt; es fokussiert das Erstgespräch und dessen Dokumentation. Als Beurteilungsgrundlage dienen Rollenspiele, Videomitschnitte von Beratungen oder auch Transkripte von Beratungsausschnitten.

Das 2. Kolloquium am Ende des 4. Semesters umfasst die schriftliche Darstellung eines Therapieverlaufs und die Absolvierung einer therapeutischen

Sitzung in Form eines Livekolloquiums mit einem/einer EinzelklientIn, einem Paar oder einer Familie. Diese Sitzung wird – das Einverständnis der KlientInnen vorausgesetzt – durch eine/n LehrtherapeutIn sowie einen Teil der Ausbildungsgruppe mittels Videoübertragung mitbeobachtet. Das 2. Kolloquium stellt gemeinsam mit anderen Grundlagen die Voraussetzung für die Anerkennung des Status „Psychotherapeut/in in Ausbildung unter Supervision" dar.

Das 3. Kolloquium findet wiederum in Form eines Livekolloquiums am Ende der Ausbildung statt. Zumindest eines der beiden Livekolloquien muss im Kontext eines mehrgenerativen Settings stattfinden. Eine weitere Voraussetzung eines positiven Ausbildungsabschlusses bildet die Abschlussarbeit.

Eine interne Evaluierung der Ausbildung erschließt sich in zumindest jährlich stattfindenden Feedbackprozessen, welche die Entwicklung der AusbildungsteilnehmerInnen, die Kooperation der TeilnehmerInnen miteinander, die Zusammenarbeit mit der Ausbildungsleitung sowie Rahmenbedingungen der Ausbildung zum Gegenstand haben.

Eine externe Evaluierung wurde im Zeitraum 1997–1999 durch Christian Klicpera (Psychologisches Institut der Universität Wien) durchgeführt und in der Folge publiziert. Diese Evaluierung bescheinigt der la:sf einen hohen Ausbildungsstandard.

6. Dauer und Kosten

	Tagessatz/ Stundensatz	**Stunden (mind.)**	**Gesamt (mind.)**
Ausbildungskosten			
Semesterkosten	€ 2.130,–/Sem. (8)		€ 17.040,–
Eigentherapie (Einzel)	€ 60,– bis € 100,– (direkt an die Einzel-LehrtherapeutInnen)	80	€ 4.800,– bis € 8.000,–
Gruppenselbsterfahrung	in den Semesterbeiträgen enthalten	120	
Theorie		420	
Einzelsupervision			
Gruppensupervision		220	
Praktikumsupervision		30	
Zusatzkosten			
Aufnahmekosten			
Auswahlseminar	€ 300,–	24	€ 300,–
2 Auswahlgespräche	à € 70,–		€ 140,–
Mitgliedsbeitrag	in Vorbereitung		
Sonstige Kosten	Organisationsbeitr. € 545,–		€ 545,–
Gesamtkosten (exkl. Aufenthaltskosten)			**€ 22.825,– bis € 26.025,–**

Der Lehrgang ist auf eine Dauer von 8 Semestern ausgerichtet; in Einzelfällen benötigen die AusbildungsteilnehmerInnen zusätzlich 1–2 Semester.

Die Mindestkosten für die Ausbildung insgesamt, einschließlich der Einzelselbsterfahrung, betragen somit ca. € 22.800,–, wobei die Lehrgangskosten mit € 18.065,– fix und die Kosten für die Einzelselbsterfahrung frei zu vereinbaren sind.

7. AusbildnerInnen

Voraussetzung dafür, als LehrtherapeutIn mit voller Lehrbefugnis anerkannt zu werden, ist eine mehrjährige eigenverantwortlich geleistete Lehrtätigkeit an der la:sf.

LehrtherapeutInnen müssen sowohl über fundierte theoretische wie auch praxisbezogene Kenntnisse in der systemischen Therapie, über didaktische Fähigkeiten in der Vermittlung als auch über Erfahrung und Kompetenz im Hinblick auf Gruppenleitung verfügen.

Die LehrtherapeutInnen dokumentieren ihr Wissen auch in theoretischer Form (Publikationen, Teilnahme an Kongressen und Workshops).

• Zahl der AusbildnerInnen (LehrtherapeutInnen) mit voller Lehrbefugnis (Stichtag 1. 6. 2005):	10
• Zahl der AusbildnerInnen (LehrtherapeutInnen) mit partieller Lehrbefugnis (Stichtag 1. 6. 2005):	10
• Zahl der GastdozentInnen (im Zeitraum 1. 6. 2004 – 1. 6. 2005): (+ 18 Kongressgastvortragende)	10

AusbildnerInnen (LehrtherapeutInnen) mit voller Lehrbefugnis (Stand 1. 6. 2005):
Gerald Binter, Dr., Jurist, Wien
Konrad Grossmann, Univ.-Doz. Dr., Psychologe, Wien
Ilse Gschwend, Organisationsberaterin, Graz und Wien
Ina Manfredini, Sozialarbeiterin, Wien
Sylvia Neuberger, Religionspädagogin, Wien
Ulrike Russinger, Sozialarbeiterin, Wien
Christoph Thoma, Dr., Kommunikationswissenschaftler, Soziologe, Amstetten (NÖ) und Wien
Helmut de Waal, Dr., Psychologe, Wien und Steyr (OÖ)
Elfriede Waas, Ehe- und Familienberaterin, Wien
Elisabeth Wagner, Dr., Psychiaterin, Wien

V. Gesamtbetrachtung

Eine Besonderheit der Ausbildung bildet die Geschlossenheit der Ausbildungsgruppe sowie die durchgängige Ausbildungsleitung durch eine/n LehrtherapeutIn für die gesamte Dauer der Ausbildung, im Regelfall 4 Jahre. Dies ermöglicht ein hohes Maß an Kontinuität, inhaltliche Kohärenz, Vertrautheit innerhalb des Ausbildungsgeschehens wie auch eine hohe zeitliche Planbarkeit der Ausbildung für die TeilnehmerInnen.

Varianz wird im Kontext der Ausbildung durch die zumeist im Jahresrhythmus wechselnde Anwesenheit eines/einer zweiten LehrtherapeutIn an den Ausbildungswochenenden und in den Supervisionsgruppen wie auch durch die Einbindung von (internationalen) ExpertInnen zu spezifischen Thematiken systemischer Therapie hergestellt.

Die AusbildnerInnen kommen aus heterogenen Stammberufen bzw. -ausbildungen.

Die la:sf verzeichnet ein steigendes Interesse von AusbildungsinteressentInnen, wodurch sich die hohe Zahl von Aufnahmen in den letzten Jahren erklärt. So liegt die Lehranstalt im Vergleich mit allen anderen psychotherapeutischen Ausbildungseinrichtungen in Österreich an erster Stelle bei den Aufnahmen in die Ausbildung, mit 142 in den letzten 5 Jahren (2000–2005). Die la:sf führt parallel bis zu 5 Lehrgänge aus verschiedenen Jahrgängen.

Kontaktadresse

Lehranstalt für systemische Familientherapie der Erzdiözese Wien für Berufstätige
Trauttmansdorffgasse 3a
1130 Wien
Tel. 01/478 63 00, Fax 01/478 63 00-63
E-Mail: office@la-sf.at
www.la-sf.at

Österreichische Arbeitsgemeinschaft für systemische Therapie und systemische Studien (ÖAS)*

Die ÖAS bietet seit 1986 eine psychotherapeutische Ausbildung in Systemischer Familientherapie in Wien, Salzburg, Graz und seit 2005 in Innsbruck an. Die Ausbildung soll zur therapeutischen Arbeit mit Einzelpersonen, Paaren, Familien und anderen Systemen in vielfältigen Settings befähigen. Besonderes Augenmerk wird in der Ausbildung auch auf die Arbeit mit Kindern und Jugendlichen und ihren Bezugssystemen sowie auf den Umgang mit Problemlagen in Kooperation mit Institutionen („unfreiwillige" KlientInnen im Zwangskontext) gelegt.

Ausbildungskurse werden regelmäßig in Wien, Graz, Innsbruck und Salzburg angeboten, wodurch eine nahezu österreichweite Verbreitung gegeben ist.

Methode und Methodenverständnis

In Weiterentwicklung früherer familientherapeutischer Ansätze üben seit den 1980er-Jahren neue Entwicklungen aus der Soziologie (Luhmanns Systemtheorie), der Biologie (Theorie autopoietischer Systeme von Maturana und Varela), der Philosophie (Radikaler Konstruktivismus) und aus der Sozialpsychologie (Gergens Konstruktionismus) großen Einfluss aus.

Die ÖAS fühlt sich dem konstruktivistisch-systemischen Ansatz in der Tradition postmoderner und poststrukturalistischer Entwicklungen in den Sozialwissenschaften verpflichtet. Damit verbunden ist eine therapeutische Ethik, die bevorzugte Lebensvorstellungen, Werte, Wünsche und Sehnsüchte von KlientInnen in den Vordergrund der therapeutischen Arbeit stellt. Systemische Familientherapie versteht Probleme in ihrem Zusammenhang mit zwischenmenschlichen Beziehungen, fokussiert auf Lösungen, unterstützt und fördert die eigene Handlungskompetenz zur Problembewältigung. Methodisch werden vor allem lösungsorientierte und narrative Modelle systemischen Arbeitens vermittelt.

I. Geschichte

Der Verein ÖAS wurde 1986 durch Ludwig Reiter als interdisziplinäres Forum gegründet, in dem sich PsychotherapeutInnen bzw. WissenschaftlerInnen und PraktikerInnen mit dem systemischen Ansatz in unterschiedlichen Bereichen (Therapie, Forschung, Wirtschaft, Biologie etc.) auseinander setzten.

* Text der Darstellung in der Erstauflage (1995) von Georg Zepke; Aktualisierung bzw. ergänzende Überarbeitung mit Unterstützung von Andrea Brandl-Nebehay.

Die vormals unter dem Dach des Österreichischen Arbeitskreises für Gruppendynamik und Gruppentherapie (ÖAGG) angesiedelten Ausbildungsvereine Verein für Familie und Beratung Wien (VFB, gegründet 1984), Systemische Initiative Salzburg (gegründet 1985) und das Institut für Familienberatung und Psychotherapie der Diözese Graz (gegründet 1981, eine Schule mit Öffentlichkeitsrecht) vereinheitlichten ihre Ausbildungsangebote und organisierten sich innerhalb der ÖAS.

Im Jänner 1994 wurde die ÖAS als Ausbildungseinrichtung für das Psychotherapeutische Fachspezifikum anerkannt.

Seit 2005 kann die Ausbildung auch in Innsbruck absolviert werden.

II. Organisationsstruktur

Das ÖAS-Ausbildungszentrum in Wien ist Sitz des Büros und verfügt über eigene Seminarräume.

Aufgabe des von der Generalversammlung alle 2 Jahre neu gewählten Vorstands ist die Koordination und österreichweite Vernetzung der Workshop- und Serviceangebote sowie die Auseinandersetzung mit berufspolitischen Fragen. Fachlicher Austausch und strukturell-organisatorische Absprachen erfolgen regelmäßig in Treffen der regionalen LehrtherapeutInnen sowie in den Sitzungen der Ausbildungskommission; der/die LeiterIn der Ausbildungskommission ist Mitglied des Vorstands. Die fachspezifische Ausbildung wird an den Standorten Wien, Graz, Salzburg und Innsbruck von regionalen Lehrtherapeutenteams organisiert und durchgeführt. Gemeinsame Fortbildungen der LehrtherapeutInnen fördern den Dialog und das Selbstverständnis untereinander.

Daten zur Ausbildungseinrichtung

• Zahl der Mitglieder mit absolvierter psychotherapeutischer Ausbildung (Stichtag 1. 1. 2005):	295
• Aktuelle Zahl der AusbildungsteilnehmerInnen (Stichtag 1. 6. 2005):	213
• Zahl der AusbildungsteilnehmerInnen im Status „Psychotherapeut/in in Ausbildung unter Supervision“ (Stichtag 1. 6. 2005):	107
• Zahl der Aufnahmen in die psychotherapeutische Ausbildung im letzten Jahr (1. 6. 2004 – 1. 6. 2005):	196
• Zahl der Aufnahmen in die psychotherapeutische Ausbildung in den letzten 5 Jahren (1. 6. 2000 – 1. 6. 2005):	101
• Zahl der Abschlüsse der psychotherapeutischen Ausbildung (1. 6. 2000 – 1. 6. 2005):	75
• Zahl jener AusbildungsabsolventInnen, die mit der entsprechenden Zusatzbezeichnung derzeit (Stand 1. 6. 2005) in die Psychotherapeutenliste eingetragen sind:	280

III. Veröffentlichungen, Veranstaltungen, Kontakte

Veröffentlichungen:

a) *systeme* – Interdisziplinäre Zeitschrift für systemtheoretisch orientierte Forschung und Praxis in den Humanwissenschaften (herausgegeben von der ÖAS und der Systemischen Gesellschaft, Deutscher Verband für systemische Forschung, Therapie, Supervision und Beratung, SG); erscheint 2-mal jährlich (seit 1986)

b) *Netzwerknachrichten* – Mitgliederzeitung mit aktuellen Informationen, Veranstaltungshinweisen, berufspolitischen Beiträgen, Literaturtipps; erscheint 5-mal jährlich

c) Referatsbörse – Pool von ReferentInnen und WorkshopleiterInnen, die für systemisch relevante Themen angefragt werden können

Veranstaltungen:

a) Workshops (offen für AusbildungsteilnehmerInnen, AbsolventInnen und andere Interessierte) mit internationalen GastdozentInnen und LehrtherapeutInnen der ÖAS

b) Jours fixes zu aktuellen Themen in allen Regionen (in Wien etwa monatlich, in Kärnten, Steiermark, Salzburg, Tirol und Vorarlberg 3 bis 5 Termine pro Jahr; dieses Angebot ist kostenlos und als Fortbildung bzw. als Ersatz für versäumte Theoriestunden anrechenbar)

c) Kongresse zum systemischen Ansatz:

(1990) „Reflecting Team – Reflecting Process“ (Salzburg)

(1996) „Tanz an der Grenze – Inspiration und Variation in der Systemischen Therapie“ (Semmering)

(1999) „Störungswissen – Lösungswissen“ (Semmering)

(2003) „Spiegelblicke“ – EinSichten systemischer TherapeutInnen (Semmering)

Kontakte: Die ÖAS unterhält enge Kontakte mit den anderen beiden Ausbildungsinstituten für Systemische Familientherapie in Österreich. Die ÖAS ist u.a. Mitglied in der European Family Therapy Association (EFTA). Auf internationaler Ebene besteht eine enge fachliche Kooperation mit der SG (deutsche Systemische Gesellschaft), die sich u.a. in der seit 2002 gemeinsamen Herausgabe der Zeitschrift *systeme* niederschlägt.

IV. Ausbildung

1. Aufnahmebedingungen

Neben der Erfüllung der gesetzlichen Bestimmungen müssen Ausbildungsinteressierte über ein hohes Maß an Verbalisationsfähigkeit und über die Bereitschaft, sich aktiv einzubringen, verfügen. Insbesondere wird im Aufnahmeverfahren auf die Fähigkeit fokussiert, Situationen aus verschiedenen

Perspektiven wahrzunehmen und beschreiben zu können. Es ist erwünscht, dass das Erlernte vom Beginn der Ausbildung an auch ausprobiert werden kann (im Quellenberuf, in Praktika), da in der Ausbildung Wert auf eine möglichst frühzeitige Einbindung und Umsetzung in die Praxis gelegt wird.

2. Aufnahmemodus

Ausbildungsinteressierte sind eingeladen, eine schriftliche Bewerbung mit Lebenslauf, Beschreibung der beruflichen Situation und Darstellung der Motivation für die Ausbildung an die ÖAS zu schicken. Im eintägigen Informationsseminar können Interessierte die Methode, den Lehrstil und den Umgang der AusbildungsleiterInnen mit der Gruppe kennen lernen. Die Aufnahme erfolgt nach einem weiteren Aufnahmegespräch bei LehrtherapeutInnen, der Aufnahmekonferenz und nach Maßgabe vorhandener Plätze.

3. Ausbildungsrahmen, -ablauf und -vertrag

In Wien beginnt jährlich im Frühjahr ein neues Curriculum. Der erste Ausbildungsabschnitt (2 Jahre) läuft in einer geschlossenen Gruppe von ca. 12 Personen mit vorgegebenem Seminarplan (9–10 Wochenendseminare und ca. 25 Abendseminare pro Ausbildungsjahr) ab. Ab dem 2. Abschnitt besteht die Möglichkeit, die Ausbildung zeitlich flexibler zugestalten und Seminare teilweise auch individuell zu buchen (Modulsystem). Die Praxisseminare im 2. Abschnitt (3. und 4. Ausbildungsjahr) werden in noch kleineren Gruppen (max. 8 Personen) abgehalten, 40 Std. Supervision sind individuell in Gruppen bis zu 3 TeilnehmerInnen bei Systemischen LehrtherapeutInnen zu absolvieren.

In Salzburg/Innsbruck und Graz beginnt jedes 2. Jahr ein Ausbildungslehrgang mit ca. 20 TeilnehmerInnen, seit 2005 gibt es auch in Innsbruck ein Curriculum. Jeder Lehrgang wird über ca. 4 Jahre als geschlossene Gruppe (Kurs) geführt. Dieser Kurs beinhaltet Theorie und Methodikseminare sowie einen Teil der Gruppenselbsterfahrung. Mit dem Erwerb des Status „Psychotherapeut/in in Ausbildung unter Supervision" – meist im 3. Kursjahr – beginnt die Fallsupervision (220 Std.) in Kleingruppen mit 4 TeilnehmerInnen, die sich meist über 3 Jahre erstreckt.

4. Ausbildungsinhalte

Im Zentrum der Ausbildung steht die Förderung einer psychotherapeutischen Haltung, die vor allem durch Transparenz der Motive und Absichten der PsychotherapeutIn, die Fokussierung auf Lebenskenntnisse und -fähigkeiten von KlientInnen und das Prinzip der Kooperation mit KlientInnen und Fachleuten aus dem psychosozialen Feld (Helfersysteme) gekennzeichnet ist.

a) Selbsterfahrung

Der Selbsterfahrungsteil umfasst mind. 140 Std. Gruppenselbsterfahrung und mind. 80 Std. Einzelselbsterfahrung (LehrtherapeutIn aus einer Liste wählbar).

Ca. 80 Std. Gruppenselbsterfahrung sind in Wien organisatorisch in den 1. Studienabschnitt eingebunden, im 2. Abschnitt können Seminare nach Themenschwerpunkten und anbietendem/r SeminarleiterIn gewählt werden. An den anderen Standorten finden 100 Std. Selbsterfahrung im Rahmen des Lehrgangs statt. Dabei geht es vor allem um die Vertiefung des Erlernten durch die Verknüpfung mit persönlichen Erfahrungen. Weitere 50 Std. Gruppenselbsterfahrung können aus dem ÖAS-Angebot frei gewählt werden.

b) Theorie

Entsprechend dem Selbstverständnis des Ausbildungsträgers wird auf eine intensive Auseinandersetzung mit systemischen Theorieansätzen besonderer Wert gelegt. Dabei wird versucht, die didaktischen Mittel so zu wählen, dass erfahrungsorientiertes Lernen möglich wird.
Folgende Bereiche und Inhalte werden jeweils unter systemischem Blickwinkel vermittelt:

- Theorie der gesunden und pathologischen Persönlichkeitsentwicklung (mind. 60 Std.): Diagnostik, Indikationsstellung, der familiäre Lebenszyklus und Entwicklungstheorie;
- Methoden und Techniken (mind. 200 Std.): Grundannahmen systemischer Betrachtungsweisen, lösungsorientierte Fragetechniken, Auftrags- und Zielfindung, Hypothesenbildung, Technik der Interviewführung, spezielle Interventionsformen sowie systemische Therapie in unterschiedlichen Settings mit verschiedenen Zielgruppen und Themenschwerpunkten;
- Persönlichkeits- und Interaktionstheorien (mind. 60 Std.): Konzeption von Person und Persönlichkeit aus systemischer Sicht, erkenntnistheoretische Grundlagen, narrative Ansätze und familiendynamische Theorien;
- Literaturstudium (mind. 40 Std.): Geschichte der systemischen Familientherapie, allgemeine Systemtheorie, Konstruktivismus, Hauptströmungen in der systemischen Familientherapie und aktuelle Fachliteratur.

In Wien umfasst der Theorieteil 350 Std. In den ersten beiden Jahren werden schwerpunktmäßig Methoden und Techniken – oft anhand von Rollenspielen – in den beinahe wöchentlich stattfindenden Abendseminaren (17–20 Uhr) vermittelt. Die übrigen 220 Std. Theorievermittlung finden in Form von 10-15-stündigen Blockveranstaltungen an Wochenenden statt.

In den anderen Regionen müssen 400 Std. Theorie absolviert werden. Diese werden als Wochenendworkshops zu je 20 Std. angeboten. Zusätzlich dazu finden insgesamt 3 4-tägige Seminare mit internationalen systemischen LehrtherapeutInnen zu je 34 Std. statt.

c) Psychotherapeutische Tätigkeit unter Supervision

Nach ca. 2 Jahren Ausbildungsdauer kann der Status der/des „Psychotherapeut/in in Ausbildung unter Supervision" erworben und mit der eigenständigen therapeutischen Praxis (600 Std.) begonnen werden.

d) Supervision der psychotherapeutischen Tätigkeit

Ab dem 3. Jahr finden im Wiener Ausbildungscurriculum je Ausbildungsjahr 100 Std. Supervision (inkl. 20 Std. Literaturarbeit) in Praxisseminaren mit maximal 8 TeilnehmerInnen statt. Mind. 2 Livesupervisionen oder das Vorzeigen einer Videoaufnahme von Therapiestunden müssen im Laufe der Ausbildung erfolgen. Zusätzlich müssen 40 Std. Supervision in Gruppen bis zu 3 TeilnehmerInnen bei ÖAS-LehrtherapeutInnen selbstständig organisiert werden.

In den anderen Regionen wird die therapeutische Tätigkeit in insgesamt 220 Std. supervidiert. Diese Kleingruppensupervision mit 4 Personen wird nach Möglichkeit in der Heimatstadt der TeilnehmerInnen organisiert. Im Laufe der Supervision sind für alle TeilnehmerInnen 3 Livesupervisionen verpflichtend.

e) Praktikum

Von den gesetzlich vorgeschriebenen 550 Std. Praktikum müssen zumindest 150 Std. bei systemischen FamilientherapeutInnen mit entsprechender Zusatzbezeichnung absolviert werden.

f) Praktikumsupervision

Mind. 30 Std.; In der Wiener Ausbildung ist die Praktikumsupervision in das Kursangebot integriert.

5. Evaluierung und Ausbildungsabschluss

Nach jedem absolvierten Ausbildungsjahr erfolgen Evaluationsgespräche und die Abgabe von und Rückmeldung zu schriftlichen Arbeiten. Für den Abschluss der Ausbildung ist – neben der Absolvierung aller Ausbildungsschritte – die Abgabe von 3 schriftlichen Therapiereflexionen oder von 2 Therapiereflexionen und einer theoretischen Arbeit nötig. Im Laufe der Ausbildung müssen 2 Livesupervisionen von LehrtherapeutInnen als genügend qualifiziert beurteilt werden.

6. Dauer und Kosten

Das Ausbildungscurriculum dauert generell mind. 4 Jahre. Den 2. Abschnitt der Wiener Ausbildung können AusbildungsteilnehmerInnen individuell nach ihren eigenen Möglichkeiten und Vorlieben gestalten (Modulsystem). Alle Ausbildungselemente finden in Wien und während der Schulzeiten statt, sodass im Regelfall kein zusätzlicher Aufwand an Urlaubstagen, Reise- und Aufenthaltskosten entsteht. Die Seminare der Grazer, Salzburger und Innsbrucker Ausbildung sind – da die TeilnehmerInnen meist aus einem weiten Einzugsgebiet kommen – als Blockveranstaltungen an zentralen Orten konzipiert.

Die geschätzten Mindestgesamtkosten für die Ausbildung betragen in Salzburg, Innsbruck und Graz ca. € 20.800,–, in Wien (kleine Gruppen) ca. € 22.820,–.

Kosten für den Ausbildungsort Wien

Die Kurskosten sind in vierteljährlichen Raten zu bezahlen.

ÖAS **Region Wien**	**Tagessatz/ Stundensatz**	**Stunden (mind.)**	**Gesamt (mind.)**
Ausbildungskosten			
Eigentherapie (Einzel)	€ 70,–/Std.	80	€ 5.600,–
Kurs:			€ 15.800,–
Theorie		436	
Gruppenselbsterfahrung (max. 14)		180	
Gruppensupervision (max. 8)		160	
Literaturstudium		40	
Evaluation		40	
Praktikumsupervision		30	
Kleingruppensupervision (max. 3)	ca. € 23,33	40	€ 930,–
Zusatzkosten			
Aufnahmekosten	€ 290,–		€ 290,–
Mitgliedsbeitrag	€ 50,–/Jahr	4 Jahre	€ 200,–
Sonstige Kosten			
Gesamtkosten			**€ 22.820,–**

Kosten für die Ausbildungsort Graz, Salzburg und Innsbruck

ÖAS **Region Graz, Salzburg, Innsbruck**	**Tagessatz/ Stundensatz**	**Stunden (mind.)**	**Gesamt (mind.)**
Ausbildungskosten			
Eigentherapie (Einzel)	€ 70,–/Std.	80	€ 5.600,–
Gruppenselbsterfahrung	€ 13,60/Std.	150	€ 2.040,–
Theorie	€ 13,60/Std.	400	€ 5.440,–
Einzelsupervision			
Gruppensupervision	€ 26,50/Std.	220	€ 5.830,–
Praktikumsupervision	€ 26,50/Std.	30	€ 795,–
Zusatzkosten			
Aufnahmekosten			
Mitgliedsbeitrag	€ 50,–/Jahr	5 Jahre	€ 250,–
Sonstige Kosten:			
Organisationsbeitrag	€ 218,–/Jahr	mind. 4 Jahre	€ 872,–
Gesamtkosten			**€ 20.827,–**

7. AusbildnerInnen

Die Kriterien für die Bestellung entsprechen den Erfordernissen der Lehrpersonenrichtlinie des zuständigen Bundesministeriums. LehrtherapeutInnen (mit voller Lehrbefugnis) müssen mind. 200 Std. als Co-LeiterInnen bzw. unter Supervision gearbeitet haben, AusbildnerInnen mit partieller Lehrbefugnis sind nur zur Einzelselbsterfahrung beauftragt.

• Zahl der AusbildnerInnen (LehrtherapeutInnen) mit voller Lehrbefugnis (Stichtag 1. 6. 2005): (davon aber 5 nicht im Lehrbetrieb aktiv)	19
• Zahl der AusbildnerInnen (LehrtherapeutInnen) mit partieller Lehrbefugnis (Stichtag 1. 6. 2005):	16
• Zahl der GastdozentInnen (im Zeitraum 1. 6. 2004 – 1. 6. 2005):	2

AusbildnerInnen (LehrtherapeutInnen) mit voller Lehrbefugnis (Stand 1. 6. 2005):

Corina Ahlers, Dr., Psychologin, Wien
Reinhold Bartl, Dr., Psychologe, Graz, Salzburg und Innsbruck
Andrea Brandl-Nebehay, Mag., Soziologin, Dipl.-Soz.-Arb., Wien
Ingrid Egger, Dipl.-Krankenschwester, Graz und Salzburg
Stefan Geyerhofer, Mag., Psychologe, Wien
Joachim Hinsch, Dr., Psychologe, Wien
Sabine Klar, Dr., Zoologin/Verhaltensforscherin, Wien
Rudolf Kronbichler, Dipl.-Soz.-Arb., Graz, Salzburg und Innsbruck
Gerda Mehta, Dr., Psychologin, Wien
Rita Vogel, Dipl.-Soz.-Arb., Wien
Henry Vorpagel, Soz.-Päd., Wien
Hedwig Wagner, Dipl.-Soz.-Arb., Wien
Gerhard Walter, Dr., Psychologe, Graz, Salzburg und Innsbruck
Ferdinand Wolf, Dr., Psychologe, Wien

V. Gesamtbetrachtung

Das Ausbildungsangebot der ÖAS richtet sich an Personen, die interaktiv lernen und arbeiten wollen. Über die Auseinandersetzung mit den Vorannahmen des eigenen Denkens wird dazu angeregt, die eigene Gesprächsführung durch das Ausprobieren neuer Methoden („Handwerkszeug") im Rollenspiel zu erweitern und über Feedback zu reflektieren.

Eine Besonderheit der Wiener Ausbildung liegt in der geringen Gruppengröße, die besonders individuelle Begleitung und Förderung der TeilnehmerInnen ermöglicht. Der im Modulsystem gestaltete 2. Abschnitt der Ausbildung erlaubt den Studierenden, Seminare nach ihren eigenen thematischen Interessen auszuwählen. Die Ausbildungen in Graz, Salzburg und Innsbruck, die für größere Gruppen konzipiert sind, bieten die Möglichkeit, international maßgebliche Persönlichkeiten des systemischen Feldes (Michael White u.a.) als Gastreferenten persönlich erleben zu können.

Die Ausbildungseinrichtung zählt zu den größten in Österreich und steht bei den Aufnahmen in die psychotherapeutische Ausbildung in den letzten 5 Jahren mit deutlichem Abstand an erster Stelle. Die Ausbildner kommen zum überwiegenden Teil aus Psychologie (zur Hälfte) und Sozialarbeit (mehr als ein Drittel).

Kontaktadressen

ÖAS – Sekretariat
Gonzagagasse 11/19
1010 Wien
Tel. 01/212 41 35 (Di, Do 14–18 Uhr)
E-Mail: office@oeas.at
www.oeas.at

Grazer Ausbildung:
Dr. Reinhold Bartl
Claudiastraße 4
6020 Innsbruck
Tel. 0512/572 614
E-Mail: meg.ibk@tirol.com

Salzburger und Innsbrucker Ausbildung:
Dr. Gerhard Walter
Bergstraße 22/5/41
5020 Salzburg
Tel. 0662/87 47 10
E-Mail: gwalter@tele2.at

Arbeitsgemeinschaft Transaktionsanalyse (ARGE TA)*

Die ARGE Transaktionsanalyse bietet eine Ausbildung in transaktionsanalytischer Psychotherapie an. Das derzeit gültige Ausbildungscurriculum steht auch in Beziehung zu den Anforderungen der Internationalen und der Europäischen Gesellschaft für Transaktionsanalyse (ITAA und EATA).

Ein Spezifikum der ARGE ist, dass sie das Dach für 2 autonom strukturierte Mitgliedervereine, nämlich den Österreichischen Arbeitskreis für Tiefenpsychologische Transaktionsanalyse (ÖATA) und das Institut für Transaktionsanalytische Psychotherapie (ITAP), bildet, die jeweils die Ausbildung unabhängig voneinander durchführen.

Die Ausbildung in Transaktionsanalytischer Psychotherapie wird gegenwärtig durch den ÖATA in Salzburg, Oberösterreich und Wien und das ITAP in Wien, Steiermark und Kärnten angeboten.

Methode und Methodenverständnis

Die Transaktionsanalyse wurde von Eric Berne in den 1950er-Jahren in den USA auf der Basis der Psychoanalyse und der Sozialpsychiatrie als eigenständige Therapiemethode entwickelt.

In den 1960er-Jahren kam es unter dem Einfluss der Humanistischen Psychologie zu einer Verschiebung von einer rationalen zu einer emotionalen, wachstums- und verhaltensorientierten Therapie. In dieser Zeit entwickelte Eric Berne die Skriptanalyse. Der tiefenpsychologische Hintergrund, die psychoanalytische Wurzel der Skriptanalyse, ging aber im therapeutischen Optimismus von schneller Veränderung in jener Zeit verloren. Auf diese kommt Eric Berne gegen Ende seines Lebens in seinem Skriptbuch „Was sagen Sie, nachdem Sie guten Tag gesagt haben" wieder zurück. Allerdings vollziehen seine Schüler mit Ausnahme von F. English diese Rückbesinnung nicht, es entstanden in der weiteren Folge 2 verschiedene Schwerpunkte der Sichtweise transaktionsanalytischer Psychotherapie:

Der ÖATA vertritt die Transaktionsanalyse nach Eric Berne mit tiefenpsychologisch-analytischem Schwerpunkt. Das ITAP setzt den Schwerpunkt auf die Verbindung der tiefenpsychologischen Basis mit dem verhaltens- und erlebnisorientierten humanistischen Konzept der Transaktionsanalyse.

---

* Diese Darstellung basiert auf dem Text von Peter Floquet aus der Erstauflage (1995); Aktualisierung und ergänzende Überarbeitung mit Unterstützung von Brigitte Gratz und Ingo Rath.

I. Geschichte

Die Ausbildung in Transaktionsanalytischer Psychotherapie wird in Österreich seit der Gründung der Österreichischen Transaktionsanalytischen Gesellschaft (ÖTAG) – später in Österreichische Gesellschaft für Transaktionsanalyse (ÖGTA) umbenannt – im Jahre 1984 durch Dipl.-Theol. Gerhard Springer in Salzburg und Mag. Almut Rottenbacher in Graz angeboten. Zwar konnte man sich auch schon in den Jahren davor in Österreich transaktionsanalytisch ausbilden lassen, die Ausbildung fand aber vorwiegend durch deutsche AusbildnerInnen im Rahmen der Europäischen und der Deutschen Gesellschaft für Transaktionsanalyse (EATA und DGTA) statt.

Aufgrund der Anforderungen des Psychotherapiegesetzes war es notwendig, die transaktionsanalytisch-psychotherapeutische Ausbildung von der transaktionsanalytischen BeraterInnen-, OrganisatorInnen- und PädagogInnenausbildung, welche ursprünglich eine gemeinsame war, zu trennen. Im Zuge dieser vereinsinternen Umstrukturierungen wurde 1992 für die Psychotherapieausbildung die Arbeitsgemeinschaft Transaktionsanalyse (ARGE TA) mit Sitz in Salzburg gegründet. Seit November 1994 ist die ARGE TA als Ausbildungsverein für Transaktionsanalytische Psychotherapie staatlich anerkannt.

II. Organisationsstruktur

Die ARGE TA hat 2 Mitgliedervereine, und zwar den Österreichischen Arbeitskreis für Tiefenpsychologische Transaktionsanalyse (ÖATA) in Salzburg und das Institut für Transaktionsanalytische Psychotherapie (ITAP) in Graz. Die Vereinsstatuten von ÖATA und ITAP unterscheiden sich zwar in einigen wenigen Punkten, hinsichtlich der Ausbildung sind sie jedoch praktisch ident.

Hinsichtlich der Ausbildung sind vor allem 2 Gremien zu nennen, die für die KandidatInnen von besonderem Interesse sind:

- die KandidatInnenvertretung (sie wird von den AusbildungskandidatInnen für jeweils 2 Jahre gewählt und besteht aus 5 Personen in Ausbildung, von denen 2 beim ÖATA in das Vorstandsgremium gewählt werden);
- die regionalen Arbeitskreise (diese können nach den Bedürfnissen der Vereinsmitglieder gegründet werden; ihre Aufgaben sind das Organisieren von Fortbildungstagen und Informationsveranstaltungen, Kontakte zu anderen regionalen Institutionen, Verbreitung der Transaktionsanalyse in der Region etc.).

Grundsätzlich sind ÖATA und ITAP als kleine, überschaubare Einheiten strukturiert, was sich auch an der relativ geringen Mitgliederzahl und dem KandidatInnen-Lehrpersonal-Verhältnisschlüssel zeigt.

Daten zur Ausbildungseinrichtung

- Zahl der Mitglieder mit absolvierter psychotherapeutischer Ausbildung (Stichtag 1. 1. 2005): 69 (ÖATA 29/ITAP 40)
- Aktuelle Zahl der AusbildungsteilnehmerInnen (Stichtag 1. 6. 2005): 50 (ÖATA 28/ITAP 22)
- Zahl der AusbildungsteilnehmerInnen im Status „Psychotherapeut/in in Ausbildung unter Supervision" (Stichtag 1. 6. 2005): 24 (ÖATA 16/ITAP 8)
- Zahl der Aufnahmen in die psychotherapeutische Ausbildung im letzten Jahr (1. 6. 2004 – 1. 6. 2005): 9 (ÖATA 4/ITAP 5)
- Zahl der Aufnahmen in die psychotherapeutische Ausbildung in den letzten 5 Jahren (1. 6. 2000 – 1. 6. 2005): 39 (ÖATA 16/ITAP 23)
- Zahl der Abschlüsse der psychotherapeutischen Ausbildung (1. 6. 2000 – 1. 6. 2005): 20 (ÖATA 8/ITAP 12)
- Zahl jener AusbildungsabsolventInnen, die mit der entsprechenden Zusatzbezeichnung derzeit (Stand 1. 6. 2005) in die Psychotherapeutenliste eingetragen sind: 93

III. Veröffentlichungen, Veranstaltungen, Kontakte

Veröffentlichungen: Seit 1995 erscheint ca. 2-mal jährlich das im Rahmen der ÖATA herausgegebene *Journal für Tiefenpsychologische Transaktionsanalyse*, das auch als Forum für Publikationen der KandidatInnen gedacht ist und in Österreich, Deutschland und der Schweiz vertrieben wird, sowie das vereinsinterne *Telegramm*. 3-mal jährlich erscheint *Info*, die ITAP-interne Vereinsinformation, die auch theoretische Beiträge von Lehrpersonal und KandidatInnen enthält.

Veranstaltungen: Neben den jährlich stattfindenden Kongressen in Zusammenarbeit mit der Deutschen Gesellschaft für Transaktionsanalyse (DGTA), der Teilnahme an den ebenfalls jährlichen Kongressen der Europäischen und der Internationalen Gesellschaft für Transaktionsanalyse (EATA und ITAA) fanden in den letzten 10 Jahren folgende Kongresse statt:

(1995) ÖATA-Veranstaltung „Seelische Gesundheit – Träume und Visionen" in Wels
(1996) ITAP-Kongress „Wege zum Wachstum" in Graz
(1998) ITAP-Kongress „Kein Mensch muss müssen" in Wien

Der internationale TA-Kongress 2003 in Wien, „Akzeptanz in Europa", wurde von den österreichischen TA-Vereinen in Zusammenarbeit mit der EATA gestaltet.

Der Kongress der deutschsprachigen TA-Vereine 2005 „Grenzen unserer Zeit" fand in Lindau statt.

Kontakte: Beide Ausbildungsvereine sind Mitglieder von EATA und ITAA, zu denen traditionellerweise ein enges Verhältnis besteht. Regen Kontakt unterhalten ÖATA und ITAP auch zur Deutschen Gesellschaft für Transaktionsanalyse (DGTA). ITAP kooperiert mit der Sigmund Freud PrivatUniversität.

IV. Ausbildung

Folgende Qualifikationen sollen im Zuge der Ausbildung erworben werden: Diagnose von spezifischen Störungen und Erkrankungen, Therapieplanung nach diagnostischen Gesichtspunkten, Erwerb theoriegeleiteter Interventionsmöglichkeiten, Reflexion therapeutischen Handelns und dessen Begründung mithilfe transaktionsanalytischer Theoriekonzepte, Entwicklung und Veränderung der TherapeutInnenpersönlichkeit, die zu einer von Empathie getragenen Beziehung mit den KlientInnen führt, Reflexion der TherapeutInnenpersönlichkeit im Hinblick auf ihren Einfluss auf PatientInnen im Sinne von Übertragung und Gegenübertragung, settingspezifische Anwendung transaktionsanalytischer Einzel- und Gruppentherapie, Erwerb ethischer Grundhaltungen und ethischer Prinzipien.

1. Aufnahmebedingungen

Neben den Erfordernissen des Psychotherapiegesetzes und einer Vereinsmitgliedschaft (bei ÖATA oder ITAP) sind folgende persönliche Eignungskriterien, die den Beurteilungshintergrund sowohl zu Beginn der Ausbildung als auch zur jährlichen Verlängerung des Ausbildungsvertrags bilden, zu nennen: psychische Stabilität, Fähigkeit zum Lernen sowohl auf theoretisch-methodischem Gebiet als auch auf die eigene Person im Sinne einer Persönlichkeitsentwicklung bezogen, gute Beziehungsfähigkeit, Empathie, Fähigkeit, das eigene Tun kritisch zu hinterfragen.

2. Aufnahmemodus

ÖATA: 3 Aufnahmegespräche bei LehrtherapeutenInnen, wenn diese positiv bewertet werden, spricht das Lehrkollegium eine Empfehlung für die Ausbildung aus. Die Aufnahme in den Verein und die Ausbildung erfolgt dann durch den Vorstand.

ITAP: 2 Aufnahmegespräche bei 2 verschiedenen LehrtherapeutInnen, plus ein 2-tägiges Auswahlseminar. Danach entscheidet das Lehrkollegium über Aufnahme oder Nichtaufnahme. Die InteressentInnen werden schriftlich verständigt.

3. Ausbildungsrahmen, -ablauf und -vertrag

Der Ausbildungsrahmen ist durch das Curriculum der ARGE TA vorgegeben, das jeweils nach den inhaltlichen Schwerpunkten von ÖATA und ITAP spezifiziert und individualisiert wird. Der theoretische Teil der Ausbildung umfasst mind. 325 Std., der praktische Teil mind. 1.600 Std., das psychotherapeutische Praktikum eingeschlossen.

Die Ausbildung im ÖATA gliedert sich in 2 Abschnitte, dem Grundcurriculum und dem Kontrollstadium. Im Grundcurriculum, das 3 Jahre dauert, wird der größte Teil der Theorie, das psychotherapeutische Praktikum und die Lehranalyse absolviert. Das Grundcurriculum wird in geschlossenen Jahresgruppen mit verpflichtenden Ausbildungsschritten angeboten und schließt mit einer kommissionellen Prüfung ab. Bei positivem Ausgang wird die „Berechtigung zur psychotherapeutischen Arbeit unter Supervision" und Fortführung der Ausbildung im Kontrollstadium ausgesprochen. Neue AusbildungskandidatInnen werden jeweils am Beginn eines Ausbildungsjahres in das Grundcurriculum aufgenommen.

Schwerpunkt des Kontrollstadiums, das 2 bis 4 Jahre dauern kann, sind die psychotherapeutische Arbeit mit Klienten und die begleitende Supervision sowie weiterführende Seminare zur praktischen Anwendung der Methode und Vorbereitung der Abschlussprüfung.

Der Ausbildungsvertrag wird am Beginn der Ausbildung zwischen Vorstand und AusbildungskandidatIn jeweils für ein Jahr geschlossen. Nach der jährlichen Evaluation des Ausbildungsstandes kann der Ausbildungsvertrag von beiden Seiten für ein weiteres Jahr verlängert werden.

Beim ITAP wird zu Beginn der Ausbildung ein schriftlicher Ausbildungsvertrag abgeschlossen. Die Ausbildung dauert ca. 5 Jahre, sie gliedert sich in 23 Theoriemodule mit Selbsterfahrungsanteil, zuzüglich 6 Selbsterfahrungsseminaren. Pro Jahr werden 6 Module und 2 Selbsterfahrungsseminare abgehalten. Ab dem 4. Ausbildungsjahr ist die Zulassung zum Supervisionsstadium möglich. Die Zulassung erfolgt – mit Empfehlung des Lehrendenteams – durch Beschluss der Ausbildungskommission. Jährliche Reflexion und Standortbestimmung ist Pflicht. Das Supervisionsstadium dauert 2 Jahre, in denen die KandidatInnen psychotherapeutisch arbeiten, die restlichen Module absolvieren und durch Einzel- und Gruppensupervision betreut werden.

4. Ausbildungsinhalte

a) Selbsterfahrung

Die Lehranalyse muss mind. 200 Std. betragen, davon mind. 120 Std. (ITAP) und 160 Std. (ÖATA) im Einzelsetting.

In bestimmten Fällen, nach Absprache mit dem Lehrkollegium, kann die Lehranalyse bei Lehrtherapeuten anderer Fachspezifika absoviert werden.

b) Theorie

Der theoretische Ausbildungsteil (mind. 325 Std.) gliedert sich in 5 Themengruppen:

1. Theorie der gesunden und pathologischen Persönlichkeitsentwicklung einschließlich der psychosomatischen Erscheinungsbilder (75 Std.), davon

- transaktionsanalytische Neurosenlehre und Diagnostik im Vergleich mit tiefenpsychologischen Konzepten (20 Std.),
- frühe Störungen wie Schizophrenien, narzisstische und Borderline-Problematiken und deren Diagnostik in Verbindung mit transaktionsanalytischen Psychosekonzepten (20 Std.),
- transaktionsanalytische und tiefenpsychologische Entwicklungspsychologie, entwicklungspsychologische Differentialdiagnostik (20 Std.) und
- transaktionsanalytische Gruppentherapie (15 Std.).

2. Methodik und Technik sowie psychotherapeutische Haltungen in Verbindung mit dem Menschenbild der Transaktionsanalyse (100 Std.), davon

- Basistechniken von Berne, Ich-Zustandsdiagnostik, Methoden und Techniken der Enttrübungsarbeit, Stärkung der Ich-Funktionen (20 Std.),
- Arbeitsbündnis und spezielle transaktionsanalytische Behandlungsverträge in Bezug auf die verschiedenen Stadien des Therapieprozesses, Übertragung und Gegenübertragung und deren Analyse im Therapieverlauf (20 Std.),
- psychotherapeutische Grundhaltung und Ethik, Methoden und Techniken des therapeutischen Gesprächs in der Einzel- und Gruppentherapie unter Berücksichtigung spezifischer Interventionen bei neurotischen, psychotischen und psychosomatischen Erscheinungsbildern, transaktionsanalytische Erlaubnis und Erlaubnistransaktionen (20 Std.),
- Planung der Therapie gemäß transaktionsanalytischer Differentialdiagnostik unter Einbeziehung der Körpersprache, Gestaltung des therapeutischen Settings, Phasen und Stadien der Therapie (20 Std.),
- Krisenintervention: neurotische, psychotische und lebenszyklische Krisen, suizidale und homizidale Krisen, spezielle Techniken, Umgang mit öffentlichen Kontaktstellen der Krisenintervention, Grundlagen der Begleitung bei schwerer Krankheit und Tod (20 Std.).

3. Persönlichkeits- und Interaktionstheorie (50 Std.), davon

- Theorie der Struktur und Dynamik der Persönlichkeit: Ich-Zustände, Ich-System, Ich-Zustandspathologien, Struktur- und Funktionspathologie, Pathologie der Kathexis (15 Std.),
- Theorie der Gestaltung von Beziehungen: Kommunikation, Transaktionen, Spiele (15 Std.) und
- Theorie der Lebensgestaltung: Skript, Racketsystem (20 Std.).

4. Psychotherapeutische Literatur (40 Std.) in Form von Literaturseminaren, Peergruppenarbeit, Referaten und Teilnahme an Kongressen.
5. Schwerpunktbildung (60 Std.), davon

- Theorie und Technik der Traumarbeit, Kennenlernen kreativer Medien (15 Std.),
- Theorie und Technik der Arbeit mit Anteilen des Eltern-Ich-Zustands, spezielle transaktionsanalytische Beelterungstechniken (15 Std.),
- Methoden des Durcharbeitens traumatischer Fixierungen im Kindheits-Ich-Zustand, erlebnisorientierte Techniken (15 Std.) und

- Einbeziehung der Familie und des sozialen Umfelds in die Behandlung und den Therapieverlauf (15 Std.).

c) Psychotherapeutische Tätigkeit unter Supervision

Diese (mind. 600 Std.) ist gebunden an die Absolvierung des überwiegenden Teils der Theorie und der Lehranalyse sowie die Überprüfung der persönlichen Eignung und der theoretischen und therapiepraktischen Kompetenz in einem Gespräch mit 2 Mitgliedern des Lehrkollegiums.

d) Supervision der psychotherapeutischen Tätigkeit

Die begleitende Supervision (mind. 120 Std.) soll gleichmäßig auf die Dauer der psychotherapeutischen Tätigkeit im Kontrollstadium aufgeteilt werden, mind. jedoch 20 Std./Jahr betragen. Sie findet in Form von Einzel-, Gruppen- und/oder Livesupervision statt. Mind. 2 supervidierte Fälle müssen sich über einen längeren Zeitraum erstrecken, von denen einer für die Abschlussprüfung vorgesehen werden kann.

e) Praktikum

Mind. 550 Std.

f) Praktikumsupervision

Mind. 30 Std.

5. Evaluierung und Ausbildungsabschluss

Die Ausbildungsschritte werden jährlich durch das Lehrkollegium evaluiert und die Selbst- und Fremdwahrnehmung gemeinsam mit dem/der AusbildungsbegleiterIn reflektiert.

Der Abschluss der fachspezifischen Ausbildung umfasst eine schriftliche Fallarbeit im Umfang von 35 bis 65 Seiten sowie eine kommissionelle Prüfung, in der über die Abschlussarbeit und Prüfungsbänder die therapeutische Arbeit diskutiert und besprochen wird.

Bei der ITAP ist es möglich, zusätzlich PrüfungssupervisorInnen der EATA zuzuziehen und so das Zertifikat der EATA zu erwerben.

6. Dauer und Kosten

Die Gesamtdauer der Ausbildung beträgt 5–7 Jahre.

An Gesamtkosten für die Ausbildung ist bei der ITAP mit mind. € 21.100,– und beim ÖATA mit mind. € 26.200,– zu rechnen. Jährlich ist ein für alle Mitglieder einheitlicher Mitgliedsbeitrag in der Höhe von € 181,– (ITAP) bzw. € 182,– (ÖATA) zu entrichten.

		Tagessatz/ Stundensatz	Stunden (mind.)	Gesamt (mind.)
Ausbildungskosten				
Eigentherapie (Einzel)	ÖATA	€ 60,– bis € 75,–	160	€ 9.600,–
	ITAP	€ 65,–	120	€ 7.800,–
Gruppenselbsterfahrung	ÖATA	€ 30,–bis € 40,–	40	€ 1.200,–
	ITAP	€ 15,–	80	€ 1.200,–
Theorie	ÖATA	€ 12,– bis € 15,–	325	€ 3.900,–
	ITAP	€ 15,–	325	€ 4.875,–
Einzelsupervision	ÖATA	€ 65,– bis € 80,–	100	€ 6.500,–
	ITAP	€ 65,–	30	€ 1.950,–
Gruppensupervision	ÖATA	€ 40,– bis € 50,–	20	€ 800,–
	ITAP	€ 15,–	90	€ 1.350,–
Praktikumsupervision	ÖATA	€ 65,– bis € 80,–	30	€ 1.950,–
	ITAP	€ 65,–	30	€ 1.950,–
Zusatzkosten				
Aufnahmekosten	ÖATA	€ 220,–		€ 220,–
	ITAP	€ 70,–		€ 70,–
Aufnahmegespräche bzw. -seminar	ÖATA	€ 225,–		€ 225,–
	ITAP	€ 390,–		€ 390,–
Mitgliedsbeitrag	ÖATA	€ 182,–/Jahr	5 Jahre	€ 910,–
	ITAP	€ 181,–/Jahr	5 Jahre	€ 905,–
Sonstige Kosten:				
Einführungskurs	ÖATA	€ 170,–		€ 170,–
	ITAP			
Prüfungsgebühr	ÖATA	€ 770,–		€ 770,–
	ITAP	€ 580,–		€ 580,–
Gesamtkosten	**ÖATA**			**€ 26.245,–**
	ITAP			**€ 21.100,–**

7. AusbildnerInnen

LehrtherapeutInnen mit voller Lehrbefugnis können nach mind. 5 Jahren psychotherapeutischer Tätigkeit nach Eintragung in die Psychotherapeutenliste des Ministeriums, dem Nachweis von wissenschaftlicher Arbeit und Publikationen sowie der Absolvierung spezifischer Seminare zur Lehrtätigkeit vom Ausbildungsverein und den entsprechenden Gremien bestellt werden.

Die partielle Lehrbefugnis bezieht sich auf die Durchführung von Lehranalysen, Supervisionen und/oder spezifischen Theorie- und Technikseminaren.

GastdozentInnen werden für einzelne Seminare mit bestimmten Aufgaben und Ausbildungsinhalten bestellt.

- Zahl der AusbildnerInnen (LehrtherapeutInnen) mit voller Lehrbefugnis (Stichtag 1. 6. 2005): ÖATA 5/ITAP 10
- Zahl der AusbildnerInnen (LehrtherapeutInnen) mit partieller Lehrbefugnis (Stichtag 1. 6. 2005): ÖATA 3/ITAP 5
- Zahl der GastdozentInnen (im Zeitraum 1. 6. 2004 – 1. 6. 2005): ÖATA 2/ITAP 2

AusbildnerInnen (LehrtherapeutInnen) mit voller Lehrbefugnis (Stand 1. 6. 2005):

ÖATA:

Manfred Gurtner, Mag. Dr., Psychologe, Salzburg
Helga Krückl, Mag. Dr., Lehrerin, Psychologin, Perg (OÖ)
Ingo Rath, Mag. Dr., Psychologe, Didaktiker, Linz
Gerhard Springer, Dipl.-Theol., Theologe; Salzburg
Renate Stöger, Dr., Psychiaterin, Salzburg

ITAP:

Elisabeth Benda-Thaa, Lehrerin, Wien
Amanda Berghold-Straka, Mag., Sozial-, Heil- und Sonderpädagogin, Wien
Gerhard Buchinger, Dr., Psychologe, Graz
Rainer Dirnberger, Mag., Psychologe, Graz
Nada Jabandzic, Mag. Dr., Psychologin, Klagenfurt
Sadmir Jabandzic, Dr., Psychiater, Klagenfurt
Roswitha Noe-Legenstein, Dr., Psychologin, Graz
Franz Nuschei, Lehrer, Wien
Almut Rottenbacher, Mag., Psychologin, Graz
Ruth Yu-Szammer, Mag., Sozialpädagogin, Wiener Neustadt (NÖ)

V. Gesamtbetrachtung

Die Ausbildung in Transaktionsanalytischer Psychotherapie wird in Österreich von ÖATA und ITAP, 2 Mitgliedervereinen der Arbeitsgemeinschaft Transaktionsanalyse, die seit Ende 1994 als Ausbildungseinrichtung für Transaktionsanalytische Psychotherapie anerkannt ist, angeboten. Die Gesamtdauer beträgt 5 bis 7 Jahre.

ÖATA und ITAP haben ein gemeinsames transaktionsanalytisches Rahmencurriculum auf tiefenpsychologischer Basis, sind aber verschiedenen Schwerpunkten verpflichtet, der ÖATA dem tiefenpsychologisch-analytischen, das ITAP dem verhaltens- und erlebnisorientierten humanistischen Schwerpunkt.

Der ÖATA bietet die Ausbildung in jeweils für ein Jahr geschlossenen Ausbildungsgruppen an, die eine persönliche und individuelle Betreuung begünstigen. Das ITAP bietet die Ausbildung in einem Modulsystem an, das einigen Freiraum bei der individuellen Gestaltung zulässt.

Die Lehranalyse und die Supervision der psychotherapeutischen Arbeit finden beim ÖATA schwerpunktmäßig im Zweiersetting, beim ITAP schwerpunktmäßig in Gruppen statt, was sich auch in den Ausbildungskosten niederschlägt. Im Zweiersetting werden die Übertragungs- und Gegenübertragungsreaktionen und damit der tiefenpsychologische Hintergrund des Beziehungsgeschehens leichter fassbar, in der Gruppe werden die Muster des Verhaltens und Erlebens in verschiedenen Beziehungen deutlich und fassbar.

Kontaktadressen

ITAP
Mag. Amanda Berghold-Straka
(Vorsitzende der ARGE TA)
Ferrogasse 50/9, 1180 Wien
Tel. 01/470 05 78
E-Mail: itap@utanet.at
www.itap.at

ITAP
Ingrid Schweiger
(Vorsitzende ITAP)
Sternwirtweg 22 B
8047 Graz
Tel. 0664/390 76 47

ÖATA Geschäftsstelle
Brigitte Gratz
(Vorsitzende)
Stadtplatz 11
4600 Wels
Tel./Fax 07242/22 43 46, Tel. 0664/324 96 71
E-Mail: oeata@aon.at
www.oeata-transaktionsanalyse.at

ÖATA
Dr. Manfred Gurtner
(Leiter des Lehrkollegiums)
Vierthalerstraße 8/2
5020 Salzburg
Tel. 0662/87 05 23
E-Mail: manfred.gurtner@sbg.at

Arbeitsgemeinschaft für Verhaltensmodifikation (AVM)*

Die AVM versteht sich als Einrichtung zur Förderung der Verhaltenstherapie und Klinischen und Gesundheitspsychologie durch Aus-, Fort- und Weiterbildungen und durch Tagungen und Kongresse. Alle Veranstaltungen werden durch das AVM-eigene Institut für Verhaltenstherapie durchgeführt.

Die AVM hat ihren Sitz in Salzburg und ist in 7 regionalen Arbeitskreisen (Graz, Innsbruck, Klagenfurt, Liezen, Linz, Salzburg, Wien) organisiert.

Methode und Methodenverständnis

Die Verhaltenstherapie entstand in den 1950er-Jahren im angloamerikanischen Bereich, breitete sich rasch aus und kam in den 1960er- und 1970er-Jahren nach Deutschland und Österreich. In den 1960er-Jahren fand eine Erweiterung statt, die „kognitive Wende": Fortan wurden auch innere Prozesse wie Gedanken, Gefühle und Vorstellungen integriert – daher das Etikett „kognitive Verhaltenstherapie". In den 1980er- und 1990er-Jahren kam es zur sogenannten „klinischen Wende", in der die Verhaltenstherapie – auch als „Verhaltensmedizin" – Methoden zur Behandlung spezifischer psychischer und organischer Störungen/Krankheiten entwickelte.

Das Methodenverständnis der AVM orientiert sich an gewünschten Veränderungen im Erleben und Verhalten von Patienten und unterstützt diese dabei, gesteckte Ziele zu erreichen. Zentrale Ziele sind die Veränderung hinderlicher Denk- und Verhaltensmuster sowie das Erlernen zielführender Strategien; damit sollen Patienten generell mehr Kontrolle über ihr Leben bekommen.

Die Ausbildung qualifiziert für die Arbeit mit Einzelpersonen, Eltern, Kindern, Paaren, Familien und Gruppen.

I. Geschichte

Die Arbeitsgemeinschaft für Verhaltensmodifikation (AVM) wurde 1976 gegründet und bietet seit dieser Zeit Ausbildung in Verhaltenstherapie an. Seit August 1994 ist sie als fachspezifische Ausbildungseinrichtung für Verhaltenstherapie anerkannt. Seit 1997 ist sie auch als Ausbildungseinrichtung für Klinische und Gesundheitspsychologie nach dem Psychologengesetz akkreditiert. Seit 1994 werden alle Ausbildungen (sowie die Fort- und Weiterbildungen) durch das AVM-eigene „Institut für Verhaltenstherapie" durchgeführt.

* Diese Darstellung basiert auf dem Text von Peter Floquet aus der Erstauflage (1995); Aktualisierung und ergänzende Überarbeitung mit Unterstützung von Anton-Rupert Laireiter, Roswitha Gangl und Liselotte Mäni Kogler.

II. Organisationsstruktur

Zur Durchführung ihrer Ausbildung besitzt die AVM verschiedene Strukturen mit unterschiedlichen Aufgaben: Das Institut für Verhaltenstherapie gemeinn. Ges.m.b.H. ist die Trägerin der Ausbildung. Seine Geschäftsführung organisiert alle Ausbildungsveranstaltungen und dient als Drehscheibe für Informationen, Anfragen und Beschwerden. Ausbildungsinteressenten wenden sich an diese. Die Ausbildungsleitung ist für die Inhalte der Ausbildung, deren Qualitätssicherung sowie für Anrechnungen und die Kontrolle der ordnungsgemäßen Durchführung verantwortlich. Sie arbeitet eng mit dem Ausbildungsverantwortlichen und Anerkennungs-Gremium (AVNG) zusammen, das für die regelmäßige Modifikation des Ausbildungsmodells und die Anerkennung von Aus- und Weiterbildungen zuständig ist. Die LehrtherapeutInnen sind die Vermittler der Ausbildung. Die regionalen Arbeitskreise und deren Leitungen sind für die regionale „Verortung" der Ausbildungsteilnehmer verantwortlich. Sie organisieren AK-Treffen, in denen Fortbildung betrieben und Informationen ausgetauscht werden. Auch haben die AusbildungsteilnehmerInnen hier eigene Fälle vorzustellen. Die Ethikkommission ist für die Einhaltung der ethischen Grundsätze der Verhaltenstherapie zuständig und hat auch die Funktion einer Beschwerdestelle, an die sich AusbildungsteilnehmerInnen wenden können.

Daten zur Ausbildungseinrichtung

• Zahl der Mitglieder mit absolvierter psychotherapeutischer Ausbildung (Stichtag 1. 1. 2005):	163
• Aktuelle Zahl der AusbildungsteilnehmerInnen (Stichtag 1. 6. 2005):	86
• Zahl der AusbildungsteilnehmerInnen im Status „Psychotherapeut/in in Ausbildung unter Supervision" (Stichtag 1. 6. 2005):	37
• Zahl der Aufnahmen in die psychotherapeutische Ausbildung im letzten Jahr (1. 6. 2004 – 1. 6. 2005):	18
• Zahl der Aufnahmen in die psychotherapeutische Ausbildung in den letzten 5 Jahren (1. 6. 2000 – 1. 6. 2005):	78
• Zahl der Abschlüsse der psychotherapeutischen Ausbildung (1. 6. 2000 – 1. 6. 2005):	33
• Zahl jener AusbildungsabsolventInnen, die mit der entsprechenden Zusatzbezeichnung derzeit (Stand 1. 6. 2005) in die Psychotherapeutenliste eingetragen sind:	239

III. Veröffentlichungen, Veranstaltungen, Kontakte

Veröffentlichungen: Von 1979 bis 2005 war die Zeitschrift *Verhaltensmodifikation und Verhaltensmedizin* das Mitteilungsorgan der AVM, seit 2005 ist es die Zeitschrift *Verhaltenstherapie*. 2003 wurde in Zusammenarbeit mit der Österreichischen Gesellschaft für Verhaltenstherapie (ÖGVT) eine Zusammenstellung der Forschungsarbeiten in den Jahren 1997 bis 2002 zur internationalen Weiterentwicklung der Verhaltenstherapie erstellt.

Veranstaltungen: Die erste Tagung der AVM fand 1984 zum Thema „Misserfolg in der Verhaltenstherapie" statt. Es folgten Tagungen in Zusammenarbeit mit der Deutschen Gesellschaft für Verhaltenstherapie (DGVT) in Berlin (1990–1994) und der Österreichischen Gesellschaft für Verhaltenstherapie (ÖGVT) („Internationale Verhaltenstherapietage" 1995 und 1997 in Graz). Seit 1998 („Entwicklungsimpulse der Verhaltenstherapie") führt die AVM regelmäßig wissenschaftliche Tagungen durch, seit 2002 im Jahresabstand:
(2002) „Verhaltenstherapie in der Praxis", Salzburg
(2003) „Verhaltenstherapie im klinischen Alltag", Wien
(2004) „Verhaltenstherapie im Lebenszyklus", Graz
(2005) „Verhaltenstherapie, Körper und Psychosomatik", Salzburg

Kontakte: Enge Zusammenarbeit in Österreich mit der ÖGVT, Gründung des Österreichischen Dachverbandes für Verhaltenstherapie (ÖDVT). International Zusammenarbeit mit der Deutschen Gesellschaft für Verhaltenstherapie (DGVT) und mit der AVM in Deutschland und der Schweiz. Mitglied der European Association of Behavioral and Cognitive Therapies (EABCT) und des Verbandes Wissenschaftlicher Gesellschaften Österreichs (VWGÖ). Enge Kontakte zur universitären Psychologie in Österreich und Deutschland.

IV. Ausbildung

1. Aufnahmebedingungen

Die Ausbildung in Verhaltenstherapie ist neben formalen Kriterien an persönliche Voraussetzungen gebunden: Belastbarkeit, Reflexionsvermögen, Kommunikationsfähigkeit, Interesse an Menschen, Ziel- und Problemorientiertheit in der Auffassung von Psychotherapie. Ausschlusskriterien: unreflektierter Umgang mit persönlichen Problemen, psychische Auffälligkeiten, dissoziales Verhalten, schwere Persönlichkeitsstörungen. Die Mitgliedschaft in der AVM ist Bedingung für die Teilnahme an der Ausbildung.

2. Aufnahmemodus

Die Aufnahme in die Ausbildung erfolgt über einen 2-tägigen Aufnahmeworkshop, bei dem 3 persönliche Eignungsgespräche mit LehrtherapeutInnen mit voller Lehrbefugnis und dem Ausbildungsleiter, seinerseits ein Lehrtherapeut mit voller Lehrbefugnis, zu führen sind. Das Ergebnis ist eine Empfehlung an den Vorstand, die eine Aufnahme mit oder ohne Auflagen bzw. eine Zurückstellung oder Ablehnung der Aufnahme beinhaltet.

3. Ausbildungsrahmen, -ablauf und -vertrag

Die Ausbildung wird in einem 8-semestrigen berufsbegleitenden Lehrgang durchgeführt. Die Ausbildung in Theorie und Methodik erfolgt kombiniert in Workshops, unterrichteten Kleingruppen und begleitendem Literaturselbststudium. Der Selbsterfahrungsteil ist von der übrigen Ausbildung getrennt. In den ersten beiden Semestern werden die theoretischen, methodischen und interpersonalen Grundlagen der Verhaltenstherapie vermittelt, im 3. und 4. Semester das methodische Vorgehen bei den wichtigsten Störungsbildern. Ab dem 5. Semester erfolgt die theoretische und methodische Ausbildung parallel zur eigenständigen psychotherapeutischen Tätigkeit unter Supervision. Im 5. und 6. Semester werden weitere wichtige Störungsbilder sowie praxisbezogene Themen vermittelt (Rahmenbedingungen, Dokumentation, Evaluation, schwierige Therapiesituationen), im 7. und 8. Semester das methodische Vorgehen bei Kindern, Jugendlichen und alten Menschen sowie bei Paaren, Familien und Gruppen.

4. Ausbildungsinhalte

a) Selbsterfahrung

200 Std., davon mind. 50 Std. im Einzel- und mind. 100 Std. im Gruppensetting.

b) Theorie und Methodik

Dieser Teil (insgesamt 610 Std.) verteilt sich auf 2 Abschnitte:
1. Basiskompetenzen der Verhaltenstherapie (375 Std.):
Inhalte: Theoretische und methodische Grundlagen; therapeutischer Prozess und therapeutische Beziehung, Diagnostik, Standardmethoden, Psychopathologie, Psychopharmakologie und Klinische Diagnostik, Angststörungen, Zwangsstörungen, Depression, Persönlichkeitsstörungen, psychotische Störungen. Die praktischen und methodischen Inhalte dieses Abschnittes werden in Workshops und in von LehrtherapeutInnen geleiteten Kleingruppen unterrichtet. Die Wissensinhalte haben sich die AusbildungsteilnehmerInnen in eigenständigem Literaturstudium selbst anzueignen und in einer mündlichen Prüfung ihr Wissen zu dokumentieren.
2. Klinische Anwendungen, spezifische Therapiemodalitäten und Altersgruppen (235 Std.) (begleitend zur eigenständigen Psychotherapie unter Supervision):
Inhalte: Theoretische und methodische Grundlagen der Anwendung der VT; Essstörungen, Umgang mit Suizid und Krisen, stoffgebundene Abhängigkeiten, Verhaltensmedizin, somatoforme Störungen, sexuelle Störungen; Verhaltenstherapie bei Kindern, Jugendlichen und alten Menschen; Paar-, Familien- und Gruppentherapie in der Verhaltenstherapie. Vertiefungsseminare: Praxiseinführung, Dokumentation und Evaluation, schwierige Therapiesituationen. Auch hier werden das praktische Vorgehen und die Methoden in

Workshops und Kleingruppen eingeübt, die Wissensinhalte sind durch die AusbildungsteilnehmerInnen in eigenständigem Literaturstudium zu erarbeiten und werden wieder in einer mündlichen Prüfung evaluiert.

c) Psychotherapeutische Tätigkeit unter Supervision (700 Std.)

Beginn nach Erfüllung folgender Kriterien:

- Absolvierung der ersten 4 Ausbildungssemester
- mind. 50 Std. Einzel- oder Gruppenselbsterfahrung
- mind. 50 % des psychotherapeutischen Praktikums sowie
- mind. 50 % der begleitenden Praktikumsupervision
- Vorlegen von 2 Empfehlungen zur Weiterführung der Ausbildung nach dem 1. und 2. Ausbildungsjahr inkl. einer Empfehlung zur Zulassung zur Psychotherapie unter Supervision durch den/die KleingruppenlehrtherapeutIn des ersten Ausbildungsabschnittes und
- Absolvierung der Prüfung zum 1. Ausbildungsabschnitt.

d) Supervision der psychotherapeutischen Tätigkeit

Die Supervision der eigenen psychotherapeutischen Tätigkeit erfolgt im Einzel- (mind. 50 Std.) und im Gruppensetting (max. 3 Personen; max. 70 Std.) in der Dauer von insgesamt 120 Std. und ist bei mind. 2 LehrtherapeutInnen zu absolvieren.

e) Praktikum

Mind. 550 Std.

f) Praktikumsupervision

Die Praktikumsupervision (30 Std.) erfolgt im Einzel- oder Kleingruppensetting (max. 3 Personen) über die Gesamtdauer des Praktikums.

5. Evaluierung und Ausbildungsabschluss

Zur Evaluation des Erwerbs von theoretischen und praktischen Kompetenzen werden 2 Prüfungen von LehrtherapeutInnen unter Beisitz eines Mitglieds der Leitung des jeweiligen Arbeitskreises durchgeführt. Ihr Gegenstand ist der Stoff des jeweiligen Abschnittes.

Die Entwicklung der persönlichen und zwischenmenschlichen Kompetenzen wird ausbildungsbegleitend kontinuierlich durch die LehrtherapeutInnen evaluiert, im ersten Abschnitt durch die KleingruppenlehrtherapeutInnen auf der Basis kontinuierlicher Beobachtungen in Form zweier Rückmeldegespräche am Ende eines jeden Ausbildungsjahres. Im 2. Ausbildungsabschnitt ist diese Aufgabe den SupervisorInnen übertragen.

Alle Ausbildungsworkshops und die Gruppenselbsterfahrung werden durch ein spezifisches Feedbacksystem ebenfalls einer begleitenden Evaluierung unterzogen.

Nach Absolvierung aller Ausbildungselemente kann das Anerkennungsverfahren eingeleitet werden, das folgende Kriterien und Schritte umfasst:

- Durchführung von mind. 2 Evaluationsgesprächen mit den SupervisorInnen der eigenen psychotherapeutischen Tätigkeit, die eine persönliche Rückmeldung zur persönlichen und fachlichen Entwicklung abgeben und eine Zulassung zum Abschluss der Ausbildung empfehlen,
- Vorlage von 4 nach einer vorgegebenen Struktur abgefassten schriftlichen Fallberichten an das AVNG, das von den LehrtherapeutInnen schriftliche Gutachten dazu einholt,
- Abhaltung eines Abschlussvortrages im Rahmen des regionalen Arbeitskreises vor mind. 2 LehrtherapeutInnen, die dessen Qualität beurteilen.

Die Erfüllung der Kriterien wird von der Ausbildungsleitung geprüft, diese stellt das Abschlusszertifikat und die Ausbildungsbestätigung aus. Die Anerkennung der Ausbildung erfolgt auf Empfehlung der Ausbildungsleitung durch das AVNG und den Vorstand.

6. Dauer und Kosten

	Tagessatz/ Stundensatz	**Stunden (mind.)**	**Gesamt (mind.)**
Ausbildungskosten			
(über das Institut für Verhaltenstherapie): Theorie + Methodik Gruppenselbsterfahrung		315 150	€ 11.200,–
Eigentherapie (Einzel)	€ 40,– bis € 60,–	50	2.000,– bis € 3.000,–
Einzelsupervision	€ 40,– bis € 60,–	50	€ 2.000,– bis € 3.000,–
Ausbildungskleingruppen (max. 6 Teiln.)	€ 7,50 bis € 10,80	175	€ 1.312,– bis € 1.895,–
Praxisanleitung und Supervision (max. 3 Personen)	€ 15,– bis € 21,70	70	€ 1.050,– bis € 1.520,–
Praktikumsupervision (Einzel oder Kleingruppe bis max. 3 Personen)	€ 15,– bis € 21,70	30	€ 450,– bis € 650,–
Zusatzkosten			
Aufnahmeseminar		15	€ 233,–
Mitgliedsbeitrag	€ 125,–/Jahr	4 Jahre	€ 500,–
Fallbegutachtung	€ 50,–/Fall	4 Fälle	€ 200,–
Gesamtkosten			**€ 18.945,– bis € 22.198,–**

Die Mindestausbildungsdauer beträgt 4 Jahre, die durchschnittliche Ausbildungsdauer etwa 5–6 Jahre.

Die Gesamtkosten der Ausbildung betragen ca. € 23.000,–. Der Mitgliedsbeitrag beträgt € 125,– jährlich (für StudentInnen, Arbeitslose und Karenzierte ermäßigt € 90,–). Die Kosten für die vom Institut für Verhaltenstherapie organisierten Ausbildungsveranstaltungen (315 Std. Theorie und Methodik sowie 150 Std. Gruppenselbsterfahrung), die in den Gesamtkosten bereits enthalten sind, belaufen sich auf € 11.200,–. Diese Summe ist in 8 Teilbeträgen zu je € 1.400,– zu entrichten.

Die Kosten für die Ausbildungskleingruppen und die Supervisionsgruppen hängen von der Gruppengröße ab: Die in der Tabelle genannten Zahlen verstehen sich als Stundensätze pro Gruppenstunde, die durch die Anzahl der Gruppenmitglieder geteilt werden.

7. AusbildnerInnen

LehrtherapeutInnen mit partieller Lehrbefugnis, die die Qualifikation einer LehrtherapeutIn mit voller Lehrbefugnis erreichen wollen, sind „LehrtherapeutInnen in Weiterbildung". Personen, die diesen Status besitzen, nehmen an Weiterbildungsveranstaltungen teil und dürfen an Ausbildungsveranstaltungen von LehrtherapeutInnen mit voller Lehrbefugnis teilnehmen (z.B. Kleingruppen, Workshops, Selbsterfahrungsgruppen, Supervision). Die Weiterbildung dauert 2 Jahre. Zum angegebenen Zeitpunkt befanden sich 6 LehrtherapeutInnen in Weiterbildung.

• Zahl der AusbildnerInnen (LehrtherapeutInnen) mit voller Lehrbefugnis (Stichtag 1. 6. 2005):	25
• Zahl der AusbildnerInnen (LehrtherapeutInnen) mit partieller Lehrbefugnis (Stichtag 1. 6. 2005):	7
• Zahl der GastdozentInnen (im Zeitraum 1. 6. 2004 – 1. 6. 2005):	7

AusbildnerInnen (LehrtherapeutInnen) mit voller Lehrbefugnis (Stand 1. 6. 2005):

Salzburg:

Gabriele Amann, a.o. Univ.-Prof. Dr., Psychologin
Wolfgang Hölzle, Dr., Psychologe
Berthold Judendorfer, Dr., Psychologe
Anton-Rupert Laireiter, Ass.-Prof. Dr., Psychologe
Bernd Magenau, Dr., Psychologe
Christa Reinecker-Hecht, Dr., Psychologin
Jutta Stadlbauer, Dr., Psychologin
Bettina Waldhelm-Auer, Dr., Psychologin

Graz:
Josef Egger, Univ.-Prof. Dr., Psychologe
Eva Egger-Zeidner, Dr., Psychologin
Liselotte Mäni Kogler, Dr., Psychologin
Ilse Müller, Mag., AHS-Lehrerin, Biologin
Rudolf Skatsche, Dr., Psychologe
Ursula Viktoria Wisiak, a.o. Univ.-Prof. Dr., Psychologin
Klagenfurt:
Andrea Fahlböck, Mag., Psychologin
Sigrid Lexel-Gartner, Dr., Psychologin
Walter Renner, Dr., Psychologe
Volker Roder, Dr., Dipl.-Psych., Psychologe
Ulrike Rolles, DDr., Psychologin, Ärztin
Wolfgang Springer, Mag., Psychologe
Wien:
Sevin Cayiroglu, Dr., Psychologin
Gerald Gatterer, Dr., Psychologe
Andrea Mayrhofer, Dr., Psychologin
Innsbruck:
Verena Günther, a.o. Univ.-Prof., Dr., Psychologin
Walter Renner, Dr., Psychologe
Linz:
Irene Schneider, Dr., Psychologin

V. Gesamtbetrachtung

Die Ausbildung der AVM ist relativ straff und übersichtlich organisiert. Charakteristisch ist ihre Durchführung in einem 8-semestrigen Kurssystem. Beachtenswert ist, dass die AVM speziell in der Vermittlung der Theorie den Mindestrahmen des Psychotherapiegesetzes um mehr als das Doppelte überschreitet. Zudem hat die AVM ihre vom Psychotherapiegesetz vorgesehene Schwerpunktbildung in der psychotherapeutischen Tätigkeit während der Ausbildung (700 statt 600 Std.). Hingegen ist das Ausmaß der Selbsterfahrung auf das Mindestmaß beschränkt. Speziell der Umfang der Selbsterfahrung im Einzelsetting ist gering bemessen, was dem kognitiv-behavioralen Methodenverständnis entspricht.

Bezeichnend für die enge Anlehnung an die (akademische) Psychologie ist der Umstand, dass der Anteil der PsychologInnen im Lehrpersonal nahezu 100 % beträgt.

Aufgrund der Vereinsstruktur, welche regionale Arbeitskreise vorsieht, kann die Ausbildung flächendeckend für das ganze Bundesgebiet angeboten werden.

Kontaktadressen

Arbeitsgemeinschaft für Verhaltensmodifikation (AVM)
Institut für Verhaltenstherapie gemeinnützige GesmbH
Verein:
Vierthalerstraße 8/2/8
5020 Salzburg
Tel./Fax 0662/88 41 66
Bürozeiten: Mo und Mi 9–12, Di und Do 15–18 Uhr
E-Mail: office@verhaltenstherapie-avm.at
www.verhaltenstherapie-avm.at
Institut:
E-Mail: institut.vt@utanet.at
www.verhaltenstherapie.at

Österreichische Gesellschaft für Verhaltenstherapie (ÖGVT)*

Die ÖGVT bietet ihre fachspezifische Ausbildung an mehreren Standorten an, nämlich in Wien, Vorarlberg (Schloss Hofen), Tirol (Innsbruck) sowie in der Steiermark (Graz).

Methode und Methodenverständnis

Die Lehrenden der ÖGVT vertreten einen verhaltenstherapeutischen Behandlungsansatz, der die komplexen Wechselwirkungen zwischen emotionalem Erleben, gedanklicher Verarbeitung und interaktiven Erfahrungen mit der Umwelt aufgreift. Den Erfahrungen in den zentralen zwischenmenschlichen Beziehungen wird hierbei ein besonderes Gewicht zugemessen. Diese lassen Erwartungen in Form von Schemata entstehen, welche die Erlebnis- und Verhaltensweisen in Beziehungen strukturieren. Obwohl in diesem Sinn die Lebensgeschichte für das Verständnis der individuellen Problematik als bedeutsam anerkannt wird, betont der verhaltenstherapeutische Behandlungsansatz zuvorderst die Suche nach einem adaptiveren Umgang mit den aktuellen Problemen des Lebens. Der Therapieprozess ist lösungsorientiert, fördert entwicklungsnotwendige emotionale Prozesse und erarbeitet hilfreichere gedankliche Verarbeitungsweisen. Es werden neue Erfahrungen ermöglicht und die Erprobung alternativen Verhaltens in konkreten Lebenssituationen angeregt.

Die vertretene Verhaltenstherapie zeichnet sich also dadurch aus, dass zwischenmenschlichen Beziehungen eine große Bedeutung für die menschliche Entwicklung beigemessen wird und somit auch der Gestaltung der therapeutischen Beziehung. Außerdem wird ein breites Methodenspektrum angewandt, das offen ist für die Integration einzelner Techniken aus anderen Schulen.

I. Geschichte

Als Vorläufer der ÖGVT entstand an der Wiener Universitätsklinik für Psychiatrie unter der Leitung des damaligen Vorstandes P. Berner eine Arbeitsgruppe, die sich aus Professoren der Psychiatrie und Psychologie (Wien, Graz, Salzburg) sowie praktisch tätigen PsychologInnen zusammensetzte. H.G. Zapotoczky übernahm damals die Leitung einer Station für Ver-

* Text der Darstellung in der Erstauflage (1995) von Andrea Fritsch; Aktualisierung bzw. ergänzende Überarbeitung mit Unterstützung von Erwin Parfy und Bibiane Schuch.

haltenstherapie, von der bis heute wesentliche Entwicklungsimpulse ausgehen.

Die wissenschaftliche Fundierung der Verhaltenstherapie als auch die international bekannt gewordenen Erfolge im klinischen Bereich waren ein wichtiges Motiv für das Interesse an dieser Methode, die zudem ein deutliches Gegengewicht zur Psychoanalyse versprach.

Die Österreichische Gesellschaft für Verhaltenstherapie (ÖGVT) wurde schließlich 1971 in Wien gegründet.

Das Ausbildungsangebot hat sich im Laufe der Zeit sehr erweitert. Seit 1987 ist Selbsterfahrung verpflichtender Teil der Ausbildung. Waren es ursprünglich nur 30 Einheiten, verlangt die heutige Ausbildung 350 (im Einzel- und Gruppensetting). Die definitive Anerkennung als fachspezifische Ausbildungseinrichtung erfolgte 1994.

Vor Inkrafttreten des Psychotherapiegesetzes waren nur Ärzte und Psychologen für die Ausbildung zugelassen. Die Ausbildung war auf diese Berufsgruppen und deren klinisches Wissen abgestimmt. Viele Ausbildungsteile des heutigen Curriculums konnten vorausgesetzt werden. Die Zugangsbeschränkungen wurden durch das Psychotherapiegesetz aufgehoben, was eine beträchtliche Erweiterung der Lehrinhalte zur Folge hatte. Klinisches Verständnis sowie eine Identifikation mit der wissenschaftlichen Fundierung der Verhaltenstherapie ist jedoch nach wie vor eine wichtige Voraussetzung für eine erfolgreiche Ausbildung.

II. Organisationsstruktur

Alle KandidatInnen sind außerordentliche Mitglieder des Vereins. KandidatInnenstatus erreicht man nach erfolgreich absolvierter Aufnahmeprozedur. Ist die Ausbildung abgeschlossen, kann um eine ordentliche Mitgliedschaft angesucht werden. Für alle Ausbildungsfragen innerhalb des Vereins ist die Ausbildungskommission zuständig.

Seit 1994 steht den außerordentlichen Mitgliedern das aktive Wahlrecht für alle Gremien zu, seit 2003 auch das passive Wahlrecht. Ein Sitz im Vorstand ist einem/r AusbildungskandidatIn vorbehalten, der/die im Zuge der Vorstandswahl von den außerordentlichen Mitgliedern gewählt wird.

Zusätzliche Aktivitäten im Bereich Verhaltensmedizin sowie Kinder- und Jugendtherapie aber auch verbesserte, regelmäßigere Informationen an die Mitglieder oder die Einrichtung einer eigenen Bibliothek und Videothek wurden durch die Einrichtung eines Büros erleichtert.

Daten zur Ausbildungseinrichtung

- Zahl der Mitglieder mit absolvierter psychotherapeutischer Ausbildung (Stichtag 1. 1. 2005): 249
- Aktuelle Zahl der AusbildungsteilnehmerInnen (Stichtag 1. 6. 2005): 122
- Zahl der AusbildungsteilnehmerInnen im Status „Psychotherapeut/in in Ausbildung unter Supervision" (Stichtag 1. 6. 2005): 88
- Zahl der Aufnahmen in die psychotherapeutische Ausbildung im letzten Jahr (1. 6. 2004 – 1. 6. 2005): 40
- Zahl der Aufnahmen in die psychotherapeutische Ausbildung in den letzten 5 Jahren (1. 6. 2000 – 1. 6. 2005): 97
- Zahl der Abschlüsse der psychotherapeutischen Ausbildung (1. 6. 2000 – 1. 6. 2005): 45
- Zahl jener AusbildungsabsolventInnen, die mit der entsprechenden Zusatzbezeichnung derzeit (Stand 1. 6. 2005) in die Psychotherapeutenliste eingetragen sind: 253

III. Veröffentlichungen, Veranstaltungen, Kontakte

Veröffentlichungen: Da die Mitglieder des Vereins im universitären und klinischen Bereich sehr stark vertreten und tätig sind, gibt es zahlreiche Veröffentlichungen von ÖGVT-Mitgliedern.

Eine aktuelle Überblicksarbeit, die das Methodenverständnis der ÖGVT am besten illustriert, ist:

Parfy, E., Schuch, B. und Lenz, G. (2003): Verhaltenstherapie. Moderne Ansätze für Theorie und Praxis. Wien: WUV-Facultas/UTB Wissenschaft.

Vereinsintern gibt es ein Mitteilungsblatt, das 4-mal jährlich erscheint.

Veranstaltungen: Nachstehend finden sich zur Illustration die diesbezüglichen Schwerpunkte der letzten 10 Jahre:
(1995) „Zum Selbstverständnis des Verhaltenstherapeuten" in Emmersdorf
(1996) „Am Puls der Zukunft" am Semmering
(1997) „Zum Selbstverständnis der Verhaltenstherapeutin" in Edlach/Rax
(1999) „Von der Kognition zur Emotion" in Bad Aussee
(2001) „Das Unbewusste in der Verhaltenstherapie" in Bad Aussee
(2003) „Körper und Sexualität" in Bad Aussee
(2003) „Schemafokussierte Therapie" in Wien
(2005) „Traumatherapie" in Steyr

Kontakte: Gemeinsam mit der AVM bildet die ÖGVT den Dachverband für Verhaltenstherapie. Weiters ist sie Mitglied der European Association for Behaviour and Cognitive Therapy.

IV. Ausbildung

1. Aufnahmebedingungen

Die grundsätzlichen Aufnahmevoraussetzungen entsprechen dem Psychotherapiegesetz. Persönliche Eignungskriterien sind die Fähigkeit zur differenzierten sozialen Wahrnehmung, zum nachvollziehbaren Ausdruck eigener Empfindungen und Gedanken sowie die Bereitschaft, sich auf eine therapeutische Beziehung im Rahmen der Eigentherapie einzulassen und die Erfahrungen zu reflektieren, genannt.

2. Aufnahmemodus

Die Aufnahmemodalitäten sind regional unterschiedlich.

Ausbildungsvoraussetzungen in Wien: Voraussetzung für den Beginn der Ausbildung sind 2 erfolgreich absolvierte Aufnahmegespräche. Davon dient eines der Einschätzung der persönlichen Eignung. Im 2. Aufnahmegespräch erfolgt eine Überprüfung des klinischen Interesses bzw. des Interesses für die wissenschaftliche Literatur (Literaturliste).

Ebenso verpflichtend ist die Teilnahme an einem Einführungsseminar (12 Std.). Dies kann vor Beginn der Ausbildung, muss jedoch spätestens im Verlauf des ersten Ausbildungsjahres erfolgreich absolviert werden.

Ausbildungsvoraussetzungen in Schloss Hofen: erfolgreiche Teilnahme an einem Einführungsseminar sowie an einem persönlichen Eignungsgespräch. Die Auseinandersetzung mit der Literatur erfolgt zu einem späteren Zeitpunkt und ist nicht Voraussetzung für den Beginn der Ausbildung.

Ausbildungsvoraussetzungen in Graz: 4 Aufnahmegespräche bei 4 Lehrtherapeuten oder die Aufnahme erfolgt nach dem Wiener Modell.

Über die endgültige Zulassung zur Ausbildung entscheidet die regionale Ausbildungskommission. Der/die Ansuchende wird über die Zulassung bzw. Ablehnung von der Ausbildungskommission schriftlich informiert.

3. Ausbildungsrahmen, -ablauf und -vertrag

Ein Einstieg in die Ausbildung ist jederzeit möglich. Mitunter muss das Zustandekommen von Kleingruppen abgewartet werden, was aber in der Regel nur zu geringen Verzögerungen führt.

Die Hürden zu Ausbildungsbeginn führen dazu, dass KandidatInnen im Laufe der Ausbildung nur relativ selten nahe gelegt werden muss, die Ausbildung nicht weiterzuführen. Parallel zur Eigentherapie finden in der Regel die ersten Theorieseminare statt, wovon nur 3 verpflichtend sind: Zentrale Konzepte der Verhaltenstherapie (20 Einheiten), Problemanalyse (14 Einheiten), Einführung in die Klassifikation psychischer Störungen (16 Einheiten). Nach Absolvierung eines Teils der Einzelselbsterfahrung erfolgt die Zulassung zu den „Lehrtherapien“. Die Gruppenselbsterfahrung kann jederzeit im Laufe der Ausbildung absolviert werden.

Nach dem Abschluss der Lehrtherapien (ca. 2 Jahre nach Beginn der Ausbildung) erfolgt eine Evaluation der verhaltenstherapeutischen Kompetenz der KandidatInnen („Eignungsgespräch"). Wird es erfolgreich absolviert, erhält der/die KandidatIn die Zulassung für die verhaltenstherapeutische Arbeit mit PatientInnen („Kandidat in Ausbildung unter Supervision").

Am Ende der Ausbildung erfolgt eine (schriftliche) Prüfung über alle relevanten Inhalte der Verhaltenstherapie.

4. Ausbildungsinhalte

Die aktuelle Ausbildungsordnung stellt eine Überarbeitung des Curriculums von 1989 dar und gilt seit Juni 1994. Als markanteste Veränderung gegenüber der früheren Ausbildungsordnung ist einerseits die Einbeziehung der Einzelselbsterfahrung ins Curriculum zu nennen, andererseits der offene Zugang für alle gesetzlich genannten Berufsgruppen.

a) Selbsterfahrung (insgesamt mind. 330 Std.)

Die Selbsterfahrung besteht aus 3 Teilen:
- Selbsterfahrung im Einzelsetting (mind. 80 Std.),
- Gruppenselbsterfahrung (mind. 150 Std.),
- Lehrtherapien (mind. 100 Std.).

In den Lehrtherapien (Start nach mind. 20 Std. Einzelselbsterfahrung) erlernt der/die KandidatIn die Durchführung spezifischer verhaltenstherapeutischer Strategien, gleichzeitig erlebt er/sie sich in der Rolle des Patienten, der diese Methoden an sich erfährt.

Die Inhalte der Lehrtherapien sind:
- Gesprächsführung (38 Einheiten)
- Entspannungsverfahren (12 Einheiten)
- Angstbewältigungsmethoden (20 Einheiten)
- Euthyme Verfahren (6 Einheiten)
- Soziales Kompetenztraining (18 Einheiten)
- Biofeedback (6 Einheiten)

Die Vermittlung der Inhalte erfolgt in Kleingruppen (4 bis max. 6 TeilnehmerInnen).

b) Theorie

Der theoretische Teil der Ausbildung (mind. 340 Std.) umfasst folgende Themenbereiche:
- Theorie der gesunden und psychopathologischen Persönlichkeitsentwicklung (60 Std.);
- Methodik und Technik (150 Std.): Innerhalb dieses Blockes gilt ein Schwerpunkt den Kognitiven Therapien;
- Persönlichkeits- und Interaktionstheorien (50 Std.);
- psychotherapeutische Literatur (40 Std.);

- eine weitere Ausbildungsverpflichtung ist die Teilnahme an 40 Einheiten von Falldiskussionen (sog. Jour-fixe-Veranstaltungen im Rahmen von Vereinsabenden). Es handelt sich dabei um die Abschlussvorträge der KandidatInnen oder um Vorträge von Mitgliedern und eingeladenen ReferentInnen.

c) Psychotherapeutische Tätigkeit unter Supervision

Wenn die KandidatInnen das Eignungsgespräch erfolgreich absolviert haben, beginnen sie mit der eigenen praktischen psychotherapeutischen Tätigkeit im Umfang von mind. 600 Std., welche sich auf mind. 24 Monate erstrecken muss. In den 600 Std. sind sowohl Kurztherapien als auch länger dauernde Verhaltenstherapien mit PatientInnen mit verschiedenen psychischen Störungen enthalten.

d) Supervision der psychotherapeutischen Tätigkeit

Die eigene psychotherapeutische Tätigkeit muss mit insgesamt mind. 150 Std. von 2 LehrtherapeutInnen supervidiert werden: bei einem/einer LehrtherapeutIn 30 Std. Einzelsupervision und 60 Std. Gruppensupervision, bei eine zweiten LehrtherapeutIn 60 Std. Gruppensupervision.

Letztere wird in Kleingruppen zu 4–6 KandidatInnen durchgeführt; aus der intensiven therapeutischen Behandlung kennen die KandidatInnen somit ca. 60–70 Krankengeschichten bzw. Therapieverläufe.

e) Praktikum

Mind. 550 Std.

f) Praktikumsupervision

Das Praktikum ist mind. 30 Std. begleitend zu supervidieren. Die Praktikumsupervision muss von einem/einer erfahrenen VerhaltenstherapeutIn (LehrtherapeutIn oder GastdozentIn) durchgeführt werden.

5. Evaluierung und Ausbildungsabschluss

Einzelne Theorieinhalte sowie die praktische Kompetenz werden im Rahmen der Lehrtherapien sowie durch das „Eignungsgespräch“ überprüft.
Eine schriftliche Prüfung über alle verhaltenstherapierelevanten Inhalte erfolgt gegen Ende der Ausbildung (Fragenkatalog). Damit soll garantiert werden, dass der/die AbsolventIn über ausreichendes Grundlagen-, Störungs- und Veränderungswissen verfügt, auch jene Inhalte beherrscht, die er/sie nicht innerhalb der von der ÖGVT angebotenen Seminare erworben hat.
Zeichnen sich im Verlauf der Ausbildung bei KandidatInnen Probleme ab, wird das Gespräch gesucht.

Am Ende der Ausbildung müssen die KandidatInnen 4 schriftliche Falldarstellungen vorlegen, die von den 2 SupervisorInnen begutachtet werden.

Den vorläufigen Abschluss bildet ein Vortrag (Falldarstellung mit Diskussion) im Rahmen einer Jour-fixe-Veranstaltung.

Über den endgültigen Abschluss entscheidet die Ausbildungskommission.

6. Dauer und Kosten

Die Ausbildungsdauer beträgt 4–6 Jahre.

Die Gesamtkosten der Ausbildung betragen mind. € 18.100,–. Der Mitgliedsbeitrag beläuft sich für ordentliche und außerordentliche Mitglieder auf € 100,– jährlich.

	Tagessatz/ Stundensatz	**Stunden (mind.)**	**Gesamt (mind.)**
Ausbildungskosten			
Eigentherapie (Einzel)	€ 65,–	80	€ 5.200,–
Gruppenselbsterfahrung	€ 15,–	150	€ 2.250,–
Lehrtherapien	€ 22,–	100	€ 2.200,–
Theorie	€ 11,– bis € 22,–	340	€ 3.740,–
Einzelsupervision	€ 65,–	30	€ 1.950,–
Gruppensupervision (4–6 Personen)	€ 12,50	120	€ 1.500,–
Praktikumsupervision	€ 15,–	30	€ 450,–
Zusatzkosten			
Aufnahmekosten			
Motivationsgespräch	€ 110,–		€ 110,–
Literaturgespräch	€ 110,–		€ 110,–
Aufnahmeseminar	€ 174,–	12	€ 174,–
Mitgliedsbeitrag	€ 100,–/Jahr	4 Jahre	€ 400,–
Gesamtkosten			**€ 18.084,–**

7. AusbildnerInnen

Alle LehrtherapeutInnen haben die Befugnis für sämtliche Ausbildungselemente. Für die Theorieseminare werden neben den LehrtherapeutInnen des Vereins auch WissenschaftlerInnen oder TherapeutInnen aus dem In- und Ausland (GastdozentInnen) eingeladen.

Ihre fachliche Qualifikation wird durch Gespräche mit den Mitgliedern der Ausbildungskommission und im Weiteren anhand eines Vortrages erhoben. Für die Qualitätssicherung des Lehrpersonals gelten bestimmte Kriterien (Fortbildungsnachweise, Teilnahme an verpflichtenden Fortbildungsveranstaltungen eigens für die Lehrenden).

- Zahl der AusbildnerInnen (LehrtherapeutInnen) mit voller Lehrbefugnis (Stichtag 1. 6. 2005): 19
- Zahl der AusbildnerInnen (LehrtherapeutInnen) mit partieller Lehrbefugnis (Stichtag 1. 6. 2005): 0
- Zahl der GastdozentInnen (im Zeitraum 1. 6. 2004 – 1. 6. 2005): 10

AusbildnerInnen (LehrtherapeutInnen) mit voller Lehrbefugnis (Stand 1. 6. 2005):

Wien:
Christine Butschek, Dr., Psychologin
Ulrike Demal, Mag. Dr., Psychologin
Gerald Gatterer, Dr., Psychologe
Gerhard Lenz, Univ.-Prof. Dr., Psychiater
Rudolf Marx, Dr., Psychologe
Erwin Parfy, Mag. Dr., Psychologe
Ingeborg Pucher-Matzner, Mag. Dr., Psychologin
Simone Ritter, Dr., Psychologin
Bibiana Schuch, Dr., Psychologin
Hans Georg Zapotoczky, Univ.-Prof. Dr., Psychiater
Innsbruck:
Guido Brüstle, Dr., Psychologe
Verena Günther, Univ.-Doz. Dr., Psychologin
Elfe Hofer, Dr., Psychologin
Johann Kinzl, Univ.-Doz. OA Dr., Psychiater
Graz:
Josef W. Egger, Univ.-Prof. Dr., Psychologe
Eva Egger-Zeidner, Dr., Psychologin
Ursula Wisiak, Univ.-Prof. Dr., Psychologin
Salzburg:
Christa Reinecker-Hecht, Dr., Psychologin
Kärnten:
Ulrike Rolles, DDr., Ärztin, Psychologin

V. Gesamtbetrachtung

Die Ausbildung ist in einer relativ kurzen Zeit abzuschließen und zählt von den Mindestkosten her zu den wenigen, die unter € 20.000,– liegen. Der Umfang an Einzelselbsterfahrung ist mit 80 Std. für eine verhaltenstherapeutische Ausbildung beachtlich.

Bei den Lehrpersonen finden sich nur die Quellenberufe Psychologie (19) und Medizin (4). Auch dies entspricht der starken Nähe der Verhaltenstherapie zum klinischen Bereich bzw. zur akademischen Psychologie.

Wichtigstes Anliegen des Ausbildungsvereins ist die laufende Anpassung der Ausbildung in methodischer Hinsicht an neue Ergebnisse der psychologischen, medizinischen und psychotherapeutischen Forschung. Es besteht innerhalb der ÖGVT, aber auch in der internationalen verhaltenstherapeutischen Bewegung, keine Scheu, veraltetes Wissen durch aktuelle Erkenntnisse zu ersetzen und bewährtes therapeutisches Vorgehen mit neuen Methoden anzureichern, wenn dadurch die Wirksamkeit der Therapie zu verbessern ist.

Kontaktadressen

ÖGVT
Kolingasse 11/2. Stock/Tür 9
1090 Wien
Tel. 01/319 70 22, Fax 01/319 72 40
E-Mail: office@oegvt.at
www.oegvt.at

3. Anerkennungswerber für das Psychotherapeutische Fachspezifikum

Durch das Psychotherapiegesetz kam es zu einer verstärkten Abgrenzung von anerkannten fachspezifischen Ausbildungseinrichtungen und Ausbildungsgängen, die (noch) nicht staatlich anerkannt sind. Nichtsdestoweniger stehen InteressentInnen nach wie vor auch solche Ausbildungsangebote offen. Für Letztere ist es allerdings schwieriger geworden, AusbildungsinteressentInnen anzuziehen. Andererseits kann aber gerade in diesen Fällen angenommen werden, dass die InteressentInnen wirklich motiviert sind, gerade diese Ausbildung zu absolvieren.

In diesem Abschnitt werden 2 Ausbildungsangebote beschrieben, die die Anerkennungskriterien zu erfüllen trachteten, aber keine staatliche Anerkennung erfahren haben, weil der gestellte Antrag um Anerkennung als fachspezifische Ausbildungseinrichtung - bislang - nicht positiv beschieden wurde.

AbsolventInnen dieser Ausbildungen sind daher derzeit nicht zur Ausübung der Psychotherapie berechtigt, es sei denn, sie sind aufgrund einer anderen Qualifikation in die Psychotherapeutenliste eingetragen.

Österreichische und Deutsche Gesellschaft für körperbezogene Psychotherapie – Bioenergetische Analyse (DÖK/ÖK)

Angeboten wird eine Ausbildung zum/zur Bioenergetischen AnalytikerIn. Ein Antrag auf Anerkennung als Ausbildungseinrichtung für das Fachspezifikum wurde in den 1990er-Jahren vom Bundesministerium abgelehnt.

Der Vereinssitz ist Innsbruck. Die AusbildungskandidatInnen kommen aus ganz Österreich und aus Süddeutschland.

Methode und Methodenverständnis

Die Bioenergetische Analyse geht auf Alexander Lowen zurück, der Konzepte der Psychoanalyse und der Reich'schen Charakteranalyse für seinen neuen Ansatz nützte. Der körperliche Ausdruck seelischer Prozesse (z.B. die Art der Körperhaltung, Anspannung, Atmung, Interaktion etc.) werden diagnostisch wie therapeutisch nutzbar gemacht. Körperlichen Phänomenen werden Charakterstrukturen zugeordnet, die als bisher dem erfolgreichen Überleben dienende Strategien erkannt werden. Diese teilweise anachronistischen Strategien werden der Weiterentwicklung zu reifen Lebensmodellen zugänglich. Mit verbaler Kommunikation, Anleitung zu Körperaktionen und direkten Interventionen am Körper (Berührung, Druck, Zug etc.) sollen KlientInnen angeregt werden, die Verbindung emotionaler und geistiger Inhalte mit deren körperlichem Ausdruck in Beziehung zu setzen.

Die Begründer der DÖK haben das Lowen'sche Modell um gruppendynamische Aspekte erweitert.

I. Geschichte

Die DÖK wurde 1979 von Waldefried Pechtl, Albin Hofer-Moser und Rainer Frank, die Kontakt mit Alexander Lowen hatten und die körperbezogene psychotherapeutische Arbeit nach Österreich bringen wollten, gegründet. Vereinszweck ist, die Praxis und praxisorientierte Forschung in neoreichianischen Psychotherapierichtungen (z. B. Bioenergetische Analyse) zu betreiben und zu fördern und auch die Aus- und Weiterbildung in diesen Verfahren zu ermöglichen.

Mitte der 1990er-Jahre wurde ein Antrag auf Anerkennung als Psychotherapiemethode gestellt, der Ende der 1990er-Jahre abgelehnt wurde. Bislang wurde kein neuerlicher Antrag gestellt.

II. Organisationsstruktur

Der Vorstand besteht aus 6 Mitgliedern, wobei ein Mitglied für die Ausbildung zuständig ist. Weitere Organe sind der Ausbildungsausschuss, das Aufnahmegremium, die LehrtherapeutInnenversammlung und die AnalytikerInnenversammlung. Die KandidatInnen halten KandidatInnentreffen ab und bestimmen eine Kontaktperson, die zwischen KandidatInnen und AnalytikerInnen vermittelt.

Die AusbildungskandidatInnen sind außerordentliche Mitglieder und können nach Abschluss der Ausbildung ordentliche Mitglieder werden. Der Verein hat 34 ordentliche Mitglieder, 10 KandidatInnen befinden sich in Ausbildung.

III. Veröffentlichungen, Veranstaltungen, Kontakte

Veröffentlichungen: Die *Mitteilungen* der DÖK beinhalten das jährliche Seminarangebot, die aktuelle Mitgliederliste, die Themen der Klinischen Tage und interne organisatorische Angelegenheiten.

Veranstaltungen: Die DÖK veranstaltete 2004 in Hinterstoder/OÖ eine Tagung zum Thema „Grounding".

Die nächste Tagung zum Thema „Gratwanderung – Arbeit am Rückgrat" findet im September 2007 in Hinterstoder statt.

Kontakte: Die DÖK/ÖK ist Mitglied im Europäischen Forum für Bioenergetische Analyse (EFBAP), im Europäischen Verband für Psychotherapie (EAP) und im Internationalen Institute for Bioenergetic Analysis (IIBA) in New York.

IV. Ausbildung

1. Aufnahmebedingungen
Gemäß dem Psychotherapiegesetz.

2. Aufnahmemodus
Nach Anmeldung beim Aufnahmegremium sind Aufnahmegespräche mit 2 LehrtherapeutInnen und ein Aufnahmeseminar (30 Std.) vorgesehen.

3. Ausbildungsrahmen, -ablauf und -vertrag
In einem Ausbildungsvertrag sind die wechselseitigen Pflichten festgehalten. Der 1. Teil der Ausbildung umfasst mind. 2 Jahre, dann kann der Wechsel in den Status eines Ausbildungskandidaten unter Supervision beantragt werden. Der Ausbildungsausschuss befindet darüber anhand der bisherigen persönlichen und fachlichen Fortschritte. Anschließend folgen mind. 3 Jahre Ausbildung mit Praxis unter Supervision.

4. Ausbildungsinhalte

a) Selbsterfahrung

Der Umfang der Einzellehranalyse orientiert sich am therapeutischen Fortschritt und umfasst wenigstens 200 Std.

Gruppenselbsterfahrung findet in einer durchgehenden Jahresgruppe (zumindest 60 Std.) statt. Weitere 200 Std. werden in Selbsterfahrungsseminaren erbracht.

b) Theorie

Die theoretische Ausbildung umfasst 300 Std. und gliedert sich in folgende Inhalte:

1. Theorie der Persönlichkeitsentwicklung:
- Entwicklungspsychologie (20 Std.)
- Tiefenpsychologische Grundlagen (20 Std.)
- Theorie der Bioenergetischen Analyse (30 Std.)
- Psychopathologie (20 Std.)

2. Methodik und Technik
- Grundlagen (30 Std.)
- Erstgespräch, Anamnese, Diagnose und Theragnose (20 Std.)
- Körperinterventionen (30 Std.)
- Durchführung von Einzel- und Gruppenberatung und -therapie (20 Std.)
- Entwicklung von feldspezifischen Anwendungsmodellen (20 Std.)

3. Persönlichkeits- und Interaktionstheorien
- Sozialpsychologische Grundlagen (30 Std.)
- Krisenintervention (20 Std.)

4. Beratende/Therapeutische Literatur (40 Std.)

c) Psychotherapeutische Tätigkeit unter Supervision

Die eigenständige Tätigkeit umfasst 60 Std. Co-Training in Gruppen, 60 Std. fortlaufende Therapie/Beratung mit einer Einzelperson oder Gruppe über 1 1/2 Jahre unter Kontrolle und schließlich 280 Std. eigenständige therapeutische/beratende Tätigkeit.

d) Supervision der psychotherapeutischen Tätigkeit

Die begleitende Supervision umfasst mindestens 100 Std. kontinuierliche Kontrollanalyse (Einzelsupervision).

e) Praktikum

Derzeit mindestens 160 Std. klinisches Praktikum.

f) Praktikumsupervision

Derzeit empfohlen.

5. Evaluierung und Ausbildungsabschluss

Für den Abschluss ist eine publikationsreife schriftliche Arbeit sowie eine Falldarstellung im Rahmen der Klinischen Tage, bei denen viele Bioenergetische AnalytikerInnen anwesend sind, erforderlich. Die Falldarstellung wird im Rahmen der AnalytikerInnenversammlung diskutiert.

Der Ausbildungsausschuss überprüft die Ausbildungsschritte fortlaufend und graduiert nach erfolgreicher Ausbildung zum/zur „Bioenergetischen AnalytikerIn".

6. Dauer und Kosten

Die Ausbildung dauert rund 5 Jahre. Es ist mit Kosten von ca. € 25.000,– zu rechnen.

7. AusbildnerInnen

LehrtherapeutInnen müssen entsprechend dem Psychotherapiegesetz qualifiziert, also auch seit mind. 5 Jahren als Bioenergetische AnalytikerInnen tätig sein.

• Zahl der AusbildnerInnen (LehrtherapeutInnen) (Stichtag 1.6.2005)	12

V. Gesamtbetrachtung

Die Österreichische und Deutsche Gesellschaft für körperbezogene Psychotherapie hat mittlerweile eine Tradition von über einem Vierteljahrhundert. Sie ist auch die einzige Ausbildungsinstitution in Österreich für Bioenergetische Analyse, welche den Kanon körperbezogener Therapieformen bereichert. Jedoch fehlt die Anerkennung als Ausbildungseinrichtung für das Fachspezifikum, wobei dafür in einigen Punkten (Supervision, Praxis, Praktikum, Praktikumssupervision) die quantitativen Erfordernisse ein wenig angehoben werden müssten.

Kontaktadressen

Vereinsadresse:
Dr. Brigitte Berger
Fallmerayerstraße 14, 6020 Innsbruck
Tel. 0512/58 05 20
E-Mail: brigitte.berger@bioenergetische-analyse.org
www.bioenergetische-analyse.org

Informationen zur Ausbildung:
Dr. Georg Wögerbauer
Tel. 02986/65 55
E-Mail: georgwoegerbauer@aon.at

Österreichisches Trainingszentrum für Neurolinguistisches Programmieren (ÖTZ-NLP)

1984 gegründet, bietet das ÖTZ-NLP neben zahlreichen anderen NLP-basierten Aus- und Weiterbildungen das Curriculum „NLP-Psychotherapie" (NLPt) an. Für dieses wurde auch ein Antrag auf staatliche Anerkennung gestellt, der vom zuständigen Bundesministerium aber bislang aufgrund negativer Stellungnahmen des Psychotherapiebeirats abgelehnt wurde.

Der Vereinssitz ist Wien, Regionalbüros gibt es in Linz und Klagenfurt. Die Ausbildung findet an Seminarorten in ganz Österreich statt.

Methode und Methodenverständnis

Die Neuro-Linguistische Psychotherapie (NLPt) ist eine systemisch-imaginative Psychotherapiemethode mit integrativ-kognitivem Ansatz. Im Zentrum der Neuro-Linguistischen Psychotherapie (NLPt) steht die zielorientierte Arbeit unter besonderer Berücksichtigung von Repräsentationssystemen, Metaphern, Modellbildungsprozessen und Beziehungssystemen der Person. Die verbale und analoge Ausprägung und Integration der Lebensäußerungen und Informationsprozesse nehmen gleichermaßen viel Raum in der therapeutischen Arbeit ein. Ziel der Methode ist es, Menschen beim Erreichen ökologisch verträglicher Ziele zu begleiten und zu unterstützen und die den Krankheitssymptomen zugrunde liegenden subjektiv guten Absichten innerlich durch Wertschätzung so zu positionieren, dass alte Fixierungen an inneres und äußeres dysfunktionales Verhalten und krankheitserhaltende Einstellungen gelöst werden und neue subjektiv und intersubjektiv gesunde Verhaltensweisen und Einstellungen resultieren können.

I. Geschichte

Das Österreichische Trainingszentrum für Neurolinguistisches Programmieren wurde 1984 von Brigitte Gross, Siegrid Sommer, Helmut Jelem und Peter Schütz gegründet. Schon 1986 wurde ein Curriculum zur NLP-Psychotherapie entworfen, das später mehrmals erneuert bzw. erweitert wurde. Im Laufe der Zeit wurde auch eine Reihe anderer auf dem NLP basierende Aus- und Weiterbildungsangebote entwickelt.

II. Organisationsstruktur

Vorstand und Ausbildungsausschuss werden in Personalunion von den 4 Gründern gebildet; die Geschäftsführung obliegt Peter Schütz. Gemeinsam mit dem Lehrtherapeutenkollegium werden die Ausbildungskriterien festgelegt.

III. Veröffentlichungen, Veranstaltungen, Kontakte

Veranstaltungen: Regelmäßig finden Seminare und Workshops zur NLP statt. Im Mai 2004 wurde der Kongress „20 Jahre ÖTZ-NLP“ in Wien veranstaltet.

Kontakte: Das ÖTZ-NLP ist Mitglied in der European Association for Psychotherapy (EAP) und Gründungsmitglied der Österreichischen Berufsvereinigung für professionelles NLP (ÖBV-NLP) und kooperiert mit europäischen und amerikanischen Trainingszentren für NLP.

IV. Ausbildung

1. Aufnahmebedingungen

Gemäß Psychotherapiegesetz; außerdem muss ein Praktikumsplatz nachgewiesen werden.

2. Aufnahmemodus

Das NLP-Einführungsseminar (2 Tage), das NLP-Intensiv- und Auswahlseminar (5 Tage) und ein Aufnahmegespräch mit einem Lehrtherapeuten müssen positiv absolviert werden.

3. Ausbildungsrahmen, -ablauf und -vertrag

Für jedes Ausbildungsjahr wird ein Vertrag abgeschlossen. Die Ausbildung gliedert sich in 3 Abschnitte. Nach jedem Abschnitt findet ein Orientierungsgespräch statt, in dem geklärt wird, ob die Lernziele erreicht worden sind. Mit Beginn des 3. Abschnitts und Genehmigung der Ausbildungsleitung kann die psychotherapeutische Tätigkeit in Ausbildung unter Supervision aufgenommen werden. Die Ausbildung findet in mehrtägigen Blöken statt, die die Ausbildungsinhalte integrieren. Die Abschnitte 1 und 2 dauern jeweils rund ein Jahr und entsprechen den Ausbildungen „NLP-Practitioner“ und „NLP-Master-Practitioner“. Der 3. Ausbildungsabschnitt dauert rund 2 Jahre und entspricht dem „Advanced Master Practitioner“. Die eigenständige Tätigkeit kann nach erfolgreicher Aufnahme in den 3. Abschnitt und Zulassungsbeschluss durch den Ausbildungsausschuss aufgenommen werden.

4. Ausbildungsinhalte

a) Selbsterfahrung

Die Selbsterfahrung umfasst 350 Std., davon mind. 75 Std. im Einzelsetting.

b) Theorie

Die Theorie umfasst insgesamt 500 Std. und gliedert sich wie folgt:

- Theorie der gesunden und der psychopathologischen Persönlichkeitsentwicklung (80 Std.)
- Methodik und Technik der Psychotherapie (Schwerpunktbildung) (300 Std.)
- Persönlichkeits- und Interaktionstheorien (80 Std.)
- Psychotherapeutische Literatur (40 Std.)

c) Psychotherapeutische Tätigkeit unter Supervision

Mit Beginn des 3. Abschnitts und nach Zustimmung der Ausbildungsleitung kann die eigenständige Arbeit aufgenommen werden, sie umfasst mind. 600 Std.

d) Supervision der psychotherapeutischen Tätigkeit

180 Std., davon mind. 10 Std. im Einzelsetting.

e) Praktikum

Im Ausmaß von mind. 550 Std.

f) Praktikumsupervision

Mind. 30 Std. Gruppensupervision

5. Evaluierung und Ausbildungsabschluss

Nach Abschluss der Ausbildungsteile muss eine schriftliche Abschlussarbeit nach wissenschaftlichen Kriterien abgefasst und eine kommissionelle Abschlussprüfung bestanden werden.

6. Dauer und Kosten

Die Ausbildungsdauer beträgt 4–5 Jahre. Es ist mit Kosten von rund € 20.000,– zu rechnen.

7. AusbildnerInnen

1. Im Regelfall 5-jährige Tätigkeit als Psychotherapeut auf Basis einer anerkannten NLPt-Ausbildung nach den Kriterien des ÖTZ-NLP
2. Besonderes wissenschaftliches Engagement und didaktische Kompetenz
3. Absolvierung der erforderlichen Lehrausbildungen und -supervisionen (> 300 Std.)
4. Lehrtherapeuten- oder Lehrbeauftragtenkolloquium
5. Teamfähigkeit im Ausbildungsausschuss

• Zahl der AusbildnerInnen (LehrtherapeutInnen) (Stichtag 1.6.2005)	7

V. Gesamtbetrachtung

Obwohl die Ausbildung eine Kontinuität von 22 Jahren aufweist, wurde aufgrund von Vorbehalten vor allem theoretischer Art die staatliche Anerkennung der Ausbildung bis jetzt verhindert. Es bestehen jedoch Aktivitäten vonseiten des Vereins, das Anerkennungsverfahren in Gang zu halten.

Kontaktadressen

ÖTZ-NLP
Geschäftsführung: Mag. Peter Schütz
Widerhofergasse 4
1094 Wien
Tel. 01/317 67 80, 0676/84 91 12 18
E-Mail: info@nlpzentrum.at
www.nlpzentrum.at

ÖTZ-NLP-Regionalbüro OÖ
Leitung: Mag. Konrad Hepp
Traundorferstraße 156
4030 Linz
Tel. 0732/32 03 06
E-Mail: khepp@aon.at

ÖTZ-NLP-Regionalbüro Kärnten
Leitung: Dr. Birgit Trattler
Bahnhofstraße 22/6
9020 Klagenfurt
Tel. 0664/130 22 51
E-Mail: trattler@utanet.at

4. Universitäre Studien auf dem Gebiet der Psychotherapie

Wie bereits in der Einleitung aufgezeigt, ist in Österreich ein Trend zur Akademisierung der Psychotherapie zu beobachten. Neben Lehrgängen universitären Charakters und Universitätslehrgängen, darunter die anerkannten Fachspezifika an der Universität Innsbruck und an der Donau-Universität Krems sowie Angebote in Kooperation mit anerkannten fachspezifischen Vereinigungen, bestehen seit 2005 auch Studienmöglichkeiten in diesem Bereich. Während die Sigmund Freud PrivatUniversität Wien (SFU) bereits ein Studium der Psychotherapiewissenschaft mit Bakkalaureat und Magisterium anbietet und an der Universität Wien Bestrebungen im Gange sind, einen derartigen Studiengang einzurichten, kann an der Klinik für Tiefenpsychologie und Psychotherapie der Medizinischen Universität Wien ein Postgraduate-Studium der medizinischen Wissenschaft mit dem Titel „Psychoanalyse, Psychotherapie, Psychosomatik und Ethik" mit Doktoratsabschluss absolviert werden. Im Gegensatz zu diesem theoretisch-wissenschaftlich ausgerichteten Studienzweig ist das Studium der SFU jedoch auch praxisorientiert konzipiert. In beiden Fällen handelt es sich aber nicht um eine psychotherapeutische Ausbildung im Sinne des Psychotherapiegesetzes.

4.1. Studium der Psychotherapiewissenschaft an der Sigmund Freud PrivatUniversität Wien (SFU)

Die Sigmund Freud PrivatUniversität Wien (SFU) bietet als weltweit einzigartiges Projekt einer Universität für die psychotherapeutische Wissenschaft sozusagen die Möglichkeit, Psychotherapie auf akademischem Niveau zu studieren (siehe auch „Akademisierung" im einführenden Kapitel des Buches). Die SFU ist seit 2005 als Privatuniversität akkreditiert. Es wurde bislang kein Antrag auf Anerkennung als fachspezifische Ausbildungseinrichtung gestellt. Vonseiten der SFU wird angestrebt, dass mit dem Studium an der SFU über ein Anrechnungsverfahren gemäß § 12 Psychotherapiegesetz die Eintragung in die Psychotherapeutenliste erlangt werden kann oder auch über Kooperationen mit fachspezifischen Ausbildungseinrichtungen eine Ausübungsberechtigung für Psychotherapie erworben werden kann (*www.bmgf.gv.at* -> Gesundheitswesen -> Psychische Gesundheit/Psychologie/Psychotherapie -> Informationen zu Anfragen in Zusammenhang mit dem Studium an der Sigmund Freud PrivatUniversität Wien (SFU) vom 24. März 2006). Es gibt auch Überlegungen, für einzelne Fachrichtungen um die Anerkennung als Fachspezifikum einzureichen.

Die SFU bietet eine akademische Ausbildung in Form eines Bakkalaureats sowie eines Magisterstudiums der Psychotherapiewissenschaft an. Dabei werden 3 Ausbildungselemente, nämlich Selbsterfahrung, Praxis unter Supervision und die theoretische Ausbildung, integriert. Neben der universitären Ausbildung wurde auch eine Psychotherapeutische Ambulanz etabliert, die sowohl der Patientenbehandlung wie auch der praktischen Ausbildung dient.

Die SFU ist das einzige derartige Bildungsangebot in Österreich, in dem in Form eines universitären Studiums eine theoretische und praktische Ausbildung mit akademischer Graduierung als Bakkalaureat und Magister möglich ist.

I. Geschichte

Die Sigmund Freud PrivatUniversität Wien wurde im August 2005 vom österreichischen Akkreditierungsrat als Privatuniversität anerkannt.

II. Organisationsstruktur

Als Privatuniversität unterliegt die SFU den Bestimmungen des Universitätsgesetzes (UG) 2002 und des Allgemeinen Hochschul-Studiengesetzes (AHStG). Die Sigmund Freud PrivatUniversität hat 9 Abteilungen und ist auch zur Forschung verpflichtet. Sie verfügt über 9 Personen als Stammpersonal (alle PsychotherapeutInnen) sowie über Lehrbeauftragte. Die Organisation entspricht der einer Universität (Rektor, Vizerektoren etc.). Rektor ist Alfred Pritz. Im Jänner 2006 waren 205 Studierende inskribiert.

III. Veröffentlichungen, Veranstaltungen, Kontakte

Es werden laufend Informationsveranstaltungen über das Studienangebot sowie öffentliche Vorträge zu verschiedensten, vor allem psychotherapiebezogenen Themen durchgeführt, aber auch Symposien (z.B. anlässlich des 150. Geburtstages von Sigmund Freud im Frühjahr 2006) und eine Summer School (2006, in englischer Sprache).

Kooperationspartner der SFU sind u. a. die Arge Bildungsmanagement, das Psychoanalytische Seminar Innsbruck, das Institut für Transaktionsanalytische Psychotherapie, die Landesnervenklinik Sigmund Freud Graz, die University of Sheffield, die Abteilung für Psychosomatik und Psychotherapie der Universität Ulm, die Universidád Adolfo Ibáñez, Santiago de Chile, die Medizinische Universität Lemberg sowie aufgrund internationaler Vernetzung über den Weltverband für Psychotherapie eine Reihe anderer Institutionen, darunter weitere ausländische Universitäten.

IV. Ausbildung

1. Aufnahmevoraussetzungen

Voraussetzung für die Zulassung zum Studium ist die Hochschulberechtigung (Matura oder Berufsreifeprüfung oder Studienberechtigungsprüfung). Zusätzlich sind noch 2 persönliche Gespräche und die Teilnahme an einem Seminar Voraussetzung für die Zulassung.

2. Studium

Der Studiengang Psychotherapiewissenschaft ist in ein 6-semestriges Studium mit dem Erwerb des akademischen Grades Bakkalaureat bzw. Bakkalaureus und ein daran anschließendes 4-semestriges Aufbaustudium mit Erwerb des akademischen Grades Magistra bzw. Magister geteilt. Der Bakkalaureat-Studiengang ist ein Grundstudium, d. h. er vermittelt die Grundlagen der psychotherapeutischen Wissenschaft. Der Studiengang ist wahlweise mit dem Schwerpunkt „Psychotherapie“ oder „psychosoziale Beratung“ abzuschließen. Mit dem gewählten Schwerpunkt „Psychotherapie“ wird das vertiefende aufbauende Magisterstudium angestrebt und darauf vorbereitet. Es stellt eine Einführung in die klinische Anwendung der Psychotherapie dar.

Der gewählte Schwerpunkt „psychosoziale Beratung“ stellt eine Qualifikation für psychosozial-beratende Tätigkeit dar.

Das Studium der Psychotherapiewissenschaft enthält viele Praxis- und Selbsterfahrungselemente. In der Gestaltung dieser Elemente orientiert sich der Studienplan an den Vorgaben des österreichischen Psychotherapiegesetzes. Um den Studierenden Möglichkeiten zur Praxis zu geben, besteht eine Psychotherapeutische Ambulanz, die der Privatuniversität angeschlossen ist. Darüber hinaus steht die Landesnervenklinik Sigmund Freud in Graz als Lehrspital für Studierende zur Verfügung. Die vollständige Supervision der Praxisstunden ist im Studienplan und in den Studiengebühren enthalten. Ebenso enthalten sind 130 Sitzungen Selbsterfahrung. Darüber hinaus besteht die Möglichkeit eines sogenannten Upgrade-Lehrganges, d. h. der akademischen Qualifizierung von Personen, die ihre psychotherapeutische Ausbildung in einer anerkannten fachspezifischen Ausbildungseinrichtung absolviert haben und ggf. auch schon in die Psychotherapeutenliste eingetragen sind.

3. Dauer

Die Studiendauer beträgt für den Bakkalaureat-Studiengang 6, für den darauf aufbauenden Magister-Studiengang 4 Semester. Anrechnungen können die Studiendauer verkürzen. Entsprechend der zu Studienbeginn festgelegten Studiendauer wird die Studiengebühr festgelegt. Das Studium ist auch berufsbegleitend möglich. Viele Lehrveranstaltungen werden auch als Blockveranstaltung angeboten. Ab September 2006 wird das Studium auch für Tagesstudierende konzipiert.

4. Kosten

Es ist von Kosten von mind. € 49.980,– für den Masterabschluss auszugehen, wenn keine Anrechnungen vorgenommen werden können. Dieser Betrag ergibt sich aus der Studiengebühr im Bakkalaureat-Studiengang (pro Semester: € 4.750,–) und der Studiengebühr im Magister-Studiengang (pro Semester: € 5.250,–). Dazu kommt die Gebühr für das Zulassungsverfahren (Bearbeitung der Unterlagen, 2 Gespräche, Teilnahme an einem Seminar, Anrechnungsverfahren von Vorbildung) in der Höhe von € 480,–. Es besteht die Möglichkeit für einen Bildungskredit und Stipendien. Seit kurzem ist es möglich, mit einem Bausparvertrag auch die Kosten für ein Studium abzudecken.

V. Kommentar

Die SFU bietet die Möglichkeit, eine akademische Ausbildung speziell im Bereich Psychotherapie zu erwerben, was an anderen österreichischen Universitäten in Form eines Regelstudiums derzeit nicht möglich ist. Über die akademische Ausbildung hinaus sind im Studium die für die Psychotherapie essenziellen Elemente wie Selbsterfahrung, Praxis und Supervision der Praxis eingebaut. Es bestehen derzeit (März 2006) Kooperationen mit dem

Psychoanalytischen Seminar Innsbruck (PSI) und mit dem Institut für Transaktionsanalytische Psychotherapie (ITAP; s. ARGE TA). Gespräche mit weiteren fachspezifischen Ausbildungseinrichtungen sollen weitere Kooperationsmöglichkeiten abklären bzw. definieren.

Kontaktadresse

Sigmund Freud PrivatUniversität Wien
Schnirchgasse 9a
1030 Wien
Tel./Fax 01/798 40 98, Tel. 0699/10 20 30 75
E-Mail: office@sfu.ac.at
www.sfu.ac.at

4.2. Doktoratsstudium der Medizinischen Wissenschaft im Bereich „Psychoanalyse, Psychotherapie, Psychosomatik und Ethik“ an der Universitätsklinik für Tiefenpsychologie und Psychotherapie der Medizinischen Universität Wien

Das 4-semestrige Doktoratsstudium wird seit Wintersemester 2005 für AbsolventInnen des Medizinstudiums und naturwissenschaftlicher Studienrichtungen als Möglichkeit zur wissenschaftlichen Qualifikation u. a. im Bereich der Psychotherapie angeboten (vgl. auch den Punkt „Akademisierung“ in der Einleitung dieses Bandes).

I. Organisationsstruktur

Das Studium unterliegt den Bestimmungen des Universitätsgesetzes (UG) 2002 und dem Allgemeinen Hochschul-Studiengesetz (AHStG). Die Lehrenden sind einerseits MitarbeiterInnen der Klinik, andererseits entsprechend qualifizierte Personen aus den Fächern Psychosomatik, Ethik und Psychiatrie.

Im Eröffnungssemester (WS 2005/06) haben 12 DoktorandInnen inskribiert. Kooperationspartner in Österreich sind die Institute für medizinische Psychologie und Psychotherapie an den medizinischen Universitäten Graz und Innsbruck sowie die Wiener Psychoanalytische Vereinigung (WPV) und der Wiener Arbeitskreis für Psychoanalyse (WAP), die beide auch anerkannte Fachspezifika unterhalten (s. Kap. 2). International ist die Klinik mit der Cornell University New York (Prof. Kernberg) und Universitäten in London vernetzt.

II. Aufnahmevoraussetzungen

Voraussetzung ist ein abgeschlossenes Studium der Medizin (Diplomstudium) oder ein naturwissenschaftliches Studium (v. a. Psychologie).

III. Inhaltliche Schwerpunkte

Diese bestehen in den folgenden Bereichen:

- Vermittlung der Aufgaben und Methoden der qualitativen Psychotherapieforschung, insbesondere in den Feldern „Begleitforschung zur Konsiliar- und Liaisonpsychotherapie“ und „Berücksichtigung geschlechtsgebundener Aspekte“;

- die wissenschaftliche Darstellung jener Probleme und Konflikte, die durch die moderne Medizin mit ihrer hochtechnologischen Ausrichtung mobilisiert werden.

Da in diesem Kontext der Aufdeckung und Bearbeitung unbewusster Prozesse besondere Bedeutung zukommt, stellt für den Unterricht in diesem Schwerpunkt die psychoanalytische Theorie den wesentlichen Bezugsrahmen dar. Die Fähigkeit zur eigenständigen wissenschaftlichen Auseinandersetzung und Forschung zu diesen Schwerpunkten wird gefördert.

IV. Dauer und Kosten

Das Doktoratsstudium dauert mind. 4 Semester.

Es fallen nur die üblichen Studienbeiträge an, derzeit € 363,36 pro Semester, also insgesamt € 1.453,44.

V. Kommentar

Da die DoktorandInnen in ihrer Ausbildung bereits sehr fortgeschritten sind, werden sie an den Forschungsarbeiten der Klinik beteiligt. Dieses Doktoratsstudium sieht nicht den Erwerb einer praktischen psychotherapeutischen Qualifikation vor und berechtigt auch nicht zur psychotherapeutischen Berufsausübung, sondern hat das Ziel der Heranbildung des wissenschaftlichen Nachwuchses in diesem Feld.

Kontaktadresse

Universitätsklinik für Tiefenpsychologie und Psychotherapie
O. Univ.-Prof. Dr. Marianne Springer-Kremser
Währinger Gürtel 18–20
1090 Wien
Tel. 01/404 00-3061, Fax 01/406 68 03
E-Mail: marianne.springer-kremser@meduniwien.ac.at
www.meduniwien.ac.at/psychotherapie

5. Diplome der Österreichischen Ärztekammer (ÖÄK) für psychosoziale, psychosomatische und psychotherapeutische Medizin (PSY-Diplome)

Für Ärzte besteht neben dem Weg über Psychotherapeutisches Propädeutikum und Fachspezifikum laut Psychotherapiegesetz noch eine andere Möglichkeit, psychotherapeutische Kompetenz zu erwerben, nämlich über die sogenannten PSY-Diplome der Österreichischen Ärztekammer. Dies sind Diplome, die aufgrund der Diplomordnung der Ärztekammer bzw. des Ärztegesetzes geschaffen wurden.

Die Verleihung eines solchen ÖÄK-Diploms setzt die Berechtigung zur selbstständigen Berufsausübung (d.h. Allgemeinarzt oder Facharzt) voraus, die Ausbildung kann jedoch früher begonnen werden.

Nur das ÖÄK-Diplom „PSY3 – Psychotherapeutische Medizin" berechtigt auch zur Durchführung von Psychotherapien, wobei (mit bestimmten Ausnahmen) die ÖÄK-Diplome PSY1 und PSY2 die Grundlage und Voraussetzung bilden.

Organisation

Die PSY-Diplome sind in der Diplomordnung der Ärztekammer für Österreich und dem entsprechenden ÖÄK-Diplomordnungsanhang, der ÖÄK-Diplomrichtlinie, geregelt. Sie geben den inhaltlichen, formalen und organisatorischen Rahmen vor. Mit der Durchführung sind die Landesärztekammern befasst. Sie organisieren selbst die entsprechenden Kurse oder beauftragen geeignete Ausbildungsgesellschaften mit der Durchführung. Um auf ausreichend Teilnehmer und Frequenz zu kommen, kooperieren einzelne Landesärztekammern hierbei.

Die Durchführung erfolgt in der Regel geblockt, sodass die teilnehmenden Ärzte die Kurse mit ihren Diensten in Einklang bringen können. Die Ausbildungsinstitutionen Schloss Hofen und die Donau-Universität Krems bieten das PSY3-Diplom als MAS bzw. MSC-Lehrgang an. Alle Ausbildungsinstitutionen sind an die gültigen Diplomrichtlinien gebunden und werden auf deren Einhaltung von der PSY-Diplomkommission überprüft.

ÖÄK-Diplom Psychosoziale Medizin (PSY1)

Ziel dieser Fortbildung ist es, den im Beruf stehenden Ärzten eine biopsychosoziale Kompetenz zu vermitteln, die in ihrem Beruf nahezu täglich gefordert wird, sowohl im Umgang mit dem Patienten selbst als auch mit dem rechtlichen und institutionellen Umfeld.

Der Theorieteil kann nach Abschluss des Medizinstudiums belegt werden. Der praktische Teil ist an die Eintragung in die Ärzteliste gebunden.

Die Ausbildung umfasst 180 Std., wobei 10 % Fehlzeit toleriert wird. Dieses Pensum wird in durchschnittlich einem Jahr absolviert.

Folgende theoretische Inhalte sind laut ÖÄK Teil der Ausbildung und umfassen insgesamt 80 Ausbildungseinheiten: biopsychosoziales Krankheitsmodell, Arzt-Patient-Beziehung, Grundlagen der Arzt-Patient-Kommunikation und des ärztlichen Gesprächs, biografische Anamnese, psychosoziale Einrichtungen, gesetzliche Grundlagen, sozialmedizinische Grundlagen, Balint-/Supervisionsgruppen und Training der ärztlichen Gesprächsführung.

Angepasst an die regionalen Gegebenheiten werden diese Inhalte in Abendkursen, Tagesseminaren, Wochenend- oder Wochenblockveranstaltungen vermittelt.

Die Reflexion (Evaluierung) auf Basis der Theorieseminare der ärztlichen Tätigkeit besteht aus einer Balint-/Supervisionsgruppe zu 40 Ausbildungseinheiten und der praktischen beruflichen Anwendung mit 100 Einheiten, welche in Form einer Dokumentation (Behandlungsjournale, Audio- oder Videoaufnahmen) nachgewiesen und in den begleitenden Balintgruppen supervidiert wird.

Am Ende der Ausbildung ist ein Kolloquium abzulegen, in dem neben dem vermittelten Stoff ein Beispielfall bearbeitet werden muss.

Anbieter sind:

1. Landesärztekammern
2. Österreichische Gesellschaft für klinische Psychosomatik, klinische Psychotherapie, klinische Konsultation und Liaison, Wien (Kontaktadresse s. u.)
3. Wissenschaftliche Gesellschaft für psychotherapeutische Medizin/Univ.-Klinikum für Medizinische Psychologie und Psychotherapie, Graz (s. u.)
4. Bildungszentrum Schloss Hofen

ÖÄK-Diplom Psychosomatische Medizin (PSY2)

Ziel ist ein erweitertes Verständnis psychosomatischer Erkrankungen mit ihren speziellen Diagnose- und Therapieanforderungen, ohne jedoch die Fähigkeit zur psychotherapeutischen Intervention zu erlangen. Schwerpunkte liegen auf der psychosomatisch orientierten Anamnese, der Fähigkeit zur differenzierten Indikationsstellung der zur Verfügung stehenden Behandlungsformen, dem nutzbringenden Umgang mit der Arzt-Patient-Beziehung und Vermittlung psychosomatischer Ansätze sowie der Durchführung von Entspannungstechniken mit dem Patienten.

Der Lehrgang PSY1 muss abgeschlossen sein. KandidatInnen in Ausbildung zum Facharzt für Psychiatrie benötigen PSY1 jedoch nicht.

Der Umfang beträgt 480 Std. (mit 10 % toleriertem Fehlstundenanteil), welche in rund 2 Jahren absolviert werden können.

Die theoretischen Inhalte umfassen 80 Ausbildungseinheiten (AE) mit folgenden Themen: Grundlagen der Psychosomatischen Medizin, Grundlagen seelischer Funktionen (Affekte, Lernen, Gedächtnis, Krankheitsverhalten und -bewältigung, Persönlichkeit, Compliance u. a.), Diagnose und Therapie psychosomatischer Störungen im Kindes-/Jugendalter, im Erwachsenenalter und im Alter, Lebensspannenentwicklung und Krisen, Grundlagen der ärztlich-psychotherapeutischen Methoden, Grundzüge der Psychopharmakotherapie, Krisenintervention und Krisenbetreuung in der ärztlichen Praxis, Ärztliche Ethik und Philosophie, Grundlagen der interdisziplinären Kooperation, Grundlagen der Sexualmedizin und der geschlechtsspezifischen Aspekte in der Psychosomatischen Medizin.

Für KandidatInnen in Ausbildung zum Facharzt für Psychiatrie können entsprechende Ausbildungsinhalte der Facharztausbildung angerechnet werden.

Der praktische Teil der Ausbildung besteht aus insgesamt 400 Ausbildungseinheiten mit folgender Aufteilung:

- Selbsterfahrung in kontinuierlicher Gruppe mit mindestens 80 AE, Erlernen einer Entspannungstechnik, wie autogenes Training oder progressive Muskelentspannung nach Jacobson, mit mindestens 20 AE;
- Balintarbeit in kontinuierlicher Gruppe mit mindestens 40 AE, Supervision (Gruppenarbeit) der psychosomatischen Arbeit mit mindestens 40 AE, praktische psychosomatische Arbeit 200 AE.

Die Durchführung der Ausbildung erfolgt analog zu PSY1.
Der Punkt Supervision und die praktische Tätigkeit werden für Psychiater angerechnet.

Es ist eine Abschlussarbeit in Form einer Falldarstellung zu verfassen, die vom Balintgruppenleiter oder dem PSY-Lehrausschuss beurteilt wird.
Anbieter: wie bei PSY1

ÖÄK-Diplom Psychotherapeutische Medizin (PSY3)

Das Diplom vermittelt die vollständige Kompetenz von Diagnostik, Differentialdiagnostik, Indikationsstellung und eigenständiger Durchführung psychotherapeutischer Behandlung. In Summe sind PSY1, PSY2 und PSY3 nach Inhalt und Umfang einer Psychotherapie-Vollausbildung nach dem Psychotherapiegesetz mit Propädeutikum und Fachspezifikum gleichzusetzen.

1. Voraussetzungen

Abgeschlossener Lehrgang „Psychosomatische Medizin" oder in Ausbildung zum Facharzt für Psychiatrie.

Weiters wird ein Aufnahmeverfahren durchgeführt, das man positiv abschließen muss.

2. Dauer

Der Lehrgang ist in rund 4 Jahren zu absolvieren und umfasst 1.870 Einheiten zu 45 Minuten, 10 % Fehlzeiten werden toleriert.

3. Inhalte

Die Theorie gliedert sich in Basisseminare, Literaturstudium und methodenspezifische Inhalte. Unter den 4 grundlegenden psychotherapeutischen Traditionen wird ein Hauptfach gewählt, eine weitere als Zusatzfach. Die anderen beiden Traditionen werden als Ergänzungsfach absolviert.
Die Basislehrveranstaltungen (45 AE) haben folgende Inhalte:

- Geschichte der Psychotherapie
- Allgemeine Wirkfaktoren der Psychotherapie/Psychotherapieforschung
- Allgemeine und spezielle Psychopathologie – ICD-10-Diagnostik
- Biologische Grundlagen des Erlebens und Verhaltens
- Emotions-, Kognitions-, Volitionstheorien
- Gesundheitslehre und Krankheitslehre im Methodenvergleich
- Psychopharmakologie im Kontext der psychotherapeutischen Medizin
- Ethik der Psychotherapie

25 AE sind für das Literaturstudium vorgesehen.
Unter den 4 Traditionen (tiefenpsychologisch, verhaltenstherapeutisch, humanistisch und systemisch) wählt der Kandidat ein Haupt- und ein Zusatzfach und die anderen beiden als Ergänzungsfächer.
Im jeweiligen Hauptfach sind 150 AE Theorie zu absolvieren:

- Einführung, Theorie und Praxis der jeweiligen psychotherapeutischen Methode
- Diagnostische Techniken
- Therapeutische Kurzzeitmethoden
- Therapeutische Langzeitmethoden
- Störungsspezifische Therapieansätze
- Therapeutische Praxis in verschiedenen Settings (Einzel-, Paar-, Gruppen- und Familientherapie, ambulante und/oder stationäre Versorgung)

Theorie und Praxis des Zusatzfaches umfassen 40 AE, die beiden Ergänzungsfächer je 20 AE. Für Psychiater bestehen Anrechnungsmöglichkeiten.

Die Selbsterfahrung umfasst 150 AE, die über 1 bis 2 Jahre absolviert werden müssen, 50 AE davon müssen Einzelselbsterfahrung sein.

Die Ärztliche Tätigkeit unter psychotherapeutischen Gesichtspunkten umfasst 600 AE, von denen 50 in einer psychiatrischen Abteilung absolviert werden müssen. Sie muss mit 100 AE Balint- und/oder Supervisionsgruppen supervidiert werden. Für Psychiater gilt der gesamte Punkt als in der Ausbildung enthalten.

Weitere 600 AE sind für die Methodenspezifische Arbeit im Hauptfach vorgesehen, in der auch mindestens 6 Falldokumentationen erfolgen müssen. 3 der Klienten müssen (außer bei methodenspezifische Besonderheiten) über mindestens 40 Std. geführt worden sein.

Die Arbeit wird in 120 AE methodenspezifisch supervidiert, von denen 30 AE im Einzelsetting erfolgen müssen. Hier gibt es jeweils für Psychiater besondere Regelungen.

4. Kosten

Die Kostenerfassung der einzelnen ÖÄK-Diplome ist nicht leicht, da die einzelnen Kurse und Prüfungen bezahlt werden, deren Kostengestaltung wiederum den ausbildenden Institutionen obliegt.

PSY1: ca € 1.000,-
PSY2: ca € 3.750,-
PSY3: ca € 22.000,-

Kurse verschiedener Anbieter können in begründeten Ausnahmefällen von der Diplomkommission angerechnet werden.

5. Abschluss

Die schriftliche Abschlussarbeit beinhaltet eine Falldarstellung (ca. 6.000 Wörter) und eine Masterthese (18.000 Wörter), wobei diese nach den Kriterien einer wissenschaftlichen Arbeit aufgebaut sein muss.

Die mündliche Prüfung besteht aus den Bereichen Basistheorie, methodenspezifische Theorie des gewählten Hauptfaches, Methoden- und Interventionslehre sowie Praxeologie.

Eine mündliche und schriftliche Prüfung bilden den Abschluss der Ausbildung.

6. Anbieter

1. Landesärztekammern
2. Wissenschaftliche Gesellschaft für psychotherapeutische Medizin/Univ.-Klinikum für Medizinische Psychologie und Psychotherapie, Graz
3. Medizinische Universität Wien/Univ.-Klinik für Psychotherapie und Tiefenpsychologie, Wien
4. Bildungszentrum Schloss Hofen (Westverbund der Landesärztekammern: Tirol, Salzburg, Vorarlberg)

Nähere Auskünfte

Österreichische Akademie der Ärzte
Susanne Müller
Weihburggasse 2/5
1010 Wien
Tel. 01/512 63 83-10, Fax 01/512 63 83-13
E-Mail: diplome@arztakademie.at
www.arztakademie.at/

Die Lehrveranstaltungen selbst werden von den jeweiligen Landesärztekammern organisiert:

Ärztekammer für Wien
Weihburggasse 10–12, 1010 Wien
Tel. 01/515 01-0, Fax 01/515 01-209
E-Mail: aekwien@aekwien.or.at
www.aekwien.or.at

Ärztekammer für Niederösterreich
Wipplingerstraße 2, 1010 Wien
Tel. 01/537 51-0, Fax 01/537 51-19
E-Mail: aeknoe@aeknoe.or.at
www.aeknoe.or.at

Ärztekammer für Burgenland
Permayerstraße 3, 7000 Eisenstadt
Tel. 02682/625 21-0, Fax 02682/625 21-9
E-Mail: office@aekbgld.at
www.aekbgld.at

Ärztekammer für Oberösterreich
Dinghoferstraße 4, 4010 Linz
Tel. 0732/77 83 71-0, Fax 0732/77 83 71-258
E-Mail: aekooe@aekooe.or.at
www.aekooe.or.at

Ärztekammer für Steiermark
Kaiserfeldgasse 29, 8011 Graz
Tel. 0316/80 44-0, Fax 0316/81 56-71
E-Mail: aek@aekstmk.or.at
www.aekstmk.or.at

Ärztekammer für Kärnten
St.-Veiter-Straße 34, 9020 Klagenfurt
Tel. 0463/51 42 22-0, Fax 0463/142 22
E-Mail: aek@aekktn.at, www.aekktn.at

Ärztekammer für Salzburg
Bergstraße 14, 5024 Salzburg
Tel. 0662/87 13 27, Fax 0662/87 13 27-10
E-Mail: aeksbg@aeksbg.at
www.aeksbg.at

Ärztekammer für Tirol
Anichstraße 7/IV, 6010 Innsbruck
Tel. 0512/620 58-0, Fax 0512/520 58-30
E-Mail: kammer@aektirol.at
www.aektirol.at

Ärztekammer für Vorarlberg
Schulgasse 17, 6850 Dornbirn
Tel. 05572/219 00-0, Fax 05572/219 00-43
E-Mail: aek@aekvbg.or.at
www.aekvbg.or.at

Zusätzliche Anbieter:

Österreichische Gesellschaft
für klinische Psychosomatik,
klin. Psychotherapie, klin. Konsultation
und Liaison (PSY1 und PSY2)
(Univ.-Prof. Dr. Peter Gathmann)
Leschetitzkygasse 50, 1180 Wien
Tel. 01/479 79 57, Fax 01/470 63 73
E-Mail: pg18@aon.at
www.psychosomatic.at

Wissenschaftliche Gesellschaft
für psychotherapeutische Medizin/Univ.-Klinikum
für Medizinische Psychologie
und Psychotherapie (PSY1, PSY2, PSY3)
(Univ.-Prof. Dr. Peter Stix)
Auenbruggerplatz 43, 8036 Graz
Tel. 0316/385-3039, Fax 0316/385-4875
E-Mail: peter.stix@meduni-graz.at
www.psy-graz.at

Medizinische Universität Wien/Univ.-Klinik
für Psychotherapie und Tiefenpsychologie (PSY 3)
(Univ.-Prof. Dr. Marianne Springer-Kremser)
Währinger Gürtel 18–20, 1090 Wien
Tel. 01/404 00-3061, Tel./Fax 01/404 00-6803
E-Mail: marianne.springer-kremser@meduniwien.ac.at
www.akh-wien.ac.at/psychotherapie

Schloss Hofen
Zentrum für Wissenschaft und Weiterbildungs-GmbH
(PSY1, PSY2, PSY3)
(PSY3 in Kooperation mit Salzburg und Tirol)
Hoferstraße 26, 6911 Lochau
Tel. 05574/49 30-0, Fax 05574/49 30-22
E-Mail: info@schlosshofen.at
www.schlosshofen.at

6. Psychotherapeutische Weiterbildungen

Psychotherapeutische Weiterbildung ist in Österreich gesetzlich nicht geregelt, es gibt dazu jedoch eine ministerielle Richtlinie. Danach ist Weiterbildung u.a. dadurch charakterisiert, dass sie in der Regel der psychotherapeutischen Ausbildung folgt und der Aneignung von speziellen Qualifikationen zur Umsetzung in besonderen Aufgabengebieten dient (s. dazu auch „Fort- und Weiterbildungsrichtlinie für Psychotherapeutinnen und Psychotherapeuten" und „psychotherapeutische Weiterbildung" im Glossar im Anhang).

Kriterien für die Aufnahme

Psychotherapeutische Weiterbildung im hier verwendeten Sinn basiert auf einer Reihe von Bedingungen: vor allem auf einem definierten und strukturierten Curriculum, das im Zusammenhang mit der Thematik des Buches steht und aktuell in Österreich und institutionalisiert angeboten wird. Privatkurse wurden daher ungeachtet des Stundenumfanges nicht einbezogen.

Wir haben außerdem nur solche Curricula berücksichtigt, deren Umfang mind. 200 Std. umfasst. Damit sind wir auch dem Standard gefolgt, der in der „Fort- und Weiterbildungsrichtlinie für Psychotherapeutinnen und Psychotherapeuten" genannt ist.

Beschreibungsraster

Die Kurzdarstellungen folgen alle demselben Raster: Träger und Bezeichnung der Weiterbildung, Zielgruppe(n), Dauer (in Jahren und vor allem in Stunden), Gesamtkosten, ggf. Sonstiges und Kontaktadresse.

Die Abfolge in den Darstellungen richtet sich in alphabetischer Reihenfolge nach dem inhaltlichen Aspekt der Weiterbildung.

Spezielle Weiterbildungsangebote

AUTOGENES TRAINING (Grundstufe der Autogenen Psychotherapie)

Träger: Österr. Gesellschaft für angewandte Tiefenpsychologie und allgemeine Psychotherapie (ÖGATAP)
Zielgruppe: Graduierte PsychotherapeutInnen und fortgeschrittene AusbildungskandidatInnen aller Methoden
Dauer/Umfang: ca. 1 1/2 Jahre; insg. 205 Std., davon 140 Std. Theorie und Methodik und 35 Std. Supervision; Praxis: 2 selbst geleitete, supervidierte Gruppen für Autogenes Training/Grundstufe zu je mind. 14 Std.
Kosten: ca. € 2.700,–
Sonstiges: Abschlusszertifikat berechtigt zur Durchführung des Autogenen Trainings/Grundstufe

Kontakt:
Dr. Gisela Gerber, Dr. Susanne Frei und Dr. Brigitte Bischof
ÖGATAP-Büro
Kaiserstraße 14/13, 1070 Wien
Tel. 01/523 38 39
E-Mail: office@oegatap.at
www.oegatap.at

BEWEGUNGSTHERAPIE

Bewegungsanalyse

Träger: Institut für Bewegungsanalyse (IBA)
Zielgruppe: Personen, die bewegungsanalytisch mit Kindern, Jugendlichen und/oder Erwachsenen arbeiten wollen
Dauer/Umfang: 2 Jahre plus 10 einzelne Supervisionstage (204 Std.)
Kosten: ca. € 6.000,– (inkl. MwSt.)
Sonstiges: Abschlusszertifikat berechtigt zur Durchführung des Autogenen Trainings/Grundstufe

Kontakt:
Dr. Ursula Lischke
Alser Straße 28/29, 1090 Wien
Tel. 01/405 00 44
E-Mail: lischke@gmx.at, ibapost@gmx.net
www.institutfuerbewegungsanalyse.net

Integrative Bewegungs- und Leibtherapie (IBT)

Träger: Österreichische Gesellschaft für Integrative Therapie (in Kooperation mit der Niederösterr. Landesakademie, Zentrum für Psychotherapie und Psychosoziale Gesundheit)
Zielgruppe: PsychotherapeutInnen, ÄrztInnen, PädagogInnen und Personen mit anderen psychosozialen und beratenden Berufen
Dauer/Umfang: 9 Seminare in 2 Jahren (200 Unterrichtseinheiten)
Kosten: € 2.690,- (ohne Aufenthalt)
Sonstiges: Zugangsbedingung 60 Std. Selbsterfahrung, Aufnahmegespräch, Vertrag; Universitätslehrgang mit Abschluss „Akademische/r Bewegungstherapeut/in" anschließend möglich

Kontakt:
Auguste Reichel, MAS
Radlberger Hauptstraße 27
3105 St. Pölten
Tel. 02742/36 35 74
E-Mail: auguste@reichel-reichel.at
www.oegit.at

Konzentrative Bewegungstherapie

Träger: Österr. Arbeitskreis für Konzentrative Bewegungstherapie (ÖAKBT)
Zielgruppe: PsychotherapeutInnen und solche in Ausbildung, die bereits psychotherapeutisch tätig sind
Dauer/Umfang: 1 1/2 Jahre (300 Std.)
Kosten: € 3.000,-

Kontakt:
ÖAKBT
Markus Hochgerner
Fürstenbrunnstraße 4, 5020 Salzburg
Tel./Fax 0662/82 26 82-6
E-Mail: info@kbt.at
www.kbt.at

BORDERLINETHERAPIE

Dialektisch-Behaviorale Therapie der Borderlinestörung nach M. Linehan (DBT)

Träger: Arbeitsgemeinschaft für Verhaltensmodifikation (AVM) in Zusammenarbeit mit der Deutschen Arbeitsgemeinschaft Dialektisch Behaviorale Therapie (DAGDBT)
Zielgruppe: PsychotherapeutInnen unterschiedlicher Orientierungen; Klinische und GesundheitspsychologInnen, ÄrztInnen mit PSY3-Diplom, FachärztInnen für Psychiatrie und Neurologie; PsychologInnen/PsychotherapeutInnen/ÄrztInnen in Ausbildung (unter Supervision)
Dauer/Umfang: 1 1/2 Jahre (220 Std.)
Kosten: € 2.442,– (inkl. 10% MwSt.) für Workshops und Supervision (in 3 Teilbeträgen zu je € 814,–)
Sonstiges: Fallbericht und Zertifikat (Abschluss und Zertifikat nach DAGDBT möglich)

Kontakt:
Institut für Verhaltenstherapie
Dr. Anton-Rupert Laireiter
Vierthalerstraße 8/2/8, 5020 Salzburg
Tel. 0662/88 41 66
E-Mail: a.r.laireiter@aon.at, institut.vt@utanet.at

Psychodynamische Psychotherapie der Borderlinestörungen (TFP-Transference Focused Psychotherapy)

Träger: Österr. Gesellschaft für angewandte Tiefenpsychologie und allgemeine Psychotherapie (ÖGATAP)
Zielgruppe: tiefenpsychologisch vorgebildete PsychotherapeutInnen (und solche in fortgeschrittener Ausbildung) aller Richtungen
Dauer/Umfang: ca. 2 Jahre; 210 Std., davon 60 Std. Supervision (an den Ausbildungswochenenden Rollenspiele und Supervision in der großen Gruppe)
Kosten: € 3.450,–
Sonstiges: Veranstaltet vom Personality Disorders Institute in New York und dem TFP-Institut München; es arbeiten je ein Vertreter des Münchner Instituts (Matthias Lohmer) und der WPV (George Brownstone) und des WAP (Fritz Lackinger) in der Organisation des Curriculums mit.

Kontakt:
Dr. Bernhard Brömmel, ÖGATAP-Büro
Kaiserstraße 14/13, 1070 Wien
Tel. 01/523 38 39
E-Mail: office@oegatap.at, www.oegatap.at

FAMILIEN- UND PAARTHERAPIE

Integrative Paartherapie/-beratung

Träger: Verein für Integrative Paarpsychotherapie, Paarsynthese und Sexualtherapie (VIPP)
Zielgruppe: PsychotherapeutInnen, ÄrztInnen, PsychologInnen, SozialarbeiterInnen
Dauer/Umfang: 2 1/2 Jahre (250 Std.)
Kosten: € 3.950,– (inkl. MwSt.)

Kontakt:
VIPP, Thomas Weber
Lange Gasse 67/17, 1080 Wien
Tel. 01/403 06 84
E-Mail: paartherapie@onemail.at
www.paarpsychotherapie.com

Psychoanalytische Paar- und Familientherapie

Träger: Arbeitsgemeinschaft für Psychoanalytische Paar- und Familientherapie (APF)
Zielgruppe: PsychotherapeutInnen, PsychoanalytikerInnen und BeraterInnen
Dauer/Umfang: ca. 3 Jahre; 425 Std. (Theorieseminare, Praxeologie und Supervision, Familienselbsterfahrung, Fallseminare)
Kosten: ca. € 6.000,– (abhängig von der jeweiligen Gruppengröße)
Sonstiges: Theoretische und methodische Grundlage ist der Beziehungsanalytische Ansatz nach Thea Bauriedl

Kontakt:
Dr. Ewald Sommerer
Bürgerstraße 19, 6020 Innsbruck
Tel. 0512/58 65 65
E-Mail: e.sommerer@aon.at

IMAGO Beziehungstherapie

Träger: Imago Gesellschaft Österreich
Zielgruppe: PsychotherapeutInnen, PsychologInnen
Dauer/Umfang: ca. 1 Jahr; 200 Std. (Basisworkshop, Ausbildungsseminare, Selbsterfahrung, Supervision, Entwicklungsberichte)
Kosten: € 2.890,– (exkl. Supervision)
Sonstiges: Partner und NichttherapeutInnen können (ohne abschließende Zertifizierung als ImagotherapeutIn) teilnehmen

Kontakt:
Dr. Maximilian Schallauer
Lifehausstraße 24, 4111 Walding
Tel. 07234/832 20
E-Mail: office@imagoaustria.at, www.imagoaustria.at

FOCUSING-THERAPIE

Träger: Deutsches Ausbildungsinstitut für Focusing und Focusing-Therapie (DAF)
Zielgruppe: PsychotherapeutInnen, PsychotherapeutInnen in Ausbildung, Berufstätige im psychosozialen Bereich
Umfang/Dauer: 5 einzeln wählbare Bausteine zu je 130 Ausbildungsstd., die jeweils innerhalb eines Jahres durchgeführt werden
Kosten: pro Baustein € 1.480,–
Sonstiges: Abschlüsse mit den Zertifikaten „Focusing-BegleiterIn DAF" (nach dem 1. Baustein), „Focusing-BeraterIn DAF" (nach dem 2. Baustein) und „Focusing-TherapeutIn DAF" (nach allen 5 Bausteinen); wird in Deutschland, in Österreich und in der Schweiz angeboten

Kontakt:
Dr. Johannes Wiltschko
5142 Eggelsberg, Pippmannsberg 6
Tel. 07748/21 77
E-Mail: johanneswiltschko@msn.com, www.focusing-daf.de

GRUPPENPSYCHOTHERAPIE

Individualpsychologische Gruppenpsychotherapie

Träger: Österr. Verein für Individualpsychologie (ÖVIP)
Zielgruppe: ordentliche Mitglieder des ÖVIP, AusbildungskandidatInnen im fortgeschrittenen Ausbildungsstadium; fortgeschrittene AusbildungskandidatInnen oder PsychotherapeutInnen anderer tiefenpsychologischer Schulen
Dauer/Umfang: ca. 2 Jahre; 100 Std. Theorieseminare, 250 Std. gruppenpsychotherapeutische Selbsterfahrung, 30 Std. Co-Leitung einer Gruppe, 80 Std. Leitung einer Gruppe, 80 Std. Gruppensupervision
Kosten: ca. € 5.000,–
Sonstiges: Präsentation einer Abschlussarbeit

Kontakt:
Sekretariat des ÖVIP
Hernalser Hauptstraße 15/3/11, 1170 Wien
Tel. 01/406 66 02-11
E-Mail: oevip@psychotherapie.at

Personzentrierte Gruppenpsychotherapie

Träger: Forum der Arbeitsgemeinschaft Personzentrierte Psychotherapie, Gesprächsführung und Supervision (APG)
Zielgruppe: PsychotherapeutInnen (und solche in Ausbildung), die psychotherapeutisch mit Gruppen arbeiten wollen
Dauer/Umfang: ca. 2 Jahre; 250 Std. plus 200 Std. Praxis
Kosten: € 2.125,– (als Weiterbildung zur fachspezifischen Ausbildung in Personenzentrierter Psychotherapie); € 4.250,– für Personen ohne fachspezifische Vorbildung

Kontakt:
Mag. Irmgard Fennes
Faulmanngasse 6/4, 1040 Wien
Tel. 01/581 98 88
E-Mail: irmgard.fennes@utanet.at, www.apg-forum.at

Personzentrierte Gruppenpsychotherapie

Träger: Institut für Personzentrierte Studien der Arbeitsgemeinschaft Personzentrierte Psychotherapie, Gesprächsführung und Supervision (APG)
Zielgruppe: PsychotherapeutInnen (und solche in Ausbildung), die psychotherapeutisch mit Gruppen arbeiten wollen
Dauer/Umfang: 2 Jahre (155 Std.; 150 Std. Praxis)
Kosten: € 2.510,–

Kontakt:
DSA Marietta Winkler
Dißlergasse 5/4, 1030 Wien
Tel. 01/713 77 96
E-Mail: office@ips-online.at, www.ips-online.at

NLP-Gruppenpsychotherapie

Träger: Österreichisches Trainingszentrum für Neurolinguistisches Programmieren (ÖTZ-NLP)
Zielgruppe: AbsolventInnen des Curriculums NLPt-Kurzpsychotherapie (s. weiter unten)
Dauer/Umfang: 50 Ausbildungstage (400 Std.)
Kosten: € 6.500,– (zzgl. USt.)

Kontakt:
ÖTZ-NLP, Mag. Peter Schütz
Widerhofergasse 4, 1094 Wien
Tel. 0676/84 91 12 18
E-Mail: friendly@eunet.at, www.nlpzentrum.at

KINDERPSYCHOTHERAPIE

Hypno- und Kurztherapeutische Konzepte für die Arbeit mit Kindern und Jugendlichen

Träger: Milton Erickson Gesellschaft für Klinische Hypnose und Kurztherapie, Austria (MEGA)
Zielgruppe: PsychotherapeutInnen, ÄrztInnen, PsychologInnen, PsychagogInnen etc.
Dauer/Umfang: ca. 1 1/2 Jahre (ohne Supervision); 200 Std. (inkl. 40 Std. Supervision)
Kosten: ca. € 2.500,– (ohne Supervision); € 3.600,– für Nichtmitglieder

Kontakt:
MEGA
Kupelwiesergasse 16/2, 1130 Wien,
Tel./Fax 01/876 66 69 (Bürozeiten: Di, Do 8–11)
E-Mail: office@hypno-mega.at, www.hypno-mega.at

Individualpsychologische Kinder- und Jugendlichenpsychotherapie

Träger: Österr. Verein für Individualpsychologie (ÖVIP)
Zielgruppe: ordentliche Mitglieder des ÖVIP, AusbildungskandidatInnen im fortgeschrittenen Ausbildungsstadium; fortgeschrittene AusbildungskandidatInnen oder PsychotherapeutInnen anderer tiefenpsychologischer Schulen
Dauer/Umfang: ca. 2 Jahre; 80 Std. Literaturseminar, 80 Std. fallzentrierte Seminare, mind. 300 Std. psychotherapeutische Arbeit, 100 Std. Kontrollanalyse, 40 Std. ergänzende Schwerpunktsetzungen nach freier Wahl
Kosten: ca. € 7.000,– (inkl. Kontrollanalyse im Einzelsetting); Anrechnung von Elementen ist möglich und verringert die Kosten
Sonstiges: Präsentation einer Falldarstellung

Kontakt:
Sekretariat des ÖVIP
Hernalser Hauptstraße 15/3/11, 1170 Wien
Tel. 01/406 66 02-11
E-Mail: oevip@psychotherapie.at

Integrative Kinder- und Jugendlichenpsychotherapie

Träger: Zentrum für Psychosoziale Medizin der Donau-Universität Krems
Dauer/Umfang: 2 Jahre (260 Std. und 200 Std. Praktikum)
Zielgruppe: PsychotherapeutInnen und ÄrztInnen für „psychotherapeutische Medizin“
Kosten: € 5.000,–

Sonstiges: Universitätslehrgang mit Abschluss „Akademische/r Kinder- und Jugendlichentherapeut/in"

Kontakt:
Margit Dirnberger, Zentrum für Psychosoziale Medizin
Dr.-Karl-Dorrek-Straße 30, 3500 Krems
Tel. 02732/893 26 39
E-Mail: margit.dirnberger@donau-uni.ac.at,
www.donau-uni.ac.at/psymed/kinder

Kinder- und Jugendlichenpsychoanalyse

Träger: Wiener Psychoanalytische Vereinigung (WPV)
Zielgruppe: AusbildungskandidatInnen im Kontrollstadium bzw. alle Mitglieder des WPV
Dauer/Umfang: 200 Std. fortlaufend Krankheitslehre mit besonderer Berücksichtigung des Kindes- und Jugendalters (2 Semester) und Technik der Kinderanalyse (2 Semester);
Einzelsupervision wöchentlich von 2 Kinderanalysen (mit 4 Sitzungen/ Woche) über mindestens ein Jahr; fortlaufende Gruppensupervision bzw. Intervision (120 Std.) und Einzelsupervision (80 Std.)
Kosten: mind. € 3.500,–
Sonstiges: Grundlage ist das Curriculum für Kinder und Jugendlichenanalyse der Internationalen Psychoanalytischen Vereinigung (IPA); Eintrag erfolgt über Antrag der Kinderanalytiker beim Lehrausschuss der WPV

Kontakt:
Dr. Elisabeth Brainin
Halbgasse 6/30, 1070 Wien
Tel. 01/522 10 11
E-Mail: elisabeth.brainin@chello.at
www.wpv.at

Kinder- und Jugendlichenpsychoanalyse

Träger: Wiener Arbeitskreis für Psychoanalyse (WAP)
Zielgruppe: AusbildungskandidatInnen im Kontrollstadium bzw. alle Mitglieder des WAP
Dauer/Umfang: 200 Std. (10 Wochenendseminare mit je 20 Arbeitseinheiten) + Literaturstudium, fortlaufende Gruppensupervision bzw. Intervision (120 Std.) und Einzelsupervision (40 Std.)
Kosten: mind. € 6.300,– (inkl. Einzelsupervision)
Sonstiges: Abschluss nach Diskussion einer Kinderanalyse bzw. einer Analyse mit einem Jugendlichen; Grundlage ist das Curriculum für Kinder und Jugendlichenanalyse der Internationalen Psychoanalytischen Vereinigung (IPA)

Kontakt:
Wolfgang Kasper, Wiener Arbeitskreis für Psychoanalyse
Berggasse 17, 1090 Wien
Tel. 01/714 08 80
E-Mail: wolfgang.kasper@mount-point.at, www.psychoanalyse.org

Kinder- und Jugendlichenpsychotherapie (für Katathym Imaginative Psychotherapie, Autogene Psychotherapie und Hypnosetherapie)

Träger: Österr. Gesellschaft für angewandte Tiefenpsychologie und allgemeine Psychotherapie (ÖGATAP)
Zielgruppe: Graduierte PsychotherapeutInnen bzw. AusbildungskandidatInnen für KIP, ATP, HY
Dauer/Umfang: 200 Std. Theorie und Methodik, 120 Std. Supervision der praktischen Tätigkeit
Kosten: ca. € 3.000,– (Anrechnungsmöglichkeiten aus den fachspezifischen Ausbildungen KIP, ATP und HY)
Sonstiges: einzelne Theorieteile sind auch für graduierte PsychotherapeutInnen anderer tiefenpsychologisch fundierter Psychotherapiemethoden offen

Kontakt:
Dr. Jadranka Dieter, Dr. Barbara Burian-Langegger
und Dr. Renate Chiba, ÖGATAP-Büro
Kaiserstraße 14/13, 1070 Wien
Tel. 01/523 38 39
E-Mail: office@oegatap.at, www.oegatap.at

Kinder- und Jugendlichenpsychotherapie

Träger: Institut für Integrative Gestalttherapie Wien (IGWien)
Zielgruppe: PsychotherapeutInnen (professionelle Erfahrung mit Kindern/Jugendlichen erwünscht); PsychotherapeutInnen in Ausbildung können die Weiterbildung erst nach Abschluss der fachspezifischen Ausbildung beenden
Dauer/Umfang: 2 Jahre, berufsbegleitend in Wochenendseminaren (Fr–So Mittag); Gesamtstunden: ca. 264; dazu 100 Praxisstunden sowie 40 Std. Supervision
Kosten: € 4.080,– (keine MwSt.)

Kontakt:
Mag. Hanna Fak und Thomas Schön,
Institut für Integrative Gestalttherapie Wien
Anastasius-Grün-Gasse 13/21, 1180 Wien
Tel./Fax 01/478 09 25
E-Mail: igw@igwien.at, hanna.fak@chello.at, thomas.schoen@utanet.at
www.igwien.at

Klientenzentrierte Psychotherapie mit Kindern und Jugendlichen bzw. klientenzentrierte Kinder- und Jugendberatung

Träger: Österreichische Gesellschaft für wissenschaftliche, klientenzentrierte Psychotherapie und personorientierte Gesprächsführung (ÖGWG)
Zielgruppe: PsychotherapeutInnen bzw. PsychologInnen, Heil und Sonderpädagoginnen
Dauer/Umfang: 3 Jahre; insg. 300 Std. für PsychotherapeutInnen bzw. 368 Std. für BeraterInnen (plus jeweils mind. 50 Std. Supervision)
Kosten: € 6.042,– (inkl. MwSt.)
Sonstiges: Mitglied der Österr. Vereinigung für Kinder- und Jugendpsychotherapie (ÖVK)

Kontakt:
Dr. Karin Bayer-Daschill
Sandbauernstraße 46, 4400 Steyr
Tel. 07252/422 42
E-Mail: k.bayer-daschill@utanet.at

Gerd Naderer
Schiffnerstraße 3, 4810 Gmunden
Tel. 07612/718 10
E-Mail: g.naderer@aon.at

Personzentrierte Kinder- und Jugendlichenpsychotherapie

Träger: Sektion Forum der Arbeitsgemeinschaft Personzentrierte Psychotherapie, Gesprächsführung und Supervision (APG) sowie Vereinigung Rogerianische Psychotherapie (VRP)
Zielgruppe: PsychotherapeutInnen (und solche in Ausbildung), die psychotherapeutisch mit Kindern und/oder Jugendlichen arbeiten wollen
Dauer/Umfang: 2 Jahre (230 Std. + 200 Std. Praxis)
Kosten: mind. € 5.100,– (inkl. 20 % USt.)

Kontakt (für das Forum der APG):
Dr. Barbara Reisel
Leegasse 9/11, 1140 Wien
Tel. 01/409 30 60
E-Mail: barbara.reisel@chello.at

Kontakt (für VRP):
Mag. Christine Wakolbinger
Fillgradergasse 9/9, 1060 Wien
Tel. 01/587 79 79
E-Mail: chr.wakolbinger@chello.at

Personzentrierte Kinder- und Jugendlichenpsychotherapie

Träger: Institut für Personzentrierte Studien der Arbeitsgemeinschaft Personzentrierte Psychotherapie, Gesprächsführung und Supervision (APG)
Dauer/Umfang: mind. 2 Jahre (200 Std.; 200 Std. Praxis)
Kosten: € 4.520,–

Kontakt: DSA Marietta Winkler
Dißlergasse 5/4, 1030 Wien
Tel. 01/713 77 96
E-Mail: office@ips-online.at, www.ips-online.at

Psychoanalytisch-selbstpsychologische Kinder- und Jugendlichenpsychotherapie

Träger: Wiener Kreis für Psychoanalyse und Selbstpsychologie (WKPS)
Zielgruppe: AbsolventInnen und KandidatInnen (in Ausbildung unter Supervision) des WKPS
Dauer/Umfang: 2 Jahre; mind. 100 Std. Theorie, 70 Std. Methodik und 80 Std. Supervision, davon mind. 30 Std. Einzelsupervision; Praxis: psychotherapeutische Arbeit mit Säuglingen, Kindern und Jugendlichen im Ausmaß von 120 Std.
Kosten: kostenlos, da vereinsintern
Sonstiges: Weiterbildung nach der Fort- und Weiterbildungsrichtlinie des BM für Gesundheit und Frauen sowie der Leitlinie für die Weiterbildung in Säuglings-, Kinder- und Jugendlichenpsychotherapie des ÖBVP

Kontakt: Dr. Andrea Harms
Obersteinergasse 7/7, 1190 Wien
Tel. 0664/111 61 16
E-Mail: a.harms@utanet.at

Psychodrama mit Kindern und Jugendlichen

Träger: Fachsektion Psychodrama des Österreichischen Arbeitskreises für Gruppendynamik und Gruppentherapie (ÖAGG)
Dauer/Umfang: 7 Blöcke (150 Std.) plus 50 Std. Gruppen- und Einzelsupervision
Kosten: ca. € 3.800,–
Sonstiges: Vorerfahrungen in der Methode Psychodrama sowie in der Kinder- und Jugendlichenarbeit erforderlich; Aufnahmegespräch mit 2 Mitgliedern des Leitungsteams

Kontakt: ÖAGG-Sekretariat
Lenaugasse 3, 1080 Wien
Tel. 01/405 39 93
E-Mail: generalsekretariat@oeagg.at, www.oeagg.at

Säuglings-, Kinder- und Jugendlichenpsychotherapie

Träger: Gesellschaft für Logotherapie und Existenzanalyse (GLE)
Zielgruppe: eingetragene PsychotherapeutInnen bzw. AusbildungskandidatInnen im Supervisionsstadium
Dauer/Umfang: 2 1/2–3 Jahre; 180 Std. Theorie und Methodik, 50 Std. Supervision (Gruppe oder Einzel), 20 Std. Selbsterfahrung (Gruppe oder Einzel), 70 Std. eigene Praxis
Kosten: insg. € 2.530,– (für 11 Wochenenden à 16 Std., also € 230,–/Wochenende) (zzgl. 20 % USt.) + Supervision und Selbsterfahrung
Sonstiges: Die Weiterbildung ist primär praxisorientiert

Kontakt:
Mag. Andrea Kunert
Maria-Treu-Gasse 6/9, 1080 Wien
Tel. 01/406 43 85
E-Mail: kunert@utanet.at
www.praxis.kunert.net

Säuglings-, Kinder- und Jugendlichenpsychotherapie

Träger: Institut für Transaktionsanalytische Psychotherapie – ITAP (Mitglied der ARGE Transaktionsanalyse)
Zielgruppe: eingetragene PsychotherapeutInnen bzw. PsychotherapeutInnen in Ausbildung unter Supervision
Dauer: 2 1/2 – 3 Jahre; 300 Std., davon 170 Std. Theorie und Methodik, 40 Std. Supervision (Gruppe und Einzel), 20 Std. Selbsterfahrung (Gruppe und Einzel) und 70 Std. praktische Tätigkeit (mit Praxisbegleitung)
Kosten: € 6.200,– für TransaktionsanalytikerInnen bzw. € 7.500,– für PsychotherapeutInnen anderer Fachspezifika (20 % MwSt. für Theorie- und Methodikteil, Supervision, Selbsterfahrung und Praxisbegleitung ohne MwSt.)

Kontakt:
Wien:
Elisabeth Benda-Thaa
Laxenburger Straße 24, 1100 Wien
Tel./Fax 01/603 94 70
E-Mail: e.benda-thaa@silverserver.at

Kärnten:
Dr. Magdolna Cseh
Hermannstädterweg 6, 9020 Klagenfurt
Tel. 0650/419 53 10
E-Mail: magdolna.cseh@lsr-ktn.gv.at

Steiermark:
Dr. Gerhard Buchinger
Dietrichsteinplatz 5/II, 8010 Graz
Tel./Fax 0316/81 78 76
E-Mail: office@buchinger.at,
Siehe auch www.itap.at

Systemische Psychotherapie und Beratung mit Kindern, Jugendlichen und ihren Eltern

Träger: Verein für psychosoziale Aus-, Fort- und Weiterbildung (VPA) gemeinsam mit der Lehranstalt für Ehe-, Familien- und Lebensberatung, der Lehranstalt Propädeutikum und der Lehranstalt für Systemische Familientherapie
Zielgruppe: PsychotherapeutInnen, Ehe-, Familien- und LebensberaterInnen, PsychologInnen, PädagogInnen, ÄrztInnen und andere ExpertInnen aus Kontexten mit Kindern und Jugendlichen
Dauer/Umfang: etwa 2 Jahre; 310 Std. (16 Seminare à 15 Einheiten, 30 Einheiten Intervision und 40 Einheiten Supervision)
Kosten: für Nichtmitglieder € 5.210,–, für Mitglieder € 4.490,–

Kontakt:
VPA, Odile Wawra
Penzinger Straße 115/5
1140 Wien
Tel./Fax 01/231 13 95
E-Mail: mail@vpa.at
www.vpa.at

Verhaltenstherapie bei Kindern & Jugendlichen

Träger: Arbeitsgemeinschaft für Verhaltensmodifikation (AVM)
Zielgruppen: PsychotherapeutInnen aller theoretischen Orientierungen; Klinische und GesundheitspsychologInnen; ÄrztInnen mit PSY3-Diplom; FachärztInnen für Psychiatrie und Neurologie; PsychologInnen/PsychotherapeutInnen/ÄrztInnen in Ausbildung (unter Supervision)
Dauer/Umfang: 1 1/2 Jahre (255 Std.)
Kosten: € 3.531,– (inkl. 10 % MwSt.) für Workshops und Supervision (in 3 Teilbeträgen zu je € 1.177,–)
Sonstiges: Fallbericht und Zertifikat

Kontakt:
Institut für Verhaltenstherapie
Dr. Anton-Rupert Laireiter
Vierthalerstraße 8/2/8
5020 Salzburg
Tel. 0662/88 41 66
E-Mail: institut.vt@utanet.at

KLINISCHE HYPNOSE

Klinische Hypnose und Kurztherapie nach Milton Erickson

Träger: Milton Erickson Gesellschaft für Klinische Hypnose und Kurztherapie, Austria (MEGA)
Zielgruppe: PsychotherapeutInnen, PsychologInnen, ÄrztInnen (mit Jus practicandi)
Dauer/Umfang: ca. 1 1/2–2 Jahre; 192 Std. + 60 Std. Supervision
Kosten: € 3.915,– für Mitglieder, € 4.555,– für Nichtmitglieder

Kontakt:
MEGA
Kupelwiesergasse 16/2, 1130 Wien
Tel./Fax 01/876 66 69 (Bürozeiten: Di, Do 8–11)
E-Mail: office@hypno-mega.at
www.hypno-mega.at

Klinische Hypnose

Träger: Österr. Gesellschaft für angewandte Tiefenpsychologie und allgemeine Psychotherapie (ÖGATAP)
Zielgruppe: Graduierte PsychotherapeutInnen und fortgeschrittene AusbildungskandidatInnen aller Methoden
Dauer/Umfang: ca. 2 Jahre; insg. 250 Std., davon 192 Std. Theorie und Methodik und 58 Std. Supervision; mindestens 3 Behandlungsfälle
Kosten: ca. € 3.750,–
Sonstiges: Curriculum wird zurzeit überarbeitet und vermutlich ab 2007 wieder angeboten

Kontakt:
Dr. Hans Kanitschar und Dr. Susanne Frei
ÖGATAP-Büro
Kaiserstraße 14/13
1070 Wien
Tel. 01/523 38 39
E-Mail: office@oegatap.at
www.oegatap.at

KÖRPERORIENTIERTE VERFAHREN

Bioenergetik

Träger: Österreichische und Deutsche Gesellschaft für körperorientierte Psychotherapie - Bioenergetische Analyse (DÖK)
Zielgruppe: PsychotherapeutInnen, BeraterInnen, TrainerInnen und Personen aus sozialen Berufen
Dauer/Umfang: 2 Jahre; 415 Std. + 120 Std. Praxis
Kosten: ca. € 10.000,– (inkl. MwSt.)

Kontakt:
Mag. Susanna Schenk
Gartengasse 19/1
1050 Wien
Tel. 01/544 44 56
E-Mail: susanna.schenk@onemail.at

Emotionale Reintegration

Träger: Arbeitskreis für Emotionale Reintegration (AER)
Zielgruppe: PsychotherapeutInnen und LebensberaterInnen
Dauer/Umfang: 2 Jahre; 288 Std. (9 Wochenenden/Jahr; ein Wochenende: 16 Std.)
Kosten: € 6.300,– (inkl. USt.) (pro Wochenende: € 350,–)

Kontakt:
Dr. Isaias Costa
Praterstraße 9/2
1020 Wien
Tel. 0676/706 50 65
E-Mail: emotionale.reintegration@chello.at
www.eri.at.lv

KRISENINTERVENTION

Träger: Österreichischer Arbeitskreis für Gruppendynamik und Gruppentherapie (ÖAGG) und Österr. Gesellschaft für angewandte Tiefenpsychologie und allgemeine Psychotherapie (ÖGATAP)
Zielgruppe: graduierte und in Ausbildung befindliche PsychotherapeutInnen, Angehörige psychosozialer Berufe
Dauer/Umfang: 1 1/2 Jahre; 11 Seminare mit insg. 212 Std. (Rollenspiele, Fallbesprechungen, Theorie und Methodik)
Kosten: € 3.578,–

Kontakt:
Dr. Claudius Stein
Westbahnstraße 14/8, 070 Wien
Tel. 01/522 80 00
E-Mail: claudius.stein@kriseninterventionszentrum.at

DDr. Wolfgang Till
Wiedner Hauptstraße 114/18, 1050 Wien
Tel. 01/545 51 27
E-Mail: wolfgang.till@kriseninterventionszentrum.at

KUNSTTHERAPIE

Klinische phronetische Kunsttherapie

Träger: Wiener Schule für Kunsttherapie
Zielgruppe: Menschen mit abgeschlossener Berufsausbildung sowie sozialen und künstlerischen Erfahrungen und Neigungen
Dauer/Umfang: 4 Jahre (2350 Std.)
Kosten: € 11.200,– zzgl. 80 Std. Lehrtherapie (Einzelsetting) und 30 Std. Einzelsupervision
Sonstiges: Mindestalter von 24 Jahren; phronetische Methodik und Theorie nach Irmgard M. Starke

Kontakt:
WSK
Porzellangasse 48/6, 1090 Wien
Tel. 01/315 65 31
E-Mail: wsk@kunsttherapie-schule.at
www.kunsttherapie-schule.at

Mal- und Gestaltungstherapie

Träger: MGT (Wien, Graz und Innsbruck)
Zielgruppe: Personen mit einem sozialen, therapeutischen oder pädagogischen, aber auch künstlerischen Grundberuf
Dauer/Umfang: 3 Jahre (1-mal im Monat Kurseinheit, Blockseminare); 616 Std.
Kosten: € 7.200,– (Fahrt, Unterkunft und Verpflegung sind extra zu bezahlen)
Sonstiges: Mindestalter 24 Jahre; Besuch eines Einführungsseminars oder Beratungsgespräch mit dem Seminarleiter

Kontakt:
MGT
Schulgasse 36/14 (Eingang im Hof), 1180 Wien
Tel. 01/409 69 88
E-Mail: mgt@aon.at,
www.gestaltungstherapie.at

Multimediale Kunsttherapie

Träger: Österreichischer Arbeitskreis für Gruppendynamik und Gruppentherapie (ÖAGG)
Zielgruppe: PsychotherapeutInnen aller Richtungen (und solche in Ausbildung) und Personen aus sozialen Berufen sowie KünstlerInnen, AnimateurInnen und Kunsttherapieinteressierte
Dauer/Umfang: 3 Jahre; 400 Std. (50 Tage inkl. 2-tägiges Einführungsseminar)
Kosten: mind. € 6.500,– (pro Tag € 105,– bis € 120,– plus Raummiete, Materialkosten, Aufnahmegespräch, Aufnahmegebühr, Organisations-/Verwaltungsbeitrag)

Kontakt:
ÖAGG-Sekretariat
Lenaugasse 3, 1080 Wien
Tel. 01/405 39 93
E-Mail: generalsekretariat@oeagg.at
www.oeagg.at

Multimediale und ganzheitliche Kunsttherapie

Träger: Akademie für Kunsttherapie
Zielgruppe: künstlerisch und psychosozial Interessierte
Dauer/Umfang: mind. 4 Jahre; 44 Ausbildungswochenenden + 1 Outdoor-Camp sowie 300 Std. Kunsttraining, 348 Std. Lehrtherapie, 78 Std. Supervision, 144 Std. Peergroups und 1.100 Std. Praktika
Kosten: ca. € 15.000,–
Sonstiges: nebenberuflich, Modulsystem, schriftliche Diplomarbeit (ca. 80 Seiten), kommissioneller Abschluss, Diplom

Kontakt:
Akademie für Kunsttherapie
Mag. Harald Fritz-Ipsmiller
Lindengasse 56, 1070 Wien
Tel. 01/596 03 85
E-Mail: office@arttherapy.at, www.arttherapy.at

NEUROLINGUISTISCHES PROGRAMMIEREN (NLP)

Neurolinguistisches Programmieren (NLP)

Träger: Institut für Strukturelle Wahrnehmung (ISW)
Dauer/Umfang: ca. 2 Jahre; 440 Std. (jeweils 220 für Practitioner und Master Practitioner)
Kosten: € 5.070,– (inkl. MwSt.)

Kontakt:
ISW
Neubaugasse 95/2, 8020 Graz
Tel. 0316/67 12 12
E-Mail: isw@utanet.at
www.isw-nlp.at

NLPt-Kurzpsychotherapie

Träger: Österr. Trainingszentrum für Neurolinguistisches Programmieren (ÖTZ-NLP)
Zielgruppe: PsychotherapeutInnen (auch solche in Ausbildung), PsychologInnen, Personen aus Sozialberufen
Dauer/Umfang: 2 Jahre; 560 Std. + 250 Std. Praxis
Kosten: € 6.600,– (inkl. MwSt.)

Kontakt:
ÖTZ-NLP
Mag. Peter Schütz
Widerhofergasse 4, 1094 Wien
Tel. 0676/84 91 12 18
E-Mail: friendly@eunet.at
www.nlpzentrum.at

PSYCHOANALYTISCHE PSYCHOTHERAPIE

Träger: Wiener Psychoanalytische Vereinigung (WPV)
Zielgruppe: AusbildungskandidatInnen im Kontrollstadium bzw. alle Mitglieder der WPV
Dauer/Umfang: 120 Std., fortlaufend 3 Semester über psychoanalytische Diagnostik und Indikationsstellung sowie Technik der psychoanalytischen Psychotherapie (in Hinblick auf die Unterschiede zur Standardpsychoanalyse); insgesamt 160 Std. mit fortlaufender Gruppensupervision über mind. 3 Semester (80 Std.) und Einzelsupervision von 2 PsychotherapiepatientInnen (2 Wochenstunden) über mind. 1 Jahr (80 Std.)
Kosten: € 2.500,– (inkl. Einzelsupervision)
Sonstiges: Eintrag erfolgt über Antrag der/des Ausgebildeten beim Lehrausschuss der WPV

Kontakt:
Dr. Wilhelm Burian
Penzinger Straße 79, 1140 Wien
Tel. 01/893 80 85
E-Mail: wburian@onemail.at
www.wpv.at

PSYCHOONKOLOGIE

Träger: Österr. Gesellschaft für Psychoonkologie (ÖGPO)
Zielgruppe: ÄrztInnen, PsychotherapeutInnen, PsychologInnen, Dipl. Krankenschwestern und -pfleger
Dauer/Umfang: 280 Std.; 14 Wochenendmodule (jeweils Fr, 10 Uhr, bis So, 12 Uhr)
Kosten: € 5.100,– (keine Umsatzsteuer), für ÖGPO-Mitglieder: € 4.800,–

Kontakt:
ÖGPO Akademie
Geschäftsführung: Erika Wasserrab
Haizingergasse 6/5, 1180 Wien
Tel. 02235/472 30
E-Mail: erikawasserrab@oegpo.at
www.oegpo.at

PSYCHOSENTHERAPIE

Träger: Gesellschaft für Logotherapie und Existenzanalyse (GLE)
Zielgruppe: TherapeutInnen mit Interesse an der bzw. Erfahrung in der Arbeit mit psychotischen Menschen; AusbildungskandidatInnen am Ende der klinischen Supervision mit Erfahrung in der Arbeit mit psychotischen Menschen
Dauer/Umfang: 200 Std. (10 Wochenenden sowie 50 Std. Literaturarbeit und begleitende Selbsterfahrung)
Kosten: € 3.240,– (exkl. MwSt.); € 109,–/Seminartag
Sonstiges: auf existenzanalytischer Grundlage

Kontakt:
Dr. Karin Matuszak-Luss
Seckendorfstraße 6/1/6, 1140 Wien
E-Mail: kamalu@chello.at

SEXUALTHERAPIE UND -BERATUNG

Diagnostik, Beratung und Psychotherapie bei sexuellen Störungen

Träger: Schloss Hofen (in Kooperation mit der Deutschen Gesellschaft für Sexualforschung, Institut für Medizinische Psychologie der Universität Jena, Klinik für Medizinische Psychologie und Psychotherapie der Universität Innsbruck und Ärztekammern für Tirol und Vorarlberg)
Dauer/Umfang: 4 Semester (berufsbegleitend); 200 Std. (10 Module zu je 2 bis 4 Tagen)
Kosten: € 4.400,– (zu bezahlen in 4 Raten)

Kontakt:
Dr. Elmar Fleisch
bzw. Verena Mayer (Sekretariat)
Hoferstraße 26, 6911 Lochau
Tel. 05574/49 30-158
E-Mail: info@schlosshofen.at, www.schlosshofen.at

Sexualberatung und Sexualpädagogik

Träger: Wiener Internationale Akademie für Ganzheitsmedizin (Gamed)
Zielgruppen: u.a. ÄrztInnen, Krankenschwestern, PsychologInnen, PsychotherapeutInnen, Hebammen
Dauer/Umfang: 6 Semester (ca. 29 Wochenendblöcke); 672 Stunden (ca. 220 Stunden Selbsterfahrung/Supervision, ca. 220 Stunden Theorie, ca. 230 Stunden Praxis)
Kosten: € 10.430,–
Sonstiges: Leitung: Rotraud Perner; Abschluss qualifiziert für Lebens- und Sozialberatung

Kontakt:
Gamed, Otto Wagner Spital
Sanatoriumstraße 2, 1140 Wien
Tel. 01/688 75 07
E-Mail: office@gamed.at, www.gamed.or.at

Sexualtherapie

Träger: Arbeitsgemeinschaft für Verhaltensmodifikation (AVM) in Zusammenarbeit mit der Deutschen Gesellschaft für Sexualforschung (DGSF) und der Österreichischen Gesellschaft für Verhaltenstherapie (ÖGVT)
Zielgruppe: PsychotherapeutInnen unterschiedlicher theoretischer Orientierungen, Klinische und GesundheitspsychologInnen, ÄrztInnen mit PSY3-Diplom, FachärztInnen für Psychiatrie und Neurologie, PsychologInnen/PsychotherapeutInnen/ÄrztInnen in Ausbildung (unter Supervision)
Dauer/Umfang: 2 Jahre (200 Std.)
Kosten: € 3.300,– (inkl. 10 % MwSt.) für Workshops und Supervision (in 4 Teilbeträgen zu je € 825,–)
Sonstiges: Fallbericht und Zertifikat (Abschluss und Zertifikat nach DGSF möglich); die Weiterbildung findet in Salzburg statt

Kontakt:
Institut für Verhaltenstherapie
Vierthalerstraße 8/2/8, 5020 Salzburg
Tel. 0662/88 41 66
E-Mail: institut.vt@utanet.at

SUCHTBERATUNG

Träger: Österreichischer Arbeitskreis für Gruppendynamik und Gruppentherapie (ÖAGG)
Zielgruppe: in Beratung und Behandlung Tätige, die mit Suchtkranken und/ oder deren sozialem Umfeld konfrontiert sind
Dauer/Umfang: 4 Semester (Blockunterricht in der Gruppe), 168 Std. Seminarunterricht (14 Seminare à 12 Std., jeweils Fr, 17 Uhr, bis Sa, 18 Uhr)
Kosten: € 4.300,– (inkl. Aufnahmegebühr, Seminare, Gruppensupervision, Abschlusskolloquium und Diplom)

Kontakt:
ÖAGG-Sekretariat
Lenaugasse 3, 1080 Wien
Tel. 01/405 39 93
E-Mail: generalsekretariat@oeagg.at, www.oeagg.at

TRANSKULTURELLE BERATUNG UND PSYCHOTHERAPIE

Träger: Österr. Gesellschaft für angewandte Tiefenpsychologie und allgemeine Psychotherapie (ÖGATAP) (gem. mit CBIF – Centrum für binationale und interkulturelle Paare und Familien)
Zielgruppe: graduierte und in Ausbildung befindliche PsychotherapeutInnen aller Methoden, Angehörige sozialer Berufe
Dauer/Umfang: ca. 2 Jahre; 240 Std. (12 Seminare à 20 Std.)
Kosten: ca. € 3.500,– (Ermäßigung für Mitglieder der ÖGATAP)
Sonstiges: Unterrichtssprache ist Deutsch

Kontakt:
Dr. Ulrike Blom, CBIF
Märzstraße 43/11, 1150 Wien
Tel. 01/982 03 94
E-Mail: cbif@utanet.at

ÖGATAP-Büro
Kaiserstraße 14/13, 1070 Wien
Tel. 01/523 38 39
E-Mail: office@oegatap.at
www.oegatap.at

TRANSPERSONALE PSYCHOTHERAPIE

Kompaktcurriculum für Transpersonale Psychologie, Transpersonale Psychotherapie und Atemarbeit

Träger: Österr. Arbeitskreis für Transpersonale Psychologie und Psychotherapie (ÖATP)
Zielgruppe: PsychotherapeutInnen, die an der Arbeit mit erweiterten Bewusstseinszuständen interessiert sind
Dauer/Umfang: 3 $^1/_2$ bis 4 Jahre; 480 Std.
Kosten: € 6.700,– (USt.-frei) plus Unterkunft und Verpflegung

Sonstiges: Leitung: Dr. Sylvester Walch (Gesamtleitung), Anna Maurer, Dr. Hans Peter Weidinger

Kontakt:
ÖATP
Dr Hans Peter Weidinger
Ziegelofengasse 26/9
3400 Klosterneuburg
Tel./Fax 02243/328 37
E-Mail: arbeitskreis@transpersonal.at
www.transpersonal.at

TRAUMATHERAPIE

Dialektisch Behaviorale Therapie

Träger: Österreichische Gesellschaft für Dialektisch Behaviorale Therapie und Skillstraining (ÖDBT)
Zielgruppe: PsychotherapeutInnen und alle Berufsgruppen, die in ihrem Berufsfeld mit PTSD-PatientInnen direkt oder indirekt arbeiten
Dauer/Umfang: 220 Std.; 2 Jahre (5 Seminare zu je 16 Std., Supervision 20 Std., Kleingruppenarbeit 20 Std., therapeutische Arbeit mit Borderline-PatientInnen 50 Std., Fallbericht 50 Std.)
Kosten: € 2.220,– (zuzüglich 10 % MwSt.)

Kontakt:
ÖDBT
Schubertgasse 22/1/7, 2380 Perchtoldsdorf
Tel. 0650/515 08 09
E-Mail: alice.sendera@kabsi.at, www.oedbt.at

Spezielle Psychotraumatherapie

Träger: Zentrum für angewandte Psychotraumatologie (ZAP)
Zielgruppe: PsychotherapeutInnen und solche im letzten Abschnitt ihrer Ausbildung, ÄrztInnen für „Psychotherapeutische Medizin" und Klinische PsychologInnen
Dauer/Umfang: ca. 2 Jahre; 204 Std. (172 Std. Seminare, 10 Std. Selbsterfahrung, 20 Std. Supervision und Abschlusskolloquium)
Kosten: ca. € 3.600,– (exkl. MwSt.)

Kontakt:
ZAP
Penzinger Straße 52/7, 1140 Wien
Tel. 01/892 03 92
E-Mail: office@zap-wien.at, www.zap-wien.at

ZUSATZBEZEICHNUNG

Gestalttheoretische Psychotherapie

Träger: Österr. Arbeitsgemeinschaft für Gestalttheoretische Psychotherapie (ÖAGP)
Zielgruppe: PsychotherapeutInnen, die in die Psychotherapeutenliste eingetragen sind
Dauer/Umfang: 2 Jahre (408 Std.)
Kosten: € 4.610,–

Kontakt:
Geschäftsstelle
Schopenhauerstraße 48/6
1180 Wien
Tel. 01/406 46 61
E-Mail: oeagp@gestalttheory.net
www.gestalttheory.net/oeagp

Personenzentrierte Psychotherapie

Träger: Sektion Forum der Arbeitsgemeinschaft Personzentrierte Psychotherapie, Gesprächsführung und Supervision (APG)
Zielgruppe: Personen, die in die Psychotherapeutenliste eingetragen sind; zur Erlangung der Zusatzbezeichnung „Personenzentrierte Psychotherapie"
Dauer/Umfang: ca. 2 Jahre; max. 320 Std. (Theorie, Selbsterfahrung, Supervision)
Kosten: max. € 3.000,– (bei Anrechnungsmöglichkeiten entsprechend niedriger)
Sonstiges: Curriculum wird jeweils nach individuellen Voraussetzungen erstellt

Kontakt:
Forum der APG
Dr. Beatrix Teichmann-Wirth
Otto-Bauer-Gasse 5/14
1060 Wien
Tel. 966 79 44
E-Mail: beawirth@yahoo.de

Personenzentrierte Psychotherapie

Träger: Institut für Personzentrierte Studien der Arbeitsgemeinschaft Personzentrierte Psychotherapie, Gesprächsführung und Supervision (APG)
Zielgruppe: Personen, die in die Psychotherapeutenliste eingetragen sind; zur Erlangung der Zusatzbezeichnung „Personenzentrierte Psychotherapie"
Dauer/Umfang: mind. 2 Jahre; 475 Std. + 150 Std. Praxis
Kosten: € 7.820,–

Kontakt:
DSA Marietta Winkler
Dißlergasse 5/4, 1030 Wien
Tel. 01/713 77 96
E-Mail: office@ips-online.at
www.ips-online.at

7. Ausbildung für Musiktherapie

I. Allgemeines

Die Musiktherapie ist eine Sonderform der Psychotherapie, da die Kommunikation in erster Linie nichtsprachlich erfolgt. Außerdem verlangt sie vom Therapeuten künstlerisches Geschick und Verständnis und eine entsprechende Schulung.

Musik dient dabei dem Therapeuten als Medium, um einerseits mit dem Klienten in Beziehung zu treten und etwas Gemeinsames zu schaffen, andererseits werden auch die unmittelbaren Wirkungen der Musik auf das Vegetativum und die Emotionalität nutzbar gemacht, Stimmungen ausgedrückt und Atmosphären geschaffen, sodass heilsame Prozesse in Gang kommen. Eine besondere Herausforderung an den Therapeuten stellt dabei die Regulation von Nähe und Distanz dar.

Ihre Wurzeln hat die Musiktherapie in der Sonder- und Heilpädagogik. In diesem Sinne ursprünglich genutzt, um Menschen mit vorsprachlichen Störungen bzw. Sprachbehinderungen zu helfen, hat sie eine starke Erweiterung ihrer Einsatzmöglichkeiten erfahren.
Die Musiktherapie findet heute in folgenden Bereichen Anwendung:

- Psychiatrie (inklusive Forensik)
- Psychosomatik
- Sonder- und Heilpädagogik
- Geriatrie und Altenbetreuung
- Suchtbehandlung
- Onkologie
- Neuro-Rehabilitation
- Palliativmedizin

Musiktherapie ist keine Therapieform nach dem Psychotherapiegesetz, das Studium alleine berechtigt nur zum Führen der Berufsbezeichnung „Musiktherapeut/in", nicht aber „Psychotherapeut/in". Wohl aber ist die Ausbildung in Musiktherapie ein Quellenberuf nach dem Psychotherapiegesetz.

Noch immer besteht in einschlägigen Institutionen Unsicherheit bezüglich der Stellung der Musiktherapeuten im Kanon der Berufsgruppen, was sich auch finanziell negativ auswirkt. Daher wird derzeit über ein eigenes Musiktherapiegesetz verhandelt.

II. Geschichte und Verbreitung

Bereits 1959 wurde von den Vorständen der Wiener Musikakademie und der Universitätsklinik für Psychiatrie in Wien das Lehr- und Forschungszentrum für Musiktherapie gegründet. Der angebotene Sonderlehrgang wurde zunächst zu einem 2-, dann 3-jährigen Hochschullehrgang umgestaltet. 1983 wurde der Hochschullehrgang zum Kurzstudium, das an der Hochschule für Musik und darstellende Kunst angeboten wurde. Seit dem WS 2003/04 wird Musiktherapie als Diplomstudium an der Abteilung für Musiktherapie der nunmehrigen Universität für Musik und darstellende Kunst gelehrt.

Sie ist immer noch der einzige österreichische Anbieter des Ausbildungsganges. International gibt es jedoch an mehreren Musikhochschulen ähnliche Studien.

III. Studium

Die Abteilung für Musiktherapie ist eine Organisationseinheit der Universität für Musik und darstellende Kunst in Wien. Dort ist die Ausbildung zum Musiktherapeuten als reguläres Diplomstudium mit einer Mindestdauer von 8 Semestern und mindestens 170 Semesterwochenstunden eingerichtet. Die Ausbildung wird mit dem Grad Magister/Magistra artium abgeschlossen.

Derzeit (Stichtag 1. 6. 2005) studieren rund 40 Personen Musiktherapie in Wien.

1. Aufnahmebedingungen

Die Abteilung für Musiktherapie bietet immer wieder Informationstage an (Kontaktadresse s. u.).

Zieht ein Interessierter die Ausbildung zum Musiktherapeuten in Erwägung, wird zunächst empfohlen, ein Praktikum an einer Einrichtung, an der Musiktherapie angeboten wird, zu absolvieren, um sich ein Bild vom Beruf machen zu können. Außerdem wird die Teilnahme an einem Selbsterfahrungsseminar (der Berufsverband ist dabei behilflich) nahe gelegt.

Da die Ausbildung zum/zur MusiktherapeutIn an ein Studium gebunden ist, ist die Hochschulreife Voraussetzung für die Aufnahme. Außerdem wird aber die Eignung in jedem Fall in einer verbindlichen Aufnahmeprüfung geklärt.

2. Aufnahmemodus

Eine Aufnahmeprüfung ist für alle Interessierten obligat. Einzige Ausnahme sind die AbsolventInnen des vormaligen Kurzstudiums.

Die Anmeldung zur Prüfung erfolgt mittels Formular, das an der Studien- und Prüfungsabteilung der Universität erhältlich ist. Dem ausgefüllten Formular sind u. a. relevante Zeugnisse, ein Lebenslauf und ein Motivationsschreiben inklusive einer Beschreibung des aus Praktika und Literatur gewonnenen Berufsbildes beizuschließen. Eine Teilnahmebestätigung an empfohlenen Praktika und Selbsterfahrungseinheiten ist ebenfalls beizufügen.

Die 2-tägige Aufnahmeprüfung besteht aus folgenden 6 Teilen:
1. Allgemeine Musiklehre und Gehörtest
2. Klavier
3. Gitarre und Stimme
4. Blockflöte oder anderes Melodieinstrument
5. Musiktherapeutische Improvisation und Interaktion
6. Gespräch mit dem Prüfungssenat

Nichtdeutschsprachige Kandidaten müssen vorher noch eine Deutschprüfung ablegen. Jeder Prüfungsteil muss positiv abgeschlossen werden.

3. Ausbildungsrahmen, -ablauf und -vertrag

Die Ausbildung erfolgt als ordentlicher Hörer des Studiums Musiktherapie. Dementsprechend sind Vorlesungen, Seminare und Praktika zu absolvieren und der jeweils geforderte Leistungsnachweis zu erbringen.

Insgesamt sind 170 Semesterstunden zu belegen, 17 davon sind freie Wahlfächer. Der 1. Abschnitt umfasst 6 Semester, wobei ein Teil der Lehrveranstaltungen als Studieneingangsphase gilt und in den ersten beiden Semestern absolviert werden muss. Der 2. Studienabschnitt umfasst die letzten beiden Semester, in denen die Diplomarbeit im Vordergrund steht.

4. Ausbildungsinhalte

Entsprechend dem interdisziplinären Charakter der Ausbildung werden sowohl Theorie und Praxis in künstlerischen Belangen vermittelt (Harmonielehre, Stimmbildung, gewähltes Instrument, obligate Instrumente) als auch in Fächern wie Psychologie, Tiefenpsychologie, Psychiatrie, Psychotherapie und Anwendung der Musiktherapie. An Selbsterfahrung sind 180 Std. Gruppenlehrmusiktherapie und 90 Std. Einzellehrmusiktherapie vorgesehen.

5. Evaluierung und Ausbildungsabschluss

Der Abschluss der 1. Diplomprüfung erfordert die positiv bewertete Teilnahme an allen Lehrveranstaltungen des 1. Abschnitts.

Für den Abschluss des Studiums sind alle geforderten Lehrveranstaltungen positiv abzuschließen. Außerdem ist eine Diplomarbeit zu verfassen, über die eine kommissionelle Prüfung abgelegt werden muss. Drittens ist eine kommissionelle Prüfung über die Technik der Musiktherapie anhand von Video-, Audio- oder Livedemonstration abzulegen.

6. Dauer und Kosten

Das Studium hat eine Regelstudiendauer von 8 Semestern. Auch die Durchschnittsstudiendauer ist kaum höher, da keine Wartezeiten bei Lehrveranstaltungen entstehen. Verzögerungen ergeben sich nur dann, wenn die Zugangsprüfung beim ersten Mal nicht bestanden wird.

An Kosten ist lediglich mit den Studiengebühren zu rechnen, Gruppen- und Einzellehrmusiktherapie sind Bestandteil des Studiums.

7. AusbildnerInnen

Die Ausbildenden bestehen aus Vortragenden aus den einzelnen Fachdisziplinen, also Mediziner für die medizinischen Fächer etc. Der therapeutische Teil wird von MusiktherapeutInnen gestaltet.

IV. Gesamtbetrachtung

Das Studium „Musiktherapie" ist die einzige Ausbildung dieser Art in Österreich. Die Ausbildung richtet sich vor allem an Menschen mit musikalischer Vorbildung. Durch die Zugangsbeschränkung sind die Berufsaussichten als gut zu bewerten. Grundsätzlich stellt der besondere Zugangsweg zum Klienten eine Bereicherung der Palette an therapeutischen Angeboten dar. Die weitere Entwicklung wird auch von der Gestaltung des Musiktherapiegesetzes abhängen.

Kontaktadressen

Abteilung Musiktherapie
an der Universität für Musik
und darstellende Kunst Wien
Rennweg 8
1030 Wien
Tel. 01/711 55-3901 (Sekretariat Frau Lahner)
E-Mail: lahner@mdw.ac.at
www.mdw.ac.at/I113/a2

Nähere Informationen zum Beruf auch bei:
Österreichischer Berufsverband
der MusiktherapeutInnen
www.oebm.org
Deutsche Gesellschaft für Musiktherapie
www.musiktherapie.de

8. Beratungsausbildungen

8.a. Ausbildungen zum/zur Ehe-, Familien- und LebensberaterIn

Allgemeines

Derzeit gibt es in Österreich 6 Lehranstalten für Ehe-, Familien- und Lebensberatung in kirchlicher bzw. kirchennaher Trägerschaft mit Öffentlichkeitsrecht.

Die Lehranstalten bieten teilweise neben der Ausbildung in Ehe-, Familien- und Lebensberatung (seit 1971) auch eine Ausbildung in Familien- und Gruppenarbeit (seit 1980) bzw. in Erziehungs- und Jugendberatung (seit 1984) an.

Mit dem Diplom der Lehranstalt für Ehe- und Familienberatung kann nach dem Absolvieren der gesetzlich vorgeschriebenen fachlichen Tätigkeit um die Konzession für das Gewerbe der Lebens- und Sozialberatung angesucht werden.

Ein Teil der Ausbildung für Ehe-, Familien- und Lebensberatung kann auf das Psychotherapeutische Propädeutikum angerechnet werden (die Punkte A.1, A.2, A.3.2 und A.6). Außerdem ist mit dem Diplom einer Lehranstalt für diese Ausbildung die Voraussetzung für die Ausbildung zum/zur PsychotherapeutIn nach § 10, Absatz 2, Ziffer 7 Psychotherapiegesetz gegeben („Zugangsberuf").

Geschichte und Entwicklung

Als Reaktion auf die in den 1960er-Jahren steigende Scheidungsrate wollten viele Diözesen Beratungsstellen einrichten. Ihre Zielsetzung war, dem Scheidungstrend und dem damit verbundenen Leid entgegenzusteuern. EFL-Beratung sollte Einzelpersonen, Paaren und Familien in Lebensfragen – besonders in Konflikten und Krisen – zur Verfügung stehen. Für die professionelle Durchführung dieser Tätigkeit war eine spezifische, praxisorientierte Ausbildung unerlässlich.

Beginnend mit der Gründung des Ausbildungszentrums in Wien im Jahre 1971 mit dem Lehrgang für Ehe-, Familien- und Lebensberatung wurden nach und nach in 5 weiteren Bundesländern Lehranstalten für Ehe- und Familienberatung gegründet, die mit Statut und Lehrplan beim Bundesministerium für Unterricht um das Öffentlichkeitsrecht eingereicht haben. Die Lehranstalten wurden als Privatschulen der jeweiligen Diözesen oder Vereine genehmigt und als berufsbildende mittlere/höhere Schulen für Berufstätige eingestuft.

Um die Ausbildung für Beratung an lokale Gegebenheiten und Bedürfnisse anzupassen, wurden verschiedene fachliche Schwerpunkte der Beratungstätigkeit in spezifischen Lehrgängen (s.o.) ausgearbeitet, für die ebenfalls das Öffentlichkeitsrecht erteilt wurde.

Gesetzliche Änderungen und fachliche Entwicklungen machten Lehrplanüberarbeitungen notwendig, zuletzt 2002.

Nach Beendigung der ersten Ausbildung im Jahre 1974 wurde der Berufsverband für Ehe-, Familien- und LebensberaterInnen Österreichs gegründet. Der Berufsverband fördert und sichert die Qualifikation seiner Mitglieder und gibt regelmäßig die Zeitschrift *FOCUS efl Beratung* heraus *(www.ehe-familien-lebensberatung.at)*.

Verhältnis zur Psychotherapie

Von den Ehe-, Familien- und LebensberaterInnen wird das Verhältnis von Eheberatung zur Psychotherapie ähnlich gesehen wie das Verhältnis von alternativen Heilverfahren zur Allgemeinmedizin. Beratung erfordert nur geringen technischen Aufwand und ist gekennzeichnet durch ihre Sorgfalt in Hinblick auf die Art der Begegnung und Beziehungsgestaltung. Alltagsstress kann sich lösen, Selbstwertempfinden wird gefördert und damit werden auch die Selbststeuerungskräfte der Ratsuchenden gestärkt. Bei entsprechender Indikation leisten BeraterInnen durch Entängstigung und Aufklärung auch Motivations- und Vermittlungsarbeit zur Psychotherapie.

Die zunehmend klarere Profilierung der Beratungstätigkeit vor allem durch das Psychotherapiegesetz führte zu einer Entlastung von eindeutig psychotherapeutischen Aufgaben, sodass sich Beratung nun deutlicher ihrem eigentlichen Aufgabenbereich zuwenden kann: Hilfe zur Lebensbewältigung in schwierigen Situationen, Krisenintervention, ziel- oder lösungsorientierte Kurzberatung sowie zunehmend integrative Bildungsarbeit (prozessorientierte Gruppenarbeit, Sexualaufklärung an Schulen, Elternbildung etc.) und Informationstätigkeit.

Das Ausbildungskonzept

Das Basiskonzept der Lehranstalten ist ursprünglich von der Methodik der Beratung in der Sozialarbeit („social casework") geprägt und hat sich durch die Integration verschiedener Beratungsansätze weiterentwickelt: Die Ausbildung basiert auf den Grundhaltungen der Klientenzentrierten Psychotherapie nach C. Rogers unter Bedachtnahme auf psychoanalytische Theorien sowie auf den Grundlagen der systemischen Familientherapie. In Erweiterung des Beratungskonzeptes von Peter Fürstenau heißt das: klientenzentriert begegnen, verhaltenstherapeutisch wahrnehmen, tiefenpsychologisch verstehen und systemisch intervenieren. Als Grundlage für ein gelingendes Zusammenleben wird der Individuationsprozess des/der Einzelnen durch Persönlichkeitsentwicklung gesehen.

Lehrplan

Die Lehrpläne sind Rahmenlehrpläne und als solche für alle Lehranstalten gleich.
Sie beinhalten folgende Themengebiete:
- Berufsethik (16 Std.);
- religiöse Grundlagen der Ehe und Familie (16 Std.);
- Sozialphilosophie und Soziologie (16 Std.);
- Psychologie (136 Std.);
- Psychiatrie (16 Std.);
- Einführung in die berufsspezifischen medizinischen Fachgebiete (32 Std.);
- Einführung in die berufsspezifischen juristischen Fachgebiete (24 Std.);
- Methodik der Beratung und Sozialarbeit (einschließlich Krisenintervention) (248 Std.);
- Sozialeinrichtungen (16 Std.);
- Selbsterfahrung in der Gruppe (120 Std.);
- Pflichtpraktikum (unterrichtsbegleitend, 130 Std.);
- Supervision (30 Std.);
- Sonderveranstaltung: Betriebswirtschaftliche Grundlagen (16 Std.).

Aufnahmebedingungen

Alter zwischen 25 und 40 Jahren (begründete Ausnahmen sind möglich), Reifeprüfung oder entsprechendes Bildungsniveau aufgrund abgeschlossener Berufsausbildung (einschlägige Sozialberufe bevorzugt).

Aufnahmemodus

Bewerbungsschreiben (Lebenslauf, Motivation); Eignungseinschätzung an der Lehranstalt (Vorgespräche, Entscheidungsseminar, kommissionelle Entscheidung), gegebenenfalls kann auch ein Testverfahren angewandt werden.

Durchführung

Die Ausbildungen werden als Blockveranstaltungen angeboten, zwischen den Lehrveranstaltungen sind Peergruppen zur vertieften Erarbeitung des Lehrstoffes vorgesehen.

Die Ausbildungsgruppe soll 12 bis 16 Personen umfassen. In den Unterrichtsgegenständen „Methodik“ und „Selbsterfahrung“ wird aus didaktischen

Gründen die Ausbildungsgruppe so geteilt, dass nicht mehr als 6 bis 8 Personen in der Kleingruppe sind.

Es wird betont praxisorientiert ausgebildet, Studierende werden als PraktikantInnen in Beratungsstellen durch erfahrene BerufskollegInnen betreut. Zudem fördert der Lehrgang die Persönlichkeitsbildung.

Dauer und Kosten

Dauer: 7 Semester. Der Abschluss kann länger dauern, wenn die KandidatInnen noch nicht die nötige Anzahl an Praxisstunden vorweisen können oder zusätzliche Auflagen zu erfüllen sind.

Kosten: € 3.700,– bis € 8.000,–; die relativ große Streuung der Ausbildungskosten beruht auf der unterschiedlichen Möglichkeit, auf vorhandene Infrastruktur zurückzugreifen, und auf unterschiedlichen Honorarsätzen für die ReferentInnen. Zusätzlich zu den Lehrgangskosten fallen für die Selbsterfahrungswochen Aufenthaltskosten in Seminarhäusern sowie Ausgaben für Literatur an.

Ausbildungsabschluss

Voraussetzungen zur Erlangung des Diploms sind die Absolvierung des Pflichtpraktikums sowie eine positive Beurteilung fachspezifischer Kolloquien und der Diplomarbeit.

AusbildnerInnen

Der/die LeiterIn des Ausbildungslehrgangs muss eine einschlägige Beratungs- und/oder Psychotherapieausbildung sowie einen aufrechten Gewerbeschein nachweisen können. Die Vortragenden der Lehrfächer müssen möglichst den Abschluss eines akademischen Bildungswegs und mindestens 5 Jahre praktische Erfahrung nachweisen.

Ausbildungsorte und Einzugsbereich

Die Lehranstalten stellen entsprechende Räumlichkeiten für die Blockveranstaltungen zur Verfügung. Selbsterfahrungswochen können auch außerhalb des Ausbildungsortes stattfinden. Einzugsbereich ist das jeweilige Bundesland und sein Umkreis.

Konkrete Ausbildungseinrichtungen

Lehranstalt für Ehe- und Familienberatung des Kärntner Caritas-Verbandes

Gründung: 1988 als kirchliche Privatlehranstalt des Kärntner Caritas-Verbandes. Seit September 2003 läuft der 5. Lehrgang.
Teilnehmer im derzeitigen Lehrgang: 13
Anzahl der Absolventen (insg.): 66
Beginn der nächsten Ausbildung: für Herbst 2006 geplant
Der Unterricht findet entweder in der Schule oder im Bildungshaus Tainach statt.
Kosten: € 3.250,–

Kontakt:
Lehranstalt für Ehe- und Familienberatung des
Kärntner Caritasverbandes
Dr. Sylvia Hude
Viktringer Ring 36
9020 Klagenfurt
Tel. 0463/51 14 04
www.caritas-kaernten.at (Button „helfen lernen")

Lehranstalt für Ehe- und Familienberatung der Diözese Linz

Gründung: 1987 als Privatlehranstalt der Diözese Linz mit Öffentlichkeitsrecht. Bisher wurden 2 Ausbildungslehrgänge abgeschlossen, seit 2002 läuft ein weiterer Lehrgang mit 10 Frauen und 8 Männern.
Die Lehranstalt legt besonderen Wert auf das begleitete Praktikum der Studierenden und zusätzlich auch auf die Sicherung der Einsatzmöglichkeit für ausgebildete BeraterInnen. Daher ist der Zeitpunkt des Beginns des nächsten Lehrganges offen (frühestens 2008).
Kosten derzeit: € 4.800,–.

Kontakt:
Lehranstalt für Ehe- und Familienberatung
der Diözese Linz
Mag. Gerlinde Poimer
Kapuzinerstraße 84
4021 Linz, Postfach 284
Tel. 0732/76 10-3511
www.beziehungleben.at

Lehranstalt für Ehe- und Familienberatung der Diözese Graz-Seckau

Gründung: 1974 als Privatlehranstalt der Diözese Graz-Seckau mit Öffentlichkeitsrecht; bisher 122 AusbildungsteilnehmerInnen, aktuelle Ausbildung seit 2004.
Beginn des nächsten Lehrgangs: Sommersemester 2008 (20 Plätze)
AusbildnerInnen: 9 Lehrpersonen
Kosten: € 4.800,–.

Kontakt:
Lehranstalt für Ehe- und Familienberatung der Diözese Graz-Seckau
Mag. Winfried Pabst
Mesnergasse 5
8010 Graz
Tel. 0316/82 56 67, 0676/87 42 26 00
E-Mail: winfried.pabst@graz-seckau.at

Schuladresse:
8010 Graz, Carnerigasse 34/I

Lehranstalt für Ehe- und Familienberatung am Zentrum für Ehe- und Familienfragen Innsbruck

Gründung: 1973 als Privatlehranstalt des „Zentrums für Familienfragen" mit Öffentlichkeitsrecht, Lehrgang für Ehe-, Familien- und Lebensberatung.
1984 Genehmigung eines Lehrgangs für Erziehungs- und Jugendberatung.
In jedem Lehrgang bisher ca. 18 TeilnehmerInnen mit Diplom zur Ehe-, Familien- und Lebensberatung oder zur Erziehungs- und Jugendberatung.
2005 Zusammenlegung der beiden Lehrgänge in ein Modulsystem.
7 Semester berufsbegleitend:
1 Abend/Woche, 2–3 Blockveranstaltungen/Semester, 2 Selbsterfahrungswochen
Basisausbildung: 1. bis 4. Semester gemeinsam für beide Lehrgänge
Spezialisierung: 5. bis 7. Semester getrennt für Ehe-, Familien- und Lebensberatung bzw. Erziehungs- und Jugendberatung
Ausbildungskonzept: tiefenpsychologisch orientiert unter Einbeziehung weiterer Beratungsansätze
AusbildnerInnen: insg. 24; Lehrbeauftragte der Universität, PsychotherapeutInnen bzw. Dipl. EFL- o. EJ-BeraterInnen, jeweils Fachleute in ihrem Bereich
Kosten: € 7.700,– (Lehrgang 2005) plus € 100,– für Aufnahmeverfahren, € 200,– für Diplomprüfung
Abschluss: Diplom für Ehe-, Familien- und Lebensberatung oder für Erziehungs- und Jugendberatung

Kontakt:
Zentrum für Ehe- und Familienfragen
Dr. Karin Urban
Direktorin der Lehranstalt
Anichstraße 24/II, 6020 Innsbruck
Tel. 0512/58 08 71
E-Mail: zentrum.urban@aon.at

Lehranstalt für Ehe- und Familienberatung der Diözese Feldkirch

Gründung: 1974 als Privatlehranstalt der Diözese Feldkirch mit Öffentlichkeitsrecht. 1980 wurde ein Lehrplan für die Ausbildung zum „Familien- und Gruppenarbeiter" ausgearbeitet und als eine spezifische Fachrichtung der Ehe-, Familien- und Lebensberatung anerkannt.
Seit Gründung der Lehranstalt wurden 3 Lehrgänge sowie 6 Ausbildungen in „Familien- und Gruppenarbeit" durchgeführt. Aufgrund der veränderten Anforderungen an die AbsolventInnen und die Weiterentwicklung der theoretischen Konzepte und Grundlagen kam es im Jahr 2002 zu einer weiteren Anpassung der bestehenden Lehrpläne. Der Lehrgang „Ausbildung in Familien- und Gruppenarbeit" schließt nun mit dem Diplom „Trainer/in in prozessorientierter Gruppenarbeit" ab.
AusbildnerInnen: Die Ausbildung wird von 4 AusbildnerInnen (2 PsychotherapeutInnen, 1 Dipl. Familien- und Gruppenarbeiter und Dipl. Eheberater, 1 Dipl. Familien- und Gruppenarbeiterin bzw. Pädagogin) durchgängig begleitet. Zusätzlich werden entsprechende Fachleute herangezogen. Für den Ausbildungsabschluss ist neben den im Lehrplan geregelten Anforderungen eine jährliche Projektarbeit nachzuweisen.
Kosten: € 4.200,– (35-mal € 120,–) plus Bewerbungsgebühr € 50,– und Auswahlseminar € 120,–.

Kontakt:
Lehranstalt für Ehe- und Familienberatung der Diözese Feldkirch
Mag. Stefan Schäfer
Herrengasse 4, 6800 Feldkirch
Tel. 0664/279 57 36
www.fga.at

Lehranstalt für Ehe-, Familien- und Lebensberatung der Erzdiözese Wien für Berufstätige

Gründung: 1971 als Privatschule der Erzdiözese Wien für Berufstätige; berufsbildende mittlere/höhere Schule, mit Öffentlichkeitsrecht; derzeit wird alle 2 Jahre ein Lehrgang in Ehe-, Familien- und Lebensberatung durchgeführt (Beginn des letzten Lehrganges: Jänner 2006).

16 bis 20 Ausbildungsplätze/Lehrgang; bisher 260 TeilnehmerInnen, 239 Abschlüsse.
Die Qualifikation für Familien- und Gruppenarbeit sowie Erziehungs- und Jugendberatung kann über Fortbildungsangebote der Lehranstalt erworben werden.
AusbildnerInnen: 10 Lehrpersonen mit höchstmöglichem Bildungsabschluss und praktischer Erfahrung; Methodik der Beratung und Sozialarbeit als durchgängig geführter Unterricht.
Kosten: € 7.700,– (€ 1.100,–/Semester) + Aufnahmeverfahren.

Kontakt:
Lehranstalt für Ehe-, Familienberatung
und Lebensberatung der Erzdiözese Wien
Ungargasse 3/1/42
1030 Wien
Tel. 01/718 50 66 (Mi 9–12 Uhr)
E-Mail: lehranstalt.efl@utanet.at
www.familienwerk.at (Button „Lehranstalten“)

8.b. Ausbildungen zum/zur Lebens- und SozialberaterIn

Lebens- und Sozialberatung wurde 1989 gesetzlich geregelt. Sie versucht, sich neben der medizinischen, psychotherapeutischen und psychologischen Versorgung als 4. Säule der Gesundheitspolitik in Österreich mit dem Schwerpunkt Krankheitsprävention zu verankern. Vor 1989 war dieser beraterische Bereich ein „freies Gewerbe". Das bedeutete, dass jede Person, unabhängig von ihrer Qualifikation, das Gewerbe der „psychologischen Beratung" ausüben konnte. Da dabei keinerlei Konsumentenschutz gegeben war, wurde mit 1.1.1989 aus dem freien ein „konzessioniertes Gewerbe" gemacht. In der Gewerbeordnung wurde das Aufgabengebiet der Lebens- und SozialberaterInnen geregelt, und mit 1.1.1991 trat (gleichzeitig mit Psychologen- und Psychotherapiegesetz) die Befähigungsverordnung (Verordnung des BM für wirtschaftliche Angelegenheiten vom 14.11.1990, BGBl. Nr. 689/1990) in Kraft. In dieser Befähigungsverordnung sind die Voraussetzungen angegeben, welche erfüllt werden müssen, um die Konzession für Lebens- und Sozialberatung zu beantragen (s. u.). Novellierungen der Verordnung erfolgten 1994, 1998, 2003 und 2004.

Was ist Lebens- und Sozialberatung?

Lebens- und Sozialberatung ist ein bewilligungspflichtiges, an eine Konzession gebundenes Gewerbe und als Berufsstand der „Allgemeinen Fachgruppe des Gewerbes" der Bundeswirtschaftskammer angegliedert.
Unter Lebens- und Sozialberatung wird die bewusste und geplante Beratung, Betreuung und Begleitung von Menschen in Entscheidungs- und Problemsituationen verstanden. Wichtige Tätigkeitsbereiche sind Persönlichkeitsberatung, Beziehungs- und Sexualberatung, Ehe-, Familien- und Erziehungsberatung, Konfliktberatung, Gesundheits- und Ernährungsberatung, Bildungs-, Berufs- und Finanzberatung, Freizeitberatung, Gruppenberatung und -moderation, Sozialberatung und Kommunikationstrainings sowie, unter speziellen Voraussetzungen, Ernährungsberatung und sportwissenschaftliche Beratung (vgl. dazu Bitzer-Gavornik, 2004)*.

Abgrenzung zu anderen Berufsgruppen

Der Unterschied zur Psychotherapie ist formal-juristisch klar: Unter Psychotherapie wird die „Behandlung von psychosozial oder auch psychosomatisch

* Bitzer-Gavornik, G. (Hg.) (2004): Lebensberatung in Österreich. 2. Aufl. Wien: LexisNexis ARD Orac.

bedingten Verhaltensstörungen und Leidenszuständen" (Psychotherapiegesetz § 1) verstanden. Sie dient neben der psychiatrischen Behandlung (Ärztegesetz § 1) und der klinisch-psychologischen Behandlung (Psychologengesetz § 3) der Behandlung von Menschen mit einer „psychischen Störung". Deswegen ist auch die (teilweise) Kostenübernahme der psychotherapeutischen Behandlung durch die Krankenkassen möglich. Die Lebens- und Sozialberatung dagegen beschränkt sich auf die Beratung und Betreuung von Menschen, deren Problematik keinen Krankheitswert hat. Die Beratung ist in größerem Ausmaß als (üblicherweise) die Psychotherapie problemzentriert und zielorientiert. Pädagogische Modelle nehmen in der Beratung einen mindestens ebenso großen Raum wie der Psychotherapie entlehnte Techniken ein. In den Lehrgängen für Lebens- und Sozialberatung wird großer Wert darauf gelegt, den KursteilnehmerInnen zu vermitteln, wo ihre Fähigkeiten und ihre Grenzen sind und zu welchen Zeitpunkten eine Überweisung zu einer anderen Berufsgruppe, etwa zu PsychotherapeutInnen, sinnvoll bzw. notwendig ist. Weiters wurde ein neues freies Gewerbe, die „kosmobiologischen Dienstleistungen", etabliert, in welchem spirituelle und esoterische Angebote gemacht werden können und keine Voraussetzungen verlangt werden.

Lehrgänge zur Ausbildung zum Lebens- und Sozialberater müssen von der Zertifizierungsstelle des Fachverbandes des allgemeinen Gewerbes genehmigt werden (BGBl. Nr. 194/1994). Nur Abschlusszeugnisse derartiger Lehrgänge können bei der Anmeldung zum Gewerbe berücksichtigt werden.

Voraussetzungen für den Gewerbeschein

Um für die Konzession als Lebens- und SozialberaterIn ansuchen zu können, muss nach der derzeitigen gesetzlichen Regelung (Verordnung des BM für wirtschaftliche Angelegenheiten vom 14.11.1990, BGBl. Nr. 689/1990, § 1) eine von 5 möglichen ausbildungsbezogenen Voraussetzungen gegeben (d.h.: absolviert) sein:

1. Universitätsstudium (Absolvierung der pädagogischen, psychologischen, soziologischen Lehrveranstaltungen im Umfang von 160 Std.);
2. Lehranstalt für Ehe- und Familienberater bzw. Akademie für Sozialarbeit;
3. Pädagogische Akademie bzw. Religionspädagogische Akademie bzw. Bildungsanstalt für Kindergartenpädagogik bzw. Bildungsanstalt für Erzieher;
4. Psychotherapeutisches Propädeutikum;
5. Lehrgang für Lebens- und Sozialberatung (584 Std. in mindestens 5 Semestern an einer zertifizierten berufsbildenden Ausbildungseinrichtung).

Wird die Qualifikation als Lebens- und SozialberaterIn über die in den Punkten 1 bis 4 genannten Ausbildungen erlangt, sind zuzüglich 30 Std. Einzelselbsterfahrung und 120 Std. Gruppenselbsterfahrung (dieser Selbsterfahrungsteil ist bei Punkt 5, dem Lehrgang für Lebens- und Sozialberatung, inkludiert; s. u.) sowie 240 Std. Methodik der Lebens- und Sozialberatung, 80 Std. Krisenintervention, 16 Std. Berufsethik und Berufsidentität, 16 Std. betriebswirtschaftliche Grundlagen und 24 Std. rechtliche Fragen in Zusammenhang mit der Lebens- und Sozialberatung bei einer zertifizierten Ausbildungseinrichtung zu absolvieren.

In allen Fällen (die Zugänge nach Punkt 1 bis 5) sind außerdem mind. 750 Std. fachliche Tätigkeit unter begleitender Supervision nachzuweisen, bevor um Erteilung der Gewerbeberechtigung als Lebens- und SozialberaterIn beim jeweiligen Amt der Landesregierung (Abteilung für Gewerbe) angesucht werden kann.

Überblick über die Ausbildung

Laut gesetzlicher Regelung (BGBl. Nr. 140/2003) setzt sich die Ausbildung, die ein Lehrgang einer zertifizierten Ausbildungseinrichtung anbieten muss, aus folgenden Gegenständen zusammen (in Klammer die Mindeststundenanzahl):

1. Selbsterfahrung:

- Gruppenselbsterfahrung (120)

2. Theorie:

- Einführung in die Lebens- und Sozialberatung (historische Entwicklung, gesellschaftspolitische Rahmenbedingungen, Sozialphilosophie, Soziologie) (20)
- Grundlagen für die Lebens- und Sozialberatung in den angrenzenden medizinischen, pädagogischen, psychologischen, psychotherapeutischen und soziologischen Fachgebieten (68)
- Methodik der Lebens- und Sozialberatung (240)
- Krisenintervention (80)
- Rechtsfragen im Zusammenhang mit der Lebens- und Sozialberatung (24)
- Berufsethik und Berufsidentität (16)
- betriebswirtschaftliche Grundlagen (16)

Ausbildungen zum/zur Lebens- und SozialberaterIn (Stand Dezember 2005)

Wien:

APW – Arbeitsgemeinschaft zur Ausbildung für Persönlichkeitsentwicklung und Wirtschaftscoaching
Kaasgrabengasse 36
1190 Wien
Tel. 01/320 14 14
E-Mail: office@a-apw.at

ARGE Bildungsmanagement
Friedstraße 23
1210 Wien
Tel. 01/263 23 12
E-Mail: office@bildungsmanagement.at

ARGE Erziehungsberatung
Neubaugasse 12–14/3/21
1070 Wien
Tel. 0676/419 50 30
E-Mail:
arge-erziehungsberatung@chello.at

GLE-Österreich
Gesellschaft für Logotherapie
und Existenzanalyse
Einwanggasse 23/11, 1140 Wien
Tel. 01/897 43 39
E-Mail: gle-oe@existenzanalyse.org

Institut für Personenzentrierte
Studien, Dr. Josef Pennauer
Disserlgasse 5/4
1030 Wien
Tel. 01/713 77 96
E-Mail: office@ips-online.at

Andrea Mikisch
Klosterneuburger Straße 68/40
1200 Wien
Tel. 01/925 92 59
E-Mail: andrea@amate.at

Österreichisches Trainingszentrum
für Neurolinguistisches
Programmieren (ÖTZ-NLP)
Widerhofergasse 4, 1094 Wien
Tel. 01/317 67 80
E-Mail: info@nlpzentrum.at

Team Winter
Rasumofskygasse 14/1
1030 Wien
Tel. 01/714 51 59
E-Mail: team@winter.at

Vitak SchulungsGmbH
Geusaugasse 17, 1030 Wien
Tel. 01/503 07 40
E-Mail: office@vitak.at

Wifi Wien
Währinger Gürtel 97, 1180 Wien
Tel. 01/476 77-555
E-Mail: kurse@wifiwien.at

B.A.S.I.S. – Verein zur Vernetzung
psychosozialer Berufsgruppen
Radetzkystraße 31/8b
1030 Wien
Tel. 01/710 74 44
E-Mail: buero@mauerer.at

Institut Dr. Chlebowsky
Spittelbreitengasse 24
1120 Wien
Tel. 01/813 25 88
E-Mail: training@nlpwien.at

MGT-Wien, Erwin Bakowsky
Schulgasse 36/14
1180 Wien
Tel. 01/409 69 88
E-Mail:bako@aon.at

Österreichischer Arbeitskreis für
Gruppentherapie und Gruppendynamik
Lenaugasse 3, 1080 Wien
Tel. 01/718 48 60
E-Mail: gestalttherapie@oeagg.at

PRO MENTE Wien
Grüngasse 1a
1040 Wien
Tel. 01/513 15 30-0
E-Mail: bildung@promente-wien.at

Dr. Peter Battistich WiLAk –
Wiener Lebensberater-Akademie
für Ausbildung, berufliches Coaching
und Paarberatung, Lebens- und
Sozialberater, Unternehmensberater
Rathausstraße 11/4, 1010 Wien
Tel. 01/408 11 55
E-Mail: coaching@aso.co.at, www.wilak.at

Wiener Internationale Akademie
für Ganzheitsmedizin
Sanatoriumstraße 2
1140 Wien
Tel. 01/688 75 07
E-Mail: office@gamed.or.at

Ludwiga Wirgler
Dr.-Nekowitsch-Straße 71/3
1210 Wien
Tel. 01/290 82 06
E-Mail: ludwigawirgler@aon.at

ZKD – Zentrum für Kommunikation und Dynamik
Neulinggasse 25, 1030 Wien
Tel. 01/715 10 10
E-Mail: office@zkd.at

Niederösterreich:

FutureNet Arbeitsgemeinschaft für Lebens- und Sozialberatung
Hauptstraße 2, 2360 Ternitz
Tel. 02630/207 64
E-Mail: office@futurenet.at

ICN-Institut f. Counselling & Networking
Edmund-Hofbauer-Straße 20
3500 Krems
Tel. 0676/311 86 42
E-Mail: office@icn.cc

Gerhard Konir
Wiener Straße 116
2822 Föhrenau
Tel. 02627/463 32
E-Mail: g.konir@konir.at

Resonanz-Kommunikationstraining GmbH, Dr. Gundl Kutschera
Kaiserin-Elisabeth-Straße 4
2344 Maria Enzersdorf
Tel. 02236/89 39 44
E-Mail: office@kutscheracommunication.com

Sympaideia
Verein zur Aus-, Fort- Weiterbildung im psychosozialen Feld
Ackerlgasse 2, 2103 Langenzersdorf
Tel. 02244/298 23
E-Mail: schulverwaltung@sympaideia.com

Verein Lichtblick
Domplatz 15
2700 Wiener Neustadt
Tel. 02622/262 22
E-Mail: kindernotruf@kindernotruf.at

Verein Methodos
Ringstraße 6
3500 Krems
Tel. 0650/311 22 33
E-Mail: office@methodos.at

Wifi NÖ in Kooperation mit ICN – Institut für Counselling u. Networking
Mariazeller Straße 97, 3100 St. Pölten
Tel. 02742/890-2000
E-Mail: kundenservice@noe.wifi.at

Zentrum für Psychosoziale Medizin
Donau-Universität Krems
Dr.-Karl-Dorrek-Straße 30
3500 Krems
Tel. 02732/893-2628
E-Mail: anton.leitner@donau-uni.ac.at

Oberösterreich:

Christliche Lebensberatung und Seelsorge (CLS)
Neuhofner Straße 17, 4502 St. Marien
Tel. 07227/209 72
E-Mail: office@cls-austria.at

FAB Organos
Hamerlingstraße 4
4020 Linz
Tel. 0732/70 17 88-2
E-Mail: office@organos.at

Helga Obermair
Baderberg 4
4223 Katsdorf
Tel. 07235/883 29
E-Mail: obermair@delphinlernen.at

life assistance Dr. Peter Heinrich
Voeststraße 29
4060 Leonding
Tel. 0664/452 00 33
E-Mail: office@lifeassistance.at

Institut MIT
(Mediation Identitätsentwicklung Training)
Hauptstraße 44, 4040 Linz
Tel. 0732/71 22 22
E-Mail: office@mit-linz.at

PGA – Verein für prophylaktische Gesundheitsarbeit
Kaplanhofstraße 1, 4020 Linz
Tel. 0732/78 78 10-0
E-Mail: seminare@pga.at oder info@pga.at

Salzburg:

ALESSA Akademie für Lebensberatung Salzburg
Kaltnergasse 7
5020 Salzburg
Tel. 0662/82 63 87
E-Mail: office.alessa@aon.at

Impulse & Seminare – Rudolf Kronreif
Uferstraße 41
5026 Salzburg
Tel. 0662/62 23 73
E-Mail: kronreif@nlp-seminare.at

Dr. Arthur Domig
(Institut für systemische Bildung und Beratung)
Lindenweg 2, 5400 Hallein/Rif
Tel. 06245/781 18
E-Mail: arthur.domig@isbb.at

Institut für Logotherapie & Existenzanalyse – Christoph Schlick
Carl-Orff-Straße 2, 5020 Salzburg
Tel. 0662/82 85 01
E-Mail: office@logotherapie-salzburg.at

Tirol:

Rehastätte DDr. Banffy-Eszter-Gabriella
Haller Straße 41
6020 Innsbruck
Tel. 0512/20 80 20
E-Mail: lsb@banffy.at

Vorarlberg:

Mentalcollege, Meusburger Christine
Mehrauerstraße 3b
6900 Bregenz
Tel. 05574/799 71
E-Mail: office@mentalcollege.com

Transaktionsanalytisches Seminar
Frühlingstraße 5
6850 Dornbirn
Tel. 05572/538 47
E-Mail: office@TASeminar.at

Steiermark:

Akademie der Steirischen Gesellschaft für Lebens- und Sozialberatung
Schillerstraße 2
8010 Graz
Tel. 0316/38 68 73
E-Mail: office@steigls.org

Institut für angewandte Pädagogik Dr. Peter Drumbl
Conrad-von-Hötzendorf-Straße 17/1
8010 Graz
Tel. 0316/81 24 40
E-Mail: office@ifap.com

MENTOR GmbH & Co
Granatengasse 4
8020 Graz
Tel. 0316/71 30 53-0
E-Mail: graz.dlsb@mentor.at

Prof. Dr. Franz Pesendorfer
8522 Neudorfegg 56
Tel. 03464/26 33, 0650/514 22 13
E-Mail: alberich@aon.at

Österreichische Gesellschaft für Pastoralpsychologie und integrative Pädagogik
Parkstraße 1, 8010 Graz
Tel. 0316/380 61 53
E-Mail: karl.ladenhauf@uni-graz.at

Burgenland:

Absolut-Bildungsmanagement
Willersdorfer Straße 26
7432 Oberschützen
Tel. 0664/577 46 03
E-Mail:
office@absolut-bildungsmanagement.at

Wifi Burgenland
Robert-Graf-Platz 1
7000 Eisenstadt
Tel. 05/909 07-2000
E-Mail: info@bgld.wifi.at

Berufsförderungsinstitut Burgenland
Grazer Straße 86
7400 Oberwart
Tel. 03352/389 80
E-Mail: info@bfi-burgenland.at

8.c. Sonstige Beratungsausbildungen (inkl. für gruppenpädagogische Verfahren)

Im Unterschied zur Ausbildung für Ehe- und Familientherapie und zur Ausbildung für Lebens- und Sozialberatung sind die hier genannten Ausbildungen nicht staatlich reguliert. Es gibt auch keine informellen Ausbildungsstandards etwa einer Berufsvertretung. Wir haben analog zu den Kriterien für Weiterbildungen (s. Kap. 6) nur solche Ausbildungsangebote berücksichtigt, die auf einem institutionalisierten und aktuell auch in Österreich angebotenen Curriculum beruhen und einen Umfang von mind. 200 Std. haben.

Existenzanalytische Beratung und Begleitung

Träger: Gesellschaft für Logotherapie und Existenzanalyse (GLE)
Zielgruppe: Personen, die in einem Sozialberuf oder in den Humanwissenschaften tätig sind, wie PädagogInnen, SeelsorgerInnen, ÄrztInnen, PsychologInnen, SozialpädagogInnen, SozialarbeiterInnen, Pflegeberufe, ErzieherInnen, ManagementtrainerInnen
Dauer/Umfang: 5 Semester Theorie, Supervisionsstadium mind. 1 Jahr; 480 Std.
Kosten: € 9.500,– (exkl. MwSt.) (€ 125,–/Seminartag)

Kontakt:
GLE-Österreich
Einwanggasse 23, 1140 Wien
Tel. 01/897 43 39
E-Mail: gle-oe@existenzanalyse.org

Existenzanalytische Beratung und Begleitung

Träger: Schloss Hofen
Zielgruppe: Personen, die im Bildungs-, Sozial- oder medizinischen Bereich tätig sind
Dauer/Umfang: 5 Semester (berufsbegleitend); ca. 500 Std.
Kosten: € 9.700,–

Kontakt:
Dr. Elmar Fleisch
Hoferstraße 26
6911 Lochau
Tel. 05574/49 30-0
E-Mail: gesundheit@schlosshofen.at
www.schlosshofen.at

Lehrgang Gestaltpädagogik

Träger: Gestaltpädagogik Österreich – Verein für gestaltpädagogische Initiativen und Fortbildung (GPÖ) gemeinsam mit Ausbildungsinstitut für Gruppe und Bildung (AGB)
Zielgruppe: LehrerInnen, ErwachsenenbildnerInnen, SonderpädagogInnen, Jugend- und SozialarbeiterInnen, BetreuerInnen von Wohngemeinschaften, Behinderten- und AltenbetreuerInnen, in Beratungseinrichtungen Tätige
Dauer/Umfang: ca. 2 Jahre; mind. 200 Std. (10 Wochenenden und 4 Spezialseminare sowie 10 Std. Einzelsupervision und Praxisbericht)
Kosten: € 2.500,–
Sonstiges: Abschluss mit Zertifikat bzw. Diplom

Kontakt:
Reinhold Rabenstein
J.-W.-Klein-Straße 36, 4040 Linz
Tel. 0732/75 05 40, 0664/586 09 14
E-Mail: r.rabenstein@agb-seminare.at
www.agb-seminare.at

Dr. Ursula Svoboda
Koppstraße 7, 4020 Leonding
Tel. 0732/67 24 69
E-Mail: u.svoboda@gmx.at
www.gestaltpaedagogik.at

Groupworker bzw. GruppentrainerIn

Träger: Österreichischer Arbeitskreis für Gruppendynamik und Gruppentherapie (ÖAGG)
Zielgruppe: Personen, die mit Gruppen arbeiten
Dauer/Umfang: 3 Jahre (530 Std.) für Group-Worker; 4 Jahre für GruppentrainerIn (1.260 Std.)
Kosten: € 10.000,– (+ 20 % MwSt.) für Group-Worker; € 13.600,– (+ 20 % MwSt.) für GruppentrainerIn

Kontakt: ÖAGG-Sekretariat
Lenaugasse 3, 1080 Wien
Tel. 01/405 39 93-0 (Fax DW 20)
E-Mail: gruppendynamik@oeagg.at, www.gddg.at, www.oeagg.at

Personzentrierte Beratung (Grundlagen und Praxis personzentrierter Arbeit)

Träger: Forum der Arbeitsgemeinschaft Personzentrierte Psychotherapie, Gesprächsführung und Supervision (APG)
Dauer/Umfang: 2 Jahre (385 Std.).
Kosten: € 4.800,–

Kontakt: Sylvia Gaul
Otto-Bauer-Gasse 5/14, 1060 Wien
Tel. 01/966 79 44, E-Mail: meynertgasse8@aon.at, www.apg-forum.at

Personzentrierte Beratung und Gesprächsführung

Träger: Institut für Personzentrierte Studien (IPS) der Arbeitsgemeinschaft Personzentrierte Psychotherapie, Gesprächsführung und Supervision (APG)
Dauer/Umfang: mind. 2 Jahre (385 Std.)
Kosten: € 7.100,–

Kontakt:
Dr. Josef Pennauer
Koppstraße 76/5, 1160 Wien
Tel. 01/495 17 57
E-Mail: pennauer@ips-online.at, www.ips-online.at

Personzentrierte Gesprächsführung

Träger: Österreichische Gesellschaft für wissenschaftliche, klientenzentrierte Psychotherapie und personorientierte Gesprächsführung (ÖGWG)
Zielgruppe: Personen, die im psychosozialen Feld tätig sind und/oder ihre Fähigkeit, Gespräche zu führen, effektiver gestalten wollen
Dauer: ca. 2 Jahre (230 Std. + 30 Std. kollegiale Supervision)
Kosten: € 1.860,– bis € 3.160,– (inkl. MwSt.)
Sonstiges: Die vorgesehene Stundenzahl entspricht den Richtlinien der „European Association for Counselling“

Kontakt:
ÖGWG
Altstadt 17, 4020 Linz
Tel. 0732/78 46 30
E-Mail: oegwg@psychotherapie.at
www.psychotherapie.at/oegwg

Psychoanalytisch-pädagogische Erziehungsberatung

Träger: Arbeitsgemeinschaft Psychoanalytische Pädagogik (APP)
Zielgruppe: DiplomandInnen und AbsolventInnen der Erziehungswissenschaften mit Schwerpunkt Sonder-Heilpädagogik mit absolvierten tiefenpsychologischen Lehrveranstaltungen sowie PsychologInnen mit Schwerpunkt klinische Psychologie/Tiefenpsychologie
Dauer/Umfang: mind. 3 Jahre bzw. ca. 940 Std.
Kosten: € 7.920,– plus Selbsterfahrung
Sonstiges: in Kooperation mit der Sigmund-Freud-Gesellschaft, Wiener Arbeitskreis für Psychoanalyse und Alfred Adler Institut des Österreichischen Vereins für Individualpsychologie; Lehrgang universitären Charakters (Graduierung mit MA)

Kontakt:
APP
Mariahilfer Straße 53/15
1060 Wien
Tel./Fax 01/586 85 66
Sekretariat:
Grundsteingasse 13/2–4, 1160 Wien
Tel. 01/403 01 60
E-Mail: wien.sekretariat@gmx.at
www.app-wien.at

Psychosoziale Beratung

Träger: Zentrum für Psychosoziale Medizin der Donau-Universität Krems
Zielgruppe: PsychotherapeutInnen mit 5 Jahren Praxis, die eine Weiterbildung in übergeordneten Beratungsthemen und Forschung absolvieren wollen
Dauer: 1 1/2 Jahre (180 Std. sowie Masterthese und Abschlussprüfung)
Kosten: € 4.200,– (ohne Masterthesenbetreuung)
Sonstiges: Universitätslehrgang (Aufbaustufe zum Master of Science)

Kontakt:
Margit Dirnberger
Zentrum für Psychosoziale Medizin
Dr.-Karl-Dorrek-Straße 30
3500 Krems
Tel. 02732/893 26 39
E-Mail: margit.dirnberger@donau-uni.ac.at
www.donau-uni.ac.at/psymed/beratungmsc

Themenzentrierte Interaktion (TZI)

Träger: Ruth Cohn Institut (RCI) für TZI – Österreich
Zielgruppe: alle, die mit Gruppen arbeiten, insbesondere Lehrende und TeamleiterInnen
Dauer/Umfang: ca. 234 Std. für Grundausbildung (mind. 32 Tage) und weitere 270 Std. (mind. 37 Tage) sowie 80 Std. Peergruppe für Aufbaustufe (Diplom)
Kosten: ca. € 2.000,– (plus Aufenthaltskosten) für die Grundausbildung; ca. € 4.500,– (plus Aufenthaltskosten) für beide Ausbildungsstufen (für Mitglieder)
Sonstiges: Zertifikat für Grundausbildung, Abschlussworkshop und Diplom für Aufbaustufe

Kontakt: Dr. Hildegard Enzinger
Marienbadgasse 29, 9073 Klagenfurt,
Tel. 0463/295 85
E-Mail: enzinger.hildegard@aon.at, www.tzi.info/oesterreich

9. Supervisionsausbildungen

In den 1930er-Jahren begann Supervision in Pädagogik und Sozialarbeit sich in Österreich zu etablieren. Maßgeblich beteiligt waren Vertreter tiefenpsychologischer Schulen (August Aichhorn, Anna Freud).

Ende der 1950er- und Anfang der 1960er-Jahre wurde Supervision in der Bewährungshilfe als fester Bestandteil der Arbeit aufgenommen (Sepp Schindler). Die erste institutionalisierte Ausbildung für Supervision fand 1981 an der Universität Salzburg statt, 2 Jahre später boten sowohl die Gemeinde Wien (nach einem tiefenpsychologischen Konzept) als auch das Katholische Bildungswerk (nach dem Konzept des Fritz-Perls-Instituts, Düsseldorf) ebenfalls Supervisionsausbildungen an. Nach 2-jährigen Vorarbeiten wurde im Mai 1994 die Österreichische Vereinigung für Supervision (ÖVS) gegründet. Es handelt sich um einen freiwilligen, nichtoffiziellen Zusammenschluss von SupervisorInnen. Sowohl der Österreichische Berufsverband für Psychotherapie (ÖBVP) als auch der Berufsverband Österreichischer Psychologinnen und Psychologen (BÖP) fühlen sich ebenfalls für den Supervisionsbereich zuständig.

Es gibt in Österreich verschiedene, z.T. auch nur kurzlebige Ausbildungen zum/zur SupervisorIn. Die Österreichische Vereinigung für Supervision (ÖVS) ist um Qualität in der Ausbildung bemüht und setzt einerseits für den Bereich der Supervisionsausbildung (s. u.), aber auch für die Anerkennung von SupervisorInnen Standards, die auch international anerkannt sind. Voraussetzungen für die Ausbildung sind:

- Mindestalter von 27 Jahren, 5 Jahre Berufspraxis;
- abgeschlossene human- oder sozialwissenschaftlich fundierte Ausbildung (Universität, Fachhochschule, Akademie) oder ein dokumentiertes Äquivalent;
- einschlägige Vorbildung in Selbsterfahrung und für die Supervision relevante Weiterbildung zusätzlich zur Berufsausbildung (mindestens 60 Std.);
- 60 Std. Supervisionserfahrung im Einzel- und Mehrpersonensetting in den letzten 5 Jahren.

Für die Supervisionsausbildung selbst gelten folgende Mindeststandards:

- 450 Unterrichtsstunden in 2 ½ Jahren (inklusive themenzentrierter Selbsterfahrung), davon mind. die Hälfte in einer gleichbleibenden Lerngruppe;
- 75 Std. Lernsupervision (Supervisionspraxis der AusbildungsteilnehmerInnen, also selbst durchgeführte Supervisionen) im Einzel- und Mehrpersonensetting, wobei der Schwerpunkt auf fortlaufenden Supervisionsprozessen liegen soll;

- 50 Std. Lehrsupervision (also in Anspruch genommene Supervision, davon mindestens 30 Std. als Einzelsupervision);
- Abschlussarbeit und Kolloquium.

Als von der ÖVS anerkannt gelten SupervisorInnen, die eine den oben stehenden Standards entsprechende mehrjährige Supervisionsausbildung absolviert oder ihre SupervisorInnenkompetenz durch eine äquivalente Vorbildung erworben haben.

Als Servicestelle steht die ÖVS allen OrganisationsvertreterInnen, DienstgeberInnen und allen an Supervision Interessierten zur Verfügung. Eine Liste der in der ÖVS anerkannten SupervisorInnen wird erstellt und laufend aktualisiert. Ein weiterer Schwerpunkt der ÖVS ist die Vernetzung mit anderen deutschsprachigen Supervisionsverbänden (gegenseitige Anerkennung).

Kontaktadresse

Österreichische Vereinigung für Supervision (ÖVS)
Heinrichsgasse 4/2/8, 1010 Wien
Tel. 01/533 08 22
Fax 01/533 08 22-4
E-Mail: office@oevs.or.at
www.oevs.or.at, www.oevs.at

a) Von der ÖVS anerkannte Ausbildungseinrichtungen

ARGE Bildungsmanagement
Friedstraße 23, 1210 Wien
Tel. 01/263 23 12
Fax 01/263 23 12-20
E-Mail: office@bildungsmanagement.at
www.bildungsmanagement.at

AWS Baden
Rasumofskygasse 16a/2, 1030 Wien
Tel. 01/714 51 59
Fax 01/714 58 10
E-Mail: sigrid@winter.at
www.awsbaden.at

Bundesinstitut für Erwachsenenbildung
Bürglstein 1–7, 5350 Strobl/Wolfgangsee
Tel. 06137/66 21-110
Fax 06137/66 21-116
E-Mail: office@bifeb.at
www.bifeb.at

Donau-Universität Krems
Dr.-Karl-Dorrek-Straße 30
3500 Krems
Tel. 02732/893-2628
E-Mail: anton.leitner@donau-uni.ac.at
www.donau-uni.ac.at/psymed

E-Motion
Höttingergasse 8, 6020 Innsbruck
Tel. 0512/28 51 63
Fax 0512/28 41 01
E-Mail: emotion.kaslatter@aon.at
members.aon.at/emotion

i.b.o
Point 3, 4114 Neuhaus/D
Tel. 07232/381 80
Fax 07232/381 81
E-Mail: office@ibo-consulting.com
www.ibo-consulting.com

Institut für Psychologie der Universität Salzburg
Hellbrunner Straße 34
5020 Salzburg
Tel. 0662/80 44-5015
Fax 0662/80 44-5126
E-Mail: gabriele.seiser@sbg.ac.at
www.sbg.ac.at/supervision

NÖ Landesakademie
Neue Herrengasse 17a, 3100 St. Pölten
oder Radlberger Hauptstraße 27
3105 St.Pölten
Tel. 02742/36 35 74
Tel. 02742/90 05-12755
E-Mail: rene@reichel-reichel.at
reinhard.skolek@noe-lak.at
www.reichel-reichel.at

Pädagogisches Institut Kärnten
Kaufmanngasse 8, 9010 Klagenfurt
Tel. 0463/506 96-31
Fax 0463/506 96-9
E-Mail: mikula@pi-klu.ac.at
www.pi-ahs.at

Uni Wien – Suco
Lammgasse 8/10, 1080 Wien
Tel. 01/4277-18251
Fax 01/4277-18553
E-Mail: suco@univie.ac.at
www.univie.ac.at/lammgasse/suco

IPS der APG und ÖGWG
J.-Haagn-Straße 15, 5020 Salzburg
Tel. 01/495 17 57, 0662/45 91 85
Fax 0662/45 91 85
E-Mail: praxis.a.papst@gmx.at
pennauer@ips-online.at
www.psychotherapie.at/oogwg
www.ips-online.at

Kaleidos
Schubertstraße 46, 4020 Linz
Tel. 0732/65 09 91
E-Mail: g.nausner@kaleidos.at
www.kaleidos.at

ÖAGG
Lenaugasse 3, 1080 Wien
Tel. 01/405 39 93-0
Fax 01/405 39 93-20
E-Mail: svc-wb@oeagg.at
www.oeagg.at/supervision

Schloss Hofen – FH Vorarlberg
Kirchstraße 38, 6900 Bregenz
Tel. 05574/430 46 77
Fax 05574/430 46 85
E-Mail: soziales@schlosshofen.at
www.schlosshofen.at

Sympaideia
Furterzaunweg 4, 6020 Innsbruck
Tel. 0512/36 59 34
Fax 0512/507-2815
E-Mail: heinrich.grausgruber@aon.at
www.sympaideia.com

b) Supervisionsausbildungen, die von psychotherapeutischen Vereinen angeboten werden und nicht von der ÖVS anerkannt sind

NLP-Supervision

Träger: Österreichisches Trainingszentrum für Neurolinguistisches Programmieren (ÖTZ-NLP)

Kontakt: ÖTZ-NLP
Widerhofergasse 4, 1090 Wien
Tel. 01/317 67 80
Fax 01/317 67 81-22
E-Mail: info@nlpzentrum.at, www.nlpzentrum.at

Supervision

Träger: Österr. Arbeitsgemeinschaft für Gestalttheoretische Psychotherapie (ÖAGP)

Kontakt: ÖAGP
Schopenhauerstraße 48/6, 1180 Wien
Tel. 01/406 46 61
E-Mail: oeagp@gestalttheory.net
www.gestalttheory.net/oeagp

Supervision und Coaching

Träger: Gesellschaft für Logotherapie und Existenzanalyse (GLE)

Kontakt: GLE
Dr. Lilo Tutsch
Einwanggasse 23/11, 1140 Wien
Tel. 01/894 14 07
E-Mail: lilo.tutsch@existenzanalyse.org

Systemische Supervision – Organisationsentwicklung – Coaching

Träger: Österreichische Arbeitsgemeinschaft für systemische Therapie und systemische Studien (ÖAS)

Kontakt: ÖAS
Hedwig Wagner
Gonzagagasse 11/19, 1010 Wien
Tel. 01/212 41 35,
E-Mail: office@oeas.at
www.oeas.at/supervision.htm

Glossar

ABC für AusbildungsinteressentInnen und -teilnehmerInnen

(Stichworte, auf die verwiesen wird, sind *kursiv* gesetzt)

Anrechnungsrichtlinien (ministerielle und EWR-Richtlinie)

Die ministerielle Anrechnungsrichtlinie schlüsselt gegliedert nach *Propädeutikum* (s. a. den Vorspann zum Kapitel über das Propädeutikum in diesem Buch) und *Fachspezifikum* (s. dazu den Vorspann zum Kapitel über das Fachspezifikum) diverse Anrechnungsmöglichkeiten aufgrund beruflicher Vorbildungen oder bereits absolvierter Studien auf. Auch Anrechnungen von im Ausland absolvierten Ausbildungen oder bei einem Wechsel von einem Fachspezifikum in ein anderes sind darin geregelt.

Für Anrechnungen bzw. die Prüfung der Gleichwertigkeit von Ausbildungen, die im EWR-Raum absolviert wurden, ist das EWR-Psychotherapiegesetz (BGBl. 114/1999) „über die Niederlassung und die Ausübung des freien Dienstleistungsverkehrs von Psychotherapeuten aus dem Europäischen Wirtschaftsraum“ heranzuziehen.

Arbeiterkammern

Die Arbeiterkammern der einzelnen Bundesländer (Dachorganisation ist die Bundesarbeitskammer) können als Ansprechpartner bei konsumentenschutzrechtlichen Problemen aus dem Ausbildungsverhältnis genutzt werden. Kammerzugehörige ArbeitnehmerInnen haben Anspruch auf kostenlose Rechtsberatung und in der Regel auch auf kostenlosen Rechtsschutz in arbeits- und sozialversicherungsrechtlichen Angelegenheiten. Gleiches gilt für Psychotherapie-PatientInnen, die Probleme im Zusammenhang mit den Krankenkassen haben (Leistungsstreitverfahren). In der Arbeiterkammer Wien bietet die Bildungsabteilung auch Bildungsberatung für diejenigen, die Orientierungshilfen für ihre Entscheidung für eine der verschiedenen, hier behandelten Berufsperspektiven suchen.

Die Arbeiterkammern sehen darüber hinaus – neben den zuständigen Fachgewerkschaften – ihre Aufgabe auch in der Interessenvertretung der als ArbeitnehmerInnen beschäftigten PsychotherapeutInnen und PsychologInnen und der Psychotherapie-PatientInnen. Die Bundesarbeitskammer ist auch im *Psychotherapiebeirat* und Psychologenbeirat vertreten und nimmt sich dort insbesondere Fragen des Konsumentenschutzes an.

Ausbildungsverträge

Ausbildungsverträge regeln Rechte und Pflichten von Ausbildungseinrichtung und AusbildungsteilnehmerIn bzw. Grundzüge und Besonderheiten des Ausbildungsverhältnisses.

Ein Ausbildungsvertragsverhältnis kann auch ohne schriftlichen Vertrag rechtsgültig zustande kommen, doch sieht die ministerielle Richtlinie für Ausbildungsverträge aus 2002 u.a. auch zur Sicherung der Rechtsposition von AusbildungskandidatInnen die Schriftform vor. Diese Richtlinie legt fest, was in den Verträgen zu regeln ist und beinhaltet auch Varianten für Musterverträge.

Überall dort, wo (bereits) schriftliche Ausbildungsverträge etabliert sind, führt in der Regel erst die gemeinsame Unterzeichnung des Ausbildungsvertrages durch die Ausbildungseinrichtung (vertreten z.B. durch den Vorstand oder den/die DirektorIn) und den/die AusbildungswerberIn zur definitiven Aufnahme in die Ausbildung.

Auch im *Berufskodex* wird in Abschnitt VI das Vertragsverhältnis im Rahmen einer psychotherapeutischen Ausbildung angesprochen: „Volle Aufklärung und Information über den Ausbildungsvertrag und alle für das Ausbildungsverhältnis und den Ausbildungsgang wesentlichen Sachverhalte und Vereinbarungen sind zu gewährleisten." Weiters wird gefordert, dass „alle für den Ausbildungsgang wesentlichen Regelungen schriftlich festzuhalten und [...] zugänglich zu machen (sind)", wobei dies auch für die „Behandlung von Streitfällen aus dem Ausbildungsverhältnis" gelte.

Ausbildungsvorbehaltsgesetz

Dieses Bundesgesetz aus 1996 untersagt unter Strafdrohung allen dazu nicht berechtigten Einrichtungen das Anbieten, Vermitteln und Durchführen von Ausbildungen zu Tätigkeiten, die durch Rechtsvorschriften auf dem Gebiet des Gesundheitswesens geregelt sind. Darunter fällt auch das Anbieten, Vermitteln und Durchführen von psychotherapeutischen Ausbildungen im Sinne des *Psychotherapiegesetzes* durch Personen oder Einrichtungen, die nicht als propädeutische oder fachspezifische Ausbildungseinrichtung durch das zuständige *Bundesministerium* nach Einholung eines Fachgutachtens des *Psychotherapiebeirats* staatlich anerkannt wurden.

Berufskodex für Psychotherapeutinnen und Psychotherapeuten

Im 1996 veröffentlichten Berufskodex werden die Ethikrichtlinien für praktizierende PsychotherapeutInnen kundgetan, die analog auch für *PsychotherapeutInnen in Ausbildung unter Supervision* und auch für das Ausbildungsverhältnis zwischen Ausbildungseinrichtung und LehrtherapeutInnen einerseits und AusbildungskandidatInnen andererseits, damit also u.a. zum Schutze von AusbildungsteilnehmerInnen gelten.

Darin werden die gesetzlichen Berufspflichten wie Fortbildung, Aufklärung, Verschwiegenheit, Verantwortung und Kooperation mit anderen Berufen näher konkretisiert. Berufspflichten und Konsumentenrechte sind zwei Seiten derselben Medaille. AusbildungsteilnehmerInnen sind einerseits als KonsumentInnen einer psychotherapeutischen Ausbildung und damit auch von psychotherapeutischen Leistungen und andererseits als angehende PsychotherapeutInnen miteinbezogen. Die im Berufskodex formulierten Prinzipien sind daher auch auf die Auszubildenden anzuwenden, was im Übrigen auch für AusbildungsteilnehmerInnen des *Propädeutikums* gilt.

Wir verweisen zur Wahrung von Interessen von AusbildungsteilnehmerInnen auch ausdrücklich auf die Gremien für AusbildungsteilnehmerInnen und Ethikkommissionen in den fachspezifischen Ausbildungseinrichtungen, auf Beschwerde- und Schiedsstellen bei den Landesverbänden für Psychotherapie und auf das „Berufsethische Gremium" des *Österreichischen Bundesverbandes für Psychotherapie (ÖBVP)* sowie auf die Kammer für Arbeiter und Angestellte *(Arbeiterkammer)*, die auch Konsumentenrechte vertritt, auf den *Psychotherapiebeirat* und auf das zuständige *Bundesministerium* selbst.

Berufsverband für PsychotherapeutInnen

(s. *Österreichischer Bundesverband für Psychotherapie – ÖBVP*)

Bundesministerium (zuständiges)

Das für *Psychotherapie* (und auch für Klinische Psychologie und Medizin) zuständige Bundesministerium (dzt. für Gesundheit und Frauen) ist für alle Fragen, die mit der psychotherapeutischen Ausbildung und der Ausübung der Psychotherapie verbunden sind, zuständig. Es ist für die Eintragung in die *Psychotherapeutenliste* zuständig und spricht u.a. nach Einholung eines Fachgutachtens seines beratenden Gremiums, des *Psychotherapiebeirats*, aufgrund von inhaltlichen und organisatorischen Ausbildungsstandards die staatliche Anerkennung von Einrichtungen als propädeutische und als fachspezifische Ausbildungseinrichtung aus. Auch die Aberkennung der Ausbildungsbefugnis bei Wegfall der entsprechenden Voraussetzungen obliegt – ebenfalls nach Einholung eines Fachgutachtens des Psychotherapiebeirats – dem Bundesministerium.

Ehe-, Familien- und Lebensberatung

Die Ehe-, Familien- und Lebensberatung ist ein eigenständiges Berufsbild. Sie befasst sich mit der Hilfestellung für Einzelpersonen, Paare und Familien in allen Altersgruppen und Schichten, die sich in schwierigen oder krisenhaften Lebenssituationen befinden, und arbeitet dabei mit anderen Berufsgruppen wie PsychotherapeutInnen und SozialarbeiterInnen zusammen. EFL-BeraterInnen arbeiten selbstständig oder in Institutionen. Die Ausbildung wird von den Lehranstalten für Ehe-, Familien- und Lebensberatung durchgeführt, die als Schulen mit Öffentlichkeitsrecht in den Zuständigkeitsbereich des Bundesministeriums für Bildung, Wissenschaft und Kultur fallen.

Berufsverband der Ehe-, Familien- und Lebensberater

(s. *www.ehe-familien-lebensberatung.at)*

Ethikrichtlinien (für PsychotherapeutInnen)
(s. *Berufskodex*)

Fachspezifikum
(s. *Psychotherapeutisches Fachspezifikum*)

Fortbildung
(s. *Psychotherapeutische Fortbildung*)

Fort- und Weiterbildungsrichtlinie für Psychotherapeutinnen und Psychotherapeuten
In dieser ministeriellen Richtlinie aus dem Jahre 2000 wird einerseits auf die gesetzliche Verpflichtung von PsychotherapeutInnen zur laufenden Fortbildung (siehe *Psychotherapeutische Fortbildung*), andererseits vor allem auf die Kriterien für *psychotherapeutische Weiterbildung* Bezug genommen.

„Gesamtvertrag" für Psychotherapie
(s. a. *Psychotherapie auf Krankenschein* und *Kostenersatz für psychotherapeutische Behandlungen*)

Mit der 50. ASVG-Novelle (BGBl. Nr. 676/1991) wurde *Psychotherapie* als Pflichtleistung der Sozialversicherung eingeführt und damit gemäß § 349 grundsätzlich die Möglichkeit eines Gesamtvertrages zwischen der Berufsvertretung der PsychotherapeutInnen (siehe *Österreichischer Bundesverband für Psychotherapie – (ÖBVP)*, dem 1992 als bislang einziger Interessenvertretung der PsychotherapeutInnen die Gesamtvertragsfähigkeit zuerkannt wurde) und den Sozialversicherungsträgern geschaffen. Ein solcher böte einerseits die Grundlage für flächendeckende sozialversicherungsrechtlich gedeckte Versorgung mit Psychotherapie („Kassenpsychotherapie") und andererseits die Regelung der sogenannten Wahlpsychotherapie, also eines weitgehenden Kostenersatzes in jenen Fällen, in denen Psychotherapie bei WahlpsychotherapeutInnen in Anspruch genommen wird.

Allerdings ist bislang trotz z. T. jahrelanger Verhandlungen zwischen dem ÖBVP und dem Hauptverband der österreichischen Sozialversicherungsträger ein solcher nicht zustande gekommen. 1993 wurde der ausgehandelte Vertragsentwurf seitens der PsychotherapeutInnen bzw. ihrer Vertretung vor allem aufgrund einer als zu niedrig erachteten Honorarhöhe nicht akzeptiert. 2001 wurde ein bis in kleinste Details ausgearbeiteter Vertrag im letzten Moment vom Hauptverband abgelehnt, weil dort die erforderliche Zweidrittelmehrheit nicht gegeben war. Es wurden von einigen (finanzschwachen) „Kassen" damit verbundene zusätzliche Kosten befürchtet.

Gewerkschaftliche Vertretung von PsychotherapeutInnen

Die gewerkschaftliche Vertretung der PsychotherapeutInnen und PsychologInnen fällt je nach Dienstgeber in die Kompetenz verschiedener Fachgewerkschaften: Gewerkschaft der Gemeindebediensteten, Gewerkschaft der Privatangestellten, Gewerkschaft Öffentlicher Dienst etc. In diesen Fachgewerkschaften bestehen auch eigene Arbeitsgemeinschaften der PsychotherapeutInnen. Die übergreifende „Arbeitsgemeinschaft der PsychologInnen und PsychotherapeutInnen im ÖGB" versucht, deren Bemühungen um entsprechende dienstrechtliche und kollektivvertragliche Regelungen bzw. Verbesserungen zu koordinieren.

Jahresberichte der propädeutischen und fachspezifischen Ausbildungseinrichtungen

Diese beziehen sich auf die Ausbildungstätigkeit der anerkannten propädeutischen und fachspezifischen Ausbildungseinrichtungen im jeweils abgelaufenen Berichtsjahr (jeweils 1. Juni bis 1. Juni des Folgejahres); sie stellen eine Art Rechenschaftsbericht dar, der auch statistische Angaben enthält, und ergehen an das zuständige Bundesministerium. Auf dieses Material wurde auch für die quantitativen Dokumentationen im vorliegenden Buch zurückgegriffen.

Kammer

(s. *PsychotherapeutInnenkammer*)

Kostenersatz für psychotherapeutische Behandlungen

Aufgrund des Umstandes, dass bislang kein *„Gesamtvertrag" für Psychotherapie* realisiert wurde, ist derzeit bis auf weiteres bundesweit die sogenannte Zuschussregelung in Kraft bzw. auf Bundesländerebene in den allermeisten Fällen Modelle einer „kassenfinanzierten" *Psychotherapie*, die begrenzte Klientenkontingente vorsehen, aber keine flächendeckende Versorgung (siehe auch *Psychotherapie auf Krankenschein*).

In Hinblick auf in Ausbildung befindliche PsychotherapeutInnen ist Folgendes festzuhalten:

1. Psychotherapie- bzw. Selbsterfahrungsstunden, die von AusbildungsteilnehmerInnen beispielsweise im Zuge der *Lehrtherapie* in Anspruch genommen werden, also für die psychotherapeutische Ausbildung anrechenbar sind, dürfen grundsätzlich nicht (auch nicht teilweise) auf Kosten eines Krankenversicherungsträgers gehen.

2. Für Psychotherapiestunden, die *Psychotherapeuten/innen in Ausbildung unter Supervision* durchführen, besteht für die KlientInnen weder die Möglichkeit der Psychotherapie auf Krankenschein, noch einer Kostenerstattung (Refundierung eines Teils des bereits vom Klienten an den/die PsychotherapeutIn bezahlten Honorars). Eine solche ist an die Eintragung des/der PsychotherapeutIn in die *Psychotherapeutenliste* gebunden.

Lebens- und Sozialberatung

Unter Lebens- und Sozialberatung wird die gewerbliche „Beratung und Betreuung von Menschen insbesondere im Zusammenhang mit Persönlichkeitsproblemen, Ehe- und Familienproblemen, Erziehungsproblemen, Berufsproblemen und sexuellen Problemen“ verstanden (Gewerbeordnung BGBl. Nr. 194/1994). Auch die Ausbildung zum/zur Lebens- und SozialberaterIn (s. dazu Kap. 7.b) ist gesetzlich geregelt.

Die Berufsbezeichnung lautet „Lebens- und Sozialberater/in“.

Für den Bereich der Lebens- und Sozialberatung ist derzeit das Bundesministerium für Wirtschaft und Arbeit zuständig.

Die Lebens- und SozialberaterInnen sind im Rahmen von Fachgruppen in der Bundeskammer der Gewerblichen Wirtschaft organisiert.

LehrtherapeutInnen-Richtlinie für das Psychotherapeutische Fachspezifikum

Diese aus dem Jahre 2000 stammende ministerielle Richtlinie regelt u. a. die Qualifikationskriterien von Lehrpersonen für die fachspezifische Ausbildung, aufgeschlüsselt nach 3 verschiedenen Kategorien (LehrtherapeutInnen mit voller Lehrbefugnis, LehrtherapeutInnen mit partieller Lehrbefugnis und GastdozentInnen).

LehrtherapeutInnen mit voller Lehrbefugnis sind für alle Ausbildungselemente (Selbsterfahrung, Theorie und Supervision) qualifiziert, LehrtherapeutInnen mit partieller Lehrbefugnis für bestimmte Ausbildungsteile. GastdozentInnen sind für genau definierte Lehraufträge bestellt.

Definitorisch ist zwischen LehrtherapeutInnen im weiteren Sinne (diese sind Lehrpersonen mit mehr oder weniger Ausbildungsbefugnis) und LehrtherapeutInnen im engeren Sinn zu unterscheiden. Letztere sind mit der Durchführung von Lehrtherapien (also der *Lehrtherapie* bzw. Einzelselbsterfahrung im Rahmen der psychotherapeutischen Lehre/Ausbildung) betraut.

Die Mindestkriterien für die Bestellung von LehrtherapeutInnen im weiteren Sinn sind:

- Abschluss der einschlägigen methodenspezifischen Ausbildung und Eintragung in die *Psychotherapeutenliste*
- Psychotherapeutische Praxis über mind. 5 Jahre (seit Ausbildungsabschluss)
- Nachweis wissenschaftlicher Tätigkeit und didaktischer Befähigung
- Mitgliedschaft in der fachspezifischen Ausbildungseinrichtung, soferne eine solche grundsätzlich möglich ist
- Bestellung durch das zuständige Gremium der Ausbildungseinrichtung

Lehrtherapie

Hierbei handelt es sich im weiteren Sinn um die Selbsterfahrung während der fachspezifischen Ausbildung, im engeren Sinn um die Eigentherapie im

Einzelsetting (in den analytischen Ausbildungen um die Lehranalyse) bei LehrtherapeutInnen, also erfahrenen und langjährig tätigen PsychotherapeutInnen (siehe auch *LehrtherapeutInnen-Richtlinie*).

Kaum eine andere Berufsausbildung räumt der Persönlichkeitsentwicklung im Rahmen der Ausbildung in Form von Eigentherapie bzw. Selbsterfahrung solch einen Stellenwert ein wie die Ausbildung zum/zur PsychotherapeutIn. In den meisten Ausbildungskonzepten ist daher die Lehrtherapie ein fundamentaler Baustein bzw. eine wesentliche Säule der Ausbildung, dient sie doch u. a. dem Zweck, dass die auszubildende Person das therapeutische Setting der jeweiligen zu erlernenden Methode, den therapeutischen Stil und die spezifische Arbeitsweise der Lehrperson im Sinne der Methodentradition sowie die therapeutischen Prozesse an sich selbst, ja oft „am eigenen Leib" erfährt. Damit verbunden ist das Erleben der therapeutischen Beziehung sowie die Aufarbeitung von „blinden Flecken" in der Selbst- und Fremdwahrnehmung. Generell ist die Lehrtherapie der Ort, an dem die Selbstreflexion in herausragender Weise geschult werden kann. Grundsätzlich unterscheidet sich die Lehrtherapie nicht von einer „Heiltherapie", allerdings sollte der „Störungsgrad" von Auszubildenden im Vergleich zu PatientInnen/KlientInnen in der Regel doch weniger ausgeprägt sein.

Musiktherapie

Musiktherapie nützt die Musik als Medium zur Therapie psychischer Störungen. Dies ist insbesondere bei sprachgestörten Menschen bedeutsam, eröffnet aber auch darüber hinaus einen neuen Zugangsweg zu KlientInnen/PatientInnen.
Die Ausbildung zum/zur „akademisch geprüften Musiktherapeuten/in" erfolgt an der Universität für Musik und darstellende Kunst in Wien. Sie erfolgt nach den im Universitätsstudiengesetz 1998 festgelegten Bestimmungen. Ein Gesetz, das die Berufsausübung vergleichbar mit dem Psychotherapiegesetz eindeutig regelt, fehlt bisher. An einem eigenen Musiktherapiegesetz wird gearbeitet.
Berufsverband der MusiktherapeutInnen s. *www.oebm.org*

Österreichischer Bundesverband für Psychotherapie (ÖBVP)

Der 1991 gegründete Österreichische Bundesverband für Psychotherapie (ÖBVP) ist die unabhängige Interessenvertretung aller österreichischen PsychotherapeutInnen sowie der PsychotherapeutInnen in Ausbildung und versteht sich als organisatorische Zusammenfassung aller die *Psychotherapie* umfassenden Ebenen und Gruppierungen auf freiwilliger Basis.

Insbesondere gilt es, die Interessen der praktizierenden PsychotherapeutInnen zu vertreten. Der ÖBVP führt in diesem Zusammenhang entsprechend der vom zuständigen Bundesministerium ausgewiesenen Gesamtvertragsfähigkeit Verhandlungen mit dem Hauptverband der Sozialversicherungsträger bezüglich eines *„Gesamtvertrages" für Psychotherapie.*

Wesentliche Aufgaben der Berufsvertretung liegen auch in der Information der Öffentlichkeit über Psychotherapie und die Verbreitung psychotherapeutischer Erkenntnisse sowie die Befassung mit Fragen der Berufsethik und des KonsumentInnenschutzes.

In diesem Sinn haben alle 9 Landesverbände Info-Stellen für Auskünfte und hilfesuchende KlientInnen eingerichtet.

Derzeit (Februar 2006) hat der ÖBVP 2.790 Einzelmitglieder, davon 2.541 PsychotherapeutInnen und 225 AusbildungskandidatInnen, sowie 38 fachspezifische und propädeutische Ausbildungseinrichtungen und 14 Fort- und Weiterbildungseinrichtungen.

Im Sinne der Gleichstellung mit den Interessenvertretungen anderer freier Berufe (im Gesundheitswesen) wird vom ÖBVP die gesetzliche Verankerung der Interessenvertretung als Körperschaft öffentlichen Rechts mit dem entsprechenden Alleinvertretungsanspruch, dem Moment der Selbstverwaltung und einem übertragenen Wirkungsbereich (derzeit Kompetenz des zuständigen Ministeriums mit beratender Funktion des Psychotherapiebeirates) sowie einem adäquaten Disziplinarrecht angestrebt.

Praktikum

Im Laufe der *Psychotherapieausbildung* sind 2 Praktika vorgesehen. Das Praktikum während des *Propädeutikums* umfasst mind. 480 Std. und ist in einer Einrichtung des Gesundheits- oder Sozialwesens zu leisten, in der verhaltensgestörte oder leidende Personen anzutreffen sind.

Von den insg. mind. 550 Std. Praktikum, die im Rahmen des Fachspezifikums zu absolvieren sind, müssen zumindest 150 Std. (innerhalb eines Jahres) in einer „facheinschlägigen Einrichtung des Gesundheitswesens" (in der Regel Krankenanstalten bzw. Einrichtungen mit psychiatrischer, medizinischer oder auch psychotherapeutischer Versorgungsaufgabe) absolviert werden. 400 Std. können in einer „Einrichtung des Gesundheits- oder Sozialwesens" geleistet werden. Dort müssen keine medizinischen Dienste bestehen. In beiden Fällen ist es jedoch erforderlich, dass sowohl verhaltensgestörte als auch leidende Personen gesehen werden können und dieser Einrichtung „neben dem Leiter noch mindestens zwei weitere fachlich qualifizierte Mitarbeiter" angehören (§ 6, *Psychotherapiegesetz*). Maßgeblich ist in beiden Fällen zum Unterschied vom Praktikum im Zuge des Propädeutikums jedenfalls, dass vor Ort eine in die *Psychotherapeutenliste* eingetragene Person die fachliche Anleitung übernehmen kann.

Für die Beschaffung eines Praktikumsplatzes haben die AusbildungsteilnehmerInnen in der Praxis – trotz der im Psychotherapiegesetz ausgeführten Pflicht der Ausbildungseinrichtungen – zumeist selbst zu sorgen.

Für alle 3 Kategorien von Praktikumseinrichtungen existieren offizielle, laufend aktualisierte Listen des zuständigen Bundesministeriums, die eine wertvolle Hilfe bei der Suche nach Praktikumsplätzen bieten. Es können aber auch Einrichtungen Praktikumsstatus haben, die nicht in einer dieser Listen aufscheinen, soferne sie die jeweiligen inhaltlichen Voraussetzungen dafür erfüllen.

Von Vorteil können bereits während des Propädeutikums geknüpfte Kontakte zu Institutionen sein oder die Absolvierung des Fachspezifikums bei einer Ausbildungseinrichtung, die entweder selbst einschlägige Versorgungseinrichtungen betreibt oder deren Mitglieder in solchen (in leitender Funktion) tätig sind.

Propädeutikum

(s. *Psychotherapeutisches Propädeutikum*)

Psychiatrie

Psychiatrie befasst sich mit der Erkennung, nichtoperativen Behandlung, Prävention und Rehabilitation von psychischen Krankheiten oder Störungen. Bei der Behandlung stützt sich die Psychiatrie auf die 3 Säulen Psychopharmakotherapie, Soziotherapie und Psychotherapie, ergänzt durch apparative Verfahren wie die Elektrokrampftherapie. Bei der Ausbildung dazu handelt es sich um eine fachärztliche Ausbildung, die nur auf der Basis eines Medizinstudiums absolviert werden kann. Die Ausbildungsbestimmungen für dieses ärztliche Sonderfach sind in der Ärzteausbildungsordnung (und deren Anlage 36) geregelt. Insgesamt umfasst die Ausbildung 6 Jahre, davon 4 im Hauptfach und jeweils ein weiteres in Neurologie und in Innerer Medizin.

Berufsbezeichnung: Facharzt/Fachärztin für Psychiatrie

Psychologengesetz

Das Psychologengesetz (BGBl. Nr. 360/1990) reguliert in erster Linie die berufsrechtlichen Belange wie z.B. den Titelschutz für PsychologInnen, weiters aber auch die Ausbildung zum/zur Klinischen PsychologIn bzw. zum/zur GesundheitspsychologIn.

Psychologische Behandlung

Die Psychologie beschäftigt sich mit der Beschreibung, der Erklärung, der Vorhersage und der Beeinflussung des menschlichen Erlebens und Verhaltens.

Klinische Psychologie und Gesundheitspsychologie beschäftigen sich mit diesen Fragen im Rahmen des Gesundheitswesens, z.B. in Form klinisch-psychologischer Diagnostik, der Anwendung psychologischer Behandlungsmethoden und im Bereich der Gesundheitsförderung.

Die psychologische Behandlung umfasst die Erarbeitung von Zielen und Umsetzungsmöglichkeiten bei der Realisierung von Problemlösungen und Verhaltensänderungen.

Berufsbezeichnung: Psychologe/in; Klinische/r Psychologe/in; Gesundheitspsychologe/in.

Psychotherapeutenliste

Nach der erfolgreichen Absolvierung einer fachspezifischen Ausbildung und Erbringung weiterer formaler Nachweise, z.B. Mindestalter von 28 Jahren, ein Gesundheitszeugnis im Original (zum Zeitpunkt der Einreichung nicht älter als 3 Monate) und eine Strafregisterbescheinigung im Original (zum Zeitpunkt der Einreichung nicht älter als 3 Monate), ist nach Anhörung des *Psychotherapiebeirats*, der die Unterlagen aus fachlicher Sicht prüft, die Eintragung in die offizielle Psychotherapeutenliste möglich, einschließlich der entsprechenden Zusatzbezeichnung, welche psychotherapeutische Methode erlernt wurde. Damit ist die Berechtigung zur eigenständigen Ausübung der *Psychotherapie* gegeben.

Aus der Psychotherapeutenliste können Personen auch wieder ausgetragen werden, z.B. bei permanentem Wechsel des Wohn- und Berufssitzes ins Ausland, bei dauerhaftem Ruhestand oder auch (nach Einholung eines Gutachtens des *Psychotherapiebeirats*) bei Wegfall der Eintragungsvoraussetzungen wie der gesundheitlichen Eignung und der Vertrauenswürdigkeit bzw. bei schwerwiegenden ethischen Verfehlungen bzw. Verletzungen der Berufspflichten.

Psychotherapeut/in in Ausbildung unter Supervision („Status")

Dieser Status berechtigt zur psychotherapeutischen Tätigkeit ab einem bestimmten Stadium der fachspezifischen Ausbildung. Letztlich ist die Absolvierung einer fachspezifischen Ausbildung ja daran gebunden, dass der/die AusbildungsteilnehmerIn eine psychotherapeutische Tätigkeit aufnimmt. Anders gesagt: PsychotherapeutInnen in Ausbildung dürfen nicht nur, sondern müssen unter Supervision psychotherapeutisch tätig werden, um ihre Ausbildung abschließen zu können. In der ministeriellen *Supervisionsrichtlinie* ist formuliert, welche Kriterien erfüllt sein müssen, damit dieser Status von den fachspezifischen Ausbildungseinrichtungen an AusbildungsteilnehmerInnen vergeben werden kann, nämlich

- „Absolvierung von einem Großteil des *Praktikums* und
- jeweils zumindest der Hälfte der gesetzlich vorgeschriebenen Ausbildungsstunden an Selbsterfahrung, Theorieausbildung und Ausbildung in methodenspezifischen Techniken".

Daraus ergibt sich, dass der Status „Psychotherapeut/in in Ausbildung unter Supervision" nur dann erlangt werden kann, wenn mind. 100 Std. Selbsterfahrung sowie mind. 150 Theoriestunden nachgewiesen werden können, die im Rahmen der Ausbildung absolviert wurden. Zudem sind mind. 50 Std. aus der Theoriekategorie „Methodik und Technik“ zu absolvieren. Der Passus „Großteil des Praktikums“ wird zumeist so ausgelegt, dass darunter die Hälfte des Praktikums verstanden wird.

Die Bezeichnung „Psychotherapeut/in in Ausbildung unter Supervision“ muss von den AusbildungsteilnehmerInnen in der Öffentlichkeit im vollen Wortlaut ausgewiesen werden. Eintragungen in entsprechende Listen der Ausbildungseinrichtungen, des *Berufsverbandes*, des *Bundesministeriums* und beispielsweise auch in Datenbanken im Internet sind unter diesem Titel möglich.

PsychotherapeutInnenkammer

Im Sinne der Gleichstellung mit den Interessenvertretungen anderer freier Berufe (im Gesundheitswesen) wird vom *Österreichischen Bundesverband für Psychotherapie* die gesetzliche Verankerung der Interessenvertretung – im Gegensatz zum derzeitigen Status eines Vereines mit freiwilliger Mitgliedschaft – angestrebt, um die Interessen der PsychotherapeutInnen entsprechend gestärkt wahrnehmen und damit auch die Psychotherapie als eigenständige wissenschaftliche Disziplin und Behandlungsmethode weiter zu stärken und zu verankern. Im Sinne der demokratischen Legitimation des damit verbundenen Alleinvertretungsanspruches bedeutet diese Verankerung die obligatorische Mitgliedschaft aller PsychotherapeutInnen und der PsychotherapeutInnen in Ausbildung (ab dem Fachspezifikum).

Zum Zeitpunkt der Drucklegung dieses Buches (Dezember 2005) war seitens des zuständigen *Bundesministeriums* in Absprache mit dem Berufsverband ein Gesetzesentwurf in Arbeit, der zum einen grundlegende Gremien definiert und zugleich die Kompetenz der Berufsgruppe gesetzlich verankert, weitere Gremien gemäß der Struktur der Berufsgruppe im Rahmen ihrer Satzungen zu installieren.

Diese Organisationsform einer Körperschaft öffentlichen Rechts bedeutet auch, den Wirkungsbereich, der bisher im zuständigen *Bundesministerium* unter Beiziehung des *Psychotherapiebeirats* als ExpertInnengremium angesiedelt war, maßgeblich in die Kompetenz der Berufsgruppe zu übertragen.

In das mit der gesetzlichen Verankerung der Berufsvertretung verbundene Disziplinarrecht konnten auch die Erfahrungen aus den seit Jahren bestehenden Beschwerde- und Schlichtungsstellen in den Bundesländern Eingang finden – ein Instrumentarium in der Kompetenz der Berufsgruppe, das als wesentliches Moment der Qualitätssicherung angesehen wird.

Psychotherapeutische Fortbildung

Fortbildung zählt zu den Berufspflichten von PsychotherapeutInnen und bedeutet eine – theoretische und praktische – Vertiefung der in der psychotherapeutischen Ausbildung erworbenen Kenntnisse und Fertigkeiten. Sie schließt den regelmäßigen Besuch von Fortbildungsveranstaltungen ein. Die ministerielle *Fort- und Weiterbildungsrichtlinie für Psychotherapeutinnen und Psychotherapeuten* aus 2000 nennt dazu einen Richtwert von 90 Std. im Zeitraum von 3 Jahren.

Psychotherapeutische Weiterbildung

Diese ist über die Vorgabe des *Psychotherapiegesetzes* zum gegebenen Zeitpunkt nur implizit geregelt. Sie baut per definitionem auf einer abgeschlossenen psychotherapeutischen Ausbildung auf und ist auf den Erwerb bzw. die Ausformung spezifischer theoretischer und praktischer Kenntnisse, Fähigkeiten und Erfahrungen ausgerichtet.

Die ministerielle *Fort- und Weiterbildungsrichtlinie für Psychotherapeutinnen und Psychotherapeuten* aus dem Jahre 2000 sieht vor, dass psychotherapeutische Weiterbildung auf der „Grundlage eines nachvollziehbaren, definierten und wissenschaftlich fundierten Curriculums" erfolgt und der „Erlangung einer besonderen Befähigung auf einem oder mehreren bestimmten Arbeitsbereichen" und Fachgebieten dient.

Damit kann eine zielgruppenorientierte Spezialisierung bzw. Spezialisierung auf Schwerpunkte, z.B. Kinder- und Jugendlichentherapie, Gerontopsychotherapie etc. bzw. Suchttherapie, Psychosomatik, Psychoonkologie gemeint sein, aber auch die Aneignung von methodenerweiternden Techniken oder auch das Erlernen einer oder mehrerer weiterer schulenspezifischer Methoden.

Qualifikationen, die auf dem Weiterbildungsweg erworben werden, können zwar ausgewiesen werden, berechtigen aber in Hinblick auf die offizielle *Psychotherapeutenliste* nicht zu Zusatzeintragungen (*Zusatzbezeichnungen*).

Psychotherapeutisches Fachspezifikum

Dieser zweite – besondere (methodenspezifische) – Abschnitt der *Psychotherapieausbildung* besteht insg. aus mind. 1.900 Std., davon mind. 300 Std. Theorie und mind. 1.600 Std. praktischen Elementen wie Selbsterfahrung/ *Lehrtherapie* im Einzel- und/oder Gruppensetting (mind. 200 Std.), psychotherapeutische Praxis (mind. 600 Std.), Supervision der psychotherapeutischen Tätigkeit (mind. 120 Std.), mind. 550 Std. *Praktikum* (in einer Institution) sowie 30 Std. Praktikumsupervision. Aus einer der genannten Praxiskategorien hat jede Ausbildungseinrichtung in Form einer Schwerpunktbildung weitere 100 Std. auszuwählen (s. a. die allgemeinen Informationen im Vorspann zum Kapitel über die fachspezifischen Ausbildung).

Psychotherapeutisches Propädeutikum

Dieser erste – grundlegende, allgemeine (nichtmethodenspezifische) – Teil der psychotherapeutischen Ausbildung umfasst mind. 1.315 Std., davon mind. 765

Theoriestunden und mind. 550 Std. für den praktischen Teil, der Selbsterfahrung im Ausmaß von mind. 50 Std., ein *Praktikum* im Umfang von mind. 480 Std. und mind. 20 Std. Praktikumsupervision vorsieht (s. a. die allgemeinen Informationen im Vorspann zum Kapitel über die propädeutische Ausbildung).

Psychotherapie

Im Sinne des österreichischen *Psychotherapiegesetzes* ist Psychotherapie „die nach einer allgemeinen und besonderen Ausbildung erlernte, umfassende, bewusste und geplante Behandlung von psychosozial oder auch psychosomatisch bedingten Verhaltensstörungen und Leidenszuständen mit wissenschaftlich-psychotherapeutischen Methoden in einer Interaktion zwischen einem oder mehreren Behandelten und einem oder mehreren Psychotherapeuten mit dem Ziel, bestehende Symptome zu mildern oder zu beseitigen, gestörte Verhaltensweisen und Einstellungen zu ändern und die Reifung, Entwicklung und Gesundheit des Behandelten zu fördern" (§ 1 Abs. 1 Österr. *Psychotherapiegesetz*). Die Berufsbezeichnung lautet „Psychotherapeut" oder „Psychotherapeutin" (gegebenenfalls mit Benennung der fachspezifischen Methode als Zusatzbezeichnung).

Die Definition betont somit vor allem den Ausbildungsaspekt, die Indikationsstellung, den methodischen Hintergrund, den Beziehungsaspekt und die Zielsetzungen von Psychotherapie. Von besonderem Interesse ist, dass Leidenszustände, also eine subjektive Kategorie, diagnostischen (objektiven) Befunden gleichrangig zur Seite gestellt wurden und dass sich – über kurative Ziele hinaus – auch emanzipatorische und gesundheitsfördernde (präventive) Anliegen in der Begriffsbestimmung finden.

Psychotherapie auf Krankenschein

Seit Verträge zwischen einzelnen „Versorgungsgesellschaften" (in Wien, Niederösterreich, Oberrösterreich und der Steiermark) einerseits und den Sozialversicherungsträgern andererseits abgeschlossen wurden, besteht für KlientInnen auch außerhalb der kasseneigenen Einrichtungen die Möglichkeit einer Inanspruchnahme psychotherapeutischer Behandlung ohne Zuzahlung. Jedoch sind diese Möglichkeiten, bei denen die Leistungen des/der PsychotherapeutIn direkt und zur Gänze nach dem jeweils geltenden Tarif von der zuständigen Krankenkasse übernommen werden, kontingentiert. D.h., es steht pro Jahr insg. nur ein limitiertes Stundenkontingent zur Verfügung. Dies bedeutet einerseits, dass die Anzahl der Plätze begrenzt ist, und es bedeutet in der Praxis unter Umständen auch, dass pro KlientIn nur eine (z.T. recht eng) begrenzte Stundenzahl pro Kalenderjahr bzw. Bewilligungszeitraum bewilligt wird. In Vorarlberg ist die Kostenübernahme nur bei Leistungen im Rahmen von Institutionen möglich, in Tirol, Burgenland und Salzburg bei sozialer Bedürftigkeit und einer bestimmten Schwere der Störung. In Kärnten gibt es keine Kostenübernahme.

Zum aktuellen Zeitpunkt (Dezember 2005) gibt es hingegen noch immer keinen bundesweit gültigen *Gesamtvertrag* zwischen der Interessenvertretung der PsychotherapeutInnen (ÖBVP) und den Sozialversicherungen, der eine flächendeckende psychotherapeutische Versorgung sicherstellen würde.

Psychotherapieausbildung

Die psychotherapeutische Ausbildung bedeutet – im Unterschied zur *psychotherapeutischen Fortbildung* und zur *psychotherapeutischen Weiterbildung* – die Erlernung und Ausformung grundsätzlicher theoretischer und praktischer Kenntnisse, Fähigkeiten und Erfahrungen einschließlich berufsethischer Gesichtspunkte. Sie erfolgt auf der Grundlage eines gesetzlich fundierten und auch umschriebenen Curriculums und wird unter Anleitung und Aufsicht, insbesondere Supervision, vermittelt.

Die Ausbildung setzt sich aus der Absolvierung des *Psychotherapeutischen Propädeutikums* und aus der Absolvierung des *Psychotherapeutischen Fachspezifikums* zusammen.

Das Anbieten psychotherapeutischer Ausbildungen im Sinne des Psychotherapiegesetzes ist ausschließlich staatlich anerkannten propädeutischen und fachspezifischen Ausbildungseinrichtungen vorbehalten (siehe *Ausbildungsvorbehaltsgesetz*).

Psychotherapiebeirat

Dabei handelt es sich um ein beratendes, jedoch nicht exekutives Gremium. Und zwar berät der Psychotherapiebeirat das zuständige *Bundesministerium* in allen Fragen der *Psychotherapie*. Er setzt sich aus fast 50 Delegierten zusammen: je 1 Vertreter des Gesundheitsressorts, des Wissenschaftsressorts, der anerkannten fachspezifischen Ausbildungseinrichtungen (dzt. 34), der Österr. Ärztekammer, des Psychologenbeirats, der Wirtschaftskammer Österreich, der Bundesarbeitskammer *(Arbeiterkammern)*, des Österr. Gewerkschaftsbundes, der Landwirtschaftskammern, des Hauptverbandes der österr. Sozialversicherungsträger, 5 Vertretern der Rektorenkonferenz (Universitätsinstitute und -kliniken) sowie ständigen Auskunftspersonen (u.a. für die PsychotherapeutInnen in Ausbildung). Die Aufstellung zeigt, dass die fachspezifischen Ausbildungseinrichtungen ca. drei Viertel aller Mitglieder stellen. Die Mitglieder des Beirats müssen – mit 4 Ausnahmen – in die *Psychotherapeutenliste* eingetragen sein.

Der Psychotherapiebeirat unterhält Ausschüsse u.a. für Eintragungen in die Psychotherapeutenliste, Anrechnung, Propädeutikum, Fachspezifikum, Ethik, Forschung, Medien, Kooperation mit angrenzenden Berufsgruppen und Finanz- und Gesundheitspolitik.

Es ist davon auszugehen, dass bei Einrichtung einer *PsychotherapeutInnenkammer* die Agenden des Psychotherapiebeirats weitgehend von einem Fachbeirat der Kammer selbst übernommen werden.

Psychotherapiegesetz

Das am 7. Juni 1990 beschlossene Psychotherapiegesetz (BGBl. Nr. 361/1990), das am 1. Jänner 1991 in Kraft getreten ist, regelt u. a. die Begriffsbestimmung von *Psychotherapie*, die psychotherapeutische Ausbildung inklusive Zulassungsvoraussetzungen und Anrechnung, weiters die Ausübung der Psychotherapie sowie die Einrichtung des *Psychotherapiebeirats*. Im Ausbildungsreglement ist auch die Zweiteilung der psychotherapeutischen Ausbildung, also die Zweiteilung in das *Psychotherapeutische Propädeutikum* und in das *Psychotherapeutische Fachspezifikum*, ausformuliert. Mit der gesetzlichen Regelung hat Österreich eine Vorreiterrolle im Bereich der Qualitätssicherung psychotherapeutischer Ausbildung und Berufstätigkeit übernommen.

PSY-Diplome

Bei den sogenannten PSY-Diplomen handelt es sich um Fortbildungsdiplome der Österr. Ärztekammer.

„PSY1 – Psychosoziale Medizin“ vermittelt erweiterte Kenntnisse biopsychosozialer Zusammenhänge.

Ziel von „PSY2 – Psychosomatische Medizin“ ist das Erlangen erweiterter Kenntnisse über psychosomatische Erkrankungen.

„PSY3 – Psychotherapeutische Medizin“ schließlich befähigt zur Durchführung psychotherapeutischer Behandlungen. Die Diplome bauen aufeinander auf und müssen daher hintereinander absolviert werden. Ausnahmen bestehen für PsychiaterInnen.

Wie alle Fortbildungsdiplome der Ärztekammer sind auch die PSY-Diplome in der Diplomordnung der Ärztekammer geregelt.

Supervision

Supervision ist berufsbezogene Beratung, die der Erweiterung beruflicher Kompetenzen dient, bzw. Praxisreflexion, die am Arbeitszusammenhang ansetzt. „Supervisor/-in“ ist keine gesetzlich normierte und geschützte Berufsbezeichnung. Die Ausübung und die Ausbildung in diesem Bereich sind nicht verbindlich geregelt. Es handelt sich daher um eine Qualifikation, die unter Weiterbildung fällt. Diese kann sehr spezifisch auf bestimmte Berufsfelder abgestimmt sein.

Supervision im Rahmen der Psychotherapieausbildung (u.a. Lehrsupervision oder auch Kontrollanalyse) und von ausgebildeten PsychotherapeutInnen ist über die ministerielle *Supervisionsrichtlinie* geregelt.

Supervisionsrichtlinie, ministerielle

Diese aus 1996 stammende Richtlinie definiert *Supervision* einerseits aus der Perspektive praktizierender PsychotherapeutInnen, die ihre Tätigkeit einer laufenden Reflexion zu unterziehen haben, andererseits in Hinblick auf die psychotherapeutische Ausbildung, in deren Rahmen sie einen zentralen Stellenwert hat.

Darin wird auch definiert, welche Voraussetzungen gegeben sein müssen, damit AusbildungsteilnehmerInnen (der fachspezifischen Ausbildung) unter Supervision selbst psychotherapeutisch tätig werden können, d. h. den Status *„Psychotherapeut/in in Ausbildung unter Supervision“* erlangen können.

Visitationsrichtlinie, ministerielle

Diese „Richtlinie zur Überprüfung propädeutischer und fachspezifischer Ausbildungseinrichtungen im Rahmen der Qualitätssicherung“ (vom Dezember 2004) ist ein Beispiel für qualitätssichernde Maßnahmen in Hinblick auf die psychotherapeutische Ausbildung. Sie zielt – über die *Jahresberichte* der Ausbildungseinrichtungen hinaus – ab auf die laufende (stichprobenartige) Kontrolle und Überprüfung der anerkannten Ausbildungseinrichtungen und soll damit zur Einhaltung bzw. Hebung von Qualitätsstandards beitragen. U. a. wird letztlich auch geprüft, ob die Voraussetzungen, die zur Anerkennung einer Ausbildungseinrichtung geführt haben, noch voll gegeben sind.

Vorzeitige Aufnahme in das Propädeutikum oder Fachspezifikum („Nachinskriptionsfrist“)

Um Nachteile zu vermeiden, die aufgrund von Terminüberschneidungen (z.B. Beginn einer fachspezifischen Ausbildung unmittelbar vor Abschluss des Propädeutikums) entstehen können, wird AusbildungsteilnehmerInnen die Möglichkeit eingeräumt, offiziell in ein *Propädeutikum* oder auch in ein *Fachspezifikum* einzutreten, auch wenn noch nicht alle Voraussetzungen dafür gegeben sind. Diese Möglichkeit besteht aber nur insoweit, als Nachweise über fehlende Voraussetzungen innerhalb einer „Nachinskriptionsfrist“ von acht Wochen nachgereicht werden müssen. Liegen die benötigten Unterlagen nicht innerhalb dieses Zeitraumes vor, so muss das Ausbildungsverhältnis wieder beendet werden.

Weiterbildung

(s. *Psychotherapeutische Weiterbildung*)

Zusatzbezeichnung(en) der psychotherapeutischen Methode(n)

Damit ist die Benennung der psychotherapeutischen Methode(n) gemeint, die im Rahmen fachspezifischer Ausbildung erlernt wurde(n). Sie wird/werden nach Ausbildungsabschluss im Rahmen der Eintragung in die *Psychotherapeutenliste* vergeben. In einer Übergangsphase konnte eine Eintragung auch ohne Zusatzbezeichnung erfolgen, z.B. aufgrund von Nachweisen von Ausbildungsschritten in mehreren psychotherapeutischen Methoden. Diese Möglichkeit nur der Kombination von verschiedenen methodischen Ausrichtungen ist seit Verstreichen der Übergangsfrist nicht mehr möglich.

Derzeit (Dezember 2005) gibt es 21 verschiedene derartige Zusatzbezeichnungen.